Organisationales Commitment und Beschäftigungsverhältnisse

Angelika Schmidt

Organisationales Commitment und Beschäftigungsverhältnisse

Eine Operationalisierung unter dem Aspekt sich verändernder Beschäftigungsverhältnisse

PL ACADEMIC RESEARCH

Bibliografische Information der Deutschen Nationalbibliothek
Die Deutsche Nationalbibliothek verzeichnet diese Publikation in der Deutschen Nationalbibliografie; detaillierte bibliografische Daten sind im Internet über http://dnb.d-nb.de abrufbar.

ISBN 978-3-631-63937-5

PL Academic Research ist ein Imprint der Peter Lang GmbH.

Peter Lang – Frankfurt am Main · Bern · Bruxelles · New York · Oxford · Warszawa · Wien

www.peterlang.de

Inhalt

Abbildungsverzeichnis

Tabellenverzeichnis

1 Problemstellung

1.1 Kontext und Problemhintergrund

In den letzten Jahren lassen sich im Hinblick auf Beschäftigungsverhältnisse tiefgehende Veränderungen feststellen, wie z.B. der Trend zu Ausgliederungen von ganzen Organisationseinheiten oder die mittlerweile schon unzähligen flexiblen Beschäftigungsformen. Diese Trends haben verschiedene Ursachen: Auf der *individuellen* Seite haben sich in den letzten Jahren die Lebenskonzepte sehr stark ausdifferenziert. Diesen Ausdifferenzierungen liegen Werteverschiebungen ebenso zugrunde, wie auch Veränderungen der Rollenkonzepte. Auf der *organisationalen* Seite haben sich die räumlichen, zeitlichen, aber auch technischen und ökonomischen Komponenten der Arbeit sehr stark verändert und neue Arbeitsmöglichkeiten ermöglicht. Alle diese Flexibilisierungen haben Spielräume für Unternehmen, aber auch für Individuen eröffnet, die sehr oft zur Erhöhung der Marktflexibilität einerseits für Unternehmen, andererseits für ArbeitnehmerInnen genutzt werden.

Diese Flexibilität führt auch dazu, dass immer mehr Beschäftigungsverhältnisse vom traditio*nellen Normalarbeitsverhältnis abweichen (Keller/Seifert 2007; Szydlik 2008). Dauerhaften* Arbeitsverhältnissen mit einer relativ einheitlichen Arbeitszeit, verbunden mit einem ausreichenden und gesicherten Einkommen sowie mit darauf abgestimmten arbeits- und sozialrechtlichen Ansprüchen stehen zunehmend Beschäftigungsformen gegenüber, bei denen die bisherigen Normen, wie z. B. Loyalität zu der/dem ArbeitgeberIn, oder implizit erwartete Bereitschaft zu Überstunden, nicht mehr oder nur mehr eingeschränkt gelten. Solche Entwicklungen haben auch Auswirkungen auf die Bindung in Organisationen. Das psychologische Band, das ein Individuum mit einer Organisation verbindet, findet sich besonders im Konstrukt des Commitments wieder. Commitment beschreibt, inwieweit sich Menschen ihrer Organisation oder Teilen davon zugehörig und verbunden fühlen (van Dick 2004).

Der Begriff Commitment wird in vielen Bereichen verwendet: zum Beispiel im Marketing (Ghemawat 1991), in der Ökonomie, wo es in der Rational Choice Theory als Äquivalent für das wertrationale Handeln (Abrahmasson 1993) steht, in verschiedenen Bereichen der Psychologie, aber auch in der Philosophie taucht der Begriff im Zusammenhang mit Jean-Paul Sartre (Hill 1992) auf. Von dieser sehr breiten Palette interessiert in der vorliegenden Schrift vor allem das organisationale Commitment als Untersuchungsgegenstand. Dabei wird organisationales Commitment als stabilisierende Kraft gesehen, die das Arbeitsverhalten einer Person beeinflusst (Allen/Meyer 1990; Hunt/Morgan 1994; Meyer/Allen

1984, 1997; Meyer/Herscovitch 2001; Meyer/Stanley/Herscovitch et al. 2002; van Dick 2004).

Organisationales Commitment wirkt vor allem auch in zentralen Bereichen der Beziehung von Beschäftigten zur Organisation (Cohen 2007; Meyer/Allen 1997; Meyer/Herscovitch 2001; Mowday 1998). Im Austausch für hohes bzw. stark ausgeprägtes Commitment erwarten sich viele Beschäftigte, dass die Organisation im Gegenzug bestimmte persönliche Bedürfnisse[1], die sich von konkreten Sicherheitsbedürfnissen bis hin zu Bedürfnissen der Selbstverwirklichung erstrecken, befriedigt bzw. sich als verantwortlich dafür sieht (Allen/Meyer 1990; Meyer/Allen 1991; Rhoades/Eisenberger 2002; Rhoades et al. 2001).

In mehreren Untersuchungen wurde hervorgehoben, dass organisationales Commitment eine Schlüsselvariable ist, die die arbeitsbezogenen Einstellungen der Beschäftigten, deren Verhalten und damit in weiterer Folge auch den Firmenerfolg beeinflussen (Meyer/Herscovitch 2001; Powell/Meyer 2004; Meyer et al. 2002; Porter et al. 1974; Reichheld 1996; Steers 1977). So wurde z.B. nachgewiesen, dass ein hoher Grad an organisationalem Commitment mit hoch motivierten Beschäftigten, die ihre Arbeit effizient und effektiv erfüllen, einhergeht (Angle/Perry 1981; Becker et al. 1996).

Die Gruppe an hoch motivierten Beschäftigten tendiert dazu, arbeitsbezogene Probleme innovativer zu lösen und zeigt insgesamt ein stärkeres Engagement in der Organisation (Katz/Kahn 1978; Morrison 1994; Podsakoff et al. 1996). Darüber hinaus zeigt gerade die Gruppe der hoch committeten Beschäftigten einen größeren Enthusiasmus und weist oft extra Anstrengungen im Arbeitsbereich auf, erledigt in einem höheren Maße freiwillig Aufgaben, die nicht unmittelbar Teil des Jobs sind und unterstützt aktiv Organisationsziele und zu einem signifikant höheren Anteil KollegInnen (Borman/Motowidlo 1993; Gellatly et al. 2006).

Es wird auch immer wieder auf die Bedeutung für die Performance einer Organisation, aber auch für die operationale Zuverlässigkeit hingewiesen (z.B. Gustafson/Reger 1995; Pfeffer 1994; Weick 1993; Weick/Roberts 1993). Dutton (1994) beispielsweise hebt als positive Effekte bessere Kooperation, besonders innerhalb von Arbeitsgruppen, Konkurrenzverhalten gegenüber Gruppen von außen, ein erhöhtes organisational citizenship behavior (OCB)[2], und erhöhte individuelle Bindung mit dem Unternehmen heraus. Damit ist schon auf einen ersten kritischen Faktor dieser Entwicklung hingewiesen: wie wirken sich die beobachtbaren Flexibilisierungstendenzen auf Formen der Bindungen zu Organisationen aus?

---

1 Diese Bedürfnisse sind seit Maslows Hierarchisierung (1954) bekannt.

2 Darauf wird im Kapitel 2.1.1.3 noch im Detail eingegangen.

Für die oben erwähnten Formen der flexibilisierten Beschäftigungsverhältnisse – die auch schon früher, wenn auch lange Zeit in unseren Breiten nur als Randerscheinungen existierten – wurde ein eigener Begriff[3] gefunden: atypische Beschäftigungsverhältnisse (Tálos 1999: 417) oder non-standard forms of employment (Felstead/Jewson 1999: 5ff). Atypisch Beschäftigte unterscheiden sich hinsichtlich Arbeitszeit, arbeitsrechtlichen Regelungen der Beziehung zwischen ArbeitgeberInnen und ArbeitnehmerInnen und sozialer Sicherung von einem Normalarbeitsverhältnis (Tálos/Fink 2002).

In den letzten Jahren ist der Anteil ‚atypisch' Beschäftigter, wie TeilzeitarbeitnehmerInnen, geringfügig Beschäftigte, ‚neue' Selbstständige oder LeiharbeiterInnen, an der Erwerbsbevölkerung immer stärker gewachsen (Keller/Seifert 2006). Damit hat sich auch die Kluft zwischen den verschiedenen Beschäftigtengruppen vergrößert. Positiv bewertete Seiten dieser Entwicklung werden in der öffentlichen Diskussion mit einem erleichterten Berufseinstieg, einer verbesserten Integration von Randgruppen in den Arbeitsmarkt und mit einer guten Möglichkeit des Wiedereinstiegs in die Erwerbstätigkeit verbunden (Giesecke/Heisig 2010). Gerade die letztgenannten Punkte werden meist in einem Atemzug mit dem Argument der ‚besseren Vereinbarkeit von Familie und Beruf' genannt und dienen somit – so der Tenor – der Besserstellung von Frauen am Arbeitsmarkt (Lewis 2010). Es gibt zu dieser Entwicklung aber auch sehr viele kritische Stimmen, die auf Folgen wie zunehmenden Ungleichheit am Arbeitsmarkt und Veränderung der Dauer der Arbeitslosigkeit in der Gruppe der niedrig qualifizierten Beschäftigten und ähnliche Phänomene hinweisen (Giesecke/Heisig 2010; Tálos/Fink 2002).

Die Ursachen dieser Entwicklungen sind vor allem in den Strategien von Organisationen[4] zu sehen, Kernbelegschaften zu reduzieren, Hierarchien zu verflachen, ‚out-zu-sourcen' (Flecker et al. 2009; Flecker 2010). Aus Sicht der Unternehmen steht im Vordergrund, den Personaleinsatz und -stand stärker an der Auslastung zu orientieren, um damit flexibler auf Umfeldeinflüsse reagieren zu können. In diesem Zusammenhang stehen vor allem Einsparungen im Bereich der Personalkosten im Zentrum. Gerade in Industriestaaten wie Österreich repräsentieren diese Kosten einen zentralen Ausgabenbereich (WIFO 11/2005). Eine Strategie ist dabei, die traditionellen, unbefristeten Arbeitsverträge durch die befristeten Verträge zu ersetzen (De Grip et al. 1997; Haunschild 2004a; Martin 2002; Mühlberger 2000, 2002).

Damit verschwimmen immer mehr die einst klaren Grenzen am Arbeitsmarkt und dann auch in den Organisationen zwischen Kern- und Randbeleg-

---

3 Auf die Abgrenzung dieses Begriffes wird in Kapitel 3.3.1 noch genauer eingegangen.

4 Siehe dazu Kapitel 4

schaft. Diese Grenzen werden durch die verschiedensten neuen Beschäftigungsformen aufgeweicht, die sich jetzt nicht mehr so eindeutig zuordnen lassen. Auf diese Formen wird später noch näher eingegangen[5]. An dieser Stelle ist wichtig, dass sich der Befund dieser Ausdifferenzierung der Beschäftigungsformen in vielen Arbeitsmarktstudien wiederfindet, die auch kritische und kreative Lösungen und Herangehensweisen, diese Auflösungen zu beschreiben, enthalten (Marsden 2004; Wächter 2002).

Kurzum: eine Erosion der Normalarbeitsverhältnisse (Martin 2002; Schmidt 2009) hat eingesetzt und damit kann nicht mehr von lebenslangen bzw. kontinuierlichen Beschäftigungsverhältnissen mit sozialer Absicherung ausgegangen werden. Dies trifft besonders auf mittel- und westeuropäische Länder zu, die auf eine lange Tradition von unbefristeten Verträgen, die die Basis für eine langfristige, überwiegend lebenslange Beziehung von ArbeitnehmerInnen und den Organisationen legen, zurückblicken (Gallagher/McLean Parks 2001; McLean Parks et al. 1998; Rubin/Brody 2005).

Eine Folge dieser neuen Formen ist also ein Aufbrechen von bisherigen Normvorstellungen von Arbeitsverhältnissen, wie z. B. der lebenslangen Beschäftigung bei ein und demselben Unternehmen. Dieses Aufbrechen hat Konsequenzen für die Sicht auf die Beschäftigungsverhältnisse, für die bislang eine duale Sichtweise normal war: Am Arbeitsmarkt gibt es ein Innen und ein Außen, womit die Grenze zwischen dem internen Arbeitsmarkt innerhalb des Unternehmens und dem externen Arbeitsmarkt gemeint ist.

Auch innerhalb eines Unternehmens findet sich aber nochmals eine Form der Grenzziehung und der Herausbildung einer Form von Dualität, die ein Innen und Außen enthält: die Grenze zwischen Kern(Stamm)- und Randbelegschaft. Es vollzieht sich dabei eine Polarisierung von Arbeitsbedingungen mit unterschiedlichen Konsequenzen für die Geschlechter: „Dabei sind (über)lange Arbeitszeiten von (hochqualifizierten) Männern und kurze Teilzeit von Frauen häufig die zwei Seiten einer Medaille." (Wagner 2001: 371) Besonders im Bereich der höher qualifizierten Arbeitskräfte wird seit Mitte der 1990er Jahre in der Managementliteratur das Aufweichen der Grenzen diskutiert (Deetz 1994; Kunda 1992; Sennett 1998). Dabei geht es besonders um die sogenannten WissensarbeiterInnen, die in verschiedenen Branchen und Bereichen diejenigen sind, die als Schlüsselkräfte – gerade in Veränderungsphasen – gesehen werden können. Der Begriff WissensarbeiterInnen deckt eine breite Gruppe an Individuen ab, die sich von Bereichen wie der Medienbranche über Werbeagenturen oder Beratungsunternehmen bis zu Hochtechnologie- und Entwicklungsberei-

5 Besonders in Kapitel 3.3.1 werden verschiedene Ausprägungen der Beschäftigungsformen im Detail beschrieben.

chen hinzieht. Gemeinsam ist all diesen Bereichen, dass dabei immer wieder auf die Unterschiede zu herkömmlichen Beschäftigten hingewiesen wird. Dabei wird besonders auf die privilegierte Position solcher WissensarbeiterInnen verwiesen, da sie als Personen gesehen werden, die einen sehr hohen Grad an Autonomie erleben und ein sehr hohes Maß an Identität mit ihrer Arbeit – und nicht mehr wie bei den Normbeschäftigungen mit der Organisation. Das unterstreicht auch die Diagnose von Sennett (1998), in der er Ende der 1990er Jahre betont, dass die befristeten und immer stärker zerstückelten Arbeitspraktiken in Formen von Arbeitsbeziehungen münden, in denen die Identifikation mit der anstellenden Organisation keine Selbstverständlichkeit mehr ist. Dieses Maß an Identitätsbildung der neuen WissensarbeiterInnen ist einerseits geprägt durch persönliche Anlagen, andererseits auch durch Beiträge von organisationaler Seite (Alvesson 2000). Eine große Zahl dieser Beschäftigungsgruppe agiert als wären sie UnternehmerInnen. Dieses Phänomen wird von Voss/Pongratz (1998), die für diese Gruppe den Begriff der ArbeitskraftunternehmerInnen geprägt haben, ausführlich beschrieben. Dort wird deutlich, dass sich die steigende Zahl der Nicht-Normalarbeitsverhältnisse und die abnehmende Sicherheit in Normalarbeitsverhältnissen auch auf den betrieblichen Alltag und in der Folge auf das Gefüge bzw. das Selbstverständnis aller Beschäftigten auswirken.

Für den langfristigen Erfolg von Unternehmen spielen ganz besonders hochqualifizierte Beschäftigte eine wichtige Rolle (Huselid 1995; Pfeffer 1998). Dabei geht es nicht nur um den Stand der Qualifizierung, sondern auch um die Bereitschaft einen bestimmten Grad der Bindung zum Unternehmen einzugehen.

Die skizzierten Entwicklungen rund um die Beschäftigungsformen stellen die Wissenschaft auf der einen Seite, aber auch die Politik auf der anderen Seite also vor die Herausforderung, neue kreative Lösungen für die Beziehungsgestaltung zwischen BeschäftigerInnen und Beschäftigten zu finden. Dabei ist klar, dass diese Suche mit dem Aufbrechen der oben beschriebenen dualen Sichtweise verbunden sein sollte. Wobei es damit alleine noch nicht getan ist, denn wie Rousseau (1998) feststellt, ist der Blick darauf zu richten, was unter diesen sich veränderten Gegebenheiten noch Elemente der Verbundenheit in Organisationen sind. Gerade in Organisationen, die intensiv von flexibilisierten Beschäftigungsmöglichkeiten Gebrauch machen, ist zudem beobachtbar, dass der Blick auf diese Beziehungsgestaltung in den Hintergrund rückt, wodurch die Kostenseite von Arbeitsbeziehungen (employment relations) wieder stärker einen transaktionalen Charakter erhalten (Koene/vanRiemsdijk 2005).

Das Beispiel der WissensarbeiterInnen zeigt auf, dass die Veränderungen der Beschäftigungsverhältnisse auch beträchtliche Konsequenzen auf die Ausprägungen von Identifikation und organisationalem Commitment[6] haben, wobei Bindung weiterhin für die Betrachtung und Erklärung der Performance von Organisationen ein wesentliches Kernelement darstellt. Auf diese Bedeutung wird in den Erklärungsmustern von organisationalem Commitment, die im Wesentlichen die empirischen Untersuchungen in diesem Bereich prägen, hingewiesen. Diese Erklärungsmuster von organisationalem Commitment haben zu Operationalisierungen geführt, die für die Untersuchung von organisationalem Commitment immer wieder herangezogen werden.

In den nachfolgenden Kapiteln wird diese Argumentation noch genauer erläutert und führt zu der leitenden Fragestellung des Forschungsvorhabens: Wie wirken sich die beobachtbaren Veränderungen der Beschäftigungsverhältnisse auf die Operationalisierung von organisationalem Commitment aus bzw. inwieweit finden die Veränderungen der Beschäftigungsverhältnisse Eingang in diese Operationalisierungen im wissenschaftlichen Diskurs?

Durch die beobachtbare Auflösung von Grenzen in Organisationen stellt sich die Frage, inwieweit nicht eine Neukonzeption von Unternehmensbindungen – oder anders formuliert: von organisationalem Commitment – notwendig ist. Diese Arbeit leistet einen Beitrag zur Analyse dieser Veränderungen und Auswirkungen und zur Neukonzeption.

1.2 Leitende Forschungsfragen

Die Vermutung liegt nahe, dass sich durch Teilzeitarbeit, Zeitarbeitsverträge und die abnehmende Wahrscheinlichkeit einer lebenslangen Zugehörigkeit zu einer Organisation auch die Bindung von MitarbeiterInnen zu einer bestimmten Organisation verändert. Geht man davon aus, dass Bindung als wesentlicher Faktor in Organisationen weiterhin wichtig ist, stellt sich die Frage, wie sie angesichts der Ausdifferenzierungen der Beschäftigungsformen herzustellen ist. Aktuelle Studien (Meyer et al. 2002; Powell/Meyer 2004; van Dick 2004; Gellatly et al. 2006) machen deutlich, dass auch oder gerade in Zeiten des Wandels die MitarbeiterInnenbindung eine wichtige Rolle für das Arbeitsverhalten spielt und somit für die Effizienz von Organisationen eine zentrale Bedeutung hat.

Es zeigt sich auch, dass sich Beschäftigte flexibel auf die veränderte wirtschaftliche Situation einstellen, indem sie notwendige Kompetenzen erwerben und wenn notwendig sogar ihren Beruf wechseln (Raeder/Grote 2001). Berufliche Wahlmöglichkeiten stehen ihnen damit zwar offen, doch müssen sie ihr Beschäftigungsrisiko zunehmend selbst tragen (Beck 1999; Voss/Pongratz 1998). Dies zeigt sich auch darin, dass der traditionelle Arbeitsvertrag, in dem Arbeits-

6 Zur Abgrenzung dieser Begriffe siehe Kapitel 2

platzsicherheit im Austausch für Loyalität und Leistung angeboten wird (Herriot/Stickland 1996), reformuliert wird und „employability" dabei immer mehr „job security" ersetzt. Dass es jedoch im Hinblick auf die Konsequenzen solcher geänderten Beschäftigungsformen noch ein Defizit im Bereich der Befunde gibt, formulieren Gallegher/McLean Parks (2001: 204): "The growth of 'contingent' or 'alternative' forms of work relationships highlights the need for reseacher to examine work-related commitments outside of the traditional employer-employee framework."

Das Ziel der vorliegenden Forschungsarbeit ist es, das Verständnis des Konzepts von organisationalem Commitment vor dem Hintergrund der sich verändernden Arbeitsbeziehungen zu erweitern, wobei hier besonders der wissenschaftliche Diskurs untersucht wird. Die leitende Forschungsfrage lautet:

Wie wirken sich die beobachtbaren Veränderungen der Beschäftigungsverhältnisse auf die Operationalisierung von organisationalem Commitment aus bzw. inwieweit finden die Veränderungen der Beschäftigungsverhältnisse Eingang in diese Operationalisierungen im wissenschaftlichen Diskurs?

Es stellt sich die Frage, ob die bestehenden Konzeptionen der MitarbeiterInnenbindung ausreichen, um angesichts der Veränderungen in der modernen Erwerbsgesellschaft noch einen Erklärungswert für Einstellungen und Verhalten von MitarbeiterInnen zu haben. Inwieweit müssen/sollten die Konzepte neu definiert und weiterentwickelt werden, um den Veränderungen Rechnung zu tragen? Dies setzt die Abklärung folgender Fragen voraus:

- Welcher Stellenwert wird organisationalem Commitment im Bereich der Konzepte, die Bindung in Organisationen erklären, eingeräumt? Wie lässt sich organisationales Commitment mit verschiedenen Konzepten von Bindung in Bezug setzen? (Kapitel 2)
- Welche Veränderungen am Arbeitsmarkt haben seit den Wirtschaftswunderzeiten der 1960er und 1970er Jahre, die mit Phänomenen wie Vollbeschäftigung und Normalbeschäftigungsverhältnis einhergingen, stattgefunden? (Kapitel 3)
- Welche Ausprägungen der Beschäftigungsstrategien in den Unternehmen haben diese Veränderungen begleitet bzw. beeinflusst? (Kapitel 4)
- Wie wirken sich diese Veränderungen am Arbeitsmarkt beziehungsweise der Beschäftigungsverhältnisse auf verschieden aggregierte Betrachtungsebenen, wie der Makro-, Meso- und Mikroebene aus? (Kapitel 5)
- Wie hat sich die Diskussion zum Thema organisationales Commitment im wissenschaftlichen Diskurs seit den Wirtschaftswunderzeiten entwickelt? Welche Erklärungsmodelle von organisationalem Commitment haben sich herausgebildet und welche Operationalisierungsformen für organisationales Commitment sind aus diesen Modellen heraus entstanden? (Kapitel 6)

- Wie wurde organisationales Commitment im wissenschaftlichen Diskurs empirisch erfasst? Welche Entwicklungen und Tendenzen lassen sich hier erkennen? (Kapitel 7)
- Welche Konsequenzen aus den Befunden des wissenschaftlichen Diskurses zu organisationalem Commitment ergeben sich? (Kapitel 8)

Vor welchem Hintergrund das Zusammenwirken ökonomischen Faktoren, die Gestaltung von Beschäftigungsverhältnissen und die Ausbildung eines psychologischen Konstrukts wie organisationales Commitment, erklärt werden wird, wird in der folgenden wissenschaftstheoretischen Positionierung verdeutlicht.

1.3 Wissenschaftstheoretische Positionierung

Es finden sich auf der einen Seite ökonomische und organisationssoziologische Erklärungsmodelle, die das Geschehen am Feld des Arbeitsmarktes und im Spezielleren innerhalb von Organisationen erklären. Hier gibt es eine Tradition im Bereich der industrial relations, bei der verhaltenswissenschaftliche Betrachtungen von Verhandlungen lange Zeit im Vordergrund standen (z.B. Walton/McKersie 1965). Diese gehen einher mit einer stark institutionenökonomischen Perspektive, bei der der Betrachtungsgegenstand die Einflussfaktoren, der Prozess und die Ergebnisse dieser Aushandlungsprozesse sind und waren, wobei die Rolle der Schlüsselinstitutionen (z.B. Gewerkschaften) bzw. Schlüsselpersonen ganz besonders hervorgehoben wurde (z.B. Dunlup 1958). Durch diese verschiedenen AkteurInnen kamen schon sehr früh verschiedene Wertorientierungen und Interessen in den Blickpunkt, womit eine pluralistische Perspektive gefördert wurde. Guest (2004b: 542) merkt dazu an, dass „in this changing context, it is increasingly likely that the analytic frameworks that have served us well over the years are less able to account for and explain contemporary employment relations behavior in organizations. Arguably, therefore, we need rather different frameworks to explore the ′new′ employment relations."

Dem gegenüber stehen organisationspsychologische Modelle, die die Stärke und Ausbildung von Bindungsphänomenen erklären, wobei auch hier auf Vielfalt bedachte Erklärungen immer mehr Bedeutung gefunden haben. In der Auseinandersetzung wurde die Bindung zu verschiedenen Bezugspunkten[7], wie z.B. Firma, Arbeitsgruppe oder Gewerkschaft in den Blickpunkt gerückt (z.B. Mowday et al. 1982). Somit finden sich pluralistische Perspektiven, die Ansatzpunkte für Verbindungen von organisationssoziologischen und organisationspsychologischen Sichtweisen eröffnen.

7 Siehe dazu Kapitel 2.1.3

In dieser Arbeit werden die aktuellen Diskurse zu Commitment analysiert, um damit die Diskursvielfalt darzulegen, wobei die Herausforderung in der Zusammenführung der verschiedenen Perspektiven liegt. Es werden dafür vor allem organisationstheoretische Konzeptionen und soziologische Erklärungsmodelle herangezogen, die sich besonders mit der Grenzziehung von Organisationen beschäftigt haben, da schon die ersten Betrachtungen des Problemfelds darauf hindeuten, dass hier Begrifflichkeiten wie Kern- und Randbelegschaft und in weiterer Folge die Klärung des „Drinnen und Draußen“ wichtige Ansatzpunkte liefern können.

Damit ist auch die erkenntnistheoretische Positionierung der Arbeit verbunden. Die Positionierung lässt sich im Rahmen der gängigen Klassifikationen als konstruktivistisch bzw. Social Constructionist (Berger/Luckman 1966; Scherer 2002) bezeichnen. Sehr knapp zusammengefasst werden in diesen Positionen Organisationen und Umwelten als soziale Konstruktionen der Wirklichkeit gesehen, die von einer sozialen Gruppe und nicht notwendigerweise auch von anderen geteilt werden.

Die wissenschaftstheoretische Grundrichtung innerhalb der BWL, die sich besonders im funktionalistischen Paradigma niedergeschlagen hat, ist jedoch der Kritische Rationalismus. Dessen Vorgangsweise ist an naturwissenschaftlichem Vorgehen, mit der Suche nach Gesetzmäßigkeiten, der Bildung axiomatisch-deduktiver Theoriegebäude und der Falsifikation anhand empirischer Basissätze orientiert (Kirsch et al. 2007: 17). Die Kritik an diesem Paradigma hat sich über die Jahre hinweg etabliert und langsam können sich alternative Ansätze wie etwa das interpretative Paradigma, das auf dem Konstruktivismus basiert, durchsetzen, wenngleich Kasper bereits 1990 festhält: „Charakteristisch für die Organisationstheorie ist also ein sich vollziehender Übergang vom funktionalen zum interpretativen Paradigma.“ (Kasper 1990: 66)

Das funktionalistische Paradigma untersucht soziale Regelmäßigkeiten auf kausale Zusammenhänge hin (Scherer 2002). Der Standpunkt der VertreterInnen dieses Ansatzes beruht darauf, dass soziale Konstellationen reale Entitäten sind, die von Kräften erhalten werden und unabhängig von ihren Mitgliedern wirken und erforscht werden können. Als wissenschaftstheoretische Grundlage für diesen funktionalistischen Zugang wird der kritische Rationalismus gesehen (Kasper 1990; Kirsch et al. 2007), als deren Begründer Sir Karl Popper gilt. Der Kritische Rationalismus fordert eine Systematisierung und Kodifizierung der Resultate der Forschung.

Im Gegensatz zu den Kritischen RationalistInnen, die methodisch danach streben, möglichst systematisch Fehler auszuschalten, plädieren die VertreterInnen des Konstruktivismus für die Methode des Diskurses, also des ständigen Sich-Auseinandersetzens in Form von Kommunikation (Kirsch et al. 2007). Dabei ist es wichtig, dass die im Diskurs fallenden Äußerungen auch nachvollzogen bzw. verstanden werden.

Schon Kant vertrat die These, dass Dinge an sich überhaupt nicht erkannt werden können, sondern dass die Gegenstände unserer Erfahrung nach immer nur Erscheinungen sind, die geprägt sind von Anschauungsformen wie Raum und Zeit (Schülein/Reitze 2002). Raum und Zeit sind damit gleichsam grundlegende Kategorien, auf deren Basis räumliche und zeitliche Beziehungen zwischen verschiedenen Gegenständen überhaupt erst erstellt werden können. Damit ist jedes Bild der Welt konstruiert.

Eine weitere grundlegende Annahme des Konstruktivismus ist, dass die Wissenschaften keine Beschreibung der Wirklichkeit bieten, sondern dass in unterschiedlichen Wissenschaften zunächst jeweils ein grundlegendes Begriffssystem konstruiert wird, auf dessen Basis überhaupt erst wissenschaftliche Erkenntnis möglich wird. Entsprechend gilt dies auch für die Alltagssprache. Auch hier erkennen wir nicht die Wirklichkeit an sich, sondern legen unserer Erkenntnis bestimmte sprachliche Unterscheidungen zugrunde (Kieser 2002).

Von absoluten Wahrheits- und Wirklichkeitsbegriffen verabschiedet sich die Spielart des radikalen Konstruktivismus. Der Radikale Konstruktivismus[8] hat schließlich diese These, nämlich dass Menschen ihre Wirklichkeiten konstruieren, weiter verfolgt. Die Bezeichnung geht auf von Glasersfeld (1987) zurück. Anstelle der Objektivität wird die „Intersubjektivität“ gestellt. Die „Radikalität“ liegt also darin, dass jedes menschliche Erkennen und Denken als Konstruktion im Prozess menschlicher Kognitionen und Autopoiese angesehen werden kann und dies keine Ausnahme zulässt. So ist die Erkenntnis der absoluten Wirklichkeit uns als lebendigen Organismen versagt. Daraus folgt auch, dass Objektivität menschenunmöglich ist. Eine weitere Konsequenz ist, dass alle Wahrnehmungen, Wissensbestände, Denkarten und Lebensformen Instrumente im Prozess der menschlichen Autopoiesis sind (Kasper 1995). Maturana unterstreicht den Abschied von absoluten Wahrheits- und Wirklichkeitsbegriffen: „Es gibt keine ′objektive′ Welt oder ′Wirklichkeit′, unabhängig von einem konkreten lebenden System.“ (Maturana 1982: 287) Im Zentrum der Erkenntnis steht weniger die Frage nach den Inhalten und Gegenständen der Wahrnehmung als das „Wie“ des

---

8 Maturana (1982) und Watzlawick (1969) sind nur zwei Namen derjenigen, die an der Entwicklung des Radikalen Konstruktivismus maßgeblich beteiligt waren. Als Weiterentwicklung des kognitionstheoretischen Konstruktivismus stellt der radikale Konstruktivismus im Wesentlichen eine Kombination zwischen Neurobiologie und Systemtheorie dar (vgl. Knorr-Cetina 1989; Luhmann 1984). Kognitiver Konstruktivismus hat mit den kausalen Landkarten versucht die positivistische und interpretative Richtung zu verbinden. Die kausalen Landkarten sollen einen Zusammenhang zwischen bestimmten Faktoren, die die Individuen in ihren Köpfen haben, herstellen können (Kieser 2002).

Erkenntnisvorganges selbst. Kernfrage des Radikalen Konstruktivismus ist, wie Erkenntnisvorgänge zustande kommen, wie sie sich auswirken und zu welchen Ergebnissen sie führen.

Wichtig ist auch die Erkenntnis, dass Menschen als Organismen keinen kognitiven Zugang zu ihrer Umwelt haben, sondern nur BeobachterInnen sind. Jede Beobachtung schließt unmissverständlich den/die BeobachterIn ein. Er/sie ist letztendlich die Bezugsgröße der Beschreibung. Der entscheidende Faktor ist nicht die Übereinstimmung mit der Wirklichkeit, sondern der Nutzen unseres Wissens im Prozess unserer Kognition. Als BeobachterInnen sind wir ständig um homogene, konsistente und widerspruchsfreie Konstruktionen unserer Erfahrungswelt bemüht (vgl. v. Glasersfeld 1987). „Was der Mensch sieht, hängt von zweierlei ab: von dem, worauf er schaut, sowie von dem, was seine vorherige visuell-konzeptionelle Erfahrung ihn zu sehen gelehrt hat.“ (v. Glaserfeld 1987: 206)

Diese Art der Konstruktion von Wirklichkeit betont die Einzigartigkeit und Unentbehrlichkeit des Individuums. So wichtig das Individuum ist, so wichtig ist die Interaktion mit anderen, mit denen eine gemeinsame Realität durch den Austausch der beobachteten Merkmale konstruiert wird. Zur Konstruktion braucht man die anderen. Man ist nicht frei, in dem Sinn, dass man sich konstruieren kann, was man will. Wir treten in eine Gruppe oder einen sozialen Zusammenhang ein (wie z.B. unsere Familien, Schulen, Unternehmen) und begegnen festgefügten immer wieder stabilisierten Realitätsdefinitionen und auf sie abgestimmte Vorstellungen des Handelns. Diese schwer veränderbaren Realitätsdefinitionen werden durch soziales Handeln erzeugt (Hejl 1987). Der Konstruktivismus kann als eine wesentliche wissenschaftstheoretische Strömung angesehen werden, der neue Denkweisen und damit auch in der Entwicklung von Erklärungsmodellen eine neue Perspektive eröffnet hat.

Den radikalen Konstruktivismus gibt es als monolithische Theorie nicht. Es gibt jedoch Gemeinsamkeiten im Grundsätzlichen, vor allem hinsichtlich der generellen Annahmen, dass wir die Welt, in der wir leben, durch unser Zusammenleben mitprägen.

Fragen nach der Beobachtung, Beschreibung bzw. Konstruktion von Wirklichkeit, der Entstehung von Erkenntnis, der Bedeutung von Reflexion oder den Auswirkungen von Kontexten spielen dabei eine große Rolle für die Entstehung von Theorien und deren Anwendung. Diese Fragen werden in der Folge auf die organisationale Ebene wie auch auf die Ebene des wissenschaftlichen Diskurses heruntergebrochen. Sie sind in dem Zusammenhang ebenso relevant, wie auf der Metaebene der Wissenschaftstheorie. Es geht wie in der wissenschaftstheoretischen Diskussion in dieser Arbeit auch um die Frage, wie Beschreibungen des Phänomens Bindung in Organisationen erläutert werden, wie und in welcher Art und Weise Kontexte in diese Diskussion miteinbezogen werden und wie damit im wissenschaftlichen Diskurs umgegangen wird.

Eine konstruktivistische Perspektive erlaubt das Verbinden des Beobachtungsfelds der Beschäftigungsverhältnisse, deren Erklärungen und Einordnungen auf der einen Seite mit den Erklärungsmodellen von organisationalem Commitment und deren Repräsentanz im wissenschaftlichen Diskurs auf der anderen Seite. „Constructivist studies aim at understanding the intricate way in which discourse leads to the creation and reification of certain phenomena." (Hardy 2004: 416) Damit wird ausgedrückt, dass in dieser Arbeit ein konstruktivistischer Blick auf die Reproduktion der Diskussion rund um organisationales Commitment gelegt werden wird und damit wichtige Einblick in diesen Debatte gegeben werden sollen. Es wird aber auch der Kontext der Beschäftigungsverhältnisse, in dem sich organisationales Commitment herausbildet, näher beleuchtet.

Organisationales Commitment ist ohne Einbeziehung des Kontextes der Organisation und der Ausgestaltung der Beschäftigungsverhältnisse nur eingeschränkt erklärbar bzw. ist der Aussagewert ohne Kontextualisierung begrenzt.

1.4 Aufbau der Arbeit

Die vorliegende Arbeit untersucht das Phänomen Commitment. Dabei verfolgt sie das Ziel, in mehrerlei Hinsicht einen Beitrag zur Commitmentforschung zu leisten: Es wird argumentativ dargelegt, welche Bedeutung die Flexibilisierung von Beschäftigungsverhältnissen für die Entstehung und Intensität von organisationalem Commitment hat. Es wird weiters herausgearbeitet, inwieweit die Veränderungen der Beschäftigungsverhältnisse Eingang in die Operationalisierungen im wissenschaftlichen Diskurs gefunden haben und welche multidimensionalen Wechselwirkungen bei der zukünftigen Betrachtung von organisationalem Commitment mitberücksichtigt werden sollten. In Abbildung 1 findet sich eine graphische Darstellung des Aufbaus.

Kapitel 2 widmet sich dem ersten großen Bereich dieser Arbeit – der Erklärung des Konzepts der Bindung. Dabei werden eingangs die nahe beieinanderliegenden Konzepte Identität, Identifikation und Commitment zueinander in Beziehung gesetzt (Kapitel 2.1). Im Anschluss daran wird die sich wandelnde Bedeutung des Betrachtungsfelds organisationales Commitment dargelegt (Kapitel 2.2).

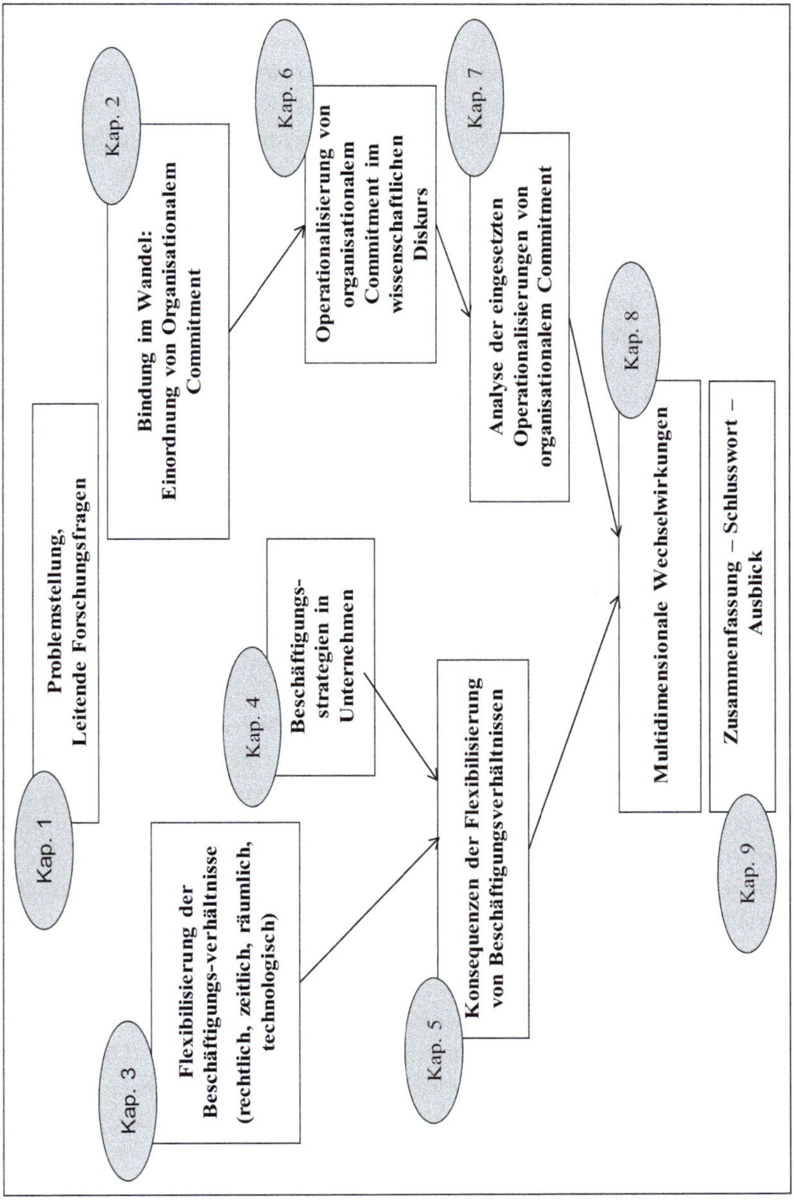

Abbildung 1: Die Operationalisierung von organisationalem Commitment unter dem Aspekt sich verändernder Beschäftigungsverhältnisse

In ***Kapitel 3*** werden die Formen, Gründe und Ausprägungen der Veränderungen der Beschäftigungsverhältnisse näher beleuchtet. Eingangs (Kapitel 3.1) werden die beobachtbaren Veränderungen am Arbeitsmarkt dargelegt, bevor Flexibilisierung als Begriff genauer betrachtet wird (Kapitel 3.2). In dem Abschnitt wird die Frage nach dem „Normalen" im Rahmen der Normalbeschäftigungsverhältnisse gestellt, um anschließend verschiedene Formen der Flexibilisierung – räumlich, zeitlich und technologisch – im Einzelnen zu beschreiben (Kapitel 3.3).

Nach der Klärung der möglichen Ansatzpunkte für Veränderungen drängt sich die Frage nach dem „Wie" auf und daher wird der Blick im ***Kapitel 4*** auf die Strategien von Organisationen gerichtet. Eingangs werden die Beweggründe für die Flexibilisierungstendenzen in Organisationen aufgezeigt (Kapitel 4.1). Anschließend wird das klassische Konzept der Flexible Firm vorgestellt (Kapitel 4.2) und es wurden Weiterführungen dieses Konzeptes diskutiert (Kapitel 4.3 und 4.4).

Welche Konsequenzen diese Entwicklungen haben, steht dann im Mittelpunkt von ***Kapitel 5***, wobei verschiedene Ebenen analysiert werden: ausgehend von der Makroebene des Arbeitsmarktes (Kapitel 5.1), wird auf die organisationale Mesoebene gewechselt (Kapitel 5.2), um abschließend auf der individuellen Mikroebene Arbeitsbeziehungen (Kapitel 5.3) einer kritischen Analyse zu unterziehen. Den Abschluss bildet eine Zusammenfassung der Konsequenzen dieser verschiedenen Ebenen (Kapitel 5.4).

In ***Kapitel 6*** wird die Diskussion um die Bedeutung von organisationalem Commitment wieder aufgenommen. Im Zentrum steht hier die Darlegung der möglichen Erklärungsansätze von organisationalem Commitment. Dabei werden verschiedene Ansätze vorgestellt und in Verbindung mit möglichen Operationalisierungsformen gebracht, um aufzuzeigen, welche Erklärungsansätze sich in diesen Operationalisierungsformen, die in vielen empirischen Studien eingesetzt werden, wiederfinden.

Die Untersuchung des Einsatzes von solchen Operationalisierungsformen im wissenschaftlichen Diskurs findet sich im ***Kapitel*** *7*. Die Zielsetzung und das Vorgehen der Analyse (Kapitel 7.1) werden erläutert und in weiterer Folge die Ergebnisse der thematischen Kodierung präsentiert (Kapitel 7.2). Die Zusammenschau der Hauptthemenbereiche wird anhand der herangezogenen Einflussfaktoren auf bzw. untersuchten Auswirkungen von organisationalem Commitment systematisiert und näher erklärt (Kapitel 7.3). In einem weiteren Schritt wird durch den Einsatz eines Tools zur Illustration von relationalen Zusammenhängen in Texten auch eine Form von thematischen Hüllen rund um die Operationalisierungen von organisationalem Commitment herausgearbeitet (Kapitel

7.4). Diese Darstellungen ergeben einen neuen Blick auf die Einsatzfelder der verschiedenen Konstrukte.

Die Ergebnisse der Analyse des wissenschaftlichen Diskurses zu organisationalem Commitment werden in ***Kapitel 8*** mit den Konsequenzen der Veränderungen in Verbindung gesetzt. Es ergeben sich multidimensionale Wechselwirkungen (Kapitel 8.1). Als solche zeigen sich ganz besonders die Themen Zeit (Kapitel 8.2), Handlungsspielraum (Kapitel 8.3), soziale Gerechtigkeit (Kapitel 8.4) und Unsicherheit (Kapitel 8.5).

Im ***Abschlusskapitel 9*** wird der Gang der Argumentation nochmals nachgezeichnet, Limitationen beleuchtet und auch ein Ausblick auf Handlungs- und Forschungsfelder gelegt, die sich aus den Forschungsergebnissen ergeben.

2. Bindung in Organisationen

In der Organisations- und Personalforschung ist die Frage nach der Bindung von MitarbeiterInnen eine Fragestellung mit langer und ungebrochener Tradition (Bröckermann 2004). Im Zentrum stand und steht die Frage, warum und wie sich Menschen mit einer Organisation identifizieren, welche Bedingungen zu stärker oder schwächer ausgeprägter Identifikation führen, aber auch welche Auswirkungen eine niedrige oder hohe Identifikation für das Individuum, Team oder die Organisation haben kann. Die verschiedenen Formen des Downsizings und die Veränderungen bei den Vertragsformen für die Beschäftigten weisen auf eine verminderte Bedeutung von Bindung hin (Sharkie 2005). Dahinter stehen Kontroll- und Effizienzgedanken und in manchen Firmen wird eine Verbesserung und Optimierung der Hierarchie auch als ein Weg zu effektiverem Wissensmanagement gesehen.

Mit dem Trend zu einer Verstärkung der Wissensintensität bzw. der Anforderungen im Bereich der Wissensverarbeitung und -weitergabe für den Bereich der Beschäftigungsverhältnisse und der Employment Relations haben sich sehr widersprüchliche Richtungen aufgetan: einerseits wird Vertrauen immer wieder betont und anderseits wird auf enge Prozessschritte gepocht. Allen gemeinsam sieht Adler (2001: 220), dass Vertrauen in der einen oder anderen Art wichtig ist, weil der Wettbewerbsdruck bei vielen Organisationen den Trend dazu verstärkt, die einzelnen Operationsschritte stärker zu planen und zu überprüfen. Die Einführung stark formalisierter Prozessvorschriften im Rahmen des Total Quality Management (TQM) und hochstrukturierter Produkt- und Softwareentwicklungsprozesse verdeutlicht diesen Trend. Ein Aspekt bleibt dabei wenig beachtet: die Bedeutung von Identität und Identifikation im organisationalen Leben. Ein Teil der Bedeutung von organisationaler Identifikation „comes from the need for a situated sense of entity“ (Albert et al. 2000: 13). Es geht im Kern um verschiedene Formen der Bindung. Es geht um eine Form von psychologischem Band zwischen MitarbeiterInnen und den Unternehmen.

In der Folge werden die zentralen Konzeptionen zum Thema Bindung erläutert und miteinander in Bezug gesetzt, um hier im Anschluss daran das Konzept des organisationalen Commitments einzuordnen (Kapitel 2.1). Anschließend daran wird auch auf die Frage eingegangen, welcher Stellenwert diesem Thema heute zukommt (Kapitel 2.2).

2.1 Konzeptionen des Themas Bindung

Bindung und Bindungsverhalten standen seit jeher im Blickpunkt psychologischer Betrachtungsweisen, wobei hier sehr stark der Fokus auf die Entwicklung von Instinkten bzw. natürlichem Bindungsverhalten gelegt wurde (Bowley 2006). Im Rahmen sozialpsychologischer Betrachtungen und der Untersuchung des Bedürfnisses nach sozialem Kontakt (Affiliation) entstanden im Laufe der Mitte des zwanzigsten Jahrhunderts erste Bindungstheorien und Ableitungen von Bindungsstilen. Am bekanntesten in dieser Hinsicht sind die drei Bindungsstile, die als sicherer, vermeidender und ambivalenter Bindungsstil bezeichnet werden (Ainswoth et al. 1978, Hazan/Shaver 1987). Eine zentrale Frage in diesem Hinblick war und ist, was die Tendenz einer Person, eine Beziehung aufrechtzuerhalten und sich psychologisch an sie gebunden zu fühlen, beeinflusst. Diese Tendenz bzw. Festlegung wird auch als Commitment bezeichnet (Buunk 2003: 442).

Die Commitmentforschung hat eine längere Tradition und Mitte der 70er Jahre wurde die Abgrenzung verschiedenster Bindungsdimensionen, wie z.B. Identifikation auf der einen Seite und Commitment auf der anderen Seite betrieben. Allen gemeinsam ist die Wurzel der Auseinandersetzung mit klassischen Fragestellungen der Organisationsforschung, nämlich die Fragen nach der Leistungs- und Teilnahmeentscheidung von MitarbeiterInnen, die sich schon bei March und Simon (1958) finden: Empirische Befunde aus dieser Zeit unterstreichen, dass MitarbeiterInnen mit hohem Commitment sich durch hohe Leistungsbereitschaft auszeichnen und geringe Fehlzeiten und niedrige Fluktuationsbereitschaft aufweisen (Mowday et al. 1983: 35). Was es bedeutet, „committet" zu sein, was zu Bindungen führt und welche Folgen sich aus dem „Gebundensein" ergeben, wird in diesem Abschnitt beleuchtet. Es wird aber auch die Frage in den Raum gestellt, ob die bestehenden Konzeptionen der MitarbeiterInnenbindung bzw. deren Erklärung ausreichen, um angesichts der Veränderungen in der modernen Arbeitsgesellschaft, die im vorhergehenden Abschnitt beschrieben wurden, auch weiterhin noch einen Erklärungswert für Einstellung und Verhalten von MitarbeiterInnen zu haben.

Ein Problem in diesem Zusammenhang ist die Abgrenzung einer Vielzahl von Begriffen, die besonders im Alltagssprachgebrauch synonym verwendet werden. Im deutschsprachigen Raum wird dieses Thema in verschiedenerlei Hinsicht behandelt: „Identifikation" (z.B. Stengel 1987), „Entfremdung" (Kanungo 1982), „Einbindung und Involvement" (Conrad 1988), oder „Loyalität" (Kieser 1995) sind Begriffskonstrukte, die in einem sehr ähnlichen Bereich angesiedelt sind. Umso mehr ist es notwendig, dass diese verschiedenen Themen abgegrenzt werden.

Im Zusammenhang mit sozialen Interaktionen sind die Begrifflichkeiten Commitment und Vertrauen sehr eng verbunden (Müller 2007: 1). Commitment und Vertrauen führen auch die Liste der Indikatoren an, die in einem aktuell erschienenen Literaturüberblick über die verwendeten Charakteristika in Konzeptionalisierungen von Beziehungen von Organisationen zu Beschäftigten zusammengefasst wurden (Herington et al. 2009). Bayard (1997) versucht eine Unterscheidung zwischen Identifikation, Organizational Commitment, Involvement (= Job involvement) und Loyalität zu treffen. Den Unterschied sieht sie darin, dass sich Identifikation auf mehrere Identifikationsobjekte beziehen kann (auf Personen, Aufgaben, Teams, Abteilungen, Gesamtebenen etc.), während sich das Organisational Commitment nur auf die starke Bindung an und das entsprechend engagierte Verhalten für das Unternehmen sowie dessen Werte und Ziele und das Job Involvement auf die Identifikation mit der Tätigkeit bezieht. Loyalität wiederum stellt für Bayard (1997: 60) die schwächste Form des Commitments dar. Sie stellt fest, dass unter den erwähnten Begriffen oft ähnliche Aspekte subsumiert werden.

Um eine begriffliche Abgrenzungsarbeit zu leisten, werden in der Folge die Konzepte definiert. Dabei wird auf Erklärungsmodelle aus der Sozialpsychologie zurückgegriffen, denn Identität, Identifikation und Commitment haben dort ihre Wurzeln. Durch die Betrachtung und Einbeziehung dieser Konstrukte können Erkenntnisse für das Verständnis von Organisationen gezogen werden. Es können damit motivationale Prozesse von der Ebene des zu bewegenden Menschen (in der Regel die ausführenden MitarbeiterInnen) auf die Ebene des für sich zuständigen Menschen (in der Regel Führungskräfte) gehoben werden, der sich handelnd zu erkennen sucht und dabei seine Welt gestaltet. Dieser Ebenenwechsel wird in den angesprochenen Konstrukten auf unterschiedliche Art vollzogen.

2.1.1 Identität

Die Identität ermöglicht dem Menschen im Wechsel der biographischen Zustände und über verschiedene Positionen im sozialen Raum hinweg Kontinuität und Konsistenz zu sichern (Döbert et al. 1980). Die Identitätsentwicklung erfolgt über einen dialektischen Balanceakt des/der Einzelnen zwischen gesellschaftlichem Anspruch und persönlicher Autonomie. Dabei gibt es ganz unterschiedliche Anknüpfungspunkte.

2.1.1.1 Identitätsorientierungen

Bei der Auseinandersetzung mit Identitätsorientierungen wird immer wieder darauf hingewiesen, dass es mehrere Anknüpfungspunkte gibt. Am häufigsten findet sich in der Organisationspsychologie folgende Dreiteilung: Personal, Relational und Kollektiv (z.B. Brewer/Gardner 1996, 2005; Brickson 2000, 2007). Es geht um Anknüpfungspunkte, die zuerst einmal in der Person selbst liegen, weiters im Bezugspunkt der Person als ein Interpersonal Being und zuletzt auch als ein Gruppenmitglied. Diese drei Anknüpfungspunkte repräsentieren verschiedene Identitätsorientierungen, die mit unterschiedlichen Ausgangslagen verbunden sind (Brewer/Gardner 2004).

Tabelle 1: Aspekte der Identitätsorientierung (in Anlehnung an Brewer/Gardner 2004: 68f; Brickson 2007: 867)

Identity Orientation	**Locus of Self-Definitions**	**Basic Social Motivation**	**Relevant Elements of Self-Knowledge**	**Self-Evaluation Frame of Reference**
Personal	Individual	Self-Interest	Traits	Interpersonal comparison
Relational	Interpersonal	Other´s benefit	Roles	Comparison to role standard
Collective	Group	Collective welfare	Group prototype	Intergroup comparison

Jede dieser Identitätsorientierungen basiert auf unterschiedlichen Quellen der Eigendefinition (Locus of Self-definitions) bzw. der treibenden Kraft für das Handeln. Durch diese verschiedenen Quellen werden ganz andere Elemente für die Selbstwahrnehmung relevant und diese beeinflussen in weiterer Folge auch die Selbstevaluation, oder, wie in der Übersicht (Tabelle 1) bezeichnet, den Referenzrahmen.

Ausgehend von dem Ansatzpunkt der personenbezogenen Identität (Personal Identity) kommt der Hauptantrieb aus den eigenen Interessen, die Brickson (2000: 84) so zusammenfasst: „…people are motivated by self-interest, conceive of themselves primarily in terms of their individual traits and characteristics and utilize comparisons with other individuals as a frame for reference“.

Wenn eine austauschbezogene Identität (Relational Identity) im Vordergrund steht, dann geht es vor allem um das Erreichen von Benefits für andere. Damit definieren sich diese Akteure als vor allem in Begriffen, die sich aus den Rollen in den Beziehungen zu den anderen definieren lassen. Dabei bewerten sich diese Akteure selbst danach, ob sie passend im Hinblick auf die Rollenerwartungen agieren. Bei der Definition dieser Rollenerwartungen hat gerade das soziale Umfeld wie Freundeskreis, Nachbarschaft, Arbeitsumgebung etc. einen massiven Einfluss (Haslam et al. 2009).

Ein dritter Bezugspunkt ist die kollektive Identität (Collective Identity). Hierbei steht das Wohlbefinden (Welfare) der Gruppe – zum Teil auch in Relation zu anderen Gruppen – als die Triebfeder für Verhalten im Vordergrund. Der Prototyp der eigenen Gruppe steht im Zentrum und der Selbstwert wird dadurch evaluiert, indem die eigene Gruppe mit anderen verglichen wird.

Dieser Referenzpunkt der kollektiven Identität hat für die Diskussion im Hinblick auf die organisationale Identität einen hohen Stellenwert. Organisationale Identität wird als ein wichtiges Unterscheidungsmerkmal einer Organisation zur Umwelt gesehen (Hsu/Hannan 2005). Organisationale Identität wird mittlerweile aus unterschiedlichen Perspektiven betrachtet: OrganisationspsychologInnen interessieren sich für eine mögliche Kategorisierung, aber auch für die Wirkungen von solchen organisationalen Identitäten auf das Verhalten der Organisationsmitglieder. KommunikationswissenschaftlerInnen interessieren sich für die Gestaltung und den Ausdruck mit verschiedenen Medienformen, die sich im Rahmen von Public Relations Darstellungen, Logos und Ähnlichem finden. LinguistInnen wiederum konzentrieren sich auf die möglichen interpretativen Realisierbarkeiten (Interpretative Viability), die sich aus verschiedenen Ausprägungsformen von organisationaler Identität ergeben. In diesen Beispielen werden unterschiedliche Nuancen von organisationaler Identität angesprochen, die Cornelissen et al. (2007) in folgender Art und Weise miteinander in Bezug setzen (siehe Abbildung 2).

Auf der Ebene der sozialen Identität (Social Identity) ist, wie schon ausgeführt, die Kategorisierung der Einschätzung von sich selbst und den anderen angesiedelt. Identität und Identifikation gehen potentiell ineinander über. Dabei sind die kontextuellen und verhandelbaren Aspekte von Mehrfachidentitäten ein weiterer relevanter Bereich, der bisweilen zu Konflikten zwischen verschiedenen Identitäten führen kann.

Auf der Ebene der organisationalen Identität (Organzational Identity) finden sich viele externe und interne Eigenschaften (Features) von verschiedenen Identitäten, die sich zu einer Art Muster zusammenfügen. In dieser Mustergestaltung bzw. -ausbildung liegt die potentielle Variabilität von organisationaler Identität. Auf dieser Ebene sind die kontextuellen bzw. verhandelten Identitäten von verschiedenen Parteien relevant. „Organizational identity can be seen as an interpretative system, or as a set of shared cognitions, or as shared language and behaviours“ (Cornelissen et al. 2007: S. 6). In den Ausprägungen der organisationalen Identität liegen Legitimationsbasen. Dies zeigt zum Beispiel auch die Wahl des Unternehmensnamens (Glynn/Marquis 2007), wobei dieser von manchen auch schon als Teil der Corporate Identity gewertet wird.

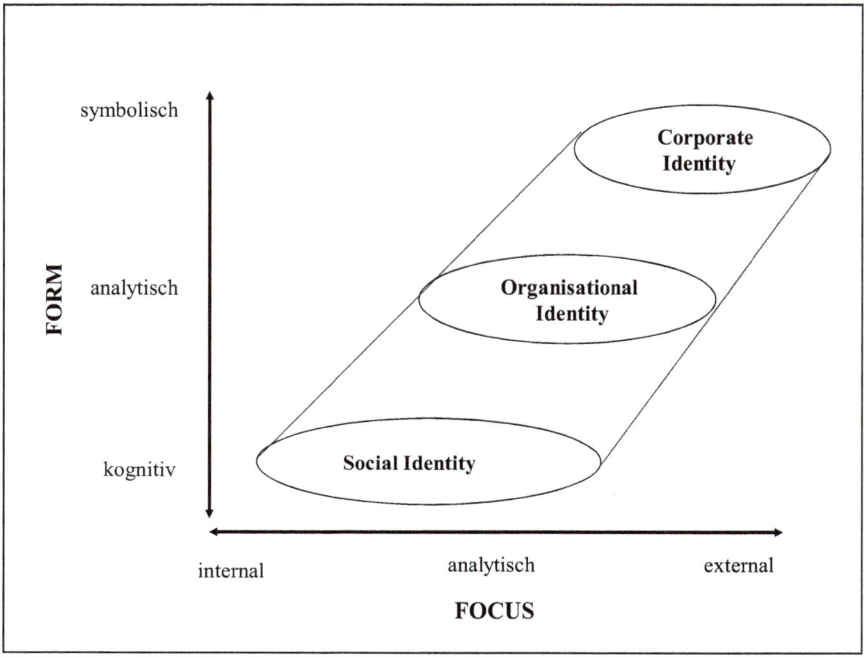

Abbildung 2: Überblick über die Konstrukte soziale, organisationale Identität bzw. der Corporate Identity

Die Unternehmensidentität (Corporate Identity) zeigt sich vor allem auf einer Art Produktebene, also in Materialien, Artefakten wie Logos oder Werbeslogans. Es sind handfeste Inhalte und Strukturen, die als konkrete Umschreibungen einzelner Identitäten fungieren. „The notion of corporate identity ′traits′ resembles the conceptualization of organizational identity ... as involving identity anchors that are central (inimitable organizational traits), distinctive (differentiated from other organizations) and enduring (stable over time)“ (Cornelissen et al. 2007: S7; Hervorhebung durch die Autoren). Dabei kann Corporate Identity als Projektion dieser darunterliegenden organizationalen Identität gesehen werden (siehe dazu Schultz et al. 2000). Sie kann aber auch als von den Stakeholdern wie Beschäftigten, Kunden oder Konsumenten wahrgenommenes Bild einer Organisation gedeutet werden (Simoes et al. 2005).

Allen drei Konstrukten ist gemein, dass deren Bildung und Interpretation sehr stark von sozial-strukturellen aber auch temporalen Kontextfaktoren abhängig ist (Chreim 2007). Die Einbettung der persönlichen Identität in soziale Umwelten, die in den Darstellungen der einzelnen Identitätsorientierungen schon einbezogen wurden, schlägt sich in einer Orientierung der Auseinandersetzung hin zu relationalen und kollektiven Identitäten nieder. Dies zeigt die Evidenz von Diskontinuitäten zwischen den Selbstbeschreibungen und dem beobachtbaren sozialen Verhalten. Experimente in diesem Zusammenhang unterstützen diese Tendenzen zu Verlagerungen hin zu relationalen und kollektiven Identitäten (Brewer/Gardner 2004: 73).

2.1.1.2 Identitätsorientierungsrahmen

Um das Verhältnis dieser verschiedenen Identitätsebenen untereinander noch besser fassen zu können, ist der Fokus auf den Bezug dieser Identitätsorientierungen zu den sozialen Austauschformen sehr hilfreich. Flynn (2005) hat diese in einem Identity Orientation Framework erarbeitet. In diesem Bezugssystem finden sich dieselben Ausgangsebenen für die Identitätsorientierung wie in dem schon vorgestellten Modell von Brewer/Gardner (2004) bzw. Brickson (2007). Flynn geht in seinen Ausführungen jedoch einen Schritt weiter und ermöglicht eine Verbindung zwischen der Identitätsorientierung und daraus resultierenden Austauschformen (siehe Tabelle 2).

Tabelle 2: Verbindungen zwischen Formen des sozialen Austausches und Identitätsorientierungen in Organisationen (Flynn 2005: 738)

Identity Orientation	**Basis of Evaluation**	**Frame of Reference**	**Goal/ Motive**	**Preferred Exchange Form**	**Direct/ Indirect Reciprocation**	**Implicit/ Explicit Discussion of Exchange Terms**
Personal	Personal traits or characteristics	Self-other comparisons	Solely self-interest	Negotiated	Direct	Explicit
Relational	Consideration of role-appropriate behaviour	Fulfillment of role-appropriate behaviour	Self-interest as well as other´s interest	Reciprocal	Direct	Implicit
Collective	Embodiment of group characteristics	Group-group comparisons	Group interest	Generalized	Indirect	Implicit

Der Identitätsorientierungsrahmen (Identity Orientation Framework) beschreibt, wie das Bedürfnis nach Aufrechterhaltung von Self-representations die Annahmen und Interaktionen mit anderen Akteuren beeinflusst. In diesem Bezugsrahmen werden die schon bekannten Identitätsorientierungsformen in Beziehung zu den gewählten Austauschformen gesetzt:

- **Identitätsorientierung auf der personalen Ebene** (Personal Identity Orientation) und Austausch auf der Verhandlungsebene: Durch die Form des Verhandelns als die soziale Austauschform ist sichergestellt, dass es zu einem Austausch von Vorteilen direkt und unmittelbar kommt. Beschäftigte, die sich auf diesem personalen Level identifizieren, ziehen diesen Verhandlungsaustausch vor. Es bedeutet aber auch, dass der/die Einzelne bei seinem/ihrem Handeln vor allem auf der Basis der eigenen Interessen handelt. Dieses Verhandlungsprinzip ist in Organisationen im Bereich der ökonomischen Transaktionen ebenso zu finden wie auf der Ebene von sozialen Austauschbeziehungen zwischen zwei Beschäftigten. Beschäftigte, die einander (noch) nicht kennen und sich jeweils zu unterschiedlichen sozialen Gruppen zuordnen, werden diese Form des Austausches bevorzugen (Flynn 2005: 742).

- **Identitätsorientierung auf der relationalen Ebene** (Relational Identity Orientation) und reziproker Austausch: Im Unterschied zu den Verhandlungsformen ist bei dieser Form des Austausches das explizite Verhandeln über den Inhalt und den Zeitpunkt des Austausches tabu. Vielmehr verlassen sich die AkteurInnen in dieser Art von Austauschprozess auf das Prinzip der Reziprozität ohne jedoch genau zu wissen, ob und wann er oder sie diese Reziprozität erwarten kann. Diese Austauschform spielt in Organisationen eine besondere Rolle: "Interpersonal identities are frequently rooted in dyadic relations (e.g. hierarchical, parent-child, client) but they might also be deriven from membership in small, face-to-face groups that are essentially networks of such dyadic relationships. People who identify at the relational level are not only self-interested but motivated to procure benefit for the other party in their exchange relations" (Flynn 2005: 740). Diejenigen, die diese relationale Identität übernehmen, werden sich auf die Norm der Reziprozität stützen. Sie gehen davon aus, dass diese Norm ihre Austauschbeziehungen erleichtert (Gouldner 1960). In diesem Zusammenhang wird von generalisierten relationalen Identitäten gesprochen (Sluss/Ashforth 2007). Damit ist z.B. gemeint, wie sich eine Führungskraft als Supervisor der MitarbeiterInnen selbst sieht. In diesem Bereich treffen individuelle – oder personenbezogene – Identitätsbilder mit rollenbezogenen Identitäten aufeinander.
- **Identitätsorientierung auf der kollektiven Ebene** (Collective Identity Orientation) und generalisierter Austausch: Das Geben und Erhalten von Vorteilen (Benefits) taucht in solchen Austauschbeziehungen zwischen drei und mehreren Personen, die Mitglieder einer sozialen Gruppe sind, auf. Dieses Verhalten kann bestimmten Mustern folgen, es kann aber auch ohne eine spezifische Ordnung entstehen. Als ein mögliches Beispiel dafür kann Extra-Rollenverhalten angesehen werden. So kann Organizational Citizenship Behavior (OCB) als so eine generalisierende Austauschform angesehen werden, weil hier die Reziprozität indirekt erfolgt und der Inhalt davon als mehrdeutig eingestuft werden kann. "A system of gener-

alized exchange requires adherence to a collective norm of unilateral giving and a general concern for others′ well-being." (Flynn 2005: 740) Beschäftigte, die von solch einer kollektiven Identitätsorientierung geleitet werden, zeichnen sich dadurch aus, dass sie sehr bemüht sind, die Interessen ihrer sozialen Bezugsgruppe zu schützen und weiterzuentwickeln. Dahinter wird die Bereitschaft gesehen, die persönlichen Interessen, zumindest für eine kurze Zeit, für das Wohl des Kollektivs aufzuopfern.

Die beschriebenen Identitätsorientierungen und die damit einhergehenden Formen der Austauschbeziehungen wie sie sich in diesem Identitätsorientierungsrahmen finden, verdeutlichen mögliche Ansatzpunkte für die Gestaltung von Austauschbeziehungen in Organisationen. Sehr oft wird in diesem Zusammenhang auf das Konstrukt des oben erwähnten Organizational Citizenship Behavior (OCB) Bezug genommen, das auch immer wieder im Zusammenhang mit dem Thema Bindung in die Diskussion eingebracht wird.

2.1.1.3 Organizational Citizenship Behavior (OCB)

Einer der Ursprünge für die Verbindung von Organizational Citizenship Behavior (OCB) mit dem Thema Bindung in Organisationen findet sich in den Arbeiten von Organ (1977). Er hat darauf hingewiesen, dass der nicht allzu hoch nachweisbare Zusammenhang zwischen Arbeitszufriedenheit und herkömmlichen Leistungsmaßen in Organisationen durch betriebliche Restriktionen erklärbar ist. Ein Weg, um zu differenzierteren Ergebnissen bei Untersuchungen des Zusammenhangs von Einflussfaktoren auf Leistungsmaße in Organisationen zu kommen, besteht darin, zu den herkömmlichen Indikatoren, die sich auf die organisationsseitig vorgegebene Stellenfunktion und entsprechende Rollenerwartungen beziehen (In-role Behavior), auch Leistungsmaße mit einzubeziehen, die darüber hinausgehen (Extra-role Behavior) und damit stärker motivationalen und emotionalen Einflüssen unterworfen sind (van Dyne et al. 1995). Genau diese Faktoren erfasst das Organizational Citizenship Behavior (OCB).

Um hier noch ein wenig auszuholen, ist ein Blick in das weitere Umfeld hilfreich, denn im Kern diese Konzeptes geht es um eine Art StaatsbürgerInnenkonzept, das Elemente des Verhaltens als BürgerIn eines politischen Staates auf die organisationale Ebene umlegt. Citizenship begründet Staatsbürgerrechte und Pflichten von Mitgliedern einer Gemeinschaft und im politischen Sinne ist es ein juristischer Status, der auf eine Art soziopolitische Identität übertragen werden kann und mitbestimmt, wie vor allem ökonomische Ressourcen innerhalb einer Gesellschaft[9] verteilt werden (Turner 2006: 58). Der Grund-

9 Hier ist auf die in vielen europäischen Staaten häufig diskutierten Immigrationsregelungen zu verweisen.

gedanke in diesem BürgerInnenrechtskonzept ist, dass der demokratische Staat eine Vereinigung ist, in der Mitgliedschaft und deren Gegenleistung von den individuellen Beiträgen abhängig ist – darunter fällt z.B. die in vielen Staaten auf dem Generationenvertrag basierende Altersvorsorge, bei dem die Leistungen für die Pension von den Leistungen für die Gesellschaft während der Erwerbsarbeitszeit abhängig ist.

OCB ist eine Alternative zu herkömmlichen Leistungskriterien geworden, wie z.B. objektive Leistungskennziffern und Vorgesetztenbeurteilungen. Der OCB-Ansatz basiert auf der Annahme, dass der Unternehmenserfolg zu einem nicht unwesentlichen Teil davon abhängt, ob sich MitarbeiterInnen über das vertraglich Geregelte hinaus für das Wohl des Unternehmens einsetzen (Bolino et al. 2004; Felfe et al. 2005b: 50; Lapierre/Hackett 2007).

Freiwillige Leistungen, die über die vereinbarten Erwartungen hinausgehen, bedürfen der besonderen Initiative und Einsatzbereitschaft der MitarbeiterInnen und entziehen sich weitgehend der Steuerung und Kontrolle der Organisation (Felfe et al. 2005b: 50). „OCB represents individual behavior that discretionary, not directly or explicitly recognized by the formal reward system, and that in the aggregate promotes the effective functioning of the organization" (Organ 1988: 4). Unter OCB (Organ 1997) werden Verhaltensweisen verstanden, die

- freiwillig gezeigt werden,
- von der Organisation nicht direkt belohnt werden oder deren Ausbleiben nicht direkt bestraft wird,
- über das im Arbeitsvertrag geforderte Maß hinausgehen und nicht unmittelbar vorhersehbar oder planbar sind und
- der Organisation langfristig dienen.

Als solche freiwilligen Leistungen sind z.B. die freiwillige und hilfreiche Unterstützung anderer Organisationsmitglieder zu sehen, oder das Einbringen von Verbesserungsvorschlägen, die eigene Weiterbildung oder aber das loyale Auftreten gegenüber Außenstehenden. Im Zusammenhang mit OCB wird darüber hinaus herausgestrichen, dass „responsible civic citizenship requires balanced engagement in obedience, loyalty and participation" (van Dyne et al. 1994: 767). Dabei wird Gehorsam (Obedience) als Respekt gegenüber Führungskräften, Organisationsstrukturen und unternehmerischen Prozessen sowie als Erfüllung individueller Aufgaben nach Vorgaben des Unternehmens verstanden. Loyalität hingegen meint die Treue zum Unternehmen und die Überordnung des gemeinsamen Unternehmenserfolgs über Interessen einzelner MitarbeiterInnen und Abteilungen. Die dritte Dimension Partizipation ist als Interesse an der zielorientierten Steuerung des Unternehmens und als Bereitschaft, Kenntnisse und Verbesserungsvorschläge aktiv in die Unternehmenspolitik einzubringen, zu verstehen. Nach Organ (1988) umfasst OCB fünf Facetten:

1. Altruismus (Altruism): freiwillige Unterstützung und Hilfsbereitschaft gegenüber KollegInnen
2. Pflichtbewusstsein (Conscientiousness): besondere Sorgfalt und Zuverlässigkeit im Sinne der Organisation oder auch aus Pflichtbewusstsein
3. Fairness (Sportsmanship): Toleranz gegenüber Ärgernissen, Störungen und Unannehmlichkeiten
4. Großzügigkeit (Courtesy): Rücksicht, Umsichtigkeit, Verbindlichkeit im Umgang mit KollegInnen
5. Zivilcourage (Civic virtue): aktive Beteiligung und Engagement und auch die Bereitschaft zusätzliche Aufgaben zu erledigen.

Um die Stärke dieses Verhaltens festzustellen, sind in der Folge verschiedene Indizes und Skalen entwickelt worden, die auch in sehr viele empirische Erhebungen[10] Eingang gefunden haben. Dabei stehen sowohl die Identifikation der fünf Haupttypen im Mittelpunkt, wie auch die Weiterführung in Form einer Differenzierung von beobachtbaren Verhaltensdimensionen. Bei diesen Verhaltensdimensionen[11] wird unterschieden in Verhalten, das der Organisation im Allgemeinen zugute kommt (OCBO – behaviors that benefit the organization in general), als auch Verhalten, das vornehmlich dem/der Einzelnen zu Gute kommt (OCBI – behaviors that immediately benefit specific individuals and indirectly through this means contribute to the organization) (Williams/Anderson 1991: 601f). Mögliches Beispiel für OCBO ist das unmittelbare Bescheid geben, wenn ein/e MitarbeiterIn nicht zur Arbeit erscheinen kann, bzw. für OCBI die Hilfestellung für andere, die abwesend sind.

In den empirischen Untersuchungen steht immer wieder die Frage nach dem Zusammenhang von OCB und Arbeitszufriedenheit im Mittelpunkt (z.B. Organ/Ryan 1995; von Dyne/Ang 1998; Podsakoff et al. 1996, 1997; Felfe et al. 2005b). Wichtig dabei ist, dass Arbeitszufriedenheit – ähnlich wie organisationales Commitment, Attachment, Identity – als emotional-kognitives Einstellungskonzept gesehen wird, mit dessen Hilfe Verhalten als Konsequenz erklärt und auch vorhergesagt werden kann. OCB ist dahingehend auf der Verhaltensebene angesiedelt und kann damit auch als Ausdruck einer hohen Arbeitsmotivation angesehen werden (Six/Felfe 2004).

OCB wird auch als Extra-Rollenverhalten (Extra-role behavior) bezeichnet, das über das vertraglich geregelte Leistungsverhalten (In-role behavior) hinausgeht (Organ/Paine 1999). Dieser Begriff des Extra-Rollenverhaltens erlebt seit den 1980er Jahren eine bemerkenswerte Renaissance (Podsakoff et al. 2000). Matiaske/Weller (2005: 64) streichen heraus, dass bereits Barnard in seinen sys-

10 Hinweise dazu finden sich in Kapitel 7.

11 Siehe dazu Skalenbeispiele im Kapitel 6

temtheoretisch beeinflussten Überlegungen zur Führung großer Unternehmen eindrücklich auf die Notwendigkeit freiwilligen Engagements hingewiesen hat. Ähnliche Überlegungen wurden wenig später in den situativen Ansätzen (Kontingenz-Ansätzen) der Organisationstheorie entwickelt. Darunter fallen z.B. Burns/Stalker (1961), die betonen, dass gerade in turbulenten und unsicheren Umwelten Organisationen Flexibilität im Sinne von organischen Organisationsstrukturen benötigen. Organische Strukturen werden als Abgrenzung zu traditionellen Bürokratien mit mechanischen Strukturen angesehen. Extra-Rollenverhalten kann als die Art von Performance gesehen werden, die ein Individuum in Ergänzung zur normalen Jobbeschreibung in ihrer/seiner Arbeit bzw. in das Team der Organisation einbringt (Matiaske/Weller 2003). Somit kann OCB bzw. Extra-Rollenverhalten als pro-soziales Verhalten gesehen werden. Gerade auf der Ebene der Organisation wird dieses Verhalten bemerkbar, trägt es doch dazu bei, sich für die Weiterentwicklung der Organisation einzusetzen und gegebenenfalls auch außerhalb des Jobs bzw. über den Job hinaus sich für Werte und Ziele des/der Arbeitgebers/in einzutreten (Vinke 2005: 73).

Damit solch ein pro-soziales Verhalten umgesetzt werden kann, sind bestimmte Handlungsräume notwendig und Katz (1964: 132ff) hat folgende Konsequenzen von Freiräumen und Möglichkeiten für spontanes, innovatives Verhalten für die Organisationen festgehalten:

1. Kooperation: Damit ist gemeint, dass Organisationen auch als kooperative Systeme gesehen werden können. Kooperation manifestiert sich vorwiegend in helfenden und unterstützenden Aktivitäten auf einer individuellen Beziehungsebene zwischen KollegInnen. Je nach Kultur ist sie innerhalb der Organisationen als Norm internalisiert, so dass sie als selbstverständlich erlebt wird.
2. Beitrag zur Effektivität von Organisationen: Dieser Beitrag besteht darin, dass die MitarbeiterInnen sorgfältig mit den Ressourcen der Organisation (Maschinen, Rohstoffen, Gesundheit der Menschen) umgehen.
3. Ausschöpfung von Potentialen: Dabei ermöglichen MitarbeiterInnen Organisationen das volle Ausschöpfen brach liegender Potentiale, indem sie Verbesserungsvorschläge sowie konstruktive und innovative Ideen unterbreiten.
4. Freiwillige und fortwährende persönliche Bildung: Diese bilden eine private und organisationale Investition gleichermaßen.
5. Betriebsklima: Durch eine positive Grundeinstellung können MitarbeiterInnen positiv zum Betriebsklima und zum Ruf der Organisation beitragen.

Alle fünf Faktoren werden als essentiell für OCB angesehen (Organ et al. 2006). Es zeigt sich auch, dass dieses Citizenship-Verhalten von Führungskräften im Rahmen der Leistungsbeurteilung sehr oft als ein wichtiges Kriterium herangezogen wird (MacKenzie et al. 1993; Podsakoff et al. 1997).

OCB wird nicht nur im Hinblick auf seine potentiellen Einflüsse auf Arbeitszufriedenheit bzw. Performance diskutiert, sondern auch im Hinblick auf mögliche, alternative Vorbedingungen und Konsequenzen. Dabei werden eigennützige Motive ebenso genannt, wie die Unzufriedenheit mit bzw. das Desinteresse an Rollenmehrdeutigkeiten, oder aber auch Unmut und Konflikte zwischen den Beschäftigten (Bolino et al. 2004). Bergeron (2007: 1090) ist in ihrer kritischen Betrachtung von einem anderen Bezugspunkt ausgegangen. Sie betrachtet den Faktor Zeit. Dabei geht es einerseits um Zeit, die von Beschäftigten für OCB aufgewendet wird, die anderseits diesen Individuen für die Erfüllung ihrer Aufgaben fehlt und schlussendlich auf Kosten von finanziellen Vergütungen und beruflichem Aufstieg gehen kann. Diese Trade-off-Situation ist berücksichtigen.

Diese Beispiele zeigen, dass die Auseinandersetzung über die Wirkung von OCB bzw. Extra-Rollenverhalten in unterschiedliche Richtungen gehen kann. Was bleibt, ist die Tatsache, dass OCB bzw. Extra-Rollenverhalten an soziale Reziprozitätsnormen – also Normen der sozialen Wechselseitigkeit – gebunden ist. Die Frage stellt sich, ob diese im Voraus geplant werden. Auf den ersten Blick geben tauschtheoretische Ansätze (Organ 1990; Konovsky/Pugh 1994; Matiaske/Weller 2005) erste Antworten, doch letzten Endes bleibt die Frage der Planbarkeit offen[12].

Die angeführten Beispiele der Auseinandersetzung mit OCB zeigen auf, welche Bedeutung ein solches kollektives Konstrukt im Rahmen der Identitätsbildung einnehmen kann, denn OCB tritt dann zutage, wenn „employee incorporate the organization into their social identity, and thus behaviors that benefit the organization“ (Blatt 2008: 850).

2.1.1.4 Bedeutung sozialer Identitäten

In Organisationen finden sich verschiedene Formen von Identitätsorientierungen. Es werden zu unterschiedlichen Zeitpunkten von den Beschäftigten verschiedenste einzigartige relationale Identitätsorientierungen aktiviert, wie z.B. die Beziehung von Kunden und DienstleisterInnen, von MentorInnen und Protegés, oder von Vorgesetzten und MitarbeiterInnen. Auch kollektive Identitätsorientierungen werden zu unterschiedlichen Zeitpunkten aktiviert. Darunter fällt z.B. die Ausrichtung an einer Abteilung, der Organisation und der jeweiligen Berufsgruppe, je nachdem was gerade in dem Moment als wichtig erachtet wird.

12 Siehe dazu auch Kapitel 4.2

Identitätsorientierungen sind mit bestimmten Präferenzen für eine spezifische Form des Austausches verbunden[13]. Wenn diese Präferenzen sich unterscheiden, dann können die Erwartungen der Beschäftigten im Hinblick auf das angemessene Verhalten nicht erfüllt werden und damit wird ein Identity-based Conflict ausgelöst, bei dem zumindest einer der Beteiligten eine Bedrohung durch den anderen erlebt. „Identity-based conflicts reflect one actor´s (or both actors´) concerns that the other´s motives are incompatible with his or her own." (Flynn 2005: 743).

Brickson (2000) spricht in diesem Zusammenhang davon, dass bestimmte Charakteristika des Organisationsdesigns, der Aufgabenstruktur oder von Entgeltsystemen jeweils unterschiedliche Identitätsorientierungen aktivieren. Aber auch demographische Charakteristika sind einflussreich für die gewählten Identitätsorientierungen, denn gerade bestimmte soziale Kategorien liefern Ersatzmaßstäbe für gemeinsame Erfahrungen und Hintergründe, die interpersonelle Interaktionen veranlassen bzw. unterstützen (Pfeffer 1994).

Die Identitätsorientierung auf der einen Seite und die Erklärungen im Hinblick auf den sozialen Austausch (Social Exchange Theory) auf der anderen Seite sind wesentliche Vorbedingungen zur Klärung der Ausbildung von Identifikationsprozessen: „For some individuals, increased frequency of exchange will not reinforce personal bonds of attachment but, instead, will reinforce a sense of common identity. This may lead to depersonalization, which is the subjective stereotyping of the self in terms of membership in a social group." (Flynn 2005: 742)

Tajfel (1978) führt in diesem Zusammenhang den Begriff der sozialen Identität ein. Er definiert soziale Identität als den Teil eines individuellen Selbstkonzepts, das sich aus dem eigenen Wissen um seiner oder ihrer Mitgliedschaft in einer sozialen Gruppe (oder Gruppen) ergibt, die gemeinsam mit dem Wert und der Emotional Significance, die mit der Mitgliedschaft verbunden ist. Tajfel (1978) trennt zunächst zwischen personaler und sozialer Identität und definiert die soziale Identität als „den Teil des Selbstkonzeptes einer Person, der dem Wissen um die Mitgliedschaft in einer sozialen Gruppe entstammt, zusammen mit dem Wert und der emotionalen Bedeutung, die mit dieser Mitgliedschaft verbunden sind" (van Dick 2004a: 14).

Bei dieser Definition von sozialer Identität werden drei strukturelle Komponenten als Schlüsselemente gesehen. Das ist die erlebte Durchlässigkeit (Permeability) der Gruppengrenzen, die wahrgenommene Stabilität (Stability) und Legitimität (Legitimacy) einer Position innerhalb der Gruppe, aber auch in Relation zu anderen Gruppen (siehe dazu Ellemers 1993). Diese soziale Identität ist

13 Siehe dazu auch Abschnitt 3.2.1.2

ausschlaggebend für die soziale Identifikation, die sich auf das Ausmaß bezieht, in dem sich der/die Einzelne selbst als Mitglied einer konkreten Gruppe/Organisation sieht. Das Verständnis, warum und wann sich Beschäftigte mit der Organisation identifizieren bzw. sich ausmalen, dass sie Attribute mit der sie beschäftigenden Organisation gemein haben, verschafft Einblicke in die Faktoren, die Beschäftigte an die Organisation binden (Spataro/Chatman 2007: 178). Dieser Identifikationsprozess wird im folgenden Abschnitt näher beleuchtet.

2.1.2 Identifikation

Identifikation ist eng mit Identitätsbildung verbunden. Identifikation bezeichnet die Zuordnung eines Objektes zu einer Klasse von Objekten. Diese Zuordnung kann sowohl von außen (Frau X wird von ihren KollegInnen als Angehörige der Gruppe der SportlerInnen bezeichnet) als auch durch die Person selbst (Frau X bezeichnet sich selbst als Sportlerin) vorgenommen werden.

Das Besondere dabei ist, dass Identifikation das Ausmaß repräsentiert, in dem sich die Zugehörigkeit in der Persönlichkeit des/der einzelnen Beschäftigten niederschlägt. In diesem Zusammenhang erfüllt soziale Identifikation das Bedürfnis der/des Einzelnen nach Zugehörigkeit und Selbstwert. Die soziale Identifikation erhöht sich, wenn Beschäftigte das Bedürfnis nach Anerkennung und Zugehörigkeit haben. Ein anderer Grund für eine Stärkung von sozialer Identifikation ist, wenn es einen Wunsch nach einem gesteigerten Selbstwertgefühl gibt. Aber auch Gefühle, die mit bzw. Ergebnis von solchen Wünschen und Bedürfnissen verbunden sind, haben einen Einfluss auf die Stärke der sozialen Identifikation. Die Gefühle, die auch Freundschaft und Liebe inkludieren, können von Beschäftigten als positiv und willkommen ebenso erlebt werden wie negativ und verletzend.

Identifikation besteht dementsprechend aus verschiedenen Komponenten. Die gängigsten sind (von Dick 2004: 14):

- Affektive Identifikation: Frau X ist eine SportlerIn. Nach der Selbstkategorisierung und parallel zur Evaluation der Gruppenattribute kommt es zu der Identifikation mit der Gruppe, die die gefühlsmäßige Bewertung der Gruppenmitgliedschaft bezeichnet.
- Kognitive Identifikation: Diese Dimension umfasst zunächst die Wahrnehmung und Feststellung der Person, dass sie Mitglied einer sozialen Kategorie ist. Die kognitive Einschätzung ist abhängig vom sozialen Kontext und bedeutet das Bewusstsein über die Mitgliedschaft in einer sozialen Gruppe.

- Evaluative Identifikation beschreibt die positive oder negative Bewertung, die mit der Mitgliedschaft assoziiert wird, d.h. konkret die Wahrnehmung der Attribute, die der Gruppe von außen zugeschrieben werden.

Es gibt ForscherInnen, die eine vierte Komponente ergänzt haben, die den Verhaltensaspekt der Identifikation abdeckt (van Dick 2001, 2004a; Jackson 2002).

Weiters kann sich Identifikation auf verschiedene Ziele (Foci) beziehen, wie z.B. die Karriere, die Arbeitsgruppe, das Unternehmen. Es gibt verschiedene Foci der Identifikation. Individuen haben verschiedene Orte bzw. Ebenen der Identifikation (van Dick et al. 2004a):

- Personale Ebene (Unique Individuals): Hier ist der Bezugspunkt des/der Einzelnen z.B. die eigene Karriere.
- Intermediäre Ebene (Group Level): Als Mitglieder einer Gruppe ist der Referenzpunkt für Unterscheidungen das Mitglied einer anderen Gruppe, wie z.B. verschiedene Abteilungen oder Arbeitsgruppen in einer Organisation.
- Übergeordnete Ebene (Superordinate Level): Hier ist der Bezugspunkt eine Organisation als Ganzes oder eine Spezies, Genusgruppe, der sich der/die Einzelne zugehörig fühlt.

Auf diesen letzten beiden Ebenen ist die Auseinandersetzung mit organisationaler Identifikation anzusiedeln. Organisationale Identifikation bezeichnet die ganzheitliche Bindung an die Organisation. Dies bedeutet, dass die MitarbeiterInnen wissen, dass sie Mitglieder einer bestimmten Organisation sind und damit Wissen und Gefühle (z.B. Freude, Stolz) verbinden und sich dementsprechend verhalten, z.B. die Organisation nach außen hin positiv darstellen (van Dick 2004a: 2). Die Annahmen der Social Idenity Theory (SIT) und zum Teil auch der Self Categorization Theory (SCT) legen nahe, welche Kategorie wichtig wird. Dabei ist zentral, welchen Einfluss die Besonderheit der Situation in der Gruppe selbst und der Kontext der Interaktionen mit anderen Gruppen haben. Das bedeutet, dass soziale Identifikation mit einer bestimmten Kategorie (z.B. der Arbeitsgruppe) über die Zeit hinweg relativ stabil bleiben kann, der Einfluss der sozialen Interaktion auf gruppenrelevantes Verhalten (z.B. OCB der Kollegen) jedoch als besonders flexibel anzusehen ist. "At a moment´s notice, other identities can become salient (e.g. one´s personal identity) and the individual will rather act on behalf of other aims (e.g. one´s career) than on behalf of his or her team." (van Dick et al. 2004: 186) Dieses Beispiel zeigt das Zusammenwirken der verschiedenen Bezugspunkte sozialer und damit auch organisationaler Identifikation.

Es zeigt sich dabei auch, dass es zwei Formen der Identifikation mit Organisationen gibt. Die eine ist situationsgebunden (Situated, vorübergehender und oberflächlicher) und die andere ist tiefgehender (Deep-structure, also dauerhafter) (Riketta et al. 2006). Diese beiden Formen lassen sich wie folgt charakterisieren:

- **Situationsgebundene Identifikation** (Situated Identification) entsteht, wenn Individuen situative Hinweise auf geteiltes Interesse bekommen. Es besteht nur so lange, wie diese Winke bestehen/wahrgenommen werden. „It is a function of cues that trigger a temporary and limited sense of being part of collective." (Riketta et al. 2006: 86) Situationsgebundene Identifikation ist eine notwendige, aber nicht ausreichende Bedingung für die zweite Form von Identifikation.
- **Dauerhafte Identitifikation** (Deep-structure Identification) taucht auf, wenn die Beschäftigungsverhältnisse das Selbstkonzept ändern, dass Individuen von sich haben und dabei die Organisation miteinbeziehen (z.B. die Selbstbezeichnung als „ÖMV-ManagerIn"). Diese Form der Identifikation wird dazu verwendet, um sich gerade auf diese Aspekte des Selbstkonzeptes beziehen zu können, die sich in Arbeitssettings jenseits von Rollen, Zeiterwartungen und bestimmten Situationen herausbilden und die zu Kongruenz zwischen dem eigenen Ich bei der Arbeit und dem breiteren Selbstkonzept dienen kann. Diese Identifikationsform exisitiert nur dann, wenn "situational cues activate or generate it while deep-structure identification, once created is sustainable." (Riketta et al. 2006: 86).

Die beiden Formen können auf unterschiedliche Art und Weise beeinflusst werden und die folgende Abbildung 3 fasst zusammen, auf welchen Ebenen kurzfristige bzw. langfristige Managementpraktiken wirken bzw. wie diese wirken.

Gerade die dauerhafte (Deep-structure) Identifikation wird durch eine längere Austauschbeziehung zwischen Beschäftigten und BeschäftigerInnen, in der beide voneinander profitieren, vertieft. Dies illustrieren Riketta et al. (2006: 90) sehr anschaulich am Beispiel der Fristigkeit von Beschäftigungsverhältnissen. Sie gehen davon aus, dass Situated Identification den Ansatzpunkt für effektiv organisierte temporäre Beschäftigungsverhältnisse darstellt. Gleichzeitig zeigt sich auch, dass ganz besondere Probleme für die Beschäftigten und involvierten Organisationen entstehen. „Managers of temporary work systems have to find the balance between failing to make temporary workers identify with their host organization at all (at the risk of insufficient effort at work) and making them identify too deeply (at the risk of identification conflicts and identity loss). A solution for the temporary workers agency can be to foster deep-structure identification with the agency. This identification may spill over to the host organization and create situated identification toward the latter." (Riketta et al. 2006: 90)

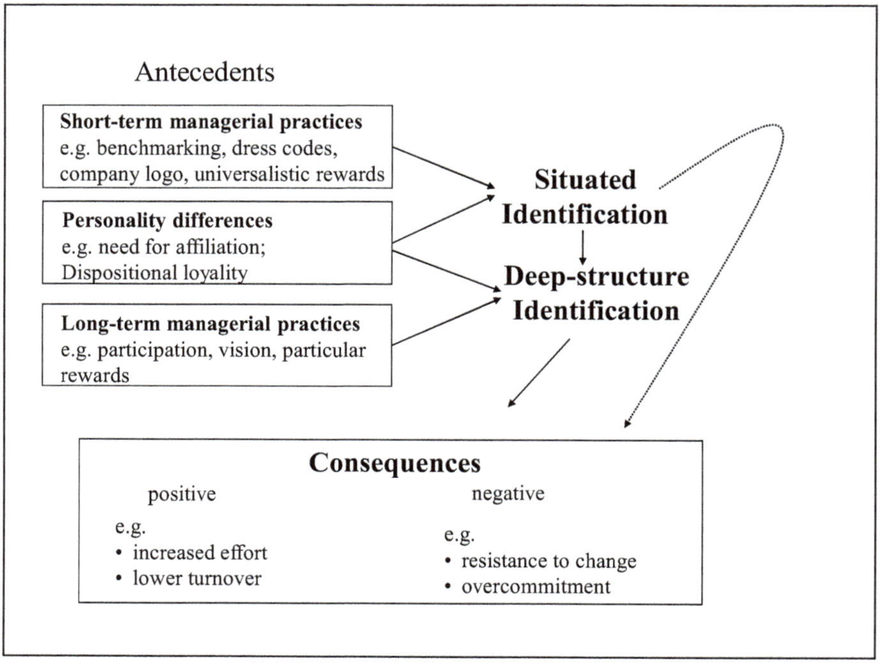

Abbildung 3: Situationsbedingte und dauerhafte Identifikation (Riketta et al. 2006: 86)

Einen weiteren Bezugspunkt zu Beschäftigungssystemen zeigen Riketta und seine Kollegen (2006) im Hinblick auf die dauerhafte (Deep-structure) Identifikation. Sie sehen diese als ein Charakteristikum für Beschäftigungssysteme, die ein hohes Involvement vorweisen (High Involvement Work Systems) bzw. ist diese Form der Identifikation bei langfristig Beschäftigten, die auch Zugang zu einem breiten Feld an organisationalen Vergütungen haben. Diese dauerhafte (Deep-structure) Identifikation Gleichzeitig weisen die Autoren auch darauf hin, dass diese überwiegend die Performance, die Bindung fördernden Wirkungen nicht einfach auf alle Beschäftigungsformen übertragbar sind (Riketta et al. 2006: 91). Damit wird einmal mehr auf die möglichen unterschiedlichen Wirkungen von Beschäftigungsformen auf die Ausbildung von organisationaler Identifikation hingewiesen. Es stellt sich die Frage, inwieweit bei flexibilisierten Beschäftigungsformen, wie sie im folgenden Kapitel[14] beschrieben werden, die Ausbildung tiefgehender Identifikation in diesem Maße möglich ist.

14 Siehe dazu Kapitel 3

Organisationale Identifikation hat die Bindung des Individuums zur Organisation im Blickpunkt. Dazu hat es auch immer wieder Bestrebungen gegeben, die Stärke dieser Bindung zu messen. Ein oft herangezogener Fragenkatalog wurde von Cheney (1982) entwickelt: der Organizational Identification Questionaire (OIQ). Dieses Erhebungstool, das aus 25 Items besteht, wird wiederholt für die Messung von organisationaler Identifikation eingesetzt (siehe dazu z.B. Gautam et al. 2004). Der Fragenkatolog beruht auf der Definition, dass "organizational identification occurs when in making a decision, the person in one or more of his or her organizational roles perceive that unit´s values or interests as relevant in evaluating the alternatives of choice" (Tompkins/Cheney 1983). Im OIQ werden folgende Dimensionen erhoben:

- Gefühl der Bindung, des Dazugehörens bzw. des Stolzseins darauf, ein Organisationsmitglied zu sein
- Loyalität zur Organisation und der Grad der Unterstützung von organisationalen Zielen
- Wahrnehmbare Gemeinsamkeiten im Hinblick auf Werte und Ziele zwischen den Beschäftigten und der Organisation

Die Dimensionen zeigen, dass hier schon wesentliche Komponenten zur Messung des Dazugehörens zu einer Organisation berücksichtigt wurden. Gleichzeitig weisen diese Dimensionen darauf hin, dass nicht mehr nur die Zuordnung zu einer Gruppe und deren Stärke gefragt ist, sondern weitere Zuschreibungen, wie eben der erlebte Grad der Unterstützung von organisationaler Seite. Hier kommen wir in einen Bereich, in dem stärker z.B. die Austauschbeziehungen zwischen dem/der Einzelnen und einer Einheit in Betracht gezogen wird und hier finden sich viele Parallelen zum Konstrukt des organisationalem Commitments, das in der Folge genauer erklärt wird.

Es stellt sich schon an dieser Stelle die Frage nach den Unterschieden dieser beiden Konzepte: Einen interessanten Unterschied der Konzepte Identifikation und Commitment sieht van Knippenberg (2000) in der starken Betonung des kognitiven Aspekts der Identifikation. Identifikation definiert seiner Ansicht nach vor allem, wie sehr sich jemand selbst dadurch definiert, dass er/sie Mitglied einer bestimmten Organisation ist. Dieser selbst-definitorische Aspekt ist in dieser Dimension im Konzept des Commitments nicht enthalten. Ein anderer interessanter Aspekt der Abgrenzungsdebatte ist, dass Commitment als relativ stabil angesehen wird, während Identifikation als Konstrukt stärker kontextabhängig zu sehen und dementsprechend flexibler ist (van Dick 2004a: 5).

2.1.3 Commitment im Spannungsfeld von Identität und Identifikation

Organisationales Commitment als Untersuchungsgegenstand der Sozial- und Organisationspsychologie zieht sich seit den frühen 1960er Jahren durch die US-amerikanische Literatur. Damals wurden die ersten Anstrengungen unternommen, die emotionale Bindung, die zwischen Beschäftigten und deren Organisationen besteht, zu konzeptualisieren und zu messen (Becker 1960; Buchanan 1974; Mowday et al. 1979; Porter et al. 1974; Steers 1977). Diese jahrzehntelange Auseinandersetzung hat eine umfassende Anzahl an konzeptionellen und empirischen Arbeiten hervorgebracht, deren Hauptaussagen in diesem Abschnitt dargestellt werden. In einer Vielzahl an empirischen Untersuchungen[15] wurde das Konzept des organisationalen Commitments als ein wesentlicher Einflussfaktor gesehen, der die große Verhaltensvielfalt von Beschäftigten im Hinblick auf deren Performance, deren Absicht, den Arbeitsplatz zu wechseln oder auch deren Arbeitszufriedenheit mit erklären konnte.

Generell können Commitmentziele sowohl abstrakte Entwürfe als auch klar umrissene Einheiten oder Bereiche sein, die einer Person wichtig sind. Solche Fokusse[16] sind z.B. Vorgesetzte, Arbeitsgruppe, Topmanagement, die eigene Karriere, organisationale Veränderungen oder Beschäftigungsformen (Abbildung 4).

Die zentralen Arbeiten sind im Bereich des organisationalen Commitments angesiedelt. Dabei steht einerseits die Bindung und Loyalität zum Unternehmen im Blickpunkt. Es geht um die affektive Bindung an Organisationen und Identifikation mit der Organisation. Andrerseits ist der Blick auf die Einflussfaktoren auf die Intentionen der Beschäftigten, bei einem Unternehmen zu bleiben, gerichtet.

Ein zweiter Bereich ist das Work/Job Commitment. Dabei ist der Bezugspunkt der Bindung weder die Organisation, noch die Karriere, sondern die Tätigkeit an sich (Kuvaas 2002; Baruch 1998). Personen, die diese Art der Bindung haben, sind durch starkes Pflichtbewusstsein gekennzeichnet und intrinsische Werte werden als zentrale Lebensinteressen angesehen. Diese Form des Commitments ist sehr stark mit Arbeitsmotivation und Job-Involvement verbunden. Morrow (1983: 490) hat die Bedeutung dieses Fokuses des Commitments herausgestrichen: „… it is one of the few commitment concepts that attempts to

---

15 Zu diesen Studien zählen z.B. Cohen 1993, Jaros 1997, Mathieu/Zajac 1990, Meyer/Allen 1997, Morrow 1983, Mowday 1998, Mowday et al. 1982, Steers 1977. Nähere Ausführungen zu diesen empirischen Untersuchungen sind in Kapitel 6.6 zu finden.

16 Hier finden sich Parallelen zu den Bezugspunkten der Identifikation (Kapitel 2.1.2).

capture the notion of devotion to a craft, occupation, or profession apart from any specific work environment, over an extended period of time."

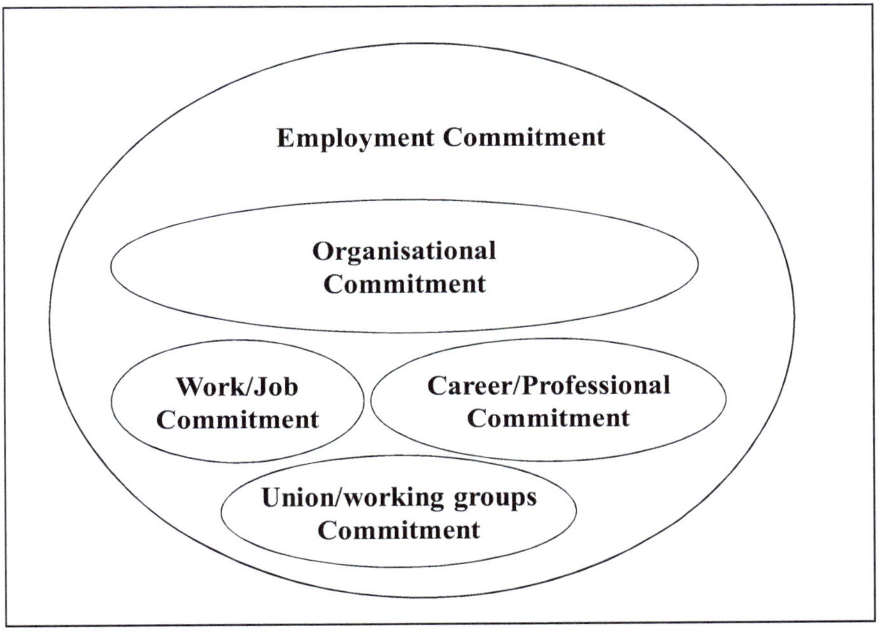

Abbildung 4: Typologie von Employee Commitment (Muthuvello/Rose 2005: 1078)

Career- bzw. Professional Commitment bezieht sich auf die Identifikation und das Involvement mit der eigenen Karriere. Dabei wird auch zwischen berufsorientierem (Occupational) Commitment (Mellor et al. 2001) oder karriereorientiertem (Career Salience) Commitment (Adler/Corson 2003) unterschieden. Allen gemeinsam ist, dass bei dieser Art der Bindung, der Bezugspunkt die Karriere bzw. die Beschäftigung ist.

Ein vierter Fokus liegt im Bereich der gewerschaftsorientiertem (Unions) bzw. an Arbeitsgruppen orientiertem (Working Groups) Commitment.

Zentrale Arbeiten, die diese verschiedenen Blickwinkel ins Zentrum ihrer Auseinandersetzung gerückt haben, finden sich in der nachfolgenden Übersicht:

Tabelle 3: Bezugspunkte (Fokusse) von Commitment-Konzepten

Fokus	Commitment-Konzepte
Gewerkschaften	„commitment to the union“ (Gordon et al. 1980, 1982, Conlon/Gallagher 1987, Fullgar et al. 2004)
Arbeit	„work involvement“ (Kanungo 1982) „employment commitment“ (Jackson et al. 1983, Gallie/White 1993)
Job	„job involvement“ (Lodahl/Kejner 1965, Buchanan 1974, Kanungo 1982, Moser 1997) „job commitment“ (Farell/Rusbult 1981) “task commitment” (Gallie/White 1993)
Beruf / Karriere	„occupational commitment“ (Hall 1971, Meyer/Allen 1993, Hacket et al. 2001, Gellatly et al. 2006, Felfe et al. 2008) “career commitment” (Blau 1985; Carson/Bedeian 1994) “professional commitment” (Morrow/Wirth 1989, Blau/Lunz 1998)
Organisation	„organizational commitment“ (Wiener 1982; O'Reilly/Chatman 1986; Mathieu/Zajac 1990; Mowday et al. 1992, Meyer/Allen 1997, Meyer/Herskowitch 2001, Bergman 2006)

Commitment drückt die Verbundenheit mit verschiedenen Bezugspunkten aus, wobei organisationales Commitment beschreibt, inwieweit sich Menschen ihrer Organisation oder Teilen der Organisation (z.B. Arbeitsgruppe oder Abteilung) zugehörig und verbunden fühlen und inwieweit diese Verbundenheit handlungsrelevant wird. Meyer und Herscovitch (2001) betonen, das organisationales Commitment als die Bindung mit Organisationen gesehen werden kann, wobei Commitment dabei als stabilisierende bzw. verpflichtende Kraft für die Richtung des Verhaltens angesehen werden kann. Somit unterscheidet sich Commitment auf den ersten Blick nicht von Identifikation. Unterschiede finden sich auf dieser Stufe im unterschiedlichen Sprachgebrauch: So wird Identifikation überwiegend in der Sozialpsychologie verwendet, während Commitment im Bereich der Organisationspsychologie eingesetzt wird. Commitment deckt jedoch über die affektive Komponente hinaus auch noch weitere Facetten ab und darin liegt der Unterschied zum Begriff der Identifikation:

„Commitment appears the broader concept, including the notion of identification together with related notions that include a positive evaluation of the organization and intentions to work hard for the organization and to remain with it.” (Riketta/van Dick 2005: 491f) Dieselben Autoren (Riketta/van Dick 2005: 492) weisen darauf hin, dass Identifikation weniger stark als Commitment mit Arbeitszufriedenheit, Fluktuationsraten und Absentismus verbunden ist, während Identifikation wiederum stärkere Korrellationen mit Bereichen wie Job-Involvement oder Extra-Rollen-Verhalten aufweist. In einem kurz darauf veröffentlichten Beitrag formulieren die beiden Autoren (van Dick/Riketta 2006: 85) das Verhältnis von Commitment und Identifikation wie folgt: „Commitment incorporates identification along with other affective and motivational aspects of attachment not related to the self-concept (e.g. willingness to stay with and exert effort on behalf of the organization."

Pratt (1998) sieht den Unterschied von Identifikation und Commitment darin, dass sich die beiden auf Basis verschiedener Quellen entwickelt haben. Identifikation wird als ein Anteil auf der Grundlage der erwarteten Gleichheit und geteiltes Schicksal mit der Organisation interpretiert. Commitment hingegen entwickelt sich aus austauschbasierten Faktoren (Exchange-based factors) heraus. Daraus ergibt sich, dass Mitglieder einer Organisation, die sehr stark mit der Organisation verbunden sind, im Rahmen der Gruppennormen und -werte denken und handeln, obwohl sie formal dazu gar nicht durch Arbeitsverträge oder Kontrollmechanismen gezwungen sind, sondern weil sie die Gruppennormen und -werte in ihr Selbstkonzept internalisiert haben. Es finden sich auch Individuen, die stark committed sind, die vielmehr von formalen Aspekten der Arbeitsbeschreibungen und Kontrolle der Vorgesetzten geleitet sind.

Voraussetzung für Commitment ist das Bestehen einer aktuellen Austauschbeziehung zwischen dem/der Einzelnen und KollegInnen, Vorgesetzten und weiteren Akteuren von Einheiten in Organisationen. Vor dem Hintergrund des Social Identity Approaches sind weder Interaktionen, noch Zugehörigkeiten und nicht einmal der Wunsch nach Zugehörigkeit in der Zukunft dafür notwendig (Dutton et al. 1994).

Identität, Identifikation und Commitment werden in den Disziplinen wie Soziologie, Psychologie und Management Science immer wieder beleuchtet und dabei taucht in den Arbeiten dazu die Frage nach den Unterschieden dieser Konstrukte auf. So werden in manchen Arbeiten Identifikation und Commitment als synonym gesetzt (Ellemers/Rink 2005; Miller et al. 2000). Andere wieder sehen Identifikation als das Rahmenkonzept, innerhalb dessen Commitment einen Teil davon ausmacht (Ashmore et al. 2004; Ellemers et al. 2004). Eine weitere Gruppe vertritt die Ansicht, dass Identifikation eine Vorbedingung für Commitment ist (Ashforth/Meal 1989; Meyer et al. 2004; Pratt 1998).

So wird zur Definition von organisationaler Identifikation sehr oft der Begriff Commitment und hier konkret das affektive Commitment herangezogen, während umgekehrt Commitment mit Identifikation erklärt wird. Die Frage stellt sich, welcher Mehrwert organisationaler Identifikation „above and beyond the huge body of research on organizational commitment" zugerechnet werden kann. "The main argument for distinguishing between commitment and identification resides in the fact that commitment research largely ignores the affective, evaluative and cognitive perception of being an organizational member that is the individuals′ sense of ′oneness′ with an organization." (van Dick et al. 2004: 185)

Soziale Identifikation gibt eine Antwort auf die Frage, wer ich bin. Identifikation bezieht sich vor allem darauf, wie sich die Gruppenmitgliedschaft im Selbstkonzept verkörpert. Im Gegensatz dazu fokussiert Commitment vor allem auf die Einstellungen/Haltungen (Attitudes), die ein/e Einzelne/r gegenüber der Organisation hat, wobei diese Einstellungen auch auf austauschbasierten Faktoren (Exchange-based Factors) beruhen. Identifikation „is seen as contingent upon the basis of shared fate and perceived similarity with the organization". Im Gegensatz dazu basiert Commitment vor allem auf austauschbasierten Faktoren (van Dick et al. 2004: 185).

Ashforth and Mael (1989) haben diese beiden Konzepte unterschieden: Dabei betonen sie, dass organisationale Identifikation selbst-referentiell und selbstdefiniert ist, was auf Commitment nicht zutrifft. Organisationale Identifikation bezieht sich auf die Definition des/der Einzelnen, des „Wer bin ich?". Somit bezieht sich organisationale Identifikation auf die Selbstwahrnehmung der Zugehörigkeit zur Organisation, bei der sich der/die Einzelne selbst in Begriffen der Organisation beschreibt, in der er/sie Mitglied ist (Mael/Ashforth 1992: 104). Diese Frage des „Wer bin ich?" wird durch Fragen nach dem „Wer sind wir?" bzw. des „Was wird von mir erwartet zu sein?" erweitert (Bartel et al. 2007: 5).

In diesem Umfeld haben Meyer et al. (2006) den Versuch unternommen, die Unterschiede zwischen den Konzepten konkreter zu fassen. Dabei gehen die Autoren von einem Commitmentbegriff aus, der sich auf soziale Einheiten (z.B. Organisationen) bezieht und beschränken ihre Diskussion auf Vergleiche innerhalb dieser sozialen Zielbereiche. Wie später noch detailliert ausgeführt wird, spielen bei der Konstruktion von Commitment verschiedene Haltungen (Mindsets) eine große Rolle. Beschäftigte halten die Bindung zu einem bestimmten Zielbereich aufrecht, weil sie es so wollen, weil sie empfinden, dass sie dies tun sollten oder auch weil sie zu viel verlieren könnten[17].

Soziale Identität wird wiederum von Meyer et al. (2006) als die Inklusion einer Gruppenzugehörigkeit in das eigene Selbstkonzept bezeichnet. Dabei können die Mindsets, die hiermit verbunden sind, das kognitive Bewusstsein der Gruppenmitgliedschaft, die Bewertung des Kollektiven und der eigenen Mitgliedschaftsrolle, und die emotionale Reaktion auf diese Bewertung enthalten (Jackson 2002).

„Both are complex multifaceted concepts characterized by mindsets (cognitive and affective) linking the individual to a collective and having implications for behavior of relevance to the collective" (Meyer et al. 2006: 667). Die zentra-

17 Siehe dazu genauer in Kapitel 3.3

len Unterschiede liegen in der Essenz bzw. dem Typ des Bezugspunkts, der Natur der Denkweisen und den verhaltensrelevanten Implikationen (siehe dazu Tabelle 4).

Tabelle 4: Unterschiede zwischen sozialer Identität und Commitment

Vergleichskriterien	Soziale Identität	Commitment
Essenz / Bezugspunkt	Definition der Selbstreflexion	Bindung zu einem Ziel (target) und einer Vorgehensweise (course of action)
Veränderbarkeit	Sehr flexibel Abhängig von den Referenzgruppe	eher Stabile Einstellung
Sources / Natur der Denkweisen	Wahrgenommene Ähnlichkeit mit einer Gruppe Reaktionen zu einer Mitgliedschaft • Kognitives Bewusstsein • Bewertung • Emotionale Reaktionen auf die Mitgliedschaft	Gründe für die Aufrechterhaltung einer Mitgliedschaft bei einem Zielbereich • Bestimmungen und Grundlagen des Commitments (terms and bases) basieren auf Austauschfaktoren • Verbundene emotionale Reaktionen
Verhaltens-implikationen	Weniger bewusst (Stereotypisierung, In-Group favoritism) Konsequenzen weniger relevant für das generelle Funktionieren der Gruppe (z.B. für die Beibehaltung der Gruppe, die Job Performance)	Mehr bewusst Konsequenzen sind für das generelle Funktionieren der Gruppe (z.B. Retention, Job Performance) sehr relevant

Einer der Hauptunterschiede findet sich auf der Ebene der Essenz bzw. der Bezugspunkte. Soziale Identität ist als selbstrefentielles Konzept zu sehen (siehe dazu auch Ashford/Mael 1989), während dies auf Commitment nicht zutrifft. Hier geht es um die Bindung zu einem Ziel, einer Vorgangsweise.

Durch die unterschiedlichen Referenzpunkte bzw. die Mitgliedschaft in verschiedenen sozialen Gruppen, wird argumentiert, dass diese Form der sozialen Identität sehr anpassungsfähig ist (Turner et al. 1987). Organisationale Identifikation wird als sehr flexibel angesehen und sie hängt von der Bedeutung der Gruppe und dem Kontext der Interaktionen mit anderen ab. Im Gegensatz dazu wird Commitment als relativ stabile und fortdauernde Einstellung gesehen (van Dick/Riketta 2006). Diese Unterschiede finden sich auch in der folgenden Tabelle 4.

Gerade der Bezug zu den Verhaltensimplikationen zeigt die wesentlichen Unterschiede der Wirkungen auf. Die Effekte von sozialer Identität und organisationaler Identifikation sind wichtig, jedoch deuten die empirischen Untersuchungen[18] auf indirekte Einflüsse auf Indikatoren, wie z.B. Retention der Beschäftigten oder die Performance hin. Bei Commitment wird hingegen von direkten Einflüssen auf solche verhaltensrelevanten Größen ausgegangen.

Neben diesen Unterschieden wird auch auf das Zusammenwirken von Identität, Identifikation und Commitment hingewiesen. So kann Identifikation Commitment stärken, da sich im Rahmen der Identifikation Erwartungen bzgl. des Verhaltens und der Intention einer Gesamtheit abbilden. „When ingroup members perceive similarities in goals and values, they believe that other ingroup members are more likely to behave in accordance with these values (i.e., beliefs about ingroup members′ integrity) and that ingroup members are more likely to care about goals that are good for all group members (i.e., beliefs about ingroup member′s benevolence)" (Williams 2001: 382).

„Organizational members who are highly identified with their organizations will also think and act on behalf of their group′s norms and values even if they are not formally forced to do so by work contracts or control mechanisms because they have incorporated these group norms and values into their self-concept. Committed individuals, on the other hand, are more guided by formal aspects of work descriptions and supervisor′s control" (Gautam et al. 2004: 305).

In diesen unterschiedlichen Einflussbereichen liegt die Chance der wechselseitigen Weiterentwicklung der Konzepte. Die Tatsache, dass gerade in der Erkenntnis, dass Beschäftigte unterschiedliche – zum Teil situationsbedingte, zum Teil tief verankerte – Identitäten entwickeln können, schafft eine Basis, die hilft einen differenzierten Blick auf die Natur und die Stärke des Commitments von Beschäftigten zu werfen (Meyer et al. 2006: 676).

Die bisherigen Ausführungen betonen immer wieder die Verhaltenswirksamkeit von Commitment. Es stellt sich jedoch die Frage, wie aktuell diese Konzepte heute noch sind.

2.2 Organisationales Commitment im Wandel

Die Bedeutung von Commitment aus Sicht der Unternehmen bzw. der Organisationen wird in den letzten Jahren kontroversiell diskutiert. Hauptargumente der KritikerInnen finden sich in Wortmeldungen wie der folgenden wieder: „Noting recent trends in corporate downsizing driven, for example, by process reengineering, he argues that the nature of the employment relationship has fundamentally changed in the past 25 years in ways that make employee commitment to organizations less relevant. As a result the importance of organizational com-

18 Siehe dazu Kapitel 7

mitment as a leading concept in the management and behavioural science is decreasing and this tendency will continue." (Baruch 1998: 138)

Die Zahl der Unternehmen, die einen Belegschaftsabbau in den letzten Jahren betrieben hat, steigt. So gab es schon Mitte der 90er Jahre Schätzungen, dass z.B. in den USA bis zu 90 % der großen Unternehmen ihre Belegschaft reduzieren (Emshoff 1994). Und dieser Trend ist in den letzten zehn Jahren auch in Mitteleuropa zu erkennen (Hoffmann/Walwei 2002; Guest 2004). Neben dem weitverbreiteten Downsizing als ein Indikator für die verringerte Bedeutung von Bindung wird immer öfter auch auf die größere Zahl durchgeführter Mergers and Acquisitions verwiesen. „As large corporations acquire and sell assets on what appears to be an increasingly more frequent basis, the object or focus of commitment becomes confused." (Mowday 1998: 393)

Es wird jedoch nicht nur der Fokus des Commitments für den/die Einzelnen schwieriger zu identifizieren, sondern es verändert sich aufgrund immer kürzerer Intervalle von solchen organisationalen Anpasssungen, wie M&A, aber auch Outsourcing oder Downsizing Prozessen, auch die Bereitschaft bzw. die Möglichkeit von Unternehmen,ihren MitarbeiterInnen die Loyalität entgegenzubringen, die von ihnen erwartet wird (Mowday 1998: 392). Corporate Downsizing und Cost-cutting-Strategien haben von ihren Signalen her einen negativen Einfluss auf die Beschäftigten. Vor allem aber handelt es sich um sehr kurzfristige Strategien, die Unternehmen genau dort treffen, wo es die Unternehmen am meisten verletzt: der Bottom-line – bzw. der operativen Ebene. Dies ist eine Seite der Entwicklungen.

Ein anderer Blickwinkel liegt auf den erfolgreichen Unternehmen, die nicht diesen kurzfristigen Strategien folgen, sondern vielmehr auf den Faktor Bindung als Wettbewerbsvorteil setzen (Mowday 1998: 394). Dieser Aspekt wird z.B. auch von Reicheld (1996) herausgestrichen. Er betont, dass besonders die Loyalität der Kunden, aber auch der Beschäftigten und der InvestorInnen der zentrale Faktor für die Wertschöpfung ist. Weiters betont Reicheld (1996), dass loyale MitarbeiterInnen eine höhere Qualität der Kundenbeziehungen entwickeln, besser Lernmöglichkeiten nutzen und die Effizienz verbessern und die Kosten für Rekruting und Weiterbildung reduzieren. Somit ist Loyalität der Beschäftigten als eine wichtige Quelle des Wachstum und des Profits zu sehen und stellt einen zentralen Wettbewerbsvorteil dar.

Dieses Argument wird auch von Pfeffer geteilt. Er betont, dass Firmen, die „pursued high involvement, high performance, and high commitment management practices have produced superior economic returns over the long-term" (Pfeffer 1998 zitiert in Mowday 1998: 394). Pfeffer hat sieben verschiedene Managementpraktiken identifiziert, die auf die organisationalen Ergebnisse, besonders aber auf höhere ökonomische Ergebnisse, Einfluss haben. Zu diesen Praktiken gehören

- Beschäftigungssicherheit (Employment Security),
- Selektive Personalauswahl (Selective Hiring),
- Selbstmanagementteams und die Dezentralisierung von Entscheidungen (Self-managed Teams und Decentralization of Decision Making),
- immer höhere Ausrichtung der Kompensationen an Performanceindikatoren (High Compensation Contingent on Performance),
- Weiterbildung (Employee Training),
- Reduktion von Statusunterschieden (Reduced Status Differentials),
- Informationsmanagement (Sharing Information).

Pfeffer betont weiters, dass gerade eine personenorientierte Strategie einen Wettbewerbsvorteil darstellen kann, der besonders schwer zu imitieren ist. Gerade solche HRM Systeme sind eng verbunden mit High Performance bzw. High Commitment-Strategien.

Seit Mitte der 90er Jahre hat ein neuer Diskurs begonnen, in dem die Organisation der Arbeit im Mittelpunkt steht. Es geht aber auch um Empowerment in Form von mehr Beteiligungsmöglichkeiten, gestützt von passenden Qualifizierungs- und Anreizgestaltungen. Das zeigt sich an Reap Performance Gains" (veränderten Zielsetzungen) und gleichzeitig erfreuen sich die Beschäftigten auch an einem höheren Grad an Autonomie im Job. Diese neuen Jobs mit einer intensiveren Performance-Orientierung und immer größeren Handlungsspielräumen werden auch als **High Performance Work Systems** (HPWS) bezeichnet (Harley 2005: 38).

Der Begriff wurde in einem frühen Werk von Appelbaum/Batt (1994) eingeführt, in dem es um die Veränderungen am amerikanischen Arbeitsmarkt geht. Ramsay (2000: 502) beschreibt HPWS: „The strategy entails management cedings a degree of control to employees and introducing a range of progressive methods which increase employee welfare. These include measures such as involvement programmes, team based work, enhanced training and development, forms of gain-sharing and high-wage reward systems." Damit weist er sehr stark auf HRM-Maßnahmen hin. Appelbaum (2002) geht einen Schritt weiter. Sie versucht in ihrer Definition zuerst einmal herauszustreichen, dass es sich um eine Form der Arbeitsorganisation handelt, die Enhances Discretion ermöglicht. Damit ist Ermessungsfreiheit bzw. ein Tätigkeitsgefühl gemeint, das den Handlungsspielraum erhöht. Im Kern macht ein HPWS aus, dass die Arbeit so organisiert ist ‚das Front-line Beschäftigte ermöglicht wird, an Entscheidungen teilzuhaben, die auch organisationale Routinen verändern. Damit ist einerseits größere Autonomie verbunden, anderseits ist es auch mit einem verstärkten Austausch mit KollegInnen, Vorgesetzten, ExpertInnen (wie z.B. TechnikerInnen, BuchhalterInnen oder Wartungspersonal) und den VerkäuferInnen oder gar den KundInnen verbunden. Arbeitsorganisationsformen in einem HPWS brauchen diese Austauschkanäle, um Informationen zu sammeln, sie zu verarbeiten und diese dann in den Arbeitsprozess zurückfliesen zu lassen (Appelbaum 2002).

Appelbaum/Batt (1994) haben den Begriff der HPWS als generelles Label für eine Reihe von post-tayloristischen bzw. post-fordistischen Praktiken[19] gesehen. Dazu werden Qualitätszirkel oder teilautonome Arbeitsgruppen gezählt, aber auch die verschiedenen Formen von Partizipationsmodellen. Dabei geht es um High Performance (Ramsay et al. 2000, Capelli/Neumark 2001) und High Commitment (Wood/de Menezes 1998), aber auch High Involvement (Pil/Macduffie 1996). Gerade die beiden letztgenannten Bereiche können auch als mögliche Subkonzepte der HPWS angesehen werden (Harley 2005: 41):

- **High Commitment Management** (HCM) betont die Kapazität von zusätzlichen und fortschreitenden Methoden, die das Commitment der Beschäftigten erhöht. Ein Schwerpunkt liegt auf Ansätzen, bei denen es um die Erhöhung der Autonomie geht, aber eben auch darum, die intrinsische Motivation der Beschäftigten zu erhöhen. Dabei bleibt die Erreichung einer verbesserten organisationalen Performance immer im Zentrum. Diese soll durch eine veränderte Motivationslage, höhere Leistungsbereitschaft und weniger Fluktuation und gleichzeitig damit verbundener geringer werdende Notwendigkeit für Kontrolle erreicht werden. Es geht darum, die Beschäftigten stärker an die Organisation zu binden.
- Damit verbunden ist der zweite Bereich des **High Involvement Managements** (HIM). Hier geht es auch um Performance-Steigerung, und zwar um die Steigerung der Fähigkeit der Beschäftigten, Entscheidungen zur Verbesserung des Arbeitsprozesses zu treffen.

Den HPWS und den dargestellten Subsystemen gemeinsam ist die große Bedeutung der Art der Arbeitsorganisation. Dabei geht vor allem darum, dass die Beschäftigten am Informationsaustausch und an den verschiedensten Meetings teilnehmen können und dass sie bei der Gestaltung von Veränderungsvorhaben beteiligt werden. Neben der Arbeitsorganisation ist für die HPWS auch charakteristisch, dass es sich um ein hohes Qualifikationsniveau handelt und extrinsische, wie auch intrinsische Anreize gesetzt werden. Zu diesen Anreizen zählt Appelbaum (2002) den Beschäftigten eine längerfristige Perspektive anzubieten. Mit dieser längerfristigen Perspektive und Verweildauer in einer Organisation repräsentiert sich eben auch die Jobsicherheit, und diese Maßnahmen gehen sehr oft mit familienfreundlichen Maßnahmen einher (Ramsay et al. 2000). Hauptpfeiler im Rahmen von HPWS sind Konzepte wie Vertrauen, Commit-

19 Siehe dazu auch Kapitel 4

ment, intrinsische Motivation, Jobzufriedenheit, Reduktion von Stress und der Stellenwert von Autonomie.

Welchen Anteil HPWS an den westlichen Arbeitsmärkten hat, ist derzeit schwierig abzuschätzen, denn die oben genannten Definitionen lassen verschiedene Interpretationen und Grenzziehungen zu. Es gibt generell sehr wenig differenzierte nationale Umfragen, bzw. basieren die derzeit zugänglichen Umfragen auf sehr unterschiedlichen methodischen Grundlagen. Arbeiten dazu finden sich bei Osterman (2000) und Harley (2001, 2002), die sich besonders auf europäische und australische Arbeitsmärkte beziehen und die wachsende Bedeutung von diesen Arbeitsorganisationsformen aufzeigen. Huselid (1995) wiederum hat die engen Zusammenhänge von HPWS und gesteigerter Performance nachgewiesen.

Als wichtige Voraussetzung für HPWS wird von Harley (2005: 52) gefordert: „HPWS stands or falls on the claim that it represents a potential ´win-win´-approach to work organisation in which both employers and employees stand to gain from its implementation. On the basis of our current state of knowledge, this central claim remains questionable, as do the potential benefits, dissemination and longevity of HPWS.“

In die gleiche Richtung geht auch die Argumentation von Luthans/Youssef (2004: 145). Sie unterstreichen, dass „the ´doing´ of human resources for competitive advantage can begin to close the gap through the recognition and effective management of human, social and now positive psychological capital“ liegt. Unter dem Doing werden in diesem Zusammenhang ähnliche Praktiken genannt, die schon oben von Pfeffer betont werden, wie eben die Selektion und Selektivität, Training und Entwicklung oder auch der Aufbau von Tacit Knowledge. Es wird aber darüber hinaus auch die Bedeutung von offenen Kommunikationskanälen, Cross-functional Teams oder Entwicklungsprogrammen, wie z.B. Work-Life-Balance-Programmen herausgestrichen, die die Stärkung von sozialem Kapital bewirken sollen.

Der dritte zentrale Bereich, in dem Wettbewerbsvorteile kreiert werden können, liegt im sogenannten Psychological Capital Management. Hier werden ganz besonders die Herausbildung von Effizienz und Vertrauen, Hoffnung, Optimismus und Rückhalt betont. In der Stärkung des Vertrauens wird eine Basis für die Verbesserung für Wissensmanagementkapazitäten gesehen (Adler 2001, Sharkie 2005). Es gibt einige Forschungsarbeiten (z.B. Bromiley/Cummings 1995, Nahapiet/Goshal 1998), die unterstreichen, dass für erfolgreiches Wissensmanagement das Commitment der MitarbeiterInnen, eine zielgerichtete Zusammenarbeit und wechselseitiges Vertrauen (Mutual Trust) als unabdingbare Voraussetzungen zentral sind. „Trust is a crucial ingredient both in high-commitment vertical relations between employees and management and in collaborative horizontal relations between specialist groups." (Adler 2001: 220).

In der Kombination dieser drei unverwechselbaren und kaum zu imitierenden Kapitalarten liegt ein möglicher Ansatzpunkt für die Erweiterung von Wettbewerbsvorteilen, wobei die Ausrichtung und Förderung von psychologischem Kapital eine langfristige Ausrichtung mit sich bringt. „We propose that positive psychological capital management in particular can effectively channel people´s talents, strengths and psychological capacities toward achieving worthwhile productive, ethical, sustainable outcomes and results in competitive advantage." (Luthans/Youssef 2004: 158).

Vor diesem Hintergrund sind die Veränderungen im Bereich der Beschäftigungsverhältnisse zu betrachten. Wie diese Veränderungen sich darstellen und welche Formen die Flexibilisierung angenommen hat, steht im Mittelpunkt des nächsten Abschnittes.

3. Flexibilisierung der Beschäftigungsverhältnisse

Die Diskussionen um die Flexibilisierung des Erwerbsleben erstrecken sich schon lange nicht mehr nur auf eine Verkürzung der Arbeitszeit und ebenfalls schon länger nicht mehr nur auf die Veränderungen der Lage von Arbeitszeiten, sondern erfassen auch die Anpassungsfähigkeit der Arbeitskräfte hinsichtlich der Qualifikationen und der Inhalte der Tätigkeiten. Mit der Weiterentwicklung der technologischen Möglichkeiten dehnen sich die Flexibilisierungsmöglichkeiten auch zunehmend auf räumliche Aspekte aus – eine Dimension[20], die beispielsweise Mitte der 1980er Jahre noch nicht relevant war.

Dieses Kapitel hat zum Ziel, die Veränderungen der Beschäftigungsverhältnisse nachzuzeichnen und die Diskussion rund um die Einordnung ihrer Bedeutung zu erklären. Hier fließen sowohl makro- wie auch mikroökonomische Betrachtungen mit hinein, um dann die Details der Veränderungen der verschiedenen Formen in ihren Nuancen zu analysieren. Diese und daraus folgende Veränderungen können in Anlehnung an Hochgerner (1998: 176) schematisch wie in Abbildung 5 zusammengefasst werden. Darin finden sich die schon beschriebenen möglichen Komponenten der Arbeit, die von Flexibilisierung betroffen sein können, wobei die von den Unternehmen angewandten Flexibilisierungsstrategien besonders interessant sind.

---

20 Vgl. dazu Hamel 1985 und Anderer 1997: 286f

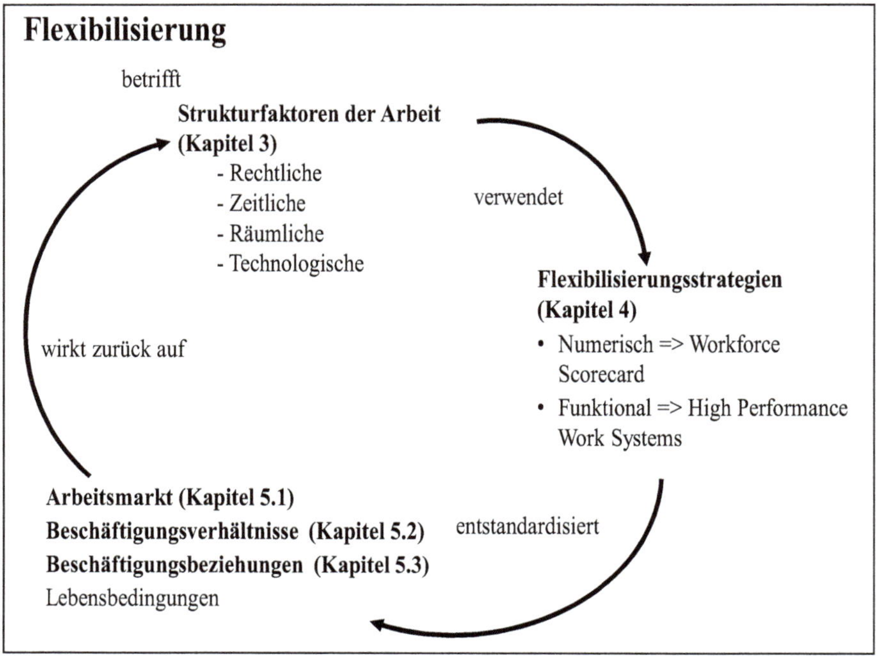

Abbildung 5: Dimensionen und Folgen von Flexibilisierung (in Anlehnung an Heinrich/Schmidt 2004: 105)

Ausgangspunkt werden die Entwicklungen auf den Arbeitsmärkten in hochindustrialisierten Ländern sein, die mit der Datenlage die zunehmende Flexibilisierung der Beschäftigungsverhältnisse aufzeigen (Kapitel 3.1). In diesem Abschnitt wird daran anschließend Flexibilisierung als Begriff (Kapitel 3.2), und dann vor allem die verschiedenen Nuancen und Ebenen, an denen Flexibilisierung greift, näher betrachtet wird genommen (Kapitel 3.3).

3.1 Veränderungen am Arbeitsmarkt

Dauerhaften Arbeitsverhältnissen mit einer relativ einheitlichen Arbeitszeit, verbunden mit einem ausreichenden und gesicherten Einkommen sowie mit darauf abgestimmten arbeits- und sozialrechtlichen Ansprüchen stehen zunehmend Beschäftigungsformen gegenüber, für die die bisherigen Normen nicht mehr oder nur mehr eingeschränkt gelten. Eine „Erosion der Normalarbeitsverhältnisse" (Jurczyk 1998, Martin 2002) hat eingesetzt: Es kann nicht mehr von lebenslangen bzw. kontinuierlichen Beschäftigungsverhältnissen ausgegangen werden.

In etlichen Publikationen (z.B. Heinze/Streeck 2000, Mayer 2000) findet man Hinweise, dass sich neue Arbeitsplätze vornehmlich im tertiären Sektor finden. Die Arbeitsmarktdaten lassen dabei verschiedene Trends erkennen: Einer davon ist der langfristige Trend zur Abnahme von abhängiger und fremdbestimmter Lohnarbeit zugunsten „freier Berufstätiger" (Schmid 2000). Damit einher geht ein anderer Trend, dass atypisch, und davon vor allem unsichere Beschäftigungsverhältnisse (also Befristungen, Zeitarbeit oder geringfügige Beschäftigung) hauptsächlich Niedrigqualifizierte betreffen. Gleichzeitig zeigt sich aber auch, dass der Anteil von UniversitätsabsolventInnen, die sich in der Gruppe der atypischen Verhältnisse wiederfindet, steigt. Dies trifft vor allem für die Formen der Befristungen und freien Dienstverträge zu. Gerade der mehrfach diagnostizierte Trend zur „Wissensgesellschaft" (z.B. Osterman 2002, Wilkens 2004) und die dort neuen Beschäftigungsformen deuten auch darauf hin, dass immer mehr auch Höherqualifizierte von der Atypisierung betroffen sind (Haunschild 2004a: 46).

Die Arbeitsmarkt- und Sozialpolitik schreibt atypischen Beschäftigungsformen auch eine Brückenfunktion für die Integration von Problemgruppen in den Arbeitsmarkt bzw. für die Gestaltung eines gleitenden Übergangs in die Pension zu (Flecker 1999, Keller/Seifert 2002). Formen, die dafür vorgesehen sind, umfassen Leiharbeit über Beschäftigungsgesellschaften, Teilzeitkarenz, Altersteilzeit oder geringfügige Beschäftigung neben Sozialleistungsbezug. Die Änderungen der Beschäftigungsformen haben auch sehr starke Implikationen auf die Sozialpolitik, die noch immer erwerbsarbeitszentriert ist. In einer postmodernen Sozialpolitik geht es um Fragen der Grundsicherung und der Finanzierung von Kapital und Gewinn (Bohmann 1998, Keller/Seifert 2005).

Für die neuen Formen der Arbeit wurden auch eigene Begriffe gefunden: Im deutschen Sprachraum werden sie als atypische Beschäftigungsverhältnisse bezeichnet (Tálos 1999: 417), in der englischsprachigen Debatte wird von New Forms of Employment" (Haunschild 2004a) bzw. Blended workforce (MacDuffie 2007) gesprochen. Als atypische Beschäftigungsverhältnisse zählen solche, die nicht einem bestimmten Standard entsprechen.

Als Attribute für die Definition von Standardbeschäftigungen wird auf die Arbeiten von Kalleberg, Reskin und Hudson (2000: 258) zurückgegriffen, die "Standardbeschäftigung" als Arbeit definieren, die

- von einer Vollzeitbeschäftigung mit geregelten Arbeitszeiten ausgeht,
- bei der die Leistungen beim Unternehmen vor Ort,

- unter den Kontrollmöglichkeiten des Beschäftigers/der Beschäftigerin erbracht werden und
- die mit der Mutual Expectation einer dauernden Beschäftigung einhergeht.

Fehlt eines der Attribute, dann wird von einem Nicht-Standard-Beschäftigungs-verhältnis gesprochen. In den oben erwähnten unterschiedlichen Bezeichnungen liegt schon ein Hinweis auf die unterschiedliche Lage auf den nationalen Arbeitsmärkten, die in der Folge noch näher behandelt wird.

Schon Ende der 1980er Jahre hat die Workforce 2000-Studie (Johnston/Packer 1987) ein Bild der Arbeitsmarktentwicklungen für den anglo-amerikanischen Raum aufgezeigt. So sprachen die Autoren damals davon, dass Anfang des neuen Jahrtausends insgesamt weniger Arbeitskräfte zur Verfügung stehen werden und diese zunehmend älter sein werden. Auch der Frauenanteil sollte laut dieser Studie höher sein und mehr Angehörige von Minoritäten würden sich im Arbeitsmarktpool finden. Beim Blick auf die Felder wird in dieser Studie das Bild von einer Verschiebung hin zu mehr Dienstleistungsfeldern gezeichnet, in dem Menschen mit immer höheren Qualifikationen und immer weniger White Males[21] oder männliche Normalarbeitskräfte arbeiten werden.

Stellt man diesen Prognosen die Entwicklungsdaten zum europäischen Arbeitsmarkt gegenüber, wird deutlich, dass sich diese prognostizierten Trends über weite Strecken bestätigt haben. Bei diesem Vergleich ist zu beachten, dass in Europa das Thema Rasse vielleicht nicht ganz den Stellenwert hat, wie in den USA, jedoch im letzten Jahrzehnt das Thema ethnische Zugehörigkeit bzw. Migrationshintergrund immer mehr in den Blickpunkt rückt (Essers/Benshop 2009). Betrachten wir die Entwicklungen am deutschen Arbeitsmarkt, so zeigen die Daten des Jahres 2005, 2011 und eine Prognose für 2040 folgendes Bild:

21 Diese Bezeichnung kommt aus dem US-amerikanischen Raum und unter einem „white male“ wird ein männliches Mitglied der weißen ethnischen Gruppe angesehen, der von europäischen Vorfahren abstammt (Thompson/Hickey 2005). In den 1970er Jahren hat dieser Begriff durch die Arbeiten von Schaef (1992) noch eine zusätzliche Bedeutung bekommen: Sie hat den Begriff des „white male systems“ geprägt. Dieses System basiert auf der These, dass das Gesellschaftsystem westlicher Staaten ausschließlich von Männern weißer Hautfarbe geprägt und an deren spezifischen Bedürfnissen ausgerichtet ist.

Tabelle 5: Arbeitsmarktentwicklung in Deutschland (inkl. Prognose) (Institut für deutsche Wirtschaft 2002; Stat. Bundesamt 2006, 2012)

	2005	**2011**	**2040**
Erwerbstätige	38,8 Mio	41 Mio	30,7 Mio
Anteile			
★ Frauen	45 %	50,3 %	Erhöht
★ 55+Ältere	13,6 %	17,5 %	Stark erhöht
★ AusländerInnen	7,7 %	7,3 %	Verdoppelt
★ Teilzeitbeschäftigte	23,4 %	25,1 %	Stark erhöht
Arbeitslosenquote	11,7 %	7,1 %	3,9 %

Ähnliche Daten und Prognosen finden sich auch für den österreichischen Arbeitsmarkt. In einer Studie, in der vom WIFO die Entwicklung des Arbeitskräfteangebots in Österreich bis 2025 erstellt wurde, betont die Autorin (Biffl 2006, 2), dass gerade zwischen 2020 und 2030 ein massiver Strukturwandel des Arbeitskräfteangebots zu erwarten ist. So liegen der in der nachfolgenden Tabelle 6 zu findenden Prognose die Ausschöpfung von allen Aktivierungs- und Migrationsoptionen zugrunde.

Wenn von einer Fortschreibung einer konstanten Erwerbsquote des Erhebungsjahres 2005 ausgegangen würde, würden in Österreich im Jahr 2025 mit 3,8 Mio Personen und somit weniger Erwerbstätige als heute zur Verfügung stehen.

Tabelle 6: Arbeitsmarktentwicklung in Österreich (inkl. Prognose) (Biffl 2006; Statistik Austria 2012)

	2005	**2011**	**2025**
Erwerbstätige	3,8 Mio	4,1 Mio	3,8 Mio
Anteile			
★ Frauen	65,6 %	69,5 %	Erhöht
★ 55+Ältere	33 %	33,7 %	Stark erhöht
★ AusländerInnen	9,8 %	11,2 %	Verdoppelt
★ Teilzeitbeschäftigte	21,1 %	25,2 %	Stark erhöht
Arbeitslosenquote	5,2 %	4,2 %	

Um diesem Trend entgegenzuwirken und die Zahl der Erwerbstätigen zu steigern, sehen Arbeitsmarktexperten die Hauptfelder darin, die drei zentralen Phänomene der Arbeitsmarktentwicklung der letzten Jahre zu nutzen auch dementsprechend zu nutzen (Biffl 2006):

- die Alterung der Erwerbstätigen und deren bessere Integration,
- die weitere Steigerung des Frauenerwerbsanteils und
- die Nutzung der Multikulturalität.

Der Trend, dass sich der Anteil der Frauen an den Erwerbstätigen, aber auch der Anteil an Teilzeit- bzw. befristeten Arbeitsverhältnissen erhöht, ist auch für den anglo-amerikanischen Raum festzustellen (Osterman/Burton 2005: 432). Insgesamt wird dabei ein Schrumpfungsprozess der gesamten Anzahl an Erwerbstätigen und des Arbeitskräftepotentials diagnostiziert, wobei dieser Prozess ohne verstärkte Zuwanderung weitaus dramatischer verliefe (Goedicke et al. 2006, Allmendinger/Ebner 2006).

Auch der Trend zur Alterung der Erwerbsbevölkerung wird durch aktuelle Studien bestätigt (Allmendinger/Ebner 2006, 230f): In Deutschland wird in der Gruppe der 15- bis 29-Jährigen ein Rückgang von 10 Millionen 2005 auf 7 Millionen 2050 angenommen. Noch dramatischer schaut der Rückgang in der Gruppe der 30- bis 49-Jährigen aus. Hier wird ein Rückgang von 23,7 Millionen auf 16,9 Millionen erwartet. Die Bestätigung dieser Trends bringt mit sich, dass sich die Betriebe durch die Erhöhungen in den oben genannten Gruppen strategisch auf Belegschaften mit älteren Beschäftigten, mit mehr Frauen und mehr AusländerInnen einstellen müssen. Auf der anderen Seite zeigen die Prognosen auch auf, dass der Trend zu atypischen Beschäftigungsverhältnissen, wie z.B. Teilzeitbeschäftigungen zunehmen wird.

Parallel zu diesen Entwicklungen wird aber auch ein anderes Phänomen am Arbeitsmarkt sichtbar: Der Anteil und die Dauer der Arbeitslosigkeit besonders von Frauen ist gestiegen. Die Analysen der Arbeitsmarktdaten zeigen, dass das Risiko, arbeitslos zu werden, gestiegen ist. Auch die Zahl derer, die zumindest einmal jährlich von Arbeitslosigkeit betroffen sind, hat sich seit Beginn der 1980er Jahre verdreifacht (Tálos/Fink 2002). „Im Laufe der 80er Jahre konnte die Schaffung von Arbeitsplätzen nicht mit der Zunahme der Zahl der Arbeitslosen Schritt halten. (...) Vor allem der Anteil der Langzeitarbeitslosen (mehr als 180 Tage vorgemerkt) stieg an. 1993 lag die durchschnittliche Dauer der Arbeitslosigkeit bei 20 Wochen, während sie in den frühen 80er Jahren nur etwa halb so lang war. Nicht nur der Strukturwandel auf der Nachfrageseite, sondern auch jener auf der Angebotsseite (nach 1975 strömte die Baby-Boom-Generation auf den Arbeitsmarkt bei gleichzeitig leicht expansiver Erwerbsbeteiligung der Frauen) werden für die zunehmende Fluktuation von Teilen der Beschäftigung und die Verfestigung von Arbeitslosigkeit bei bestimmten Bevölkerungsgruppen verantwortlich gemacht." (Taus 1995: 359) Gleichzeitig ist auch ein Trend zu Mehrfachbeschäftigungen und atypischen Beschäftigungsformen zu beobachten, wie z.B. die (Schein)Selbstständigkeit. Speziell Frauen werden am Arbeitsmarkt diesbezüglich an den Rand gedrängt.

Tálos (1999) konstatiert bereits Ende der 1990er Jahre, dass die Veränderungen Richtung Atypisierung der Beschäftigungsverhältnisse unumkehrbar sind. Seit 1994 hat sich die Teilzeitquote in Österreich von 12,8 % fast verdoppelt und beträgt 2011 25 % aller Erwerbstätigen (Statistik Austria 2012: 63). Formen wie Teilzeitarbeit und geringfügige Beschäftigung werden im überwiegenden Maße von Frauen geleistet. Der Anteil von Frauen an allen Teilzeitbeschäftigten in Österreich lag 1999 bei 87 %. Zum Vergleich dazu waren damals nur 34 % der Vollzeitbeschäftigten Frauen (Tálos 1999). Diese Verhältnisse haben sich in den letzten Jahren nur wenig verändert. Noch immer liegt der Anteil von Frauen an allen Teilzeitbeschäftigten in Österreich bei 80,7 % (Statistik Austria 2012: 63).

Im internationalen Vergleich liegt Österreich mit diesem hohen Frauenanteil an Teilzeitbeschäftigten im Spitzenfeld hinter Belgien, Luxemburg und Deutschland. (Tálos/Fink 2002: 12) Gestiegen ist auch der Anteil an befristeten Beschäftigungsverhältnissen. Hier handelt es sich in zwei Dritteln der Fälle um eine Befristung von maximal einem Jahr, wobei diese Formen vor allem in Dienstleistungsberufen zu finden sind. (Wörister 2001: 10) In der Europäischen Union sind 13,2 % der 165 Millionen Erwerbstätigen mittlerweile in befristeten Verträgen zu finden. Mit einem Anteil im Jahr 2008 von 9 % aller Beschäftigten liegt Österreich hinter diesem europäischen Schnitt zurück (Statistik Austria 2009: 55). In diesem Zusammenhang ist die Entwicklung beobachtbar, dass immer stärker auch höher qualifizierte Bereiche von der Ausweitung von befristeten Arbeitsverhältnissen betroffen sind (Bielenski et al. 1994, Giesecke/ Groß 2006).

Damit zeigt sich, dass nicht nur die Randbereiche des Arbeitsmarktes davon betroffen sind, denn der Anteil von befristeten Verträgen nimmt auch in den besser funktionierenden Segmenten des Arbeitsmarktes zu (Henneberger et al. 2004, Keller/Seifert 2006, Rogowski/Wilthagen 2004). Die Befristungen treten in Österreich vor allem am Beginn des Berufslebens auf, wobei sich auch hier Verschiebungen beobachten lassen. Hat sich bisher diese Gruppe am österreichischen Arbeitsmarkt vor allem auf die Gruppe der Personen in Ausbildung (Lehrlingsausbildung) bezogen, ist zu beobachten, dass der Anteil der Personen mit befristeten Verträgen 2008 bei den 20- bis 24-Jährigen bei 11 % und bei den 25- bis 29-Jährigen immerhin noch bei 9,2 % gelegen ist (Statistik Austria 2012: 57).

Diese flexibleren Beschäftigungsmöglichkeiten und -politiken in den Organisationen führen zu einer Optimierung des Personaleinsatzes im Produktions- aber auch im Dienstleistungsbereich und führen über kurz oder lang auch zu Veränderungen der Organisationsstrukturen (Bollinger et al. 1991, Bothfeld/Kaiser 2003, Giesecke/Groß 2006, Linne/Vogel 2003, Walwei 1995).

Die Veränderungen in den gerade erwähnten Gruppen lassen sich folgenden großen Trends zuordnen, die auch als Gründe für diese Veränderungen herangezogen werden können:

- Die demographischen Veränderungen wirken sich auf verschiedenen Ebenen aus, wie z.B. Alter, Familien- bzw. Lebensstrukturen, Bildungsgrade, Ethnizität (Brockbank/Ulrich 2005). Sie führen – wie vorne gezeigt wurde – zu sichtbaren Verschiebungen und einer Erhöhung des Arbeitskräftepotentials am Arbeitsmarkt und zu neuen Herausforderungen für die Personalpolitik in den Unternehmen. In manchen Branchen, wie dem Sachgütererzeugungsbereich (Textilerzeugung, Elektrotechnik, Holz-, Papier- und Druckereibereiche), in dem ein Beschäftigungsrückgang in den nächsten Jahrzehnten prognostiziert wird (Fritz et al. 2008: vi), können durch diesen Rückgang die Recruiter aus dem Vollen schöpfen. In anderen Branchen, besonders Dienstleistungsbereichen und hier vor allem bei Tätigkeiten wie Datenverarbeitungsdienste oder auch im Gesundheits- und Sozialbereich, die jeweils mit einem höheren Qualifikationsbedarf verbunden sind, werden Probleme bei der Personalbeschaffung vorhergesagt (Fritz et al. 2008: vi). Somit rückt auch das Thema Personalbindung in ein anderes Licht und wird für die Bereiche, in denen Rekrutierungsschwierigkeiten bestehen bzw. vorhergesagt werden, zu einem nicht zu unterschätzenden Faktor der Personalpolitik.
- Die Globalisierung der Geschäftstätigkeit ist ein weiterer Faktor, der seine Spuren auf dem Arbeitsmarkt hinterlässt. Dabei sind Firmenzusammenschlüsse und Unternehmenskooperationen ein Grund, der zwar neue Chancen für Arbeitskräfte bringt, gleichzeitig aber auch zu massiven Beeinträchtigungen und Verschiebungen von Aktivitätszentren führen kann. Produktionsstätten werden leichter und schneller in kostengünstigere Regionen verlagert und die damit verbundene Ausweitung der Aktionsräume eröffnet für viele Organisationen die Möglichkeit „24/7“[22]- und Follow the Sun“[23]-workforce arrangements einzusetzen und somit zu gewährleis-

22 Ein Terminus, der im englischsprachigen Raum mittlerweile gang und gebe ist, um das Arbeiten rund um die Uhr auszudrücken: 24 hours, 7 days a week. (Siehe dazu auch Zemke et al. 2000)

23 Dieser Begriff „follow the sun“ wurde in der Diskussion rund um die Globalisierung von Geschäfts- und Arbeitsprozessen geprägt. Dabei ist eine Prämisse, dass es gelingen

ten, dass es zu keinen Unterbrechungen in den Leistungserstellungsprozessen kommt. Klassische Schichtarbeitskonzepte werden ausgeweitet und perfektioniert. Mit diesen Strategien und den auch mit den Globalisierungstendenzen einhergehenden Verlagerungen von Arbeitsplätzen in Billiglohnländer sind verschiedenste politische Fragestellungen und Debatten verbunden, wie z.B. die (legistischen, sozialen und kulturellen) Umwelt- oder Randbedingungen, die bei der Betrachtung einer HR-Architektur in einem globalen Kontext mitgedacht werden müssen (Lepak/Snell 2007).

- Neue Organisationskonzepte bzw. Veränderungen der Organisationsformen begleiten ebenfalls die letzten Jahre. Man kann einen Abbau von Hierarchien genauso beobachten wie eine zunehmende Flexibilisierung und „Freude" an Umstrukturierungen, wobei dies auch stark mit den Dynamiken im Bereich der immer kürzer werdenden Zyklen zwischen Neugestaltungen von Unternehmenskooperationsformen zusammenhängt. Dabei wird deutlich, dass Funktionen, aber auch Professionen nicht mehr über längere Zeit festgeschrieben sind, sondern sich stärker durchmischen.

Diese drei skizzierten Trends sind mit der Flexibilisierung von Beschäftigungsverhältnissen eng verknüpft. So stellen die demographischen Gegebenheiten einer Region eine zentrale Voraussetzung für die möglichen Angebote am Arbeitsmarkt dar. Auch die Globalisierungstrends der Organisationen beeinflussen die Ausprägungen der Beschäftigungsverhältnisse, wie später bei der Darstellung der Dimensionen der Beschäftigungsflexibilisierung[24] ausführlich gezeigt werden wird. Hier ist die Richtung des Einflusses nicht eindeutig festzumachen, denn gerade die verkehrs- und kommunikationstechnologischen Entwicklungen haben innerhalb sehr kurzer Zeithorizonte neue Formen der Arbeitsorganisation ermöglicht und somit einen massiven Einfluss auf die Geschwindigkeit der Globalisierungsentwicklungen gehabt. Ähnliches gilt für die neuen Organisationskonzepte, deren Ausprägungen sich zumeist sehr deutlich in der strategischen Ausrichtung der Organisationen[25] widerspiegeln. Auch in diesem Trend liegt ein maßgeblicher Treiber für Flexibilisierungstendenzen gerade bei Beschäftigungsverhältnissen, und gleichzeitig haben die beobachtbaren Flexibilisierungstendenzen auch Rückwirkungen auf die Ausgestaltung der Organisationen.

---

sollte, Aufgaben in globalen Kontexten so zu organisieren, dass es kaum zu Leerzeiten/-läufen kommt. „... each team is working during their local normal business hours and assigning or handing over tasks at the end of their days to teams that are beginning their normal day, effectively yielding a 24-hour development clock." (Treinen/Miller-Frost 2006: 774).

24 Siehe dazu Kapitel 3.3

25 Siehe dazu Kapitel 4

Diese Transformationsbeschreibungen sind von der Tendenz begleitet, dass die Arbeitsbeziehungen immer internationaler werden. Organisationen pflegen ihre Kernkompetenzen und erwerben von Fähigkeitsnetzwerken bzw. Dienstleistungsanbietern wie Agenturen, Selbstständigen, nicht gewerkschaftlich organisierten LeiharbeiterInnen die ihnen fehlenden Kompetenzen. Mit diesen Formen des Kompetenzerwerbs ist eine losere Kopplung von dem/der ErbringerIn der Leistung mit der Organisation verbunden, die in der Folge noch näher beleuchtet wird. Auf Seiten der Beschäftigten führen diese neuen Beschäftigungsformen dazu, dass die Arbeit an sich zunehmend mehr individualisiert wird und sich mehr Gestaltungsspielräume für den/die Einzelne eröffnen. Die derzeit in den westlichen Industriestaaten, besonders in den deutschsprachigen Bereichen, beobachtbaren Beschäftigungsverhältnisse sind durch eine Reduktion der arbeitsrechtlichen Reglementierungen gekennzeichnet. Damit ergeben sich für den/die einzelne/n ArbeitnehmerIn Möglichkeiten, Fähigkeiten zu entwickeln und damit auch die eigene Employability zu verbessern. Mit diesen Entwicklungen sind jedoch auch Unsicherheitsfaktoren verbunden.

Der Großteil der Literatur bzw. Ausführungen in der Managementliteratur geht beharrlich und mehr oder weniger implizit von Standardbeschäftigungsformen aus (Ashford/George/Blatt 2007: 67). In dieser Arbeit wird nach der Einführung der Flexibilisierungsformen besonderer Stellenwert auf die organisationsseitigen Trends gelegt. Dazu gehören die Reaktionen auf den demographischen Wandel und die Verbindung mit Globalisierungsstrategien, die sich in den verschiedenen Beschäftigungsstrategien wieder findet. Doch was genau bedeutet Flexibilisierung? Ist es ein modernes Zauberwort oder vielmehr „alter Wein in neuen Schläuchen“?

3.2 Flexibilisierung – nur ein Modewort?

Die Veränderungen in den letzten Jahrzehnten münden sehr oft in ein Schlüsselwort: Flexibilisierung. Obwohl dieses Schlagwort in aller Munde ist, findet es sich interessanter Weise nicht im deutschen Wörterbuch, dem Duden (2000). Hier findet sich „Flexibilität“ als Begriff für „1. Biegsamkeit 2. Fähigkeit des Menschen, sich wechselnden Situationen rasch anzupassen“ (Duden 2001: 317). „Flexibilisierung“ hingegen findet sich nicht als eigener Begriff, sondern lediglich als Ableitung des Verbs „flexibilisieren“ (Duden 2000: 381). Ursprung dieser ganzen Wortgruppe ist das lateinische Wort „flexibilis“, das „1. biegsam, elastisch, 2. beweglich, anpassungsfähig, geschmeidig und 3. beugbar“ bedeuten kann (Duden 2001: 317). Es geht bei Flexibilisierung also um die „Biegbarkeit“ bzw. „Beweglichkeit“, wobei es sich um ein Substantiv handelt, das von der Bedeutung her „Nichtgegenständliches“ bezeichnet und damit in verschiedenen

Bedeutungszusammenhängen verwendet werden kann. Dabei ist vielmehr interessant, was als Gegenstand des „Biegens“ bzw. des „Bewegens“ gesehen werden kann und von wem die Initiative betrieben wird.

Wie später noch deutlicher werden wird, sind von den Begriffen Flexibilität und Flexibilisierung ganz verschiedene Bereiche betroffen. Im Zusammenhang mit Wirtschaftsorganisationen werden diese Begriffe aber immer öfter im Zusammenhang mit dem Einsatz von Arbeit und Ressourcen genannt. So wird es in der weiteren Folge darum gehen, was der Gegenstand des Biegens bzw. Bewegens ist: geht es um rechtliche Rahmenbedingungen, zeitliche, räumliche oder vielmehr technische Dimensionen der Biegung von Beschäftigungsverhältnissen? Es wird aber auch der Frage nachgegangen, wer die „AkteurInnen“ bzw. die „BetreiberInnen“ des Biegens und was deren Beweggründe[26] sind.

Von *Flexibilität* als „Idee“ (z.B. Pollert 1991) oder „gedanklichem Konstrukt“ (z. B. Dombrowski 2000: 53) bis hin zum Versuch der Entwicklung theoretischer Bezugsrahmen (Wössner 1990: 69) reicht die Bandbreite an Definitionen. Gemeinsam ist ihnen, dass mit Flexibilität die spezifische Eigenschaft von Systemen gemeint wird, sich ändernden Umweltbedingungen sowohl präventiv als auch reaktiv anpassen zu können. Da Flexibilität als Merkmal von Systemen definiert wird, kann sie sowohl Organisationen (in der Anforderung und Fähigkeit einer Organisation, sich dynamischen Bedingungen anpassen zu können) als auch Individuen (z. B. in der Forderung flexibler Qualifikationen) betreffen. Zentrale Dimensionen von Flexibilität, die genau genommen den Charakter eines Potentials hat, sind die Vergrößerung von Handlungsspielräumen und -möglichkeiten sowie die Erhöhung der Handlungsgeschwindigkeit. Der Begriff Flexibilität wird dann bedeutungsvoll, wenn dieses Potential in Bezug zu dem jeweils spezifischen Kontext gesehen wird (Eriksen 2005: 54).

Flexibilisierung wiederum wird als ein Zauberwort für die Reaktionen auf die Entwicklungen der verschiedenen Märkte verwendet. Dabei ist Flexibilisierung kein vollkommen neuer Term – im Rahmen der Auseinandersetzung mit der industriellen Produktion wurde im Laufe des letzten Jahrhunderts immer wieder Zuflucht z.B. in der Lockerung von Produktionsplänen gesucht, die eine stärkere Orientierung an den Absatz- und Qualitätskriterien der KundInnen mitberücksichtigten. Es ging also sehr stark um neue Definitionen von Qualität, einer anderen Form der KundInnenorientierung bzw. generell um ein anderes Marktbewusstsein (Fincham/Rhodes 2005: 674f).

Sennett (1998: 11) bezeichnet diese Entwicklungen in seinem bekannten Werk „Der flexible Mensch“ als „flexibler Kapitalismus“ und hält dazu gleich zu Beginn fest, dass der flexible Kapitalismus als neues Regime neue Kontrollen

---

26 Siehe dazu Kapitel 4

schafft statt die alten Regeln zu beseitigen. Diese neuen Kontrollen seien aber von den Betroffenen schwerer zu durchschauen. Aus dieser Aussage wird deutlich, dass eines der Fundamente wirtschaftlichen Handelns – der soziale Vertrag[27], der sich auf eine Balance und Integration von Interessen und Bedürfnissen von ArbeitgeberInnen, ArbeitnehmerInnen aber auch der Gesellschaft, in die diese Arbeitsbeziehungen integriert sind, bezieht – Risse bekommen hat. Dieser soziale Vertrag ist in den USA schon in den letzten Jahrzehnten erodiert worden. Als Indizien dafür nennt Kochan (2007: 600f):

- die Restrukturierungsmaßnahmen, die von einer immensen Anzahl an Personalverschiebungen begleitet werden,
- die steigende Anzahl an Arbeitsstunden für Beschäftigte,
- die noch immer nicht beseitigte und in manchen Branchen sogar steigende Einkommensungleichheit und die immer weiter auseinanderklaffende Lücke zwischen der steigenden Produktivität und den Lohnzuwächsen,
- eine beobachtbare Verringerung der Pensionseinkommen und auch eine Verschiebung des Pensionsrisikos zum/r einzelnen ArbeitnehmerIn,
- eine Verschlechterung der Gesundheitsvorsorge und die immer stärkere Verlagerung der Kosten des Gesundheitsbereichs auf den/die Einzelne/n mit den damit verbundenen Konsequenzen und
- ein Verlust der Bedeutung und des Einflusses der ArbeitnehmerInnen sowohl in den einzelnen Firmen als auch in politischen Bereichen.

Diese Entwicklungen wurden in den USA noch von großen Skandalen (z.B. Enron 2002/2003) und Krisen (z.B. Immobilienkrise 2007/2008) begleitet, die dazu geführt haben, dass das Vertrauen in US-amerikanische Firmen und besonders in deren Management sehr gelitten hat und es jetzt eine Herausforderung bedeutet, einen lebensfähigen neuen sozialen Vertrag zu schließen. Diese Wahrnehmungen sind über weite Strecken auch auf den europäischen Kontext übertragbar.

3.3 Dimensionen der Beschäftigungsflexibilisierung

Wenn von Flexibilisierung der Beschäftigungsverhältnisse die Rede ist, sind verschiedene Komponenten der Arbeit davon betroffen. Es kann es sich um

---

27 Thomas Hobbes (1651), John Locke und Jean-Jacques Rousseau (1762) lieferten mit ihren Arbeiten damals jeweils eine Basis für die Ausbildung demokratischer Systeme und dabei gehörte die Definition des „sozialen Vertrages“ zu einer der Grundlagen. Im Rahmen eines solchen sozialen Vertrages – oder Gesellschaftsvertrages, wie Rousseau es nennt – geht es um die Abwägung von Rechten der/des Einzelnen und gesellschaftlichen Ordnungen.

Ausdifferenzierungen im rechtlichen Bereich handeln, es kann sich um die Ausdehnung von bestimmten Arbeitszeitformen handeln, oder auch um die Frage, an welchem Ort die Arbeit erbracht wird. Von manchen AutorInnen[28] werden auch monetäre Anpassungen wie z.B. tarifliche Klauseln, leistungsbezogene Entgeltanpassungen oder Lohnkostenzuschüsse zu den Flexibilisierungsformen gezählt. Bei der weiteren Behandlung von Flexibilitätsausprägungen und deren Untersuchung wurde dieser Faktor bisher kaum berücksichtigt. Ein Grund dafür liegt darin, dass der Faktor der Anpassung der Entlohnung nicht als effektiver Hebel für die geforderten Anpassungsbedürfnisse in Organisationen gesehen wird, sondern vielmehr hier das Instrument der Befristungen zur Kostensenkung eingesetzt wird (Giesecke/Groß 2006: 247). Ein anderer Bereich liegt in der Beweglichkeit von für Arbeitstätigkeiten erforderlichen Qualifikationen, die sich in immer kürzeren Zeiträumen verändern. Als eine Komponente, die in die Dimensionen von Arbeit hineinspielt, dürften an dieser Stelle technologische Komponenten die Arbeitsinhalte, aber auch die Möglichkeit, wann und wo Tätigkeiten verrichtet werden, maßgeblich beeinflussen. In der Folge werden die beobachtbaren Ausformungen von Flexibilisierung der Beschäftigungsformen in rechtlicher, zeitlicher, räumlicher und technologischer Hinsicht, dargestellt.

3.3.1 Rechtliche Dimension: Erosion der Normalarbeitsverhältnisse

Zu Beginn gilt es abzuklären, was denn die Basis ist, von der ausgegangen wird, was in der Diskussion als das Verständnis von „Normalarbeitsverhältnis" und somit als „Standard" zu sehen ist. In diesen Bereich fallen vor allem rechtliche Fragen, die bei der generellen Betrachtung der Fragestellung der Flexibilisierung hier sehr stark durch die jeweiligen legistischen Rahmenbedingungen in den einzelnen Regionen beeinflusst werden, wobei sich die Ausführungen im Hinblick auf rechtliche Belange auf den deutschen Sprachraum beschränken.

In diesem Zusammenhang ist es wichtig, nochmals offen zu legen, was hier als Norm, Normal bzw. Standard angesehen wird. Als Normalarbeitsverhältnis (Kalleberg et al. 2000: 258) ist ein Verhältnis zu verstehen, das

- auf einem Arbeitsvertrag basiert,
- unter Kontrollmöglichkeiten des/der Beschäftigers/in erbracht wird,
- beim Unternehmen vor Ort,
- unbefristet ist und somit mit den Erwartungen einer dauernden Beschäftigung einhergeht und
- eine an der „Normalarbeitszeit" orientierte Arbeitszeit vorsieht.

---

28 Z.B. von Reilly 1998, Kaiser et al. 2005, Keller/Seifert 2006: 237

Kalleberg et al. (2000) beziehen sich hier auf das Verständnis in Industriestaaten. Wenn wir uns auf den deutschsprachigen Raum konzentrieren, finden sich nähere Spezifikationen dazu z.B. in den Arbeiten von Däubler (1988: 302ff). Diese Spezifikationen werden noch immer als mögliche Richtgrößen für die Definition der Norm (also der Normalarbeitsverhältnisse) gesehen. Dabei ist ein Normkriterium die Vollzeitarbeit - derzeit in Ö: 38,5 Stunden. Es wird davon ausgegangen, dass mit dieser Vollzeitbeschäftigung die Reproduktion eines/r Einzelnen und seiner/ihrer Familie gewährleistet ist. Es gilt ein Normalarbeitstag von 8 Stunden, der zwischen 6 und 8.30 Uhr beginnt. Die Normalarbeitswoche umfasst fünf Tage. Die Vergütung erfolgt monatlich und erfolgt vorwiegend in Abhängigkeit von Qualifikation und Beschäftigungsdauer. Als üblicher Arbeitsort wird davon ausgegangen, dass die Tätigkeit im Betrieb bzw. in einer Dienststelle mit einer gewissen Mindestgröße – derzeit wird hier als Untergrenze 5 Personen gesehen – erfolgt. Für den deutschsprachigen Raum ist ein weiteres wesentliches Kriterium, dass ein bestimmter Bestandsschutz (Kündigungsschutz, Abfindungen,...) herrscht.

Diese angeführten Punkte lassen sich in folgenden Abgrenzungskriterien für ein Normalarbeitsverhältnis (Haunschild 2004a: 20, Keller/Seifert 2006: 235) zusammenfassen:

1. ein abhängiges (weisungsgebundenes), vollzeitiges und unbefristetes Arbeitsverhältnis zwischen einem/r ArbeitgeberIn und einem/r ArbeitnehmerIn (arbeitsrechtliche Regelungen der Beziehung von ArbeitgeberInnen und ArbeitnehmerInnen);
2. regelmäßige Zahlungen von existenzsichernden Vergütungen (soziale Sicherung);
3. Existenz eines betrieblichen oder aber für die Ausübung der Tätigkeit typischen definierten Arbeitsortes;
4. eine gegenüber der Lebenszeit abgegrenzte Normalarbeitszeit (Arbeitszeit).

Diese Punkte repräsentieren weniger ausschließende Definitionskriterien, sondern stehen vielmehr für prägnante Merkmale, anhand derer neue Beschäftigungsformen abgegrenzt werden können. Gerade im Bereich der sozialen Sicherung liegt ein wesentliches Unterscheidungskriterium: „Atypische Beschäftigung ist vielfach nicht nur mit geringem und diskontinuierlichem Einkommen, sondern auch mit einem nur selektiven sozialen Schutz verbunden." (Tálos/Fink 2002: 13)

Ein atypisches Beschäftigungsverhältnis ist damit ein Beschäftigungsverhältnis, für das mindestens eine der folgenden Bedingungen zutrifft (Haunschild 2004a: 20f):

- Es liegt keine Vollzeitbeschäftigung vor.

- Die Dauer des Arbeitsverhältnisses ist begrenzt (Befristung) bzw. ist im Sinne einer fehlenden Willensbekundung für ein unbefristetes Fortbestehen des Arbeitsverhältnisses ungewiss.
- Der/die Beschäftigte arbeitet „frei“, d.h. nicht weisungsgebunden.
- Es liegt gar kein Arbeitsvertrag vor, sondern ein dienst- oder werkvertragliches Verhältnis bzw. ein Leiharbeitsverhältnis.
- Die für die Arbeitsleistungen bzw. die Bereitstellung der Arbeitskraft bezahlte Vergütung erfolgt unregelmäßig und/oder ist nicht ausreichend zur Existenzsicherung.
- Die Arbeitstätigkeit wird zu einem wesentlichen Teil nicht im Betrieb bzw. an dem für die Ausführung (bisher) üblichen und definierten Ort ausgeführt.
- Die Arbeitszeit ist entweder nicht klar von der „Lebenszeit“ abgegrenzt oder aber unterliegt nicht vorhersehbaren Schwankungen.

Die Ausdifferenzierungen der sich daraus ergebenden neuen Beschäftigungsformen lassen sich auf unterschiedliche Art und Weise systematisieren: Es wiederholen sich jedoch hier die arbeitsrechtliche Verankerung in Form eines Vertrages, die Regelung von Kontrolle bzw. Weisungsgebundenheit, Arbeitszeit, -dauer oder aber auch Arbeitsort.

Bei der Ausdifferenzierung dieser Kriterien gibt es bei den heute weit verbreiteten Beschäftigungsformen ganz unterschiedliche Kombinationen, die in der Folge entlang einer Systematik, die Grimshaw et al. (2005: 17ff) entwickelt haben, analysiert werden (siehe Abbildung 6). Dabei werden auf der einen Seite (x-Achse) die Internalization bzw. das Zugrundliegen eines „normalen“ Arbeitsvertrages von neuen Formen dargestellt. Die zweite Dimension ist die Anzahl der BeschäftigerInnen bzw. die Form der Verbindung mit diesen BeschäftigerInnen.

In dieser Systematik lassen sich einige Beschäftigungsformen nur schwer ergänzen. So lassen sich ArbeitnehmerInnen in arbeitsmarktpolitischen Maßnahmen (dem zweiten Arbeitsmarkt: Kromphardt/Scheidt 1994) nicht wirklich zuordnen, da hier die Zuordnung bzgl. der Arbeitsverträge bzw. der Zugehörigkeit mehrschichtig sein könne. Es finden sich in dieser Systematik auch nicht die Beschäftigten, die unter die sogenannte informelle Ökonomie (Frambach 1999) oder Konzepte wie die Bürgerarbeit (Beck 1999) fallen. Gerade die Bereiche der informellen Ökonomie umfassen auch in westlichen Industriestaaten eine steigende Zahl der ArbeitnehmerInnen. In Österreich wird der Anteil der Beteiligten im informellen Sektor Ende der 1990er Jahre auf 16 % der offiziellen Erwerbsbevölkerung geschätzt (Schneider 2002: 24). Unter diesen Sektor[29] fallen Eigenarbeit, illegale Beschäftigung, Schwarzarbeit oder auch Nachbarschaftshilfe. Dieser bisher noch wenig berücksichtigte Bereich, wird in der Folge nicht weiterbehandelt, denn im Vordergrund dieses Abschnitts liegt die Darstellung der Ausdifferenzierung der Beschäftigungsformen in Organisationen im sogenannten „ersten Arbeitsmarkt".

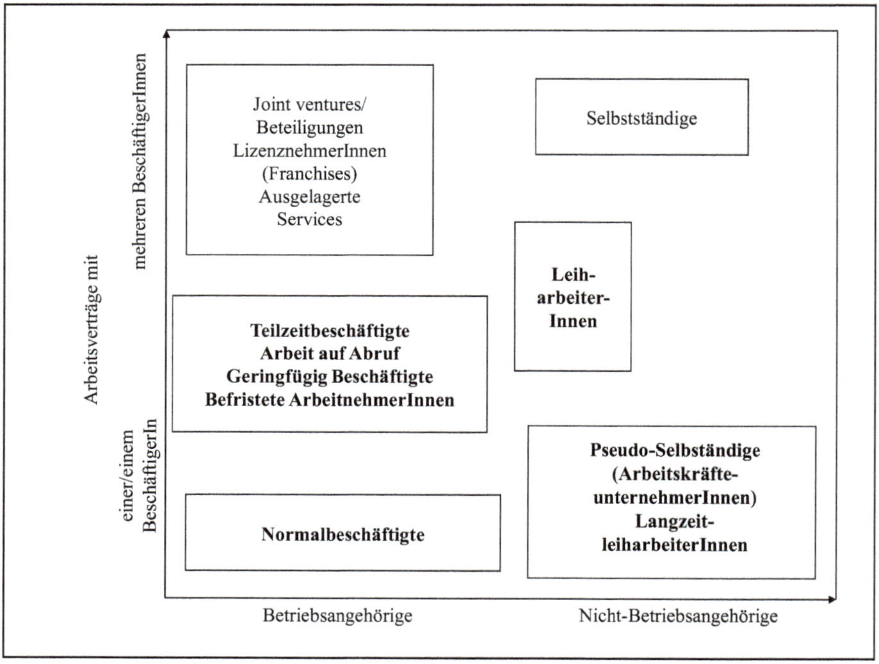

Abbildung 6: Dimensionen der Beschäftigungsflexibilisierung (in Anlehnung an Grimshaw et al. 2005: 17ff)

Normalbeschäftigung ist schon ausführlich erklärt worden. Jetzt gilt es die gängigsten Formen von möglichen Standard- und hybriden Formen von Beschäftigungsverhältnissen zu charakterisieren, wobei hier zu Beginn Beschäftigungsverhältnisse mit einem/r BeschäftigerIn im Zentrum[30] stehen, bevor auf

29 Die Grenzziehung zur Schattenwirtschaft ist hier auch von der Seite der Ökonomen fließend. Unter Schattenwirtschaft werden monetäre und nicht-monetäre ökonomische Transaktionen verstanden, die wiederum im legalen (z.B. Nachbarschaftshilfe) als auch illegalen (z.B. Handel mit gestohlenen Gütern) Bereich liegen können (Schneider 2008: 512f).

30 Siehe Kapitel 3.3.1.1

Beschäftigungsverhältnisse mit mehreren BeschäftigerInnen[31] genauer eingegangen wird. Die Beschäftigungsverhältnisse mit einem/r BeschäftigerIn werden z.B. von Huiskamp/Kluytmans (2004) als Standardformen angesehen, die diese Autoren hybriden Formen gegenüberstellen (siehe Tabelle 7).

Tabelle 7: Unterschiede zwischen Standard- und hybriden Formen der Beschäftigungsverhältnisse (Huiskamp/Kluytmans 2004: 390)

	Standard-Beschäftigungsverhältnis	**Hybrides Beschäftigungsverhältnis**
Dauer des Vertrags	Permanent	Permanent als Regel, oder befristet
Arbeitsort	Bei dem/der ArbeitgeberIn	Verschiedenen Arbeitsorte möglich (zuhause, beim Kunden)
Zeitregelungen	Detailliert festgelegt	Nicht genau festgelegt
Basis für die Entlohnung	Basierend auf Job, Alter und Erfahrung	Basierend auf Ergebnissen und Performance
Typ der Arbeit	Kontinuierlicher Prozess	Projekte mit klar abgegrenztem Start und Ende

In dieser Übersicht finden sich als Unterscheidungskriterien vor allem zeitliche und räumliche Kriterien. Es wird hier auch ein Blick auf die Entlohnung und die Art der Arbeit gelegt. Arbeitsrechtliche Regelungen, insbesondere die Regelung von Kontrollrechten bzw. Weisungsgebundenheit des/der Beschäftigen werden in dieser Zusammenschau nicht behandelt, werden sich aber sehr wohl in den nachfolgenden Analysen der möglichen Ausformungen von Beschäftigungsverhältnissen wiederfinden.

3.3.1.1 Arbeitsverträge mit einem/r BeschäftigerIn

Die Formen, die dem Normalbeschäftigungsverhältnis am nächsten kommen, von prinzipiell einem/r ArbeitgeberIn ausgehen und auch durch ein Arbeitsvertragsverhältnis für die Betriebsangehörigkeit sorgen, sind:

- **Teilzeitarbeit** ist die Form, die am weitesten verbreitet ist. Über die verschiedenen Konjunkturzyklen hinweg hat sich der Anteil dieser Beschäftigungsform mittlerweile bei ca 15 % der Gesamtbeschäftigung in Deutschland eingependelt (Stat. Bundesamt 2012). In Österreich[32] ist der

---

31 Siehe Kapitel 3.3.1.2

32 Siehe dazu Kapitel 3.1

Wert um einiges höher. Bei der Ausgestaltung von Teilzeitanstellungen ist wird die Halbtagsstelle als Klassiker eingestuft. Daneben finden sich in dieser Kategorie auch Formen, die Blockteilzeit (auf wöchentlicher, monatlicher oder saisonaler Basis) oder variabler Arbeitszeiten aufweisen. Es werden aber auch Formen wie job sharing (Partnerteilzeit) und zeitautonomen Gruppen hier dazu gezählt (z.B. bei Neuberger 1997). Haunschild (2004a: 24) betont, dass Teilzeitarbeit „als Variante des Normalarbeitsverhältnisses gesehen wird, bei der „lediglich" eine Dimension, nämlich der Umfang der Arbeitszeit, verändert wird." Auf den ersten Blick könnte von einer „erwünschten Abweichung vom Vollzeitcharakter der Normalarbeitsverzeichnis" gesprochen werden. Allerdings legt ein Blick auf die Struktur der Teilzeitbeschäftigen eine differenziertere Betrachtungsweise nahe, denn solange Teilzeitarbeitsverhältnisse zunehmend kritisch diskutierte gesellschaftliche Arbeits- und Chancenverteilungen widerspiegeln, unfreiwillig oder aus Sachzwängen heraus eingegangen werden müssen, ist diese Gleichsetzung vor allem politisch problematisch (Haunschild 2004a: 25).

- **Arbeit auf Abruf und kapazitätsorientierte variable Arbeitszeit (KAPOVAZ):** Gerade im Dienstleistungssektor – und hier konkret im Handel – hat diese Beschäftigungsform in den letzten Jahren stark zugenommen. Bei KAPOVAZ wird dem/der ArbeitgeberIn aufgrund des Einzelarbeitsvertrages das Recht eingeräumt, die Arbeitsleistung des/der Arbeitnehmers/in entsprechend den real gegebenen betrieblichen Anforderungen festzusetzen. Es erfolgt somit eine Anpassung der Arbeitszeit an den Arbeitsanfall, wobei jedoch die insgesamt geschuldete Arbeitszeit des/der Arbeitnehmers/in im Voraus festgelegt wird und verschiedene Bezugszeiträume (Woche oder Monat) vereinbart werden können (Linnenkohl/Rauschenberg 2001).
- **Geringfügige Beschäftigung:** Ein wesentliches Merkmal hier liegt darin, dass die Unregelmäßigkeit und/oder geringfügige Entlohnung gegenüber Normalarbeitsverhältnissen eine geringere soziale Absicherung für die ArbeitsnehmerInnen bedeuten. Seit 2000 wurden im deutschsprachigen Raum die gesetzlichen Rahmenbedingungen verändert. Ein zentrales Argument für die Lockerung der Sozialversicherungspflicht für diese auch als Minijobs bezeichnete Beschäftigungsform ist ihre Funktion als Brücken bzw. Einstieg für Gruppen von Erwerbstätigen, die bisher nur schwer am Arbeitsmarkt Fuß fassen konnten. In den letzten Jahren hat die Zahl der in dieser Form Beschäftigten sprunghaft zugenommen – alleine in Deutschland ist 2005 drei versicherungspflichtigen Beschäftigungsverhältnissen ein geringfügiges Beschäftigungsverhältnis gegenübergestan-

den (Bäcker 2006: 256). Der Anteil der geringfügig Beschäftigten in Deutschlang lag 2011 bei 8,4 % (Stat. Bundesamt 2012). In Österreich waren im selben Jahr 5 % aller Erwerbstätigen geringfügig beschäftigt, wobei hier der Frauenanteil sehr hoch war (Statistik Austria 2012).

- **Befristete Beschäftigungsverhältnisse:** sind die zweitverbreitetste Kategorie neben der Teilzeit im Bereich der atypischen Beschäftigungsverhältnisse. Von den insgesamt 165 Mio Arbeitskräften in der Europäischen Union waren im Jahr 2000 13,2 % befristet beschäftigt (Henneberger et al. 2004: 240), der Anteil in Deutschland liegt für das Jahr 2005 bei ca. 8 % der Beschäftigten (Keller/Seifert 2006: 236) und dieser Wert hat sich bis heute kaum verändert. 2011 waren in Deutschland 8,9 % der Beschäftigten befristet beschäftigt (Stat. Bundesamt 2012). In Österreich liegt dieser Wert für das Jahr 2011 bei 9,6 % (Statistik Österreich 2011: 56). Bei einer befristeten Arbeitsbeziehung wird bereits bei Vertragsabschluss das Ende des Arbeitsverhältnisses festgelegt (Fritsch/Schank 2005: 211). Nichtbefristung ist ein zentrales Kriterium für Normalarbeitsverhältnisse. Dabei geht es nicht so sehr um lebenslange Beschäftigung, sondern um das Faktum, dass die beiden Vertragsparteien zunächst einmal von einem Fortbestand des Beschäftigungsverhältnisses ausgehen. Eine generelle Beurteilung ist eigentlich nur z. T. zulässig, denn in diese Gruppe gehören auch Ferienjobs. Jenseits dieser vertraglichen Festlegung der Vertragsdauer eines Arbeitsverhältnisses war (bzw. ist) es Bestandteil des Normalarbeitsverhältnisses, dass beide Vertragsparteien sich zunächst einmal darauf verlassen können, dass der jeweils andere an einer längerfristigen vertraglichen Bindung interessiert ist. Dies lässt sich als implizierter Vertragsbestandteil bezeichnen und wird zusammen mit dem Bestehen bestimmter Karriere- und Loyalitätserwartungen als psychologischer Vertrag (Rousseau 1995) oder als alter sozialer Vertrag (old Social Contract - Osterman et al. 2002: 9) bezeichnet. Empirische Daten zur Verteilung bzw. zu den Anteilen von typischen und atypischen Beschäftigungsverhältnissen generell gibt es in unterschiedlicher Form. Weniger Daten gibt es über den betrieblichen Einsatz von befristeten Beschäftigungsverhältnissen in den Organisationen. Fritsch/Schank (2005: 211) haben bei ihren Untersuchungen im bundesdeutschen Raum herausgefunden, dass „auch nach Kontrolle betriebsspezifischer Merkmale die Größen- und Branchenstruktur einen entscheidenden Bestimmungsgrund von befristeter Beschäftigung darstellt“. Gestiegen ist auch der Anteil an befristeten Beschäftigungsverhältnissen – hier handelt es sich in zwei Dritteln der Fälle um eine Befristung von maximal einem Jahr, wobei diese Formen vor allem in Dienstleistungsberufen zu finden sind (Wissenschaft,

Reinigungsberufe, Journalismus). Die Frage stellt sich, inwieweit die immer weitere Verbreitung von befristeten Beschäftigungsverhältnissen auch auf die Aufkündigung von psychologischen Verträgen wirkt.

3.3.1.2 Tätigkeit bei einem/r BeschäftigerIn ohne vertragliche Betriebszugehörigkeit

Eine Form von Beschäftigungsverhältnissen, bei denen nicht mehr der Vertrag direkt mit dem/der „ArbeitgeberIn" geschlossen wird, jedoch die Arbeitsleistung in dessen Betriebsstätte erbracht wird, sind die LeiharbeiterInnen (inkl. LangzeitleiharbeiterInnen) und die (Schein)Selbstständigen bzw. Pseudo-Selbstständige:

- **Leiharbeit/Arbeitszeitüberlassung/Zeitarbeit:** Bei der Leiharbeit besteht ein Dreiecksverhältnis zwischen ArbeitnehmerInnen, Verleihunternehmen und Entlehnunternehmen. Bei Leiharbeitsformen geht es um eine Kombination der Flexibilisierung von Arbeitsort und Dauer, denn der Arbeitsplatz der Arbeitskraft befindet sich für die Dauer der Entlehnung im Entleihbetrieb, wobei die Leiharbeitskräfte die Tauschleistungen wie Entlohnung und Partizipationsrechte vom Verleihunternehmen erhalten (Promberger 2006). Die Zahl der LeiharbeiterInnen hat sich in Österreich seit Mitte der 1990er Jahre verdreifacht (Wroblewski 2001) und in Deutschland nutzten im Jahr 2005 zwischen 2 und 3 % aller Betriebe das Instrument der Leiharbeit (Promberger 2006: 264). Rund 2,5 % aller sozialversicherungspflichtig Beschäftigten waren 2011 in Deutschland LeiharbeiterInnen (Stat. Bundesamt 2012). Parallel zur steigenden Zahl der ZeitarbeiterInnen ist auch die Anzahl der Überlassungsbetriebe und Beschäftigungsbetriebe in den letzten Jahren stark gestiegen. In Österreich hat sich die Zahl der Überlasser von 742 Bertrieben im Jahr 1998 auf 1.427 Betriebe im Jahr 2005 erhöht. Gleichzeitig hat sich österreichweit auch die Zahl der Betriebe, die Leiharbeitskräfte eingestellt haben, in diesem Zeitraum verdoppelt (Kaupa et al. 2005). 2011 waren in Österreich 2,3 % der Beschäftigten als LeiharbeiterInnen gemeldet (Statistik Austria 2012: 57). Bei Leiharbeitskräften gibt es wiederum verschiedene Typen, die sich vor allem hinsichtlich der Beschäftigungsdauer unterscheiden. Hofer (1991) hat dafür folgende Gruppierungen gewählt:
    - *Typ A*: Hier handelt es sich um eine kurzfristige Beschäftigungsdauer. Die durchschnittliche Aufenthaltsdauer bei einem Betrieb liegt bei einem Monat. Dieser Typus ist am häufigsten vorzufinden, wobei ein Charakteristikum ist, dass das oberste Ziel des/der Beschäftigten ist,

über die Leiharbeit zu einem/r geeigneten BeschäftigerIn und somit in ein „Normalbeschäftigungsverhältnis" zu wechseln.

- *Typ B*: Dieser Typus strebt eher nach persönlichem Freiraum und hat es nicht so eilig, den Status als LeiharbeiterIn wieder loszuwerden. Hier handelt es sich um eine mittelfristige Aufenthaltsdauer bei dem/der BeschäftigerIn.
- *Typ C*: Dieser Typ ist zur Gänze auf die Personalbereitstellungsfirma angewiesen, da andere Unternehmen auf die jeweils speziellen Wünsche des/der ArbeitnehmerIn nicht eingehen können. Es überwiegen ArbeitnehmerInnen, die aufgrund widriger Umstände den offiziellen Arbeitsmarkt verlassen mussten.
- *Typ D*: bezieht sich auf gut ausgebildete Arbeitskräfte, die als überlassene Arbeitskräfte im Vergleich zu einer langfristigen Anstellung besser verdienen. Dieser Typus nimmt eine Sonderstellung unter den Leiharbeitskräften ein.

Diese Typologisierung zeigt, dass sich ZeitarbeitnehmerInnen nicht nur in juristischer Hinsicht von Normalbeschäftigten unterscheiden, sondern auch die Ausgangslage der in dieser Gruppe zusammengefassten Arbeitskräfte sehr unterschiedlich ist.

- **(Schein)Selbstständigkeit bzw. Pseudo-Selbstständigkeit:** Gerade in diesem Bereich gibt es in den letzten Jahren intensive Diskussionen rund um die Abgrenzung von echten und Scheinselbstständigen. Festzustellen ist, dass die Zahl der selbstständig Gemeldeten im deutschsprachigen Raum in den letzten Jahren stark zugenommen hat (Noll/Wießner 2006). Immer größer wird dabei die Gruppe derer, die jetzt als Selbstständige die gleichen Tätigkeiten wie zuvor als angestellte MitarbeiterInnen ausführen. Als Kriterien für diese Unterscheidungen wird immer wieder das Argument angeführt, dass es darum geht, dass bei Selbstständigen das damit verbundene unternehmerische Risiko getragen werden muss, obwohl bestimmte Tätigkeiten unabhängig von vertraglichem Status erfüllt werden. Es gibt seit Jahren eine Diskussion, die den ArbeitnehmerInnenstatus dieser Form klären will (Dietrich 1999, Haunschild 2004a). Dabei zeigt es sich, dass die Pflichten und Rechte, die mit dem rechtlichen Status verbunden sind, eine wichtige Rolle in dieser Diskussion spielen und die Grenzen im Hinblick auf die Handlungsfreiheiten des einzelnen selbstständig Agierenden aufzeigen. Eine Darstellung möglicher Konsequenzen rund um Ein-Personen-Unternehmen findet sich schon bei Voss/Pongratz (1998): Ihr Konzept des Arbeitskräfteunternehmers hat Eingang in vielerlei Diskussionen gefunden. Sie verweisen vor allem auf Themenstellungen wie z.B. die erweiterte Selbstkontrolle oder den Zwang zur verstärkten Ökonomisierung der eigenen Arbeitsfähigkeiten und -leistungen.

Aber sie führen auch das sehr entscheidende zusätzliche Thema der Verbetrieblichung der alltäglichen Lebensführung ein und inkludieren damit auch die Auswirkungen der Flexibilisierungstendenzen auf verschiedene Bereiche, wie z.B. das Privatleben. Die Diskussion rund um die „neuen“ Formen der Selbstständigkeit findet sich nicht nur im deutschen Sprachraum, sondern auch im englischsprachigen Bereich wird in den letzten Jahren z.B. zwischen Beschäftigten und abhängigen AuftragnehmerInnen (z.B. Muhl 2002) differenziert. Dabei wird u.a. die Frage, ob es ein Kontroll- oder Weisungsrecht gibt oder nicht, oder auch die Frage nach der ökonomischen Abhängigkeit thematisiert.

3.3.1.3 Vertragsverhältnisse mit mehreren BeschäftigerInnen

Ob die selbstständige Tätigkeit vor allem vieler Frauen eine neue Form der Unselbstständigkeit ist, ist eine berechtigte Frage. Sie stellt sich nicht zuletzt angesichts der Zunahme von Unternehmen, die Tätigkeiten, die bislang von ArbeiterInnen oder Angestellten übernommen wurden, an ‚abhängige Selbstständige' übergeben. „Der ‚Selbstständige' hat weder Dispositionsfreiheit noch Gewinnchancen. Er wird vom Arbeitnehmer zum Auftragnehmer, mehr oder weniger ein Heimarbeiter, der dem Arbeitgeber seine Pflichten erspart." (Aspöck/Schramm 1992: 33) Viele Frauen – wie auch Männer – sind angesichts der Zunahme von Teilzeitbeschäftigungsverhältnissen gezwungen, eine zweite oder gar dritte Erwerbstätigkeit aufzunehmen, bei Frauen ist zudem die Lohndiskriminierung ein Aspekt, der die soziale Situation verschärft. Die neue unfreiwillige Selbstständigkeit als WerkvertragsnehmerIn für einen Betrieb, ohne die eigenen Leistungen am Markt anzubieten, ohne eigene ArbeitnehmerInnen und ohne adäquate Einkünfte, ist für viele Erwerbspersonen oft die einzige Möglichkeit, überhaupt beruflich tätig zu sein (Schramm 1995: 236). Unter Inkaufnahme der Nachteile einer selbstständigen Tätigkeit, aber ohne die Vorteile unternehmerischer Tätigkeit zur Gänze lukrieren zu können, verdienen diese selbstständigen ArbeitnehmerInnen ihr Geld. Der geringe Autonomiegrad dieser so genannten Zwitterselbstständigen kann viele im Extrem zu modernen Tagelöhnern werden lassen, nur dass sie nicht für ihr bloßes Wirken, sondern für ihr (Arbeits-)Werk bezahlt werden. Dies zeigen auch die Ergebnisse einer Studie, die bei acht Versicherungsunternehmen in Österreich durchgeführt wurde: „We have seen that dependent self-employed workers differ indeed from independent self-employed individuals, on the one hand, and from employees, on the other hand.“ (Mühlberger 2002: 147) Solche Arbeitsformen als Ausdruck betrieblicher Flexibilisierungsstrategien stellen letztendlich Abwälzungen des betrieblichen Risikos dar.

Viele Forschungsarbeiten (z.B. Alewell et al. 2005, Bothfeld/Kaiser 2003, Felfe et al. 2008, Linne/Vogel 2003, Pfeifer 2005, van Breugel/van Olffen/Olie 2005) beschäftigen sich mit den Gründen und der Zunahme an Formen im Bereich der Nicht-Betriebsangehörigen. Klassischerweise geht es dabei um Entwicklungen von der Normalbeschäftigung hin zu selbstständigen Tätigkeiten mit all den schon beschriebenen Varianten von Teilzeitarbeit hin zu Leiharbeitsverhältnissen bzw. hin zur selbstbestimmten Selbstständigkeit. Leiharbeit steht bei diesen Arbeiten im Mittelpunkt, wobei diese Form als gesondert angesehen werden kann, da hier der/die Beschäftigte in unterschiedlichen Organisationen tätig wird, aber an sich bei einer Leiharbeitsagentur – also einem/r BeschäftigerIn – angestellt wird. Ein Bereich, der bisher wenig untersucht wurde, ist der, in dem es um Joint-Venture-Formen bzw. Outsourcing-Bereiche geht, die auf eine langfristigen Beziehung zwischen dem/der AuftraggeberIn und -nehmerInnen abzielen. Insgesamt wird die Bedeutung dieser verschiedenen Typen für die Gestaltung von HRM Maßnahmen etc. viel zu wenig beachtet (Koene/van Riemsdijk 2005: 2).

3.3.2 Zeitliche Dimension: Arbeitszeit, -lage, -dauer und -geschwindigkeit

Zeitliche Veränderungen lassen sich im Wesentlichen auf zwei Aspekte zurückführen, die nicht unabhängig voneinander sind, sondern sich in vielfacher Weise wechselseitig beeinflussen: Beschleunigung und Ausdehnung. Beschleunigung und Ausdehnung sind stark mit den beiden weiteren Flexibilisierungsdimensionen Raum und Technik verbunden. So sind technologische Gegebenheiten eine Bedingung für Beschleunigung von Informationsweitergaben, Verkehrsmitteln. Gleichzeitig ist beobachtbar, dass sich aus diesen Entwicklungen heraus Aktivitäten in bisher „geschützte" Zeiten, wie z.B. den Abend, die Nacht, das Wochenende oder Feiertage verlagern bzw. dorthin vordringen und einmal „eroberte" Zeiten nur noch selten wieder freigegeben werden.

Betrachten wir den Bereich der Flexibilisierung, so wird im Alltagssprachgebrauch unter Arbeitsflexibilisierung häufig Arbeitszeitflexibilisierung (z.B. Günther 1990: 303ff) verstanden. In diesem Zusammenhang wird aufgezeigt, dass von Unternehmen mit Arbeitszeitflexibilisierung zwei Zielrichtungen verfolgt werden (Günther 1990: 324): die Ausdehnung der Betriebszeiten und die Glättung von Beschäftigungsschwankungen. Hatte man in den 1970ern primär die Lage der Arbeitszeit (Chronologie) variiert, in den 1980ern primär die Dauer (Chronometrie), werden seit den 1990ern Lage und Dauer variiert (flexible Teilzeit), und auch der Ort der Leistungserbringung kommt für immer mehr Beschäftigte als Flexibilitätspotential hinzu (Vertrauensarbeitszeit, dynamische

Modelle, siehe dazu Abbildung 7). Damit verlor zum einen das Konstrukt einer Normalarbeitszeit von 42, später 40 und nunmehr 38,5 Stunden pro Woche immer mehr an Bedeutung: Ende der 1990er Jahre ging in Österreich nur knapp ein Viertel der abhängig Beschäftigten einer Erwerbsarbeit im Rahmen einer Normalarbeitszeit nach (Wroblewski 2000).

1970er →	**1980er →**	**1990er**
primär Lage ‚Chronologie' z. B. ‚echte' Gleitzeit Schichtarbeit Jahresarbeitszeit	primär Dauer ‚Chronometrie' z. B. ‚starre' Teilzeit Altersteilzeit Mehrarbeit	sowohl – als auch Lage und Dauer z. B. flexible Teilzeit ‚variable' Gleitzeit Sabbaticals Vertrauensarbeitszeit ‚dynamische' Modelle

Abbildung 7: Entwicklung der Arbeitszeitmodelle im Überblick (Heinrich/Schmidt 2002: 152)

Veränderungen der chronologischen Dimension bringen Modelle wie Gleitzeit, Schichtarbeit, Zeitarbeit, Jahresarbeitszeitmodelle, Job Sharing etc. hervor. Bei der Gleitzeit wird nicht die Dauer, sondern nur die Lage der Arbeitszeit – meist rund zwei Stunden um eine definierte Kernarbeitszeit herum – individuell so variiert, dass innerhalb einer Abrechnungsperiode (Woche, Monat, Jahr) das Quantum an Normalarbeitszeit erreicht wird. Betriebszeit und Arbeitszeit driften auseinander. Die Vorteile für die Unternehmen liegen in höherer Motivation und Produktivität der Beschäftigten, da unproduktive Randzeiten vermieden werden. Die Vorteile für die Beschäftigten machen sich in besserer Anpassung der Arbeitszeit an den individuellen Lebensrhythmus bemerkbar, die Erledigung privater Aufgaben kann leichter disponiert werden.

Interessant ist die unterschiedliche Verteilung dieser Arbeitszeitmodelle im internationalen Vergleich[33]: Bei einer 2004 durchgeführten Befragung von knapp 8.000 Unternehmen in 32 verschiedenen Ländern hat sich gezeigt, dass Schichtarbeitsmodelle vor allem noch in mediterranen Ländern (wie z.B. Spanien oder

33 Hier wird auf Daten der Cranet Datenbank (Cranfield University 2006: 35) zurückgegriffen. In diesem Netzwerk werden seit Ende der 1980er Jahre in mehrjährigen Abständen Befragungsrunden in mittlerweile mehr als 30 Ländern durchgeführt. 2004 bei der letzten Erhebungsrunde befanden sich mehr als 30.000 Unternehmen in dieser Datenbank (z.B. Brewster/Mayrhofer/Morley 2004).

Türkei) vertreten sind, jedoch in nordeuropäischen und asiatischen Ländern kaum mehr zu finden sind. In asiatischen Ländern wiederum gibt es nur einen sehr geringen Anteil an flexiblen Arbeitszeitmodellen wie z.B. Jahresarbeitszeit. Diese Modelle haben die weiteste Verbreitung in nord- und zentraleuropäischen Ländern.

Zu den Änderungen der Arbeitszeit trat in Form der Telearbeit schon bald die Möglichkeit hinzu, die Leistung an einem anderen Ort zu erbringen: Sie ist eine expandierende Form, dabei kann der Computer-Arbeitsplatz zu Hause oder in eigenen Zentren außerhalb der Firma angesiedelt sein. Auch Mischformen existieren.

Neben den idealtypischen Arbeitszeitmodellen34 lässt sich in Theorie und Praxis mittlerweile eine beinahe unüberschaubare Vielfalt an variablen Mischformen beobachten: Amorphe (gestaltlose) Arbeitszeitmodelle finden sich vor allem in mittelständischen Unternehmen und zeichnen sich dadurch aus, dass nur das Volumen der geschuldeten Arbeitszeit festgelegt wird, nicht jedoch Lage, Dauer und Bezugszeitraum, der individuell – in einem bestimmten Rahmen – gewählt wird (Streich 1994: 140). Auf Basis des Gesamtvolumens wird ein monatlicher Lohn bestimmt und trotz individueller Variation ausbezahlt. Die ArbeitnehmerInnen gleichen Belastungsspitzen und Leerzeiten selbstständig aus. In diesem Zusammenhang wird auch von dynamischer Arbeitszeit (Blum 1999: 39) gesprochen: Die Soll-Arbeitszeit wird von den Beschäftigten nach eigenen Bedürfnissen organisiert, jedoch immer mit Bedacht auf die funktionalen Kernzeiten oder kundenorientierte Ansprechzeiten.

Die Vertrauensarbeitszeit, ein Schlagwort, das in der Praxis auch nicht an eine bestimmte Form gebunden ist (Hoff 2002: 120), bedeutet im Kern die eigenverantwortliche Erfüllung der vereinbarten Arbeitszeit, ohne dass deren genaue Lage und Verteilung vorab vereinbart wird. Sie kann daher wieder zyklischer an eigene Bedürfnisse und an jene der Tätigkeit angepasst werden. Mit ihr ist stets großer Handlungsspielraum verbunden, wobei der Leistungsmaßstab Arbeitszeit aber nicht angetastet wird. Sie ist gut geeignet bei hohen Auslastungsschwankungen. Interessant ist bei dieser Form, besonderes Augenmerk dem Management von Überlastungssituationen zu schenken (Hoff 2002: 15ff und 99).

Die Entwicklung hin zu Arbeitszeit-Freiheit, wo nur mehr die Leistung geschuldet wird, findet sich in erfolgsorientierten Vergütungsmodellen wieder. Dies stellt dann schon die Grenze zu Werkvertragsregelungen dar bzw. auch zu Akkordstücklöhnen und kann innerbetrieblich Probleme aufwerfen, wenn etwa gegenseitige Unterstützungsleistungen gefragt sind (Hoff 2002: 24f). Diese

---

34 Vgl. z. B. Marr 2001, Blum 1999, Garhammer 2001

Entwicklungen führen zur Dekonstruktion von Arbeitszeit als Instrument der Leistungsbemessung, auch wenn diese in den meisten Entlohnungsmodellen immer noch den zentralen Bezugspunkt bildet. Es zeigt sich in dem Zusammenhang aber auch noch ein weiteres Phänomen. Für eine immer größere Anzahl an Beschäftigten gibt es für die Trennung zwischen Arbeit und Privatleben keine klaren Zeitmarker mehr. Bei dieser Entwicklung spielen moderne Kommunikationsmedien (Wlan-Verbindungen, Mobiltelefone) eine beträchtliche Rolle, denn sie vereinfachen die Verbindung von Zeit und Raum (Harvey 1989, Eriksen 2000) durch die Ermöglichung der Erreichbarkeit auch außerhalb von z.B. Büroräumlichkeiten. Gleichzeitig liegen aber gerade in diesen Möglichkeiten auch die Herausforderungen für den/die Einzelne, denn die Grenzen werden fließend.

3.3.3 Räumliche Dimension: Entgrenzung von Raum und erhöhte Mobilität

Lange Zeit war Raum in der Organisationsforschung nur ein implizites Anliegen (Kornberger/Clegg 2004: 1096): Thema war Raum z.B. bei Max Weber, der in seinen Arbeiten immer wieder auf die Trennung von öffentlichem und privatem Raum verwiesen hat (Weber/Winkelmann 1990). Raum wurde bei Goffman (1959) wichtig, der festgehalten hat, dass sich die Nature of Organization in bestimmten Arenen definiert. An diesen Blickwinkel schließt sich die Diskussion der Bedeutung von Raum, der Symbolkraft der Gestaltung und Bedeutungszuschreibung von Raum an. Raum kann als Medium wie auch als Ergebnis von Handlungen gesehen werden. Raum ist somit nicht als rein materialistisches Element, sondern als ein Produkt sozialer Konstruktion zu sehen, wobei es recht wenig Anknüpfungspunkte in der Organisationstheorie, z.B. in Form von Metaphern gibt. Einige dieser wenigen Beispiele sind die Unterscheidung von Goffman (1959) in Front- und Backstage[35] oder auch die Unterscheidung zwischen Zelten und Palästen[36] (Hedberg et al. 1976), die mit ihren

35 Goffman (1959) beschreibt dabei die Frontstage als einen Raum, bei der die Performance eines/r Einzelnen als die Anstrengung gesehen werden kann, bei der der Auftritt den Anschein erwecken soll, dass die Aktivitäten des/der Einzelnen bestimmten offensichtlichen Standards entsprechen sollen, während die Backstage eine Region für Insider darstellt.

36 Diese Metapher referiert auf die Werte einer Organisation: In einer Palastorganisation steht Vorhersagbarkeit über dem Wert der Improvisation, dort steht die Beschäftigung mit Limitationen vor der Beschäftigung mit Möglichkeiten der Organisationen. Zeltorganisationen wiederum betonen die Kreativität, Initiative und die Improvisation (Hedberg et al. 1976).

Beschreibungen des Raumes auch Ordnungs- und Strukturprinzipien in und von Organisationen ausdrücken.

Dabei geht es um die Gestaltung, aber auch um die Grenzen von Räumen. Esbach/Pratt (2007: 206f) sprechen in diesem Zusammenhang von drei verschiedenen Funktionen, die Räume und deren Gestaltung einnehmen können: ästhetische (z.B. Farbe, Form), instrumentale (z.B. Sichtbarkeit) und symbolische (z.B. Identitätsbildung) Funktionen, die verschiedene Effekte und Wechselwirkungen untereinander auslösen können.

Die Bedeutung von Raum bzw. die Grenzen zwischen verschiedenen Räumen haben sich immer wieder verändert. Dies hängt auch mit den technologischen Entwicklungen der letzten Jahre zusammen:

- Neue ***Kommunikationstechnologien*** (Internet, E-Mails, Videokonferenzen, Mobiltelefone etc.) haben in den Alltag Einzug gehalten, zu Hause, in der Arbeit, in der Schule, auf den Wegen zu den jeweiligen Destinationen. Unmittelbare räumliche Nähe ist nur nötig, wenn der persönliche Austausch – von Waren, Diensten, Informationen – erforderlich ist. Diese Technologien sind auch die Voraussetzung für Telecommuting bzw. Telearbeitsplätze und in manchen Bereichen geht es schon so weit, dass von rein virtuellen Arbeitsplätzen gesprochen wird (Hill et al. 2001).
- Gleichzeitig haben sich die ***Transportsysteme*** verbessert und das Reisen vereinfacht. Je schneller ein neues Verkehrsmittel ist, umso größer werden die Distanzen, die im Vergleich zum Zustand vorher mit dem neuen Verkehrsmittel überwunden werden können. Räumlich entfernte Orte rücken zeitlich näher, während räumlich nahe Orte zum Teil nur mit hohem Zeitaufwand zu erreichen sind.

Beide Entwicklungen gelten als Wegbereiter für den stetig wachsenden Anteil an Geschäftsreisen. Geschäftsreisen gehören mittlerweile in international agierenden Firmen zum Alltag und haben somit auch Einfluss auf den Arbeitsalltag und die Formen des Arbeitseinsatzes in Organisationen. International tätige Unternehmen haben im Laufe der letzten Jahrzehnte unterschiedliche Formen gewählt. In den 1980er Jahren waren längere Auslandsentsendungen die gängige Form, solchen Mobilitätserfordernissen nachzukommen. Untersuchungen in den 1980er Jahren haben dazu herausgefunden, dass Partner und Partnerinnen von ManagerInnen die Mobilitätserfordernisse als die größten Belastungsquellen ansehen (Bartolomé 1983). Dabei ging es auf der einen Seite um Geschäftsreisen, aber vielmehr eben auch um längere Auslandsentsendungen. Zwanzig Jahre später haben sich die sich ändernden Rahmenbedingungen und Anforderungen (z.B. die Verkehrs- und Kommunikationssysteme, die Form der organisationalen Netzwerke und eine weitere Flexibilität der Koordination von globalen Units) auf diese Formen von Mobilität im Rahmen internationaler Tätigkeit niedergeschlagen. War die zentrale Personalpraktik in den 1980er Jahren auf die langfristige Entsendung von MitarbeiterInnen und deren Familien - den Expatriates - in die ausländischen Niederlassungen gerichtet, finden sich in der Unternehmenspraxis heute verschiedene Alternativen dazu.

Mittel- und kurzzeitige Arbeitseinsätze zählen ebenso dazu wie vermehrter Einsatz global mobiler Arbeitskräfte – den Flexpatriates[37] –, die den angestammten Arbeitsplatz behalten und die internationalen Aufgaben durch virtuelle Kooperation und Reisen wahrnehmen[38]. Diese Entwicklungen lassen sich auch mit empirischen Daten für Österreich illustrieren: So hat sich laut Statistik Austria (2007) die Zahl der Personen, die kurzfristige Geschäftsreisen (Short-term Business Travels – STBT) unternehmen, zwischen den Jahren 2000 und 2005 verdoppelt. Diese Zahl hat sich im Jahr 2006 weiter auf 1.224.900 erhöht (das sind 17,8 % aller ÖsterreicherInnen über 15 Jahre). Es ist auch festzustellen, dass für immer mehr Beschäftigte internationale Reisetätigkeit zum Aufgabenbereich dazu gehört: Waren es im Jahr 2000 noch 526.000 Personen, die insgesamt 3.397.200 Reisen absolvierten, unternahmen sechs Jahre später mehr als doppelt so viele insgesamt 4.588.800 Geschäftsreisen. Gründe für diese Veränderungen auf Unternehmensseite sind vielfältig: Koordinations- und Kontrollaufgaben gehören ebenso dazu wie die Deckung von kurzfristig auftretendem Mangel an bestimmten Qualifikationen. Die Kosten sind in der Regel geringer und die Bereitschaft der MitarbeiterInnen höher, zeitlich befristete Aufgaben auch in weniger attraktiven Regionen zu übernehmen (Mayerhofer et al. 2004).

Auch ohne den Druck der Familienumsiedlung hat gerade diese Gruppe der Flexpatriates mit zusätzlichen Stressoren zu tun, unter denen der Zeitdruck als zentral hervorgehoben wird. Diese wirken ganz besonders auf das Privatleben, aber auch auf die Gesundheit. Dieses hohe Ausmaß an Reisezeit wirkt sich auf verschiedene physiologische Komponenten aus, ganz besonders werden von den Betroffenen die Auswirkungen auf die Schlafgewohnheiten hervorgehoben (DeFrank et al. 2000). Bei Flexpatriates sind die Anforderung, die Aufgaben am Heimarbeitsplatz zu erledigen, und besonders kurzfristige Reisepläne eine besondere Stressquelle (Mayerhofer et al. 2004). Bei dieser Art von kurzen Auslandsaufenthalten ist auch zu beobachten, dass hier nicht nur die Dauer des Aufenthalts an sich kurz ist, sondern auch der Zeitraum, in dem dieser Aufenthalt geplant wird. Nicht selten werden solche Reisen sehr kurzfristig davor geplant und es finden sich in dieser Gruppe auch die Beschäftigten wieder, die ein Reiseset als Notfallspaket im Büro haben.

---

37 Siehe dazu z.B. Mayerhofer et al. 2004a, Brewster et al. 2004, Scullings et al. 2007

38 U.a. Harzing/Ruyssevelt 2004, Harris et al. 2005, De Cieri/Dowling 2006

Bei dieser Art von Arbeitstätigkeit dienen auch andere Orte als Arbeitsplätze, seien es die Business Lounges auf Flugplätzen und Bahnhöfen, die Reise im Zug oder Flugzeug selbst. Dies trifft auch auf PendlerInnen zu, wobei sich feststellen lässt, dass sich auch hier die Entfernung für z.B. TagespendlerInnen aufgrund der verbesserten Verkehrsmittel erhöht hat. Dabei zeigt sich auch, dass gerade Beschäftigte mit für einen Bereich bzw. Sektor sehr spezifischen Wissen bzw. Qualifikationen den höchsten Grad an Mobilitätsbereitschaft aufbringen (müssen) (van Ham et al. 2001).

Mehr internationale Reisetätigkeit für ManagerInnen und Professionals bedeutet auch, dass sich gerade im privaten Bereich neue Herausforderungen ergeben (Adler 2002). So hat die vermehrte Mobilität auch Auswirkungen auf die Alltagspraxis von Partnerschaften und Familien. Work- und Non-Work-Life-Belange werden als die am meisten zitierten Probleme im Zusammenhang mit solchen Arbeitsmustern genannt, und hier nicht nur von Beschäftigten mit Kindern sondern auch von denen, die ohne Kinder bzw. PartnerInnen leben (Harzing/Ruysseveldt 2004, Hill et al. 2003, Kappelhoff et al. 2006). Vor dem Hintergrund dieser räumlichen Flexibilisierungsmöglichkeiten bilden sich ganz neue Lebensformen heraus: so nimmt die Zahl der Commuter-Partnerschaften – auch als Two-location Relationships oder Long-distance Relationships bezeichnet (Guldner/Swensen 1995, Rhoades 2002) – ständig zu. Sie werden in der Diskussion um die verschiedenen Lebensformen manchmal schon als die Lösung angepriesen (Peuckert, 1996: 217ff). Dabei handelt es sich um eine Beziehung, bei der beide PartnerInnen ihre beruflichen Karriereambitionen verfolgen und getrennte Haushalte an zwei unterschiedlichen Orten gründen.

Die erhöhte Mobilität lässt sich auch auf der Mikroebene – dem Alltagshandeln – feststellen: Virilio (1997: 10) betont in diesem Zusammenhang: "that the tele-technologies of real-time are killing ´present time´ by isolating it from its here and now". Durch mobile Technologien erhöhen sich die Orte, an denen die Arbeit verrichtet werden kann: "Mobile work does not just ´take place´ but rather ´makes place´ transforming locations as diverse as public and private transport, cafés, sites of leisure or offices." (Towers et al. 2006: 597) So werden durch ein Handygespräch mit einer/m Kollegin/Kollegen in einem Kaffeehaus zwei Räume kreiert: ein physischer Ort und ein virtueller Raum der Konversation. Räume sind somit nicht mehr eindeutig mit sozialen Funktionen markiert – eine Chance, wie die Möglichkeiten der Telearbeitsplätze zeigen und gleichzeitig eine Entwicklung, die von dem/der Einzelnen neue Strukturierungsleistungen fordert. Gleichzeitig zeigt dieses Beispiel des Mobiltelefongeprächs im Kaffeehaus auf, dass hier räumliche Mobilität im Sinne einer „Raumüberwindung“ als auch einer „Raumaneignung“ stattfindet. Raumaneignung ist in diesem Zusammenhang als die Herstellung einer Beziehung zwischen Mensch und Raum zu verstehen (Wegener 2004: 26). Wegbereiter dieser Entwicklungen sind die schon genannten technischen Veränderungen.

3.3.4 Technologische Veränderungen

Technologie bzw. technische Gegebenheiten durchdringen mittlerweile fast alle Bereiche des Handelns in heutigen Organisationen, was sich über die Jahrzehnte hinweg in verschiedenen Publikationen wiederfindet (Aldrich 1972, Rousseau 1979, Weick 1990, Dewett/Jones 2001). Dieses Faktum scheint unumstritten – gleichzeitig jedoch finden sich in einem aktuellen Überblicksartikel, welcher die Beiträge in den vier führenden amerikanischen Managementjournals der Jahre 1997 bis 2006 untersucht hat, nur knapp 5 % der Beiträge, die Technologie bzw. technologische Veränderungen als solches explizit behandeln (Orlikowski/Scott 2008: 434f). Das bedeutet, dass in 95 % der Artikel im Rahmen der Auseinandersetzung mit den verschiedensten Phänomenen des organisationalen Lebens Technologie bzw. deren Einfluss nicht berücksichtigt werden.

Dabei hat sich gerade der Austausch von Informationen über Sprache, Texte und Bilder in der Vergangenheit sehr stark gewandelt. Mit neuen Kommunikationsmedien werden zumeist Vereinfachungen und Zeitersparnis verbunden, weil durch die vermehrte Nutzung asynchroner und mobiler Kommunikationsmedien (wie z.B. Mobiltelefonen, Blackbarries, E-Mails, Voice Boxen etc.) die Erreichbarkeitsproblematik entschärft wird, was zu einer höheren zeitlichen und räumlichen Flexibilität führt. Diese Technologien führen auch dazu, dass Zeiträume, wie z.B. Wochenenden und Urlaube, die über lange Zeit als „arbeitsfreie" Zeit bzw. Rekreationszeit galten, heute nicht mehr so klar definiert sind. Fraser-Blunt (2001) diskutiert die Ergebnisse eines Andersen-Consulting (jetzt Accenture) Berichtes, in dem festgehalten wird, dass 2000 schon 60 % der Angestellten Work Extending Technologies mit in den Urlaub nahmen, wo die Hälfte mehrmals auch tatsächlich arbeitsbezogene Anrufe bzw. Kontaktaufnahmen hatte. Diese Anteile haben sich erhöht, einerseits aufgrund der immer praktischeren und preislich erschwinglicheren Produkte im Bereich der Kommunikationstechnologien in den letzten Jahren und der damit besseren Verfügbarkeit bei den Beschäftigten. Andererseits ist eine sich in Richtung ständige Verfügbarkeit verändernde Norm in den Unternehmen als Grund für die Steigerung zu sehen.

Diese technologischen Gegebenheiten beeinflussen den Arbeitsalltag in den beiden schon beschriebenen Faktoren: zeitlich verändern sich Abfolgen von Kommunikationsakten, gleichzeitig kann von einer Art Ent-Räumlichung (Berghaus 1999: 58; Döring 2000: 28; Erikson 2005) gesprochen werden. Es ist aber noch ein weiterer Effekt mit diesen technologischen Veränderungen verbunden, denn die durch die Kommunikationsmedien forcierte gesellschaftliche Integration räumlich entfernter Bereiche führt im gleichen Zuge zur Reduktion der Möglichkeiten, kulturelle, soziale und individuelle Spezifika wahrzunehmen. Es kommt zu einem unsichtbaren Verschwinden der Zeichen der Differenz. Dies kann im Rahmen interkultureller Verstehensprozesse zu einer Festschreibung der Stereotypen vom Anderen führen, da die eigenen Bilder und Phantasien über die Andersartigkeit des Fremden nicht gebrochen werden können (Clases 1994).

In diesem Zusammenhang ist darauf hinzuweisen, dass durch die Veränderung von Kommunikationsformen bestimmte Regeln an Bedeutung verlieren und erst wieder durch neue ersetzt werden müssen. Das zeigt sich beispielsweise daran, dass sich erst allmählich Regeln herauskristallisieren, wie in der Öffentlichkeit telefoniert wird und wie nicht (Ling 1996). Ein anderes Beispiel für die Etablierung neuer Regeln ist der Umgang mit E-Mails (Krotz 1999: 358f). Fest steht jedoch, dass auch das Nicht- bzw. das Beantworten einer E-Mail nach einem bestimmten Zeitraum ein Signal sendet. Ähnlich wie auf körpersprachlicher Ebene kann diese virtuelle Geste bedeuten: „Diese Nachricht ist es nicht wert, dass ich sie beantworte." (Busch/Götz 2000: 41) Auch die Bedingungen interpersonaler Kommunikation haben sich spezifiziert: Ebenso wie es in Face-to-face-Situationen eine Vielfalt sozialer Regeln des Annäherns, Grüßens, Vorstellens etc. für die Kontaktaufnahmen, das Aufrechterhalten und das Beenden der Kommunikation gibt, so gibt es auch in Chats jeweils spezielle Normen und auch Zeichen (Emoticons), mittels derer das Manko einer fehlenden Körpersprache kompensiert werden soll.

Im beruflichen Kontext führt die Schnelligkeit und zunehmende Einfachheit der Übertragung zu einer Flut an Informationen (Information-Overload), aus denen die/der Einzelne die für ihn bzw. sie wichtigen Informationen unter permanent steigendem Zeitaufwand herausfiltern muss. Gleichzeitig wird die Autonomie der Einzelnen erhöht, ob überhaupt und wenn ja, welche der Informationen sie zu welchem Zeitpunkt in welcher Form bearbeiten. Die Entstehung egozentrischer Strukturen wird durch diese Prozesse tendenziell begünstigt, die Fähigkeit zur konstruktiven Bearbeitung von Konflikten hingegen latent gefährdet.

3.4 Zwischenresümee – Abweichung der Atypischen Beschäftigungsformen

„Many of our organizational theories are grounded in the experience of traditional, ′1950s′ workers who go to their company′s location daily to put in a fixed number of hours each day (by clock or by normative pressures) in the full expectation of spending a career in the company′s employment" (Ashford/George/Blatt 2007: 66). Die Ausführungen dieses Kapitels zeigen jedoch auf, dass dies in dem hier skizzierten Ausmaß nicht mehr zutrifft, sondern es zu massiven Veränderungen gekommen ist. In diese Veränderungen fallen laut Oldham/Hackman (2010) Formen wie verstärktes Telecommuting[39], verstärkte Arbeit in zeitlich begrenzten Arbeitsteams bis hin dazu, dass Arbeitsverhältnisse immer mehr zu zeitlich begrenzten Arbeitsbeziehungen zu Unternehmen führen. Diese Art der Arbeitsorganisation findet sich in bestimmten Feldern wie dem künstlerischen Bereich oder dem Profisport schon länger. Peipperl und Baruch (1997) sehen in manchen Ausprägungen der neuen Arbeitsformen auch Parallelen zu vorindustriellen Ären, in denen Gilden und Märkte dominiert haben. Der Unterschied liegt für sie darin, dass diese Formen jetzt auch in bürokratische Organisationen, die trotz aller modernen Organisationsformen, wie Hypertext[40]-, Cluster[41]- oder anderen Formen von Netzwerkorganisationen, noch immer die Grundprinzipien unserer jetzigen Organisation ausmachen, in immer größerer Zahl zu finden sind.

Die Konsequenzen der Veränderungen von Informationstechnologien verdeutlichen den Stellenwert, den Technologien an sich und deren Veränderungen einnehmen. Gleichzeitig trifft gerade für die technologische Dimension zu, dass sie in alle anderen Kerndimensionen (rechtlich, räumlich, zeitlich) hineinspielt. Dabei ist ein Aspekt zentral: Es scheint nicht nur so, dass die technologischen Veränderungen die Arbeit bzw. das Arbeitsverhalten mediieren, sondern sie vollziehen eigentlich schon organisationale Realitäten und nehmen somit einen besonderen Stellenwert ein. In diesem Zusammenhang sprechen Orlikowski/Scott (2008: 466f) davon, dass „work practices are inherently sociomaterial, and so to understand work, we must understand its sociomaterial (re)configurations.... Different forms of sociomateriality in practice not only increase the capacity of transactions to be disembedded from time and space, but also disappear form the attention of users and observers. Such increased invisibility in the technological entailments of everyday work practice is troubling, as it limits our capacity to understand, monitor, reflect on, and change them." Was hier als Sociomateriality (Orlikowski/Scott 2008) bzw. auch als Social Materiality (Dale 2005) zeichnet wird, fasst sehr gut die zentralen Flexibilisierungsdimensionen zusammen: Jede der Dimensionen hat auf ihre Weise Einfluss auf die Ausdifferenzierung von Beschäftigungsformen – manchmal als Voraussetzung (trifft auf die technischen Veränderungen besonders zu) und dann wieder als eine Folge davon. Beobachtbar ist eine räumliche und zeitliche Entgrenzung und

39 Siehe Kapitel 3.3.3
40 Siehe dazu Nonaka/Takeuchi 1997
41 Siehe dazu Mills 1991

Veränderung der Einbettung von Arbeitsbeziehungen und -praktiken (Mingione 2006), auf die im Kapitel 5.3 noch näher eingegangen wird.

In nachfolgender Übersicht finden sich die Unterscheidungsmerkmale im Hinblick auf die in diesem Abschnitt dargestellten Merkmale der Normalbeschäftigung wieder. Dabei werden diese Merkmale wie die Form der rechtlichen Vereinbarung, das Weisungsrecht, die Entgeltzahlung, die Regelungen bezüglich des Arbeitsortes, der Arbeitszeit und der Dauer der Beschäftigung den verschiedenen Beschäftigungsformen zugeordnet.

Tabelle 8 zeigt die Vielfalt möglicher Abweichungen von der „Normalbeschäftigung" auf. Im Hinblick auf die rechtliche Flexibilisierungsdimension haben die Lockerungen des Arbeitsverfassungsgesetzes die Ausdifferenzierung von verschiedenen rechtlichen Vereinbarungen ermöglicht, die bis auf die Formen der Selbstständigen und LizenznehmerInnen alle Arbeitsverträge als Rahmen für die Regelungen von Kontroll- und Entgeltzahlungen haben. Hier finden sich wenige Abweichungen der atypischen Formen.

Bei den Regelungen bzgl. des Arbeitsorts finden sich schon weit mehr Abweichungen von der Normalbeschäftigung. Hier sind es nicht nur die Selbstständigen und LizenznehmerInnen, bei denen der Arbeitsort selbst definiert wird, sondern hier kommt noch die Gruppe der LeiharbeiterInnen dazu, deren Arbeitsort sich nicht bei dem/der BeschäftigerIn findet.

Tabelle 8: Abweichungen der „atypischen" Beschäftigungsformen (eigene Zusammenstellung)

Flexibilisierungsdimension	Beschäftigungsform / Merkmale	Normalbeschäftigung	Befristete Beschäftigung	Teilzeit	Arbeit auf Abruf	Geringfügig Beschäftigte	Leiharbeit	Langzeitleiharbeit – AKU	Selbstständige	LizenznehmerInnen
rechtlich	**Formen der rechtlichen Vereinbarungen**									
	Arbeitsvertrag mit einem/r Beschäftiger/in	X	X	X	X	X	X	X		
	Arbeitsverträge mit mehreren BeschäftigerInnen			X	X	X				
	keine expliziten Arbeitsverträge								X	X
	Kontrolle/Weisungsrecht									
	vorhanden	X	X	X	X	X	X	X		
	eingeschränkt vorhanden									X
	nicht definiert								X	X
	Entgeltzahlung									
	regelmäßige Zahlungen	X	X	X	X	X	X	X		
	Einfach-/Mehrfachzahlung nach Vereinbarung				X	X			X	X
	nicht definiert								X	X
räumlich	**Arbeitsort**									
	bei dem/der Beschäftiger/in	X	X	X	X	X				
	an einem festgelegten zweiten Ort						X	X		X
	frei wählbar / nicht definiert							X	X	X
zeitlich	**Arbeitszeit**									
	Normalarbeitszeit (NAZ)	X					X	X		
	Abweichend von NAZ		X	X	X	X	X	X		
	nicht definiert								X	X
	Dauer der Beschäftigung									
	zeitlich unbegrenzt	X		X			X	X		
	zeitlich begrenzt		X	X	X	X	X	X		
	nicht definiert								X	X

Die häufigsten Abweichungen von der Normalbeschäftigung finden sich in der zeitlichen Flexibilisierungsdimension. Im Hinblick auf die Regelungen zur Arbeitszeit bzw. der Dauer der Beschäftigung finden sich die meisten Spielarten – und somit kristallisiert sich diese Flexibilisierungsdimension als essentielle Unterscheidungsdimension heraus, bei der es zu einer Form von stärker individualisierten Arbeitsarrangements kommt.

Der Reigen der Fragen auf organisationaler Seite im Zusammenhang mit diesen individualisierten Arbeitsarrangements behandelt einerseits Fragestellungen, inwieweit diese neuen Beschäftigungsformen ein Impuls für Innovationen sein können, aber auch welche Effekte diese Formen im Hinblick auf die Sicherung von Wissen mit sich bringen können (z.B. Madsen et al. 2003). Andererseits berühren diese Punkte arbeitsrechtliche Aspekte und Fragen des Zugriffs und der Kontrolle von (formal) „außerhalb" des Unternehmens angesiedelten „Humanressourcen" (Mayrhofer/Meyer 2000: 2), bis hin zu motivationalen und loyalitätsorientierten Fragestellungen. Und hier schließt sich der Kreis. Dies sind unmittelbare Fragestellungen für Entscheidungsträger innerhalb von Organisationen, wobei hier auch Fragestellungen damit verbunden sind, welche Gründe Organisationen zu immer stärker ausdifferenzierten Beschäftigungsstrategien bewegen.

4. Beschäftigungsstrategien in Unternehmen

Insgesamt lässt sich neben der Flexibilisierung des Umfangs der Arbeitszeit (Jurczyk 1998; Linnekohl/Rauschenberg 2001; Hoff 2002) auch die Abnahme von langandauerenden bzw. dauerhafter Verträgen (Sennet 1998; Osterman 2000, 2002; Haunschild 2004a) beobachten. Somit bekommt der Markt als Vermittlungsplatz wieder mehr Bedeutung. Im Diskurs wird dieses Phänomen auch als Tendenz zur Vermarktlichung von Beschäftigungsverhältnissen bezeichnet (Wächter 2002; Haunschild 2004a). Diese Vermarktlichung bringt einen intensiveren Blick auf den Bereich der Kosten und damit einhergehend auf den zugeschriebenen Stellenwert von Beschäftigungsverhältnissen im Rahmen des Strategischen Managements mit sich. Kostenreduktion und die Stärkung strategischer Wettbewerbsvorteile werden von Unternehmensseite sehr oft als die zentralen Gründe für atypische Beschäftigungsverhältnisse genannt (Pfeffer 1998).

Flexibilität begründet Wettbewerbsvorteile, ihr Aufbau wird von den vorhandenen Qualifikationen beeinflusst. „Die Fähigkeit, Flexibilität systemimmanent zu organisieren, wird mehr und mehr zum entscheidenden Erfolgsfaktor unternehmerischen Handelns ... Flexible Strukturen und flexible Abläufe betreffen alle Arbeitsbereiche eines Unternehmens.“ (Wössner 1990: 69) Wie Organisationen diese Flexibilität zu erreichen versuchen, steht im Mittelpunkt dieses Abschnittes.

4.1 Beweggründe für Flexibilisierungstendenzen in Organisationen

Das wirtschaftliche Geschehen in industriellen Ländern ist im zwanzigsten Jahrhundert durch die Massenproduktion und ihre verschiedenen Kontrollmechanismen geprägt. Seit den 1970er Jahren wird für den englischsprachigen Raum, ein gutes Jahrzehnt später für den deutschsprachigen Raum, ein Bündel an wirtschaftlichen und gesellschaftlichen Veränderungen konstatiert. Ein interessanter Überblick dazu findet sich in den Arbeiten von Capelli (1997). Dabei stehen vor allem ökonomische Erklärungen (Alewell 1993; Capelli 1997; Osterman 2000) im Blickfeld. Ein zentraler Faktor ist dementsprechend der durch den Wettbewerb erhöhte Druck auf die Profitabilität, mit dem ein Kostensenkungsdruck einhergeht. Die immer stärkere Wettbewerbsorientierung ist gleichzeitig auch mit dem Druck auf eine verstärkte Flexibilisierung der Beschäftigungsverhältnisse verbunden. Diese Entwicklungen erschweren aber laut Capelli die interne Entwicklung von Qualifikationen immer mehr. Dies Trends sind nach wie vor aktuell, jedoch entstehen immer mehr Alternativen, die auch durch Trends zu wissensintensiven Produkten und den Bedarf an neuen Formen der Verantwortlichkeiten und neuen Lernformen geprägt werden. Die Veränderungen der Modelle industrieller Organisationen können wie folgt dargestellt werden:

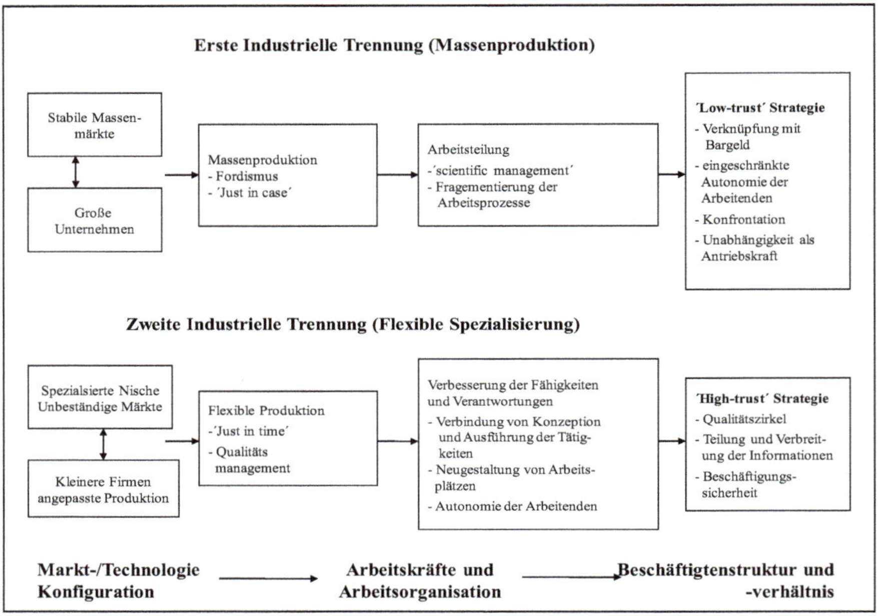

Abbildung 8: Erste und zweite Industrielle Trennung (Cressey et al. 2006: 13)

Die erste industrielle Trennung (Fordismus) ist durch eine stabile Massenproduktion und immer größer werdende Unternehmen gekennzeichnet. Just in Case-Aspekte stehen im Vordergrund. Die Arbeitsorganisation ist ganz der Optimierung der Arbeitsteilung (Scientific Management) verschrieben, im Bereich der Produktentwicklung steht die einfache Zusammensetzung bzw. Arbeitsteilung bei der Zusammensetzung der Produkte im Vordergrund. Die Arbeitsbeziehungen können als Low-trust-Strategie (Verknüpfung mit Bargeld, Gewerkschaften, Arbeitskämpfe, …) bezeichnet werden.

Seit den 1980er Jahren hat sich die Betrachtung von möglichen Ursachen für eine Internalisierung immer mehr hin zu einer Betrachtung von möglichen vertikalen Desintegrationen verlagert. In dieser Diskussion haben gerade Entwicklungstendenzen, die jetzt unter dem Schlagwort Post-Fordismus firmieren und sehr wesentlich bei Entwicklungen in Industrieregionen in Oberitalien, aber auch in verschiedenen großen japanischen Unternehmen feststellbar waren

(Brusco 1982; Piore/Sable 1984; Sayer 1986), einen hohen Stellenwert. Im Vordergrund standen dabei neue Organisationsformen wie Firmencluster, strategische Allianzen, neue Beteiligungsmodelle zwischen AnbieterInnen und VertreiberInnen, die als zielführend angesehen wurden, um in angemessener Zeit auf die kürzer werdenden Entwicklungszeiten in technologischen Bereichen zu reagieren und gleichzeitig neue Märkte zu bearbeiten.

Die Form der tayloristischen Arbeitsorganisation ist an ihre Grenzen gestoßen, wie z.B. dem doch geringen Ausmaß an Flexibilität oder auch der eingeschränkten Vielfalt (zB. Siggelkow 2001; Edgell 2006). Es hat verschiedene Reaktionen darauf gegeben: Eine davon war die flexible Spezialisierung oder auch zweite industrielle Trennung genannt. Die andere war eine Reform des Fordismus, Post-Fordismus, in dem die Grundprinzipien der Arbeitsteilung aufrechterhalten geblieben sind (siehe Abbildung 9).

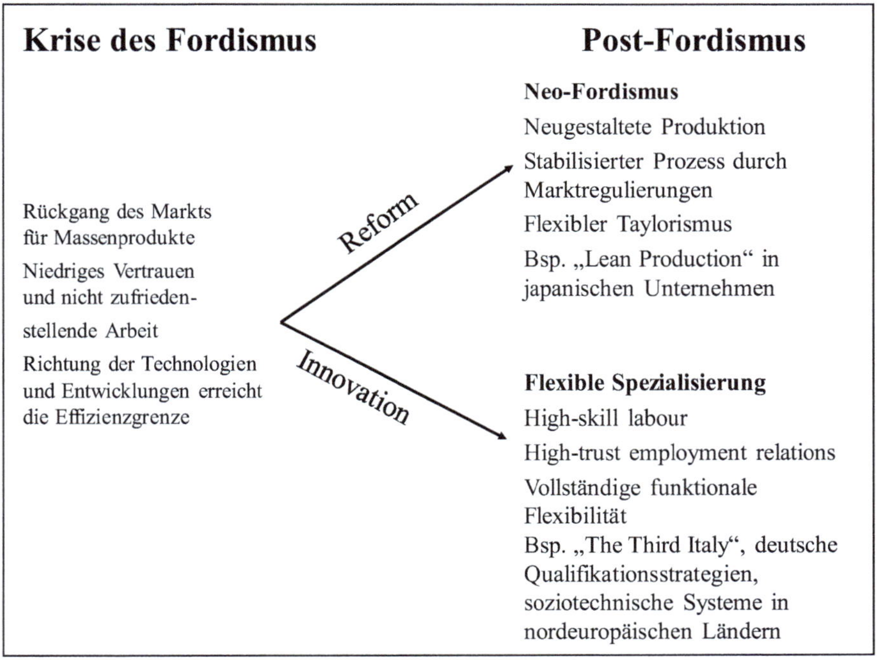

Abbildung 9: Krise des Fordismus (in Anlehnung an Fincham/Rhodes 2005: 679)

Im Postfordismus wurden die Defizite, die mit dem Fordismus einhergingen, eliminiert. Piore und Sabel (1984: 259) betonen in diesem Zusammenhang, dass gerade die technologischen Errungenschaften diese Art der Entwicklung der Arbeitsorganisation sehr stark beeinflusst, wenn nicht sogar ermöglicht haben. Spezialisierte, dehnbare Märkte wurden gesucht und kleine Unternehmensgrößen gewählt. Im Vordergrund steht eine andere Art der Produktion wie z.B. handwerksbezogene Produktion (Artisanal Production). Es fallen aber auch Produktionsformen darunter, die der Lean Production entsprechen (Womack et al. 1990). Darunter wird eine sehr flexible Produktionsart verstanden, die sich auch in den Grundgedanken der Just-in-time-Produktion wiederfindet, bei der aber Innovation und Qualitätskontrolle einen ganz neuen Stellenwert innehaben. Als klassisches Beispiel für diese Entwicklungslinie werden die Entwicklungen in japanischen Industrieunternehmen der 1980er und 1990er Jahre genannt. Als wesentliche Unterscheidungsmerkmale haben sich folgende Punkte herausgestellt (Rubery/Grimshaw 2003): kontinuierliche Qualitätsverbesserung (Kaizen), Qualitätsmanagement, Qualitätszirkel oder Zulieferungen (Subcontracting). In der Konzentration auf die Qualitätsverbesserung des Produktionsablaufs lag der eindeutige Wettbewerbsvorteil. Verbunden war diese Form der Produktion mit lebenslangen Beschäftigungsgarantien, der Möglichkeit des Aufstiegs im Rahmen des Senioritätsprinzips und der Präsenz einer unternehmensweiten Belegschaftsvertretung.

Der neue Zugang zur der Organisation von Produktionsarten hat Aufwertungen im Bereich der Qualifikationen und Verschiebungen von Verantwortungen mit sich gebracht. In vielen Bereichen hat dies zum Redesign von Jobs geführt bzw. auch die jeweils damit verbundene Autonomie erhöht. Diese inhaltliche Änderung im Bereich der Jobdesigns ging und geht Hand in Hand mit einer Veränderung der Arbeitsbeziehungen, die in solchen Produktionskontexten viel stärker von einer vertrauensintensiven (High-Trust) Strategie geprägt ist (Piore/Sabel 1984; Streeck 1996; Appelbaum/Batt 1994). Vertrauen und Bindung bekommen in diesem Zusammenhang einen anderen Stellenwert und wirken sich auch auf die Ausgestaltung der Arbeitsbeziehungen aus.[42]

Als charakteristisch für das italienische Beispiel werden vor allem die Größe und Art der Vernetzung der Unternehmen herausgestrichen, die sich an den sehr differenzierten Bedürfnissen des Marktes und den zum Teil sehr kurzen Produktzyklen bei Mode- und Designartikeln bewährt hat (Piore/Sabel 1984). So findet sich ein dichtes Netzwerk an kleineren Firmen, die zwar nur geringere Produktionskapazitäten besitzen, aber sehr schnell auf Veränderungen am Markt reagieren können, wobei sich die Beschäftigten durch ein hohes Qualifikationsniveau auszeichnen. Die Zusammenarbeit zwischen diesen Firmen steht im Vordergrund.

---

42 Siehe dazu ausführlicher Kapitel 4.3

Der Bedarf an hochqualifizierten Arbeitskräften bzw. der Fokus auf das Qualifikationsniveau ist ein Charakteristikum deutscher Produktions-unternehmen. Hier wurde vor allem in die Verbesserung der Qualifikationen sehr viel Energie investiert. Qualifizierungsmaßnahmen erhielten in deutschen Unternehmen eine breite Basis. Als Wettbewerbsvorteil kann die Mischung von kleineren bis mittelgroßen Produzenten genannt werden, die sich durch hohe Umsätze und hohe Qualitätsstandards auszeichnen (Rubery/Grimshaw 2003: 62f).

Eine weitere Nuance für post-fordistische Modelle findet sich in den nordeuropäischen Arbeitssystemen. Als Paradebeispiel in diesem Zusammenhang wird immer wieder auf die Umsetzung von soziotechnischen Systemen bei Volvo verwiesen (Appelbaum/Batt 1994). Dabei standen vor allem Experimente im Bereich der teilautonomen Arbeitsgruppen im Vordergrund. Es wurde aber auch ein Schwerpunkt auf humane und kooperative Strukturen gelegt, wobei es hier nicht nur um Mitspracherechte ging, sondern auch um die Mitverantwortung der Beschäftigten für die Produktion. Der Erfolg dieses Ansatzes wird jedoch hinterfragt, da das Vorzeigewerk von Volvo in Uddevalla (Schweden) 1990 eröffnet und schon drei Jahre später wieder geschlossen wurde (Brulin/Nilsson 1997).

Diese Beispiele geben Einblick in Entwicklungsrichtungen der Beschäftigungsstrategien und zeigen auf, dass hinter diesen Veränderungen eine historische Entwicklung liegt, aber auch der Kontext der jeweiligen Industrien mitberücksichtigt werden sollte. Solche für die verschiedenen Flexibilisierungsformen wichtigen Kontextfaktoren zeigt die folgende Übersicht (Tabelle 9).

Neben den Arbeitsmarktregulierungen und den wichtigsten Quellen des Arbeitskräfteangebotes in hochindustrialisierten Ländern finden sich dabei auch die Strukturformen der Organisationen bzw. die Form der Arbeitsorganisation selbst als wichtige Determinanten (Rubery 2006: 32f).

In diesem Überblick der Veränderungen der Arbeitsmarktdimensionen vom Fordismus und damit eher tayloristischen Herangehensweisen an die Vertragsgestaltung hin zu post-fordistischen Beschäftigungssystemen finden sich auch unterschiedliche Muster zur Gestaltung der Beziehung zwischen Beschäftigten und BeschäftigerInnen. Wird von einer vertragsrechtlichen Austauschbeziehung ausgegangen, hat die Gestaltung der Beziehung keine Bedeutung, denn Beschäftigte werden angestellt, um bestimmte Aufgaben zu erfüllen – auch als Hire and Fire-Praxis[43] bezeichnet. Das Gegenteil dazu wäre eine starke Ausrichtung auf diese längerfristige Beziehung, die als Paternalismus bezeichnet wird (Edwards/Wajcman 2005: 124).

43 Die hire and fire-Praxis stammt ursprünglich aus der Seefahrt.

Tabelle 9: Von fordistischen zu post-fordistischen Beschäftigungssystemen

Arbeitsmarkt-dimension	Institutionelle Sphären	Fordismus	Post-Fordismus
Arbeitsmarkt-regulierungen	• Legistische und freiwillige Regulierungen • Soziale Absicherungssysteme • Beschäftigungspolitik	• Normaler Arbeitsvertrag • Vollbeschäftigung als politisches Ziel	• Vielfalt an Arbeitsverträgen • Beschäftigungsmöglich-keiten für alle Erwachsenen
Arbeitskräfte-angebot	• Familie • Wohlfahrtssystem • Erziehungssystem	• Männliches Ernährermodell/-Versorgungsmodell	• Dual-earner/Dual-career families
Employing Organization	• Steuerungssysteme • Product market organization und regulation	• Bürokratische Organisationen • Dominanz der Produktion	• Netzwerkorganisation • Vertragskulturen und die Dominanz des Dienstleistungssektors
Arbeitsorganisation (insb. der Bezahlung)	• Internal management systems • Trainingssystem	• Tayloristische und hierarchische Bezahlungs- und Jobstrukturen • Standardisierte Arbeitszeiten	• Flachere Hierarchien • Teamarbeit • Empowerment • Kundenorientierung • Flexibilisierte Arbeitszeiten • Leistungsabhängige Bezahlung

Gerade in vielen post-fordistischen Beschäftigungssystemen finden sich im Hinblick auf die Arbeitsorganisation Formen wieder, die z.B. als Performance-Management bzw. als kontrollierte Autonomie bezeichnet werden können. Hier trifft ein Set an Regeln und Prozeduren, die notwendig sind um ein bestimmtes Performanceziel zu erreichen, auf einen Bereich, in dem eine Art Empowerment bzw. Handlungsautonomie gewährleistet wird. Diese Betrachtungsweisen bzw. ersten Differenzierungen von Behandlungen verschiedener Beschäftigungsgruppen werden später in diesem Abschnitt im Rahmen der Konsequenzen der Flexibilisierungsstrategien nochmals aufgegriffen.

Die Entwicklungslinien geben einen Überblick über die Trends in den hochentwickelten Industriestaaten. Eingebettet sind sie in ein Bündel an wirtschaftlichen und gesellschaftlichen Veränderungen. Wie schon erwähnt, finden sich dazu bei Capelli (1995) interessante Erklärungen:

- Der Wettbewerbsdruck erhöht den Profitabilitäts- und Kostensenkungsdruck, aber gleichzeitig auch den Druck auf eine verstärkte Flexibilisierung der Beschäftigungsverhältnisse.

- Die Entwicklungen auf verschiedensten Märkten erfordern eine erhöhte Flexibilität der Beschäftigten und machen die interne Entwicklung von Qualifikationen immer schwieriger. Das zeigt sich besonders an der zunehmenden Zahl und der Bedeutung von Fremdarbeitskräften, die zum Einsatz kommen.
- Die Reduktion von Managementjobs und die gleichzeitigen Entwicklungen gerade im Bereich der neuen Informations- und Kontrollsysteme festigen neue Managementtechniken.
- Der Einfluss von Gewerkschaften hat sich im Verlauf der Zeit reduziert. Gleichzeitig haben sich auf der politischen und gesetzlichen Ebene Lockerungen der Schutzrechte von ArbeitnehmerInnen ergeben, die den verstärkten Einsatz von ZeitarbeitnehmerInnen ermöglichen.

Die Auswirkungen dieser Veränderungen auf die konkreten strategischen Maßnahmen im Bereich der Beschäftigungsmaßnahmen der Organisationen werden nun in der Folge näher betrachtet. Capelli (2005: 148) stellt in diesem Zusammenhang fest, dass hier die Personalzuständigen bzw. Personalabteilungen in eine breite Auswahl von Angeboten investieren muss, die mit dem Performance Management beginnen, um damit die Beschäftigten zu identifizieren, deren Bindung als äußerst wichtig angesehen wird.

Diese Fragestellungen nach den Zusammenhängen bzw. Einflüssen des HRM und dem ökonomischen Erfolg eines Unternehmens war und ist eine zentrale Fragestellung in der betriebswirtschaftlichen Forschung und wird auch immer thematisiert werden (z.B. Huslid 1995; MacDuffie 1995; Perry-Smith/Blum 2000; Wright et al. 2005; Boselie et al. 2005). „The problem with these ´metatheories´ of the relationship between HRM and economic success lies with the failure to specifically articulate the process through which the relationship occurs." (Wright/Haggerty 2005: 166) Als eines der klassischen Konzepte, in dem die Flexibilisierungsstrategien im Bezug auf die Beschäftigungsformen dargelegt werden, ist das Konzept der Flexible Firm (Kapitel 4.2) zu nennen. Dabei werden zwei Hauptrichtungen der Flexibilisierung – numerisch und funktional – ins Zentrum gestellt, die jeweils Ausgangspunkte für weiterführende Auseinandersetzungen bilden. So ist die funktionale Flexibilisierung in den letzten Jahren sehr stark im Zusammenhang mit der Stärkung von High Performance Work Organizations (HPWO) diskutiert worden (Kapitel 4.3), während die numerische Flexibilisierung eng mit der Externalisierungsdebatte, die Mitte der 1990er Jahre begonnen hat, verbunden wird. Diese Externalisierungsdebatten haben auch in ein strategisches Tool – der Workforce Scorecard – zur Bewertung verschiedener Belegschaftsgruppen gemündet (Kapitel 4.4).

4.2 Flexible Firm

Im Konzept der Flexible Firm (Atkinson 1984, 1985) wird ein Augenmerk auf das Set an Beschäftigungsformen und Arbeitsmarktpraktiken gelegt, die es Unternehmen ermöglicht sehr schnell und kostengünstig auf sich ändernde Umweltbedingungen zu reagieren. Flexibilisierungsstrategien zur optimalen Nutzung moderner, neuer Technologien können über die Zahl an Arbeitskräften oder über die Auflösung einzelner Berufsfelder und den multifunktionalen Einsatz mehrfach qualifizierter Arbeitskräfte gestaltet werden. Im ersten Fall spricht man von einer numerischen Strategie, die eher mit traditionellen, fordistischen Konzepten verwandt ist. Im zweiten Fall von einer funktionalen Strategie, die tendenziell die Höherqualifizierung der ArbeitnehmerInnen nahe legt. Ausprägungen der beiden zentralen Gesichter der genannten Flexibilisierungsstrategien sind die numerische und funktionale Flexibilität (Flecker 1998: 207f; Fincham/Rhodes 2005: 679).

Die **numerische Flexibilität** stellt jene Form an Reaktionsmöglichkeiten dar, die sehr stark durch den Arbeitsmarkt bestimmt ist. Diese Form bezieht sich auf die Reaktionsmöglichkeiten des/der Arbeitgebers/in, bestimmte Typen an Arbeitskräften je nach Marktgegebenheiten jederzeit abzubauen bzw. aufzunehmen. Eingesetzt werden Vertragsformen wie Teilzeit, befristete oder saisonale Beschäftigungen. In den überwiegenden Fällen handelt es sich um sehr kurze Vertragsdauern. In dieses Segment fällt auch der Einsatz von Leiharbeitskräften, Freelancern und der ganze Bereich der Heimarbeit bzw. der Arbeit auf Abruf. Haunschild (2004a: 96) unterscheidet in diesem Zusammenhang zwischen drei Gruppen von MitarbeiterInnen, die diese numerische Flexibilität gewährleisten: Die erste Gruppe bilden diejenigen, die Aufgaben mit routinierten aber geringen Qualifikationsanforderungen ausführen, für die aber doch eine firmeninterne Einschulung erforderlich ist. Diese Gruppe ist auf Voll- oder Teilzeitbasis beschäftigt und macht den zweiten internen Arbeitsmarkt aus, der anfällig für Marktveränderungen ist. Die zweite Gruppe umfasst Personen, die nur auf zeitlich befristeter Basis für die Organisation arbeiten, aber ganz spezialisierte Kenntnisse mitbringen und dementsprechend auch hoch entlohnt werden. Diese Gruppe findet sich im sogenannten ersten externen Arbeitsmarkt wieder. Die dritte Gruppe wird dem zweiten externen Arbeitsmarkt zugerechnet und umfasst Personen mit sehr geringen Qualifikationen. Diese finden sich in den am wenigsten sozialrechtlich abgesicherten Beschäftigungsformen wieder, wie z.B. geringfügigen Beschäftigungsverhältnissen.

Wird hingegen auf **funktionale Flexibilität** gesetzt, liegt der Schwerpunkt auf der Gestaltung und Steuerung des Arbeitsprozesses. Dabei wird durch den optimierten Einsatz von Produktionstechnologien einerseits und der Einsetzbarkeit von Arbeitskräften in verschiedensten Bereichen aufgrund ihrer Fähigkeiten in diesem Zusammenhang anderseits die Flexibilität gewährleistet bzw. erhöht. Bei dieser Form braucht das Unternehmen nicht auf den externen Arbeitsmarkt zurückzugreifen, sondern kann auf die geänderten Produktionsanforderungen durch Variation des Personaleinsatzes im Unternehmen selbst reagieren.

Beide Formen – numerische und funktionale Flexibilisierungsformen – werden im Rahmen der von Atkinson (1984, 1985) kreierten Flexible Firm zusammengefasst, um damit Kontrolle und Effizienz eines Unternehmens zu steigern. Der Mix dieser beiden Formen und damit die Optimierung des Personaleinsatzes werden als eine ideale Personaleinsatzstrategie angesehen. Dem Prinzip liegt die schon ältere Idee der Teilung der Belegschaft zugrunde: den Kern der Arbeitskräfte bilden gut ausgebildete und vielseitig einsetzbare Arbeitskräfte, die auch dementsprechend gut entlohnt werden und im Grunde von einem sicheren Arbeitsplatz ausgehen können. Sie bilden über weite Strecken die Hauptgruppe derer, die für die zentralen Aufgabenbereiche des Unternehmens notwendig sind, aber eben auch in verschiedenen Bereichen einsetzbar sind (funktionale Flexibilisierung). Die numerische Flexibilisierung wird im Segment der Randbelegschaft eingesetzt. Zur numerischen Strategie, also einer Variierung des Arbeitskräfteangebotes, wird festgehalten, dass es sich bei diesen Anpassungsmaßnahmen nicht um die Strategie Hire and Fire handelt, sondern um die „zeitlich befristete Beschäftigung oder Nichtbeschäftigung eines ‚Stamms' von Arbeitskräften, die einer Dauerbeschäftigung in der flexibilitätsbedürftigen Unternehmung nicht nachgehen wollen, zu gelegentlichen eventuell auch regelmäßigen, kurz dauernden Tätigkeiten aber bereit sind". Der Autor denkt dabei Mitte der 1980er Jahre an „Hausfrauen, Rentner und Studenten" (Hamel 1985: 297). So zynisch diese Definition bzw. dieses Konzept auf den ersten Anschein klingt, die Entwicklung zeigt, dass eine große Anzahl an teilzeitbeschäftigten Männern und Frauen und auch die legistischen Regelungen rund um die Gestaltung von Arbeitsverträgen den Abschluss flexibler Kurzzeitverträge begünstigen (Stichwort: neue Selbstständige, LeiharbeiterInnen).

Die angelsächsische Flexibilisierungsstrategie (numerisch, extern) wird unter einem Unternehmensdach (Flexible Firm) mit der traditionell eher in Deutschland praktizierten funktionalen, internen Strategie kombiniert: Die (oftmals männliche) Kernbelegschaft wird flexibilisiert durch Qualifikationen, die (oftmals weibliche) Randbelegschaft wird flexibilisiert durch unterschiedlichste Vertragsverhältnisse (Teilzeit, Leiharbeit, Werkverträge ...) (vgl. Flecker 1998: 207ff). Interessant in diesem Zusammenhang ist, dass mit der Kombination dieser beiden Flexibilisierungsstrategien (numerisch und funktional) deutlich wird, dass es nicht mehr nur um eine andere bzw. neue Gestaltung der Arbeitszeiten (und z.B. der Arbeitsorte) geht, sondern auch die Qualifikationen und Kompetenzen einen wesentlichen Einfluss haben.

Es stellt sich auch die Frage, in welchem Rahmen diese Qualifikationen weiterentwickelt werden und von wem die Weiterqualifizierung finanziert wird. Befunde in diesem Zusammenhang zeigen, dass das Investment in Training in Richtung mehrfach erfahrene ArbeitnehmerInnen in sehr vielen Organisationen vernachlässigt wird (z.B. Legge 2005). Es ist zu beobachten, dass es zunehmend zu einer Externalisierung der Kosten für Aus- und Weiterbildung (bisweilen auch der Kosten für Arbeitsmittel) an Individuen, andere Betriebe oder an die Institutionen des Arbeitsmarktes kommt. Dies hat aber langfristig Folgen für den/die Einzelne/n. So stellen Marler et al. (2002: 429) fest, dass „temporaries have fewer opportunities and less incentive to invest in firm-specific skills, but without such skills they are less productive and earn lower wages."

Der Ansatz der Flexible Firm wird in mehrerlei Hinsicht kritisch betrachtet: So wird z.B. die fehlende empirische Evidenz für das Ziel dieses Modells bemängelt (z.B. Pollert 1988: 285ff; Legge 2005: 133ff). Es wurde zwar immer wieder festgestellt, dass gerade in Phasen, in denen es in bestimmten Bereichen zu Konjunkturanpassungen gekommen ist, wieder stärker auf die Flexibilisierung durch z.B. den Einsatz von Zeitarbeitskräften zurückgegriffen wurde (z.B. Smith 1997; Osterman 2000, 2002), aber es gibt kaum empirische Belege, die diesen Zusammenhang verdeutlichen. Hunter et al. (1993: 386) kommen in ihrer Untersuchung britischer Unternehmungen zum Schluss, dass es in den überwiegenden Fällen um ad-hoc-Reaktionen auf den Marktdruck gegangen ist. Damit einher geht die Beobachtung, dass weniger ein ausgewogener Mix der beiden Flexibilisierungsstrategien eingesetzt wird, sondern immer mehr auf die in vielen Branchen auf den ersten Blick leichter handhabbare numerische Strategie gesetzt wird (Fincham/Rhodes 2005: 680).

Anzumerken gilt es weiter, dass das Modell der Flexible Firm auf der Unterscheidung von Kern- und Randbelegschaft und auf den Segmentierungen am Arbeitsmarkt aufbaut. Mit der Übernahme des Kern-/Peripheriemodells wird der Anschein einer sehr einfachen Unterscheidung innerhalb einer Belegschaft suggeriert. Es liegt die Vermutung nahe, dass es sich dabei um jeweils homogene interne Arbeitsmärkte handelt und es wird in keiner Weise näher beleuchtet, ob und welche Differenzierungsmerkmale sich innerhalb der Kernbelegschaft finden, denn beim Blick auf die Bezahlung, die Karrierechancen oder auch dem mit bestimmten Positionen verbundenen Status zeigen sich Unterschiede, die jedoch vernachlässigt werden.

Weiters bietet dieses Modell keinen Raum für die Ausdifferenzierung von Vertragsformen wie wir sie in verschiedenen Branchen – zum Beispiel in Österreich auch im Bereich der Privatisierung des Öffentlichen Dienstes oder im britischen Verlagswesen (Stanworth/Stanworth 1997) – wiederfinden, die zur Folge hat, dass Beschäftigte mit ganz unterschiedlichen Arbeitsverträgen gleiche Aufgaben für die Organisation wahrnehmen.

Was diesem Modell auf alle Fälle zugeschrieben werden kann, ist die Verankerung von (numerisch und funktional) flexibler Belegschaft als Leitbild für eine als fortschrittlich einzustufende Personalpolitik, womit es zu einer Legitimierung der neuen Beschäftigungsformen mit beiträgt (Nienhüser/Baumhus 2002; Pfeffer 1998). Haunschild (2004a: 100) wirft in diesem Zusammenhang die Frage auf, inwieweit der im Modell der Flexible Firm angestrebte optimale Mix der beiden Strategien nicht zu kurz greift, weil hier im Wesentlichen die Stabilität innerhalb der Organisation und dem Wechselspiel von Kern und Peripherie bzw. mit Ausgleichsmaßnahmen über den externen Arbeitsmarkt gesucht wird. Er kritisiert, dass dabei die institutionelle (z.B. gesellschaftliche) Einbettung vernachlässigt wird und somit auch der (theoretische) Rahmen für die Einschätzung des Einflusses und der Spielräume von Beschäftigungsstrategien fehle.

Dieser Kritikpunkt kann auch für weiterführende Erklärungsansätze für den Einsatz von Flexibilisierungsmaßnahmen in Organisationen angeführt werden, auch wenn es in den stärker ökonomisch orientierten Ansätzen, die sich als eine Weiterführung des Konzepts der Flexible Firm entwickelt haben, immer mehr Bestrebungen gibt, die Kontextfaktoren – und somit auch die institutionelle Einbindung – stärker mit zu berücksichtigen. In der Folge werden die aktuellen Entwicklungen dieser beiden Hauptrichtungen der Flexibilisierung näher beleuchtet: So wird die funktionale Flexibilisierung in den letzten Jahren sehr stark mit dem Thema und der Stärkung von High Performance Work Organizations (HPWO) in Verbindung gebracht (Kalleberg 2001: 481f), während die numerische Flexibilisierung eng mit der Externalisierungsdebatte verbunden ist.

4.3 Weiterführung der funktionalen Flexibilisierung

Neben dem doch, wie die Kritik gezeigt hat, sehr generellen Modell der Flexible Firm, finden sich auch viele stärker an strategischen Kontingenzansätzen bzw. an der ökonomischen Theorie ausgerichtete Erklärungsansätze für Flexibilisierung.

Erste Ansätze zur Integration der Umweltbedingungen bzw. des Kontextes finden sich bspw. im Rahmen des HR-Managements Anfang der achtziger Jahre. Ein Ansatz, auf den sehr oft Bezug genommen wird, ist die HR-Strategische Matrix (Baird/Meshoulam 1988). Darin werden sechs Komponenten von HR-Aktivitäten (Manager Awareness, Management of Personnel Function, Portfolio of Programs, Information Technology, Personnel Skills und Awareness of Internal and External Environment) mit fünf Stufen organisationaler Entwicklungen (Initiation, Functional Growth, Controlled Growth, Functional Integration, Strategic Integration) in Bezug gesetzt (siehe dazu Tabelle 10).

Tabelle 10: Die HR-Strategische Matrix (Baird/Meshoulam 1988: 124)

Stage *Components*	*Stage I* *Initiation*	*Stage II* *Functional Growth*	*Stage III* *Controlled Growth*	*Stage IV* *Functional Integration*	*Stage V* *Strategic Integration*
Manager Awareness	Aware of functions administrative role	Aware of functions broad role, but not committed	Often frustrated at fragmentation	Cooperative and involved	Integrated
Management of the Personnel Function	Loose, informal; often none	Personnel manager program orientation manages conflicts among sub-functions	Personnel executive business orientation control, measurements, goals	Function orientation department goals planning, long-range direction line/staff relations, collaborative	Cultural and environmental scanning long-range planning emphasis on effectiveness and efficiency in direct response to business needs
Portfolio of Programs	Basis salary and benefits administration basic record-keeping nonexempt hiring	Many new programs added responding to business needs in comp. benefits, training etc. revisiting basic programs	Management control programs (budgets, ROI) portfolio reevaluated in measurable and analytical terms advanced compensation	Interdisciplinary programs focus on department goals and directions; productivity succession planning	Cultural and environmental scanning long-range planning emphasis on effectiveness and efficiency in direct response to business needs
Information Technology	Manual employee profile record keeping	Automated salary and basic profile advance record-keeping	Automate personnel work mainly profiles, EEO; tracking, basic metrics	Utilize computer for projection, planning, analysis and evaluation	Planning tools, research, and analysis long-range issues and "what if" questions linked to the personnel and organisational data base
Personnel Skills	Administrative routine and housekeeping	Functional specialists	Increased professionalism in function and managerial skills	Integrating activities skills in systems, planning, and analysis	High level involvement in organization skills dealing with macro issues
Awareness of Internal and External Environment	Not aware	Aware of environment & corporate culture but do not incorporate them into functions activities	Aware of risks and opportunities in environment address some in programs	Aware of, react and incorporate into planning process environmental changes identified	Systematically search for impact the environment has on organization take an active role in making and shaping decisions

Die strategische Martix sehen die Autoren als mögliche Orientierungshilfe für Organisationen an, denn ihrer Ansicht nach gibt es keinen Best Way, sondern sie betonen, dass „an organization that functions at a given level of complexity benefits from using approaches appropriate for that level." (Baird/Meshoulam 1988: 125).

Auf diese Matrix wird noch heute verwiesen, weil hier die Abstimmung von internem und externem Fit propagiert wird. Diese ersten Ansätze der Kontingenztheorie in der HRM-Forschung wurden von Boxall/Purcell (2003) insofern kritisiert, als sie die Frage stellen, wie die Interessen der Beschäftigten mit denen der Firma koordiniert werden können bzw. wie den sozialen Normen und legistischen Notwendigkeiten nachgekommen werden kann. Diese Ansätze können aber als erste Rahmenmodelle gesehen werden, die die Integration von Strategie, HRM und Kontext angedacht haben.

„Strategic contingency approaches were the most popular theoretical approaches used in empirical HRM-performance research in the period 1994-2003, exceeding the number of studies which used either the RBV or high-performance/high-commitment HRM approaches." (Paauwe/Boselie 2007: 169) Es gibt in diesem Zusammenhang mittlerweile einige Metaanalysen, die den Effekt von strategischen HR-Maßnahmen auf die Performance der Unternehmen untersucht haben. Eine erste Erkenntnis in diesem Zusammenhang ist die Ausdifferenzierung der Performance-Indikatoren. Neben Finanzkennzahlen wie z.B. Profit, Umsatz, Marktanteile, die am häufigsten herangezogen wurden, finden sich zur Erfolgsmessung auch Indikatoren wie Produktivität, Qualität oder Effizienz, aber auch HR-bezogene Indikatoren, wie z.B. Arbeitszufriedenheit, Commitment oder die Intention, den Job zu wechseln (Dyer/Reeves 1995).

Zu diesem Zusammenhang von HRM-Praktiken und Performance stellt eine Metaanalyse fest, dass „an increase of one standard deviation in the use of high performance work practices is associated with a 4.6 percentage-point increase in gross ROA from 5.1 to 9.7 and a 4.4 percentage-point decrease in turnover form 18.4 to 14.0 % … high performance work practices′ (HPWP) impact on organisational performance is not only statistically significant, but managerially relevant." (Combs et al. 2006: 518) Diesen Trend bestätigt auch eine weitere Studie, in der über 100 empirische Arbeiten zu diesen Themenstellungen untersucht wurden. Dort kommen Boselie/Dietz/Boon (2005: 81) zum Schluss, dass "much – though by no means all – of the empirical research HRM in its ′system′ form has been found to matter (in a positive sense) for organisational performance."

Bevor jedoch zu voreilig Schlüsse gezogen werden, soll hier auch auf die Einwände von Wall/Wood (2005) eingegangen werden, die ebenfalls eine Metaanalyse zum Thema des möglichen Zusammenhangs von HRM-Maßnahmen und organisationaler Performance durchgeführt haben. Wall und Wood (2005) kommen zum Schluss, dass es ausreichend Hinweise für einen vielversprechenden Zusammenhang gibt, jedoch die angewandten, zum Teil als unangemessen eingestuften Forschungsdesigns in dieser Hinsicht als Faktor mit zu berücksichtigen sind.

Strategische Ansätze haben gerade im Bereich des HRM immer mehr an Popularität gewonnen. Begonnen hat diese Tradition mit den Arbeiten von Miles/Snow (1984), die schon damals ein Modell kreierten, das die HR-Strategie mit Wettbewerbsvorteilen verknüpfte und dabei drei Grundtypen unterschieden haben (Defenders/Verteidiger, Prospectors/Goldsucher und Analyzers/Analysten). Schuler/Jackson (1987) haben dann die drei Wettbewerbsstrategien von Porter (1985) – Innovation, Qualitätsorientierung und Kostenführerschaft – mit möglichen Verhaltensweisen von Beschäftigten bzw. jeweiligen HR-Praktiken verbunden.

Diese drei Strategien bilden auch den Ausgangspunkt für das Modell von Guest (1997). Guest sieht diese drei Strategien als Einflussfaktoren für die beobachtbaren Praktiken, die sich wiederum in der Ausprägung der Höhe des Commitments der MitarbeiterInnen, der beobachteten Qualität der Leistungen und der Flexibilität niederschlagen. Commitment, Qualität und Flexibilität sind die Grundlagen für das beobachtbare Verhalten in Form der Kraftanstrengung, der gelebten Kooperation, der Form des Involvements und des OCBs[44]. Diese Verhaltensergebnisse wirken sich auf die Performance aus und schlagen sich schlussendlich in der Höhe des Profits bzw. des ROI nieder (siehe dazu Abbildung 10).

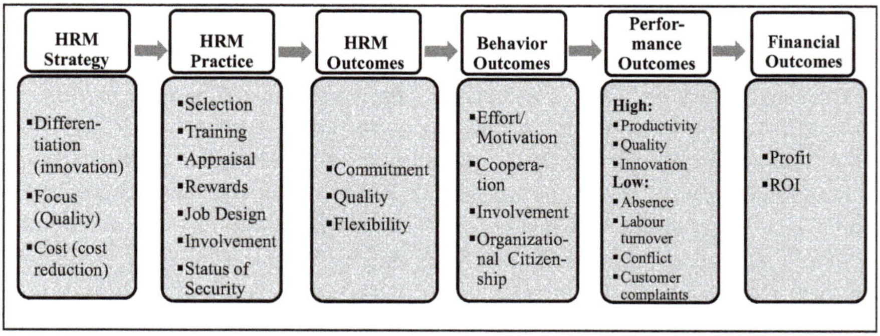

Abbildung 10: Konzeptionelles Modell von Guest (1997)

44 Siehe dazu Kapitel 2.1.1.3

Etwas allgemeiner gehalten ist das Modell von Becker et al. (1997), das ebenfalls mit Geschäfts- und strategischen Initiativen startet, jedoch nach der Betrachtung des Profits auch noch Rückschlüsse auf den Marktwert zieht:

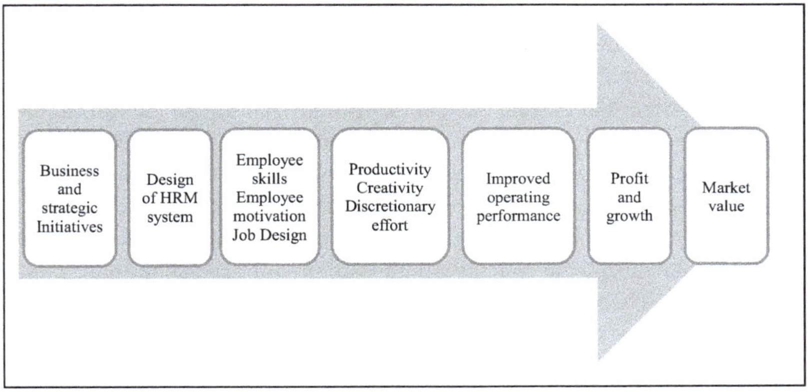

Abbildung 11: Konzeptionelles Modell von Becker et al. (1997)

Ein weiteres konzeptionelles Modell in diesem Zusammenhang wird von Appelbaum et al. (2000) vorgestellt. Hier ist der Ausgangspunkt jedoch nicht eine strategische Zielsetzung, wie bei den gerade vorgestellten Modellen, sondern das Vorhandenseins eines High Performance Work Systems (HPWS). Dieses HPWS zeigt sich in den Qualifikationen und Kompetenzen, den Partizipationsmöglichkeiten in Form von Autonomie, Teamarbeit und Kommunikationsbeteiligungen und der Motivation bzw. Anreizgestaltung, wie z.B. durch Beschäftigungssicherheit, erlebter fairer Bezahlung, und schlägt sich über Effective Discretionary Efforts in der Performance der Firma nieder.

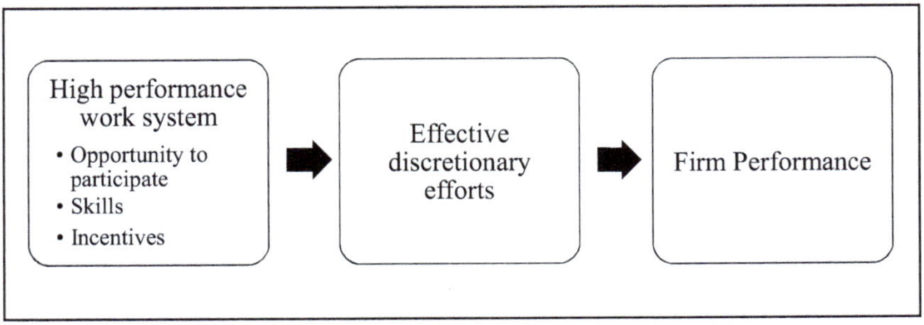

Abbildung 12: Konzeptionelles Modell von Appelbaum et al. (2000)

All diesen Betrachtungsweisen ist gemeinsam, dass sie die externe Umwelt oder den Kontext mit HR-Praktiken verbinden. Bis heute findet sich diese Orientierung an der Umwelt in Modellen des Strategischen HRM wieder, wobei gerade hier die Kritik von Paauwe/Boselie (2005: 74f) ansetzt. Deren erster Einwand richtet sich gegen die Art der Strategieentwicklung: „Strategy is often defined in a rather old-fashioned and relatively simplistic Porter-like manner, but organisational reality is much more complicated and not easy to capture in a simple ′three-piece suit′." Ein weiterer Einwand ist mit der Zeitdifferenz und den damit nur schwer messbaren Effekten von bestimmten HR-Maßnahmen verbunden, die maximal mit Längsschnittuntersuchungen erfasst werden können, wobei Paauwe/Boselie (2005: 75) hier auch gleich zu bedenken geben, dass neben der strategischen Zielsetzung noch weitere Einflussfaktoren wie die Rolle der UnternehmerInnen, die Machtverhältnisse, organisationskulturelle Faktoren etc. einen Einfluss haben.

Diesen Ansätzen ist gemein, dass sich die Wahl der Beschäftigungsverhältnisse im Wesentlichen an Merkmalen des Humankapitals ausrichtet, von dem eine Organisation durch das Eingehen eines Beschäftigungsverhältnisses profitieren möchte. Dabei stehen der Wert des Humankapitals[45], dessen Einzigartigkeit bzw. Spezifität und die Art des Wissens im Vordergrund. In diesen Konzepten geht es im Wesentlichen darum, dass Organisationen Arbeitskräfte dann umso enger an sich binden sollten, je höher der Wert und je größer die Spezifität des Humankapitals für die Organisation ist (Haunschild 2004a: 101).

Die Bedeutung des Humankapitals, das die Beschäftigten repräsentieren, findet sich auch in derzeit vieldiskutierten Modellen zur Beschreibung der Beschäftigtenstrukturen, wie z.B. der Workforce Scorecard wieder.

4.4 Weiterführung der numerischen Flexibilisierung

Dieses Modell, in dem erklärt wird, wie HR-Praktiken den wirtschaftlichen Erfolg von Unternehmen beeinflussen, basiert auf der Meta-Theorie der Resource Based View of the Firm (Conner/Prahalad 1996). Dabei wird ein spezifischeres Prozessmodell abgeleitet, in dem vorgeschlagen wird, wie die Verbindungen zwischen den generellen strategischen Zielsetzungen eines Unternehmens mit dem HR-System ausgestaltet werden können. Strategische Ausrichtungen, wie z.B. die Orientierung an ProduktführerInnenschaft oder Innovation einerseits oder Kundenorientierung bzw. Kostenführerschaft andererseits, haben Auswir-

45 Von manchen AutorInnen wird dies auch als das Wissen der Arbeitskraft betitelt (z.B. Wilkens 2004). Diese Gleichsetzung von Humankapital und Wissen wird jedoch auch problematisiert.

kungen auf die Belegschaftszusammensetzung und deren Repräsentanz. Deshalb betonen Lepak/Snell (2007: 220f), dass sich gerade diese strategische Ausrichtung in ganz unterschiedlichen Zusammensetzungen von Beschäftigungsgruppen auch in ein und derselben Branche konkretisiert.

Traditioneller Weise wird davon ausgegangen, dass es grundsätzlich zwei Wege gibt, um die Bedeutung eines Jobs abzuwägen: Der erste Weg geht über das Ausmaß der Qualifikationen, den Anstrengungen und der zugewiesenen Verantwortung eines Jobs. Dabei zeichnen sich die wichtigsten Bereiche dadurch aus, dass sich die am höchsten qualifizierten Personen, die auch am härtesten arbeiten und die meiste Verantwortung übertragen bekommen, finden und damit als die Bedeutsamsten für die Organisation einzustufen sind.

Der zweite Weg ist daran angelehnt, argumentiert jedoch ökonomischer, weil bei dieser Betrachtungsweise die Bedeutung über die Löhne ausgedrückt wird und damit die bedeutsamsten Jobs diejenigen sind, für die die höchsten Gehälter ausbezahlt werden. Huselid/Beatty/Becker (2005a: 112) sehen diese beiden Wege und fragen, ob die damit als wichtig erachteten Jobs mit dem übereinstimmen, was aktuell als wichtig eingestuft wird und schlagen für solche Bewertungen vor, stärker von einem strategischen Zugang auszugehen. Sie haben dafür in Anlehnung an andere strategische Tools die Workforce Scorecard (Huselid et al. 2005b) entwickelt.

Dieses Tool ist sehr stark an herkömmlichen strategischen Tools zur Bewertung verschiedenster Ressourcen angelehnt. Die Autoren gehen davon aus, dass es auch innerhalb der Belegschaft Sinn macht, eine Bewertung der Potentiale durchzuführen und damit über die Differenzierung von Kern- und Peripherie hinauszukommen. „Businesses need to adopt a portfolio approach to workforce management, placing the very best employee in strategic positions, good performer in support positions, and eliminating nonperforming employees and jobs that don´t add value." (Huselid et al. 2005a) Dafür schlagen die Autoren vor, die Beschäftigten in A-, B- und C-AkteurInnen zu differenzieren und als Unterscheidungskriterien die Art des strategischen Einflusses zu betrachten, sowie die Einschätzung der Performance Variabilität zu berücksichtigen:

- **A-Positionen**: haben überproportional großen Anteil an der Umsetzung der strategischen Zielsetzungen oder anders formuliert haben sie damit einen direkten strategischen Einfluss. Darüber hinaus weisen diese PositionsinhaberInnen eine sehr breite Vielfalt im Bereich der Qualität ihrer Arbeit im Vergleich mit Beschäftigten in ähnlichen Positionen auf, das bedeutet mit anderen Worten, dass sie eine hohe Performance Variabilität aufweisen. Dieser Variabilität ist ein wichtiger Indikator für Upside-Potentials[46].

- **B-Positionen**: haben einen indirekten strategischen Einfluss, indem sie A-Positionen unterstützen und die Downside-Risiken[47] minimieren. Weiters bilden sie das Fundament für die strategischen Anstrengungen, oder sie haben einen potentiellen strategischen Einfluss, weisen aber eine geringe Performance Variabilität auf.
- **C-Positionen:** sind diejenigen in Firmen, die für die Umsetzung der zukünftigen Strategie einer Firma keine Rolle spielen. Diese Positionen haben auch wenig Einfluss auf die Schaffung bzw. die Aufrechterhaltung von Wert – und werden eigentlich so gut wie gar nicht gebraucht.

In der Tabelle 11 findet sich eine Zusammenschau der Charakteristika dieser drei Formen.

Weiters stellen Huselid et al. (2005a) fest, dass ein Unternehmen es sich nicht leisten kann, nur A-Players in allen Positionen zu beschäftigen. Effektives Management zeichnet sich durch einen intelligenten Mix von A, B und C Positionen aus. „Strategy is about making choices, and correctly assessing employees and roles are two of the most important“ (Huselid et al. 2005a: 117). Eine sicher von verschiedenen Seiten unterschiedlich gesehene Aussage in diesem Zusammenhang ist die Feststellung der Autoren, in der sie betonen, dass viele ManagerInnen fälschlicherweise den Mangel an bestimmten Belegschaftsgruppen mit deren Wert gleichsetzen, denn die A-Positionen (bzw. strategischen Positionen) sind nicht damit definiert, wie schwer sie zu besetzen sind. Sie betonen weiters, dass Gleichberechtigung nicht mit Gerechtigkeit gleichgesetzt werden sollte. „Over the years, HR-practices have evolved in a way that increasingly favours equal treatment of most employees within a given job. But today´s competitive environment requires a shift from treating everyone the same to treating everyone according to his or her contribution."

---

46 Unter Upside-Potentials verstehen Huselid et al. (2005a: 112): "raising the average performance of individuals in these critical roles will pay huge dividends in corporate value… If that variance exists across companies, it may also be a source of competitive advantage for a particular firm, making the position strategically important."

47 Das Downside-Risk besteht für Huselid et al. (2005: 113) darunter, dass bei bestimmten Beschäftigtengruppen ein Qualitätsverlust bei der Arbeit auch zu einem spürbaren Wertverlust für das Unternehmen führt.

Tabelle 11: Jobtypen der Workforce Scorecard von Huselid et al. (2005a: 115)

	A-Position Strategisch	**B-Position Unterstützend**	**C-Position Überschüssig**
Charakteristika	o Direkter strategischer Einfluss **UND** o Hohe Performance Variabilität im Bezug auf andere in dieser Position o Verkörpert „upside potential"	o Indirekter strategischer Einfluss o Minimiert „downside risks" **ODER** o Potenzieller strategischer Einfluss o Geringe Performance Variabilität	o Sind für das Funktionieren der Firma notwendig o Wenig bis keinen strategischen Einfluss
Weisungsbereich	Autonome Entscheidungs-möglichkeiten	Spezielle Prozessvorschriften und Prozeduren sind zu befolgen	Wenig Diskretion bei der Arbeit
Hauptdeterminanten für die Kompensation	Performance	Job Level	Marktpreise
Effekte der Wertschaffung	Wertschaffung durch substantielle Erweiterung der Einnahmen und Reduzierung der Kosten	Unterstützt wertschaffende Positionen	Wenig positive ökonomische Bedeutung
Konsequenzen bei Fehlern	Können sehr kostenintensiv sein, aber versäumte Einkommens-möglichkeiten werden als der größere Verlust für die Firma gesehen	Können kostenintensiv sein und zerstören Wert	Nicht notwendigerweise mit Kosten verbunden
Konsequenzen von Fehlbesetzungen	Signifikante Unkosten in Form von verlorenen Trainings-investitionen und Einkommens-möglichkeiten	Relativ einfach durch eine Ersatzbesetzung zu korrigieren	Einfach zu beheben durch sofortige Neubesetzung

In diesem Zusammenhang ist jedoch vor einer Orientierung alleine an dem Anteil, den die einzelnen Gruppen zu einer bestimmten Zielerreichung beitragen, zu warnen. „While different employee groups are likely to vary in how they add value, or the extend of their value added, we have also to consider the technical and social interdependencies that exist between employee groups." (Baron/Kreps 1999)

Eine Form von diesen Interdependenzen wird im Knowledge-Supply Modell von Burton-Jones (1999) mitberücksichtigt. Dieses Modell geht von einem ganz spezifischen Anteil der Zielerreichung bzw. Wertsteigerung aus und auch hier werden Typen von potentiellen MitarbeiterInnen unterschieden. Im Unterschied zur Workforce-Scorecard von Huselid et al. (2005a) sieht Burton-Jones jedoch die Ausprägung des Wissens der Arbeitskräfte (Grad des Wissenslevels), den Grad des firmenspezifischen Wissens und die Bedeutung des jeweiligen Wissens für die Firma als die zentralen Treiber, die miteinander verbunden sind.

In diesem Modell werden Beschäftigungsformen im Hinblick auf das von den Arbeitskräften bereit gestellte Wissen klassifiziert. Burton-Jones geht davon aus, dass vormals typische Beschäftigungsverhältnisse expliziter und transaktionaler werden, in diesem Sinne implizite Vereinbarungen abnehmen und Outputs und Ergebnisse stärker betont werden. Ausgangspunkt dafür ist die Diagnose, dass in vielen Bereichen Wissen zu einer zentralen Ressource geworden ist.

Wissen ist in diesem Zusammenhang als möglicher Treiber für Wettbewerbsvorteile zu sehen. Wissen spielt darüber hinaus aber noch weitere Rollen (Alvesson 2001: 882):

1. Wissen ist auch ein Mittel, dass für die Bildung von Communities und sozialer Identität zentral ist, indem es Organisationsmitgliedern eine gemeinsame Sprache oder auch eine gemeinsame Basis für das Verstehen der Ereignisse bietet.
2. Es ist eine Ressource für die Kreation von Überzeugungen im Marketing und die Interaktionen mit Kunden.
3. Es ist ein Mittel, das Legitimität und den guten Glauben im Hinblick auf Aktionen und Ergebnisse kreiert.
4. Es verdeckt Unsicherheit und gegenläufige Bedenken und Betrachtungen.

Mit der Darlegung dieser weiteren Rollen, die Wissen für Organisationen einnehmen kann, wird deutlich, dass Wissen auch sehr stark mit Identitätsarbeit verbunden ist.

Burton-Jones erhält in seinem Modell den Begriff der Kernbelegschaft weiterhin aufrecht. Er berücksichtigt jedoch auch die Relevanz der Beschäftigten als WissensträgerInnen und spricht von internalisierten AnbieterInnen von Arbeitskraft (Internalized Suppliers). Diese internalisierten AnbieterInnen bestehen wiederum aus einer Core Group, Associate Group und einer Peripheral Group, die auf vier weiteren Märkten zusätzlich auf Beschäftigte zurückgreifen und somit sieben Quellen für den Wissensbedarf eines Unternehmens ausmachen (Burton-Jones 1999: 58).

Auf der Basis ökonomischer Erklärungsmodelle wie des Transaktionskostenansatzes oder der Prinzipal-Agent-Theorie leitet Burton-Jones Kriterien ab, unter welchen Umständen Organisationen benötigtes und von den Arbeitskräften bereitgestelltes Wissen organisationsintern oder am Markt beschaffen sollten. Dabei liegt der Fokus weniger auf den notwendigen Qualifikationen, sondern auf den vorhandenen bzw. potentiellen neuen Wissensbasen, die ein/e BeschäftigterIn mit sich bringt. Kriterien für die Systematisierung sind die Höhe des firmenspezifischen Wissens und der Wert des Wissens für die Firma bzw. der Grad des Wissens der Arbeitskraft. Diese wissensbezogenen Einschätzungen sind nicht die einzigen Faktoren für die Entscheidung, welche Form von Beschäftigungsverhältnissen in einer Organisation angeboten werden, sie sind jedoch gerade angesichts des zunehmenden Stellenwerts der Ressource Wissen ein zusätzlicher Entscheidungsfaktor. Burton-Jones (1999: 62f) streicht in diesem Zusammenhang drei Schlüsselfaktoren heraus:

- Grad des Wissenslevels der Arbeitskraft: Darunter ist die relative Breite und Tiefe des Wissenstands jeder Anbietergruppe zu verstehen, wobei davon ausgegangen wird, dass der Stand bei z.B. unabhängigen VertragspartnerInnen höher einzuschätzen ist als bei der Gruppe der Flexihire Workers, der Beschäftigtengruppe, die geringfügig oder befristet beschäftigt wird.
- Grad des firmenspezifischen Wissens: Damit ist das Ausmaß des Wissens gemeint, das speziell für bestimmte Funktionen und Tätigkeiten in einer oder wenigen Firmen angesehen werden kann, wie z.B. das Wissen über eine bestimmte Produktionssoftware.
- Bedeutung des jeweiligen Wissens für die Firma: Einschätzung des Grads des Wissens für die jeweiligen Geschäftsaktivitäten eines Unternehmens.

Dabei ergeben sich für Burton-Jones folgende Einstufungen der Beschäftigungskonstellationen:

		Bedeutung des jeweiligen Wissens für die Firma	
		Hoch	Niedrig
Grad des Wissenslevels/ der Arbeitskraft	Hoch	**Dependent contractors** (Individuelle VertragsnehmerInnen, Franchise-NehmerInnen)	**Independent contractors** (Netzwerke, Mikrofirmen, ..)
Grad des firmenspezifischen Wissens	Niedrig	**Flexihire workers** (Geringfügig oder Befristet Beschäftigte)	**Mediate services** (ZeitarbeitnehmerInnen, Outsourcing)

Abbildung 13: Knowledge Supply Model (in Anlehnung an Burton-Jones 1999: 62)

Im Modell der Flexible Firm ist dieser Bezug zur Firmenspezifität bzw. der Bedeutung im Hinblick auf Kernaktivitäten einer Organisation im Prinzip schon angelegt, aber in der Form explizit noch nicht gemacht worden.

"The distinctiveness of knowledge-intensive firms lies in the ambiguities characterizing (a) their claimed core product/service (knowledge); (b) what they are doing (working with 'knowledge' compared to behaving in ways that are loosely connected to this quality); and (c) the results of their work." (Alvesson 2001: 869)

Im Zusammenhang mit der Erweiterung um den Stellenwert des Wissens halten Lepak/Snell (2007: 212) fest: „A central challenge for companies that compete based on knowledge is not only to have a clear sense of what knowledge its employees presently hold and need in order to achieve its business goals, it is equally important to promote exchange of knowledge, innovation and learning to maintain competitive distinction.... It is not knowledge per se that makes a competitive edge possible, but rather the extent to which the company can effectively manage knowledge to create value over time."

Die Form, wie Wissen gemanagt werden kann, wird unterschiedlich gesehen. Dabei geht Alvesson (2001: 870) so weit, dass er den Stellenwert der Kreation, Sicherung und Regulierung der kollektiven Identitäten von Organisationen, aber auch der individuellen Identitäten der Beschäftigten hier als zentral ansieht: „The ambiguity of knowledge and the work of knowledge-intensive companies means that ′knowledge′, ′expertise′ and ′solving problems′ to a large degree become matter of beliefs, impressions and negotiations of meanings ... given this ambiguity, the management of rethoric, image and social processes appears crucial in organziations of this kind."

Workforce Scorecard und auch das Knowledge Supply Model zeigen auf, dass Unternehmen die Unterschiede im Hinblick auf ihr Auftreten und die Nachfrage am Arbeitsmarkt ausdifferenzieren können und dabei mögliche Faktoren im Hinblick auf die Gestaltung und Ausschöpfung von Wettbewerbsvorteilen schaffen können.

4.5 Zwischenresümee

Die Auseinandersetzung mit den Beweggründen von Organisationen für die Ausgestaltung ihrer Beschäftigungsstrategien hat aufgezeigt, dass trotz aller mittlerweile möglichen und umgesetzten Ausdifferenzierungen von Beschäftigungspolitiken in Organisationen der Blick immer noch auf die Bedeutung des Humankapitals gerichtet ist und die Bedeutung der Beschäftigten für die Performance eines Unternehmens als wichtig angesehen wird.

Gleichzeitig zeigen die in diesem Kapitel dargelegten Modelle wie z.B. die Workforce Scorecard oder das Knowledge Supply Modell auf, dass ArbeitgeberInnenentscheidungen für bestimmte Beschäftigungsstrategien sehr wohl auf ökonomischen Interpretationen basieren. Dabei finden sich bei den zuletzt dargestellten Ansätzen der Weiterführung numerischer Flexibilisierung viele Züge einer marktorientierten strategischen Orientierung (Bea/Haas 2001: 25). Erfolgsfaktoren werden hier aus den Anforderungen des Marktes und der Umwelt (Outside-in-Perspektive) generiert und Erfolge im Hinblick auf ein effizientes HR-Management scheinen hier planbar.

Mit der Betrachtung der vorhandenen Potentiale und Kompetenzen, wie es sich im Ansatz des HPWS wieder findet, ist eine Veränderung des Betrachtungsebene und somit auch der strategischen Orientierung verbunden. Es ist eher von einer Inside-out-Betrachtung auszugehen (Stührenberg 2004: 35). Der strategische Erfolg ist dabei durch die sogenannten Dynamic Capabilities (Teece et al. 1997) gewährleistet, also der Fähigkeit eines Unternehmens, alle erforderlichen Kompetenzen ständig so zu adaptieren, dass sie sowohl den externen Anforderungen als auch den internen Pfadabhängigkeiten entsprechen (Teece et al. 1997: 516). Dabei ist davon auszugehen, dass Ressourcen – und damit auch Humanressourcen – nicht von sich aus produktiv sind, sondern erst durch den richtigen Einsatz und die geeignete Kombination gerade im Hinblick auf eingesetzte Führungseigenschaften (Capabilities) zum Erfolg beitragen (Bea/Haas 2001). In diesem Zusammenhang wird jedoch auf die große Schwierigkeit der Definition, Erfassbarkeit und Systematisierung von Humankapitel hingewiesen (Stührenberg 2004).

In all diesen Ansätzen wird besonders die Rolle von Organisationen als strategisch operierende Akteure betont. Es wird auch deutlich, dass der Einsatz neuer Beschäftigungsformen nicht allein auf ökonomische Rahmenbedingungen oder bestimmte gesamtgesellschaftliche Entwicklungen zurückzuführen ist, sondern dass gerade ökonomische oder besser strategische Vorteilshaftigkeitskalküle für den Einsatz dieser Formen bedeutsam sind.

Welche Flexibilisierungsstrategie nun auch immer eine Organisation verfolgt, gehen mit deren eingesetzten Beschäftigungsstrategien Konsequenzen auf verschiedenen Aggregationsebenen einher und diese stehen im Mittelpunkt der nächsten Kapitels.

5. Konsequenzen der Flexibilisierung von Beschäftigungsverhältnissen

Die von den Organisationen gewählten Flexibilisierungsstrategien führen auf verschiedenen Ebenen zu Rückwirkungen. Die aktuellen – mit der Verbreitung flexibler Beschäftigungsverhältnisse in Verbindung stehenden – Prozesse und deren Konsequenzen auf verschiedenen Ebenen stehen im Mittelpunkt dieses Kapitels (siehe dazu Abbildung 14).

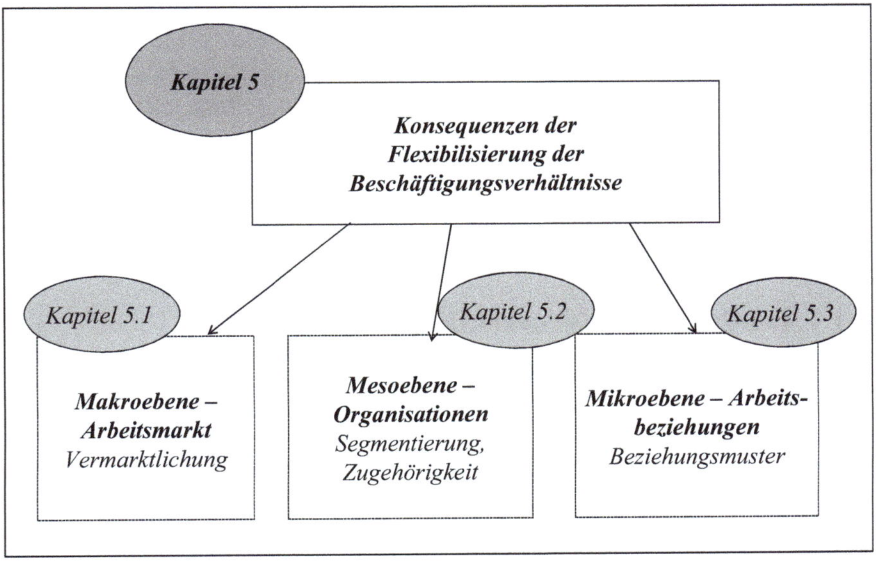

Abbildung 14: Struktur des Kapitels 5

Dabei wird in der Analyse von der Makroebene des Arbeitsmarktes (Kapitel 5.1) ausgegangen, um aufzuzeigen, in welchen Systemordnungen handelnde Organisationen eingebettet sind. Hier werden Steuerungsmechanismen und Problemfelder der derzeit immer noch dominierenden Marktstrukturen aufgezeigt, bevor auf Konsequenzen auf Organisationsebene (Kapitel 5.2) eingegangen wird. Ein Analysefeld sind dabei die Auswirkungen auf Zusammensetzungen von Belegschaften in Organisationen. Aus den dort feststellbaren Segmentierungstendenzen resultierende Beschäftigungsmodi und Beziehungsmuster zwischen Beschäftigenden und Beschäftigten werden anschließend näher erläutert.

Die hinter den Beziehungsmustern liegenden Rationalitätsformen und deren Verankerung im generellen Umfeld (Eingebettetheit) bilden den Übergang zur letzten Betrachtungsebene – der Mikroebene der Arbeitsbeziehungen (Kapitel 5.3). Bei der Analyse der Konsequenzen der Veränderungen der Beschäftigungsverhältnisse auf der Ebene der individuellen Ausgestaltung der Arbeitsbeziehungen treten zentrale Fragen ins Blickfeld: wie wirken die Veränderungen auf Leistungssteuerungssysteme und damit auch die Beziehung von Führenden und Geführten in Organisationen und wie verändern sich Erwartungslagen von Beschäftigten?

5.1 Makroebene: Konsequenzen am Arbeitsmarkt

Ausgangspunkt der Diskussion ist der schon angesprochene Trend zur Vermarktlichung der Arbeitsmärkte (Bahnmüller/Fisecker 2003, Köhler/Krause 2010, Sauer 2010). Diese von hierarchischen Strukturen hin zu Marktstrukturen entwickelnden Formen charakterisieren regional wirkende Beschäftigungssysteme und haben Rückwirkungen auf Ausformungen der jeweiligen organisationalen Beschäftigungssysteme und deren Steuerungsstrukturen.

5.1.1 Tendenz zur Vermarktlichung

Angesichts der erhöhten interorganisationalen Mobilität und dem Bedeutungszuwachs marktlicher Standards kommt gerade der Auswahl von VertragspartnerInnen und vertraglichen Leistungsvereinbarungen eine besondere Rolle zu. In der Folge wird näher beschrieben, welche Zuordnungsregeln hier wirken und welche Steuerungsstrukturen besonders auf der generellen Ebene des Arbeitsmarkts erkennbar sind.

In der bisherigen Diskussion finden sich klare Grenzziehungen zwischen dem organisationsinternen und dem -externen Arbeitsmarkt. Dazu gab und gibt es aus neuerer, institutionenökonomischer Sicht (z.B. Williamson 1985, Teece 1984) Entscheidungshilfestellungen für den Abschluss von Arbeitsverträgen, die sich auf die zu erwartenden Transaktionskosten beziehen. Eins der häufigsten Anwendungsfelder in diesem Zusammenhang ist mit der Frage verbunden, ob eine Person eingestellt werden oder eine Leistung zugekauft werden soll (kurzum: Eigenfertigung oder Fremdbezug). Dabei macht eine Internalisierung (Internalization) dann Sinn, wenn die Transaktionskosten für z.B. einen Arbeitsvertrag niedriger sind, als die Kosten für einen Werkvertrag mit einem/r Selbstständigen bzw. einem/r anderen VertragsnehmerIn (Subcontracting Company) (siehe dazu auch Simon 1976). Dahinter liegt ein klar rationales Kalkül und diese Vorgangsweise ist in dieser Hinsicht nicht schwer nachzuvollziehen.

Dazu im Widerspruch steht der Ansatz der radikalen politischen Ökonomen (Radical Political Economists) (Gabriel 2005), der die Herausbildung von hierarchischen Formen der Steuerung als ein Ergebnis der Vernetzung, Verbindung und Koordination von den verschiedenen, z.T. sehr konfliktären Interessenslagen der BeschäftigerInnen (KapitalbesitzerInnen) und der Beschäftigten (Arbeitenden) ansieht. Dabei ist ein zentrales Ziel, die Produktionsprozesse so zu sichern, dass eine Anzahl an produzierten Gütern und Dienstleistungen gewährleistet werden kann. In diesem Ansatz ist ein zentraler Grund für die Internalisierung, also für das Anbieten von längerfristigen Arbeitsverträgen, die Kontrolle, die dadurch gewährleistet werden kann. Damit steht der Arbeitsplatzgarantie und dem regulären Einkommen eine planbare höhere Produktivität gegenüber.

Ein dritter Ansatz, der das Entstehen von internen Arbeitsmärkten erklärt, lehnt sich an die Segmentationstheorien an (z.B. Rubery 1978). Hier werden verschiedene politische wie auch ökonomische Gründe als Ursachen für die Internalisierung angesehen. Der interne Arbeitsmarkt ist ein Ergebnis des Kampfes von Arbeitenden und Nachfragenden am Arbeitsmarkt, jedoch passiert dieser Aushandlungsprozess eher auf einer individuellen Ebene als auf einem Markt, bei dem die Protagonisten über vollständige Information verfügen und deshalb die Marktmechanismen in Reinkultur wirken können. „Instead the historical internalization of employment is interpreted through the process of identity and interest formation.“ (Grimshaw et al. 2005: 11)

Gerade neoklassisch orientierte ÖkonomInnen sehen das internalisierende Modell in so dynamischen Zeiten wie jetzt, in denen sich Wissen und benötigte Qualifikationen so schnell ändern, als nicht mehr zielführend für Organisationen (z.B. Bac 2000, Becker 1993). Auch ArbeitnehmerInnen sehen die Bindung an ein Unternehmen und die Art der Institutionalisierung in Form von Arbeitsverträgen als Beeinträchtigung für möglichst flexible Einsatzmöglichkeiten der eigenen Fähigkeiten. „The new model largely takes for granted the self-discipline of workers (secured through a pervasive erosion and devaluation of solidaristic working class traditions, fuelled by consumerism and individualism).” (Grimshaw/Marchington/Rubery/Willmott 2005: 12) Solche Formen bringen es mit sich, dass im umgekehrten Sinne die Job-Sicherheit, die Karriereprogression oder Pensionsprovisionen als Aktivposten (Assets) angesehen werden und Beschäftigte, die solche Erwartungen haben, als kostspielige Belastung eingestuft werden. Diese Sichtweise kann mit einer fragmentarischen Perspektive gleichgesetzt werden.

Immer wieder ist in den bisherigen Ausführungen die institutionelle Einbindung von Veränderungen und Entscheidungen angesprochen worden. Es wird dafür plädiert, nicht nur die Organisation selbst und somit auch die ArbeitgeberInnen und ArbeitnehmerInnen miteinzubeziehen, sondern einen umfassenderen Blick auf das Beschäftigungssystem zu richten (z.B. Hoffmann/Walwai 2002, Nienhüser/Baumhus 2002).

Bis jetzt war in den Ausführungen zwar auch vom Arbeitsmarkt die Rede, im Mittelpunkt sind jedoch die konkreten Beschäftigungsverhältnisse und deren Ausprägungen bzw. die Gründe für den immer ausdifferenzierteren Einsatz von Beschäftigungsverhältnissen durch die Organisationen gestanden. All diese Entwicklungen befinden auch in einer Wechselbeziehung mit dem weiteren Umfeld, dem Beschäftigungssystem. Hier wird in der Folge ein Blick auf regionale Unterschiede von Zuordnungsmustern in solchen Beschäftigungssystemen geworfen.

5.1.2 Regionale Zuordnungsmuster für Beschäftigungssysteme

In der Theorie der Beschäftigungssysteme (Theory of Employment Systems) von Marsden (1999) wird Blick auf diese Einbettung geworfen. Dabei wird nicht nur zwischen numerischer und funktionaler Flexibilität, sondern auch auf der Ebene des einzelnen Beschäftigungsverhältnisses und des Beschäftigungssystems bzw. des Arbeitsmarkes unterschieden (Haunschild 2004a) und die Dilemmata aus Sicht von ArbeitgeberInnen und ArbeitnehmerInnen aufgezeigt.

Ein zentraler Ausgangspunkt in Marsdens Ausführungen sind die Argumente, die auch im Rahmen der Kritik am weit verbreiteten institutionensökonomischen Ansatz der begrenzt rationalen AkteurInnen vorgebracht werden. Bei begrenzt rationalen AkteurInnen, die ihre Interessen unter den Bedingungen unsicherer zukünftiger Entwicklungen und knapper, kostenbehafteter Informationen trotzdem nutzenmaximierend treffen, ist dabei einerseits opportunistisches Handeln einer Vertragspartei und andererseits eine Art von eingeschränkter Managementautorität immer wieder anzutreffen. Dies zeigt sich z.B. an der Frage von Aufgabenzuweisungen: Einerseits kann der/die ArbeitnehmerIn durchzusetzen versuchen, dass er/sie lediglich bestimmte, vom ihm/ihr präferierte Aufgaben zugewiesen bekommt. Andererseits kann der/die ArbeitgeberIn versuchen, die Bandbreite der zugewiesenen Aufgaben zu erweitern. Die Lösung dieses Problems der Begrenzung der Managementautorität bzgl. der Zuordnungen von Aufgaben bzw. Aufgabenbündeln sieht Marsden (1999) in Form von Klassifikationskriterien bzw. -regeln (Employement Rules). Darunter versteht er Zuordnungsregeln, die im Gegensatz zu Aufgabenlisten eine allgemeinere Anwendung auf unterschiedliche Arbeitsplätze bzw. neue Konstellationen erlauben. Bedingungen für diese sind die Durchsetzbarkeit (Enforceability) und die Effizienz (Efficiency) (Marsden 1999: 32).

Um die Durchsetzbarkeit dieser Zuordnungsregeln sicherzustellen, ist ein Kriterium, dass die Pflichten des/der Arbeitnehmers/in eingeschränkt werden, aber gleichzeitig auch ein Maß an Flexibilität für den/die ArbeitgeberIn gewährleistet wird. Dazu braucht es Nachvollziehbarkeit und Transparenz. Hier bietet sich einmal an, dies über die Funktion bzw. den Prozess (Function-/Procedure-centred) zu tun, oder die Tätigkeit in den Mittelpunkt zu stellen (Task-centred). Dabei beziehen sich die funktionsorientierten Blickwinkel auf die erwartbaren Outputs bzw. Beiträge zur Leistungserstellung. Es steht die zu erfüllende Aufgabe an sich im Mittelpunkt[48]. Beim tätigkeitsorientierten Blickwinkel stehen die konkreten physischen und mentalen Aktivitäten des/der Arbeitnehmers/in im Hinblick auf die zur Erfüllung der Aufgabe/n notwendigen Tätigkeiten im Zentrum.

Effizienz bei der Zuordnung von Aufgaben und Tätigkeiten zu Stellen wiederum lässt sich laut Marsden (1999) grundsätzlich auf zwei Wegen erreichen: Ein Ausgangspunkt können die Erfordernisse der Leistungserstellung bzw. des Produktionsprozesses sein (Production Approach). Hier wird danach getrachtet, Verlustzeiten durch Fehlbesetzungen bzw. Kosten durch die Minimierung der Anzahl der Beschäftigten möglichst gering zu halten. Der zweite Ausgangspunkt knüpft an die Fähigkeiten, Fertigkeiten und Kenntnisse der Beschäftigten an. Hier wird darauf geachtet, dass Beschäftigte nach ihren vorhandenen Qualifikationen gruppiert und Aufgaben so gestaltet werden, dass eine möglichst weitgehende Nutzung der vorhandenen Qualifikationen erfolgt (Training Approach).

Aus diesen Ausprägungen der Bedingungen für die Zuordnungsregeln ergeben sich vier zentrale Muster, denen Marsden (1999) in seinen Ausführungen auch Länderbeispiele zuordnet:

- ***Regelfall der Arbeitsteilung (Work Post Rule)***: Grundidee dieser Regel ist es, die Gesamtheit der benötigten Tätigkeiten in möglichst überschneidungsfreie Einzeltätigkeiten aufzugliedern, für deren Durchführung die Beschäftigten dann individuell verantwortlich sind. Es steht im Hinblick auf die Durchsetzbarkeit die Tätigkeit und im Hinblick auf die Effizienz die Produktion im Vordergrund. Die Jobgestaltung orientiert sich somit an den Produktionserfordernissen und der/die Beschäftigte wird spezifisch für die Tätigkeit eingeschult bzw. trainiert. Für ArbeitnehmerInnen hat

48 Haunschild (2004a: 127) bezeichnet sie in diesem Zusammenhang als aufgabenorientiert.

dies in der Regel den Vorteil, dass sie wissen, welche Tätigkeiten von ihnen erwartet werden. Für den/die BeschäftigerIn wiederum ist eine konkrete Abgrenzung der Verantwortung als Vorteil zu sehen (Haunschild 2004a: 129). Damit verbunden ist weiters aber auch ein stabiles Stellengerüst, das Bewertungs- und Vergleichsmöglichkeiten für interne Aufstiege ermöglicht. Darin sieht Marsden (1999) ein Beispiel für die Orientierung am internen Arbeitsmarkt, die er vor allem Unternehmen in den USA und Frankreich zuschreibt.

- ***Regelfall der Einzelarbeitsplätze (Job Territory / Tools of Trade Rule)***: Auch bei diesem Muster stehen die konkreten Tätigkeiten im Mittelpunkt. Der wesentliche Unterschied zu der vorher vorgestellten Regel besteht jedoch darin, dass die Zuordnung der Beschäftigten nicht mehr im Hinblick auf die Produktionserfordernisse, sondern im Hinblick auf qualifikatorische Charakteristika erfolgt. Darunter kann z.B. die Beherrschung bestimmter Methoden bzw. Werkzeuge (Tools of Trade) verstanden werden. Ein Unterschied ergibt sich auch durch die wesentliche Ausrichtung am Arbeitsmarkt, denn in dieser Konstellation ist der berufsfachliche Arbeitsmarkt wesentlich bedeutsamer als der interne. Als klassische Region, in der in vielen Unternehmen diese Ausprägung der Zuordnungsregel gefunden wird, sieht Marsden (1999) Großbritannien.
- ***Regelfall der Zuständigkeitsebenen (Competence Rank Rule)***: In diesem Muster stehen weniger die Tätigkeiten, sondern vielmehr die Aufgaben im Mittelpunkt und damit ist in dieser Hinsicht eine größere Anpassungsfähigkeit an wandelnde Arbeitsbedingungen gegeben. Bei der Zuordnung entlang der Aufgaben im Rahmen eines Produktionsablaufes, stehen vor allem interne Kriterien wie z.B. bestimmte Rangordnungen nach Seniorität oder nach Kompetenzen im Mittelpunkt, sodass je nach Schwierigkeit der zu bewältigenden Aufgabe auf unterschiedliche Ränge zurückgegriffen wird (Haunschild 2004a). Durch diese Loslösung von der starren Orientierung an der Tätigkeit erhöhen sich die Einsatzmöglichkeiten durch den/die Arbeitgeber/in und die Autonomie für den/die ArbeitnehmerIn. Gleichzeitig bedarf dieses Rangordnungssystem aber ständiger Aktualisierungen. Nach solchen Aktualisierung ist in diesem System ähnlich wie im Work-Post System jedoch durch diese Rangfolge und der damit auch verbundenen Orientierung am Produktionsprozess eine wesentliche Grundvoraussetzung für die Bedeutung des internen Arbeitsmarktes gegeben. Als ein Beispiel in diesem Zusammenhang werden japanische Unternehmen, besonders in den 1970er und 1980er Jahren, genannt (Cappelli 1995). Insgesamt finden sich in diesem und dem folgenden Muster die Grundprinzipien einer funktionalen Flexibilität wieder.

- ***Regelfall der Betrachtung der Qualifikationen (Qualification Rule)***: Aufgabenbereiche werden hier nach den erforderlichen Qualifikationen abgegrenzt und dann den jeweiligen ArbeitnehmerInnen zugewiesen, die diese Qualifikationen aufweisen. Dies erhöht neben der Ausrichtung an geänderte Aufgaben auch noch den Anpassungsspielraum an die vorhandenen Qualifikationen und bietet laut Haunschild (2004a) eine größere Anpassungsfähigkeit an Umweltveränderungen. Durch diese starke Orientierung an den Qualifikationen rückt wieder der berufsfachliche Arbeitsmarkt in den Mittelpunkt. Diese Ausprägung findet sich besonders im deutschsprachigen Raum wieder.

In der nachfolgenden Abbildung sind die beschriebenen Zuordnungsregeln zusammengefasst:

		Effizienzbedingungen	
		Produktions-Ansatz	**Trainings-Ansatz**
Durchsetzbarkeits-bedingungen	**Aufgaben-orientiert**	**Work Post Rule** (USA, Frankreich) Tayloristisch Interne Arbeitsmärkte	**Tools of Trade Rule** (Großbritannien) Job Territory berufsfachliche Arbeitsmärkte
	Funktions-/ Prozess-orientiert	**Competence Rank Rule** (Japan) Funktionale Flexibilität Interne Arbeitsmärkte	**Qualification Rule** (Deutschland) Funktionale Flexibilität berufsfachliche Arbeitsmärkte

Abbildung 15: Zuordnungsregeln mit internationalen Beispielen (in Anlehnung an Marsden 1999: 221; Haunschild 2004a: 132)

In der Theory of Employment Systems finden sich zwar kontrakt- bzw. institutionenökonomische Annahmen wieder, die jedoch durch Bezüge vor allem auch zu empirisch-vergleichenden Analysen ergänzt werden und somit die Wechselbeziehungen zwischen verschiedenen Institutionen wie den staatlichen Regulationen, dem Finanzsystem, den industriellen Beziehungen aber auch den Vertrauens- und Kontrollstrukturen ermöglichen. In der Anwendung dieser Zuordnungsregeln ist Haunschild (2004c) jedoch auf die Grenzen dieses Ansatzes gestoßen. Bei der Anwendung auf den Bereich des Theaters sieht Haunschild die Trennung von Produktions- und Trainingsansatz nicht mehr möglich: „the example of theatrical acting has illustrated a production process that is intensely connected to skilled human beings performing tasks... where production and training approaches are no real alternative - ... - the explanatory power of the Theory of Employment fades." (Haunschild 2004c: 697) Dieses Beispiel zeigt, dass die implizit angenommene Unabhängigkeit der Dimensionen Effizienz und Durchsetzbarkeit so nicht gegeben ist. Neben diesem Einwand ist auch die von Marsden (1999) postulierte Vollständigkeit dieses Schemas zu hinterfragen. Zumindest zeigen dies Studien, die ähnliche Länder verglichen (z.B. Länder Skandinaviens: Dobbin/Boychuk 1999) oder auch Länder aus nicht westlichen Industriestaaten untersucht haben (z.B. Brasilien: Lauermann 2002).

Interessant sind in diesem Zusammenhang jedoch nach dieser Charakterisierung von regional wirkenden Beschäftigungssystemen vor allem die dahinter liegenden Steuerungsprinzipien bzw. die Steuerungsstrukturen, die damit verbunden sind.

5.1.3 Steuerungsstrukturen innerhalb von Beschäftigungssystemen

Marktmechanismen waren und sind lange Zeit die dominierende Form für die Bildung von Arbeitsverträgen und in weiterer Folge der Ausgestaltung von Vertragselementen gewesen. Im Zuge der Herausbildung von Beschäftigungssystemen ist die Kontrolle über den Preis immer stärker durch eine institutionelle Kontrolle abgelöst worden. Gewerkschaften und Arbeitgeberverbände haben hier maßgebliche Rollen übernommen (Huiskamp/Kluytmans 2004: 383f). Diese Steuerungsprinzipien bilden sich in hierarchischen Steuerungsstrukturen ab, die viele Jahrzehnte gerade in Mitteleuropa dominiert haben. In der Zwischenzeit haben sich die Steuerungsstrukturen der Beschäftigungsverhältnisse von Marktprinzipien über hierarchische Sichtweisen bis hin zu Netzwerkkonzepten ausdifferenziert. In der folgenden Tabelle 12 werden die wichtigsten Merkmale zusammengefasst, die sich im Hinblick auf diese verschiedenen Steuerungsstrukturen von Beschäftigungssystemen unterscheiden lassen.

Bei diesem Überblick werden klassischen Steuerungsstrukturen wie dem Markt und der Hierarchie Netzwerkformen, die Powell (1990: 300) identifiziert hat, und der Form der unfreiwilligen Auslagerung (Dependent Outsourcing), die von Mühlberger (2007) geprägt wurde, gegenübergestellt.

Hierarchien repräsentieren die klassische Steuerungsfunktion in Unternehmen, wobei die normative Ausgangsbasis die Sichtweise eines Herrschaftsverhältnisses ist und damit der Spielraum für den/die Beschäftigte als sehr niedrig eingestuft werden kann und dies mit einem hohen Ausmaß an Abhängigkeit von dem/der BeschäftigerIn einhergeht.

Marktnähere Steuerungsprinzipien, wie eine Vielzahl der atypischen Vertragsformen[49] repräsentieren, gehen von einer stärker vertragsorientierten Sicht-

49 Siehe dazu Kapitel 3.4, insbesondere Tabelle 8

weise der Verfügungsrechte aus. In dieser Orientierung an der Ausgestaltung des Vertrags als Grundlage liegen höhere Flexibilisierungsgrade und niedrigere Abhängigkeitsgrade für den/die Beschäftigte, wobei es in dieser Hinsicht auch Unterschiede zwischen den einzelnen Formen gibt.

Tabelle 12: Entwicklung der Steuerungsstrukturen innerhalb von Beschäftigungssystemen (in Anlehnung an Mühlberger 2007: 95)

		Steuerungsstruktur			
		Hierarchie	**Markt**	**Netzwerk / Relationaler Markt**	**Dependent Outsourcing**
Merkmale	**Normative Basis**	Beschäftigungs-verhältnis Herrschaft	Vertraglich fixierte Eigentumsrechte Lieferbeziehung, -vertrag	Komplementäre Stärken	Formale und relationale Verträge
	Flexibilität für den/die Beschäftiger/in	Niedrig	Hoch	Mittel bis hoch	Mittel
	Abhängigkeit des/der Beschäftigers/in	Abhängig	Unabhängig	Gegenseitig abhängig	Abhängig
	Mischformen	Marktähnliche Features: Profit centres, transfer pricing	Vertrag als hierarchisierendes Dokument	Mehrere PartnerInnen formale Regeln	

Der Netzwerkbegriff, der hier zugrunde gelegt wird, ist vieldeutig. Dazu hält DiMaggio (2001: 23) fest: „It is easy to forget that the notion of ´network´ is less a description of any particular form of association than it is an analytic convenience, a means of description systems as consisting of a set of actors (units, nodes, objects) connected by a set of relations or flows." Durch die Betrachtung von Organisationsprozessen als Wertketten und der damit einhergehenden Unterscheidung von Kern- und Supportprozessen sind die Voraussetzungen für Ausgliederungen geschaffen und somit auch ein wesentlicher Schritt hin zur Ausbildung von netzwerkähnlichen Organisationsformen getätigt. „If there is anything ´new´ about the ´network´ form, it is probably the increase in (reengineered) cross-functional, temporary project working within organizations and the decomposition of vertically integrated organizations as activities are outsourced to specialist providers or shared through collaborative arrangements" (Grimshaw et al. 2005: 14f). Netzwerkähnliche Formen passen sehr gut zu den ressourcenbasierten Ansätzen, vorausgesetzt, dass ManagerInnen zwischen verschiedenen Formen der Externalisierung unterscheiden und die Vorteile von vertrauensintensiven Beschäftigungssystemen auch auf externe Beziehungen ausgeweitet werden. Im Hinblick auf die Ausprägungen der Steuerungsstrukturen wird gerade bei dieser Form ersichtlich, wo die Chancen aber auch die Risiken liegen: es geht um ein komplementäres Verhältnis der beteiligten PartnerInnen und ist durch die gegenseitige Abhängigkeit geprägt. Darin liegt ein Potential für Synergien, die sich aus dieser komplementären Beziehung ergeben können, aber auch möglichen Risiken, die sich aus dieser gegenseitigen Abhängigkeit ergeben können.

Die Ausprägung von Abhängigkeit ist auch ein Charakteristikum für die Steuerungsstruktur in Form von Dependant Outsourcing. Mühlberger (2007) bezeichnet die Form des Dependant Outsourcings als hybride Form, da bei langfristigen Geschäftsbeziehungen, die solche abhängig Selbstständigen (auch Pseudoselbstständigen) charakterisieren, formale und informale Übereinkünfte zugrunde liegen. Diese Form findet sich besonders im professionellen Dienstleistungsbereiche wieder. Dort wird sie von Lepak/Snell (1999) auch als Partnership Model beschrieben. Dabei werden Modelle aus der Medienindustrie übernommen, in der schon seit längerem ein Trend zum Outsoucing in kleinere Geschäftseinheiten beobachtbar ist. Ähnliche Entwicklungen finden derzeit auch in der Pharmazeutischen Industrie statt. Dort versuchen die Branchenführer das Spannungsverhältnis zwischen der Verwertung und der Entwicklung durch Outsourcing von R&D-Abteilungen zu bewerkstelligen – wobei dann aber wieder die Themenstellungen rund um die Kontrolle der Schlüsselarbeitskräfte und deren Karrierewege ins Spiel gebracht werden (March 1991). Im Wirtschaftsprüfungsbereich lässt sich ebenfalls eine Verschiebung hin zu diesen Outsourcing bzw. Partnership-Modellen beobachten. Dort wird von den ExpertInnen erwartet, dass sie sich als PartnerInnen beteiligen.

Alle vier Formen zeigen auf, dass das Ausmaß der Flexibilität und der Abhängigkeit der Beschäftigten auf der einen Seite und der Beschäftigenden auf der anderen Seite sehr unterschiedlich ausgeprägt sind. Formen wie Netzwerkstrukturen weisen auf die Entwicklungen zu einem relationalen Markt hin und die Form der unfreiwilligen Auslagerung (Dependant Outsourcing) verdeutlicht die Tücken, die in den aktuellen Entwicklungen in Richtung Flexibilisierung der Beschäftigungsverhältnisse liegen können. Neben der Frage der behandelten Themen der Flexibilität und Abhängigkeit der Beschäftigenden ergeben sich noch weitere Problemfelder, die aus dem Trend zur Vermarktlichung resultieren.

5.1.4 Zwischenresümee: Vermarktlichung und Problemfelder der Marktstrukturen

Ein erstes dieser Problemfelder findet sich in den Konsequenzen, die eine Ausdifferenzierung von Beschäftigungssystemen – gerade in Form einer zunehmenden Vermarkt-lichung – mit sich bringt. Dabei findet sich eine Art von Institutionalisierung zu bestimmten Gruppen wieder, die Adler (2001) zusammenfasst. Er geht in seiner Arbeit von den beiden am weitest verbreitesten Strukturtypen – Markt und Hierarchie – aus. Seinen Ausführungen legt er die Entwicklungen der US-amerikanischen Unternehmen des letzten Jahrzehnts zugrunde und stellt dabei einen Trend zu Trust and Community Systems fest. Aus diesem Grund berücksichtigt er bei seiner Typologie institutioneller Formen neben Marktausrichtung und Hierarchie auch Vertrauen als einen zusätzlichen Faktor. Bei der Herleitung bedient er sich einer dreidimensionalen Einteilung, deren Dimensionen Market/Price, Hierarchy/Authority und Community/Trust es ermöglichen, die verschiedensten Formen von organisationalen Modellen abzubilden (Adler 2001: 219) – siehe Abbildung 16. In dieser Darstellung der institutionalisierten Formen von Arbeitsbeziehungen findet sich geringes Vertrauen jeweils im unteren Dreieck, vertrauensintensive Formen im oberen Dreieck in den jeweiligen Quadranten.

Es lassen sich z.B. hierarchische Formen finden, die gepaart mit vertrauensintensiven Mechanismen sind, die Adler/Borys (1996) als ermöglichende Bürokratie (Enabling Bureaucracy) bezeichnen. Als Beispiele für eine Art von Veredelung von Hierarchien in modernen Firmen nennt Adler die Einführung von sehr formalisierten Arbeitsabläufen, wie sie z.B. im Rahmen des TQM gefordert wurden, aber auch die Betonung und Stärkung von verschiedenen Planungstechniken, die immer mehr in Bereichen des HRM, aber auch im Projektmanagement Einzug halten. Gleichzeitig streicht Adler (2001: 220) aber heraus, dass gerade die Bedeutung der Wissensweitergabe zugenommen hat: „the necessary sharing of knowledge in business firms depends equally critically on a sense of shared destiny … a sense of mutual trust to improve and reinforce employee commitment."

Hybride Formen mit unterschiedlicher Vertrauensintensität finden sich sehr oft wieder. Als hybride Formen[50] bezeichnet Huiskamp/Kluymans (2004) z.B. Freelancer, die ihre Arbeit immer für den/die selben AuftraggeberIn machen, LeihabeiterInnen, Beschäftigte mit Telearbeitsverträgen etc.

50 Siehe dazu auch Kapitel 2.4.5

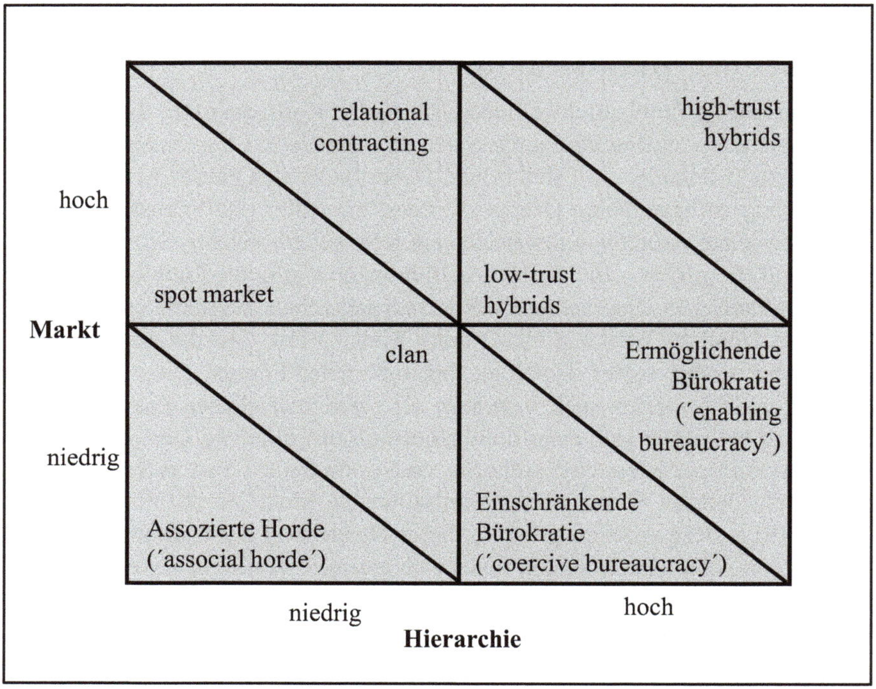

Abbildung 16: Typologie institutionalisierter Formen (in Anlehnung an Adler 2001: 219)

Neben den Entwicklungen in Richtung hybrider Arbeitsbeziehungen ist auch die zweite Stoßrichtung dieser Darlegungen zu betrachten: die Veränderung der erkennbaren Grenzen von und in Organisationen. „Boundaries between organizations are becoming blurred as activities are contracted-out or franchised....In practice, it is often unclear where one organization ends and another begins, and staff are placed in multiple employment relationships where obligations as well as identifications and allegiances are negotiable rather than stable. The blurring of boundaries is generally accompanied by an increase in uncertainty and ambiguity in employment relations. In such circumstances, the identities of organizations, the employer, and the work can become destabilized, with attendant risks of disaffection as well as opportunities to develop alternatives allegiances through trusting relations." (Grimshaw et al. 2005: 2)

Zurückgehend auf die Institutionalisierungsformen von Adler finden sich Formen wie Spot Markets auch in der Typologie der Beschäftigungssysteme von Wächter (2002: 478) wieder. Dabei spielt die Dimension der Einbindung und Kontrolle eine wesentliche Rolle, die z.B. in den Formen der rechtlichen Ausgestaltung des Arbeitsvertrages deutlich wird. Gleichzeitig bezieht er aber auch eine zweite wesentliche Dimension mit ein: die Ausstattung der Betroffenen mit bestimmten Kompetenzen.

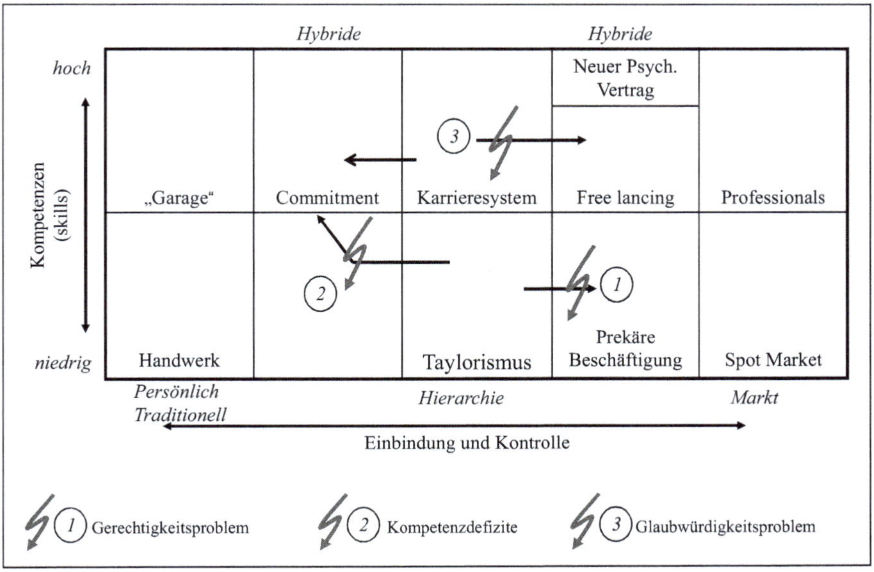

Abbildung 17: Systematisierung neuer Beschäftigungsformen (in Anlehnung an Wächter 2002: 487)

Unterschiedliche Beschäftigungsformen sind aktuell beobachtbar: sie reichen von traditionellen Formen (z.B. der Garagenfertigung) bis hin zu atypischen Formen. Klassische hierarchische Beschäftigungsformen stellen den größten Anteil dar. Diese können der Normalbeschäftigung zugeordnet werden und mit Hilfe des Konstrukts des Psychologischen Vertrags erklärt werden. Der Psychologische Vertrag beschreibt die Binnenstruktur des Arbeitsverhältnisses und somit die spezifischen Erwartungen und Verpflichtungen von ArbeitnehmerInnen und ArbeitgeberInnen.[51]

Viele der atypischen Beschäftigungsformen finden sich in den Bereichen der stärkeren Marktorientierung. Sie zeichnen sich durch eine geringere bis gar keine vertragliche Bindung zur Organisation aus. Gerade die Übergänge in die marktorientierten Felder sieht Wächter als „zentrale arbeitsmarktpolitische und

51 Diese Darlegung geht schon auf Argyris (1960) zurück, der sie in seinem Standardwerk „Psychological Work Contract" als wichtigen Faktor eingeführt hat. Siehe dazu auch Kapitel 5.3.2

personalpolitische Problemfälle", die sich auch in der Abbildung 17 wieder finden:

1. **Gerechtigkeitsproblem:** Ursache ist die zunehmende Bedeutung von Marktelementen in Belegschaftssegmenten mit niedrigen Kompetenzbündeln. Damit ist die Gefahr des Absinkens in ein prekäres Beschäftigungsverhältnis verbunden. Diese Entwicklung resultiert in vielen Fällen aus einer numerischen Flexibilisierungsstrategie und hier gibt es mittlerweile genügend Hinweise von einer massiven Betroffenheit von Frauen. Ein weiteres Problem liegt im Bereich der ungleichen Verhandlungsmacht zwischen Arbeit und Kapital (Grimshaw et al. 2005b: 53).
2. **Kompetenzdefizite**: Darunter wird eine Art Japanisierung verstanden, die die Flexibilität in der Arbeit funktional erhöhen sollte (= funktionale Flexibilisierungsstrategie). Die Grenzen liegen hier in den bisher niedrigen Kompetenzen von bestimmten Gruppen von Arbeitskräften, die zu diesem Komplex zählen. Hier finden sich je nach Betrachtungsbereich immer noch geschlechtsspezifische Unterschiede bei den Ausgangsvoraussetzungen hinsichtlich bestimmter Kompetenzen. Aber dieses Problem lässt sich mit verschiedenen Qualifizierungsmaßnahmen, die diese Unterschiede in relativ kurzen Zeitintervallen ausgleichen können, am leichtesten in Griff bekommen.
3. **Glaubwürdigkeits- und Vertrauensproblem:** Dieses Problem bezieht sich auf den Bereich der höher qualifizierten Arbeitskräfte. Das Eindringen von Marktelementen auch in das Segment der traditionellen Karrieresysteme führt zu neuen Formen. So kann Free-Lancing oder auch das Performance Management System als eine Fortentwicklung des Karrieresystems gesehen werden, oder wie Wächter (2002: 485) formuliert: „als Antwort auf dessen Zusammenbruch". Damit wird ein Veränderungsdruck auf das herkömmliche Hierarchiesystem eingeleitet. Dieser führt beim Karrieresystem zu stärkeren Marktelementen, was gravierende Probleme für die Einbindung und Loyalität mit sich bringen kann und sich in weiterer Folge auch auf die Ausbildung der schon beschriebenen psychologischen Verträge auswirkt.

Die wissenschaftliche Diskussion hat auf der einen Seite die Entwicklungen rund um die Flexibilisierung der Arbeitsbeziehungen in verschiedenerlei Hinsicht analysiert, sie hat aber diese Entwicklungen gleichzeitig auch mit verursacht. Grimshaw et al. (2005) plädieren dafür, dass die Polarisierung zwischen den Beschäftigten auf der einen Seite und der Organisation auf der anderen Seite aufgelöst wird: „There is a need to develop a more integrated analysis in order to appreciate the full implications of fragmentations for the employment relationship and to grasp the significance of the employment relationship in shaping inter-organizational relations".

Damit wird einmal mehr darauf hingewiesen, dass in der Auseinandersetzung mit den Beschäftigungssystemen der Blick auf die Wechselwirkungen der verschiedenen Beschäftigungsformen innerhalb von aber auch zwischen Organisationen intensiviert werden sollte. Dies ist gerade aufgrund der dargestellten Vermarktlichungstendenzen relevant. Diese sich von hierarchischen Strukturen hin zu Marktstrukturen entwickelnden Formen charakterisieren regional wirkende Beschäftigungssysteme und haben Rückwirkungen auf die Ausformungen der jeweiligen organisationalen Beschäftigungssysteme innerhalb der Organisationen. Das wiederum bildet sich in der Ausgestaltung der anzutreffenden Beschäftigungsverhältnisse in einer Organisation ab und wirkt somit auf die Zusammensetzung der Belegschaft.

5.2 Mesoebene - Beschäftigungsverhältnisse in Organisationen

Die zunehmende Kurzfristigkeit von Arbeitsbeziehungen verändert intra- und interorganisationale Beziehungsstrukturen. Segmentierungen und Ausdifferenzierungen der Beschäftigungsverhältnisse sind beobachtbar (Kapitel 5.2.1). In diesem Zusammenhang richtet sich der Blick auch auf die Ausgestaltung von Organisationsgrenzen, die die Zugehörigkeit oder auch Mitgliedschaft zu einer Organisation mitgestalten (Kapitel 5.2.2). Veränderungen dabei wirken sich in weiterer Folge auf den Modus der Beschäftigungsverhältnisse und somit auf die Ausformung der Beziehung der involvierten AkteurInnen und den Beschäftigungsmodus (Kapitel 5.2.3) aus. Mit solchen Veränderungen ist eine Anpassung der Beziehungsmuster in Organisationen verbunden, bei der es nicht mehr ausschließlich um die Pflege der Kernbelegschaft geht, sondern um eine neue Form des Managements heterogener Arbeitskräfte- und MitarbeiterInnengruppen. Diese Anpassungen sind jedoch nicht losgelöst zu sehen, sondern sind im Zusammenhang mit der Verankerung der Organisationen oder auch Eingebettetheit der Organisationen zu sehen, die mit bestimmten Rationalitätsformen einhergehen (Kapitel 5.2.4). Somit wird in der Folge das Umfeld für den ureigensten Prozess der Leistungserstellung näher betrachtet.

5.2.1 Segmentierungstendenzen innerhalb der Belegschaft

Die Mitglieder einer Organisation repräsentieren das Arbeitskräftepotential eines Unternehmens oder den internen Arbeitsmarkt eines Unternehmens. Diese

Bezeichnung geht auf Doeringer und Priore (1971) zurück, die von der Dualität des Arbeitsmarktes ausgegangen sind und zwischen internen und externen Arbeitsmärkten unterschieden haben. Der interne Arbeitsmarkt ist durch das fixe System an Positionen in einer Organisation bestimmt, die nur für die Personen reserviert sind, die zum System gehören. In diesem internen Arbeitsmarkt gibt es nach Atkinson (1984) Kern- und Randbelegschaften. „The central argument is that a differentiation in the content and quality of employment relationship for different types of employees reflects both the specific needs of these employees and optimises the organisational (HR) costs and benefits (increased performance)." (Koene/van Riemsdijk 2005: 77) Jedoch auch innerhalb dieses internen Arbeitsmarktes wird weiter differenziert und somit verstärken sich Segmentierungstendenzen und münden in weiterer Folge in neue Formen der Beschäftigungsstrukturen, wie sie z.B. im Konzept der HR-Architecture[52] (Huslid et al. 2005) deutlich werden.

Der immer lauter werdende Ruf nach Flexibilisierung und Anpassung an eine sich schnell ändernde Umwelt hat zu den oft gewählten Strategien wie Outsourcing, Downsizing und Mergers in und von Organisationen (Hellgren/Sverke 2003: 215) geführt, die sich in einer Reduktion der Kernbelegschaft und einer Verflachung von Hierarchien niedergeschlagen haben. Gerade auf den deutschen und österreichischen Arbeitsmärkten lassen sich verschiedene Restrukturierungsmerkmale feststellen. Dabei hat der bisherige stabilisierende Faktor der Firmengröße an Einfluss verloren. Auch in Klein- und Mittelbetrieben ist die Jobstabilität nicht mehr gewährleistet. Darüber hinaus stehen gerade weniger qualifizierte Beschäftigte immer öfter dem Risiko gegenüber, die Beschäftigung zu verlieren bzw. in atypischen Formen beschäftigt zu werden (Erlinghagen 2006).

Mit der Flexibilisierung von Arbeitsanforderungen und Belegschaftsstrukturen zeichnet sich die Tendenz zur Verschärfung von Segmentationsgrenzen in mehrerlei Hinsicht ab (Kels/Vormbusch 2005: 42f). Bei dieser Betrachtungsweise wird davon ausgegangen, dass es auf den ersten Blick „bessere" (Good Jobs) und „schlechtere" (Bad Jobs) Arbeitsplätze gibt (Köhler/Krause 2010: 393). Dabei bezieht sich diese Bewertung im Hinblick auf „gut" und „schlecht" auf jeweils beide Seiten der ArbeitsmarktteilnehmerInnen, also auf die ArbeitgeberInnen als auch auf die ArbeitnehmerInnen. Während „gute" Positionen durch hohes Einkommen sowie betriebliche oder überbetriebliche Beschäftigungssicherheit gekennzeichnet sind, beinhalten „schlechte" Positionen niedrige Einkommen, die z.T. auch mit hohen Beschäftigungsrisiken verbunden sind (Köhler/Struck 2008). Damit geht eine Unterscheidung in mehr oder weniger

52 Siehe dazu auch Kapitel 4.4

benötigte Jobs von ArbeitgeberInnenseite einher, die mit sich bringt, dass das jeweilige Angebot von Unternehmensseite schon in mehr oder weniger attraktive Arbeitskräfte unterteilt wird. Diese Differenzierung auf der Nachfrageseite hat Auswirkungen auf die ökonomische Macht der ArbeitnehmerInnen, die noch von verschiedensten sozialen Zuschreibungen an bestimmte Berufe bzw. Berufsfelder beeinflusst wird. Die Stärke der ökonomischen Macht zeigt sich an den Verhandlungspositionen des/der einzelnen Arbeitsanbietenden am Arbeitsmarkt.

Bei segmentierten Arbeitsmärkten wird zumeist zwischen den primären internen oder zentralen und sekundären oder peripheren Sektoren unterschieden (Atkinson 1984; Pfeifer 2005). Dabei ist der Begriff intern nicht automatisch mit betriebsintern gleichzusetzen. Innerhalb eines Unternehmens existieren vielmehr zumindest zwei Beschäftigungssysteme: Neben dem internen Arbeitsmarkt (Kernbelegschaft), gibt es auch ein Belegschaftssegment, das in erheblich stärkerem Ausmaß durch Marktkräfte bestimmt wird (Randbelegschaft). Gerade dieses Segment nimmt in vielen Bereichen immer mehr zu.

Im internen oder zentralen Sektor finden sich die Bereiche wieder, die von einer starken Verhandlungsposition ausgehen können, die zum Teil vom Wettbewerb wenig bis gar nicht beeinflusst sind. Hier finden sich meist die Beschäftigungen, bei denen von einer relativ hohen Job-Sicherheit ausgegangen werden kann, bei denen viele zusätzliche betriebliche Leistungen zum Gehalt selbst angeboten werden und bei denen es in mehrerlei Hinsicht Karriereoptionen in der Firma selbst oder auch durch Firmenwechsel gibt. In diesem Sektor ist die Verhandlungsposition für beide Seiten der sehr stark und hier finden sich auch sehr ausgeklügelte bzw. kostenintensivere Rekrutierungsmechanismen von Seiten der Firmen.

Im Gegensatz dazu stellt sich die Situation im sekundären Sektor anders dar. Hier wird in die Einstellungs- und Selektionsmechanismen von Seiten der ArbeitgeberInnen nicht annähernd so viel investiert und es herrscht generell ein sehr starkes Wettbewerbsklima. Dieser Wettbewerb schlägt sich auf die Art der Angebote nieder: das Lohnniveau in diesem Sektor ist eher niedrig und z.T. wird versucht durch Angebote wie Befristungen, Teilzeit etc. den Einsatz- und Kostenspielraum für die Firmen zu erhöhen. Zusätzliche Leistungen werden kaum angeboten und auch die Aussicht auf Karriereperspektiven ist in diesem Segment eher gering.

Die sehr globale Segmentierung in diese beiden Sektoren erhält noch zusätzliche Bedeutung, wenn nicht nur auf die Angebote und die Handlungsweisen von Unternehmensseite geschaut wird, sondern auch auf die Charakteristika von AkteurInnen in diesen beiden Segmenten. Ein augenscheinlicher Unterschied ist z.B. die geschlechtermäßige Verteilung im Hinblick auf Entscheidungspositionen in Organisationen. Andere Unterscheidungskriterien stellen auch Alter oder z.B. Bildungsabschlüsse von Frauen und Männer bzw. jüngeren und älteren ArbeitnehmerInnen dar. „Thus, workers with disabilities, former convicts, the very young and the very elderly, recent migrants, and racial, ethnic, linguistic or religious minorities may be limited to secondary–sector jobs." (Sullivan 2006: 596) Darüber hinaus gibt es in vielen Bereichen und Branchen vielfältige Hinweise für Geschlechtersegregation (Dietzen 1993).

Wieder umgelegt auf den organisationalen Kontext finden sich auch dort diese Ansatzpunkte für eine Segmentierung innerhalb der Belegschaft eines Unternehmens. Randbelegschaften unterscheiden sich von der Kernbelegschaft dadurch, dass sie in Status und Lohn schlechter gestellt sind, keinen innerbetrieblichen Aufstieg zu erwarten haben und mit einem wesentlich höheren Beschäftigungsrisiko konfrontiert sind. (Neuberger 1998: 174) Für den Eintritt in die Organisation sind zumeist fachliche und soziale Qualifikationen ausschlaggebend. Wenn der Eintritt in die Organisation einmal erfolgt ist, kann ein „Aufstieg" bzw. Wechsel von der Randbelegschaft in die Kernbelegschaft durch Bewährung und Leistung erzielt werden. Maßnahmen zur Umsetzung, wie z.B. Frauenförderungsmaßnahmen, orientieren sich sehr stark an diesem Modell. Ansatzpunkte sind hier, den Eintritt zu ermöglichen (z.B. Bevorzugung von Frauen bei gleicher Qualifikation) und in weiterer Folge durch gezielte Personalentwicklungsmaßnahmen Aufstiegsmöglichkeiten zu eröffnen.

Interne Arbeitsmärkte lassen sich traditionell als Beschäftigungssysteme innerhalb eines Unternehmens begreifen, innerhalb derer die Allokation und Gratifikation von Arbeit nicht dem freien Spiel der Kräfte von Angebot und Nachfrage folgen, sondern auf der Grundlage institutionalisierter Regelungen (Doeringer/Piore 1971). Solche institutionalisierten Regelungen am internen Arbeitsmarkt zeigen sich z.B. in Aufstiegspfaden, in einer großen Bedeutung der Seniorität bei Entlohnung und Beförderungsentscheidungen, einer relativen Beschäftigungsstabilität, einer Koppelung von Löhnen und Arbeitsplätzen und institutionalisierten Zugangsregelungen (z.B. Zertifikate, Einstellungstests, etc.) (Alewell 1993). Solche interne Arbeitsmärkte sind als komplexe Anreizsysteme aufzufassen, die z.B. für die Generierung betriebsspezifischen Humankapitals unerlässlich sind (Bürkle/Knörzer 2003).

Die Flexibilisierung der Beschäftigungsverhältnisse, der Arbeitszeit, der Arbeitsgestaltung und des Entgelts oder der Qualifikationen führt nicht nur zu einer Individualisierung der Arbeitsbedingungen, sondern verstärkt auch bereits vorhandene Segmentierungstendenzen zwischen Stammbelegschaften (in der Regel männliche, weiße, erwachsene, einheimische Personen) und Randbelegschaften (Krell 1992). Dies verdeutlicht auch das folgende Schaubild (Abbildung 18).

Durch die Veränderungen in Form von Verflachungen der Hierarchien und Konzentration auf die Kernbelegschaft sind die Grenzen durchlässiger geworden. Es gibt zwar Eintrittsbarrieren, doch der Austritt ist durch flexible vertragliche Formen viel schneller möglich. In diesem Fall wird von einer *flexibilisierten Stammbelegschaft* gesprochen. Darunter fallen Beschäftigte mit hybriden Vertragsformen, wie z.B. befristete Verträge, Teilzeitverträge, Job-sharing Modelle. Gleichzeitig wird je nach Bedarf auch auf Zeit- bzw. LeiharbeiterInnen, Selbstständige und andere SubunternehmerInnen zurückgegriffen, die z.T. auch längerfristige Vertragskonstellationen mit einer Firma eingehen (Legge 2005).

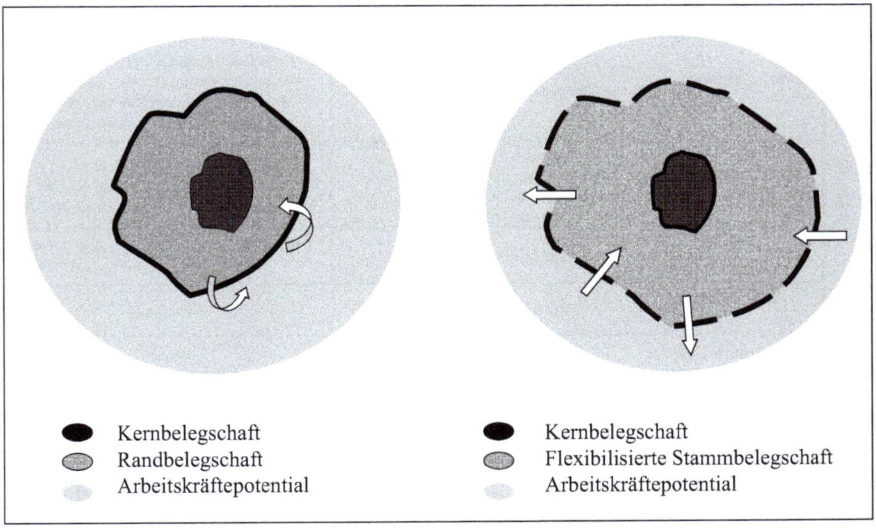

Abbildung 18: Flexibilisierung und Organisationsgrenzen (Heinrich/Schmidt 2004: 107)

Es verändern sich auch die Grenzen von Organisationen und in Organisationen. (Osterman 2002: 590) Organisationen regulieren ihre Grenzen[53] hauptsächlich durch Mitgliedschaft und die Zulassung zu dieser. Diese Grenzziehung ist jedoch nicht nur für die Organisationen relevant, sondern auch für die Arbeitskräfte. Dabei wird in der aktuellen Diskussion zwischen offenen und geschlossenen Beschäftigungsbeziehungen (Golsch 2005; Mills/Bloosfeld 2005) unterschieden (siehe dazu auch Tabelle 13).

Gerade in mitteleuropäischen Kontexten haben geschlossene Beschäftigungsbeziehungen lange Zeit dominiert. Diese geschlossenen Grenzen werden

53 Siehe dazu auch die Ausführungen in Kapitel 5.2.2

jedoch immer durchlässiger und es finden sich bei den jetzigen Beschäftigungsverhältnissen immer öfter die Merkmale offener Beschäftigungsbeziehungen. Bei den Ausprägungen der Kriterien der offenen Beschäftigungsbeziehungen finden sich Parallelen bzw. Anknüpfungspunkte für den Einsatz numerischer Flexibilisierungsstrategien, während die Charakteristika der geschlossenen Beziehungen auf funktionale Flexibilisierungsstrategien hindeuten.

Tabelle 13: Offene versus geschlossene Beschäftigungsbeziehungen

		Beschäftigungsbeziehung	
		Offene Beschäftigungsbeziehungen	**Geschlossene Beschäftigungsbeziehungen**
Merkmale	**Beschäftigungs-risiko**	Weitverbreitete Beschäftigungsrisiken, geringe ökonomische Sicherheit der meisten Jobs	Hohe Konzentration von risikoreichen Jobpositionen bei spezifischen Gruppen, die den Zutritt zum Arbeitsmarkt suchen (Jugendliche, Frauen, Arbeitslose)
	Bedeutung von Qualifikationen	Individuellen Fähigkeiten und Qualifikationen spielen eine zentrale Rolle und bestimmen die „labour market outcomes".	Individuellen Fähigkeiten und Qualifikationen haben eine geringere Bedeutung bei dem Fit von Personen und Job.
	Eintritts-barrieren	Verhältnismäßig einfach	Problematisch – besonders aus der Position der Arbeitslosigkeit heraus
	Arbeitslosen-dauer	Verhältnismäßig kurz	Sehr lange
	Jobmobilität	Hoch	Gering

Offene Beschäftigungsbeziehungen charakterisieren sich durch eine Senkung der Eintrittsbarrieren. Diese Senkung der Eintrittsbarrieren wird als Chance für den Eintritt von Gruppen in den Arbeitsmarkt gesehen, die im Rahmen von geschlossenen Beschäftigungsbeziehungen vor Schwierigkeiten gestanden sind. In der Hinsicht werden diese gesenkten Eintrittsbarrieren als sehr positiver Faktor wahrgenommen. Übersehen wird dabei, dass sich auch ein Trend zu einer stärkeren Grenzziehung zwischen Kern- und Randbelegschaft erkennen lässt, wodurch ein Aufstieg bzw. Eintritt in die Kernbelegschaft nicht mehr nur durch Bewährung und Leistung möglich wird, sondern durch diese Abschottung auch noch schwieriger zu erreichen ist als bisher. Die Kernbelegschaft wird durch eine Art ‚Firewall' (Bendl/Schmidt 2010) geschützt. Diese Firewall fungiert wie in ihrem ursprünglichen Wortgebrauch als Schutzmauer und schränkt die Möglichkeiten zum Eintritt in z.B. Entscheidungszentren ein. Dabei ist diese Firewall jedoch nicht wie in der Architektur als Schutz gegen Brände bzw. in der Informatik als Schwelle zwischen zwei Netzen zu sehen, sondern sie wirkt vielmehr als Schutz für die Kernbelegschaft innerhalb der Organisation. Damit bleibt es beim Abschluss/Ausschluss und somit bei einem Grad an Grenzziehung, der sich auch in der Form der Bindung[54] an die jeweils zugehörige Einheit bemerkbar macht.

Es ist jetzt immer wieder vom Phänomen der Grenzziehung der Organisation bzw. von Grenzen innerhalb der Organisation die Rede gewesen. In weiterer Folge soll dieses Phänomen der Grenzziehung und der Konsequenzen für die Darlegung der Zugehörigkeit zu einer Organisation näher beleuchtet werden, denn darin liegen mögliche Grundlagen für die Erklärung der unterschiedlichen Wirkungen der beobachtbaren flexibilisierten Beschäftigungsformen.

5.2.2 Verschiebung von organisationalen Grenzen

In diesem Abschnitt werden die angesprochenen organisationstheoretischen Fragestellungen vertieft (Kapitel 5.2.2.1) und die Frage der organisationalen Grenzen nochmals näher betrachtet (Kapitel 5.2.2.2), wobei unweigerlich die Frage nach der Beziehung von Organisationen und ihren Umwelten zum Thema wird. Dieser Bezug wird in der Folge näher erklärt und dabei wird besonders auf mögliche Koppelungsmuster eingegangen (Kapitel 5.2.2.3). Diese Koppelungsmuster bilden eine Basis für die Auseinandersetzung mit der Definition von Zugehörigkeiten zu Organisationen bzw. Mitgliedschaft zu einer Organisation (Kapitel 5.2.2.4).

Damit kommen wir dann nach der Auseinandersetzung auf einer aggregierten Ebene zurück zum Blick auf die Austauschbeziehungen zwischen einer Organisation und dem Individuum - einem Betrachtungspunkt, der gerade organisationalem Commitment zugrunde liegt.

5.2.2.1 Grundlegende Fragestellungen

Normalerweise wird das Kriterium des Dazugehörens zu einer Organisation als Mitgliedschaft bezeichnet. Organisationen machen unter anderem ihre Grenzen zur Umwelt dadurch fest, in dem sie durch Mitgliedschaftsregeln klarlegen, wer dazu gehört und wer der Umwelt der Organisation zuzurechnen ist. Bei einer Werbeagentur, der freiwilligen Feuerwehr oder dem Pharmakonzern kann man/frau nicht einfach mitmachen, sondern es gibt eine Form des Beitritts. Dieser Beitritt kann auf unterschiedlichen juristischen Normen aufbauen, wie z.B. dem Arbeits-, Vereins- oder auch dem Kirchenrecht (Meyer 2009).

Dieser Beitritt und die Unterscheidung des Innen und Außens ist für Organisationen relevant, besonders im Hinblick darauf, dass die Organisationen in der

54 Siehe dazu Kapitel 3

Folge als kollektive Akteure[55] auftreten können (Luhmann 1994). Als solche Akteure machen sie ihre Grenzziehungen für die Umwelt sehr sichtbar und plausibel. Dabei wird aber im Regelfall vom Bestehen eines Vertrags zwischen der Organisation und dem Individuum ausgegangen (Meyer 2009). Es stellen sich folgende Fragen: Inwieweit ist das Kriterium des Bestehens eines rechtlich verbindlichen Vertrages auch weiterhin das Kriterium für die Grenzziehung? Bzw. inwieweit dienen formale Verträge als Kriterium für Exklusion bzw. Inklusion im Fall von Personen (Humanressourcen)? Die zweite Frage wird gerade im Hinblick auf die unterschiedliche Ausgestaltung von formalen Verträgen relevant, da in der unterschiedlichen Regelung im Hinblick auf z.B. zeitliche oder räumliche Dimensionen unterschiedliche Wirkungen damit auftreten können.

In diesem Zusammenhang ist aber zuerst einmal den Fragen nachzugehen, wie Organisationen generell ihre Grenzen ziehen, wie sie diese konkret gegenüber Personen ziehen (Inklusionskritierien) und welche Bedeutung bzw. Funktion der Inklusion von Personen für Organisationen zukommt.

Diese Fragestellungen finden sich in einem breiten Kontext in der sozialwissenschaftlichen Theorie der sozialen Systeme wieder. Luhmann (1987) stellt in diesem Zusammenhang schon in einer seiner früheren Arbeit die Fragestellung nach der Bindung. „Unter dem Stichwort Commitment findet man reiche soziologische und sozialpsychologische Forschung, die definitorisch auf eine Art Selbstverpflichtung des Individuums, auf ein Ausschalten von Kontingenz, eine Einschränkung der Wahlmöglichkeiten oder auch auf Zeitbindung zurückgeführt wird, wobei zumeist auch das Sich einlassen anderer (sozialpsychologisch) oder des sozialen Systems (soziologisch) in den Begriff eingeht.“ (Luhmann 1987: 301) Bei dieser Einschätzung beruft sich Luhmann auf die Diskussionen von Roby (1960), Gouldner (1960), Becker (1960) oder dann Etzioni (1961) bzw. auf die spätere Welle der Auseinandersetzung Anfang der 1970er Jahre mit Kanter (1972), Johnson (1973) oder Rosenblatt (1977).

Für Luhmann deuten diese beiden zeitlichen Wellen der Auseinandersetzung auf die Suche nach einem Gegenhalt für die Loyalitäts- und Motivationskrisen des industriellen Zeitalters hin, die gleichzeitig mit einer Wende ins mehr Persönliche und Private einhergingen. Nicht von ungefähr tauchen auch in dieser Zeit die Begriffe und Konstrukte auf, die sich mit der zeitweiligen Verknüpfung von unabhängigen Einheiten beschäftigen – wie z.B. die Auseinandersetzung mit dem Begriff Koppelung[56] (Coupling).

Zum Entstehen von Bindung hält Luhmann (1987) fest, dass diese durch Selektionen zustande kommt und zwar durch Selektionen, die andere Möglich-

---

55 Siehe dazu auch Coleman 1986, der von Corporative Actors spricht.

56 Siehe dazu Perrow 1992, 1999, Weick 1976

keiten ausschalten. Die Entstehung an sich sieht er aber als in hohem Maße zufällig an und damit nicht durch die Vorteilhaftigkeit der Bindung selbst motiviert. Gleichzeitig streicht Luhmann heraus, dass, sobald die entsprechenden Selektionen abgelaufen sind, diese eine sich selbst verstärkende Tendenz gewinnen, die sich auf die Irreversibilität der Zeit stützt. Diese wird dann in Form von Gefühlen oder auch in Form von rechtfertigenden Bewertungen nachgearbeitet.

5.2.2.2 Organisationale Grenzen

„All organizations have limits in the range, amount, duration, and quality of things they can do with their current capabilities, and these limits may orginate in their members′ perceptions, in their politics, in the technologies they adopt, or in their environments." (Farjoun/Starbuck 2007: 543) Organisationen zeichnen sich durch ein besonderes Verhältnis zu ihrer Umwelt aus. Dieses Verhältnis lässt sich in Form von Grenzen darstellen. Auch wenn die Diskussionen in Richtung grenzenlose Organisationen[57] gehen, gibt es wiederum Betrachtungsweisen, die Grenzziehungen zwischen der Umwelt und der Organisation als essentiell sehen. So sieht z.B. Luhmann (2000) die Differenz von System und Umwelt als eines der konstituierenden Merkmale für Organisationen, wobei diese Differenz eine ist, die auch als Wahrnehmung von bestimmten Akteuren gesehen werden kann.

Die Grenzen von Organisationen und in Organisationen verschieben sich (Osterman 2002) und diese Verschiebungen finden sich auch in spezifischeren Feldern wie z.B. der Karriereforschung wieder (Schein 1971, Arthur/Rousseau 1996). Die Beschäftigung mit der Grenzziehung bzw. der Definition von organisationalen Außengrenzen hat in der Organisationsforschung Tradition (z.B. Miles/Snow/Pfeffer 1974; Weick 1985; Santos/Eisenhardt 2005).

Organisationale Grenzen sind aber etwa im Gegensatz zur Biologie eher vage und ihre Bestimmung ist auch schon mit den Schwierigkeiten bei der Grenzziehung von Wolken verglichen worden (Starbuck 1976). Dabei werden in mehreren Stufen Parallelen mit natürlichen Organismen gezogen und hier werden auch in verschiedenen Phasen immer wieder Anleihen geholt. Erwähnenswert ist in diesem Zusammenhang

- die Debatte um die offenen Systeme (z.B. bei Ulrich 1968, Scott 1980),
- die Überlegungen, dass Außengrenzen von Organisationen als eher vage zu bezeichnen sind (Miles/Snow/Pfeffer 1974) bzw.
- die Entwicklung hin zur Sichtweise der geschlossenen Systeme, die Anleihen aus der Biologie genommen hat und sich auf die klaren Grenzen zwischen Zelle und Umwelt beruft (Maturana 1982).

57 Siehe dazu Askensas et al. 2002

Allgemein formuliert, konstituieren organisationale Grenzen die Abgrenzung von Organisationen und deren Umwelten bzw. auch zwischen Organisationen. Sie schützen Organisationen vor ungefilterten Einflüssen aus der Umwelt und im selben Moment regulieren sie die Flüsse von Ressourcen, wie z.B. Informationsflüsse, der Austausch von Personen, Gütern oder auch Geld zwischen Organisationen und deren Umwelten.

Die Auseinandersetzung mit den Gedanken rund um die Grenzen von Organisation inkludiert eine Beschäftigung mit der Frage, welches Raumkonzept der Betrachtungsweise zugrunde liegt. Grenzen haben immer etwas mit einer Form von Materiellem zu tun. Gleichzeitig ist auch ein zeitlicher Aspekt zu berücksichtigen, da bei dem Blick auf Grenzen ja nicht nur der Augenblick zählt, sondern immer auch der zeitliche Aspekt mit hinein spielt. Nur allzu oft wird damit argumentiert, dass die Veränderungen von Grenzen interessant sind, was den Weiterbestand von Grenzen ermöglicht bzw. bewirkt. Die angesprochenen Veränderungen sind untrennbar verbunden mit den Elementen von Bewegung und Fluss. Bewegung ist mit Raum und Körperlichkeit verbunden und Fluss mit der Frage und der Form des Umgangs mit Zeit. Dies ist gerade angesichts der aufkommenden und immer öfter erwähnten Sichtweise auf Organisationen als Fuzzy Organizations/Boundaries interessant (Pfeffer 1993, Gummesson 1994). Damit werden Organisationen bezeichnet, deren Grenzen als fließend eingestuft werden. Von fließenden bzw. verwischenden Grenzen spricht auch Martin (2002) oder Czarniawska-Jorges 1992), wobei sich diese Autorinnen besonders darauf beziehen, dass Organisationen vor allem sozial konstruierte Grenzen ziehen, die ein Innen und Außen erzeugen und diese Art von Grenzen als „moveable, fluctuating, permeable, blurred and sometimes dangerours“ (Martin 2002: 337) anzusehen sind.

Gleichzeitig liegt aber gerade in dem Blick auf die Grenzziehungen ein sehr spannender Moment, den Farjoun und Starbuck (2007: 563) wie folgt zusammenfassen: „Limits deserve attention because they highlight the paradoxical nature of organizations. Organizing at and beyond limits shows the tensions between security and adventure, persistence and change, and pragmatism and romanticism. Both organizations´ successes and failures depend on their abilities to exceed only those limits they choose to exceed and to remain within other limits." Die Art der Grenzziehung wird hier als ein wesentlicher und zentraler Erfolgsfaktor von und für Organisationen dargestellt.

Die Diskussion rund um organisationale Grenzen wird aber abgesehen von dieser grundsätzlichen Betrachtung des Grenzbegriffs, mit ganz verschiedenen Blickwinkeln geführt. So wird als Grenze einer Organisation die Demarkation der Ressourcen gesehen, die eine Firma besitzt (z.B. Helfat 1997). Andere wiederum sehen die Grenzen dort, wo die Einflussmöglichkeiten einer Organisation enden (z.B. D'Aveni 2001, Santos/Eisenhardt 2005b). „All of the concepts on which organizations rely – such as order, purpose, choice, power, conflict, division of labor, coordination, trust, reliability and accountability – require or assume limits of some sorts." (Farjoun/Starbuck 2007: 545) Grenzen werden in diesem Zusammenhang verschiedene Funktionen zugeschrieben: Sie sorgen für Sicherheit, Stabilität, Balance und Kontinuität und dienen als eine Referenz für Verbesserungen (Farjoun/Starbuck 2007). Grenzen haben auch die Funktion der Abgrenzung und somit des Treffens eines Unterschieds, wie z.B. System/Umwelt-Differenz, die für die Ausgestaltung von Organisationen essentiell ist (Kasper et al. 1998).

Verschiedene Konzeptionen von organisationalen Grenzen haben Santos/Eisenhardt (2005a) zusammengefasst, wobei deren Ausgangspunkt war, dass sie organisationale Grenzen als Demarkation zwischen Organisation und Umwelt gesehen haben und hier nicht weiter differenziert haben. Differenziert haben die AutorInnen hingegen im Hinblick Perspektiven, aus denen heraus Organisationsgrenzen formuliert werden können. Dazu werden zentrale Themenfelder wie Kosten (Effizienz), Autonomie (Macht), Wachstum (Kompetenz) und Kohärenz (Identität) herangezogen (siehe dazu Tabelle 14).

Alle vier Konzepte treffen Aussagen zu möglichen horizontalen Grenzen, also dem Spielraum, bei dem Produkte und der Markt im Vordergrund stehen, als auch vertikalen Grenzen, somit Handlungsspielräume z.B. entlang einer industriellen Fertigungskette. „The conceptions are not only lenses to view the demarcation of the organization from the environment, but are also distinct reflection of the essence of internal organization." (Santos/Eisenhardt 2005: 492) In diesen Konzepten stehen unterschiedliche Blickwinkel und Zielsetzungen im Vordergrund: „the efficiency conception adopts a legal view whereby boundaries are conceptualized in terms of the sphere of influence over other organizations and institutions. The power conception adopts a permeable view whereby boundaries are conceptualized in terms of the sphere of influence over other organizations and institutions. The competence conception is a dynamic view whereby boundaries are seen in terms of a resource portfolio that coevolves with the environment. The identity conception takes a holistic view, such that boundaries are the often unconscious mind-set that organizational members use to gain cognitive and emotional coherence about 'what we are'". (Santos/Eisenhardt 2005: 502)

Tabelle 14: Conceptions of Organizational Boundaries (in Anlehnung an Santos/Eisenhardt 2005a: 494)

	Effizienz-grenzen	**Macht-grenzen**	**Kompetenz-grenzen**	**Identitäts-grenzen**
Konzept der Organisation	Steuerungsmechanismen, die auf Monitoring und Anreizausrichtung orientiert sind	Institution zur Erleichterung der Koordination, die die Abhängigkeit und Ausübungsmacht reduziert	Ressourcenbündel geschnürt für Wettbewerbsvorteile in Produkt- bzw. Marktbereichen	Sozialer Kontext, der Sinngebung ermöglicht und Bindung inspiriert
Hervorstehende organisationale Grenzen	Grenze für die Transaktionen, die von der Organisation durchgeführt werden	Grenzen für Domains, auf die die Organisation Einfluss ausübt	Grenzen für die Ressourcen, die die Unternehmung besitzt	Grenzen der dominierenden Denkweisen des „Wer sind wir“
Zentrales Ziel	Kostenminimierung	Autonomie	Wachstum	Kohärenz
Theoretische Wurzeln	Rechtswissenschaft Institutionalismus	Industrieökonomik Ressourcenabhängigkeit	Strukturbasierte Kontingenztheorie Ressourcenbasierte Sichtweisen	Wahrnehmung von Managementhandeln Organisationale Identität
Analyseeinheit	Transaktionen	Strategische Kooperationen	Ressourcen	Identitätsmerkmale
Treiber vertikaler und horizontaler Grenzen	Minimierung der Steuerungskosten durch Minimierung der Austauschkosten (z.B. Transaktionen, Maßnahmen oder Koordinationskosten)	Maximierung der strategischen Kontrolle über strategische Beziehungen durch die Kontrolle kritischer Abhängigkeiten und die Handhabung der Marktmacht	Maximierung des Werts der organisationalen Ressourcen durch Koevolution Ressourcenkonfigurationen mit Marktchancen	Aufrechterhaltung der Kohärenz der Organisation durch die Abstimmung der organisationalen Aktivitäten mit der organisationalen Identität
Schlüssel-maßnahmen im Management der Grenzen	- Hierarchische Mechanismen wie z.T. Akquisition oder Desinvestitionen - Marktmechanismen wie z.B. Outsourcing-Vereinbarungen	- Eigentümermechanismen wie z.B. Akquisition und Einstellungen - Mechanismen von Nichteigentümern wie z.B. Absprachen, Lobbying, Konsortien, Allianzen	- Extern orientiert, dynamische Fähigkeiten wie z.B. Akquisition, Desinvestitionen oder Allianzen - Intern orientiert, dynamische Fähigkeiten	- Bewusste Mechanismen, wie die explizite Anpassung mentaler Modelle von anderen Settings und dem Ersetzen der organisationalen Elite - Unbewusste Mechanismen wie das Anpassen an Image und zu industrielle Entwürfe
Besonderer Blickwinkel	Markt versus Hierarchie	Eigentümerschaft versus Kontrolle	Besitz versus Entwicklung	Bewusstsein versus Unbewusstes

Eisenhardt/Santos (2005: 491) kommen zum Schluss, dass „this agenda includes greater focus on non-efficiency perspectives, relationships (not competition) among boundary conceptions, study that take the normative implication of theories more seriously, and problem-driven research on contemporary boundary issues such as contract employment and business ecosystems." Damit zeigt sich einmal mehr, dass es hier nicht einfach nur um die Betrachtung einer vorhandenen Grenze geht, sondern dass vielmehr ein sehr differenzierter Blick notwendig ist.

Organisationale Grenzen stellen in weiteren Konzepten aber auch die Abgrenzung von sozialen Strukturen dar, die damit im weitesten Sinne Aktivitäten einer spezifischen Logik zuordnen, die wiederum festlegt, wie Dinge in einer Organisation getan werden und welche Regeln für Inklusion gelten (Dutton/Dukerich 1994, Kogut 2000). Es kann nicht automatisch davon ausgegangen werden, dass von vornherein klar ist, wer zu einer Organisation gehört und wer nicht. Das klingt vielleicht überraschend auf den ersten Blick, jedoch gerade angesichts der unterschiedlichen Steuerungskonzeptionen[58] wird deutlich, dass es einen Referenzrahmen für die Zuordnung des Drinnen und Draußens geben muss. Beispiele für nicht auf den ersten Blick eindeutige Zuordnungsformen sind Netzwerkorganisationen oder spezielle Produktionsformen wie sie z.B. bei Industrieparkkonzepten zu finden sind, bei denen die Anbieter und Hersteller Seite an Seite unter demselben Dach produzieren. Als solchen Referenzrahmen wird z.B. bei Wolken auf den Grad der Feuchtigkeit verwiesen, während im Fall von Organisationen verschiedene Forschungsfragen auf unterschiedlich gelagerte Referenzpunkte auf die Grenzziehung hinweisen. Dabei ist ein möglicher Zugang, für die Determination von organisationalen Grenzen der Blick darauf, ob innenliegende Prozesse oder z.B. organisationale Netzwerke im Fokus der Analyse stehen (Miles/Snow/Pfeffer 1974: 247f).

Ein sehr stark auf innenliegende Prozesse eingestellter Ansatz ist z.B. die neuere Systemtheorie. Darin wird ganz klar festgestellt, dass Kommunikationen die Kernelemente für Organisationen darstellen und damit auch die Zugehörigkeit regeln (Luhmann 1993: 240, Luhmann 1988b: 171, Willke 1992: 29).

Interessant erscheinen in diesem Zusammenhang die Betrachtung von Bindung und Koppelung und damit die Fragestellung, welche Bindung mit dem Begriff der Koppelung verbunden werden kann bzw. wo hier die Unterschiede liegen. Bei der Auseinandersetzung mit Koppelung wird an die Diskussion rund um die Thematik der strukturellen Koppelung angeschlossen und damit auch mit der Hintergrundfolie der Theorie sozialer Systeme der Blick vom Individuum und dem psychischen System hin zu Wirkungen und Erklärungsansätzen im

58 Siehe dazu Kapitel 5.1.3

Rahmen von sozialen Systemen – in konkreten von Organisationen – gelenkt. Hier gibt es Erklärungsmodelle für Grenzziehungen von Organisationen generell und auch im Speziellen für die Regelungen von Mitgliedschaft in Organisationen, aber die Ausführungen von Luhmann in diesem Zusammenhang stammen aus den 1980er Jahren – ein Zeitraum, in dem die schon ausführlich skizzierten Veränderungen in dieser Weise noch nicht so stark gegriffen haben. Im folgenden Abschnitt wird es also auch darum gehen, die Argumentation rund um die Mitgliedschaft in Organisationen auf die Nagelprobe zu stellen.

Zuvor wird der Blick auf die Frage der Gestaltung des Verhältnisses zwischen Innen und Außen, zwischen Organisation und Umwelt oder auch – anders formuliert – zwischen System und Umwelt gewandt. Dieses Verhältnis wird auch als Koppelung bezeichnet, und im nächsten Abschnitt wird dieser Aspekt näher betrachtet.

5.2.2.3 Koppelungen in Organisationen

In verschiedenen Diskussionssträngen der Organisationstheorie wird auf das Koppelungskonzept verwiesen. Beziehungen in und zwischen Organisationen werden sehr oft anhand der Frage der Form der wahrnehmbaren Koppelung beschrieben (Sydow 2006: 410) und gerade der Begriff der losen Koppelung findet in den Konstellationen Anklang, in denen es darum geht, trotz steigender Komplexität, Unsicherheit und kausaler Ungewissheit von organisationalen Umwelten die Chancen zu erhöhen, dass Systeme trotzdem überleben. In diesem Zusammenhang ist es interessant, diesen Koppelungsgedanken näher zu beleuchten. Dabei stehen folgende Fragen im Mittelpunkt: Wie sind die verschiedenen Elemente der Institution Organisation untereinander verbunden? Welche Verbindung oder Koppelungen symbolisieren diese Elemente?

Das Konzept von Koppelung wurde durch die Arbeiten von Weick (1976) bekannt. Weick hat damals seinen Artikel mit einer Analogie aus dem Sportbereich begonnen. Er beschreibt dabei ein Fußballspiel, bei dem jede Regel und jeder Aspekt des Spiels verändert wurde und er kommt zum Schluss, dass in diesem Fall nicht mehr wirklich von einem Fußballspiel zu sprechen ist – da nicht mal ein Mindestmaß an Regeln und Strukturen erkennbar sind. Wenn wir dieses Beispiel auf Organisationen übertragen, bedeutet dies, dass in Situationen in denen nicht einmal ein Mindestmaß an Regeln und Strukturen erkennbar ist und die Abläufe somit dem regellosen Fußballspiel gleichen, diese als „organized anarchy" zu sehen ist. „Organized anarchy is a misnomer, a negation, a convenient term in that means no one is accountable." (Lutz 1982: 656) Wenn jedoch Tore, Bewegungen der Spieler und des Balls immer noch bestimmten Regeln folgen, die wir als Fußball bezeichnen, ist zumindest ein Mindestmaß an Regeln gewährleistet, auch wenn diese sehr weitläufig ausgelegt werden.

In diesem Zusammenhang spricht Weick (1976: 3) von loser Koppelung, die er wie folgt definiert: „as a situation in which elements are responsive, but retain evidence of separateness and identity." Später ergänzt er (Weick, 1982: 380) diese Definition damit, dass er schreibt, dass "loose coupling is evident when elements affect each other

- suddenly (rather than continuously),
- occasionally (rather than constantly),
- negligibly (rather than significantly),
- indirectly (rather than directly), and
- eventually (rather than immediately)".

Lose Koppelung kennzeichnet somit eine Art von Beziehung, in der die Entscheidungen eines Akteurs/einer Akteurin sehr geringe Konsequenzen für Entscheidungen anderer Akteure hat. Demzufolge reduzieren in einer eng gekoppelten Beziehung die Entscheidungen des einen Partners/der einen Partnerin den Freiheitsgrad des anderen viel stärker als in lose gekoppelten Beziehungen.

Weick (1976: 6) selbst stellt dazu fest, dass die Betrachtung von Koppelung bzw. deren Stärke absolut keinen normativen Anspruch erhebt. Ihm ist es vielmehr ein Anliegen, die möglichen Funktionen von losen Koppelungsbeziehungen aufzuzeigen. Dabei hat er in seinem damaligen Aufsatz folgende Punkte herausgestrichen:

- Lose Koppelung ermöglicht den Fortbestand von Organisationen, indem es die Anpassungsfähigkeit der Organisation erhöht – vor allem die lokale Anpassungsfähigkeit kleinerer Einheiten. Gerade Systeme, in denen die Identität, Einzigartigkeit und Getrenntheit der Elemente gewährleistet ist, werden von Weick als anpassungsfähiger eingestuft. Durch die lose Koppelung ist die Organisation nicht gezwungen, auf jede Veränderung der Umwelt zu reagieren. Dieser Punkt wird auch von Staber/Sydow (2002) herausgestrichen. Gerade lose Koppelungsbeziehungen in und zwischen Organisationen sehen sie als Indikator für eine höhere Wahrscheinlichkeit dafür, dass ein System länger überlebt, da es die Organisation befähigt, sich schneller anpassen zu können. Diese Fähigkeit trägt gemeinsam mit eine Multiplexität und Redundanz zu einer erhöhten Anpassungsfähigkeit von Organisationen bei.
- Lose Koppelung bietet einen „sensitive sensing mechanism" an: „It could be argued that loosely coupled systems preserve many independent sensing elements and therefore 'know' their environments better than is true for more tightly coupled systems which have fewer externally constrained, independent elements." (Weick 1976: 6).

Im Hinblick auf diese zentralen Aussagen betonen Granovetter (1973) und auch Krackhardt (1992), dass in ganz besonderen Konstellationen eine enge Verbindung, die mit großer Unsicherheit einhergeht, genau dieses Maß an Vertrauen zwischen Akteuren oder Organisationen herstellen kann. Granovetter (1974) hat die Bedeutung von engen Koppelungen auf personaler Ebene im Hinblick auf die Jobsuche untersucht und ist in seiner Arbeit zu dem Schluss gekommen, dass die überwiegende Zahl an Jobs nicht über explizite Suchkanäle am offiziellen Arbeitsmarkt gefunden bzw. besetzt wurde, sondern dass hier vielmehr persönliche Kontakte eine sehr bedeutende Rolle gespielt haben.

Die Koppelung kann enge und losere Muster einnehmen. Die Unterscheidung von relativ loser und fester Koppelung ermöglicht es, Organisationen nach ihren Koppelungsmodalitäten zu unterscheiden. Dabei bietet sich an, die Koppelung der Akteure der Koppelung der Aktionen und Handlungen gegenüberzustellen:

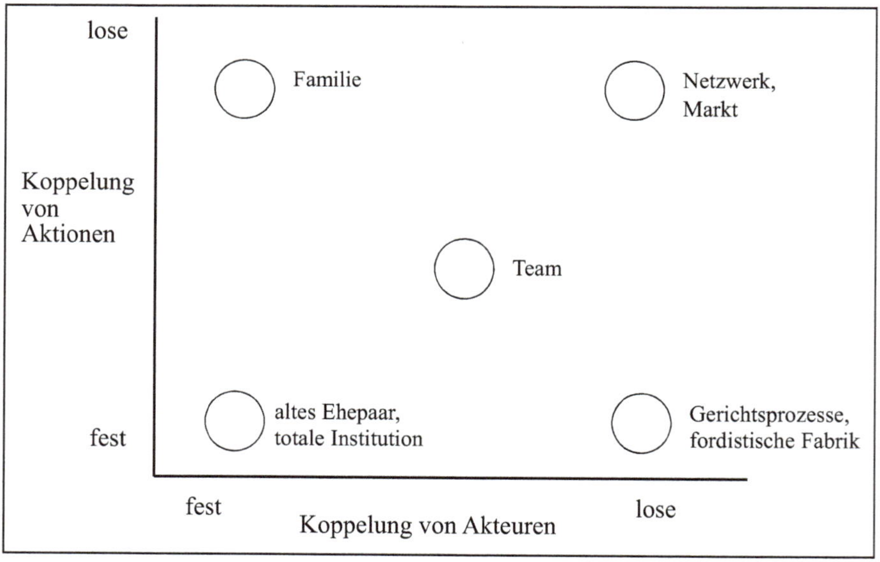

Abbildung 19: Koppelungsmuster (Simon 2007: 80)

In diesen Mustern bildet sich auch die Koppelung von Handlungen und Aktionen ab, wobei Familie, altes Ehepaar und Markt nicht als Beispiele für Organisationen und ihre Konstruktionsprinzipien zu verstehen sind, sondern als Beispiele für Koppelungen, die in Organisationen eher selten zu beobachten sind. Überall dort, wo es um die Sicherstellung von sachlichen Ergebnissen geht, Prozesse klar definiert werden, wird von einer festen Koppelung der Aktionen ausgegangen (Gericht, fordistische Fabrik). Das Gegenbild zu den sachorientierten Organisationen bilden die personenorientierten Systeme. Familien repräsentieren Extremformen von Personenorientierung (Schmidt 2001). Im Prinzip sind dort die Handlungsweisen und -muster veränderbar, die Personen bleiben dieselben. Ihre unvermeidlichen Veränderungen (Alter) können sozial integriert werden, weil Familien ihre Programme und Kommunikationswege an den Bedürfnissen der Mitglieder orientieren. In Organisationen finden sich familienartige Muster, z.B. bei Start-ups oder eben auch in Familienunternehmen, wenn die Personen als organisierendes Prinzip wirken. In solchen Konstellationen sind die Personen nicht austauschbar, jedoch die Aktionen sind variabel.

Auf eine etwas andere Art und Weise knüpft Weick an diesen Gedanken der persönlichen Kontakte an und hebt diese gleichzeitig auf eine andere Ebene. Er schlägt vor, dass Organisieren im Übergang zwischen einer intersubjektiven und einer generischen Subjektivität gesehen wird (Weick 1995). Damit verweist Weick darauf, dass dieser Übergang zwischen der Person-zu-Person Ebene und der strukturellen Ebene liegt. „The intersubjective takes place in direct communication between persons, largely unmediated by structural mechanisms such as rules, habits and routines." (Bakken/Hernes 2006: 1606)

Damit ist auf ein anhaltendes Problem sowohl im Bereich der Organisationstheorien als auch der Sozialwissenschaften als Ganzes hingewiesen (Bakken/Hernes 2006). Es geht um die Erklärung und Darstellung der Verbindung des immer Flüssigeren, Beweglichen mit dem mehr Stabilen. Theoretiker wie Luhmann (1995) sind von der Idee rekursiver Beziehungen zwischen Prozess und Struktur ausgegangen, in denen Prozess für den flüssigen, veränderlichen Teil steht und Struktur für den Part der Stabilität.

Luhmann hat in diesem Zusammenhang die Interaktion zwischen Prozess und Struktur so beschrieben und erklärt, dass klar wird, dass beide einander bedingen und doch wiederum analytisch getrennt gesehen werden können. Luhmanns Sicht auf die Rekursivität zeigt auf, dass Prozesse als Abfolgen von Kommunikationen und in der Folge Entscheidungen zu sehen sind. Strukturen wiederum werden als Codes für Kommunikationen gesehen, die bestimmte Systeme, insbesondere Organisationen betreffen. Somit sind Prozess und Struktur als auf Kommunikation basierend zu verstehen und dadurch wird es möglich, zu untersuchen wie diese in wechselseitigen Veränderungsprozessen ineinander greifen. Ein großer Vorteil in dieser Art der Definition von Prozess und Struktur liegt darin, dass die rekursive Interaktion zwischen diesen beiden Phänomen die Dynamiken zwischen flüssigen und stabilen Teilen besser abbildet.

Organisationen als formal organisierte soziale Systeme sind in ihren basalen Prozessen autopoietisch geschlossen (Luhmann 1993). Trotzdem wird evident, dass reine Selbstreferenz in autopoietischen Prozessen, wie z.B. den Blick nur auf die Geschehnisse innerhalb des Systems zu legen, zu wenig ist. Neben diesem internen Horizont verbinden kommunikative Prozesse das System mit der Umwelt, so finden bei z.B. Unternehmen der Austausch mit KundInnen, den MitbewerberInnen oder Einflüsse bzw. Austauschhandlungen am Finanz- und der Arbeitsmärkte in Form von kommunikativen Akten, Handlungen und Entscheidungen statt. Externe Referenzen wie diese sind essentiell, gerade weil reine Selbstreferenz die Systeme – oder besser – Organisationen nicht mit Informationen oder Ressourcen versorgen würde.

Trotzdem ist aus einem theoretischen Standpunkt heraus die selbstreferenzielle Geschlossenheit eine Grundvoraussetzung für den externen Bezug. Die Kombination der Selbstreferenz und des Umweltbezuges, die sich gleichzeitig auf den inneren und äußeren Horizont bezieht wird als begleitende Selbstreferenz bezeichnet (Luhmann 1993: 604).

Folglich ist die autopoietische Geschlossenheit eines Systems nicht das Ende an sich und negiert damit die Umwelt, sondern im Gegenteil ist diese Geschlossenheit essentiell für soziale Systeme, um sich zur Umwelt in Bezug zu setzen. Die Beziehungen zwischen System und Umwelt werden durch interne Regelstrukturen, interne Operationsmodi und Leitdifferenzen gestaltet.

Bei der Analyse des Zusammenspiels möglicher Systembeziehungen ist zu berücksichtigen, dass die gesamtgesellschaftlichen Erklärungsansätze im Hinblick auf die funktionale gesellschaftliche Differenzierung die Erklärung von Handeln beeinflussen. Diese funktionale gesellschaftliche Differenzierung löst einen Typus der Integration ab, der auf die mehr oder minder wohlgeordnete Verbindung bzw. Verbindbarkeit von Teilen zu einem Ganzen abgestellt ist (Krause 2005). Dies scheint gerade durch die von Moment zu Moment sich neu konstituierenden sozialen Systeme in eine Art Nichtintegration zu münden, denn jedes einzelne System nimmt in seinen Umwelten andere Systeme bzw. deren Mitteilungen zuerst einmal als Irritationen wahr – und selbst diese nur dann, wenn es diesen Informationswert für sich selbst zuschreibt. Dieser Form des Dauerzerfalls wirkt die jeweilige Systemstruktur entgegen. Dies Struktur lässt sich als stabilisierender Zusammenhang erwartbarer Erwartungen beschreiben. Damit sind die sozialen Systeme im Allgemeinen und die funktional ausdifferenzierten Teilsysteme im Besonderen insgesamt als voneinander zugleich unabhängiger und abhängiger geworden zu beobachten (Krause 2005).

Als weiteres Argument ist zu beachten, dass jedes System durch seine Verhaltensweisen das andere stört – oder auch nicht. Wird es gestört, so muss es diese Störungen gemäß seiner eigenen Strukturen und Möglichkeiten kompensieren und beseitigen, oder aber sich den veränderten Umweltbedingungen anpassen und seine Strukturen anpassen (vgl. Maturana 1982). Das bedeutet also, dass selbststeuernde Systeme von Umweltereignissen immer nur zu eigenen Operationen angeregt oder angestoßen, keinesfalls jedoch determiniert werden können (Kasper 1990).

Insgesamt kann die Beziehung zwischen sozialem System und seinen Umwelten in zwei Stufen definiert werden. Zuerst einmal gilt es Systeme ohne ihre Umwelt im Hinblick auf ihre basalen Strukturen, ihre selbstorganisierenden Prozesse und ihre operative Geschlossenheit zu sehen. Darüber hinaus sind diese Systeme von ihrer Umwelt abhängig, weil das System durch die Einflüsse aus der Umwelt interne Operationen unterstreicht und bereichert (Willke 1987). Systeme brauchen die Umwelt als Bedingung für die Möglichkeit, ihre eigenen autopoietischen Prozesse weiterzuführen (Luhmann 1999). Die autopoietische Geschlossenheit ist essentiell für das Überleben von Organisationen in komplexen Umwelten. Die Beziehung zwischen System und Umwelt ist durch eine Differenz in der Komplexität konstituiert. Die Differenz kann als konstituierende Kraft hinter der Existenz sozialer Systeme angesehen werden. Es stellen sich in diesem Zusammenhang die Fragen, wie ordnen sich soziale Systeme im Vergleich zur Umwelt ein, aber auch welchen Teil der Umwelt rekonstruieren soziale Systeme innerhalb des Systems und übersetzen diese in interne Prozesslogiken im System (Luhmann 1992).

Systeme vermögen sehr wohl ihre Beziehungen zu ihren Systemumwelten als Punkt-für-Punkt, Austausch-, Input- Output- oder Äquivalenzbeziehung zu beobachten. In diesem Zusammenhang ist darauf zu achten, dass, die jeweiligen Systeme weiterhin autopoietisch operierende Systeme sind. Um dies zu illustrieren, werden hier kurz die Formen dieser Systembeziehungen beschrieben:

- *Operative* Beziehungsebene: Ein Unternehmen operiert in seinen Beziehungen zu einem anderen System, z.B. einem universitären Forschungsinstitut in seinem Medium. Das Unternehmen identifiziert selbst die für es relevanten Umweltereignisse, z.B. Zahlungsergebnisse, wie sie bei Unternehmen oft als zentrale Medien gesehen werden. Das Unternehmen fragt also beim Forschungsinstitut an, was bestimmte Forschungstätigkeiten kosten.
- *Transformative* Beziehungsebene: Gleichzeitig beobachtet das Forschungsinstitut seine Beziehung zum Unternehmen. Es kann aber den an seiner Grenze beobachteten Input vom Unternehmen nicht unmittelbar in seine Systemsprache übersetzen: Es kann z.B. als Wissenschaftssystem mit einer Zahlung des Wirtschaftssystems nur etwas anfangen, wenn es diese in Forschungsoperationen – also in das „Wahrheitsmedium“ – übersetzt.

- *Äquivalente* Beziehungsebene: Ein weiteres System oder ein externer Beobachter beobachten die Beziehungen zwischen dem Unternehmen und dem Forschungsinstitut.

Alle drei Ebenen sind bei Systembeziehungen involviert und bestimmte Handlungen und Entscheidungen können entsprechend der Betrachtungsebene unterschiedlich beschrieben werden. Wenn wir uns das Bespiel der Beziehung von einem Unternehmen und einem Forschungsinstitut einer Universität anschauen, dann ist das Unternehmen dem Teilsystem Wirtschaft zugeordnet und das Forschungsinstitut dem Wissenschaftssystem. Es lässt sich eine primäre Zugehörigkeit organisierter Sozialsysteme zu einem Funktionssystem beobachten, gleichzeitig besteht auch die Möglichkeit, mehreren Funktionssystemen zu zugehören. *Operative* Beziehungen betreffen jedes der unterschiedlichen Teilsysteme. Die *transformativen* Beziehungen sind zwischen dem wirtschaftlichen und wissenschaftlichen System zu beobachten – möglicherweise sogar direkt zwischen der Finanzabteilung eines Unternehmens und einer Forschungseinrichtung einer Universität, aber auch innerhalb von organisierten Teilsystemen der Organisationssysteme, z.B. zwischen Finanz- und Forschungsabteilungen des Unternehmens bzw. der Universitäten. Als *äquivalente* Beziehung erscheinen die soeben unterschiedenen Beziehungen dann, wenn sie von einem der beteiligten Systeme aus oder von einem anderen Beobachter so beobachtet werden. An sich gibt es keine Hierarchie sozialer Teilsysteme und somit auch keine Hierarchie der zugehörigen Medien, wobei gerade in Organisationen Entscheidungen das zentrale Medium sind und im Rahmen dieser Entscheidungslogiken bildet sich sehr wohl eine Art Medienhierarchie (Krause 2005).

Diese Form der Selektion ist ein Ansatzpunkt, um aus der enormen Zahl an Möglichkeiten, die als Umweltereignisse an soziale Systeme herangetragen werden, eine Auswahl zu treffen. Indifferenz ist die Standardreaktion zu den meisten Umweltvorfällen. Systeme sind somit sehr scharf selektiv gegenüber ihrer Umwelt ebenso wie gegenüber ihren eigenen Möglichkeiten und Reaktionen (Luhmann 1988b).

In dieser Form der Selektion findet sich ein weiterer zentraler Ansatzpunkt für die Betrachtung der Beziehung zwischen Systemen und Umwelt – die Form der strukturellen Koppelung. Strukturelle Koppelung ermöglicht es sozialen Systemen viele Teile aus der Umwelt auszublenden. Maturana (1982) bezeichnet mit Struktureller Koppelung die gegenseitige Beeinflussung bei der Entwicklung der Strukturen. Es ist ein Prozess wechselseitiger Anpassung, der dann und dort – zumindest vorübergehend – zur Ruhe kommt, wenn beide sich gegenseitig nicht mehr irritieren. Maturana (1982) beschreibt, dass ein solcher Prozess zu einem konsensuellen Bereich führt. Dann handelt es sich dabei im strengen Sinne um eine Kon-Versation, um ein Sich-Miteinander-Wenden-und-

Drehen und zwar auf solche Weise, dass alle Beteiligten nicht triviale Strukturveränderungen erfahren, bis Kommunikationen stattfinden können.

Konversationen, Gespräche können als eine Form loser Koppelung angesehen werden. Die an dem Gespräch in der Form von Personen teilnehmenden psychischen Systeme operieren auf der Grundlage von Bewusstsein mit Gedanken als Elementen im Medium Sprache. Das beginnende Gespräch ist ein eigenständiges soziales System – daran ändert die gemeinsame Beanspruchung des Mediums Sprache nichts. Sprache dient hier vielmehr der strukturellen Koppelung.

Das Gespräch ist nicht beobachtbar als Summe dessen, was auf der Ebene des Bewusstseins der Beteiligten an eigenselektiven strukturdeterminierten Informationsverarbeitungen aus Anlass der Bezugnahmen auf die laufende Kommunikation geschieht, sondern es ist vielmehr als ein eigenes, einer eigenen Dynamik folgendes soziales System mit Kommunikationen als Elementen beobachtbar, bei dem ein Wort das andere ergibt.

Soziale wie auch psychische Systeme sind dementsprechend emergente Systeme, die eigenselektiv Elemente anderer Systeme für den Aufbau eigener operativer Einheiten in Anspruch nehmen. Dies wird auch als Interpenetration bezeichnet. Unter Penetration wird die Tatsache verstanden, dass ein System die eigene Komplexität zum Aufbau eines anderen zur Verfügung stellt. Interpenetration liegt vor, wenn Systeme sich wechselseitig dadurch ermöglichen, dass sie in das jeweils andere ihre Eigenkomplexität einbringen. Interpenetrierende Systeme bleiben füreinander Umwelt. Interpenetration ist somit das wechselseitige Zur-Verfügung-Stellen von Komplexität. Interpenetration kann als Überbegriff für die Beobachtung der Beziehungen zwischen psychischen und sozialen Systemen begriffen werden. Es bezieht sich also auf Intersystembeziehungen, da psychisches und soziales System wechselseitig füreinander zur Umwelt gehören.

Für die Interpenetration psychischer und sozialer Systeme bildet Sinn das gemeinsame Element. Nur durch Sinn wird das Sich-Verstehen und Sich-Fortzeugen von Bewusstsein in der Kommunikation ermöglicht. Und auch nur durch Sinn ist das Zurückrechnen der Kommunikation auf das Bewusstsein der Beteiligten möglich.

Beteiligte Menschen sind somit für soziale Systeme eine wesentliche Bezugsquelle für Informationen über ihre (natürliche) Umwelt. Nur Menschen haben Organsysteme, mit denen sie Unterschiede in der natürlichen Welt wahrnehmen können. Diese Wahrnehmungen interpenetrieren ins psychische System und können als Bewusstsein zum Gegenstand von Kommunikation werden. Wichtig ist dabei, dass die Reproduktion des psychischen Systems nicht im sozialen System stattfindet, jedoch steigt durch die Interpenetration die Selbstständigkeit und Abhängigkeit des psychischen Systems.

Bei diesem Prozess geht das Soziale keinesfalls dem Individuellen voraus oder umgekehrt – kein System (weder das soziale noch das psychische System) ist ein perpetuum mobile. Sie bedingen einander und doch bleiben die Elemente (Kommunikationen und Gedanken) unverändert und werden nicht ausgetauscht. Dies soll an einem Beispiel verdeutlicht werden: Eine Person A nimmt wahr und wird dadurch irritiert, dass vor dem Haustor auf der Straße eine tote Taube liegt. Das ist eine gedankenförmige und in diesem Fall auch bereits latent Sprache beanspruchende selektive Wahrnehmung. Das psychische System A ist ein autopoietisches, strukturdeterminiertes System. Person A trifft später auf eine ihr vertraute Person B – ein anderes autopoietisches strukturdeterminiertes psychisches System. Beide nehmen sich in Form von Personen selektiv wahr. A beansprucht dann die Aufmerksamkeit von B mit der manifesten sprachförmigen Mitteilung der Information: „Vor dem Haustor auf der Straße liegt eine tote Taube.“ B wird durch diese Mitteilung irritiert, ihr Bewusstsein wird in Anspruch genommen und sie versteht, dass A ihr mitteilt, dass auf der Straße eine tote Taube liegt. Erst jetzt ist Kommunikation entstanden – erst jetzt wird die Einheit von Information, Mitteilung und Verstehen konstitutiv für die Systembildung. Die Systembildung ist durch Interpenetration ermöglicht worden und damit markiert Interpenetration einen Konstitutions-, nicht jedoch einen Leistungszusammenhang. Dieses Konstitutionsverhältnis wird auch als strukturelle Koppelung beschrieben. In der Abbildung 20 findet sich der Vorgang des vorangegangenen Beispiels wieder – es verdeutlicht, dass durch die eingesetzte Sprache hier eine lose Koppelung erzeugt wurde.

Organisationen sind auf psychische Systeme angewiesen, da alle Informationen das Nadelöhr Bewusstsein passieren müssen. Es sind jedoch, wie schon erwähnt, weder Menschen noch psychische Systeme Bestandteile von Organisationen, sondern deren existentielle Voraussetzung. Psychische Systeme stellen aber die wichtigste Umwelt sozialer Systeme dar (Luhmann 1993: 291). Damit ist auch verdeutlicht, dass es relevant ist, sich damit auseinanderzusetzen, was und wie Menschen z.T. Austauschprozesse wahrnehmen und verarbeiten. In der Hinsicht wird auch organisationales Commitment relevant, denn dieses Konstrukt spiegelt verschiedene Mind-Sets einer Person wider, die wiederum auf die Konzeption und von Identitätsgrenzen wirken und ihre Basis eben genau in der Koppelung von Person und System finden.

Menschen gewinnen jedoch nur insofern operative Relevanz, als sie in der Kommunikation als Personen bezeichnet werden (Luhmann 2000: 216). Personen haben nur dadurch eine kommunikative Bedeutung, indem sie als psychische Systeme von anderen psychischen oder sozialen Systemen beobachtet und bezeichnet werden. Sie dienen zur Bezeichnung von AutorInnen, Adresse und Thema in Organisationen und diese Begriffe korrespondieren mit den Komponenten der Kommunikation Mitteilung, Verstehen und Information (vgl. Luhmann 2000, S. 66ff).

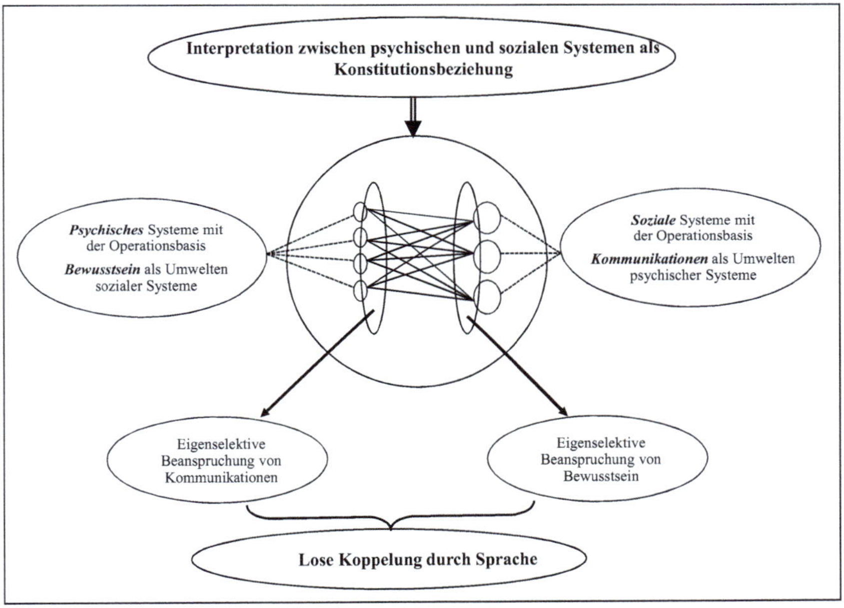

Abbildung 20: Interpenetration zwischen psychischen und sozialen Systemen (Krause 2005: 41)

Ausgeführt wurde jetzt, dass Organisationen über die für sie relevanten Kommunikationen, die Formen der Schließungen, Grenzen ziehen. Noch nicht behandelt wurde eine Spezialform der Grenzziehung bzw. Aufrechterhaltung der Grenzen in Form der Definition von Mitgliedschaften. Zumeist wird darunter die formale Mitgliedschaft, die sich auch in Vertragsformen niederschlägt verstanden. Traditionellerweise werden Individuen, die einen Mitgliedsstatus in einer Organisation innehaben, als eng an die Organisation gekoppelt angesehen (Meyer et al. 2006). Die Form der Koppelung drückt sich nach Weick (1969, 1976, 1985) vor allem in der Form der Einflussnahme aus und auf der Gehaltsliste eines Unternehmens zu stehen, ist z.B. ein bedeutender Faktor für organisationale Mitgliedschaft.

Im folgenden Abschnitt steht einmal mehr die Auseinandersetzung mit der Mitgliedschaftsrolle an sich im Rahmen der Organisationsforschung im Mittelpunkt, wobei hier die herkömmlichen Betrachtungen von Mitgliedschaftsrollen erläutert werden, bevor in weiterer Folge dieses Kapitels Mitgliedschaft als Inklusionsform thematisiert wird.

5.2.2.4 Zugehörigkeit in Organisationen – Mitgliedschaft

Organisationen regulieren ihre Grenzen primär durch Mitgliedschaft und die Zulassung zu dieser. Es gibt dadurch eindeutig zurechenbares Mitgliederverhalten und Nichtmitgliederverhalten – klare Regelungen (z.B. durch den Dienstvertrag). Mitgliedschaft wird in allen Organisationen als wichtig angesehen. Mitglieder konstituieren eine bestimmte Gruppe an Akteuren, die einen bestimmten Grad des Commitments gegenüber der Organisation, dem Management und deren Regeln entwickeln. Mitgliedschaft wird als zentral für die Formulierung und die Entscheidung über Regelungen angesehen (Ahrne et al. 2007: 621): „It is only with regard to its own organization´s members that management can formulate directives and expect compliance." Als weiteres zentrales Argument in diesem Zusammenhang wird auch die Entscheidung über den Typus der Mitgliedschaft genannt.

Ein Charakteristikum von Mitgliedschaftsrollen ist die Tatsache, dass es sich um eine Form einer Austauschbeziehung handelt. Die Austauschbeziehungen können unterschiedlich ausgestaltet sein – je nachdem, ob es sich dabei um Kernaktivitäten handelt oder nicht. Grimshaw et al. (2005b) unterscheidet zwischen *relationalen* und *transaktionalen* Vertragsbeziehungen. Handelt es sich um Kernaktivitäten, dann handelt es sich um relationalen Beziehungen, in denen die Beschäftigten in Formen wie Boundaryless Careers investieren, auf Übereinstimmung der Ziele (Goal Congruity) achtet und die sich durch eine enge Kooperation und eine Bindung innerhalb des Netzwerkes auszeichnet. Außerdem ist diese Form des Netzwerkes auch dadurch gekennzeichnet, dass Teile des internalisierten sozialen Kapitals auf PartnerInnen des Netzwerkes ausweitet werden. Im Gegensatz dazu beziehen sich diese Ausweitungen in transaktionalen Vertragsbeziehungen weiter auf den Markt. Dabei geht es jedoch nicht um Kernaktivitäten, sondern vielmehr um Bereiche, in denen eher schlecht ausgebildete Beschäftigte gesucht werden. Solche Beziehungen zeichnen sich durch wenig Diskretion aus. Und gerade hier bietet sich ein Anknüpfungspunkt zu den schon vorgestellten strategischen Überlegungen[59], wobei hier die Ausdifferenzierung der vertraglichen Gestaltungen von Arbeitsverträgen ein wesentlicher Punkt war und damit werden auch die Erkennungsregeln, die für Systeme zur Feststellung von z.B. Mitgliedschaft aufgestellt werden, weiter ausdifferenziert.

Zu berücksichtigen ist in diesem Zusammenhang, dass Organisationsbildung Erkennungsregeln, die für das System zur Feststellung dienen (= Mitglied-

---

59 Siehe dazu Kapitel 4

schaftsregel) voraussetzt. Organisationen erkennen nur Kommunikationen ihrer Mitglieder als eigene an. Dadurch wird Mitgliederverhalten/Nichtmitgliederverhalten als Spezifikation der System/Umwelt-Differenz etabliert. Es interessieren nicht mehr die Personen, sondern vielmehr die Kommunikationen. Da Kommunikationen als Ereignisse konzipiert sind und im Moment ihres Entstehens schon wieder vergehen, verlagert sich das Managementinteresse zwangsläufig auf die Beziehungen, die Relationen und Zusammenhänge zwischen ereignishaften Kommunikationen, um Regeln zu identifizieren, die die einzelnen Kommunikationen zu Prozessen verketten und damit die Selektivität der Kommunikation einschränken (Kasper/Mayrhofer/Meyer 1999). Diese Berücksichtigung kann auch als Inklusion verstanden werden.

„Inclusion stands for communicative strategies of considering human beings as relevant. Inclusion is the social mechanism that constitutes human beings as accountable actors, as persons. The concept of inclusion makes it possible to theorize the contact between social and psychic systems not as a kind of containment or membership but as a mutual process of structural coupling." (Nassehi 2002: 127) Individualität bzw. Individualisierung ist somit als der Weg zusehen, in dem Personen mit sozialen Erwartungen umgehen. Die Individualität einer Person hängt gerade in der vor-modernen Gesellschaft sehr stark davon ab, welchen familiären Gruppen, Religionen etc. eine Person angehört – Schichtzugehörigkeit regelt somit die soziale Position und bestimmt die Individualität einer Person. Diese Zurechnungsmechanismen haben sich in modernen Gesellschaften verändert und sind nicht mehr so eindeutig (Luhmann 1995).

Personen und auch Organisationen werden in manchen Auseinandersetzungen auch als „strukturelle Koppler" bezeichnet (Krause 2005: 82). Hier schließt die Diskussion an, welchen Stellenwert individuellen und kollektiven Akteuren zukommt. In dem Zusammenhang stellt sich die Frage, inwieweit bewusster Kommunikation (z.B. in Form der Darstellung der eigenen Meinung als zu akzeptierende) oder auch Einflussnahme auf das Handeln anderer Systeme (in Form von privilegierten organisationalen Mitgliedschaften) eine Bedeutung zukommt. Gerade letzter Punkt deutet darauf hin, dass der/die Einzelne nur selektiv an den (aus)differenzierten sozialen Systemen teilnehmen kann. Es geht um eine Teilnahme und damit Inklusion, die aber nur zum Preis der Exklusion (z.B. von der der Teilnahme an anderen organisierten Sozialsystemen) zu haben ist. Bei jeder Inklusion in eines der möglichen sozialen Systeme ist auch immer eine Exklusion von der Inklusion zu beobachten, denn es kommt auch zum Teil zu einer eingeschränkten bzw. verwehrten Teilnahme an bestimmten Systemen.

Wie früher erwähnt sind diverse Systemzugehörigkeiten zu unterscheiden, wobei eine zentrale Differenzierung die zwischen personaler und systemischer Systemzughörigkeit ist. Dabei gibt es Systeme, die in bestimmter Form, nämlich der Form von Person(en), sozialen Systemen einfach oder mehrfach zugehören können. Dies betrifft psychische Systeme und Organisationssysteme als allein kommunikative adressierbare und selbst kommunikationsfähige Einheiten der Beobachtung. Im Unterschied zur Beobachtung des Menschen als psychisches System lässt sich seine Identifizierung als Person wie folgt präzisieren (Luhmann 1995): Die Person fungiert als Kontext der Funktionssysteme der modernen Gesellschaft und sonstiger Sozialsysteme als Adress- und Identifikationsstelle für Erleben und Handeln, wobei die Person nie als voll oder ganz, sondern immer nur ausschnitthaft von sozialen Systemen inkludiert wird (Hohm 2006: 100).

In diesem Zusammenhang sind funktional spezifische und funktional unspezifische Zugehörigkeiten oder Beteiligungen zu sehen: So ist die Zugehörigkeit zu einer Familie ebenso wie die Zugehörigkeit zu einer Stammtischrunde eher als funktionsunspezifisch zu sehen. Hier liegt in den kommunikativen Akten nicht immer die Funktionalität im Vordergrund. Dagegen ist die Beteiligung von natürlichen Personen, z.B. in Form von Kunden und Quasi-Personen, wie in der Form von Unternehmen als ArbeitgeberInnen, an wirtschaftlichen Handlungen sehr wohl funktionsspezifisch. Damit wird auf die mögliche Zugehörigkeit verwiesen, wobei zentral in diesem Zusammenhang nicht nur die Zughörigkeit, sondern die Art der Einschließung gesehen werden kann. Als Einschließung wird die schon erwähnte Inklusion verstanden.

Inklusion repräsentiert die Einschließung spezifischer Möglichkeiten und den gleichzeitige Ausschluss all anderer Möglichkeiten, wobei diese anderen Möglichkeiten für künftige Selektionen verfügbar gehalten werden. Eingeschlossen werden hier jedoch nicht Menschen als elementare Einheiten. An ihre Stelle treten die Differenz von Kommunikations- und Bewusstseinssystemen, die sich wechselseitig ausschließen und füreinander Umwelt sind: Es ist also z.B. der Mensch an sich relevant, seine Beteiligung an einem Gespräch, an einer Handlung, wie z.B. dem Leisten einer Zahlung, dem Pochen auf sein/ihr Recht.

Die folgende Abbildung zeigt die möglichen Einschließungsmöglichkeiten:

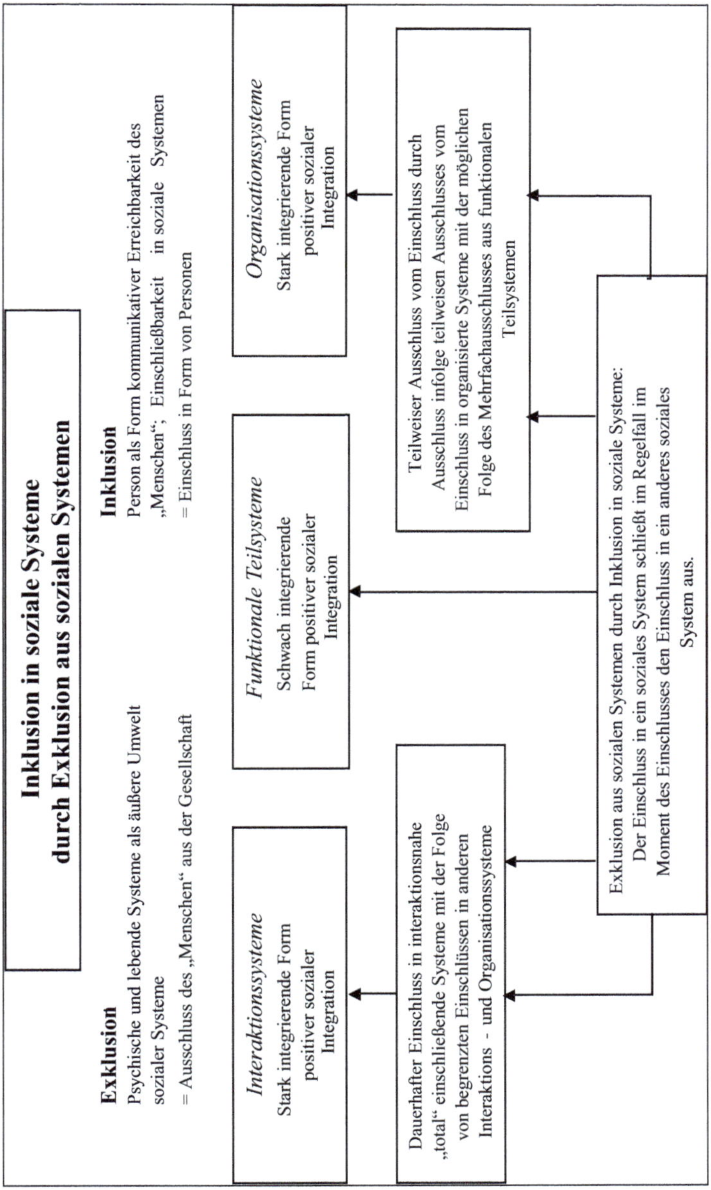

Abbildung 21: Inklusion durch Exklusion (nach Krause 2005: 85)

Das Schema Inklusion/Exklusion bezeichnet eine Form, deren Innenseite die Inklusion und deren Außenseite die Exklusion ist. Dabei zeigt sich, dass die Inklusion in Interaktions- und Organisationssysteme sehr oft mit einer stark integrierenden Form positiv besetzter sozialer Integration verbunden ist, während die Inklusion in funktionale Teilsysteme der Gesellschaft keine so starke integrierende Kraft hat.

„Two ways of inclusion or ways of connecting to persons can be observed. First, there is the situational mechanism of designating or addressing psychic systems perceived in the environment of the system. … The second possibility implies the formation of expectations directed at specific people in the environment of the system, which contributes to the formation of social structures in social systems." (Stichweh 2002: 103f) Damit lassen sich also zwei Formen des modus operandi von Exklusion formulieren: zum einen die Nichtbezeichnung bzw. Adressierung des psychischen Systems durch ein soziales System – dies entspricht einem einmaligen Event. Zum andern kann dieser Ausschlussmechanismus auch durch die Auflösung von bisher existierenden Erwartungsstrukturen begründet liegen. Sobald Ausschließungen wiederholt auftreten und sich miteinander verbinden lassen, werden Sie für die Betroffenen zum Problem.

Auch wenn die Kraft der Inklusion in gesellschaftlichen Teilsystemen nicht so stark ist, ist damit doch eine betonte Inklusion verbunden, die auch immer eine Exklusionsseite hat. Dabei setzt sich Luhmann (2002: 234) in Bezug zu Jürgen Habermas′ herrschaftsfreien Diskurs: „In dieser Hinsicht befindet sich übrigens die Diskurstheorie von Jürgen Habermas voll auf der Seite der traditionellen liberalen und nicht auf der Seite der ideologiekritischen Version. Im alle Menschen einschließenden moralischen Diskurs wird freier und gleicher Zugang als Verfahrensbedingung vorausgesetzt. Die Tragik, dass auch damit unter realen Bedingungen Ausschließungseffekte (und seien es: Selbstausschließungseffekte vieler Einzelner) verbunden sind, wird nicht registriert."

Luhmann setzt die Tatsache der ideologischen Öffnungsklauseln, mit denen allen Zugang zu allen Funktionssystemen suggeriert wird, in Beziehung zu gerade daraus resultierenden Zwängen sekundärer, durch Organisationen zu leistender Exklusion. Es besteht also eine Art Komplementärverhältnis zwischen der Inklusivität der Funktionssysteme und den Ausschlussstrategien der Organisationen. „Je mehr sich Funktionssysteme unter Vorzeichen wie Freiheit und Gleichheit aber auch wegen fehlender Abweisungsgründe, für Inklusion öffnen, desto mehr muss dann innerhalb des so konstituierten Systems für zweitrangige Möglichkeiten der Exklusion gesorgt werden und genau das geschieht durch Einrichtung von Organisationen, die über spezifische Anforderungen spezifische Inklusions-/Exklusions-Kriterien rechtfertigen können." (Luhmann 2002: 234f)

Zäsuren innerhalb von Funktionssystemen entstehen somit nicht mehr länger nur anhand systemrelevanter Merkmale wie z.B. Freie/Sklaven, Reiche/Arme, Wissende/Unwissende, Glaubende/weniger stark im Glauben Engagierte, sondern in der eigentümlich modernen Form der Organisationsbildung, die sich von den oben genannten Personenmerkmalen weitgehend unabhängig macht und statt dessen auf die formale Mitgliedschaftsregel setzt, die auf bewegliche, organisationsinterne Selektionskriterien reagiert (Luhmann 2000). Formale Organisationen machen in Form von Rekrutierungsentscheidungen aus unbekannten Personen bekannte Personen für ihre (Adress-)Stellen (Luhmann 2000). Damit ist eine spezielle Form der Inklusion bezeichnet, die sich in der folgenden Darstellung auch als Leistungsrolle wiederfindet.

Generell können wir in den heutigen modernen Gesellschaften von einer Formenvielfalt der Inklusion sprechen. Diese Vielfalt ist mit jeweils spezifischen strukturellen Koppelungen verbunden, die sich in funktions- und organisationsspezifischer Rollen ausdrücken, welche die Person übernehmen muss, soll oder kann. Hohm (2006: 105ff) spricht im Hinblick auf mögliche Formen von In- und Exklusion von Primär- und Sekundärinklusion bzw. trifft dieselbe Unterscheidung auch bei den Formen der Exklusion. Primärinklusion beinhaltet die funktionsspezifischen Teilnahmechancen, während die Sekundärinklusion organisationsspezifische Partizipationschancen mitberücksichtigt. Neben dieser grundsätzlichen Unterscheidung wird in der Folge auch auf den Unterschied zwischen möglichen Rollen eingegangen, wobei unter Rollen in diesem Zusammenhang ein personenunabhängiges Erwartungsbündel an Personen bzw. ein Auswahlschema des sozialen Systems für die Adressierbarkeit von Personen zu verstehen ist (Krause 2005). Dabei wird hier zwischen Leistungs- und Laienrollen differenziert. Die Unterscheidung stellt eine asymmetrische Rollendifferenzierung dar, die eine Kompetenz- bzw. Wissenskluft zum Ausdruck bringt (Hohm 2006). Die Leistungsrolle bildet sich im Zusammenhang mit dem Anlaufen und Durchsetzen funktionaler Differenzierungen heraus – hier vornehmlich auf das Beschäftigungssystem bezogen, während in den Komplementärrollen bzw. hier als Laienrollen bezeichnete Rollen sich die bildende Form der Beteiligung von Personen an Funktionssystemen generell widerspiegelt.

Tabelle 15: Formen der Inklusion

	Laiensystem (Laienrolle)		**Beschäftigungssystem (Leistungsrolle)**	
	Primärinklusion	Sekundärinklusion	Primärinklusion	Sekundärinklusion
Bei-spiele	WählerIn, KundIn, Medienpublikum, Fahrgast, KassenpatientIn, Versicherte, Gläubige, SteuerzahlerIn, KlägerIn, KlientIn, etc.	Fahrgast 1. / 2. Klasse, Autofahrer-Innen unterschiedlicher Autoklassen, Kassen- und PrivatpatientInnen, HauseigentümerInnen, MieterInnen, etc.	BerufspolitikerIn, VerkäuferIn, JournalistIn, BusfahrerIn, Versicherungsangestellte, PriesterIn, Sportprofi, Rechstanwältin, LehrerIn, etc.	SpitzenpolitikerIn, ExpertInnen, HinterbänklerInnen, Verwaltungsbeamte des höheren, gehobenen, mittleren, einfachen Dienstes, Ingenieure, ….
Merk-male				
Sachlich	- setzt geringe Kompetenzen voraus - funktionssystemspezifische Sozialisation ohne explizite Ausbildung	- Als anspruchsvoller bewertete funktionsspezifische Erwartungen an die und durch die Person	- basiert auf einer funktionsspezifischen Kompetenz - an eine Berufsausbildung und berufliche Sozialisation gebunden	- basierend auf der Unterscheidung von höherer im Vergleich zur niedrigeren funktionsspezifischen Berufskompetenz
Zeitlich	- elementarer Bestandteil der Lebenskarriere - erwartetes persönliches Engagement ist kürzer	- tendenziell mit intensiverem Engagement verbunden - Möglichkeit von „Positiv" und „Negativkarrieren"	- nimmt die meiste Zeit des Erwachsenen in Anspruch - erzeugt als Erwerbsbiographie eine sehr bedeutende Phase der Lebenskarriere	- absorbiert umso mehr Zeit im Rahmen der Erwerbsbiographie, je höherrangiger die übernommene Relation zu anderen Personen ist - Möglichkeit von „Positiv" und „Negativkarrieren"
Sozial	- Einfluss und aktives Engagement gering	- Realisierung ambitionierter persönlicher Ansprüche - größere Einflussmöglichkeiten	- ermöglicht größeren Einfluss - erfordert aktives persönliches Engagement	- Wachstum der Organisationsmacht und des persönlichen Dispositionsspielraums in Abhängigkeit von der vertikalen Position in der jeweiligen Beschäftigungsorganisation
Ökono-misch	- bei Zahlungsunfähigkeit bzw. Fehlen eigenen Einkommens gibt es eine wohlfahrtsstaatlich ermöglichte Zahlungsfähigkeit	- Voraussetzung zumeist höhere Zahlungsfähigkeit	- monetäres Äquivalent für die Bereitstellung der berufsspezifischen Kompetenz in Form von Lohn, Gehalt oder Honorar	- monetäres Äquivalent mit der Position verbunden
	Form der Multiinklusion => indiziert unterschiedliche Grade der notwendigen und optimalen Teilhabe an Funktionssystemen	Etablierung von „feinen" Statusunterschieden Verschiebung der Quoten im Sinne der Ab- und Zuwanderung der erwachsenen Bevölkerung zwischen formalen Organisationen und Sektoren jeweiliger Funktionssysteme indizieren veränderte Lebensstile.	Form einer Monoinklusion => basierend auf einer regelmäßig erwartbaren Form des Einkommens als Gegenleistung für die kontinuierlich zur Verfügung gestellte spezifische Kompetenz. Spezifische Eigendynamik durch technologische Veränderungen, sozialstaatliche Steuerungen verändertes generatives Verhalten und führen auch zu einer Diskrepanz von potentieller und aktueller Quote der Primärinklusion.	Etablierung von Statusunterschieden Funktionale, vertikale und regional differenzierte Beschäftigungsorganisationen eröffnen folglich Optionsspielräume auch im Hinblick auf „vertikale Mobilität". Ermöglicht die „riskante Freiheit" (Beck/Beck-Gernsheim 1994), sich durch Leistung von andern zu unterscheiden.

Tabelle 16: Formen der Exklusion

	Laiensystem (Laienrolle)		Beschäftigungssystem (Leistungsrolle)	
	Primärexklusion	**Sekundärexklusion**	**Primärexklusion**	**Sekundärexklusion**
Beispiele **Merkmale**	NichtwählerInnen, SelbstversorgerInnen, BettlerInnen, AnalphabetInnen, nicht versicherte Kranke, Unsportliche, SchulaussteigerInnen, etc.	Fahrgast 2. Klasse statt 1. Klasse, MieterIn statt Hauseigentümer, Kassen statt PrivatpatientIn, LeserIn der Bildzeitung vs. Leserin der Süddeutschen Zeitung	SozialhilfeempfängerIn, Arbeitslose => jedoch vom wohlfahrtsstaatlichen Netz erfasst	HinterbänklerIn statt SpitzenpolitikerIn; Journalist einer regionalen anstelle einer überregionalen Tageszeitung, etc.
Sachlich	- Die Personen dürfen, können oder wollen vergleichsweise geringe funktions-spezifische Kompetenzen nicht übernehmen.	- Personen dürfen, können oder wollen die anspruchsvolleren Erwartungen hinsichtlich funktionsspezifischer Kompetenzen nicht übernehmen	- Wissen und Kompetenz zur Beantragung der Mittel - Information über die Programmregeln, die zur Übernahme dieser Rolle berechtigen	- Personen dürfen, können oder wollen die anspruchsvolleren Erwartungen an die funktions-spezifische Berufskompetenz der jeweils höherrangigen Berufsposition nicht erfüllen.
Zeitlich	- vorübergehende Episode, die in eine dauerhafte „Negativkarriere“ münden kann	- Kontinuierliche und diskontinuierliche Verläufe möglich	- dauert so lange bis die Zahlungsfähigkeit durch selbst erworbenes Geld wieder eintritt - kontinuierliche und diskontinuierliche Verläufe möglich - Zeitrahmen von vorhergehenden Leistungen bzw. Dauer der Erwerbsarbeit abhängig	- Nichtübernahme kann auf Dauer oder nur für eine bestimmte Phase der Erwerbsbiographie - Mit einem geringeren Karriereerfolg verbunden bis hin zu einer „Negativ“karriere.
Sozial	- Rollenverzicht oder -verlust => nicht anschlussfähige manifest oder latent abweichende Durchführung der Laienrolle	- freiwilliger Rollenverzicht oder erzwungener Rollenverlust	- sozio-kulturelles Existenzminimum wird gewährleistet	- geringere Organisationsmacht - geringe persönliche Dispositionsfreiheit
Ökonomisch	- Nichtübernahme kann durch Zahlungs-unfähigkeit bedingt sein	- Nichtübernahme kann durch Zahlungsunfähigkeit bedingt sein	- zum Großteil sozialstaatliche Transferleistungen	- geringeres monetäres Äquivalent
	betrifft in der Regel nur eine Minderheit der erwachsenen Bevölkerung Differenz zwischen registrierter und ge-schätzter Ziffer, die auch als Unterscheidung manifester und latenter Exklusionsquote bezeichnet werden kann und auf den Grad der kommunikativen Erreichbarkeit der primär exkludierten Minderheiten verweist. Multiexklusion als eine weiterführende Form (Reduktion der verbleibenden Formen der Primärinklusion, lose kommunikative Koppelung an vorhandene Szene Gleichge-	Problematisch werden diese Formen der Sekundärinklusion, wenn wachsende Teile der Bevölkerung der Zugang zu programmspezifischen Angeboten von Organisationen der jeweiligen Funktionssysteme verwehrt wird (Beispiele: Studiengebühren im Bildungssystem, Zugang zu Spezialisten im Gesundheitssystem, …)		

Mit dieser Zusammenschau der verschiedenen In- und Exklusionsformen wird deutlich, dass die kommunikative Anschlussfähigkeit einer Person auf der ausschnitthaften Inklusion der Person in die Funktionssysteme mittels sequentieller Übernahme vielfältiger Rollen erfolgt.

Nicht berücksichtigt werden in der Zusammenschau bestimmte soziale Rollen, die für die Inklusion/Exklusion von Personen in heutigen modernen Gesellschaften immer mehr zu tragen kommen bzw. mitgedacht werden sollen. Darunter fallen askriptive Rollen (besondere Form der Zuschreibungen, z.B. aufgrund von Eigenschaften des Körpers – Alter, Hauptfarbe, etc.), sekundäre Leistungsrollen (z.B. Ehrenamt) und unitarische Rollen (darunter fallen fremdexkludierte Rollen wie z.B. Häftlinge, Pflegebedürftige in einem Pflegeheim und auch selbstexkludierende Rollen wie z.B. Nonnen und Mönche, StudentInnen auf Eliteuniversitäten, etc.).

Für die Mehrheit von erwachsenen Personen überwiegen im funktionssystemspezifischen Inklusionsbereich eine Kombination von einer Leistungs- und vielfältigen Laienrollen. Gerade die Leistungsrollen sind mit der Mitgliedschaft in Organisationen verbunden, wobei hier bisher nicht die Ausdifferenzierung der Beschäftigungsformen diskutiert wurde. Die Normalbeschäftigung liegt diesen Ausführungen zugrunde und es stellt sich die Frage, wie atypische Beschäftigungsformen auf die Ausbildung von Primär- und Sekundärinklusion bzw. -exklusion wirken. Die Beteiligung an einer auf Dauer angelegten Mitgliedschaft ist wegen organisationaler Eigenselektivitäten auf einen ausgewählten Kreis von Personen bezogen – individuelle Mitgliedschaftsbereitschaften reichen nicht aus. Diese organisationale Eigenselektivität hat sich stark ausdifferenziert. Organisationen wählen immer öfter auch andere Formen[60], die nicht nur auf Dauer angelegt sind oder andere rechtliche Grundlagen haben.

Generell sind mit der Mitgliedschaft zu einer Organisation Chancen zur Teilnahme an der Gesellschaft verbunden – die sich auch in eine stark integrierende Form der negativen sozialen Integration wenden kann: keine Arbeit – kein Geld – kein guter Anwalt – keine Weiterbildung – keine sozialen Kontakte, etc. Luhmann (1997) weist zwar drauf hin, behandelt es aber nicht weiter. Diese Fragestellung wird hingegen gerade in Arbeiten, die sich in weiterer Folge mit den Konsequenzen auf gesamtgesellschaftlicher Ebene beschäftigen, in den Mittelpunkt gerückt (z.B. Kurtz 2002, Teubner 2001).

„Sachlich ermöglicht die Mitgliedschaft eine doppelte Rahmung der kommunikativen Operationen des Systems. Nach außen grenzt sich das System durch die Unterscheidung von Zugehörigkeit/Nichtzugehörigkeit ab. Nichtzugehörigkeit markiert prinzipielle Indifferenz, die nur ausnahmsweise nach Maß-

60 Siehe dazu Kapitel 3

gabe der Eigendynamik des Systems in Relevanz umgewandelt wird. Intern entsteht durch die geringe Spezifikation der Mitgliedsanforderungen ein Medium, das weiterer Spezifikationen bedarf [...] ein Medium, das weitere interne Unterscheidungen als Rahmen ermöglicht, in denen dann das Verhalten mit einem Rest an Spontaneität, aber erwartbar, festgelegt werden kann.“ (Luhmann 2000: 112)

Die Mitgliedschaftsrolle stellt somit einen logisch übergeordneten Rollentypus dar, innerhalb dessen sich unterschiedliche Spezialrollen ausdifferenzieren können. Die Funktion der Mitgliedschaftsrolle besteht darin, den Verhaltensspielraum von AkteurInnen, deren Verhalten prinzipiell aufgrund ihrer Innensteuerung nicht prognostizierbar ist, so einzuschränken, dass es erwartbar wird (Simon 2007).

Der Ein- bzw. Austritt wird von bestimmten Bedingungen abhängig gemacht. Damit werden die System/Umwelt-Grenze, Entscheidungsthemen und die Zulassung zur Teilnahme reguliert. Formale Organisationen regulieren ihre Grenzen primär durch Mitgliedschaft und die Zulassung zur Mitgliedschaft. Bestimmte Themen und Aufgaben werden eben nur Mitgliedern des Systems zugemutet. Über die Sozialdimension wird reguliert, was als Handeln im System angesehen und was der Umwelt zugerechnet wird (Luhmann 1993). Dadurch wird Mitgliederverhalten/Nichtmitgliederverhalten als Spezifikation der System/Umwelt-Differenz etabliert. War die Mitgliedschaft durch klare Regelungen (z.B. Dienstrecht) eindeutig, so ist diese Grenzziehung heute teilweise nicht mehr so einfach. Durch Arbeitsorganisationsformen wie Telearbeit oder der Zusammenarbeit mit früheren DienstnehmerInnen, die heute in keinem Anstellungsverhältnis, sondern als eigenständige UnternehmerInnen handeln (Stichwort: Neue Selbstständige), ist die Zuordnung über die Mitgliedschaft qua Dienstvertrag nicht mehr so leicht vorzunehmen.

Die Mitgliedschaft hat nach außen hin die Funktion durch die Unterscheidung von Zugehörigkeit und Nichtzugehörigkeit eine Grenze zu ziehen. Nach innen entsteht durch geringe Spezifikation der Mitgliedschaftsanforderungen ein Medium. So unterscheidet sich die Zugehörigkeit durch die Zugehörigkeit zu einer Abteilung, einem Funktionsbereich oder einem Prozessteam. Die Mitgliedschaft ist zentral für Zurechnungsgründe und ermöglicht eine Bündelung heterogener Motivunterstellungen. Dabei unterscheidet Luhmann (2000: 110) folgende Komponenten, die auf unterschiedlichen Ebenen anzusetzen sind:

- Variante von ökonomischer Nutzenkalkulation, die offen ist und der individuellen Bestimmung überlässt, welche Präferenzen verfolgt werden;
- Variante von Normenbindung durch Vertrag, die offen ist und der individuellen Bestimmung überlässt, ob man sich faktisch normenkonform oder verdeckt abweichend verhält;

- Karriereinteresse, das offen ist und der individuellen Bestimmung überlässt, ob überhaupt und wie stark man sich um eine Karriere bemüht.

Die Nutzenkalküle wirken auf die Ausgestaltung der formalen Arbeitsverträge ein und je nach Verhandlungsposition werden diese Kalküle in Arbeitsverträgen als rechtlich einklagbare Basis ausformuliert. Die beiden anderen Komponenten, Normenbindung und Karriereinteresse, wirken mehr oder weniger explizit und sind eben nur z.T. in formalen Arbeitsverträgen ausformulierbar[61]. Diese drei Komponenten weisen auf Unbestimmtheiten hin, die markieren, in welchen Hinsichten die psychischen Systeme und die Organisationen einander wechselseitig irritieren. In diesem Sinne ist die Mitgliedschaftsrolle eine Gesamtformel für strukturelle Koppelungen, deren Irritationen dann in den psychischen Systemen und in den Organisationen auf sehr verschiedene, nicht integrierbare, immer wieder überraschende Weise verarbeitet werden.

Sachlich ermöglicht die Mitgliedschaft eine Art Rahmung der kommunikativen Operationen des Systems, denn es grenzt das System durch die Unterscheidung Zugehörigkeit/Nichtzugehörigkeit ab.

Im Zeitbezug dient die Mitgliedschaftsrolle der Organisation als Teil ihres Gedächtnisses (Luhmann 2000: 113): So wird durch die Mitgliedschaftsrolle daran erinnert, dass die betreffende Person durch Entscheidung Mitglied des Systems ist und solange diese Entscheidung nicht widerrufen ist, jederzeit darauf zurückgegriffen werden kann. Sie erinnert auch an die Positionierung der Rolle im Stellenkonnex des Systems. Zeit ist als eine fundamentale Dimension organisationalen Lebens zu sehen (Clark 1985, Bluedorn/Denhardt 1988, Butler 1995). Obwohl Zeit als essentieller Faktor gesehen wird, wird immer wieder darauf hingewiesen, dass der Auseinandersetzung mit Zeit noch relativ wenig Bedeutung zugemessen wird: „Given the increasingly fast pace of environmental and organizational change, the seeming lack of attention to temporal issues with regard to HRM seems short sighted." (Wright/Haggerty 2005: 168)

5.2.2.5 Wirkung von Zeit auf Mitgliedschaft

In ein und derselben Organisation ist davon auszugehen, dass es eine Koexistenz verschiedener Zeitverständnisse gibt – also z.B. Auffassungen von zyklischer[62]

61 Dieser Gedanke wird später im Abschnitt 5.3 Mikroebene – Auswirkungen auf die Arbeitsbeziehung noch ausführlicher behandelt.

62 Absolute Maße sind in einer Form von Einheit von Arbeit und Leben auch nicht erforderlich (Geißler 1999: 269). Alles was war, kommt ohnehin wieder, die Unterscheidung in Vergangenheit und Zukunft ist unwesentlich, Fortschritt steht in dieser Logik daher nicht im Mittelpunkt des Denkens und Handelns. Es geht in diesem Paradigma um die

und linearer[63] Zeit. Gerade Arbeitsgruppen stellen eigenzeitliche Inseln in Organisationen dar und auch her (Marks et al. 2001). Bestimmte Tätigkeiten und Prozesse wie Organisationsentwicklungsmaßnahmen, die Handhabung von Konfliktmanagement, Team-building-Prozesse etc. liegen in ihrer Zeitlichkeit quer zu linearen Zeitauffassungen in Organisationen.

In Organisationen ist Zeit sowohl in ihrer zyklischen als auch – und dies dominierend – in ihrer linearen Erscheinungsform in vielfältiger Weise zentral: Zeit fungiert als zentrale Orientierungsgröße. In vielen Prozessen ist Zeit eine bedeutende Ressource, aber auch limitierender Faktor. So wird Zeit oft als zentraler Richtwert eingesetzt: Deadlines, Abgabetermine etc. dominieren den Alltag. Besonders in Führungspositionen ist eine der Aufgaben, einen Überblick zu haben, wie Besprechungstermine eingehalten, Abgabetermine wahrgenommen werden können etc.. Sehr oft treten von außen verordnete Zeitpläne in Konkurrenz mit der Eigenzeitlichkeit eines Prozesses. In einer Zeit, in der die Ähnlichkeit von Produkten zunimmt und sich auch die Lohnniveaus tendenziell annähern, wird Zeit zu einer immer wichtigeren Ressource. Vor diesem Hintergrund sind die nicht endenden Debatten und Entwicklungen rund um Arbeitszeiten bzw. Zeitregelungen in Arbeitsverträgen zu begreifen.

Wie im vorderen Abschnitt[64] der Arbeit gezeigt wurde, ist die zeitliche Flexibilisierungsdimension diejenige, bei der atypische Beschäftigungsformen die meisten Abweichungen von traditionellen Beschäftigungsformen (Normbeschäftigung) aufweisen. Zeitliche Regelungen in Arbeitsverträgen differieren sehr stark. Dabei geht es um Regelungen, die die Zeitbereiche bestimmen, innerhalb derer die vereinbarten Leistungen erbracht werden sollen. Weiters unterliegen Arbeitsverträge auch einer Klausel bezüglich der Dauer der Vereinbarung, wie z.B. auf unbestimmte Zeit oder bis zu einem bestimmten Zeitpunkt. Dauer und die Regelungen der Spielräume bzgl. der Arbeitszeit sind jeweils

---

Zeit der Dinge, um Abläufe und um individuelle Bedürfnisse, die ihre Zeit – unabhängig von Uhrzeiten – brauchen.

63 In dieser Zeitauffassung ist Fortschritt elementar: Zeit ist ein physikalisches Phänomen, das entlang einer Zeitlinie mit klar definierter Vergangenheit und Zukunft exakt gemessen werden kann. Die Zeit schreitet fort, es gibt Fortschritt. Diese „mechanische“ Zeit ist homogen, linear fortlaufend, standardisiert und spielt in der industrialisierten Welt eine zentrale Rolle als Koordinationsinstrument und als Ressource. Mit einem linearen Zeitverständnis eng verbunden ist die Vorstellung von scheinbar grenzenloser Plan- und Kontrollierbarkeit aller Vorgänge im Privat- wie im Erwerbsleben, von gesellschaftlicher und individueller Autonomie, mit der Möglichkeit sich von Naturereignissen zu lösen und Freiräume zu entwickeln - Fortschritt als „von Menschen gemacht“ zu begreifen (Geissler 1987: 57).

64 Siehe dazu Kapitel 3.4, insbesondere Tabelle 8

konstituierende Merkmale für Arbeitsverträge. Zeit kommt eine vielfache Bedeutung zu.

Zeit wird somit in mehrerlei Hinsicht zu einem Referenzpunkt. Gleichzeitig wird Zeit als ein wesentlicher Faktor gerade im Hinblick auf die Wirkung auf Entscheidungen gesehen. Entscheidungen ändern in ihrem Zeitpunkt die Form der Kontingenz (Luhmann 2000: 170). Vor der Entscheidung ist die Kontingenz offen, die Wahl jeder Möglichkeit ist noch möglich. Nach der Entscheidung ist die Kontingenz geschlossen, eine andere Entscheidung ist nicht mehr möglich, allenfalls durch eine neue Entscheidung. „Eigentlich ist die Entscheidung ein Paradox: Dasselbe und nicht Dasselbe. Sie ist außerdem ein re-entry der Zeit in die Zeit, nämlich ein re-entry der gegenwärtigen erfahrenen Differenz von Vergangenheit und Zukunft in sich selbst." (Luhmann 2000: 171)

Luhmann weist somit auf die Interdependenzen zwischen Vergangenheit und Zukunft mit dem jetzigen Geschehen bzw. den jetzigen Handlungen hin. In einer etwas anderen Art bzw. mit einer anderen Systematik nähern sich Ancona, Okhuysen, and Perlow (2001: 521) der Darlegung von möglichen Zusammenhängen von Konzeptionen von Zeit, deren Konsequenzen für Handlungen und wiederum den Beziehungen, wie sich der/die AkteurIn zum Zeitgeschehen in Relation setzt (siehe dazu Abbildung 22 unten).

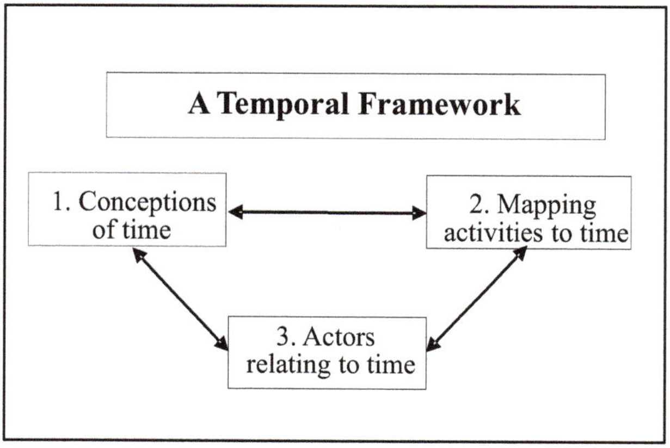

Abbildung 22: Zeitliche Bezugsrahmen (Ancona et al. 2001: 521)

In diesem zeitliche Bezugsrahmen werden drei überlappende Kategorien miteinander verbunden (Ancona et al. 2001: 514ff):

1. Konzeption der Zeit (Conceptions of Time): Dabei geht es um das Grundverständnis von Zeit – inwieweit Zeit als linear oder zyklisch angesehen wird. Ein zweites Merkmal ist die Fragestellung der sozialen Konstruk-

tion[65] von Zeit und der Frage, inwieweit Vorhersagbarkeit ein Kriterium ist.

2. Zuordnung von Handlungen (Mapping Activities to Time): Dabei wird darauf hingewiesen, dass der Betrachtungsgegenstand eine einzelne Aktivität sein kann, bei der es einen Start und eine bestimmte Dauer gibt. Eine andere Ausprägung sind wiederholte Aktivitäten, die mit oder ohne Intervalle zwischen den Wiederholungen auftreten können, oder in bestimmten Zyklen, Rythmen, Frequenzen bzw. Intervallen.
3. Bezug des/der AkteurIn zur Zeit (Actors Relating to Time): Hier weisen die AutorInnen auf einerseits die individuelle Wahrnehmung von Zeit (Temporal Perception) und die Eigenzeitlichkeit von AkteurInnen oder auch Gruppen (Temporal Personality) hin.

Diese dritte Kategorie verdeutlicht einen zentralen Punkt: es geht um Erwartungshaltungen und diese Erwartung bzw. Erwartungserwartungen haben in Organisationen einen wichtigen Stellenwert. Wenn diese mit den Arbeitsverträgen verbunden wird, zeigt es sich, dass mit den Regelungen bzgl. der Arbeitszeit und dann im Besonderen mit den Regelungen im Hinblick auf die Dauer der Verträge sehr wohl sehr vielschichtige und vor allem sehr unterschiedliche Erwartungshaltungen verbunden sein werden, deren Wirkung nicht unterschätzt werden darf.

Bei der Verbindung der von Ancona et al. (2001) beschriebenen Kategorien mit den traditionellen und atypischen (nicht-traditionellen) Beschäftigungsformen gibt es schon bei der Konzeption von Zeit Unterschiede. Traditionelle Beschäftigungsformen haben wenige Variationsmöglichkeiten im Hinblick auf den Umgang mit Arbeitszeit und lehnen sich an linearen, kontinuierlichen Zeitverständnissen an. Dabei werden bestimmte sozial konstruierte Ereignisse wie z.B. Weihnachtsfeiern oder Jubiläen als wichtige Elemente gesehen. Nicht-traditionelle Formen sind viel stärker mit zeitlichen Diskontinuitäten verbunden und Befunde im vorderen Teil der Arbeit[66] haben aufgezeigt, dass sich diese Beschäftigungsformen vor allem über die Abweichung von der Normalarbeitszeit und besonders auch durch zeitliche Befristungen im Hinblick auf die Dauer des Beschäftigungsverhältnisse unterscheiden. Deadlines und Zeitpläne haben hier über weite Strecken sehr essentielle Bedeutung. Bei nicht-traditionellen Formen lässt sich eine Art von zyklischem Verständnis wieder finden. Start und Einge-

65 Es ist gerade die sozial geregelte Wiederholung von Handlungen und die regelmäßige Wiederkehr natürlicher Ereignisse (z.B. der Lauf der Planeten, Sonnenauf- und Sonnenuntergang), die das menschliche Alltagshandeln bestimmen. Die Orientierung erfolgt an periodischen, durch konkrete Vorgänge charakterisierten Abläufen in der Natur (z.B. Jahreszeiten) oder in sozialen Systemen (z.B. religiöse Feiern).

66 Siehe dazu Kap. 3, insbesondere Tabelle 8

wöhnung in das Beschäftigungsverhältnis werden von der Performancephase abgelöst, der aber oft schon bald die Abschlussphase folgt, in der sich der/die Beschäftigte nach neuen Arbeitsplätzen, Aufträgen umsieht.

Diese Form von Zyklus und die zeitlichen Begrenzungen wirken auch als zentrales Zuordnungskriterium für Aktivitäten. In traditionellen Beschäftigungsverhältnissen ist es zumeist die Abfolge von bestimmten Aufgaben und/oder Positionen, vielfach gepaart mit einer Form der Seniorität, die als wesentliche Elemente von Karrierewegen gesehen werden (van Maanen 1977). Dabei lassen sich im Hinblick auf die Mischung von Aktivitäten eher Monotonie, Uniformität und Kontinuität diesen traditionellen Beschäftigungsformen zuschreiben. Im Gegensatz dazu sind bei nicht-traditionellen Formen sehr individualisierte Formen und Sequenzen von Abfolgen von Tätigkeiten und Positionen (Hall 1996) zu beobachten.

Bei der Verbindung mit der Wahrnehmung von Zeit ist bei traditionellen Beschäftigungsformen eine gewisse Langsamkeit zu diagnostizieren, bei der z.B. Unterbrechungen wie Pausen, Urlauben viel Bedeutung zukommt. Bei nicht-traditionellen Formen sind im Hinblick auf die Wahrnehmung von Zeit Abläufe sehr oft mit Geschwindigkeit, Druck und Intensität verbunden.

In Organisationen dienen Termine und Fristen, um die eigene Komplexität des Systems zu temporalisieren und als Ordnung im Nacheinander zu steigern (Luhmann 2000). Von Terminen spricht man, wenn die Entscheidung zu einem bestimmten Zeitpunkt vorgelegt werden muss, von Fristen, wenn sie innerhalb eines bestimmten Zeitraums getroffen werden müssen. Dabei wirken sich Terminierungen immer auch als Befristungen aus (Luhmann 2000). Durch Befristung wird Zeit knapp, und dies nicht etwa gleichmäßig, sondern ungleichmäßig (Luhmann 2000). Es wirkt sich auch auf die Art der Informationsbeschaffung aus: Unter Zeitdruck wird leicht erreichbare Information vor schwer erreichbaren Informationen bevorzugt. Es zeigt sich auch, dass die Arbeiten an Fristsachen bevorzugt erledigt werden. Was nicht befristet ist und auch noch am nächsten Tag erledigt werden kann, wird aufgeschoben. Befristungen wirken also nicht wertneutral (Luhmann 2000). Nach Analyse der Atypisierungsmuster von Arbeitsverträgen ist aber gerade die Fristigkeit ein zentrales Unterscheidungsmerkmal zu den Normalbeschäftigungs-formen. Somit ist davon auszugehen, dass gerade auf dieser Ebene über die Form der Wirkung von Zeit sehr wohl Auswirkungen auf die Handlungen in Organisationen liegen und damit auch auf den Beschäftigungsmodus und die Beziehungsmuster in Organisationen einwirken.

5.2.3 Beschäftigungsmodus und Beziehungsmuster

Die Art der Durchlässigkeit der Grenzen der Belegschaft hin zum Arbeitskräftepotential bzw. Arbeitsmarkt ist je nach Branche und Organisationsform unterschiedlich. In der Diskussion über die Konsequenzen dieser Entwicklungen – der Randbelegschaft und der Auflösung der dauerhaften Zugehörigkeit zur Organisation – gibt es Sichtweisen, die vor allem Nachteile für die Organisation sehen (z.B. Sennet 1998; Krause et al. 2008). Andere wiederum halten diese Veränderungen für eine Chance zur Innovation (Baethge/Baethge-Kinsky 1998; Kress 1999). Carlson und Rotondo (2001) nehmen an, dass ein Großteil der Organisationen weiterhin vom Prinzip der Kernbelegschaft ausgeht und deshalb anstrebt, eine Gruppe an langfristig Beschäftigten zu halten. Osterman (2002) sieht in der teilweisen Auflösung der organisationalen Grenzen besonders auch Auswirkungen auf individuelle Berufsverläufe. In dieser Hinsicht wird darauf hingewiesen, dass besonders bei höher qualifizierten Beschäftigten ein Trend zu beobachten ist, dass diese freiwillig alternative, atypische Formen wählen. Diese Gruppe der Hochqualifizierten erleben für sich in dieser Beschäftigungsform, die mit loseren arbeitsvertraglichen Regelungen einhergeht, über weite Strecken einen erweiterten Handlungs- und Entscheidungsspielraum. Gerade die Erweiterungen und erhöhte Autonomie im Hinblick auf Entscheidungsräume werden von dieser Gruppe als sehr bedeutsam eingeschätzt (Marler et al. 2002).

Möglichkeiten dieser Art können jedoch nicht für alle Qualifikationsgruppen als gegeben angesehen werden. Das Vorhandensein von Wahlfreiheit und der Möglichkeit von selbstbestimmtem Gestalten des Handlungsspielraums trifft auf viele Gruppen von Beschäftigten nicht oder nur in sehr eingeschränktem Maße zu. Die individuellen Spielräume, die mit neuen Beschäftigungsformen verbunden sind, gehen darüber hinaus mit erhöhtem Koordinationsaufwand einher, der teils auch Kosten für die Betroffenen verursacht. Die unterschiedliche Betroffenheit von Beschäftigten zeigt auch erste empirische Ergebnisse in diesem Bereich (z.B. Kaupa/Steiner 2002).

Trotz alledem zeigen gerade die Erkenntnisse von Marler et al. (2002), dass die Beschäftigungsformen nicht mit dem Qualifizierungsgrad der jeweils Beschäftigten gleichzusetzen sind. So ist ein atypisches Beschäftigungsverhältnis nicht mit niedriger Qualifikation gleichzusetzen. Dies wird auch in der nachfolgenden Typologie, die Lepak et al. (2003) als Human Ressource Management-Architektur (Human Ressource Architecture) bezeichnet haben, deutlich.

Ausgangspunkt für diese Typologie ist die Erkenntnis, dass neue Beschäftigungstypen nicht mehr länger nur mit dem Grad der Qualifikation einhergehen, sondern immer mehr ein Resultat sowohl numerischer als auch funktionaler Flexibilisierungsstrategien sind, die schon eingehend vorgestellt wurden[67]. Lepak et al. (2003: 683f) schlagen vor, die Flexibilisierung im Bereich der Beschäftigungspolitik entlang zweier Dimensionen zu diskutieren. Die eine bezieht sich auf die Flexibilität im Bereich der Koordination und die zweite bezieht sich auf die Flexibilität im Hinblick auf Ressourcen.

- Koordinationsflexibilität umfasst die Möglichkeiten, die Organisationen besitzen sich neu zu konfigurieren, neu aufzubauen und die Ressourcenketten neu zu gestalten.
- Ressourcenflexibilität bezieht sich auf die Einsatzfelder von Ressourcen und darauf, inwieweit Ressourcen in einem größeren Feld eingesetzt werden können. Dabei sind Kosten und Schwierigkeiten, die mit einem Wechsel von Einsatzfeldern solcher Ressourcen verbunden sind, zu berücksichtigen. Außerdem wirkt hier auch Zeit, den so ein Wechsel benötigt, als wichtiger Faktor mit hinein.

Diese beiden Dimensionen sind Grundbausteine für die Konstruktion einer Human Ressource Management-Architektur, die zum Ziel hat, einen Rahmen für die sehr unterschiedlichen Beschäftigungspraktiken und -systeme, die in ein und demselben Unternehmen zu finden sind, zu bieten. Damit schließen sich Lepak/Snell (2007) der Meinung an, dass es nicht nur ein Beschäftigungssystem in einer Organisation gibt, sondern dass sich verschiedenste Systeme herausbilden (siehe dazu Osterman 1987, Boxall 1998, Purcell 1999). Aus einer strategischen Sichtweise heraus, ist ein Schlüsselelement für das Verständnis dieser Beschäftigungssubsysteme die Tatsache, dass diese unterschiedlichen Formen direkte Implikationen darauf haben, wie Firmen ihr gesamtes HR-System managen. Dies hat auch Auswirkungen auf die Formen und Ausbildungen von z.B. psychologischen Verträgen (siehe dazu Rousseau 1995, Tsui et al. 1995). Dabei kann der Schwerpunkt auf eher längerfristig orientierten und somit sehr stark relationalen Ansätzen liegen oder auf einem auf Kurzfristigkeit ausgerichteten, transaktionalen Zugang. Diese Zugänge schlagen sich in der Gestaltung der HR-Maßnahmen wieder. Lepak/Snell (1999) sehen aus diesem Grund zwei weitere zentrale Dimensionen vor, die einen Rahmen für die Einordnung der Beschäftigungsstrategien bieten:

- Strategischer Wert ist bestimmt von den Qualifikationssets der Beschäftigten, die es der Firma ermöglichen, Strategien zu beschließen, die die Effizienz und Effektivität verbessern, Marktmöglichkeiten eröffnen und/oder potentielle Bedrohungen neutralisieren. Der Wert ergibt sich aus der Fähigkeit, diese Talente im Sinne einer Verbesserung des Kosten/Nutzenverhältnisses einzusetzen.

---

67 Siehe dazu Kapitel 4 Beschäftigungsstrategien in Unternehmen

- Einmaligkeit bezieht sich auf das Ausmaß, in dem Wissen und Fähigkeiten spezialisiert bzw. firmenspezifisch sind. Unter solchem einzigartigen Humankapital werden z.B. Tacit Knowledge oder tief verwurzelte Erfahrungen, die nicht so einfach am offenen Arbeitsmarkt gefunden werden können, verstanden.

In der Abbildung 23 finden sich die sich daraus ergebenden Formen und die damit auch schon differenzierten HR-Maßnahmen. In dieser Übersicht wird zuerst einmal der Beschäftigungsmodus definiert, dem wiederum die Ausrichtung des Human Ressource Managements ebenso wie die Beschreibung der Beschäftigungsbeziehung und ein für die jeweiligen Beschäftigungsmodi ideal angesehener Führungsstil, der sich an den Ausführungen von Sims/Manz (1996) orientiert, zugeordnet wird.

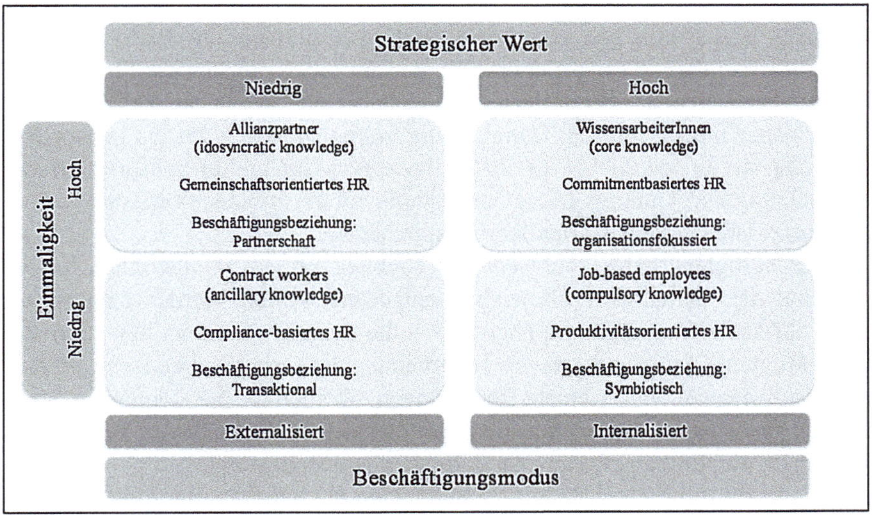

Abbildung 23: HR-Architektur-Perspektive (in Anlehnung an Lepak/Snell 2007: 214; Kang et al. 2007: 243; Liu et al. 2003: 135)

Den Klassiker in dieser Perspektive stellt der Bereich der WissensarbeiterInnen bzw. der Core-Knowledge-Beschäftigungsmodus dar. Für diese Gruppe sind der hohe strategische Wert und die Unersetzbarkeit charakteristisch. Beschäftigte, die diesem Modus zuzuordnen sind, sind nicht oder nur mit hohen Kosten auf den externen Arbeitsmärkten zu beschaffen. Die Investitionen in dieses Humankapital durch Wissensvermittlung, Förderung und Training sind entsprechend hoch. Firmen kreieren für diese Gruppe verschiedenste Formen von finanziellen und strategischen Anreizen wie z.B. Stock-Options, die einen doch längeren Zeithorizont inkludieren (Grimshaw/Rubery 2005). Diese Investitionen werden durch commitmentbasierte HR-Maßnahmen gesichert. Darunter fallen die schon erwähnten Bonussysteme oder auch Ausgestaltungen von Karrieresystemen. Im Mittelpunkt dieser Maßnahmen steht die Sicherung des als einzigartig eingestuften Wissens, um damit einen strategischen Vorteil zu schaffen bzw. beizubehalten.

Ähnlich wie die WissensarbeiterInnen ist auch die Gruppe der Job-based Employees wichtig zur Sicherung des strategischen Vorteils einer Organisation, wobei Beschäftigte, die unter diesen Beschäftigungsmodus fallen, auf dem externen Arbeitsmarkt relativ gut und leicht zu rekrutieren sind. Neben diesem Unterschied ist noch ein weiterer zu nennen: Das Wissen dieser Beschäftigten ist an sich nicht als einzigartig einzustufen und in diesem Bereich ist eine stärkere Mobilität zu beobachten, die aus Organisationssicht mit Kapitalverlusten bzw. Rekrutierungskosten verbunden sind. Beobachtbar ist in diesem Zusammenhang, dass gerade hier von Seiten der Organisationen eine Reduktion ihrer Investitionen in langfristige Entwicklungen stattfindet und sich die Firmen stärker auf Maßnahmen konzentrieren, die sich unmittelbar in der Erhöhung der Performance niederschlagen. Damit ist der Fokus vor allem auf die genaue Bestimmung der erforderlichen Qualifikationen gerichtet und es geht weniger um Entwicklung und Training. Diese Ausrichtung auf Performance-Maßstäbe betont eher kurzfristige, ergebnisorientierte Komponenten.

Beschäftigtengruppen, die weder im Hinblick auf den Strategischen Nutzen noch auf die Einmaligkeit als wichtig eingestuft werden, werden zumeist auf eine sehr kurze Vertragsdauer angestellt – die Contract Workers bzw. befristet Beschäftigten. Die Bindung an das Unternehmen ist gering und konzentriert sich meist auf monetär ausgerichtete Beziehungen. Werden die HR-Maßnahmen betrachtet, geht es vor allem um die Kontrolle der Einhaltung von bestimmten Vorgaben, die für die Erfüllung der Aufgaben notwendig sind.

Als letzte zu beschreibende Gruppe bleiben die AllianzpartnerInnen. Solche Beschäftigte besitzen ein sehr individuelles Wissen, das aber nur eingeschränkt strategischen Nutzen für die Organisation bringt. Die Einschätzung des strategischen Nutzens als niedrig führt dazu, dass dieser Typus an Humankapital eher externalisiert wird. Unternehmen lagern beispielsweise Spezialabteilungen aus und fragen deren Leistungen unter Marktbedingungen nach, oder es werden Verträge abgeschlossen, in denen die Unternehmung nicht mehr alleiniger, exklusiver Nutzer dieses einzigartigen Wissens ist. Gleichzeitig werden diese AllianzpartnerInnen aufgrund der spezifischen Wissensbasis in Form von langfristigen Partnerschaften an die Organisation gebunden. Diese Bindung erzeugt für beide PartnerInnen wechselseitigen Nutzen (Grimshaw/Rubery 2005).

Empirische Evidenz zur Repräsentanz dieser Modelle findet sich wenig. Eine spanische Studie (Gonzales/Tacorante 2004) hat die Differenzierung der Beschäftigungsstrategien bei fast allen von annähernd 400 untersuchten Unternehmen gefunden. Dies gilt als ein weiterer Beleg für den Trend zu differenzierten Beschäftigungspolitiken in Organisationen. Lepak/Snell (2007: 216) leiten daraus als mögliche Folge eine Anpassung der HR-Architektur ab: „... it is possible that such an approach may trigger equity concerns among different groups, depending on the spill-over of the HR-systems used across employees groups." Diese Spannungen sind gerade in Bereichen vorhanden, in denen Beschäftigte, die unterschiedlichen Beschäftigungsgruppen (und damit auch unterschiedlichen HR-Systemen) zugerechnet werden, Aufgaben und Aktivitäten ausführen, die eng miteinander verbunden sind (Boxall 1998; Rubery/Carroll/Cooke/
Grugulis/Earnshaw 2004).

Wenn davon ausgegangen wird, dass ein Unternehmen über verschiedene Flexibilisierungstypen im Bereich der Beschäftigungsverhältnisse verfügt, dann stellen Lepak/Snell (2007: 225) fest, dass „core knowledge workers provide organizations with a greater degree of *resource flexibility* – the ability to perform a wide assortment of tasks – compared to traditional employees. With regard to external or contingent workers, contract arrangements provide organizations with more *coordination flexibility* – the ability to adjust the number and types of skills in use – as compared to more long-term alliances. In contrast, while short-term contractual arrangements and many off-shoring arrangements provide companies with coordination flexibility, long-term partnerships may provide an additional benefit – *knowledge access flexibility*."

Diese Ausführungen zeigen, dass eine zentrale Herausforderung für den Umgang mit verschiedenen Belegschaftsgruppen in der Gestaltung von HR-Maßnahmen besteht. Dabei ist zentral, die Balance im Bereich der Wissensbestände (Knowledge Stocks) und -flüsse (Knowledge Flows) innerhalb und zwischen verschiedenen Beschäftigungsgruppen zu finden (Lepak/Snell 2007). Die Diskussion rund um den Stellenwert von Wissensbeständen und deren Nutzung ist gerade in den letzten Jahren intensiviert worden, womit sich auch die Zugänge zur Definition von Wissensbeständen etc. sehr ausdifferenziert haben[68]. An dieser Stelle geht es nicht darum, in die Diskussionen vertieft einzusteigen. Wichtig ist jedoch, dass gerade Wissen und hier das implizite Wissen, in sehr vielen Bereichen zu Wettbewerbsvorteilen[69] führt. Dabei wird vorausgesetzt, dass es effektiv genutzt bzw. so eingesetzt wird, dass damit die Handhabung und

68 Diese Diskussion wird sehr gut in Willke 2004 und Müller 2008 nachgezeichnet.

69 Siehe dazu Jackson/Schuler/Rivero 2003, Kogut/Zander 1992, Grant 1996

Transformation von verschiedenen organisationalen Ressourcen so effektiv gelingt, wie es für die optimale Erfüllung von bestimmten Aufgaben notwendig ist.

Damit können Wissensbestände als ein Erfolgsfaktor angesehen werden, der aber vor allem dann zum Tragen kommt, wenn es gelingt, die Wissensflüsse aktiv in Gang zu bringen bzw. zu halten (Lepak/Snell 2007: 223) und damit positive Effekte auf die Veränderungs- und Innovationsbereitschaft zu bewirken. Diese These stützen die Autoren mit dem breiteren Konzept des Intellectual Capital, in dessen Rahmen von Youndt et al. (2004: 337) vorgeschlagen wird, den Begriff von Wissensbeständen einer Organisation differenzierter zu betrachten: „.... Intellectual capital can be broadly conceptualized as the sum of all knowledge an organization is able to leverage in the process of conducting business to gain competitive advantage and consists of human, social and organizational capital." Humankapital wird in diesem Zusammenhang von den Autoren als die individuelle Leistungsfähigkeit der Beschäftigten verstanden (also ihr Wissen, ihre Fertigkeiten und Fähigkeiten). Bei sozialem Kapital verweisen die Autoren auf die Konstrukte von Nahapiet und Ghoshal (1998), die darunter die Aggregation von Ressourcen sehen, die eingebettet sind in, zugänglich durch und abgeleitet werden aus den Beziehungsnetzwerken, die ein/e Einzelne/r oder eine Organisation besitzt. Schlussendlich bezieht sich organisationales Kapital auf das institutionalisierte Wissen und die kodifizierte Erfahrung, die sich in Strukturen, Datenbasen, Routinen, Patenten, Handbüchern etc. wiederfinden. Bei der Überprüfung der Beziehungen dieser Typen des intellektuellen Kapitals und der Fähigkeit zur Innovation kamen Subramanian und Youndt (2005) zu den Schlüssen, dass

- organisationales Kapital positiv mit schrittweiser Innovationsfähigkeit verbunden ist,
- soziales Kapitel wiederum mit schrittweiser wie auch radikaler Innovations-fähigkeit einhergeht und
- Human- und Sozialkapital positiv mit radikaler Innovationsfähigkeit verbunden sind.

Diese Zusammenhänge unterstreichen die Bedeutung der verschiedenen Kapitalformen. Auch Lepak/Snell (2007) halten fest, dass Wissensbestände, die sie mit Humankapital gleich setzen, am wertvollsten sind, wenn sie mit angemessenem Wissensfluss (sozialem Kapital) gepaart sind. In dieser Kombination sehen die Autoren gleichzeitig auch eine sehr wesentliche Limitation der Anwendung der HR-Architektur. Diese Form der architektonischen Betrachtung hilft, ein generelles Bild über das Portfolio des Wissensbestands der Organisation zu bekommen, bei dem immer auch der strategische Nutzen eines bestimmten Wissensbestands mitgedacht wird, aber sie berücksichtigt nicht, wie der Wissensfluss innerhalb und zwischen diesen Bereichen gefördert werden kann. Die HR-

Architektur vernachlässigt die Interaktionen und Interdependenzen zwischen diesen einzelnen Beschäftigungssystemen.

Wir gehen davon aus, dass es unterschiedliche Wissensbestände gibt und dass der Wissensfluss durch HR-Systeme unterschiedlich gefördert werden kann. Diese Differenzierung führt dazu, dass unternehmerische Aktivitäten im Hinblick auf Innovationen sich unterschiedlich entwickeln und auch kooperative Aktivitäten unter den Beschäftigten, die das Ausschöpfen und das Ausweiten bestehenden Wissens für Wettbewerbsvorteile unterstützen können, sich unterschiedlich stark ausbilden können. Diesen Transfer können laut Kang et al. (2007) zwei relationale HR-Archetypen bewerkstelligen, die auf der HR-Architektur aufbauen, jedoch Entwicklungsmöglichkeiten miteinschließen:

- Kooperatives Beziehungsmuster: Dieses Muster wird über die Dichte des sozialen Netzwerkes im Hinblick auf enge Bindungen zwischen den Mitgliedern gesehen. Dabei findet sich ein verallgemeinertes Vertrauensgefüge, das auf gemeinsamen Normen der Reziprozität basiert und ein gemeinsames Wissen, das die Basis für Koordination und Integration zwischen verschiedenen Quellen des Wissens herstellt. Diese eng koordinierte Netzwerkstruktur, die hinter diesem Muster steckt, antizipiert die Ermöglichung des Austausches, der Kombination und der tiefergehenden Integration von Wissen mit allen Mitgliedern dieses Netzwerks, um das vorhandene Wissen auszunutzen und zu erweitern. Die vordringlichen HR-Maßnahmen, die Kang et al. (2007) in diesem Zusammenhang empfehlen, beziehen sich auf möglichst eigenständige Arbeitsstrukturen, clanfördernde Initiativen und breitere Qualifikationsentwicklungsmaßnahmen.
- Unternehmerisches (Entrepreneurial) Beziehungsmuster: Dieses Muster zeichnet sich durch spärlichere Netzwerkmuster, die zudem nicht redundant sind und als eher schwach bezeichnet werden können und nur sporadische Verknüpfungen zwischen den Beschäftigten aufweisen, aus. Hier steht eine Art diadisches Vertrauen zwischen den Teilnehmenden in einer Art von Netzwerk im Vordergrund. Diese losere und fluidere Netzwerkstruktur ermöglicht es den Beschäftigten, mehr neues und verschiedenartiges Wissen einzubringen, was als notwendige Basis für Innovation angesehen wird. Als unterstützende HR-Maßnahmen für diesen Typ sehen Kang et al. (2007) z.B. flexible Arbeitsstrukturen, aber auch ergebnisbasierte Anreize.

Wie Lepak/Snell (2007) mit ihrer HR-Architektur schon unterstrichen haben, liegen gerade im Zusammenhang mit der Bedeutung der Nutzung und Ausweitung des Wissens im strategisch wichtigen Bereich und dem damit verbundenen Wissensfluss wichtige Betrachtungseinheiten. Kang et al. (2007) leiten für die jeweilige Austauschbeziehung mit den Kernbeschäftigten ab, dass die

Beziehung zu internen ParrtnerInnen typischer Weise dem oben beschriebenen kooperativen Muster entspricht, während die Beziehung mit externen PartnerInnen das unternehmerische Muster widerspiegelt (siehe dazu auch Abbildung 24).

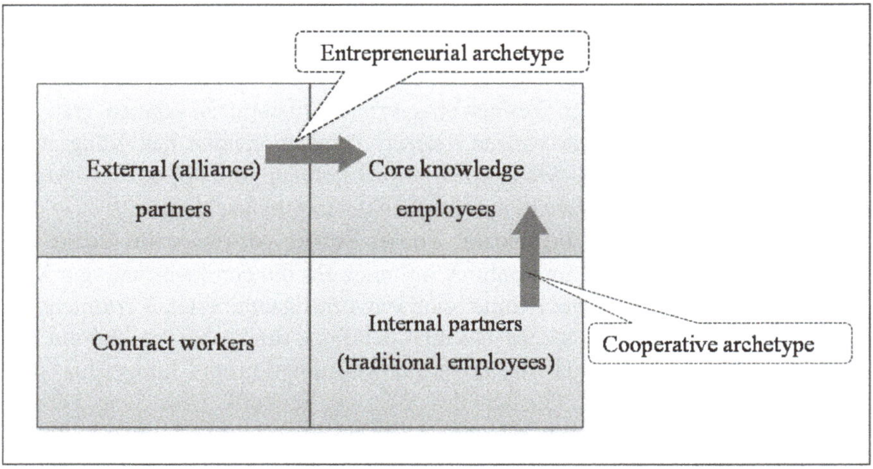

Abbildung 24: Relationale Archetypen in der HR-Architektur-Perspektive (Kang/Morris/Snell 2007: 245)

Der unternehmerische Archetyp (Entrepreneurial Archetype) verweist vor allem auf soziale Beziehungen, die durch schwache und nicht wiederholbare soziale Anbindungen, nachgiebiges Vertrauen und allgemeines Wissen über die beteiligten Parteien charakterisiert werden. Die sozialen Beziehungen des kooperativen Archetyps (Cooperative Archetype) hingegen zeichnen sich durch eine starke und intensive Anbindung, generalisiertes Vertrauen und allgemeines architektonisches Wissen unter den Beschäftigten aus. Beide Archetypen verlangen ein unterschiedliches Umgehen bzw. unterschiedliche Angebote von HR-Praktiken (Kang et al. 2007). Diese Forderung wird im Zusammenhang mit den Flexibilisierungsformen immer wieder geäußert.

Darüber hinaus können diese Archetypen auch als Ausprägungen bzw. Ausdruck von bestimmten Werthaltungen in Organisationen gesehen werden: So liegt dem unternehmerischen Beziehungsmuster eine stärkere instrumentale/zweckrationale Wertausrichtung zugrunde, während dem kooperativen Beziehungsmuster eine wertrationale aber auch affektiv/emotionale Werthaltung zugrunde gelegt werden kann.

Gerade im Bereich der verschiedenen Ausprägungen von Normen schlagen sich Flexibilisierungsmaßnahmen ebenfalls nieder und diese Rationalitätsformen stehen im Mittelpunkt des nachfolgenden Abschnittes.

5.2.4 Rationalitätsformen von Beziehungsmustern

In der Auseinandersetzung mit Wertbezügen finden sich in den ursprünglichen Arbeiten (Dunlop 1958; Clegg 1979) sehr viele sehr deterministische Züge, wobei auf bestimmte Einflussfaktoren aus dem ökonomischen, technologischen und politischen Kontext verwiesen wurde. Schon bald wurde die Erklärung für verschiedenste beobachtbare Praktiken in den unterschiedlichen strategischen Wahlmöglichkeiten der handelnden Akteure gesehen (Walker 1969, Poole 1986). Dabei geht Poole (1986: 13) davon aus, dass „the concept of strategy encapsulates, at a more abstract level, the idea of overall design within social action, which is based upon various forms of rationality." Bei diesen Rationalitätsformen unterscheidet er zwischen

- Instrumental-rational: Diese Form bezieht sich auf Mittel, die notwendig sind um die materiellen Interessen genauso wie den Willen zur Macht widerzuspiegeln, zu erreichen. Weber (1942) bezeichnet diese Form als Zweckrationalität.
- Value-rational: In dieser Kategorie spiegeln sich ethische, ästhetische, religiöse, politische und weitere Ideale wider und darin sind z.B. Identifikation und Commitment enthalten. Weber (1942) bezeichnet diese Form als Wertrationalität.
- Affectual/emotional: Bezieht sich auf die spezifischen Affekte und Gefühle der AkteurInnen, die das wertbasierte Commitment steigern können.
- Traditional: Dabei stehen verwurzelte Gewohnheiten im Mittelpunkt. Damit ist eine Art Institutionalisierung von früheren strategischen Entscheidungen, die eher einen utilitaristischen oder idealistischen Charakter haben, gemeint.

Paauwe/Boselie (2007) weisen darauf hin, dass diese Rationalitätsformen besonders formgebend für HR-Praktiken waren und sind und dass aus einer ökonomischen und auch managementorientierten Sicht oftmals nur die instrumental-rationale Sichtweise betrachtet wird. Aber gerade bei dem Blickwinkel auf Beschäftigungsverhältnisse sind auch andere Kategorien wie soziale Aktionen basierend auf Werten, Emotionen und Traditionen mit im Spiel. Diese Wertbasen spiegeln sich im Umfeld bzw. in der Ausprägung von professionellen Normen wider. Professionelle Normen sind als stabilisierende Institutionen zu sehen, die eine wesentliche Rolle rund um die Diskussion einer breiteren Einbettung von Beschäftigungsverhältnissen diskutiert werden müssen.

Seit den 1970er Jahren hat sich der bis dahin recht stabile soziale Vertrag verschoben. Dabei wird die Notwendigkeit betont, sich von personalen Ansätzen im HRM zu strategischen Ansätzen[70] hinzuwenden (Kochan 2007). Ein Aspekt, der in diesem Zusammenhang noch wenig behandelt wurde, ist der Blick auf die Auswirkung dieser Verschiebungen auf den Beruf und damit auf professionelle Normen als stabilisierende Institutionen. Gerade der Beruf hat sehr vielfältige Funktionen, wie die Bereitstellung von Anhaltspunkten für die Strukturierung sozialer Räume oder Vorgaben für Ausbildungsprofile in und außerhalb von Institutionen[71]. Auch die Flexibilisierungstendenzen haben Rückwirkungen auf die Entwicklung von Berufsbildern und deren Normen. In der Reformulierung bzw. Neuausformulierung solcher Professional norms sieht Kochan (2007: 606) eine wichtige Aufgabe, die nicht nur bei dem/der einzelnen Beschäftigten liegen sollte: „at a very minimum, HR professionals should hold each other accountable for enforcing legal standards and principles embodied in national legislation and the fundamental human rights at work recognized by the International Labor Organization."

Die Spannungsverhältnisse, in denen sich gerade HR-ManagerInnen befinden, könnten durch die Ausformulierung von solchen Professional Standards reduziert werden und so als ein Ansatzpunkt einer neuen sozialen Legitimation dienen. Diese Standards gehen auch einher mit der Verschiebung und der Neuausrichtung (Reframing) der Rolle der Strategie, bei der Gesamtstrategien von Unternehmen vor allem auch auf die Förderung von Beschäftigungsstrategien verweisen, die mit einem hohen Grad an organisationaler Performance verbunden sind (Huslid et al. 2005). Der Schwerpunkt liegt somit in vielen Bereichen darin, eine oft große Zahl an verschiedenen Beschäftigungsverhältnissen zu managen und damit auch vielschichtige und unterschiedliche Interessen zum Ausgleich zu bringen. Bei der Betrachtung von Einzelgrößen, wie z.B. Produktivität oder Qualität der Arbeit, ist neben den organisationalen Rahmenbedingungen schon immer auch ein Augenmerk auf die Umweltbedingungen gelegt worden. Dies ist angesichts der heute heterogeneren Zusammensetzung des Arbeitskräftepotentials zu berücksichtigen. Dabei nehmen die immer stärkeren Interdependenzen von beruflichem und privatem Leben einen wichtigen Stellenwert ein (z.B. Entgrenzung der Arbeitsräume und -zeiten, Verschiebungen der Werte im Hinblick auf die Bedeutung des Privatlebens). In diesem Zusammenhang wird betont, dass heutige Arbeitssysteme und -prozesse zwei Ziele erreichen müssen (Bailyn/Fletcher 2003). Eines davon ist ein hoher Performancegrad am Arbeitsplatz. Und das zweite Ziel ist die Möglichkeit, auch persönliche und familiäre

70 Siehe dazu Kapitel 4 Beschäftigungsstrategien in Unternehmen
71 Siehe dazu auch Kapitel 5.3.3 Wandel hin zu Beschäftigungsrollen

Bedürfnisse zu befriedigen. Auch wenn es vielleicht auf den ersten Blick wie eine Ironie erscheinen mag, aber ein weiterer Ansatzpunkt für eine zukünftige Positionierung des HRM ist auch eine Stärkung der Voice of Work – der Debatte der Qualität und des Selbstverständnisses der Arbeit (Lerner 2007), die auch mit der Stärkung der direkten Partizipation bzw. des Mitspracherechts (Direct Voice) verbunden ist (Bryson 2004). Diese mögliche Positionierung kann dem Verlust der Bedeutung der Gewerkschaften und dem damit einhergehenden Verlust der Bedeutung ihrer VerhandlungspartnerInnen, der HR-ManagerInnen, Einhalt gebieten, wobei dabei für die Bündelung der Interessen der Betroffenen eine in weitestem Sinne institutionalisierte Form erforderlich ist.

Diese Veränderungen im Hinblick auf die berufsbedingten Normen, aber auch die Formen, wie sie artikuliert werden können, sind mit einer generellen Diskussion von Veränderungsprozessen zu sehen. Dabei ist anzumerken, dass „when the structure of an institutional field becomes more physically despersed, loosely connected, non-interactive or locally differentiated, deinstitutionalization of collective values and practices is more likely to occur“ (Oliver 1992: 578). Geht es um mögliche externe Faktoren für Veränderungsprozesse, lassen sich folgende zwei Gruppen zusammenfassen:

- Intra-organisationale Faktoren: Druck kann entstehen, wenn neue Mitglieder in einer Organisation rekrutiert werden, Performance sich verringert, Machtanordnungen sich verschieben, Ziele genauer definiert werden oder die organisationalen Strukturen sich aufgrund von Diversifikationen oder Mergern verändern. Diese eher allgemeinen Geschehnisse können denkbarer Weise als Bedrohungen aufgefasst werden, oder stellen zumindest institutionalisierte Muster innerhalb der Organisation und des Verhaltens in Frage und stimulieren die Veränderung.
- Externe Umweltkräfte: Diese finden sich zum Teil in erhöhtem Wettbewerb bzw. Umweltbedingungen, Änderungen in staatlichen Regelungen, öffentlichen Meinungsumschwüngen, dramatischen Ereignissen bzw. Krisen und Veränderungen in der Beziehung zum Arbeitsumfeld. Diese Kräfte wirken auf alle Organisationen ein, die in einem bestimmten Feld tätig sind, aber aufgrund der unterschiedlichen Verarbeitungskapazität der Organisationen, reagiert jede Organisation anders auf diese Kräfte (Paauwe/Boselie 2007).

Dacin et al. (2002: 47) streichen in ihren Arbeiten heraus, dass „actors are not passive, they make choices as they interpret their environments” und damit zeigt sich die Bedeutung der Berücksichtigung der sozialen Eingebettetheit bei der Betrachtung von Veränderungen.

In den bisher dargestellten Ansätzen (Workforce-Scorecard, Knowledge Supply Model oder der HRM-Architektur) wird sehr stark eine Art Inside-out-

Sichtweise betrieben. Sie gehen allesamt von der impliziten Annahme aus, dass der Kontext zwar nicht vernachlässigt werden sollte, aber vielmehr die wertvollen, aufgestöberten, unimitierbaren, und damit schwer zu substituierenden internen Ressourcen wesentliche Faktoren für einen nachhaltigen Wettbewerbsvorteil sind (Paauwe/Boselie 2003, Lopez-Cabrales/Valle/ Herrero 2006). Dabei werden Kontextfaktoren nur noch als Kontrollvariable im Sinne von Alter, Sektoren, Technologiestatus, oder z.B. Organisationsgrad in einem bestimmten Berufszweig gesehen.

Im Gegensatz dazu wendet sich ein anderer Diskussionsstrang stärker der sozialen Einbettung von HR-Praktiken zu. Dieser Strang erfüllt damit folgende Vorhersage: „Just at the time when the key ideas of resource-based value theory penetrate the thinking (if not necessarily, the practice) of practitioners, I would predict that the academic debates, while not abandoning the RBV[72] perspective, will tend to refocus *outward* to explore more fully the institutionalist approaches". (Legge 2005: 40).

Für die Diskussion der sozialen Einbettung des/der Einzelnen aber auch von sozialen Einheiten ist die Unterscheidung von bestimmten Regionen und deren Settings ein Ausgangspunkt. Sind im anglo-sächsischen bzw. anglo-amerikanischen Bereich weniger Institutionen im Hinblick auf die Beschäftigungsverhältnisse bzw. die Industrial Relations zu finden, ist das in europäischen Ländern wie z.B. Deutschland, Österreich, Frankreich oder den Niederlanden anders. Dort haben die Sozialpartner – vornehmlich die Gewerkschaften und Interessensvertretungen der ArbeitgeberInnenorganisationen – und die Arbeitsgesetze im Hinblick auf Arbeitszeitregelungen, Arbeitsschutzbestimmungen u.ä. einen viel höheren Stellenwert. Diese unterschiedlichen Institutionen beeinflussen die Marktbedingungen und immer öfter ist die Aufforderung zu hören bzw. zu lesen, dass jedes unterschiedliche institutionelle Setting auch eigene HRM-Modelle bedingt (z.B. Brewster 2004).

Das Konzept der Eingebettetheit ist ein Instrument, das sowohl in der Mikro- als auch in der Makroanalyse eingesetzt wird (Granovetter 1985, Weibler/Wald 2005). Dabei geht es darum, die zugrunde liegenden sozialen Differenzen, die ökonomisches Handeln prägen, zu identifizieren. In sozialwissenschaftlichen und ökonomischen Disziplinen wird auf diese Eingebettetheit-Diskussion verwiesen, wenngleich gerade in ihrem Einsatz und ihrer methodischen Umsetzung viele offene Fragen liegen. Das Konzept ist ein sehr stark interpretatives Instrument und zeigt die Vielfalt des ökonomischen Lebens gerade im Hinblick auf Prozesse der vertikalen Desintegration und Destandardisierung innerhalb der Ökonomie auf (Mingione 2006). Dacin/Ventresca/Beal (1999: 319) bezeichnen

---

72 RBV steht für „Ressource based View".

die Bedeutung der Auseinandersetzung mit dem Konzept der Eingebettetheit so: „It re-establishes concerns with political activity and power in the institutional and ecological traditions, and it directs attention to the wider frameworks that organize and determine, coincident with organizational ecology arguments, both resource structure and form of organization and strategy."

Bezogen auf das betriebswirtschaftliche Erkenntnisfeld bedeutet Eingebettetheit, dass Unternehmen nicht nur durch wirtschaftliche Rahmenbedingungen geprägt sind, sondern auch in erheblichem Maße den Einflüssen der allgemeinen Umwelt unterliegen (Wolf 2008).

Im Hinblick auf die steigende Bedeutung dieser Diskussion von Eingebettetheit ist für das Verständnis die Darlegung der Wurzeln ausschlaggebend. Hier spannt sich der Bogen vom Orginalkonzept von Polanyi (1944), über Elemente bei den Ausführungen von Weber (1990, 2000) hin zu den Ansätzen einer Art neuen ökonomischen Soziologie, die von Granovetter (1985) geprägt wurde.

5.2.4.1 Orginalkonzept der Eingebettetheit

In seinen Arbeiten zur ökonomischen Transformation und der Konstituierung von Institutionen hat Polanyi (1957: 250) festgehalten, dass „human economy ... is embedded and enmeshed in institutions, economic and non-economic. The inclusion of the non-economic is vital. For religion or government may be as important for the structure and functioning of the economy as monetary institutions or the availability of tools and machines themselves that lighten the toil of labor." Polanyi geht dann in seinen Arbeiten noch weiter, indem er Reziprozität, Umverteilung und den (Markt)Tausch als die essentiellen Muster des ökonomischen Handelns identifiziert. Jedes dieser Muster bringt eine andere Art von sozialer Integration mit sich und diese Formen beeinflussen die Institutionen, die das ökonomische Leben prägen, wobei für den Tausch jedoch ein Unterschied deutlich wird: Tausch ist vornehmlich durch die Logik einer Optimierung der Effizienz geprägt und dabei fehlen im Gegensatz zur Reziprozität und der Umverteilung systematische soziale Beziehungen. Polanyi spricht in diesem Zusammenhang davon, dass „market exchange is logically disembedded." Im Gegensatz dazu erfolgt im Muster der Reziprozität sehr wohl eine Einbettung. Reziprozität kann ohne die Berücksichtigung der sozialen Gruppen nicht gedacht werden. Dabei werden diese Austauschformen von einer Art kommunaler Solidarität bestimmt, die sich aus der Mitgliedschaft in einer bestimmten Gruppe (Familie, FreundInnen, ethnische Gruppen,...) ableitet. Umverteilung wiederum kann nicht verstanden werden ohne die Existenz von Institutionen und legitimierten politischen Beziehungen, die die Möglichkeiten schaffen, dass ökonomische Ressourcen von einem Subjekt an ein anderes umverteilt werden. Dieses

Muster ist mit der Ankurbelung ökonomischer Entwicklung und der Unterstützung von sozial Schwächeren untrennbar verbunden. Umverteilung und Reziprozität sieht Polanyi als kulturell abhängig. Die Einbettung in bestimmte soziale Gruppen, die gemeinsame Wertekonstellationen teilen, ist unumstritten. Mehr Diskussionen[73] hat es rund um die These des Disembeddedness in Bezug auf den Markt gegeben, denn Austauschbeziehungen am Markt passieren nicht selbstregulierend, sondern werden zumeist von günstigen sozialen Kontexten begleitet, die ein systematisches Zusammentreffen der AkteurInnen ermöglichen (Firmen, Finanzinstitutionen, Verträge, arbeitsrechtliche Regulierungen, etc.). Damit wird die Tauschbeziehung in eine Form sozialer Integration zurückgebunden und es kommt zu einer Form des Re-embeddedness. Durch diese indirekte Logik der Wirkung von sozialen Institutionen am Markt wird die Betonung von Polanyi weniger auf Wettbewerbsfähigkeit und Effizienz, sondern auf die Kooperation und Regulation gelegt.

5.2.4.2 Eingebettetheit bei Max Weber

Um gleich vorweg zu klären: der Term Eingebettetheit kommt in den Arbeiten von Weber (1990, 2000) nicht vor. Aus seinen Arbeiten zur Erklärung von sozialer Interaktion wird aber klar, dass sich gerade bei der Behandlung und Erklärung des Gemeinschafts- und des Interessensverbandes sehr wohl auch die Prinzipien der Eingebettetheit wiederfinden. Seine Ausführungen lassen darauf schließen, dass Weber nicht von atomisierten, individuell handelnden ökonomischen AkteurInnen, die nur nach der Nutzenmaximierung ihrer Handlungen streben, ausgegangen ist, sondern dass die AkteurInnen durch ihre kommunalen Netzwerke, Traditionen, Gewohnheiten und den geteilten Werten geleitet werden. Eine Gemeinschaft besteht für Weber (1990, 2000) dann, wenn zwei oder mehrere AkteurInnen durch ein gemeinsames Gefühl für einen Besitz zusammengehalten werden. Geht es weniger um materielle Zugänge, sondern um geteilte Interessen, spricht Weber (1990, 2000) von Interessensverbänden. Und hier gibt es eine starke Verbindung zum Reziprozitätsgedanken von Polanyi (1957).

5.2.4.3 Eingebettetheit in der neuen ökonomischen Soziologie

Wie auch Polanyi und Weber, argumentiert Granovetter (1985) für eine Berücksichtigung der sozialen Einbettung ökonomischer Aktivitäten. Dabei geht es ihm vor allem um die Einbettung in gesellschaftliche Arbeitsbeziehungen und die

---

73 Siehe dazu Mingione 1991

Funktion, die sich daraus ergibt, dass gerade dadurch Herrschaftsbeziehungen gestützt werden.

Gleichzeitig geht es um den Einfluss von Lebensstilen und Milieus auf die Präferenzen für bestimmte Beschäftigungsformen. Und genau in dem Zusammenhang liegt der Bezug zum Konzept des sozialen Kapitals, wie es unter anderem maßgeblich von Bourdieu (1984) geprägt wurde, nahe.

Diese Bezugsfaktoren zeigen auf, dass es den/die unabhängige/n (atomisierte/n) EntscheidungsträgerIn nicht gibt. Die Kritik an dieser Annahme hat Granovetter (1985: 485) zu folgender Aussage geführt: „despite the apparent contrast between under- and oversocialized views, we should note an irony of great theoretical importance: both have in common a conception of action and decision carried out by atomized actors“. Er betont dabei die Bedeutung von Einbettung in mehrfacher Weise. Dabei geht es ihm darum zu verdeutlichen, dass die Rolle der persönlichen Beziehungen, aber auch der Strukturen solcher Beziehungen bei der Betrachtung von ökonomischem Geschehen als zentral anzusehen sind. Granovetter streicht besonders die Varietät von sozialen Netzwerken heraus, in denen ökonomische AkteurInnen positioniert sind. Er unterscheidet dabei zwischen Strong Ties und Weak Ties (Granovetter 1973). Diese beiden Arten von Verbindungen unterscheiden sich im Hinblick auf Zeit, die emotionale Intensität, die Intimitiät sowie das Ausmaß der gegenseitigen Hilfestellung (Wolf 2008: 528): Die Netzwerkanalysen stehen im Mittelpunkt und im Gegensatz zu Polanyi vernachlässigt Granovetter die kulturellen Unterschiede.

5.2.4.4 Eingebettetheit im organisationstheoretischen Verständnis

Die dargelegten Wurzeln sind die Basis für die heute als sehr bedeutsam angesehene Unterscheidung zwischen einer relationalen und einer strukturellen Eingebettetheit (Wolf 2008). Während die relationale Eingebettetheit die Richtung, Intensität und den Inhalt der direkten Beziehungen zwischen zwei AkteurInnen beschreibt, charakterisiert die strukturelle Eingebettetheit das Ausmaß, in dem zwei AkteurInnen Beziehungen zu denselben dritten AkteurInnen aufweisen. Beide Faktoren werden gerade im Hinblick auf Beziehungsgestaltungen in Netzwerken diskutiert (z.B. bei Sydow 1995).

In allen drei Ausprägungen der Embeddedness-Diskussion steht die Frage nach der Herrschaft bzw. den Disziplinierungsmöglichkeiten und -maßnahmen im Zentrum. Diese Fragestellungen sind gerade im Hinblick auf die Analyse von Beschäftigungsverhältnissen von großer Bedeutung, geht es hier doch darum, durch welche Kontrollformen z.B. BeschäftigerInnen ihre Machtpositionen aufbauen und erhalten. Haunschild (2004a) identifiziert speziell im Hinblick auf diese Frage heute vor allem zwei Linien: Zum einen fallen darunter neomarxistische Ansätze, die sich aus der Labour-Process-Debatte herausgebildet haben und dabei vor allem die Entstehung unterschiedlicher Formen von Kontrolle der Arbeit analysieren (z.B. Hildebrand/Seltz 1987; Krell 1994). Zum anderen hat sich die Auseinandersetzung mit modernen Formen der Disziplinarmacht den Grundgedanken von Foucault (1977, 1978) verschrieben, wobei gerade hier nicht mehr so sehr die Machtausübung von hierarchisch höher Gestellten im Mittelpunkt steht, sondern die Disziplinierungstechniken und somit die damit verbundenen Normen und Normierungen (in Gefängnissen, Schulen, Krankenhäusern, Klöstern etc.) bzw. deren diskursive Reproduktion (Ortmann 1984, McKinlay/Starkey 1998).

Ansätze rund um die Eingebettetheit eröffnen neue Perspektiven auf die Prozesse am Arbeitsmarkt. Gleichzeitig führen Polanyis Muster der Reziprozität, Umverteilung und des Tausches oder Granovetters Betonung der Netzwerkeinbindung zu Fragen nach den Bedingungen dieser Muster: Wie kann die soziale, politische, kulturelle und kognitive Vielfalt der Systeme von sozialen Beziehungen in breit gefächerten Wegen das Verhalten und die Institutionen des gegenwärtigen ökonomischen Lebens begleiten? Diese Frage nach den Bedingungen ergibt sich gerade, wenn man sich die vertikale Desintegration von großen bürokratischen Unternehmen vor Augen führt. Solche Veränderungen zeigen sich besonders darin, dass Geschäftsnetzwerke diffundieren und zunehmend komplexere Formen von Sub-Vertragsbeziehungen entstehen. Diese Entwicklungen sind besonders durch die Bedeutungszunahme der Informationstechnologie beschleunigt geworden. Gleichzeitig führen diese Entstehungen alle zusammen zu einer starken Vermehrung von Destandardisierungen im ökonomischen Leben. „Attention should be focused in identifying the processes of the social construction of institutions, of culture and of cognitive structures, and how these, in turn, influence in interactive social modalities, the diverse economic preferences and the behaviours of actors inserted in different networks.“ (Mingione 2006: 235)

Der Blick auf die Eingebettetheit in Netzwerke erfordert neue Fähigkeiten. Eine davon ist diejenige, die Eingebettetheit einerseits zu erkennen und andererseits die Handlungen in diesem Netzwerk auch entkoppelt davon zu sehen. Diese Fähigkeit ist gerade in dynamischen Umfeldern relevant. Sie zeigt sich daran, dass es z.B. gelingt, in Veränderungsprozessen einen Blick auf mögliche Ursachen organisationalen Widerstands zu werfen, besonders auf solche Quellen des Widerstands, die sich aus der normativen Einbettung einer Organisation in einem institutionellen Umfeld ableiten lassen. Greenwood/Hinings (1996) betonen in diesem Zusammenhang, dass sich eine Veränderung nur dann vollziehen kann, wenn es einer Organisation gelingt, sich vom institutionellen Kontext zu entkoppeln und ihre internalen Interpretationsschemata zu reformulieren. Diese

Interpretationsschemata bestehen aus Annahmen über angemessene Gebiete, in denen die Organisation operieren sollte, aus dem Glauben und den Werten über die Organisationsprinzipien und eindeutig definierten Performancekriterien für Zugang zu Erfolg. In welchem Ausmaß es gelingt, sich vom institutionellen Kontext zu entkoppeln, hängt von den internen Dynamiken ab, die die Art und das Ausmaß des Commitments zur Veränderung bestimmen, den Machtstrukturen und Koalitionen, die die Veränderungen befürworten bzw. diesen entgegen stehen, und der Implementationskapazität.

Die Debatte rund um die Wirkung der Eingebettetheit zeigt auf, dass bisherige formal-hierarchische Koppelungsmechanismen an Bedeutung verlieren (Koller et al. 2006) und die dadurch entstehende Koordinationslücke durch einen verstärkten Einsatz sozialer Bindeglieder aufgefangen werden sollte (Sydow 1995). Diese Konzepte der Eingebettetheit bzw. der Ausprägung der Koppelungen zeigen weiters auf, dass im ökonomischen Kontext Beziehungen zwischen AkteurInnen und deren Ausprägungen wichtiger sind als spezifische Personenmerkmale (Wolf 2008). Deshalb ist der Blick auf die Ausgestaltung der Arbeitsbeziehungen bzw. die Wirkungen der Flexibilisierung der Beschäftigungsverhältnisse darauf ein sehr zentraler und wird im nachfolgenden Abschnitt[74] vorgenommen. Zuvor werden abschließend nochmals die Wirkungen auf organisationaler Ebene zusammengefasst.

5.2.5 Zwischenresümee – Veränderung der Mitgliedschaftsrollen

An dieser Stelle wird nochmals der gespannte Bogen der Wirkungen der Flexibilisierung auf organisationaler Ebene nachgezeichnet. Wenn die arbeitsmarktpolitische Perspektive als Ausgangspunkt dient, lassen sich im Rahmen der vielen verschiedenen Ausgestaltungen der Arbeitsverträge unterschiedliche Effekte auf die Ausprägungen der Koppelung beobachten.

Das Konzept der (losen) Koppelung[75] kann dementsprechend verschiedene Zwecke erfüllen. Sydow (2006: 410) schlägt folgende drei Einsatzfelder vor:

1. Koppelung auf verschiedenen Analyseebenen: Das Konzept bietet sich an, um die Koppelung zwischen Individuen, Teams, Projekten, anderen organisationalen Einheiten oder Organisationen zu betrachten.
2. Neben dem Einsatz auf ein und derselben Analyseebene, bietet sich Koppelung auch als Einsatzfeld über die verschiedenen Ebenen hinweg an, also dass z.B. die Verbindung zwischen Teams und organisationalen Sub-

74 Siehe dazu im Detail Kapitel 5.3

75 Siehe dazu auch Kapitel 5.2.2.3

einheiten betrachtet wird, aber auch zwischen Organisationen und deren Umwelten.

3. Die generellste Betrachtungsweise ergibt sich, wenn der Grad der Koppelung von Ideen und Aktivitäten, oder Intentionen und Handlungen und diese noch auf verschiedenen hierarchischen Ebenen untersucht werden.

Lose und enge Koppelung deuten durch die im Arbeitsvertrag gestalteten Ausprägungen auf unterschiedliche Ausprägungen im Hinblick auf die Ausbildung von Nähe und Distanz des/der Einzelnen zum Unternehmen (zur Organisation) hin. Die gewählten Arbeitsvertragsformen wirken auf allen drei von Sydow bezeichneten Ebenen. Arbeitsverträge, denen Normalbeschäftigungen zugrunde liegen, laufen aufgrund z. B. der damit verbundenen Zeitwahrnehmung oder auch der Zuordnung von Aktivitäten auf eine enge Koppelung hinaus, während atypische Formen mit einer loseren Koppelung einhergehen[76]. Die beiden Ausprägungen von Bedeutungen loser bzw. enger Koppelungen zeigen einmal mehr auf, dass im Hinblick auf die Funktionalität von Koppelung hinsichtlich Erhaltung bzw. Bewahrung der Überlebensfähigkeit eines Systems die kontextuellen Bedingungen nicht zu vernachlässigen sind, sondern diese mit bedacht werden sollten. Dabei ist gerade Zeit ein essentieller Kontextfaktor. Solche Kontextfaktoren wirken auf Inklusion und Exklusion und damit auch auf die Ausgestaltung von Mitgliedschaftsrollen ein.

Mitgliedschaft manifestiert sich auch immer im Bezug auf die Mitwirkung an Entscheidungen und konstituiert sich gerade dadurch als kommunikative Errungenschaft immer wieder neu (Hausendorf 2008: 86). Formalisierte Mitgliedschaft wird somit dadurch vollzogen, dass ständig anfallende Interaktionsaufgaben hochgradig formalisiert und reglementiert bearbeitet werden. Mitgliedschaft wird sichtbar, wenn in dem Maß, in dem unter Mitwirkung Anwesender Entscheidungen kommuniziert und vollzogen worden. Der paradigmatische Fall dafür ist die Sitzung, auf der etwas beschlossen werden soll. Dabei zeigt sich, dass eine nicht in jeder Sekunde durch Mitgliedschaft begründete Anwesenheit Gefahr läuft, kommunikativ auffällig und sanktioniert zu werden (Hausendorf 2008: 86). Akte von Reglementierungen sind in dem angeführten Beispiel die Wahl von Ab- und Anwesenheit, die Platzierung im jeweiligen Raum und das Ausnutzen situativer Ressourcen, wie z.B. die Organisation und das Recht zu reden und zu schweigen, die Wahl der Themen und die Kontextualisierung dieser Inhalte (Hausendorf 2008: 90). Diese Reglementier- und Formalisierungen verweisen auf Entscheidungen als jederzeit greifbares und jederzeit relevantes Letztelement der Kommunikation.

---

76 Siehe dazu auch Kapitel 5.2.2.4

Wenn nun atypische Beschäftigungsformen, wie schon ausgeführt wurde, Relativierungen von ortsfesten Arbeitsformen bzw. diese Verwischungen der zeitlichen Normvorstellungen mit sich bringen (Senghaas-Knobloch 2008: 203f), verändern sich mit diesen Entstandardisierungen die Möglichkeiten und Anforderungen, wie Mitgliedschaft kommunikativ hervorgebracht werden kann. Damit ist gemeint, dass sich die sachlichen, zeitlichen und sozialen Bezüge verändern. So verändert sich z.B. durch nicht ständige Anwesenheit verändert sich die Informationsgrundlage bzw. wird durch Befristungen[77] Verbundenheit anderes gesehen. Diese Wirkung der Veränderung der Mitgliedschaftsrolle zeigt sich auf der Mikroebene besonders in der Ausgestaltung der Arbeitsbeziehungen.

5.3 Mikroebene – Auswirkungen auf die Arbeitsbeziehungen

Die Durchlässigkeit der Außengrenzen der Organisationen bzw. des internen Arbeitsmarktes zum externen Arbeitsmarkt, die vorne mit einer stärkeren Marktorientierung[78] beschrieben wurde, stellt gerade für die Gestaltung der Arbeitsbeziehung eine massive Herausforderung dar.

Die veränderten Beschäftigungsverhältnisse bringen vor allem im Bereich der Leistungssteuerungssysteme – eine Ausgestaltung der Arbeitsbeziehung – aber auch auf der Ebene des psychologischen Vertrages massive Konsequenzen mit sich: Die Wahrnehmung und damit die eigene Definition des Arbeitsverhältnisses des/der Beschäftigten spielen hier hinein und drücken sich auch in Ausprägungen der Bindungen zur Organisation aus. Beide Bereiche sind wichtige Faktoren für eine optimale Leistungsbereitschaft und -erstellung und wirken auf die Volition und Motivation einer/s Beschäftigten[79] ein.

Jahrzehntelang war Zeit bzw. die Kontrolle von Arbeitszeit für die Organisation ein zentraler Kontroll- und Steuerungsmechanismus für die Leistungserbringung. Durch die Entwicklung, Ausdifferenzierung und Liberalisierung flexibler Arbeitszeitformen bis hin zur nur marginal regulierten Vertrauensarbeitszeit stellt sich die Frage, ob und inwieweit Zeit weiterhin als Kontroll- und Steuerungsmechanismus angesehen werden kann. Welche Chancen eröffnen sich mit der Flexibilisierung und damit oft weitgehenden Freigabe der Arbeitszeit bzw. des Arbeitsorts? Welche Anforderungen ergeben sich für organisationale Führungs- und Leistungssteuerungssysteme?

---

77 Siehe dazu auch Kapitel 8.2

78 Siehe dazu auch Kapitel 5.1.4

79 Siehe dazu von Rosenstiel/Molt/Rüttinger 2005 oder Kehr 2004

5.3.1 Leistungssteuerungssysteme

Neue Beschäftigungsformen zeichnen sich durch eine Dezentralisierung von Handlungs- und Kontrollspielräumen aus und werfen somit neue Kontroll- und Koordinationsprobleme auf, die mit traditionellen Instrumenten nicht mehr effizient zu bewältigen sind (Welge/Holtbrügge 1997). Bei diesen Fragen steht die Annahme im Mittelpunkt, dass es unbestritten wesentliches Interesse von Unternehmen ist, die Arbeitskraft der Beschäftigten bestmöglich zu nutzen. „Das anvisierte Ideal ist, dass hoch motivierte Organisationsmitglieder aus freien Stücken das für die Organisation Bestmögliche tun.“ (Neuberger 2002: 587) Die Ansichten über den Best Way der Leistungssteuerung allerdings änderten sich seit Beginn des vorigen Jahrhunderts rasant. War man noch Anfang des Jahrhunderts von den Vorteilen fortschreitender Arbeitsteilung und Kontrolle überzeugt, wie sie etwa Taylor im Amerika der 1920er Jahre propagierte und in seinen Prinzipien, bekannt geworden als Scientific Management, darlegte (Kieser 1999: 75), so änderte sich dies angesichts der Ergebnisse der berühmten Hawthorne-Experimente. Wesentlich für die Diskussion ist die Frage, welche Führungsprinzipien und -techniken angesichts der Vielfalt an zu konstatierenden Bedürfnissen und Motiven Erfolg verheißen. Parallel zu diesen Entwicklungen vollzog sich die Entstehung der Betrachtung der Steuerung und Kontrolle von Menschen, die anhand der Dimensionen mittelbar-unmittelbar und persönlich-unpersönlich charakterisiert werden kann (Sandner 1988). Dabei wird unterschieden, je nachdem ob Steuerung und Kontrolle in persönlichem Kontakt von Führenden und Geführten direkt ausgeübt wird. All diese Ansätze sind regelmäßig integraler Bestandteil der Steuerungs- und Kontrollstrategien in Organisationen. Es kommt zu immer umfassenderer und indirekterer, d.h. vom Einzelnen/von der Einzelnen immer schwerer wahrnehmbaren Steuerung und Kontrolle der Tätigkeiten. Diese Tendenz wird noch weiter verstärkt und mündet – Konzepte wie Vertrauensarbeitszeit deuten es an – bestenfalls in übergeordneten Steuerungsmechanismen, die Kontrollen ersetzen. All dies soll im Endeffekt eine Steigerung von Leistung und Zufriedenheit der ArbeitnehmerInnen bewirken.

Gerade diese Überlegungen sind im Wesentlichen vor dem Hintergrund einer Normalbeschäftigung zu sehen. Dabei ist es gerade hier interessant sich anzuschauen, wie Abweichungen von der Norm der dauernden Vollbeschäftigung wirken, z.B. bei der Betrachtung der sehr weit verbreiteten Form der atypischen Beschäftigung der Befristung. Sie bringt für Unternehmen Vorteile im Bezug auf die Reduktion des Beschäftigungsrisikos des Unternehmens. Vor allem ist die Anpassung des Personalbestandes durch befristete Verträge mit geringeren Kosten verbunden als bei unbefristeten Beschäftigungsformen. Befristet Beschäftigte dienen damit häufig als „Beschäftigungspuffer“ und werden somit als

Beschäftigungsgarant für die Kernbelegschaft angesehen (Fritsch/Schank 2005: 212).

Befristungen sind auch als Möglichkeit zur Erprobung neuer MitarbeiterInnen anzusehen. In Untersuchungen der Leistungsbereitschaft befristeter Beschäftigter hat sich gezeigt, dass diese bei befristet Beschäftigten mit Aussicht auf eine unbefristete Beschäftigung tendenziell höher ist als bei ArbeitnehmerInnen mit einer unbefristeten Anstellung (siehe dazu Dragendorf et al. 1988).

Anderseits gibt es Belege dafür, dass sich eine Befristung auch negativ auf die Produktivität auswirkt. Gerade wenn die Beschäftigungsperspektive in Form einer unbefristeten Anstellung nicht besteht, treten Motivationsprobleme und fehlende Loyalität auf, die die Einsatzbereitschaft beeinflussen (Linne 1991). Hinzu kommt, wie Martin/Nienhüser (2002) in ihren Untersuchungen herausgefunden haben, dass Unternehmen tendenziell weniger in die Weiterbildung der befristet Beschäftigten investieren.

Dies sind erste Belege und Indikatoren der Wirkung von atypischen Beschäftigungsformen auf die konkrete Leistungserstellungsebene. Im Zusammenhang mit der Leistungserstellung stehen auch der Themenbereich der Leistungssteuerung und damit verbunden die Frage der (Leistungs)Kontrolle. Ging man Anfang des 20. Jahrhunderts davon aus, dass Zufriedenheit Leistung hervorbringt, so sah man spätestens seit Anfang der 1960er Jahre z.B. im Rahmen der Human Ressource-Ansätze auch die Arbeitsleistung als Möglichkeit, Befriedigung daraus zu schöpfen und (Arbeits)Zufriedenheit zu erlangen. Auch die Arbeit kann zufrieden machen – und damit zu höherer Effektivität und Performance führen, wie es die Darstellung der Umkehrung des Kontrollparadoxons von Frost/Osterloh (2002) zeigt (Abbildung 25).

Anhand dieses Paradoxons zeigt sich deutlich, dass neben klassischen Formen der Kontrolle, wie autoritär/technisch/bürokratisch (Edwards 1981), auch andere Formen von Kontrolle zu finden sind. Eine dieser anderen Formen ist die Selbstkontrolle oder aber auch die im englischen Sprachraum als Concretive Control diskutierte Form (z.B. Tompkins/Cheney 1985, Barker 2005). Dabei geht die Kontrollüberzeugung (Locus of Control) auf den/die Einzelne über und das bringt somit eine wesentliche Verschiebung der Betrachtung von Einflussnahme in diesem Zusammenhang mit sich.

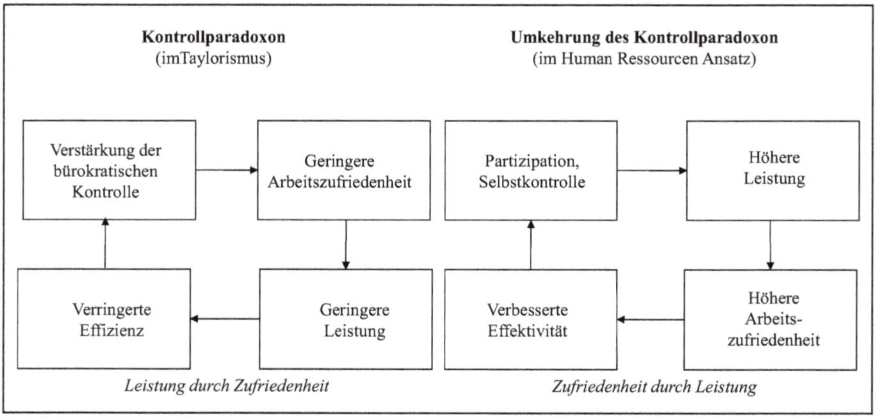

Abbildung 25: Kontrollparadoxon (Frost et al. 2002: 171f)

Die Idee von Partizipation und Selbstkontrolle als wesentliche Leistungskomponenten floss bereits Anfang der 1970er Jahre in das Konzept des Handlungsspielraums (Ulich 1972) ein. Der Handlungsspielraum einer Tätigkeit ergibt sich aus dem Zusammenwirken von Tätigkeitsspielraum (welche und wie viele Tätigkeiten an einem Arbeitsplatz ausgeführt werden) und Entscheidungsspielraum (welche Entscheidungs- und Kontrollkompetenzen vorhanden sind). Ob eine Ausweitung des Handlungsspielraums tatsächlich als Bereicherung oder aber als Zumutung erfahren wird – beides wird als möglich gesehen –, hängt von der Stärke der individuell vorhandenen Wachstums- und Entfaltungsbedürfnisse und von den Zielsetzungen, die Einzelne verfolgen, ab. Wenn es darum geht, diese Bedürfnisse zu artikulieren, ist zu bedenken, dass physische und virtuelle Ebene dabei zunehmend auseinanderklaffen. Arbeitsleistung ist nicht länger an bestimmte physische Orte gebunden. Es gilt aber auch: „Abwesenheit ist verbunden mit dem Verlust an Möglichkeit zur Einflussnahme.“ (Götz/Lackner 1999, S. 57) Und Big Brother ist in Form von Detektivprogrammen, die es ermöglichen, prinzipiell jede Bewegung der MitarbeiterInnen im virtuellen Raum zu überwachen, und schon zuvor (abgeschwächt) in Gestalt der Personalinformationssysteme, Realität geworden. Neueste technische Entwicklungen ermöglichen es, den Aufenthaltsort der MitarbeiterInnen außerhalb der Organisation jederzeit festzustellen. Die verschiedenen Komponenten von flexibilisierten Arbeitsbedingungen führen u.a. auch dazu, dass sich die Leistungssteuerung immer weniger im direkten, persönlichen Kontakt zwischen Führungskraft und Geführten vollzieht. Hier wirken die schon früher in diesem Kapitel abweichenden

Merkmale (Weisungsrecht, Arbeitsort, Arbeitszeit, Dauer, Entgeltzahlung)[80] der veränderten Beschäftigungsformen massiv mit hinein.

Mit dieser beschriebenen Form der sich ändernden Kontrollmechanismen ist ein Merkmal näher beschrieben, mit dem Mühlberger (2005) Unterschiede der herrschenden Steuerungsstrukturen, die eingeführt wurden und den Rahmen für die verschiedenen Beschäftigungsverhältnisse bilden, charakterisiert (siehe Tabelle 14). Neben den Kontrollmechanismen wird dabei auch der Fokus auf das zugrunde liegende Klima, die eingesetzten Methoden der Konfliktlösung und der zugeschriebenen Wirkung dieser Steuerungsmechanismen auf die Höhe des Commitments gelegt.

Tabelle 17: Entwicklung von Steuerungsstrukturen innerhalb von Organisationen (in Anlehnung an Mühlberger 2007)

	Markt	**Hierarchie**	**Netzwerk / Relationaler Markt**	**Dependent Outsourcing**
Normative Basis	Rechte der Vertragserrichtung Lieferbeziehung, -vertrag	Beschäftigungsverhältnis Herrschaft	Komplementäre Stärken	Formale und relationale Verträge, Abhängigkeit
Kommunikations mittel / Kontroll-mechanismen	Preise	Routinen	Beziehungen	Autorität, Preise oder Beziehungen
Tone or climate	Präzision und Argwohn	Formal, Bürokratisch	Reziprozität, wechselseitige Vorteile	Bürokratisch, wechselseitige Vorteile
Methoden der Konfliktlösung	Feilschen – Zurückgreifen auf Durchsetzungsinstanzen	Supervision	Norm der Reziprozität – Reputation ist wichtig	Durchsetzbarkeit durch eine dritte Partei, administrative Ermächtigung und Durchsetzbarkeit relationaler Verträge
Höhe des Commitments	Niedrig	Mittel bis Hoch	Mittel bis Hoch	Mittel bis hoch
Ausmaß der Flexibilität	Hoch	Niedrig	Mittel bis hoch	Mittel
Ausmaß der Abhängigkeit	Unabhängig	Abhängig	Unabhängig	Abhängig
Mixed forms	Vertrag als hierarchisierendes Dokument	Marktähnliche Features: Profitcenter, Festsetzung von Transferpreisen	Mehrere Partner, formale Regeln	

Veränderte Arbeitszeiten und -rythmen und veränderte Grundhaltungen, die ausdifferenzierte Steuerungssysteme mit sich bringen, wirken auf die Führungsbeziehungen mit ein. Damit verändert sich der Stellenwert physischer Anwesen-

80 Siehe dazu Kapitel 3.4 insbesondere Tabelle 8

heit bzw. der persönliche Kontakt, wobei beides als ein Element der Kontrolle auch in neueren Debatten angesprochen wird. Kratzer (2002) spricht davon, dass eine entscheidende Veränderung im Modus der Steuerung und Kontrolle von Arbeit liegt. Dieser Modus hat sich in einer Art indirekten Steuerung verändert: Das Management überlässt wesentliche Aspekte der Steuerung und Organisation der Arbeit den Beschäftigten selbst, legt aber zugleich Ziele und den weiteren Rahmen fest und kontrolliert die Zielerreichung[81]. Dabei wird sehr oft von Selbstorganisation gesprochen. Dies ist nicht als Ende der Kontrolle zu sehen, sondern vielmehr als Umbruch im Modus der Kontrolle und Steuerung von Arbeit, der sich dadurch auszeichnet, dass sich Herrschaft gerade durch Autonomie realisiert (Moldaschl/Sauer 2000).

Neben den Auswirkungen auf Steuerung und Kontrolle der Arbeit bringen neue Beschäftigungsformen mit sich, dass Unternehmen die gewohnten identifikationsstiftenden Symbole wie einen eigenen Arbeitsplatz nicht mehr in dieser Form bereitstellen (Linde 1997: 22). Es verschieben sich die Symbole.

Veränderte Steuerungsformen gehen auch mit einer Veränderung formaler Strukturen einher. Moderne Organisationen verändern ihre Strukturen immer öfter von bürokratischen Formen hin in zu organischen, komplexen bzw. dynamischen Formen wie z.B. netzwerkähnliche Formen. Dazu stellen Ashforth und Johnson (2001: 36) fest, dass „top-down command structures and control systems are giving way to lateral communication and teamwork". Das führt ihrer Ansicht nach dazu, dass somit "lower order identities such as the workgroup" für den/die einzelne/n Beschäftigte wichtiger werden als z.B. Symbole wie ein eigenes Büro. Dies unterstreicht auch Dale (2005: 660): „changing social and economic conditions require changing forms of control incorporated into different spatial and material arrangements." Als solche möglichen Formen wird in weiterer Folge auf zwei wichtige mögliche Arrangements verwiesen: Management of Meaning and Management of Identity. Diese Formen unterstützen, die Kontrollidee, die sehr stark mit traditionellen, vertikalen und hierarchischen Formen der Autoritätsbeziehungen verbunden ist, stärker im Sinne von horizontalen Formen wie Peer- und Teamkontrollen zu sehen. Die horizontalen Formen gehen vom konzeptionellen Gedanken her stark mit Selbstdiziplinierung bzw. Alignment of the Self with the Company (Dale 2006) einher. Laut Dale (2006) zeigen sich diese horizontalen Formen in einer Kombination von kulturellen und textlichen Interventionen, die stark wirkende Werte widerspiegeln und als Basis für individuelles Commitment fungieren. Sie zeigen die Verbindung zwischen dem Thema Kontrolle, Kontrollformen und Bindungsformen auf.

81 Diese Form des Managements wird auch unter Zielorientiertem Management bzw. Management by Objectives beschrieben (siehe dazu Odiorne 1980, Latham/Locke 1995).

In diese Richtung geht auch der Befund von Ashford et al. (2007: 72), die herausstreichen, dass Beschäftigte, die physisch, zeitlich und administrativ losgelöst von den Organisationen arbeiten: „Specifically, they find that independent workers make meaning by drawing on their self-knowledge and culturally available meaning units rather than through the interaction with others." Identitätsbezugspunkte liegen in der Arbeit selbst und weniger im organisationalen Geschehen. Dieser Mechanismus der Bedeutungszuschreibung an Arbeit und in weiterer Folge an Identitätsbildung resultiert aus den veränderten Arbeitsbedingungen und hat Rückwirkungen auf den Bereich der Formen der Einflussnahme. Somit ist neben dem Thema Kontrolle und Einflussnahme auch die Selbstsicht der Beschäftigten im Hinblick auf das Verhalten ein essentielles Thema und es gilt, den Focus auf die Form des abgeschlossenen „psychologischen Vertrags" des/der Einzelnen zu richten.

5.3.2 Veränderung der Wahrnehmung der Arbeitsverträge

Bei der Betrachtung der Einzelleistungen, wie z.B. Produktivität oder Qualität der Arbeit ist neben den organisationalen Rahmenbedingungen schon immer auch ein Augenmerk auf die Umweltbedingungen gelegt worden. Dabei nehmen die stärkeren Interdependenzen von beruflichem und privatem Leben einen höheren Stellenwert ein. Hier wirkt die Entgrenzung der Arbeitsräume und -zeiten und führt zu Verschiebungen der Werte im Hinblick auf die Bedeutung des Privatlebens. Diese Verschiebungen werden auch der „Generation X"[82], der zugeschrieben. Dabei wird dieser Generation zugeschrieben, einen anderen Blick als die Vorgängergenerationen auf Leistung zu haben. Bailyn und Fletcher (2003) betonen in diesem Zusammenhang, dass Arbeitssysteme und -prozesse zwei Ziele erreichen müssen: einen hohen Performancegrad am Arbeitsplatz und die Möglichkeit, auch persönliche und familiäre Bedürfnisse zu befriedigen. Somit rücken die Bedürfnisse des/der Einzelnen in den Vordergrund.

Diese Bedürfnisse spielen in die Wahrnehmung von Arbeitsverträgen durch den/die Einzelne hinein. Somit stehen die Betrachtung und die Wirkung von Arbeitsverträgen im Zentrum und in diesem Zusammenhang macht es Sinn, hier die Spezifika dieser Form näher zu betrachten. Als Vertrag wird eine Übereinkunft über den Austausch von Gütern oder Dienstleistungen zu einem zukünftigen Zeitpunkt angesehen. Dabei wird in dieser Übereinkunft spezifiziert, was jeder der Vertragsparteien unter bestimmten Bedingungen zu tun hat (Weakliem

82 Generation X bezeichnet als Schlagwort die in den 1960er und 1970er Jahren geborene Generation (Coupland 1991, Zemke/Raines/Filipczak 2000).

2006). In dieser Betrachtung sind zwei Ebenen zu unterscheiden – der relationale und der psychologische Arbeitsvertrag.

5.3.2.1 Relationaler Arbeitsvertrag

Im Gegensatz zum klassischen Kaufvertrag, bei dem feste Leistungen getauscht werden, konstituiert ein Arbeitsvertrag eine Autoritätsbeziehung – davon geht schon Simon 1951 aus, als er feststellt, dass die aus der Beziehungshaftigkeit des Arbeitsvertrags (Relational Contract) resultierenden Besonderheiten in der traditionellen ökonomischen Theorie vernachlässigt würden. Arbeitsverträge sind demgegenüber eher als Rahmenverträge zu sehen, die nicht genau festlegen, welche Tätigkeiten zu welchen Zeiten, in welcher Art und Weise und gegebenenfalls unter welchen Bedingungen ausgeführt werden sollen. Vielmehr wird es als zentrales Merkmal angesehen, dass der/die ArbeitgeberIn ein Direktionsrecht hat, das es ihm ermöglicht, nach Vertragschluss, die von dem/der ArbeitnehmerIn auszuführenden Tätigkeiten aus einer von dem/der ArbeitnehmerIn akzeptierten Menge von Tätigkeiten auszuwählen. Der/die ArbeitnehmerIn überträgt einen Teil seiner/ihrer Kontrollrechte über seine/ihre Handlungen gegen eine Kompensationsleistung an den/die ArbeitgeberIn (Simon 1951: 294). Der Arbeitgeber erwirbt damit bestimmte Weisungsrechte und kann dessen/deren Arbeitsleistungen überwachen und bewerten. Das sind die Grundsteine einer Herrschaftsbeziehung (Authority Relation) – diese Herrschaft wird jedoch je nach Umfeld durch mehr oder weniger restringierende Schutzgesetze wie z.B. Kündigungsschutz, etc. eingeschränkt.

Zentrales Merkmal nach Simon ist demnach, dass nach Vertragsschluss von einem der VertragspartnerInnen auf Basis einer Autoritätsbeziehung Wahlentscheidungen über die konkret zu erbringenden Leistungen des/der anderen Vertragspartners/in getroffen werden können. Die Betrachtung Simons konzentriert sich auf den ökonomischen Kern des auf einem Arbeitsvertrag basierenden Leistungsaustausches und abstrahiert von weiteren gesellschaftlichen Voraussetzungen, Funktionen und Konsequenzen der Institution Arbeitsvertrag (Haunschild 2004: 115).

Gerade wenn es um Erwartungen an Beschäftigte und damit auch um die Frage des Extra-Rollenverhaltens geht, stehen vor allem soziale Reziprozitätsnormen im Vordergrund, die nur eingeschränkt planbar sind. Es wird ein Tauschverhältnis unterstellt, in dem es zu einem Austausch von „ich gebe dir und du gibst mir“ kommt. Die Grundidee dieses Rational Choice findet sich in Ansätzen wie z.B. der Wert-Erwartungstheorie von Esser (1999), der Erwartungs-Valenz-Theorie von Vroom (1964) oder dem Transaktionskostenansatz (Williamson 1985) wieder.

Die beschriebenen Ansätze sind dadurch charakterisiert, dass eine prinzipielle Steuerbarkeit des menschlichen Verhaltens über Kosten, Nutzen und die Knappheit von Ressourcen möglich ist. Es gibt jedoch genug Stimmen, die davon ausgehen, dass nicht alles menschliche Verhalten als hedonistisch eingeschätzt werden kann, denn auch Verhalten kann Nutzen transzendierend sein, wenn beispielsweise Identität, Moral oder Expressivität im Vordergrund stehen. Shamir (1991), der diesen Ansatz vertritt, bindet diese Argumentation explizit auch an die Konzepte der intrinsischen Motivation. Intrinsische Motivation ist auf die erwartete Freude an der auszuführenden Tätigkeit selbst zurückzuführen und durch Selbst-Zuschreibungen und -vergaben von Belohnungen gesteuert. Damit wird jedoch die Steuerbarkeit des menschlichen Verhaltens in Frage gestellt.

Diese Infragestellung bedeutet jedoch nicht, dass damit die Nichtbeeinflussbarkeit als belegt angesehen werden kann, sondern dass es gerade in diesem Bereich Sinn macht, zwischen Beeinflussbarkeit und Nicht-Beeinflussbarkeit, bzw. zwischen extrinsischer und intrinsischer Motivation zu differenzieren. Hier haben besonders Frey/Bohnet (1994) bzw. Frey/Osterloh (1998) auf den „Verdrängungseffekt" hingewiesen. Dabei geht es darum, dass extrinsische Belohnungen intrinsische Motivation überlagern oder auch verdrängen können. Matiaske/Weller (2005: 66) leiten daraus ab, dass freiwilliges Engagement sich vor allem dort zeigen sollte, wo es gerade eben nicht belohnt wird.

Arbeitsbeziehungen können grob gesprochen als soziale oder als von marktlichen Prinzipien geleitete Tauschbeziehungen konzipiert werden (Blau 1964 zitiert in Matiaske/Weller 2005: 66). In Arbeitsbeziehungen sind aber gerade die Inhalte nur schwierig zu spezifizieren, denn weder der/die Beschäftigte noch der/die ArbeitgeberIn können alle Eventualitäten die im Zusammenhang mit einer Leistungserstellung auftreten können, antizipieren. Trotz dieser Unsicherheit werden (Arbeits)verträgen sehr oft als ein Betrachtungsgegenstand gewählt. Z.B. sind sie gerade im Zusammenhang mit der möglichen Auslegung zur eigenen Nutzenoptimierung sehr oft auch Gegenstand der Auseinandersetzung in Ansätzen wie z.B. der Prinzipal-Agent-Konzepte[83]. Dabei steht die optimale Gestaltung der Verträge im Vordergrund. In diesen Konzepten wird davon ausgegangen, dass vertragliche Instrumente vereinbart werden können, die die Unsicherheit des Prinzipalen (Arbeitgeberin/s) über die Performance des Agents (ArbeitnehmerIn) reduzieren können und somit zu einem möglichst effizienten Ergebnis gelangen. Herrschaftsbeziehungen sind in einer solchen Art von Auseinandersetzung nicht zu vernachlässigen. Sie kommen aber noch stärker in den Ansätzen heraus, die nicht so sehr die Ausformulierung des Vertrages im Blick-

83 Siehe dazu Arrow 1985, Williamson 1985, Pratt 1985

punkt haben, als vielmehr den damit verbundene Auslegen der Regeln und Gewohnheiten, die einem Nutzen maximierenden Kalkül folgen: den Transaktionskostenansätzen[84]. Hier kann z.B. im Hinblick auf Arbeitsverträge festgehalten werden, dass es als im Hinblick auf Kosteneffizienz als sinnvoll erachtetet wird, nicht jede einzelne Transaktion einzeln auszuverhandeln, sondern es viel effizienter ist, einer Partei – in diesem Fall dem/der ArbeitgeberIn – die Autorität zu verleihen, die Aktionen einer zweiten Partei – in diesem Fall die Beschäftigten – zu lenken (Weakliem 2006: 108). Es geht in diesem Zusammenhang sehr stark um Verhandlungskonstellationen, bei denen jedoch nicht der Machtaspekt außer Acht gelassen werden darf. Und gerade diese Anknüpfungspunkte der ungleichen Machtverteilung der VerhandlungspartnerInnen ist einer der Hauptkritikpunkte an den beiden genannten vertragstheoretischen Ansätzen. Dies zeigt sich auch, wenn wir die Entwicklungen rund um die Leiharbeit betrachten: Im Arbeitsvertrag mit einer Organisation ist gleichzeitig auch das Recht verbunden, die Direktionsrechte an Dritte zu übertragen (Delegationsrecht) und damit ergeben sich neue Konstellationen: Coleman (1991) spricht in diesem Zusammenhang von verschiedenen Formen der Herrschaftsbeziehungen:

- Disjunkte Herrschaftsbeziehungen: zwischen dem Beherrschten und dem Herrschenden liegen voneinander abweichende Interessen vor, der Herrschende übt seine Kontrollrechte hierbei im eigenen, nicht aber im Interesse des Beherrschten aus.
- Komplexe Herrschaftsbeziehungen: Durch das Delegationsrecht entsteht eine Herrschaftsbeziehung zwischen mindestens drei AkteurInnen.

Ein weiterer Kritikpunkt an diesen rationalen Konzepten geht davon aus, dass individuelle Arbeit in einen größeren organisationalen Kontext eingebettet ist, der Arbeits- und Gruppennormen, die Identifizierung mit Aufgaben, wechselseitige Unterstützung und soziale Kohäsion unter den MitarbeiterInnen aktiviert – alles Einflussfaktoren, die der Erreichung der Organisationsziele und der Stärkung der Performance dienen (Koeszegi/Vetschera 2006: 390). Und diese Faktoren werden nicht berücksichtigt.

Aktuelle Befunde zu den Arbeitsbeziehungen an der Grenze zwischen regulärer Beschäftigung und (Schein)Selbstständigkeit wurden von Mühlberger/Bertolini (2008) näher betrachtet. Dabei wurden Unternehmen in zwei Branchen (Versicherungen und Business Services) in Österreich und Italien untersucht. Die Studienautorinnen (Mühlberger/Bertolini 2008: 465) kommen dabei zum Schluss, dass „formal contracts in both industries [insurance, business services] do not regulate the specificities of the work relationship because of bounded rationality problems, but rather engage in informal, relational contracts

84 Siehe dazu z.B. Williamson 1985

that govern the actual form of cooperation.“ Neben der Betrachtung der Wirkung von formalen Verträgen haben die Autorinnen auch die Bedeutung bzw. die Rückwirkungen der Vertragskonstellationen auf die Führungsbeziehungen untersucht. Im Hinblick darauf wird festgehalten, dass hier Abhängigkeit durch zwei Mechanismen erzeugt wird: Unterstützung und Kontrolle. Im Hinsichtlich des zweiten Punktes der Kontrolle werden auch bei neueren Arbeitsverhältnissen ähnliche hierarchische Strukturen etabliert wie in herkömmlichen Beschäftigungsverhältnissen und damit wird Abhängigkeit geschaffen. In den Fällen aus der Versicherungsbranche wurde festgestellt, dass ein hoher Kontrollgrad zu beobachten war, der sich durch „various support measures (e.g. low-interest loans, back-office support), tight supervision (e.g. setting business goals, monitoring by IT) and incentives deriven form long-term economic advantages (i.e. better conditions, higher earnings)“ gezeigt hat. Im Gegensatz dazu ist dieser ganze Bereich der „managerial control“ im Business-service-Bereich viel weniger stark ausgeprägt. Hier ist es wichtiger, den „Job gut zu machen“. Dieses Beispiel zeigt, dass die rein instrumentelle Haltung Beschäftigter gegenüber ihrer Arbeit sich gewandelt hat. Diese Entwicklung wird z.B. von Baethge (1991: 18) als normative Subjektivierung von Tätigkeiten bezeichnet, wobei hier die Verwischung der Grenzen zunehmend Bedeutung erhält, da immer mehr Tätigkeiten sowohl als Erwerbsarbeit als auch als unbezahlte Selbsttätigkeit figurieren. Es kommt somit zu Verschiebungen der Haltung zur Arbeit. Es verschieben sich durch atypische Beschäftigungsformen auch die Bedeutungen. Dies unterstreichen auch Mühlberger und Berolini (2008: 468): „This externalisation process also introduces into the market issues such as reciprocity in the form of relational contracts, the configurations of specific social networks and specific kinds of assurance and trust.”

Auch in den Verträgen, die atypischen Beschäftigungen zugrunde liegen, finden sich zumeist die zentralen Merkmale des zeitlichen Rahmens und Bedingungen bzgl. der Ausführung der Tätigkeiten, die beide - transaktionale und relationale - Elemente in sich bergen. Analog zum oben skizzierten Tauschmodell können die abgeschlossenen Arrangements als formale, aber auch als psychologische Verträge gekennzeichnet werden. Dabei gehen die Erwartungen und Ansprüche, die sich in psychologischen Verträgen verfestigen, über formale Vertragsvorstellungen hinaus. Sie berühren vielmehr allgemeine Gerechtigkeits- und Fairness-Normen des sozialen Miteinanders. Gerade bei der Einführung neuer Instrumente der Personalpolitik, wie z.B. neue Leistungsbeurteilungen oder Entgeltsysteme, nimmt die wahrgenommene Gerechtigkeit eine steuernde Rolle ein (Matiaske/Weller 2005: 66f).

5.3.2.2 Psychologischer Arbeitsvertrag

Psychologischen Verträgen kommt somit ein wichtiger Stellenwert für die Leistungserbringung und damit auch für die beobachtbaren Arbeitsergebnisse (Employee Outcomes) zu. Psychologische Verträge ergänzen und überlagern formale, juristische Arbeitsverträge und formulieren wechselseitige, nicht notwendigerweise übereinstimmende Erwartungen zwischen Arbeitnehmenden und Arbeitgebenden. Es gibt eine Unzahl an Definitionen für diesen psychologischen Vertrag bzw. dessen Veränderungen. Wurzeln finden sich dazu in den Arbeiten von Argyris (1960), Levinson et al. (1962) und Schein (1965). Die Diskussionen gehen überwiegend von den Arbeiten von Rousseau (1989: 123) aus, die auch eine der Basisdefinitionen liefert: „The term psychological contract refers to an individual's belief regarding the terms and conditions of a reciprocal exchange agreement between the focal person and another party. Key issues here include the belief that a promise has been made and a consideration offered in exchange for it, binding the parties to some set of reciprocal obligations." Zentral an dieser Definition ist, dass es sich um ein in gutem Glauben begründetes implizites, subjektives Konstrukt handelt, in dem wahrgenommene Übereinkünfte die Basis für eine Form des Austausches bilden (Anderson/Schalk 1998: 641f, Conway/Briner 2005: 22). Die zentralen Merkmale des psychologischen Vertrags sind:

- Vorstellungen (Beliefs), die den psychologischen Vertrag erzeugen und ausmachen. Dabei geht es um Vorstellungen über Erwartungen einerseits, aber auch um Vorstellungen über Versprechen bzw. Zusagen andererseits.
- Implizite Natur: Gerade Versprechen und Zusagen können explizit gemacht werden. Sie sind z.T. auch Bestandteile des formalen Arbeitsvertrages. In diesem Zusammenhang ist jedoch zu betonen, dass es durch Interpretationen von Verhaltensweisen von z.B. vergangenen Austauschbeziehungen, Lernen durch Beobachtung aber auch durch Faktoren, die jede Partei unterschiedlich einschätzt (z.B. Gerechtigkeit) zu individuell unterschiedlichen Interpretationen kommt.
- Subjektive Natur: Selbst wenn Vertragsbestandteile als Teil des Austausches objektiv erscheinen (Gehalt, Arbeitszeit, ...), unterliegen sie einer subjektiven Interpretation und Bewertung.
- Wahrgenommene Übereinstimmung ist im Gegensatz zur tatsächlichen Übereinstimmung für den psychologischen Vertrag relevant.
- Austausch: Die Übereinstimmung bezieht sich auf wahrgenommene Austauschübereinkommen zwischen zwei Parteien. Dabei wird von der Annahme der Reziprozität ausgegangen, damit ein psychologischer Vertrag als Vertrag betrachtet werden kann. Dieser Austauschprozess ist als ein

permanenter Austausch bzw. laufender Prozess zu sehen.

Noch immer wird der psychologische Vertrag weitgehend als kognitives Modell (Rousseau 1995) gesehen, nicht aber als gegenseitige Beziehung verstanden (Millward/Brewerton 2000). Rousseau (2001) zeigt jedoch auf, dass der psychologischen Vertrag das Ergebnis eines Aushandlungsprozesses ist, in dem Erwartungen der Firma genauso hineinspielen wie die des/der Einzelnen (siehe Abbildung 26).

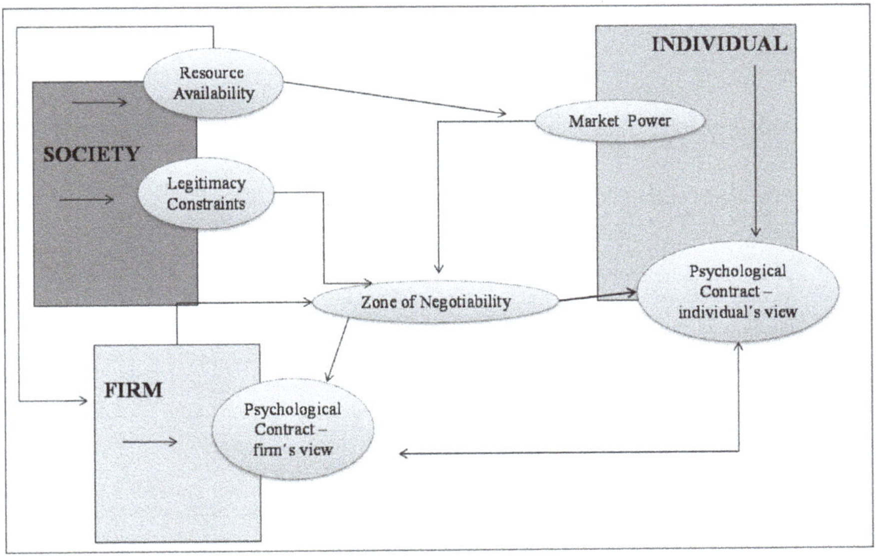

Abbildung 26: Bezugsrahmen des psychologischen Vertrags (Rousseau 2001, S. 264)

Die Herausbildung der Gemeinsamkeiten des Verständnisses in diesem Prozess wird von der Qualität der Arbeitsbeziehungen beeinflusst (Guest/Conway 2002). Eine Abstimmung bzw. ein gemeinsames Verständnis begünstigt positive Ergebnisse von steigender Arbeitszufriedenheit über höheres organisationales Commitment bis hin zu erhöhter Performance. Im Gegensatz dazu ist eine Nichtübereinstimmung der Verständnisse mit negativen Ergebnissen verbunden, die sich von einem wahrgenommenen Buch des Psychologischen Vertrags bis hin einer Verringerung der organisationalen Performance ziehen kann (Dabos/Rousseau 2004).

In die Ausformulierung des jeweiligen psychologischen Vertrags wirken Vorerfahrungen mit ein, wobei Conway/Briner (2005) unterstreichen, dass sich vor allem Erwartungen und Vorstellungen in einem psychologischen Vertrag wiederfinden, die in der derzeitigen Organisation und mit den jeweiligen Kontaktpersonen der Organisation (Vorgesetzte, ManagerInnen, DirektorInnen, HR-ManagerInnen) entstehen.

Dass diese Merkmale und deren Ausformungen von den Veränderungen der Beschäftigungsverhältnisse beeinflusst werden, wird schon länger diskutiert (Marsden 2004, Raeder/Grote 2004, Hauff 2007). In der unten stehenden Zusammenschau werden die Ausprägungen der Vorstellungen und Erwartungen traditioneller psychologischer Verträge den neueren psychologischen Verträgen gegenübergestellt (Abbildung 27).

Traditioneller psychologischer Vertrag	Neuer psychologischer Vertrag
• Arbeitsplatzsicherheit • Lebenslange Beschäftigung • Gegenseitige Loyalität / Identifikation • Interner Aufstieg • Spezialisierung	• Akzeptanz von Unsicherheiten • Leistungsorientierung • Orientierung an eigenen Fähigkeiten • Eigenverantwortung für Beschäftigung • Eigenverantwortung für Entwicklung / Arbeitsmarktfähigkeit

Abbildung 27: Veränderungen der psychologischen Verträge (Raeder/Grote 2004: 150)

Dem neuen psychologischen Vertrag wird zugeschrieben, dass er eine Art Free-agent-Mentalität erzeugt. Der/die Einzelne hat mehr Möglichkeiten, aber auch die Verantwortung, die eigene Karriere selbst zu definieren (z.B. Arthur/Hall 1996, Arthur/Khapova/Wilderom 2005, McQuaid/Lindsay 2005). Die Beschreibungen von Wegen und Karrieren stützen sich immer weniger auf Logiken der Organisationen (z.B. Senioritätsprinzip, Loyalität), wie sie es über lange Zeiträume getan haben, sondern orientieren sich in manchen Segmenten immer stärker am Arbeitsmarkt. „We find post factum explanations for ′employability′ in freeing the individual from paternalism and descriptions of human resource management strategies to move towards flexible employment and temporal contractual relationship" (Vansina 1998: 278). Employability ist ein Konzept, das die Veränderungen in den Arbeitsziehungen zwischen der Organisation und den Individuen widerspiegelt. Mit Employability ist ein anderes Verständnis der verschiedenen Bedeutungen von Mitverantwortung der involvierten PartnerInnen verbunden: „Management′s responsibility for providing the necessary learning opportunities and free information about available jobs lasts as long as the person is employed. For the employee, however, the future depends on maintaining and enhancing his or her employability, regardless of the employer's immediate demands. The difference in meaning does affect the way the parties optimize their investment in work and future." (Vansina 1998: 278f) Damit steht Employability im Gegensatz zu Beschäftigungssicherheit im Vordergrund, was sich auch in der Diskussion der Veränderungen der Inhalte der psychologischen Verträge zeigt (siehe dazu Abbildungen 26 und 27).

Neben der Verschiebung im Bereich der Bedeutung von Arbeitsplatzsicherheit findet sich bei der Bedeutung von Karriere bzw. deren Gestaltung ein zweiter Bereich, in dem die Unterschiede zwischen traditionellem und neuem psychologischen Vertrag zu finden sind. Die traditionelle Aufstiegskarriere wird von einer Leistungskarriere (career of achievement) ersetzt, in der es vielmehr um die Entwicklung von persönlicher Reputation und professional skills geht (Hall 2002). In diesem Zusammenhang wird jedoch einschränkend angemerkt: "this new level of responsibility can only be empowering if employees recognise and accept the new arrangement" (Clarke/Patrickson 2008: 125). Und hier gibt es Unterschiede zwischen verschiedenen Gruppen. So findet sich ein weitaus größerer Anteil in der Gruppe der jüngeren Mitglieder der Generation X und Y, die auch einen bestimmten Bildungshintergrund mitbringen und die sich diese Selbstbestimmungsoptionen im Bereich der Karrieredefinitionen regelrecht ersehnen (Bogdanowicz/Bailey 2002). Neben den Jungen wird dieser Hang zur Selbstdefinition auch sehr gut qualifizierten Professionals im Beratungs- und Finanzdienst-leistungssektor zugeschrieben, wobei sich hier gezeigt hat, dass Bestrebungen in Richtung der Durchsetzung von anderen Karrieremustern bzw. einer Art Karriereelastizität im Hinblick auf vertikale Karrieren (Career Resilience) gegenüber der Abhängigkeit von vorgezeichneten Karrierewegen (Career Dependence) nicht sehr erfolgreich waren (Atkinson 2002). Trotz der Zuschreibung der Leistungsorientierung scheinen hier die Mechanismen rund um die greifende Identifikation stärker zu sein. Somit ist diese Verantwortungsverschiebung nur zum Teil vollzogen.

Gleichzeitig bedeutet es aber auch, dass die Kosten für die Ausbildung bzw. Weiterbildung bei dem/der Einzelnen liegen. Immer seltener werden diese Kosten von der Organisation getragen, da gerade die Investition in breitere, marktgängige Kompetenzen die Employability der Einzelnen erhöht und damit auch die Wahrscheinlichkeit, dass er oder sie die Organisation verlässt (Craig/Hall 2005). Durch diese Verschiebung der Verantwortung und der Kosten für Weiterqualifizierung auf den/die Einzelne entsteht eine Situation, die von einigen AutorInnen wie folgt skizziert wird: "advantaged risk-taker becomes the risk absorber" (z.B. Smith 2001: 566; Mallon/Walton 2005). Dieser Befund unterstreicht die in den neuen psychologischen Verträgen stärker werdende Orientierung am Austauschprozess und verdrängt die Beziehungsorientierung, die in den traditionellen psychologischen Verträgen einen viel wichtigeren Stellenwert innehatte (Conway/Briner 2005: 43f).

Diese Risikoübernahme drückt sich auch im Umgang mit (Un)Sicherheit aus. So deuten immer mehr Befunde darauf hin, dass die Aspekte von erlebter Sicherheit bzw. der Umgang mit Unsicherheit sehr stark von dem Faktum abhängt, inwieweit neue Beschäftigungsformen freiwillig gewählt wurden, oder ob man in diese Beschäftigungsformen „geworfen" wurde. Je eingeschränkter die Wahlfreiheit von dem/der Einzelnen erlebt wurde, umso bedrohlicher werden die mit den meisten neuen Beschäftigungsformen verbundenen Unsicherheiten erlebt (Sennett 1998, Wacjman/Martin 2001, Kaupa/Steiner 2002).

Neben der Freiwilligkeit ist auch die zu erwartende Dauer der Unsicherheit ein wesentlicher Faktor. Dabei geht es darum, inwieweit Unsicherheit als mehr oder weniger neutraler Effekt von neuen Beschäftigungsformen oder als Bedrohung gesehen wird. Eine kurzfristige Unsicherheit wird besonders von jüngeren Beschäftigten als akzeptabel eingestuft, während hingegen längerfristige Unsicherheiten als problematisch eingestuft werden, gerade dann, wenn auch andere private Aufgaben wie Familiengründung oder Wohnungskauf übernommen werden (Smithson/Lewis 1999: 694). Dieses Beispiel zeigt auf, dass es rund um die Erfüllung der verschiedenen Erwartungshaltungen zumindest zwei zentrale Gruppen an Inkongruenzen gibt: Nichtübereinstimmung im Hinblick auf die Pflichten (Obligation Incongruence) und im Hinblick auf die Erfüllung der Erwartungen bzw. Pflichten (Fullfilment Incongruence) (Wolfe Morrison/Robinson 2005: 163ff).

Dass es auch von Seiten der Organisationen zu einem Umdenken gekommen ist, zeigt eine in den letzten Jahren bei der Deutschen Telekom durchgeführte Studie. Dabei wird aufgezeigt, dass auch Organisationen, denen ausgeprägte Traditionen gerade im Bezug auf die Gestaltung von Dienstverträgen (Stichwort – Beamtenmodell) zugeschrieben wurden, sich mit der Flexibilisierung der Beschäftigungsverhältnisse in den letzten Jahren ein beachtliches Stück aus der Funktion zurückgezogen haben, für die Biographien ihrer Mitglieder Ressourcen, Orientierung und Sicherheit anzubieten (Holtgrewe 2006: 270).

Neu in diesem Zusammenhang ist die dabei zum Ausdruck kommende organisationale Indifferenz gegenüber formalisierten Qualifikationen und institutionalisierten Berufswegen. Anders formuliert werden z.B. Rekrutierungskriterien oder Aufstiegswege immer mehr informalisiert und es kommt stärker auf Faktoren an, die an die Person und ihre mutmaßlichen persönlichen Eigenschaften gebunden sind. In diesem Zusammenhang hat Beck (1986) schon in den 1980er Jahren darauf aufmerksam gemacht, dass mit dem Bedeutungsverlust zertifizierter Qualifikationen alte soziale Ungleichheiten an Gewicht gewinnen. Diese

Individualisierung des Arbeitsmarktes hat auch ihren Niederschlag in der Auseinandersetzung innerhalb der Karriereforschung gefunden. Hier sind im Laufe der Jahre verschiedenste Begrifflichkeiten geprägt worden, wie z.B. Nomadic Career[85] (Cadin et al. 2000a; 2000b), Boundaryless Career[86] (Arthur/Rousseau 1996) oder Protean Career[87] (Hall 1996a, 2004). All diesen Konzepten ist die Betonung von Dynamik, Veränderung und eben auch Flexibilität in der Betrachtung und Entwicklung von Karrieren gemein. So wird hervorgehoben, dass nicht mehr länger Erziehungsinstitutionen, berufliche Verbände und Wirtschaftsorganisationen die Macher der individuellen Karrieren sind, sondern vielmehr die Individuen selbst ihre Karrieren fertigen (Inkson 2002: 101).

„To grasp the nature of the psychological contracts in place, it is necessary to drill down into the beliefs which workers and employers hold as well as the information sources they use to interpret the work environment.“ (Rousseau 2004: 123) Es geht um das wechselseitige Verständnis, worin viele mögliche Quellen für Missverständnisse liegen, die gerade auch im Hinblick auf die Erfüllung des psychologischen Vertrags, in eine lange Liste an dysfunktionalen Ergebnissen (von Ärger über geringe Leistungen bis hin zu Misstrauen oder Sabotage) münden können (Rousseau 2004: 124). Um diese Ergebnisse zu vermeiden, geht es um die Transparenz von Erwartungen und Zielsetzungen der beiden involvierten Vertragsparteien. Hier sind sowohl die Beschäftigten selbst als auch die Unternehmen gefordert, diese offen zu legen, aber auch den immer größer werdenden Spielraum für die Aushandlung der konkreten Inhalte des psychologischen Vertrages zu nutzen: „Both workers and firms have a lot to learn about how to make such flexibility work well for all parties. Idiosyncratic arrangements can provide ways for organizations to identify innovations that could be more broadly beneficial.“ (Rousseau 2001: 272) Karrieren und deren Beschreibungen werden somit eine Form der Beobachtung individueller Lebenswege und

---

85 Karrieren von „Herumziehenden“: In Karrieregeschichten wird dieser Begriff schon länger verwendet, um aufzuzeigen, wie der/die Betroffene an verschiedensten Plätzen ihren Aufgaben nachgeht. Findet sich sehr oft in Biographien von KünstlerInnen oder SportlerInnen. Cadin (2000a,b) hat den Begriff als eine von fünf Karrieretypen geprägt und versteht darunter Personen, die oft und vor allem radikale Jobwechsel vollziehen und sich wenig an die Organisation gebunden fühlen.

86 "Grenzenlosen" Karrieren, die sich nicht mehr an Organisationsgrenzen orientieren. Dabei steht die subjektive Definition von Karriereerfolg im Vordergrund. Weitere Merkmale sind die Ergebnisorientierung, die Fähigkeit, situationsbedingte Kompetenzen herauszustreichen und organisationale und persönliche Ziele zu integrieren.

87 Proteische Karrieren – also in der Art eines Proteus wandelbar, unzuverlässig zu verstehen. Hall (1996) streicht heraus, dass das Wechseln von Jobs ein Hauptcharaktistika von Karrieren im 21. Jahrhundert sein werde. Dabei ist zentral, dass die Kontrolle über diese Wechsel eindeutig bei der Person liegt.

ermöglichen Organisationen damit, Personen zu konstruieren und Motive zu attribuieren. Durch diesen Blick auf Karrieren werden Organisationen vor die Herausforderung gestellt, andere Formen der Ermöglichung organisationaler Entscheidungen finden zu müssen.

Diese unterschiedlichen Karriereformen sind mit einem unterschiedlichen Grad der Integration verbunden, wobei es nicht möglich ist, eine eindeutige Rangfolge innerhalb der atypischen Erwerbsformen in Richtung Integration oder Ausschließung[88] zu machen (Oschmiansky/Oschmiansky 2003: 4f). Damit liegt in dieser Neuformulierung des psychologischen Vertrags und dessen Folgen für die Ableitung von subjektiven Karrierekonzepten eine wesentliche Konsequenz, die sich durch die Veränderungen der Beschäftigungsverhältnisse ergeben hat.

5.4 Zwischenresümee – Vermarktlichung bis hin zum Identitätswandel

„We presently are in the midst of what we believe are fundamental changes in the relationship among people, the work they do, and the organization for which they do it“ (Oldham/Hackman 2010: 466). Die Wirkung der ausdifferenzierten Beschäftigungsformen[89] hat Konsequenzen auf verschiedenen Ebenen gezeigt: Auf der Makroebene sind es mittlerweile weniger hierarchische Strukturen, die als Steuerungsstrukturen wirken, sondern es wirken nunmehr Marktmechanismen bis hin zur Ausbildung von Netzwerkstrukturen mit allen Ausprägungen wie auch Schräglagen, die hier durch asymmetrische Beziehungen entstehen können. Darunter fällt beispielsweise Dependent Outsourcing[90]. Die verschieden ausgestalteten Spielräume für die Akteure am Arbeitsmarkt deuten immer mehr darauf hin, dass sich Arbeitsbedingungen in Organisationen polarisieren (Wagner 2001). Es lösen sich Arbeitsstandards an den Rändern des Arbeitsmarkts auf. Diese Standards sind mit Paradigmen der Arbeitsorganisation.

Auf organisationaler Ebene (Mesoebene) liegt ein vornehmlicher Bezugspunkt zu den Arbeitsmarktstrukturen in der Ausgestaltung der Beschäftigungspolitik auf strategischer Ebene. Hier lässt sich eine Ausdifferenzierung der Beschäftigungspolitik[91] beobachten. Damit verbunden sind auf der Steuerungsebene in den Organisationen unterschiedliche Spielräume. Pfeffer und Baron (1988) haben im Hinblick auf Normalbeschäftigungen drei Formen der Beziehungsgestaltung hervorgehoben:

---

88 Siehe dazu Kapitel.5.2.2.4

89 Siehe dazu Kapitel 3, insbesondere Kapitel 3.3.1

90 Siehe dazu genauer Kapitel 5.1.3

91 Siehe dazu Kapitel 4

- Die Bindung, die auf dem Grad der physischen Nähe zwischen Beschäftigten und BeschäftigerInnen basiert.
- Bindung, die über den Grad der administrativen Kontrolle bestimmt werden kann und
- Bindung, die sich auf die Dauer der erwarteten Beschäftigung bezieht.

Alle drei Formen beziehen sich auf die Normalbeschäftigung, die vor Ort in der Organisation erbracht wird. Wenn die erwartete Beschäftigungsdauer begrenzt ist, schränkt sich die Spannweite der administrativen Kontrolle ein – ähnliches wird für die physische Nähe angeführt (Kalleberg et al. 2000).

Damit verändert sich der Zugang von hohen Steuerungsmöglichkeiten in Normalbeschäftigungen hin zu wenig Steuerungsmöglichkeiten und eingeschränkten Kontrollmechanismen. Sind es im Bereich der Normalbeschäftigung Routinen, werden es in Bereich der atypischen Formen immer Preise, die Routinen ersetzen, die wiederum durch Ausgestaltungen von Beziehungen ersetzt werden. Wobei die Dimension der Ausprägung der Beziehungen vorne in diesem Abschnitt 5.2 noch um die Ausprägung der Kopplung erweitert wurde. Es zeigt sich dabei, dass sich der Grad der Koppelung immer stärker lockert und sich als weniger stark ausgeprägt darstellt. In Tabelle 18 finden sich die oben beschriebenen Ausprägungen der Veränderungen jeweils in Bezug gesetzt zu den ausdifferenzierten neuen Beschäftigungsformen.

Tabelle 18: Veränderte Beschäftigungsformen und Wirkungen auf die Arbeitsbeziehungen (eigene Zusammenstellung)

	Beschäftigungs-form / Merkmale	Normalbe-schäftig-ung	Befristete Beschäftig-ung	Teilzeit	Arbeit auf Abruf	Gering-fügig Beschäftigte	Leiharbeit	Langzeit-leiharbeit	Selb-ständige	Lizenz-nehmer-Innen
Kapitel 5.1 - Makroebene	Steuerungs-strukturen am Arbeitsmarkt	Hierarchie			Markt => Dependent Outsourcing			Netzwerke		
Kapitel 5.2 - Mesoebene	Kontroll-mechanismus	Routinen			Preise => Autorität, Beziehungen			Beziehungen		
	Steuerungs-möglichkeiten	Hoch			Eingeschränkt			Nicht vorhanden / eingeschränkte Weisungsbereiche		
	Grad der Koppelung	Sehr eng			Eng			Lose		
Kapitel 5.3 - Mirkoebene	Autonomie / Selbstbestimmungs-grad	Vorhanden		Eingeschränkt		Nicht Vorhanden			Eingeschränkt vorhanden	
	Psychologischer Vertrag	Traditioneller psychologischer Vertrag				Neuer psychologischer Vertrag				

Auf der Mikroebene bedeutet es für den/die Einzelne, dass sich Autonomie und Selbstbestimmungsgrade verändern. Bei marktabhängigeren Formen schränkt sich der Grad der Autonomie ein, während sich auch Formen auftun können, die neue Optionen bieten. In der Form der Ausprägung des psychologischen Vertrags wiederum zeigt sich, dass sich neue Ausprägungen zeigen, die sich in unterschiedlichen Selbstbestimmungsgraden ebenso wiederfinden wie in veränderten Formen von psychologischen Verträgen. Subjektivierungen prägen hier die Diskussion und diese Entwicklungen haben auch Auswirkungen auf Identifikationsprozesse. In dieser Diskussion wird der Bezug auf Gruppennormen ein Themenbereich, wobei bei neuen Beschäftigungsformen es weniger die Bezugsgruppe in der Organisation ist, als die Herausbildung bzw. Stärkung von beruflichen Rollenmustern.

Von Stock (2005) wird betont, dass die Herausbildung neuer beruflicher Rollenmuster an Bedeutung gewinnt und deren Merkmale weitgehend mit Parsons′ Begriff des Professionellen übereinstimmen, obwohl die General Theory von Parsons als normativ argumentierender Funktionalismus nicht mehr so einen hohen Stellenwert zugeschrieben wurde. Für den Wandel von beruflichen Rollenmustern werden von Stock (2005: 264f) im Wesentlichen zwei Gruppen von Erklärungen genannt:

- Die eine Gruppe, die sehr stark einer materialistischen Perspektive verhaftet ist und die beobachtbaren Änderungen als Resultat der Einführung komplexer Hochtechnologien, insbesondere moderner Informations- und Kommunikationstechnologien, sieht. Dabei wird der ungeheure Zuwachs an Informationen, an Informationsaustausch und -verarbeitung, an Risiko und Unüberschaubarkeit und die damit verbundene Reduktion handgreiflicher Arbeitsverrichtungen im Betrieb als Abnahme bürokratischer Anweisungsstrukturen gesehen.
- Die andere Gruppe sucht die Umstellungen im System der gesellschaftlichen Arbeit auf Begriffe wie Dehierarchisierung, Partizipation, Professionalisierung oder im Kontext postmoderner bzw. postindustrieller Managementtheorien als Ausdruck eines normativen Wandels zu begreifen.

Durch Parsons Arbeiten zieht sich die Analyse von professionellen beruflichen Rollen: schon früh bezieht er Stellung zur Ausbildung der Professionen an Universitäten (Parsons 1971) und betont seinem Werk „The System of Modern Societies“ eine Art revolutionären Modernisierungsschub, der sich für Parsons wesentlich mit der Bildungsexpansion und der sich daraus ergebenden breiten Verankerung des professionellen Normensyndroms in der Gesellschaft und den Arbeitsorganisationen verbindet. Beschäftigungsrollen haben in der Zuordnung verwandtschaftliche Beziehungsmuster ergänzt und zum Teil abgelöst. Bei diesen Erklärungen Transformation der zeitgenössischen Moderne mit dem Prozess der Professonalisierung arbeiten Parsons mit dem AGIL-Schema. „Insofern ist bei Parsons der grundbegriffliche Wechsel zum Vier-Funktionen-Schema mit seinen professionalisierungstheoretischen Analysen untrennbar verbunden.“ (Stock 2005: 267)

Parsons hat schon recht früh den Ansatz von Max Weber kritisiert, da nach Ansicht Parsons′ Weber in der „Wirtschaft und Gesellschaft“ bei seinen Analysen nicht berücksichtigt, dass es schon zu Webers′ Zeit neben den kapitalistischen Unternehmen, die Weber als bürokratisch beschrieben hat, auch andere Beschäftigungsrollen gegeben hat, die außerhalb von Bürokratien anzutreffen seien. Damit sind z.B. RechtsanwältInnen, ÄrztInnen etc gemeint: Rollenmuster, die im angloamerikanischen Sprachraum als Profession bezeichnet werden. „Mit professionellen Beschäftigungsrollen ist für Parsons nicht eine heteronome Befehlsgewalt verknüpft, sondern die Form des Einverständnisses. Genau diese Form sieht Parsons auch dann als konstitutive für die Rolle des Professionellen an, wenn diese in Organisationen eingebunden sind.“ (Stock 2005: 272)

Parsons′s General Theory, die er das erste Mal 1956 mit seinem Koautor Neil J. Smelser in seinem Werk „Economy and Society“ festgehalten hat, ist unter dem Titel „AGIL“-Modell bekannt geworden. Dabei hat Parsons den Begriff Handlung dekomponiert. Jede Handlung eines/r Akteurs/in findet in einer Situation statt. Die Situation ist bezeichnet durch Objekte (soziale Objekte, das heißt andere AkteurInnen oder Kollektive; physische Objekte und kulturelle Objekte). Der/die AkteurIn ist auf eine spezifische Weise im Hinblick auf diese Objekte orientiert. Diese Orientierungen sind bewusste oder unbewusste Konzeptionen und Entwürfe von Wünschen, Interpretationen, Bedeutungen etc., die der/die AkteurIn mit den Objekten verbindet. Das AGIL-Schema und die damit verknüpfte Theorie der Austauschmedien stellt bei Parsons zudem jene Begriffe bereit, die erklären, auf welche Weise die kulturellen Standards des Professionalismus in die Arbeitsorganisation vordringen.

Zwei zentrale Dimensionen spannen das AGIL-Schema auf: einerseits der Bezug der System/Umwelt-Beziehung und die Dimension der Zeit, bei der es um den Zukunfts- und Gegenwartsbezug geht. Der instrumentelle Umgang mit Ressourcen nimmt in der aktuellen Operation bereits die Zukunft – die spätere Konsumation – vorweg. Die Kombination der zeitlichen Unterscheidungen und der System-Umwelt-Differenz ergibt folgendes Schema (Abbildung 28):

		Zeit	
		Zukunftsbezug	**Gegenwartsbezug**
		Instrumentell Aufbau von Ressourcen (Zielprojektion und Mittelorientierung)	Konsumatorisch Verbrauch von Ressourcen
System-Umwelt	**Intern**	Strukturerhaltung („**L**atent pattern-maintenance“) Kultursystem	Integration („**I**ntegration“) Soziales System
	Extern	Adaptation / Anpassung („**A**daptation“) Verhaltensorganismus	Zielverwirklichung („**G**oal-attainment“) Persönlichkeitssystem

Abbildung 28: Allgemeines Handlungssystem nach Parsons

Die einzelnen Funktionen lassen sich aber in aller Kürze charakterisieren:

- Adaptation: hier geht es um die Erlangung und Verteilung von Umweltressourcen, oder anders formuliert die sachlich generalisierte Mobilisierung von Ressourcen für das System und damit allgemeine Anpassungen an die generellen Bedingungen der Umwelt.
- Goal-attainment: hier geht es darum, Ressourcen für die angestrebten Ziele zu mobilisieren. Die Zielorientierung: sachlich spezifische und aktuelle Orientierungen auf Objekte der Umwelt (Orientierung an der Erreichung von Zielen in Bezug auf die Umwelt).
- Integration: Dabei steht die Einbindung in koordinierende Systemkomponenten im Vordergrund - integrative Organisation funktionaler Erfordernisse
- Latent Pattern-maintenance, Strukturerhaltung: Latenz, die Spannungen bewältigt und angemessenes Verhalten begründet. Diese Latenz zeigt sich in der Institutionalisierung von relativ stabilen Mustern, die sich in den Operationen Ausdruck verschaffen und die die Identität des Systems in der Zeit sichern.

Diesen Funktionen liegen die genannten Subsysteme (Verhaltensorganismus, Persönlichkeits-, soziales und Kultursystem) zugrunde, die jedes für sich, eigene emergente Einheiten repräsentieren, die nicht aufeinander rückführbar sind. Handlungen werden dabei unter dem Aspekt der Reziprozität betrachtet, ihres Aufeinander-Bezogen-Seins und die Selektion von Handlungen aus einem Spektrum möglicher Handlungsbezüge.

Anhand von Austauschrelationen versucht Parsons zunächst zu zeigen, dass die Wirtschaft nicht nur nach immanenten „ökonomischen" Kriterien operiert. Er streicht heraus, dass diese Relationen nur im Kontext der Gesellschaft und deren Subsystemen zu begreifen sind. An der Stelle der veschiedenen „intermediate symbolic control mechanisms" (Parsons/Smelser 1956: 101) werden in späteren Werken von Parsons die generalisierten symbolischen Austauschmedien wie Geld, Macht, Einfluss und Wertbindung (Commitment) etc. treten. Mit dem Arbeitsvertrag ist ein entsprechendes Commitment institutionalisiert. Es ist Bestandteil der speziellen Verantwortung, die mit diesen Rollen verbunden ist.

Im Hinblick auf die Stabilisierung der normativen Orientierung, die sich mit der Arbeit unter modernen Bedingungen verbindet, hat auch Max Weber genauer analysiert und dem Bildungswesen eine Funktion zugeschrieben. Für Weber hat das Bildungswesen aber mit Blick auf die Entwicklung von Strukturen von Arbeitsorganisationen fundamentale Bedeutung (Stock 2005: 355). Weber hat in diesem Zusammenhang die Analyse des „gesonderten Berufs" in den Vordergrund gestellt. Dabei unterscheidet Weber

- generalisierte Stellenadressen, die in den Arbeitsorganisationen zum Ausdruck kommen und
- generalisierte Personaladressen, die im Bildungswesen erzeugt werden. Diese repräsentieren unterstellte Bündel von Kompetenzen und sind in der Form von Bildungstiteln symbolisiert.

Mit dem Begriff des gesonderten Berufs bezeichnet Weber die Koppelung zwischen beiden Seiten. Zuerst haben sich die Arbeitsorganisationen vom familialen Haushalt geschieden und sich das Bildungssystem ausdifferenziert. Für Weber setzen zirkuläre Kopiervorgänge zwischen Arbeitsorganisationen und den Organisationen des Bildungswesens ein: Ein Beispiel dafür sind z.B. die Selektion und Kombination spezialisierter Leistungen bei der Festlegung von Stellen in Arbeitsorganisationen und Unternehmen, die sich an generalisierten Klassifikationsschemata von Kompetenzen orientieren, die in Bildungszertifikaten dargestellt werden.

Weber geht von einem rekursiven Prozess der aufeinander verweisenden Konstruktionen von generalisierten und Personal- und Stellenkategorien aus, das heißt von einem Prozess der Koppelung zwischen Bildungseinrichtungen und Betrieben. Diese Koppelung wird über die Autorität von Bildungszertifikaten in Organisationen vermittelt. Stock (2005: 357) sieht in Webers Erklärungsansätzen einen guten Start und gleichzeitig streicht er heraus, dass damit nicht analysiert werden kann, auf welche Weise die gegenüber den Arbeitsorganisationen extern erzeugten Personalkategorisierungen bei der organisationsinternen Definition von Stellen berücksichtigt werden. Es bleiben also die Entscheidungen in Organisationen ausgespart.

Kurtz (2002) hat in diesem Zusammenhang herausgearbeitet, dass Beruf als Medium der strukturellen Koppelung zwischen Erziehungssystem und Beschäftigungssystem gesehen werden kann. Zentral ist die Unterscheidung von Funktionssystemen auf der einen Seite und Organisationen auf der anderen Seite. Erst Stellen in Organisationen werden im Hinblick auf das Wirtschaftssystem durch einen Geldbetrag symbolisiert: sie müssen budgetiert sein, sie regulieren Geldverteilungen und von da aus auch Zahlungsfähigkeiten von Mitgliedern. Diese Zusammenhänge erschließen sich nicht auf Ebene der binären Codierung von Funktionssystemen, sondern sie beanspruchen Organisationen. Organisationen markieren insofern Zonen der Interdependenz zwischen Funktionssystemen (Stock 2005: 365).

Parsons zeigt in seinen Analysen, dass sich verschiedene Beschäftigungsrollen finden, die sich anhand von generalisierten Entscheidungszumutungen unterscheiden. Dies zeigt sich z.B. in der Unterscheidung, dass von ManagerInnen andere Entscheidungen getroffen werden als z.B. von ProduktionsmitarbeiterInnen. Sieht man Entscheidungen als eine Grundlage bzw. als konstituierendes Merkmal von Entscheidungen – wie z.B. im Rahmen der neueren Systemtheorie –, dann wird klar, dass damit die Parameter von verschiedenen Beschäftigungsrollen selbst als das Resultat von Entscheidungen zu begreifen sind. Die Entscheidungen beziehen sich dabei auf die Festlegung von Stellenparametern in Organisationen. Es stellt sich dementsprechend die Frage, unter welchen Bedingungen generalisierte Personalklassifikationen – also externe Klassifikationsschemata – sich in Organisationen als Voraussetzung für Entscheidungen über Stellenparameter Autorität verschaffen können. Hier stellt sich die Frage nach dem Zusammenhang zwischen Bildung und Beschäftigung auf zwei Ebenen: Betrachtet man sich diese Punkt aus einer systemtheoretischen Perspektive, geht es zum einen um eine Koppelung zwischen Funktionssystemen der Gesellschaft – nämlich zwischen Wirtschaftssystem und dem Erziehungssystem. Zum anderen geht es aber auch um die Relation zwischen Funktionssystemen und Organisationen und innerhalb von Organisationen.

Damit sind wir bei den Relationen von Systemen angelangt und somit auch bei der Betrachtung von Inklusion/Exklusion, die am Ende des vorigen Abschnittes gestanden ist. Wenn nun Inklusion und Exklusion auch in Bezug zum Konzept der Identität gesetzt wird, ist der Schluss nahe liegend, dass Identität als partikularisiert bzw. atomisiert bezeichnet werden kann. Ausgangspunkt dafür ist die Annahme, dass ein soziales Objekt, das ein zweites Mal in einem Kommunikationsprozess adressiert oder inkludiert wird, eine Identität dieses Objekts voraussetzt (Stichweh 2002: 106f). Gesellschaften, in denen die Funktionssysteme immer stärker durch Netzwerke ersetzt werden, bringen eine losere Form der Inklusion mit sich. Nur kleine und gesellschaftlich geschlossene Systeme basieren auf starken Verbindungen und dabei verweist Stichweh (2002: 108) auf Granovetter (1983): „From this follows that in some respects in modern society ties replace identity." In diesem Zusammenhang lauten die Fragen dementsprechend nicht mehr, „Wer bin ich?" oder „Was sind meine Werte?", sondern vielmehr, mit wem bin ich verbunden, mit wem bin ich in Kontakt.

Wie diese Fragen und in diesem Abschnitt aufgezeigten Konsequenzen in den wissenschaftlichen Diskurs rund um organisationales Commitment Eingang gefunden haben, steht im Mittelpunkt des folgenden Kapitels.

6. Operationalisierung von organisationalem Commitment im wissenschaftlichen Diskurs

In den vorangestellten Kapiteln sind vor allem die verschiedenen Aspekte der Veränderung der Beschäftigungsverhältnisse, deren Ursachen, Ausprägungen und Wirkungen im Mittelpunkt gestanden. Wirkungen auf der Ebene des Individuums sind unter anderem im Hinblick auf die Wahrnehmung von Zugehörigkeiten und damit in der Folge auch auf die Veränderung von Beziehungsmustern und Mitgliedschaftsrollen aufgezeigt worden. Diese Verschiebungen haben auch Wirkungen auf die Haltungen (mind sets) der Mitglieder in Organisationen und beeinflussen die Ausbildung der Identitätsgrenzen von Organisationen. Organisationales Commitment ist ein Konstrukt, das die Wirkung dieser Haltungen abbildet und zum Teil auch versucht in einer Form „messbar" zu machen. Dazu finden sich mehrere Erklärungsmodelle, die unterschiedliche Dimensionen betonen. Diese Dimensionen bilden die Basis für unterschiedliche Formen der Operationalisierung und bestimmen damit auch in weiterer Folge, welche Faktoren bei Untersuchungen von organisationalem Commitment berücksichtigt werden. Der folgende Abschnitt gibt einen Überblick über die gängigen Konstrukte und beginnt mit der Zuordnung der verschiedenen Ansätze.

6.1 Überblick: Verhaltens- und Einstellungsbezogene Schulen

Soll ein Überblick über die verschiedenen Ansätze der Commitmentforschung gegeben werden, ist auf die große Heterogenität der Beiträge und Ansätze hinzuweisen. Diese Unterschiedlichkeit zeigt sich schon allein in den voneinander abweichenden Definitionen von Commitment, in der Bestimmung von Entstehungsprozessen und in der Berücksichtigung unterschiedener Fokusse. Meyer et al. (1993) streichen heraus, dass Commitment auch auf andere Ziele (Fokusse) als die Organisation gerichtet sein kann. Es gibt verschiedene soziale Einheiten, die als Bezugspunkte für Commitment dienen können. Bezugspunkte können Gewerkschaften, Berufe, Organisationen oder KollegInnen sein. Welcher dieser Bezugspunkte gewählt wird, ist abhängig von der jeweiligen Identitätsorientierung[92]: „Whereas commitment, particularly affective commitment refers to the strength of social relations, identity orientation refers to how an individual chooses to relate to others in his or her environment." (Flynn 2005: 744)

92 Siehe dazu Kapitel 3.2

Die Identitätsorientierung hat sehr starke Implikationen für das affektive Verhalten des/der Einzelnen. Damit ist diese Form der Orientierung als eine Art Antwort auf Episoden des Austausches zu sehen. Die Identitätsorientierung[93] ist als ein Referenzrahmen anzusehen, wobei hier der Bezugspunkt für Beschäftigte einmal in ihr bzw. ihm selbst liegen kann und somit einen personalen Bezugspunkt ausmacht. Die Austauschbeziehung ist ein zweiter Bezugspunkt, der als relational einzustufen ist. Der dritte Bezugspunkt in Form der sozialen Gruppe wiederum ist ein kollektiver.

Neben den unterschiedlichen Bezugspunkten können die verschiedenen Konzepte auch im Hinblick auf die zugrunde liegenden Forschungstraditionen gruppiert werden, die wiederum durch ihre Ausrichtung auch die Form der Untersuchungen mitgeprägt haben. Die Erklärungsansätze und Definitionen für Commitment gehen im Großen und Ganzen auf zwei Forschungstraditionen zurück, auf die verhaltensbezogene und auf die einstellungsbezogene Schule (Brown 1996; Weller 2003: 77ff):

1. **Verhaltensbezogene Schule**: Die Basis für diese Arbeiten beruhen hauptsächlich auf den Arbeiten von Kiesler (1971) und Salancik (1977). Dabei wird Commitment als Bindung an Handlungen oder Verhalten definiert. Handlungen sind dann bindend, wenn sie
   - für dritte nachvollziehbar und eindeutig interpretierbar sind,
   - schlecht widerrufen oder rückgängig gemacht werden können,
   - willentlich und aus freien Stücken durchgeführt werden,
   - oft stattfinden,
   - als bedeutsam wahrgenommen werden und
   - in einen übergeordneten sozialen Kontext eingebunden sind.

   Bei der Bindung zwischen Individuen und Organisationen wirken irreversible Kosten (Sunk Costs) oder Nebenwetten (Side-bets[94]). So kann das zu Beginn entgangene Einkommen nur durch entsprechend langen Verbleib in der Organisation zurückgewonnen werden. Es entsteht somit eine Bindung an die Organisation, die zumindest temporär stark ausgeprägt ist. Individuelles Handeln kann in diesem Zusammenhang die Bindung an die Organisation erhöhen. Dieser Ansatz macht Aussagen darüber, wie aus Verhalten Einstellungen entstehen können. Brown (1996: 231) beschreibt diesen Ansatz als jene Art, die „as a result of engaging in committing behaviors" angesehen werden kann. Die Bindung entsteht entweder durch explizit festgelegte schriftlich festgehaltene Bedingungen,

93 Siehe dazu Kapitel 2.1.1.1

94 Im Deutschen werden diese Side-bets als Nebenwetten (Gauger 2000: 70) oder als Neben- oder Seitenwetten (Moser 1996: 1) bezeichnet.

zu denen sich ein/e PartnerIn gegenüber einer/eines anderen PartnerIn zu einer gewissen Leistung verpflichtet, oder implizit durch dementsprechendes Verhalten. Meyer/Allen (1991) beschreiben negative Folgen des verhaltensbezogenen Commitments als Zwang: MitarbeiterInnen sind an ihre Organisation gebunden. Sie müssen ihren Mitgliederstatus aufrechterhalten, weil sie im Fall des Ausscheidens materielle Verluste oder sonstige negative Konsequenzen in Kauf nehmen müssten.

2. **Einstellungsbezogene Schule**: Commitment ist als eine Einstellung oder als eine Gruppe von Verhaltensintentionen zu sehen. Dieser Zugang geht auf Porter et al. (1974) zurück. Sie sehen einstellungsbezogenes organisationales Commitment gekennzeichnet durch
   - einen starken Glauben an die Ziele und Werte der Organisation,
   - hohe Leistungsbereitschaft zum Wohl der Organisation und
   - die Absicht, die Mitgliedschaft in der Organisation aufrechterhalten zu wollen.

   Einstellungen sind psychische Dispositionen. Sie entwickeln sich über Beeinflussungen durch äußere Faktoren (Erfahrungen mit der Arbeit, Einflussnahme durch andere Personen) und über innere Prozesse (Erfahrungen mit Denken, Lernen etc.).

   Bei der Entwicklung des einstellungsbezogenen Commitments spielen verschiedene Klassen von Variablen eine Rolle, wobei vier Gruppen (Vinke 2005) zu unterscheiden sind:
   - *persönliche Merkmale*: Damit sind z.B. soziodemographische Merkmale gemeint, wie das Alter oder die Betriebszugehörigkeit oder aber emotionale Stabilität. So werden Personen, die als emotional stabil eingestuft werden, so beschrieben, dass sie dazu neigen, Bindungen einzugehen und feste Vorstellungen zu entwickeln.
   - *Arbeits- und Tätigkeitsmerkmale*: Darunter fallen Handlungsspielräume und der Abwechslungsreichtum in der Tätigkeit. Positive Vorgesetzten- und KollegInnenbeziehungen werden ebenso wie große Handlungsspielräume und Abwechslungsreichtum als Ursachen für hohes Commitment angesehen.
   - *Arbeitserfahrungen:* Darunter sind die jeweiligen Erfahrungen des/der Einzelnen zu zählen.
   - *rollenbezogene Merkmale*: Hier spielen die Verhältnisse im sozialen Gefüge als auch die Erwartungen von und an den/die Einzelnen eine wichtige Rolle.

   Die Folgen einstellungsbezogenen Commitments werden wiederum in Leistungs- und Teilnahmeentscheidungen unterteilt. Dabei stehen die Einstellungen der Personen im Vordergrund, die für andere nicht offensichtlich sind. Es geht um den starken Glauben an die Ziele und die Akzeptanz der Ziele und Werte der Organisation. Es geht auch um die Bereitschaft, Anstrengungen für die Organisation auszuüben und den starken Wunsch, die Mitgliedschaft in der Organisation aufrechtzuerhalten (vgl. Mowday et al. 1982).

Neben diesen beiden Ansätzen finden sich auch immer mehr gemischte Ansätze, die versuchen, beide Schulen zu vereinbaren. Für das organisationale Commitment bedeutet das, dass zum einen Meinungen und Gefühle gegenüber der Organisation entwickelt werden und dass zum anderen bestimmte Verhaltensweisen mit Organisationen in Verbindung gebracht werden.

In der Tabelle 19 findet sich eine Zuordnung von Commitmentkonzepten, wobei sich zeigt, dass die Verhaltensdimensionen stark ausdifferenziert sind.

Tabelle 19: Mechanismen von Commitment (eigene Zusammenstellung)

	Mechanismen	**Commitment-Konzept**
Verhaltensbezogen	Vermeidung von Kosten, mangelnde Alternativen	Wertekonflikt (Rubin/Brockner 1975; Brockner/Rubin 1985; Moser 1996) Side-bet Ansatz (**Becker** 1960) Investitionsmodell (Rusbult/Farell 1983)
	Berechnender Austausch	Compliance (Kelman 1958) Instrumental Commitment (Caldwell et al. 1990) Calculative Commitment"(**Etzioni** 1961)
	Rechtfertigung zurückliegenden Verhaltens	Cohesion / Control Commitment (**Kanter** 1968) Course of action Kiesler 1971) Behavioural Commitment (Salancik 1977, Mowday et al. 1982)
Einstellungs-bezogen	affektbetonte Bindung	Identification & internalization (Kelman 1958) Attitudinal Commitment (**Mowday** et al. 1982) Normative Commitment (Cadwell et al. 1990)
Gemischte Ansätze		Affective, Normative und Continuance Commitment (**Meyer/Allen** 1991) Einstellungsbezogenes Commitment (**Solinger** et al. 2008)

Aus jeder dieser Gruppen werden in der Folge die prominentesten Ansätze, die auch in der Tabelle hervorgehoben wurden, vorgestellt.

6.2 Vermeidung von Kosten – Beckers Side-bet Ansatz

Einer der ersten konzeptionellen Beiträge stammt von Becker (1960). Darin beklagt er, dass Commitment als Begriff weithin verwendet wird, es jedoch keine formale Analyse des Konzeptes gibt und noch gar nicht versucht wird, das Konzept in einen weiteren soziologischen Rahmen zu stellen.

Becker geht von einer basalen Fassung des Begriffs aus: "Sociologists typically make use of the concepts of commitment when they are trying to account for the fact that people engage in consistent lines of activity" (Becker 1960: 33). Er führt eigene Interessen an, die ursprünglich vom konsistenten Verhalten unabhängig sind, aber in Zusammenhang mit den Aktionen des Individuums gebracht werden können. Diese bezeichnet er als Side-bets. Diese Side-bets erwachsen aus einer vorausgegangenen Aktion des Individuums und binden es dadurch, dass es bei einem inkonsistenten Verhalten Kosten verursachen würde – Kosten, die höher eingeschätzt werden als der Gewinn bei einer Verhaltensänderung. Diese Idee geht schon auf Abramson (1958) zurück. Becker erweitert sie um die Bedingung, dass das Individuum sich selbst durch vorgängige Aktionen in diese Lage gebracht hat. Die Side-bets sind dafür verantwortlich, dass ein Individuum konsistentes Verhalten wie beispielsweise den Verbleib in einer Organisation zeigt. Vergangenes Verhalten der MitarbeiterInnen erzeugt somit die Bindung an die Organisation (Meifert 2005: 40). Becker geht davon aus, dass diese Art des Commitments nicht unbedingt bewusst und wohl überlegt entsteht.

Zusammengefasst handelt es sich um Commitment, wenn laut Becker (1960: 36) folgende Punkte zutreffen:

- "prior actions of the person staking some originally extraneous interest on his following consistent line of activity;
- a recognition by him of the involvement of this originally extraneous interest in his present activity; and
- the resulting consistent line of activity".

Als mögliche Formen der Side-bets werden (Becker 1960: 36ff, vgl. Meifert 2005: 41f) folgende Beispiele genannt, die sich in Tabelle 20 finden.

Bei diesem Zugang wird klar, dass eine Person nur dann durch ihre/seine Side-bets gebunden werden kann, wenn Geld, Eigentum und Tausch eine Bedeutung im kulturellen Zusammenhang für alle beteiligten Parteien haben. Becker (1960: 32) geht von folgenden Gedanken aus: „commitments come into being when a person, by making a side bet, links extraneous interests with a consistent line of activity."

Tabelle 20: Formen von Side-bets (Nebenwetten)

Art der Nebenwette	Charakterisierung	Beispiele
Generalisierte kulturelle Erwartungen	Das Individuum übernimmt soziokulturelle Normen der Organisation, um eine negative Sanktion zu vermeiden oder eine positive zu erhalten. Verletzungen dieser Erwartungen könnten zu realen oder nur eingebildeten negativen Konsequenzen führen.	Nicht zu schneller Jobwechsel, wenn damit das Image von „wenig vertrauenswürdig“ verbunden ist
Unpersönliche bürokratische Regeln	Das Individuum unterwirft sich mit Eintritt in die Organisation bürokratischen Regeln und verpflichtet sich, diese einzuhalten. Diese Regeln haben u.a. zum Ziel, Langzeitbeschäftigung zu fördern oder zu belohnen.	• Kompensationssysteme • Ansprüche auf eine Firmenpension • Einhalten von Datenschutzregelungen
Individuelle Anpassungen an organisatorische Positionen	Das Individuum spezialisiert sich fachlich, um der Position gerecht zu werden, und nimmt dabei eine geringere Arbeitsmarktmobilität in Kauf. Damit bemüht sich der/die Einzelne, sich einer Situation anzupassen. Diese macht sie jedoch weniger einsatzfähig für andere Situationen.	Investition von Zeit und Anstrengung, um organisationsspezifische Fähigkeiten zu erlangen, wie z.B. Besuch von firmenspezifischen Maßnahmen der Anpassungsweiterbildung

Der Effekt, dass Nebenwetten abgeschlossen werden, “is to increase the cost of failing to persist in a course of action.” Eine dieser Aktionsmöglichkeiten ist der Verbleib im Unternehmen. Nebenwetten können verschiedene Formen annehmen und Becker (1960) teilt diese Formen in verschiedene Kategorien ein:

- Generalisierbare kulturelle Erwartungen (Generalized Cultural Expectations): Diese beziehen sich auf wichtige Referenzgruppen und beeinflussen, was als verantwortungsvolles Handeln angesehen wird (z.B. wie lange jemand in einem Job verweilen soll).
- Selbstpräsentationsbelange (Self-presentation Concerns)*:* Solche Belange kommen auf, wenn eine Person versucht eine konsistente öffentliche Darstellung zu geben, welche verlangt, sich nach bestimmten Modetrends zu verhalten.
- Unpersönliche bürokratische Maßnahmen (Impersonal Bureaucratic Arrangements)*:* Dies sind Regeln für das Vorgehen, das von Organisationen eingeführt wird, um eine langfristige Beschäftigung zu ermöglichen (z.B. Entlohnungssysteme, die auf Seniorität basieren).
- Individuelle Anpassungen an soziale Positionen (Individual Adjustments to Social Positions)*:* Dabei geht es um die Positionierung von Individuen “to adapt to a situation, but that make him or her less fit for other situa-

tions" (z.B. Investment von Zeit und die Notwendigkeit, organisationsspezifische Fähigkeiten zu erwerben).

- Bedenken, die nicht die Arbeit betreffen (Non-work Concerns): Dabei geht es um Nebenwetten, die außerhalb der Organisation getroffen werden, "as when an employee establishes roots in a community that would be disrupted if he or she were to leave the organization and be forced to seek employment in another geographic location."

Die Ausführungen der Side-bet Theorie von Becker ist wenig später als eine Ausgangsbasis für mögliche Operationalisierungen von Ritzer/Trice (1969) und dann Hrebiniak/Alluto (1972) gewählt worden.

Die Ritzer-Trice-Skala (RTS) ist von der Grundkonstruktion her sehr stark an den Side-bet Ansatz angelehnt, wobei hier ein bestimmter Einflussfaktor wie z.B. der Faktor Bezahlung immer in Bezug mit der daraus für den/die Befragte/n abzuleitenden Konsequenz, ob er/sie das Unternehmen bzw. den Beruf bei einem Ausbleiben wechseln würden, gesetzt wurde. Die weiteren Faktoren waren der erlebte Handlungsspielraum, der Status, die Verantwortung und die Beförderungsmöglichkeiten (Ritzer/Trice 1969).

Der Wert für organisationales Commitment wurde in Form eines zahlenmäßigen Gesamtwertes ermittelt. Für jede der fünf oben genannten Faktorgruppen konnte der/die Befragte je nach Bedeutung für fünf Einstufungen einen Punktewert zwischen 1 und 5 vergeben. Die Fragen z.B. für den Faktor Bezahlung schlüsseln sich wie folgt auf:

1. If he would definitely change with no increase in pay.
2. If he would definitely change with a slight increase in pay.
3. If he would definitely change with a large increase in pay.
4. If he is undecided with a large increase in pay.
5. If he would definitely not change with a large increase in pay.

Abbildung 29: Fragenbatterie für den Faktor Bezahlung (Rice/Trice 1969: 475)

Für die anderen vier Bereiche wurde der Begriff Bezahlung durch Handlungsspielraum, Status, Verantwortung und Beförderungsmöglichkeiten ersetzt. Die Werte für organisationales Commitment konnten somit zwischen 5 und 25 liegen, wobei ein höherer Wert einen höheren Grad an Commitment repräsentiert. Ritzer/Trice haben diesen Commitmentwert mit Variablen wie dem Alter, dem Familienstand, dem Geschlecht, der Bildung oder der Gesamterfahrung in Bezug gesetzt. Diese Korrelationswerte waren jedoch jeweils sehr gering (Ritzer/Trice 1969). Diese für die Autoren enttäuschenden Ergebnisse führten dazu, dass Ritzer/Trice den Side-bet Ansatz als wenig zielführend eingestuft haben.

Die Hrebiniak-Alutto-Skala (HAS) hat eher rollen- und personenbezogene Einflussfaktoren in den Mittelpunkt gestellt, aber auch hier die jeweilige Wirkung im Hinblick auf einen potentiellen Wechsel des Arbeitsplatzes untersucht. Dabei standen vor allem Items im Vordergrund, die auf die Wirkungen des Arbeitsplatzwechsels abzielten (siehe dazu Abbildung 30).

Assume you were offered a position as a teacher (nurse), *but* with another employing organization. Would you leave your present organization under any of the following conditions? (Please indicate what you would do by placing a check mark in the appropriate space: Yes definitely – uncertain – no definitely not)

1. With no increase in pay.
2. With a slight increase in pay.
3. With a large increase in pay.
4. With no more freedom to be professionally creative.
5. With slightly more freedom to be professionally creative.
6. With much more freedom to be professionally creative.
7. With no more status.
8. With slightly more status.
9. With much more status.
10. To work with people who are not friendlier.
11. To work with people who are a little friendlier.
12. To work with people who are much friendlier.

Abbildung 30: Hrebiniak-Alutto Skala (Hrebiniak/Alutto 1972: 559)

In dieser Skala wurden im Gegensatz zu Ritzer/Trice zu jeder Variable nur drei Antwortmöglichkeiten nebeneinander gestellt und es zeigte sich, dass die Fragen in der Form die beste Trennschärfe und beste interne Konsistenz aufwiesen (Alutto et al. 1973).

Hrebiniak/Alutto (1972) haben einen Index dargestellt, der immer wieder in Studien eingesetzt wurde und bei dem sich auch Faktoren wiederfinden, die schon bei Ritzer/Trice (1969) berücksichtigt wurden,. Diesen Index bildeten sie aus einzelnen Items. Enthalten sind darin die Einschätzungen, dass die Veränderung des Arbeitsplatzes jeweils mit einem leichten Gehaltsanstieg (Item 2), einer geringfügigen Erhöhung des Handelsspielraums (Item 5), etwas mehr Status (Item 8) und einer angenehmeren Arbeitsumgebung (Item 11) verbunden ist. Aufgrund der Ergebnisse ihrer Untersuchungen, kommen Alutto et al. (1973) zum Schluss, dass die Beckerschen Side-bet-Argumente zu unterstützen sind.

In beiden Operationalisierungen steht eine der Grundaussagen von Becker (1960) im Mittelpunkt, die darauf hinweist, dass Commitment immer vom Bewusstsein der entstehenden Kosten eines Arbeitsplatzwechsels begleitet ist und somit die Vermeidung von Kosten zentral ist. Der Gedanke findet sich auch in den sich später entwickelnden Ansätzen, wie z. B. bei Meyer/Allen (1991), die diesen Aspekt in ihrem Drei-Komponenten-Modell als Continuance (Cost-based) Commitment berücksichtigt haben.

6.3 Berechnender Austausch – Etzionis Ansatz

Zur selben Zeit wie Becker hat auch Etzioni (1961) eine erste Typologie des Commitments entworfen. Commitment wird dabei als Teil der Compliancebeziehung und des Involvements angesehen. Spätere Ansätze, z.B. von Conrad (1988) sehen Compliance als eigenes Konzept neben Commitment.

Compliance-Beziehungen ergeben sich dabei aus der individuellen Einbindung und der dominierenden organisationalen Machtbasis. Es wird die Relation zwischen sozialem System und Systemmitgliedern betrachtet. Einbindung wird als die andere Seite von Compliance gesehen. In diesem Zusammenhang sieht Etzioni Einbindung als eine Art von kathektisch[95]-evaluative Ausrichtung des Handelnden innerhalb der affektiven Orientierung der Organisationsmitglieder gegenüber der Organisation selbst und deren „Objekte". Dabei kommt es zu unterschiedlichen Intensitäten der Beziehungen und unterschiedlichen Arten der Einbindungen. Die Typologie von Etzioni (Abbildung 31) basiert auf der Kombination von drei besonders hervorgehobenen Formen der Machtausübung und drei Grundformen der psychologischen Einbindung. Bei diesen drei Grundformen handelt es sich um:

- *Alienative* Einbindung charakterisiert sich durch eine hohe Intensität der Beziehung zur Organisation und eine stark negative Orientierung zur Organisation. Die Teilnahme ist in vielen Fällen nicht freiwillig. Diese Form bezieht sich auf zwangsbasierte/entfremdete Compliance-Typen. Beispiele für diesen Typen sind Gefängnisse, Konzentrationslager, oder psychiatrische Kliniken.
- *Kalkulative* Einbindung: Dabei geht es um eine niedrige affektive Beziehung und eine neutrale Bewertung. Sie ist typisch für utilitaristische Organisationen, wobei die Teilnahmeentscheidung durch Abwägung der Vor- und Nachteile zustandekommt. Sie basiert auf dem Austauschcharakter der Relation. Der zugrunde liegende Compliance-Typ kann als utilitaristisch/kalkulierend bezeichnet werden. Diese Form findet sich in allen modernen Wirtschaftsorganisationen.
- *Moralische* Einbindung entsteht durch eine intensive und positiv bewertete Orientierung zu einer Organisation. Das heißt, sie basiert auf der Internalisierung organisationaler Ziele, Werte und Normen sowie auf der Identifikation mit einer Autorität. Teilnahmeentscheidungen werden vor dem Hintergrund der Bedeutung der Ziele der Organisation oder der Gruppe für den/die Einzelne/n getroffen. Darunter fallen religiöse und

---

95 Kathektisch ist als Bedürfnis nach emotionaler Bindung zu verstehen. Siehe dazu auch Ausführungen im Abschnitt 6.4.

ideologische Gruppen, Schulen, Universitäten und freiwillige Vereinigungen.

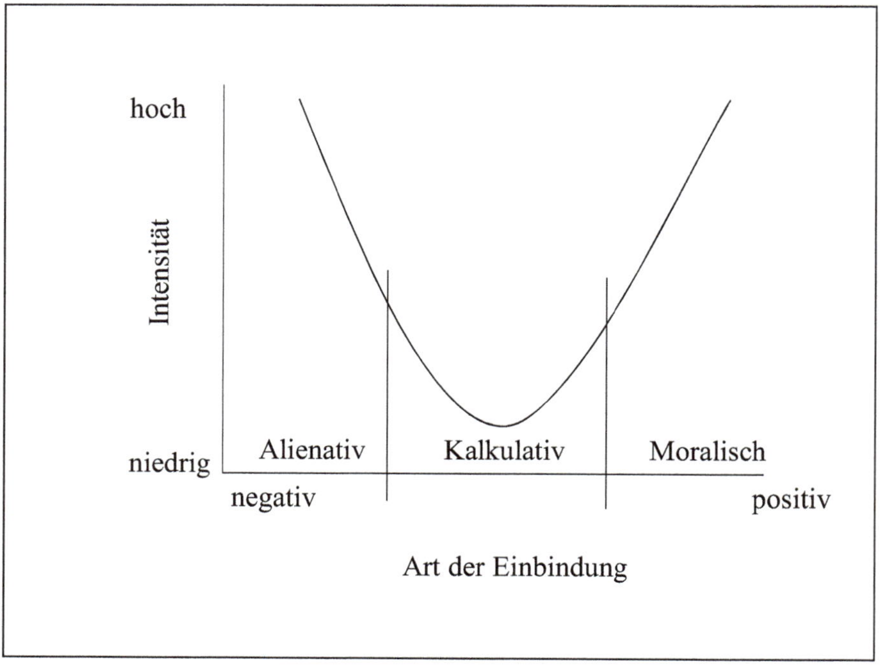

Abbildung 31: Einbindungsarten bei Etzioni (1961: 10)

Im Hinblick auf diese drei Formen der Einbindung bezeichnet Etzioni (1961) den positiven Pol der Einbindung als Commitment und den negativen Pol als Entfremdung. Aus der Kombination der Formen der Einbindung und der durch die Organisation eingesetzten Machtmittel ergeben sich in weiterer Folge verschiedene Beziehungstypen, die sich als zwangsbasierte Macht- (coercive power), utilitaristische Macht- (remunerative power) und normative Machtbeziehungen (normative power) zeigen. Zwangsbasierte Macht zeigt sich im Einsatz von oftmals physischem Zwang und wird durch z.B. Polizei, Militär, Werkschutz, Betriebswachen oder Begleitschutz repräsentiert. Utilitaristische Macht beruht auf dem Einsatz materieller Ressourcen, wobei hier Lohn oder Sozialleistungen als klassische Beispiele herangezogen werden können. Normative Machtbeziehungen basieren auf dem Einsatz von normativen, symbolischen oder kognitiven Mitteln, wie z.B. Lob, Prestige, Ritualen oder Ähnlichem.

Diese Machtbeziehungen können in verschiedenen Kombinationsformen mit den drei oben erwähnten Einbindungsformen auftreten, jedoch sind nur die Kombinationen zwangsbasiert-alienativ, utilitaristisch-kalkulativ und normativ-moralisch als kongruente Formen einzustufen. Diese kongruenten Beziehungen weisen einen höheren Grad an Effizienz auf. Damit ist gemeint, dass beim Vorliegen bestimmter Einbindungsmuster der Einsatz komplementärer Machtmittel erfolgswirksamer ist.

Empirisch wurden diese Beziehungskonstellationen nicht umfassend untersucht. Es wurden Teilkonzepte herausgelöst und Konformitätspotentiale von Anreizen in Organisationen untersucht (Gould 1979). Ein eigenes empirisches Untersuchungsinstrument in Anlehnung an Etzionis Modell wurde jedoch nicht entwickelt.

Dieses Modell hat die Betrachtungsweise von Commitment von der reinen Austauschbeziehung hin zur Affektorientierung erweitert, die in den später entstandenen Konzepten zum Teil einen wichtigen Stellenwert einnehmen wird.

6.4 Rechtfertigung zurückliegenden Verhaltens – Kanters Ansatz

Neben Etzioni hat in weiterer Folge erst wieder Kanter (1972) Commitment als eigenständigen soziologischen Ansatz innerhalb der Organisationstheorie verfolgt. Sie leitet das Konzept des Commitments aus der Social Action Theory (Parsons/Shils 1951) ab.

Ihr Ausgangspunkt der Betrachtung ist im Unterschied zu den bisher dargestellten Autoren nicht das Individuum und seine Bedürfnisse, sondern die Gruppe und die Organisation und damit deren Bedürfnisse. Entsprechend dem Ausgangspunkt, der sozialen Systeme, ist das basale Problem nicht so sehr, warum sich ein Individuum an eine Organisation oder Gruppe bindet, sondern welche Anforderungen soziale Systeme an ihre Mitglieder stellen müssen (Kanter 1968: 499).

Kanter unterscheidet drei Grundprobleme von Unternehmen, denen drei Dimensionen des Commitment entsprechen: es geht um soziale Kontrolle, Gruppenzusammenhalt und die Fortsetzung der Mitgliedschaft. Kanter bringt diese Formen des Commitments zu den möglichen Orientierungen eines Persönlichkeitssystems in Beziehung:

- *Kognitive* Orientierungen: In dieser Form finden sich die Bewertung in einem Kosten-Gewinn-Schema oder auch die Aufrechterhaltung der Mitgliedschaft (continuance commitment) als Positionserfüllung.

- *Kathektische* Orientierung: Unter Kathexis wird die affektive Bindung insbesondere gegenüber anderen Gruppenmitgliedern verstanden. Die positive Besetzung des Gruppenzusammenhalts (cohesion commitment) wird hier über die Erfüllung einer sozialen Rolle oder über Beziehungen konzeptualisiert.
- *Evaluative* Orientierung: Positive Evaluation der Normen und Werte der Gruppe oder Organisation (control commitment) wirken in dieser Form der Orientierung so, dass die Gruppenkontrolle im Sinne der Befolgung der Anweisungen einer Autorität erhöht werden kann.

Diese drei Orientierungen unterscheiden sich wesentlich hinsichtlich der Konsequenzen für das System: Während ein Continuance Commitment das Verbleiben in der Organisation sichert, garantiert es noch lange nicht, dass ein Individuum loyal und gehorsam oder in die Gruppe eingefügt ist und selbstständig nach den organisationalen Werten handelt. Dazu zählt Kanter vor allem Wirtschaftsunternehmen.

Demgegenüber führt Cohesion Commitment zu größerer Zufriedenheit und Beständigkeit in der Gruppe und zu größerer gegenseitiger Hilfsbereitschaft. Es vermag jedoch nicht Mitglieder zu halten, wenn sich bedeutend bessere Chancen bieten.

Control Commitment wiederum bringt zwar wenig ideologischen Streit und größeren Aufopferungswillen „für eine Idee" mit sich, erhöht aber gleichzeitig die Autoritätsgläubigkeit und verhindert abweichendes Denken in Alternativen.

Zur Herstellung eines Commitment in der respektiven Dimension sind daher jeweils ein negativ bezeichneter Prozess der Ablösung (Detachment) von alten Umgebungen und ein als positiv bezeichneter Prozess der Anbindung (Attachment) zur neuen Umgebung notwendig. Dabei lassen sich sechs commitmenterzeugende Prozesse unterscheiden:

Commitment Building Processes	**Continuance Commitment / Cognitive Orientation**	**Cohesion Commitment / Cathetic Orientation**	**Control Commitment / Evaluative Orientation**
Detachment	Sacrifice	Renunciation	Mortification
Attachment	Investment	Communication	Surrender

Tabelle 21: Matrix des Commitment Building Process nach Kanter

Detachment und Attachment als commitmentbildende Prozesse lassen sich im Detail wie folgt charakterisieren (Kanter 1972, S. 70ff):

- *Sacrifice:* Dieser Prozess verlangt von den Mitgliedern als Preis für die Mitgliedschaft etwas aufzugeben. Dabei ist nicht nur an materielle Werte zu denken oder an den Verlust von Alternativen, sondern auch an die Aufgabe von Vergnügungen wie im Fall von Abstinenz.
- *Investments*: Unter diesem Begriff ist durchaus eine moderne Betrachtung von Investition, die neben Materiellem auch Zeit, Anstrengung und Karriere umfasst, zu verstehen. Wesentlicher Bestandteil einer Einschätzung muss aber auch die Möglichkeit des Rückgängigmachens sein.
- *Renunciation*: Dieser Prozess stellt auf die Reduktion der Beziehungen mit der Außenwelt ab, insbesondere dort, wo diese verpflichtenden Beziehungen für den Gruppenzusammenhalt gefährlich werden können. Dabei ist auch an die Isolation in der Symbolik von Familienbanden oder die Unterdrückung intimer Partnerbeziehungen zu denken.
- *Communication*: Hier geht es um einen Prozess, der eine Person zu einem Teil der Gruppe macht, Vereinzelung jedoch verhindern soll. Ziel ist ein Wir-Gefühl. Mechanismen dafür wären Homogenität, Gemeineigentum, Gemeinschaftsarbeit, regulierte Gruppenveranstaltungen, Rituale und gefühlte Verfolgung durch Außenseiter.
- *Mortification*: In dieser Form wird das (frühere) Selbst abgelegt. Die privaten Umstände werden der sozialen Kontrolle der Gruppe unterworfen. Das bisherige Leben wird als schlecht, sündig etc. verworfen, um gewissermaßen „neu geboren" zu werden. Entsprechende Rituale finden nicht nur beim Eintritt in die Gruppe oder Organisation statt, sondern werden laufend wiederholt.
- *Surrender*: In diesem Muster werden freie Einzelentscheidungen möglichst unterbunden. Das Individuum erfüllt nur mehr einen Auftrag der Gruppe (oder der Autorität) auch dort, wo es um private Bereiche geht. In diesem Sinn ist die Autorität total. Hierher gehört auch die Ausbildung einer gemeinsamen und umfassenden Ideologie, die wesentlich autoritäts- und statusbegründend ist. Damit einher gehen eine Hierarchisierung, eine Institutionalisierung, ein klarer Tagesablauf und genaue Anweisungen an die Mitglieder. Die Notwendigkeit der Konversion neuer Mitglieder und die Ausbildung einer eigenen Tradition entstehen.

Kanter (1972) kommt zum Schluss, dass sich die erfolgreichen utopischen Gesellschaften im Allgemeinen der oben genannten Prozesse weitreichend bedienten, auch wenn allzu viele Commitmentprozesse sich ebenfalls als lähmend und dysfunktional erwiesen.

All den bis jetzt dargestellten Ansätzen ist gemeinsam, dass sie bestimmte Verhaltensdimensionen betrachten. Im Gegensatz dazu sind Ansätze zu sehen, die einstellungsbezogen sind und die affektive Bindung in den Mittelpunkt der Betrachtungen stellen.

6.5 Affektbezogene Bindung – Organizational Commitment Questionaire (OCQ)

Mit ihren Arbeiten haben Mowday/Steers/Porter (1982) einen Grundstein für viele Untersuchungen in den 1980er und 1990er Jahren gelegt. Viele AutorInnen[96] berufen sich mehr oder weniger explizit auf deren Konzept. Selbst die Arbeiten von Meyer und Allen (1984) reihen sich in diese Grundlogik ein. Sie haben besonders auch Einfluss auf empirische Designs.

Mowday et al. (1982) diskutieren Commitment vor dem Hintergrund der Verbundenheit von Organisation und ArbeitnehmerInnen, insbesondere in Bezug auf Absentismus und Fluktuation. Dabei taucht der zentrale Begriff des organisationalen Commitment dort als Qualität der Mitgliedschaft auf (Mowday et al. 1982: 17).

Die konkrete Auseinandersetzung mit Bindung und Commitment hat seit Mitte der 1970er Jahre einen großen Stellenwert. Ausschlaggebend war die Forschergruppe rund um Porter (z.B. 1974). Porter hat sich für die Beziehungen von Beschäftigen zu ihren Arbeitsorganisationen interessiert. Porters Sicht von Commitment ist allerdings eindimensional und deckt im Wesentlichen den Bereich der affektiven Bindung ab.

Im Vordergrund bei dieser Auseinandersetzung steht die einstellungsorientierte Seite der Commitmentforschung. Mowday et al. (1982: 27) definieren Commitment „as the relative strength of an individual´s identification with an involvement in a particular organization.“ Dabei betonen die Autoren die Bedeutung des Austauschcharakters ihres Commitmentkonzeptes. Sie streichen vor allem

- Persönlichkeitscharakteristika (wie etwa Alter, Dauer der Firmenzugehörigkeit, Bildung, Geschlecht),
- rollenbezogene Eigenschaften (z.B. Tätigkeitsanforderungen, Handlungsspielräume, Rollenkonflikte, Rollenambiguität, oder unklare Rollendefinitionen),
- strukturelle Charakteristika (Formalisierung, funktionale Abhängigkeit, Dezentralisation und Partizipation, nicht jedoch Unternehmensgröße, Kontrollspanne, und Berufsgruppe) und

96 Siehe dazu Kapitel 6.6

- die Arbeitserfahrungen (organisationale Abhängigkeit, gefühlte Bedeutung für die Organisation, Einstellung der KollegInnen, soziale Einbeziehung, Bezahlungsgerechtigkeit)

heraus. In diesem Konzept wird auch ein Augenmerk auf den Prozesscharakter gelegt. Dabei wird in eine Pre-entry Stage, deren Fokus auf der Antizipation liegt, eine Early Employment Stage, die auf Initiation abstellt, und in eine Middle Stage und eine Later Career Stage, die jeweils mit dem Problem der Aufrechterhaltung des Commitments konfrontiert sind, unterschieden (Mowday et al. 1982: 45ff). Jede dieser Stufen bedarf eines besonderen Konzepts und besonderer Vorkehrungen. Dies haben Vandenberg/Self (1993) in ihren empirischen Untersuchungen dargelegt.

Trotz dieses Blicks auf den Prozesscharakter bzw. den Zeitablauf als Einflussfaktor steht bei Mowday/Porter/Steers die emotionale Bindung im Vordergrund. Diese affektive Komponente wird betont, weil für die Autoren damit auch die Identifikation mit Werten und Zielen, das Engagement und der langfristige Einsatz in der Organisation einhergehen.

Mowday et al. (1979) haben ein Instrument zur Erhebung entwickelt, den Organizational Commitment Questionaire (OCQ). Der OCQ ist eine 15 Items umfassende Skala mit 9 positiven und 6 negativ gepolten Items. Die Skala wird meistens als eindimensionales Erhebungsinstrument eingesetzt. Der OCQ hat das Ziel, das Ausmaß der Identifikation von MitarbeiterInnen mit ihrer Organisation zu messen. Das affektive Commitment wird dabei mit Hilfe von folgenden Aspekten charakterisiert: erstens ein starker Glaube an und die Akzeptanz von Zielen und Werten der Organisation (Identifikation); zweitens durch die Bereitschaft, sich für die Organisation einzusetzen (Anstrengungsbereitschaft) und drittens durch ein starkes Bedürfnis, die Mitgliedschaft in der Organisation aufrechtzuerhalten (geringe Fluktuationsneigung). Diese drei Aspekte finden sich in den Formulierungen der Items wieder (siehe dazu Abbildung 32).

Listed below are series of statements that represent possible feelings that individuals might have about the company of organization for which they work. With respect to your own feelings about the particular organization for which you are now working (insert the name of the company) please indicate the degree of your agreement or disagreement with each statement by checking one of the seven alternatives below each statement.

- I am willing to put in a great deal of effort beyond that normally expected in order to help this organization be successful.
- I talk up this organization to my friends as a great organization to work for.
- I feel very little loyalty to this organization. (R)
- I would accept almost any type of job assignment in order to keep working for this organization.
- I find that my values and the organization´s values are very similar.
- I am proud to tell others that I am part of this organization.
- I could just as well be working for a different organization as long as the type of work was similar. (R)

- This organization really inspires the very best in me in the way of job performance.
- It would take very little change in my present circumstances to cause me to leave this organization. (R)
- I am extremely glad that I chose this organization to work for over others I was considering at the time I joined.
- There´s not too much to be gained by sticking with this organization indefinitely. (R)
- Often I find it difficult to agree with these organization´s policies on important matters relating to its employees.
- I really care about the fate of this organization.
- For me this is the best of all possible organizations for which to work.
- Deciding to work for this organization was a definite mistake on my part. (R)

Abbildung 32: Items[97] des Organizational Commitment Questionaire OCQ (Mowday et al. 1979)

In diesem Tool wird mit einer 7-teiligen Skala gearbeitet. Der OCQ wurde und wird auch in einer Kurzfassung, die nur aus neun Items besteht, eingesetzt. Mit Hilfe des OCQ wird ein einzelner Wert bestimmt, der sich auf einen globale Form von Commitment zu einer Organisation bezieht.

Die Skalen des OCQ wurden von der Forschergruppe an neun Populationen (Mowday et al. 1979, 1982: 219ff) getestet. Dabei berichten sie von einer Reliabilität von α=0,82 bis α=0,93 bei einem Durchschnitt von α=0,90. Trotz Hinweisen auf die Grenzen des Instrumentes (z. B. Koslowski et al. 1990; Moser 1996; Benkhoff 1997), wird von einer hohen Validität des Messinstruments ausgegangen und der OCQ ist bis heute eine der meistverwendeten Skalen zur Messung von Commitment (Conrad 1988, Cohen 2003, van Dick 2004a).

Ein Kritikpunkt am OCQ ist die Verdichtung der ursprünglichen Dimensionen wie die Akzeptanz von und der Glauben an organisationale Werte, die Anstrengungsbereitschaft und der Wunsch im Unternehmen zu bleiben. Diese Dimensionen werden im OCQ jeweils durch verschiedene Items erhoben, aber dann zu einem Gesamtmaß zusammengefasst. Benkhoff (1997) stellt in ihrer Untersuchung fest, dass diese Dimensionen unterschiedliche Effekte haben, die durch die Verdichtung nicht mehr abgebildet werden können.

Die begrenzte Aussagekraft dieser eindimensionalen Sichtweise wurde in weiterer Folge ausgeweitet, damit ein breiterer Satz an Beziehungen zwischen Beschäftigten und Organisation dargestellt werden kann. Eine der Gruppe, die den Ansatz von Porter erweitert hat, sind O´Reilly and Chatman (1986). Sie beziehen sich auf einen klassischen Ansatz von Kelman (1958), der auf den Einstellungen zur Arbeit und Verhaltensveränderungen beruht und alternative Formen von Bindung daraus ableitet. Diese Alternativen sind

97 Die mit (R) gekennzeichneten Items sind bei der Auswertung umzupolen.

- *Compliance*: Diese bezieht sich auf das instrumentelle Verhalten, das darauf ausgerichtet ist, Belohnungen zu gewinnen. Im Mittelpunkt steht hier der Bezug zu Verhalten, das auf den unmittelbaren eigenen Vorteil bezogen ist.
- *Identification*: Diese entsteht, wenn Beschäftigte Verhalten zeigen, weil sie die Beziehung zu einer Organisation aufrechterhalten wollen oder die Werte und Ziele dieser Organisation für sie attraktiv erscheinen.
- *Internalization*: Dieser Aspekt bezieht sich auf Verhalten, das von eigenen Werten und Zielen geleitet und mit denen der Organisation konsistent ist.

Mowday et al.s′ Ansatz von Bindung findet sich gerade in der letzten Dimension der Internalisierung wieder und hat neben den früheren Arbeiten von Buchanan (1974) als eine Basis für die Entwicklung einer eigenen Commitment-Skala fungiert. Dabei wird in der Ausformulierung der Items von O′Reilly und Chatman (1986) fast ausschließlich auf die Identifikationsschiene gesetzt und Anstrengungsbereitschaft oder Fluktuationsneigung kommen kaum vor. Dies illustriert auch der Itemauszug in Abbildung 33.

- If the value of this organization were different, I would not be as attached to this organization.
- Since joining this organization, my personal values and those of the organization have become more similar.
- The reason I prefer this organization to others is because of what it stands for its values.
- My attachment to this organization is primarily based on the similarity of my values and those represented by the organization.
- What this organization stands for is important to me.
- I am proud to tell others that I am a part of this organization.
- I feel a sense of "ownership" for this organization rather than being just an employee.
- Unless I′m rewarded for it in some way, I see no reason to expend extra effort on behalf of this organization.
- How hard I work for the organization is directly linked to how much I am rewarded.
- My private views about the university are different than those I express publicly.
- In order for me to get rewarded around here, it is necessary to express the right attitude.

Abbildung 33: Itemauszug aus der Comitment Scale nach O′Reilly/Chatman (1986)

Kritikpunkte an dem Konzept, besonders an der inneren Redundanz von Bedingungen, Ergebnissen und Konzepten finden sich bei Guest (1992: 117). Es bleibt auch die Frage nach multiplem Commitment zum Beispiel zur Arbeit, Beruf und Gewerkschaft unbeantwortet (Cohen 2003). Diese Frage wird in der aktuellen Diskussion über die Bezugspunkte des Commitments wieder aufgenommen (z.B. van Dick 2006, Cohen 2003).

Das Konzept und auch das empirische Messinstrument OCQ erfassen letztlich „nur“ eine Dimension von Commitment, nämlich die attitudinale. Es kommt zu einer Verschiebung weg von einem kalkulativen (Becker 1960) hin zu einem affektiven Verständnis. Diese Verschiebung zeigt auf, dass ein eindimensionales Konzept von Commitment nicht zielführend ist. Das wurde schon von Etzioni (1961) und Kanter (1968, 1972) betont.

Aus dieser immer wieder aufkommenden Kritik heraus ist das Drei-Komponenten-Modell von Meyer/Allen (1984) entstanden, das als ein „gemischter“ Ansatz eingestuft werden kann. Auf dieses Modell und seine Operationalisierungen wurde sehr oft zurückgegriffen (z.B. Felfe et al. 2008, Gellatly et al. 2006, Golden 2006, Golden/Veiga 2008, Guest et al. 2006, Meyer/Herscovitch 2001, Meyer et al. 2002, Powell/Meyer 2004, van Breugel, van Olffen/Olie 2005).

6.6 Gemischte Ansätze

6.6.1 Meyer/Allen – Drei-Komponenten-Modell

Meyer und Allen haben Anfang der 1980er Jahre die Side-bet Theorie von Becker als einen Ansatzpunkt für eine empirische Untersuchung gewählt. Ähnliches haben auch schon Ritzer/Trice (1969) oder Hrebiniak/Alluto (1972) gemacht, die versucht haben, mit verschiedenen Frageserien die Aussagen von Beckers Side-bet Theorie zu operationalisieren. Im Zusammenhang mit diesen beiden gängigen Skalen stellen Meyer/Allen (1984) die Frage, ob mit diesen zu der Zeit oft eingesetzten Skalen eher Continuance oder eher Affective Commitment gemessen wird. Diese beiden Dimensionen werden von Meyer/Allen (1984: 373) als unabhängig angenommen. Sie verstehen unter

- *Continuance* Commitment: “commitment to continue a certain line of action“. Darunter ist zu verstehen, dass hier vor allem die Kosten für das Individuum, die entstehen, wenn es die Organisation verließe, berücksichtigt werden.
- *Affective* Commitment: “affective or emotional orientation to an entity, in this case, the organization.”

Im Gegensatz zu Mowday et al. (1982) unterscheiden die AutorInnen somit bereits bei der Definition deutlicher die den Dimensionen zugrunde liegenden Ursachen. Sie treffen auf dieser Basis differenzierte Aussagen über Zusammenhänge zwischen Ursachen und möglichen Konsequenzen.

Meyer/Allen (1990) entwickelten ein Messinstrument, das in weiterer Folge nicht nur diese beiden oben erwähnten Dimensionen berücksichtigt, sondern auch die schon von Kanter und Etzioni eingebrachte moralische bzw. normative Perspektive mitberücksichtigt. Dieses Messinstrument geht somit von drei Commitmentdimensionen aus, die durch separate, auf diese Dimensionen abgestimmte Fragenkomplexe und Skalen erfasst werden. Dieses Instrument verbindet OCQ von Mowday et al. mit Messskalen[98] von Ritzer/Trice (Rice-Trice Skala – RTS – 1969) und die Hrebiniak-Alutto (Herbianiak-Alutto Skala – HAS – 1972) und erweitert diese noch um die normative Komponente.

Ausgangspunkt für die Entwicklung des eigenen Messinstruments waren erste Studien, in denen Meyer/Allen (1984) sowohl die RTS- als auch die HAS-Skalen eingesetzt haben. Die AutorInnen (1984: 377) kommen dabei zum Schluss, dass sowohl die RTS als auch die HAS affektives Commitment messen und daher für die Überprüfung der Side-bet Theorie Beckers ihrer Ansicht nach unbrauchbar seien. Weitere Zweifel hatten sie bezüglich der Brauchbarkeit des Alters und der Dauer der Firmenzugehörigkeit als Indikator für Commitment im Becker´schen Sinne. Meyer/Allen (1984) empfehlen daher, die Side-bets unmittelbar zu messen, umso mehr als Becker (1960) ja selbst meint, dass sie, um effektiv zu werden, bewusst gemacht werden müssen.

Damit wird gezeigt, dass diese zweidimensionale Darstellung zu kurz greift. Meyer/Allen (1984) stellen als dritte Dimension Obligation als die moralische Verpflichtung im Unternehmen zu bleiben, vor und definieren diese in Anlehnung an Weiner als „the totality of internalized normative pressures to act in a way which meets organizational goals and interests" (Weiner 1982: 421, zitiert in Meyer/Allen 1991: 66).

Dabei streichen Meyer/Allen eine kausale Ordnung und Verknüpfung der Konstrukte Verhalten, Bedingung und psychologischem Zustand hervor. Damit wird eine traditionelle sozialpsychogische Auffassung von Einstellung aufgegeben und die Verknüpfung von „desire, need and obligation" in den Mittelpunkt gestellt (Meyer/Allen 1991: 63). Somit verknüpfen die Autoren die Kategorien des Wollens, des Sollens und des Müssens.

Trotz dieser Verknüpfung unterscheiden Meyer/Allen (1991) zwischen *affektivem*, *normativem* und *Continuance* Commitment. Dabei wird heraus gestrichen, dass mit diesen drei Formen des Commitments verschiedene Mind-sets verbunden sind. „Mind-sets can take varying forms including desire, perceived cost, or obligation to continue a course of action. These mind-sets reflect distinguishable components of the underlying commitment construct. The strength of each mind-set can be measured and, together these measures reflect an employee's commitment profile." (Meyer/Herscovitch 2001: 308)

6.6.1.1 Affektives Commitment

Bei der Konzeptionalisierung von affektivem Commitment, beziehen sich Allen/Meyer (1990) auf Buchanan (1974: 533), der affektives Commitment so definiert: "partisan, affective attachment to the goals and values of the organization

98 Siehe dazu Kapitel 6.2

for its own sake, apart from its purely instrumental worth". Affektives Commitment kann somit als Band zwischen dem/der Beschäftigten und seiner/ihrer Organisation gesehen werden, das durch soziale Identifikation und Involvement mit der Firma und der Freude ein Organisationsmitglied zu sein, gleichgesetzt werden kann (Bergman 2006). Meyer/Allen (1991) bauen auf der Definition von Attitudinal Commitment von Mowday et al. (1979) auf, wobei sie jedoch explizit die gefühlsmäßige bzw. emotionale Bindung zur Organisation erwähnen. Diese Betonung der emotionalen Bindung an die Organisation kann als wesentlicher Unterschied zwischen affektivem und attitudinal Commitment gesehen werden. Ansonsten sind beide Betrachtungen sehr ähnlich (Riketta 2005: 361). Affektives Commitment entsteht, wenn sich positive Gefühle, die im Organisationskontext erlebt werden, über die Dauer zu einer emotionsbetonten Bindung an die Organisation entwickeln. Im Mittelpunkt steht das Gefühl der Verbundenheit mit der Organisation. Dies wird auch anhand der Items der Affective Commitment Skala (ACS) deutlich (siehe Abbildung 34).

Ein hohes affektives Commitment bedeutet, dass die Organisation für die Person eine große persönliche Bedeutung hat und dass sie sich der Organisation zugehörig fühlt und ihr gerne weiter angehören will. MitarbeiterInnen mit einem hohen affektiven Commitment verbleiben im Unternehmen, weil sie es so wollen (Meyer/Allen 1991: 67).

Der Kern der Definition von affektivem Commitment liegt in einer gefühlsmäßigen Tendenz, die Wünsche, Sehnsüchte, Gefühle etc. einschließt. Meyer/Allen (1997: 11) gehen noch weiter. Für sie ist in diesem Konstrukt auch die Übereinstimmung organisationaler und individueller Ziele und Werte als Grund für das Verhalten inkludiert. Solche Abwägungen sind zumeist aber mit vorhergehenden rationalen Beurteilungen und nicht so sehr mit Gefühlen verbunden (Gonzalez/Guillen 2008: 404).

- I would be very happy to spend the rest of my career with my company.
- I enjoy discussing my organization with people outside.
- I really feel as if this company's problems are my own.
- My company has a great deal of personal meaning for me.
- I do not feel "emotionally attached" to my company. (R)
- I do not feel like "part of the family" at my company. (R)
- This organization has a great deal of personal meaning for me.
- I do not feel a strong sense of "belonging" to my company. (R)

Abbildung 34: Affective Commitment Skala[99] (ACS) basierend auf Meyer/Allen (1997)

99 (R) indicates a reverse-keyed item (scoring is reversed).

Eine Unschärfe, die in diesem Zusammenhang diskutiert wird, ist die Frage, inwieweit Loyalität in dieser affektiven Komponente mit eingeschlossen ist. Dies wurde in den bisherigen Konzepten z.B. von Porter et al. (1974) unterstrichen. Meyer et al. (1993) führen im Bezug auf diesen Bereich eine zusätzliche Unterscheidung ein: Sie sehen zum einen den Wunsch, loyal zu sein, zum anderen die Verpflichtung, loyal zu sein. Ein Gefühl der Verpflichtung ist jedoch in die normative Commitmentdimension zu reihen.

6.6.1.2 Normatives Commitment

Normatives Commitment geht von der Definition von Wiener (1982: 421) aus, der es als "the totality of internalized normative pressures to act in a way which meets organizational goals and interests and suggests that employees behave in a certain way because they believe it is the right and moral thing to do" beschreibt. Damit wird unter normativem Commitment ein Gefühl der Verpflichtung, in der Organisation zu verbleiben gesehen (Meyer/Allen 1991: 67). Dieses Gefühl der Verpflichtung zur Aufrechterhaltung der Beschäftigung entsteht aufgrund des sozialen Druckes, der Loyalität oder der Reziprozität. Normatives Commitment bezeichnet somit einen bestimmten Bindungsgrund: Die Person sieht sich aus moralisch-ethischen Gründen der Organisation verbunden (siehe Abbildung 35).

- I think that people these days move from company to company too often.
- I do not believe that a person must always be loyal to his or her organization. (R)
- Jumping from organization to organization does not seem at all unethical. (R)
- One of the major reasons I continue to work for this organization is that I believe loyalty is important and therefore feel a sense of moral obligation to remain.
- If I got another offer for a better job elsewhere, I would not feel it was right to leave my organization.
- I was taught to believe in the value of remaining loyal to one organization.
- Things were better in the days when people stayed with one organization for most of their careers.
- I do not think that wanting to be a “company man” or “company woman” is sensible anymore. (R)

Abbildung 35: Normative Commitment Skala[100] (NCS) basierend auf Meyer/Allen (1997)

MitarbeiterInnen mit einem hohen normativen Commitment fühlen sich verpflichtet, im Unternehmen zu blieben und tun das auch, weil sie der Meinung sind, dass sie es sollten. Normatives Commitment ist durch die Verpflichtung gekennzeichnet, dem Unternehmen treu bleiben zu müssen. Es entsteht, wenn das Ausscheiden aus der Organisation aufgrund von normativen Überzeugungen oder Wertvorstellungen als moralisch bedenklich oder verwerflich und somit als

100 (R) indicates a reverse-keyed item (scoring is reversed).

falsch erachtet wird. Im Mittelpunkt steht die Überzeugung, dass es richtig ist, der Organisation treu zu bleiben. Soziale Tauschtheorien werden oft als Erklärungsansatz verwendet und dabei als spezielle Form der Reziprozität verstanden. Als Beispiele für faires Organisationsverhalten nennt Weller (2003: 83) gerechte Entlohnungspraktiken, angemessenes Vorgesetztenverhalten und faire Personalbeurteilungen.

Normatives Commitment ist kontextbezogen (Gellatly et al. 2006) und damit sind die beobachtbaren Effekte bei Personen mit hohem normativen Commitment immer mit Bezug auf weitere Kontextfaktoren bzw. Ausprägungen der beiden anderen Commitmentdimensionen (continuance und affective) zu sehen.

Durch die Überlegungen im Hinblick auf normatives Commitment ist es auch zu einer Differenzierung der Fragestellungen gekommen (siehe Abbildung 36).

Moral Imperative
- I'm personally convinced that working for my company is the right thing to do, even if it were to my advantage to leave it.
- I was taught to believe in the value of remaining loyal to one company.
- Jumping from company to company does not seem at all unethical to me. (R)
- I think that people these days move from company to company too often.
- I do not believe that a person must always be loyal to his or her company. (R)

Indebted Obligation
- I owe a great deal to my company.
- I would not leave my company right now because I have a sense of obligation to the people in it.
- I would feel guilty if I left my company now.
- I feel an obligation to put in a good days work for my company.

Abbildung 36: Weiterentwicklung der NCS-Skala (Gellatly et al. 2006)

Dabei sind folgende Zusammenhänge hervorzuheben (Gellatly et al. 2006: 342):

- Ausbildung des moral imperative: Verpflichtungen können als moralisches Gebot bzw. Imperativ erlebt werden. Dies tritt bei einer Kombination von hohem normativen und affektiven Commitment auf. Dabei neigen die Beschäftigten dazu, alles Notwendige zu tun, um organisationale Ziele zu erreichen, auch wenn es nach den Bestimmungen der jeweiligen Verpflichtung (z.B. des Arbeitsvertrages, der Weisung des/der Vorgesetzten) nicht notwendig wäre.
- Indebted obligation: Hier wird eine Verpflichtung empfunden die Verhaltensweisen nach sich zieht, die lediglich innerhalb ihrer Bestimmungen liegen und nur darauf beschränkt bleiben. Dabei tritt hohes normatives

Commitment in einer Kombination mit hohem continuance Commitment und niedrigem affektivem Commitment auf (z.B. wenn sich ein/e MitarbeiterIn trotz anderer Angebote verpflichtet fühlt, bei einer Firma zu bleiben, weil diese ihr/ihm die Ausbildung bezahlt hat).

Die beiden Ausprägungen zeigen mögliche Wechselwirkungen gerade dieser Commitmentdimension auf, wobei auch ein Wechselspiel zwischen verinnerlichten Werten (moralische Verpflichtungen) und extern erlebten Verpflichtungen zu Tage tritt, die nicht trennscharf abgegrenzt werden können (Bergman 2006).

6.6.1.3 Continuance Commitment

Continuance Commitment (abwägendes, fortsetzungsbezogenes), die dritte Form, bezieht sich als Ausgangspunkt auf die Überlegungen von Kanter (1968: 504), in denen sie auf die Art von Commitment hinweist, "which occurs when there is a profit associated with continued participation and a cost associated with leaving". Folglich ist Continuance Commitment als das Maß zu sehen, in dem Beschäftigte aufgrund der Opportunitätskosten bzw. der schon getätigten Investments, z.B. in die Adaptierung von firmenspezifischen Fähigkeiten, in der Firma bleiben (Bergman 2006): Das heißt, hier liegt der Grund der Bindung im Bereich der Kosten, die mit dem Verlassen der Organisation verbunden wären (durch Standortwechsel, Verlust der erreichten Position oder vorhandener sozialer Beziehungen). In diesem Zusammenhang hat Becker (1960) von Nebenwetten (Side-bets)[101] gesprochen. Diese Form kann auch als Austausch-Commitment bezeichnet werden (Haase 1997, 134). MitarbeiterInnen, bei denen diese Form des Commitments dominant ist, bleiben in der Organisation, weil sie müssen. Continuance Commitment resultiert aus hohen Kosten, die mit dem Verlassen der Organisation einhergehen können. Es entsteht, wenn rationales Abwägen im Sinne einer Kosten-Nutzen-Kalkulation zur Einsicht führt, dass das Ausscheiden aus der Organisation mit Nachteilen verbunden wäre. Im Mittelpunkt steht der Zwang, die organisationale Mitgliedschaft aufrecht erhalten zu müssen. Diese Ausgangsüberlegungen haben Eingang in die Ausformulierung der Items der Continuance Commitment Skala (CCS) gefunden (siehe Abbildung 37).

- I am not afraid of what might happen if I quit my job without having another one lined up. (R)
- It would be very hard for me to leave my organization right now, even if I wanted to.
- Too much of my life would be disrupted if I decided I wanted to leave my organization right now.
- It wouldn´t be too costly for me to leave my organization in the near future. (R)

101 Siehe dazu auch Kapitel 6.1.1

- Right now, staying with my organization is a matter of necessity as much as desire.
- I believe that I have too few options to consider leaving this organization.
- One of the few negative consequences of leaving this organization would be the scarcity of available alternatives.
- One of the major reasons I continue to work for this organization is the leaving would require considerable personal sacrifice; another organization may not match the overall benefits I have here.

Abbildung 37: Continuance Commitment Skala[102] (CCS) basierend auf Meyer/Allen (1997)

Die Continuance Commitmentdimension ist dem bisherigen Calculative Commitment, so wie es sich bei Etzioni (1961) oder auch bei Hrebniak/Alutto (1972) findet, sehr ähnlich. Der Ansatz von Meyer/Allen (1994) ist breiter angelegt, da er die Wahrscheinlichkeit, einen anderen Job zu finden, miteinschließt.

Welchen Unterschied diese Frage der Alternativen macht, zeigt die Analyse von Cooper-Hakim/Vsiwesvaran (2005: 244) auf. Ihre Befunde legen nahe, dass eine klarere Unterscheidung auch in zukünftigen Forschungsarbeiten zielführend ist. Längere Zeit über wurde in empirischen Konstellationen im Hinblick auf diese Commitment-dimension von einer Eindimensionalität ausgegangen (z.B. Shore/Tetrick 1991, Ko et al. 1997).

Low Alternative Scale
- I feel that I have too few options to consider leaving my company.
- One of the few negative consequences of leaving my company would be the scarcity of available alternatives.
- What keeps me working at my company is the lack of opportunities elsewhere.

High Sacrifice Scale
- I have invested too much in my company to consider working elsewhere.
- Leaving my company now would require considerable personal sacrifice.
- For me personally, the costs of leaving my company would be far greater than the benefits.
- I would not leave my company because of what I would stand to lose.
- If I decided to leave my company, too much of my life would be disrupted.

Abbildung 38: Weiterentwicklung der CCS-Skala (Powell/Meyer 2004)

Jüngere Arbeiten zu diesem Themenbereich (z.B. Cullpepper 2000, Blau/Holladay 2006) deuten darauf hin, dass es hier, wie schon oben erwähnt um unterschiedliche Dimensionen geht. Zwei dieser möglichen Subdimensionen sind (Powell/Meyer 2004):

- High Sacrifice: Damit ist gemeint, dass hohe Opfer vollbracht werden müssen bzw. Kosten getragen werden müssen. Dies trifft z.B. zu, wenn MitarbeiterInnen erkennen, dass akkumulierte Investitionen oder Sidebets beim Verlassen der Organisation verloren gehen würden.

102 (R) indicates a reverse-keyed item (scoring is reversed).

- Lack of Alternatives: In dieser Subdimension wird die Frage nach möglichen Alternativen bzw. die Erkenntnis, dass die Verfügbarkeit vergleichbarer Beschäftigungsmöglichkeiten beschränkt ist, berücksichtigt.

Diese Überlegungen haben auch Eingang in die Ausgestaltung der Erhebungstools gefunden. Im Bezug auf die Continuance Commitment Dimension ist es zu einer Berücksichtigung der beiden Subdimensionen gekommen (Abbildung 38).

6.6.1.4 General Model

Die drei Dimensionen von Commitment (Continuance, Affective und Normative) werden wie schon ausgeführt durch verschiedene Voraussetzungen beeinflusst. Diese Voraussetzungen sind an sich nicht neu, jedoch sind Meyer/Allen (1991) diejenigen, die diese erstmals in dieser Form zusammenfassen und in Bezug zueinander bringen. In der folgenden Abbildung 39 findet sich das General Model wieder, in dem die verschiedenen Voraussetzungen zu Haltungen zusammengefasst und den drei Dimensionen zugeordnet werden. Die Bezugspunkte werden hier als Voraussetzungen für Commitment gesehen bzw. als Faktoren, die Commitment beeinflussen. Meyer/Allen (1991) haben diese Bezugspunkte als Haltungen bezeichnet und unterscheiden hier zwischen Desire, Perceived Costs oder Obligations:

- *Desire* ist die Basis für affektives Commitment. Als Bezugspunkte dafür werden die Bedeutung von Identität, shared Values und persönliches Involvement angesehen.
- *Obligations* werden als die Basis für normatives Commitment gesehen. Dabei sind die Wahrnehmung des Verhältnisses von Leistungen und Austausch sowie die Internalisierung von Normen zentral. Damit verbunden ist auch der Grad bzw. Gegenstand des abgeschlossenen psychologischen Vertrags[103] des/der Beschäftigten mit der Organisation.
- *Perceived Costs* werden als eine dritte wesentliche Ausprägung genannt, die maßgeblich das fortsetzungsbezogene (Continuance) Commitment beeinflussen. Hier nennen Meyer/Herscovitch (2001) als Bezugspunkte die Höhe des erlebten Investments gepaart mit dem Mangel an Alternativen.

103 Siehe dazu genauer Kapitel 5.3.2

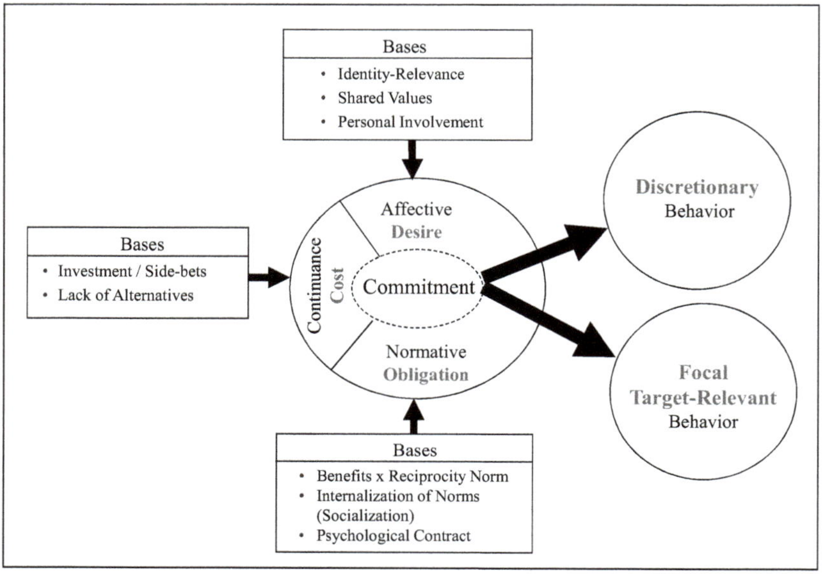

Abbildung 39: Zusammenhänge im Drei-Komponenten-Modell[104]

Die verschiedenen Ausgangsbasen verdeutlichen, dass die drei identifizierten Formen von Commitment sich unterschiedlich entwickeln können. Unterschiedlichen Kombinationen dieser Commitmentausprägungen haben in der Folge Implikationen für das Verhalten der Beschäftigten, wie z.B. die Absicht des Arbeitsplatzwechsels, die Intensität der Beteiligung am Organisationsgeschehen oder auch des citizenship behaviors (Meyer et al. 2002). Die Stärke dieser Haltungen kann jeweils gemessen werden. Bezogen auf die drei Commitmentdimensionen leiten Meyer/Herscoovich (2001: 3008ff) aus den verschieden stark ausgeprägten Haltungen Commitmentprofile ab. In diesen Profilen finden sich unterschiedlichen Kombinationen von hoch und niedrig ausgeprägter Commitmentdimensionen, die die Höhe der Wahrscheinlichkeit bestimmte Verhaltensmuster vorhersagen.

Diese Verhaltensmuster werden als Konsequenzen des Commitments gesehen und sind in Abbildung 39 dargestellt:

- *Focal Behavior* repräsentiert das Verhalten, das im Zentrum des Commitments steht. Dieses Verhalten kann sehr eng definiert werden, wie z.B. im Fall, dass damit nur das Verweilen in der Organisation gemeint ist, o-

104 Adaptiert nach Meyer/Herscovitch 2001: 317

der so breit, dass damit das Mitwirken am Erfolg der Gesamtorganisation gesehen wird. Das auf die Aufgaben und Tätigkeiten bezogene Verhalten kann aufgrund spezifischer Abmachungen zwischen zwei Parteien (z. B. ManagerInnen und Beschäftigten) von Dritten erkannt werden. Das Verhalten wird für verschiedene Zielsetzungen als relevant angesehen. Diese Zielsetzungen können sich auf eine Einheit (z.B. die Gesamtorganisation, ManagerInnen oder Gewerkschaften), ein abstraktes Prinzip (z. B. eine Politik) oder das Ergebnis eines bestimmten Handlungs-zykluses (z. B. die Erreichung eines Ziels oder die Implementation von Veränderungen) beziehen.

- *Discretionary Behavior* repräsentiert eine Form des Verhaltens, die sehr weit gefasst ist und nicht näher mit einem Ziel oder einer Aufgabenerfüllung verbunden ist, jedoch schon auf organisationsrelevantes Verhalten bezieht und dementsprechend wirksam wird, wie z. B. der weitere Verbleib im Unternehmen.

Die Skala, die affektives Commitment (ACS) misst, wird am stärksten von Arbeitserfahrungen, besonders der Erfüllung der Erwartungen innerhalb der Organisation, beeinflusst. Die Skala für normatives Commitment (NCS) wird am besten durch Sozialisationserfahrungen in Richtung der Erzeugung von Loyalität und der Gewährung von außergewöhnlichen Belohnungen als Verpflichtung erklärt und zur Begründung der Items der fortsetzungsbezogenen Skala (CCS) wird auf Beckers Side-bet Theorie verwiesen.

Die Gemeinsamkeit mit Porters Zugang zeigt sich bei der Dimension des affektiven Commitments. „For example, one OCQ item focuses on whether there is much to be gained by sticking with the organization. Within the O´Reilly and Chatman (1986) framework, this item might be considered compliance (instrumental behavior) while Meyer and Allen (1991) would classify this item as measuring continuance commitment." (Mowday 1998: 390)

In der Diskussion rund um die „Wertigkeiten" der drei Dimensionen merkten bereits Ende der 1980er Jahre McGee/Ford (1987) an, dass in der Skala zum fortsetzungsbezogenen Commitment die Items High-Sacrifice and Low-Alternatives sich als zwei sehr unterschiedliche Faktoren herausgestellt haben. Und auch Dunham et al. (1994) weisen in ihren Arbeiten nach, dass diese Faktoren unterschiedliche Zusammenhänge mit verschiedenen Konsequenzen haben. Kritik wird auch an der sehr hohen Korrelation zwischen affektivem und normativem Commitment bzw. zwischen deren Skalen angemahnt. Dazu merken Hacket et al. (1994) an, dass beide Konstrukte nicht unterscheidbar seien.

Diesen Kritikpunkten haben Meyer und Allen (1997) entgegengehalten, dass durch die Weiterentwicklung des fortsetzungsbezogenen Commitments wenig gewonnen wäre. Sie verweisen besonders auf die interne Konsistenz der Skala.

In neueren Arbeiten relativieren Meyer et al. (2002: 41) ihre Standpunkte und schlagen zur Problematik des fortsetzungsbezogenen Commitments (CCS) vor, dass „... it might be advisable to refine the CCS for future research...“. Zur Kritik der geringen Unterscheidbarkeit von normativem und affektivem Commitment merken dieselben AutorInnen (Meyer et al. 2002: 41) an derselben Stelle an, dass “... more work is needed to understand what normative commitment is, how it develops, and whether it contributes uniquely to the prediction of behaviour.”

An diesen Bedeutungen der drei Commitmentdimensionen setzen auch die aktuellen Diskussionen bzw. Kritiken an, die dieses weitverbreitete Commitmentmodell genauer unter die Lupe nehmen. Einer dieser aktuellen Diskussionsbeiträge geht dabei besonders darauf ein, dass in diesem Drei-Komponenten-Modell die Dimensionen Einstellung zu wenig berücksichtigt wurde und setzt an diesem Punkt an.

6.6.2 Organisationales Commitment als Einstellungsdimension

Der Gedanke der Parallelen zwischen den Konstrukten organisationales Commitment und Motivation bzw. Wirkungen auf die Handlungsebene findet sich in der Arbeit von Solinger et al. (2008), die sich mit dem Zusammenwirken der drei Komponenten auseinandergesetzt haben. Dabei gehen sie von der bestehenden Kritik am Drei-Komponenten-Modell aus und berufen sich sehr stark auf die Diskussion nach der Trennschärfe der drei Komponenten (Affective, Normative und Continuance). Sie weisen darauf hin, dass im Modell von Meyer/Allen unterschiedliche Bezugspunkte für die drei Komponenten herangezogen werden: So hat affektives Commitment eine Einheit bzw. ein Ziel als Bezugspunkt, während normatives und Continuance Commitment explizit mit Handlungen in Bezug auf eine Weiterbeschäftigung verbunden sind. Diese Verhaltenskomponenten verbinden Solinger et al. (2008: 73) mit den drei Commitmentdimensionen (siehe dazu Abbildung 40).

Um für empirische Settings die Trennschärfe zu gewährleisten und den Aussagewert zu steigern, haben Solinger et al. (2008: 79f) folgenden Zugang gewählt: „Our view is that a strictly attitudinal definition of organizational commitment not only differentiates the construct from these alternatives but also produces an added value when it comes to predicting actual behaviors.” Diese Bewertung der Autoren ergibt sich daraus, dass Commitment mit dem Einstellungs-Verhaltens-Modell basierend auf Eagly/Chaiken (1993) in Bezug gesetzt wird. Einstellungen beziehen sich dabei auf Auffassungen gegenüber Einheiten oder auch Zielen. Verhalten wiederum orientiert sich an zwei Dimensionen, die auf Hirschman (1970) zurückgehen: die Dimension konstruktiv-destruktiv und der Dimension aktiv-passiv. Beispiele für diese verschiedenen Verhaltenskombinationen sind konstruktiv-aktives Verhalten, prosoziales Verhalten (O´Reilly/Chatman 1986) oder Intrapreneurship (Mowday et al. 1982). Dem konstruktiv-passiven Bereich rechnen die Autoren beständiges an organisationalen Normen orientiertes Verhalten (Kunda 1992) oder auch geduldiges Verhalten (Hagedoorn et al. 1999) zu. Unter den destruktiven Teil fallen Absentismus und zuspätkommen oder auch Diebstahl.

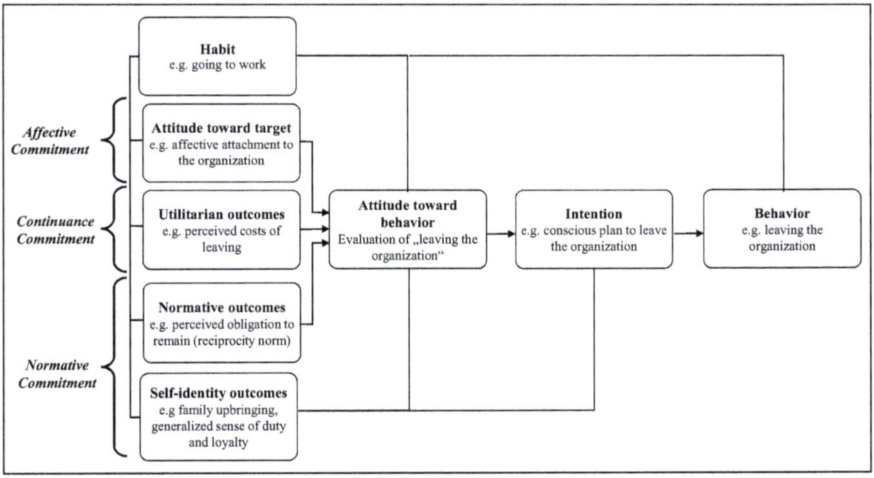

Abbildung 40: Einbettung des Drei-Komponenten-Modells in ein Einstellungs-Verhaltens-Modell (Solinger et al. 2008: 73)

Beschäftigte, die sich enttäuscht von ihren BeschäftigerInnen oder Ungerechtigkeit in der erlebten Austauschbeziehung fühlen, verringern ihr Commitment zur Organisation (Brown 1996). Sie distanzieren sich von dem/der BeschäftigerIn, um nachteilige Konsequenzen für sich selbst zu vermeiden. Als eine Konsequenz darauf fühlen sie sich weniger gebunden und denken weniger positiv über die Organisation. Außerdem verringert sich die Bereitschaft, organisationalen Interessen zu dienen (Solinger et al. 2008).

Das beobachtbare Verhalten ist durch Gewohnheiten beeinflusst, aber auch durch die erwarteten Folgen eines bestimmten Verhaltens. Solche Einstellungen können sich konstruktiv oder destruktiv, aktiv oder passiv auswirken. Neben diesen Einflussfaktoren wirken auch noch normative Folgen (Normative Outcomes), die mit dem Verhalten verbunden werden, sowie jene Folgen, die für das eigene Selbstkonzept erwartet werden (Self-identity Outcomes).

Organisationales Commitment wirkt somit neben anderen Faktoren auf das organisationale Verhalten ein und verbessert im Zusammenspiel mit Gewohnheiten einerseits und den antizipierten Folgen andererseits den Erklärungswert für Verhalten. Das Modell stützt die Annahme, dass organisationales Commitment nicht direkt auf das Verhalten, sondern als mediierender Faktor auf Verhalten wirkt (Solinger et al. 2008: 78). Diese Erkenntnis wird in den aktuellen empirischen Settings[105] hervorgehoben.

6.7 Zwischenresümee – Commitmentkonzepte und deren Operationalisierungen

In diesem Abschnitt wurden die weit verbreiteten Konzepte, die Commitment erklären, vor dem Hintergrund der Darstellungen in den Orginalquellen dargelegt. Die Analyse dieser Konzepte zeigt einige Parallelen, die in der nachfolgenden Tabelle 22 zusammengefasst werden.

Die affektive Komponente scheint die Dimension zu sein, die sich in nahezu allen Modellen wiederfindet. Der Wunsch, eine Handlungsrichtung zu verfolgen, wie das Arbeitsverhältnis weiterzuführen, Anstrengungen auszuüben, um organisatorische Ziele zu erreichen, charakterisiert diese Dimension. Dabei ist jedoch darauf zu verweisen, dass der Ausgangspunkt für die Definition dieser Dimension variiert, ist doch einmal von emotionaler Bindung, dann wieder von Identifikation (z.B. bei O'Reilly/Chatman 1986) oder Wertübereinstimmung bzw. einer moralischen Komponente (z.B. Angle/Perry 1981; Penley/Gould 1988; Jaros et al. 1993; Mayer/Schoorman 1998) die Rede. In diesem Zusammenhang weisen Jaros et al. (1993) darauf hin, dass ein wesentlicher Unterschied zwischen dem affektiven und moralischen Zugang darin liegt, dass ersterer auf einem emotionalen Band basiert, während zweiterer eine rationale Verbindung herstellt. Bei letzteren beiden Bereichen wird die Nähe zur wahrgenommenen Verpflichtung – dem normativen Commitment – deutlich.

Bei den Operationalisierungen werden die zentralen Themen wieder abgebildet, wobei die verschiedenen Facetten von Handlungsspielraum über Persönlichkeitscharakteristika bis hinzu normativen Betrachtungen eine Kombination des Wunsches nach Bindung einerseits und der Vermeidung von Kosten andererseits ausdrücken. Es werden also mehrere Dimensionen miteinander verbunden, wobei der Fokus je nach Konzept einmal stärker auf einem Verhaltens- und dann wieder eher auf einen Einstellungsbezug liegt.

---

105 Siehe dazu Kapitel 7

Tabelle 22: Operationalisierung der Commitmentkonzepte (eigene Zusammenstellung)

	Commitment-Konzept	**Zentrale Themen**	**Operationalisierung**
Verhaltensbezogen	Side-bet Konzept (Becker 1960)	Bezahlung, Handlungsspielraum, Status, Beförderungen Wirkung des Arbeitsplatzwechsels im Vordergrund	Ritzer-Trice-Skala (RTS) Hrebiniak-Alluto-Skala (HAS)
	Calculative Commitment (Etzioni 1961)	Kombinationsformen von Machtbeziehungen und Einbindungsformen: Alienative, Kalkulative, Moralische Einbindung	Keine Operationalisierung bekannt
	Cohesion / Control Commitment (Kanter 1968)	Commitmentbildende Prozesse in sechs Formen: 1. Hingabe, 2. Investitionen, 3. Verleugnung, 4. Kommunikation, 5. Demütigung, 6. Kapitulation	Keine Operationalisierung bekannt
Einstellungs-bezogen	Attitudinal Commitment (Mowday et al. 1982)	Persönlichkeitscharakteristika, rollenbezogene und strukturelle Eigenschaften, Arbeitserfahrung Betonung derIdentifikation	Organizational Questionnaire (OCQ) Commitment Skala von O´Reilly/Chatman
Gemischte Ansätze	Drei- Komponenten-Modell (Meyer/Allen 1991)	• Emotionale Bindung und Identifikation • Gefühl der Verpflichtung gegenüber der Organisation • Wahrnehmung der Kosten bei Ver-lassen der Organisation, Unsicherheit Alternativangebote zu bekommen	Affektives Commitment (ACS), Normatives Commitment (NCS) und Continuance Commitment (CCS)

Bei den gemischten Ansätzen wie dem Drei-Komponenten-Modell, das verhaltens-, einstellungs- und normative Dimensionen vereint, gibt es Parallelen zu anderen wesentlichen organisationspsychologischen Erklärungsmodellen wie der Motivation und hier besonders jenen Ansätzen, die den Prozess der Verhaltensaktivierung bzw. -regulierung als multidimensionales Konzept sehen (z.B. Deci/Ryan 1985; Locke 1997; Higgens 1997). Im Hinblick auf den Charakter und die Konsequenzen der verschiedenen Formen der wahrgenommenen Regulation finden sich Parallelen zu den drei Komponenten, die von Meyer/Allen (1994) bzw. Meyer/Herscovitch (2001) beschrieben werden. Meyer et al. (2004: 995f) beschreiben eine dieser Parallelen als Kontinuum von externer Kontrolle (externe Regulation, Continuance Commitment) hin zu interner Kontrolle (intrinsische Motivation und integrierte bzw. bezeichnete Regulation und affektives Commitment). Dabei finden sich auf diesem Kontinuum dazwischen abgeschwächte Formen externer Kontrolle (introjezierte Regulation, normatives Commitment).

Ein wesentlicher Unterschied zwischen Commitment und Motivation liegt jedoch in der Wirkung der Implikation: Commitment hat einen eindeutig längeren Wirkungshorizont als Motivation, die sich auf das kurzfristige, unmittelbare Handeln bezieht (Meyer et al. 2004: 994).

Dementsprechend wurde Commitment sehr oft in empirischen Studien als eine Kenngröße herangezogen. Nicht zuletzt ist Commitment dabei selbst der beforschte Gegenstand. Es hat einen neuen Schub an empirischen Studien in diesem Feld gegeben. Dabei wurde auch darauf Bezug genommen, dass durch sich verändernde Organisationsformen, wie durch die Verflachung von Hierarchien oder dem Trend zu Netzwerkorganisationen, MitarbeiterInnen stärker für ihr eigenes Handeln verantwortlich werden. In diesen empirischen Studien wurden verschiedene Operationalisierungsformen von organisationalem Commitment herangezogen. In der Folge wird der Frage nachgegangen, welche Formen der Operationalisierungen überwiegend eingesetzt wurden und welche Veränderungen sich im Zeitablauf identifizieren lassen.

Welche der dargestellten Konzepte in welcher Form in die empirischen Studien der letzten Jahrzehnte eingeflossen ist, steht im Mittelpunkt des folgenden Kapitels. Gegenstand der Analyse ist der wissenschaftliche Diskurs, der sich hauptsächlich in Beiträgen in etablierten Zeitschriften wiederfindet.

7. Analyse der eingesetzten Operationalisierungen von organisationalem Commitment

Im vorigen Kapitel wurde die Diskussion der Bedeutung von organisationalem Commitment präzisiert und die prominentesten Erklärungsansätze von organisationalem Commitment und deren Operationalisierungsformen vorgestellt.

In den letzten Jahrzehnten hat es eine Vielzahl an empirischen Studien gegeben, die sich auf die dargestellten Grundmodelle berufen. Conrad (1988) hat die wesentlichen Arbeiten bis Anfang der 1990er Jahre zusammengefasst. In einer sehr großen Zahl dieser Arbeiten ist angenommen worden, dass es sich bei organisationalem Commitment einerseits um eine zentrale Determinante, anderseits um eine Art Moderatorvariable/n zur Erklärung des Phänomens der Verbleibensabsicht in Unternehmen handelt.

Die Zielsetzung und das Vorgehen der Analyse des wissenschaftlichen Diskurses werden eingangs (Kapitel 7.1) erläutert. Es folgt ein Überblick über empirische Arbeiten zu organisationalem Commitment der letzten fünfzig Jahre und in Verbindung damit werden die Ergebnisse der thematischen Kodierung präsentiert (Kapitel 7.2). Im Anschluss daran werden in eigenen Abschnitten zentrale Erkenntnisse herausgehoben, in denen die Einflussfaktoren auf organisationales Commitment charakterisiert werden. Weiteres werden die wesentlichen Ergebnisse im Bereich der Untersuchungen, die sich mit den Auswirkungen von organisationalem Commitment beschäftigt haben, dargestellt (Kapitel 7.3). Dabei findet sich in einer Zusammenschau der Hauptthemenbereiche die Illustrierung der in den empirischen Studien herangezogenen Einflussfaktoren auf bzw. untersuchten Auswirkungen von organisationalem Commitment (Abbildung 42).

In einem zusätzlichen Schritt wird durch den Einsatz eines Tools zur Illustration von relationalen Zusammenhängen in Texten auch eine Form von thematischen Hüllen rund um die Operationalisierungen von organisationalem Commitment herausgearbeitet. Diese Darstellungen geben einen neuen Blick auf die Einsatzfelder der verschiedenen Konstrukte (Kapitel 7.4).

In der folgenden Zusammenstellung (Abbildung 41) findet sich ein Überblick über das Kapitel.

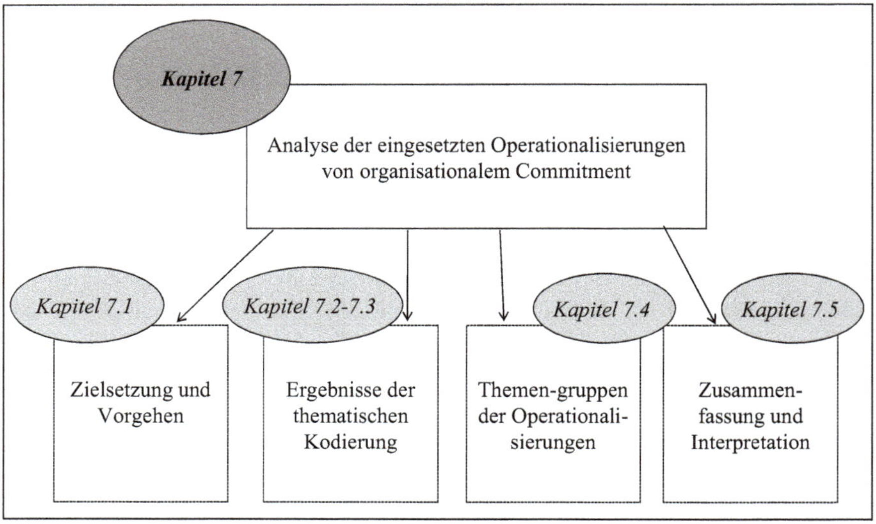

Abbildung 41: Struktur des Kapitels 7

7.1 Zielsetzung und Vorgehen bei der Analyse

Commitment hat, wie schon oben in Kapitel 6 bei der Vorstellung der unterschiedlichen Konzepte dargestellt, ganz unterschiedliche Bedeutungen in empirischen Settings eingenommen. In der folgenden Zusammenschau sind die wichtigsten Faktoren, die in den letzten fünf Jahrzehnten untersucht wurden, zusammengefasst. Der Zeitraum wurde gewählt, da 1960 mit den Arbeiten von Becker der Startschuss für die Auseinandersetzung mit Commitment gesetzt wurde.

Die folgende Analyse gibt Aufschluss darüber, mit welchen Formen der Operationalisierung von organisationalem Commitment im wissenschaftlichen Diskurs gearbeitet wurde und wird.

Der Begriff Diskurs integriert eine ganze Palette von Bedeutungen im umgangssprachlichen und auch im philosophischen Gebrauch (Titscher et al. 1998). Wissenschaftliche Artikel, die Gegenstand der Analyse sind, sind dabei als eine Form von Textsorte zu sehen, die unter bestimmten Kontextfaktoren der Textproduktion entstanden sind, aber auch das Textverstehen wesentlich mitprägen.

Die Ergebnisse werden eine Basis bieten, um die leitende Fragestellung der Arbeit, inwieweit die Veränderungen der Beschäftigungsverhältnisse Eingang in die Operationalisierung von organisationalem Commitment (im wissenschaftlichen Diskurs) finden, beantworten zu können.

7.1.1 Textanalyse

Die oben beschriebene Zielsetzung der Erkundung der Darstellung von organisationalem Commitment und deren Operationalisierungen in wissenschaftlichen Darstellungen von empirischen Untersuchungen entspricht einem Suchprozess, der nach interpretativen Verfahren verlangt, die darauf gerichtet sind, Begriffe und Konzepte zu klären, aber auch handlungsleitende Strukturen zu entdecken. Handlungsleitend ist in diesem Zusammenhang auf den Einsatz und die Darstellung von organisationalem Commitment im wissenschaftlichen Diskurs bezogen.

Es bieten sich verschiedene Methoden an, die sich von möglichen Metaanalysen bis hin zu Textanalysen der vorliegenden Journalartikel ziehen. Es gibt eine Palette an Metaanalysen, in denen vor allem die Zusammenhänge zwischen Commitment und Leistung einerseits und Commitment und berufsbezogenen Einstellungen andererseits gegenübergestellt und evaluiert wurden (Mathieu/Zajac 1990; Pfister/Schoppig 1994; Organ/Ryan 1995; Meyer/Allen 1997; Benkhoff 1997; Feldman 2004). Andere Schwerpunkte von Metaanalysen sind die Prüfung von Konstruktvaliditäten bestimmter Messinstrumenten (z.B. Verquer/Beehr/Wagner 2003), die Überprüfung von kulturellen Unterschieden, die auf die Messung der Stärke von Commitment einwirken (z.B. Randall 1993) oder auch die nachweisbaren Einflüsse von erlebter organisationaler Unterstützung auf die Stärke von Commitment (Rhodes/Eisenberger 2002; Riggle et al. 2008).

In diesem Kapitel wird es jedoch nicht um eine solche Form der Metaanalyse, in der die Validität der eingesetzten Operationalisierungsformen geprüft wird, gehen. Die Intention liegt vielmehr im Aufzeigen der Palette der Inhalte und gewählten Konstrukte im wissenschaftlichen Diskurs wie sie Eby et al. (2005) zur Darlegung des wissenschaftlichen Diskurses im Work-Family Research Bereich oder Altman/Shortland (2008) im Bereich der International Assignments eingesetzt haben.

Ein Ergebnis dieses Abschnittes wird sein, einen Überblick über den Diskurs zu geben, um somit nach den im vorigen Abschnitt dargelegten Konzepten eine Art Landkarte der Einsatzfelder der Konzepte und deren Operationalisierungen nachzeichnen zu können. So eine Darstellung bietet die Möglichkeit, Leerstellen im Diskurs bzw. unerforschte Bereiche leichter zu identifizieren.

Eine der wichtigsten Fragen in diesem Zusammenhang ist vor allem die nach dem Gegenstand der Analyse bzw. der Entscheidung, welche Texte als Vergegenständlichung des Diskurses miteinbezogen werden und welche nicht.

7.1.2 Textauswahl

Bei der Suche nach empirischen Arbeiten zu den Facetten von organisationalem Commitment wurden verschiedene Strategien für die Identifikation relevanter veröffentlichter Journalbeiträge eingesetzt. Zuerst wurde eine Suche in der PsychINFO Datenbank mit den Schlüsselwörtern organisationales Commitment durchgeführt, wobei der Suchzeitraum mit dem Jahr 1960, in dem Becker mit seinem Side-Bet Ansatz eine der Grundlagen gelegt hat, gestartet wurde. Eine weitere Quelle waren Metaanalysen und die darin angeführten Studien. Darüber hinaus wurde mit denselben Schlüsselwörtern eine Suche in Social Science´s Citation Index (SSCI) durchgeführt. Der SSCI wird in der Regel für Rankings von betriebswirtschaftlichen Zeitschriften verwendet (Hennig-Thurau et al. 2004). Er basiert auf den für alle dort berücksichtigten Zeitschriften ausgewiesenen Impactfaktoren. Dieser Faktor beruht auf der Annahme, dass WissenschafterInnen Werke anderer vor allem deshalb zitieren, weil sie auf deren Ergebnissen aufbauen und je höher dieser Faktor eingeschätzt wird, umso höher wird die Qualität einer Zeitschrift eingeschätzt (Garfield 1972).

Insgesamt fließen 222 Studien[106] in die Analyse ein, wobei ein Inklusionskriterium für diesen Überblick ist, dass Commitment als Konstrukt erklärt wurde und in einer Form in eine empirische Untersuchung miteingeflossen ist.

7.1.3 Thematisches Kodieren

Die Analyse der Textinhalte bildet den Kern des empirischen Vorgehens in diesem Abschnitt, wobei bei der Interpretation der Textsemantik den Leitlinien des thematischen Kodierens (Flick 2010: 402f) gefolgt wurde. Dieses Verfahren wurde für vergleichende Studien entwickelt, die mit aus der Fragestellung abgeleiteten, vorab festgelegten Gruppen arbeiten. Die Datenerhebung wird entsprechend mit einem Verfahren durchgeführt, das Vergleichbarkeit durch die Vorgabe von Themen bei gleichzeitiger Offenheit für die jeweiligen, darauf bezogenen Sichtweisen gewährleisten soll (Flick 2010: 402). So ist in diesem Fall ein

106 Die in diesem Überblick berücksichtigten Arbeiten sind im Literaturverzeichnis extra gekennzeichnet.

Medium zur Herstellung von Vergleichbarkeit die Veröffentlichung in einem wissenschaftlichen Journal, das in einem anerkannten Index[107] gelistet ist.

Im Rahmen der Interpretation des Materials wird das thematische Kodieren als mehrstufiges Vorgehen angewendet. Der erste Schritt richtet sich auf die einbezogenen Fälle, die in einer Reihe von Einzelfallanalysen interpretiert werden. Zuerst werden die generellen Informationen aus den Artikeln extrahiert und erfasst. Auf Basis der objektiv gegebenen Ausdrucksformen in den Texten selbst wird zunächst auf Ähnlichkeit als Klassifikationskriterium abgestellt. Ähnlichkeit bedeutet dabei, dass bestimmte Aspekte zweier Objekte gleich sind und andere verschieden. Auf diesen Fall bezogen bedeutet das, dass die Aussagen teilweise durch gleiche Substantive aufgebaut sind und sich dadurch ähneln. Ein spezifisches Merkmal der Analyse ist es, keine Schlüsse zu ziehen, sondern mit den scheinbaren Inhalten (face-values) zu arbeiten und diese vorerst nur zu quantifizieren und zu verdichten (Kriz/Lisch 1978). Für alle Studien wird dabei auch schon erfasst, inwieweit sie explorativ oder testend vorgegangen sind. In diesem Zusammenhang ist auch die eingesetzte Methode interessant. Bei den testenden Studien, sind aber auch die zugrunde liegenden Modelle und die darin abgebildeten Beziehungen der Variablen wichtig.

Aus dieser ersten inhaltlichen Systematisierung wurde in einem zweiten Schritt ein Kodierschema entwickelt, in dem sich dann für die größeren Hauptkategoriegruppen ganz unterschiedliche Subkategorien gefunden haben. Nach den ersten Fallanalysen werden die dabei entwickelten Kategorien und die thematischen Bereiche, auf die sie sich in den einzelnen Fällen beziehen, miteinander abgeglichen (Flick 2007: 404). Daraus resultiert eine thematische Struktur, die der Analyse der weiteren Fälle zugrunde gelegt wird, um deren Vergleichbarkeit zu erhöhen. Es entsteht eine Art Template (King 2004). Die Ergebnisse dieser thematischen Kodierung sind in der später folgenden Übersicht 4 zu finden.

In einem dritten Schritt werden die Felder ähnlicher Variablen ermittelt und diese dann näher beschrieben. Mit diesem Vorgehen gelingt es, gruppenspezifische Gemeinsamkeiten und Unterschiede[108] zu identifizieren.

Dieses Vorgehen eröffnet die Möglichkeit die thematischen Bereiche, auf die sich diese in den einzelnen Fällen beziehen, miteinander abzugleichen und daraus eine thematische Struktur zu entwickeln, die für die Analyse weiterer Fälle zugrunde gelegt wird und damit deren Vergleichbarkeit erhöht. Zusätzlich

107 In diesem Ausschlusskriterium liegt ein kritischer Faktor, weil gerade in dieser Systemgegebenheit der wissenschaftlichen Journale implizite und explizite Ausschließungsmechanismen greifen, wie sie z.B. von Tienari/Thomas 2006 thematisiert werden.

108 Diese Gemeinsamkeiten und Unterschiede werden im Kapitel 7.3 illustriert.

zur Vergleichbarkeit bleibt das Verfahren gleichzeitig jedoch sensibel und offen für die spezifischen Inhalte in dem jeweiligen Analysefall, darin liegt ein wichtiger Vorteil dieses Vorgehens.

Eine der Limitationen dieses Verfahrens ist, dass sich durch die in dem Vorgehen schon sehr bald abgeleitete thematische Struktur der Spielraum hinsichtlich einer zu entwickelnden Theorie, wie dies z.B. von Strauss (1994) gefordert wird, schon einmal verengt. Dieser Verengung wird einem zusätzlichen Auswertungsschrittes begegnet. Eine relationale Zusammenhangsanalyse soll hier den Blick auf die einzelnen identifizierten Themengruppen auszuweiten. Dieser Schritt wird durch den Einsatz von BibTechMon (Bibliometric Technology Monitoring) unterstützt. BibTechMon[109] ist ein Tool, das ausdrücklich für die qualitative Auswertung konzipiert wurde. Durch solche Tools kann eine schnellere Verarbeitung erfolgen. Sie erleichtern den Zugang zu Daten und das Datenmanagement ist einfacher (Kuchartz 2007: 716). Doch die computerunterstützte Auswertung läuft nicht immer nach dem gleichen Schema ab. Sie ist abhängig von der Datenbasis, der Datenstruktur und dem gewünschten Output.

7.1.4 Relationale Zusammenhangsanalyse

Es gibt eine Reihe von Werkzeugen[110], die für die Datensammlung, -aufbereitung und -auswertung konzipiert wurden. BibTechMon ist in dem Zusammenhang ein qualitatives Tool, das einen Fokus auf die bibliometrische[111] Analyse legt. Bibliometrische Analysen werden dort eingesetzt, wo es gilt, einen raschen Überblick über eine große Menge an Texten zu gewinnen (Krisper 2004, Biruhs 2008).

Grundsätzlich können sich bei bibliometrischen Analysen zwei Arten von Techniken eingesetzt worden: Skalare und relationale Techniken. Bei skalaren Techniken dient die Auszählung von spezifischen bibliographischen Elementen und Listen von Häufigkeiten (occurences) als Basis (van Raan 1988). Damit wird die Dimension einer Größe, wie die Drei-Komponenten-Skala anhand der Größe des wissenschaftlichen Outputs in Form von z.B. der Anzahl der Publikationen beschrieben.

---

109 Neben den Orginalquellen des ARCS zu BibTechMon (z.B. Noll et al. 2001; Fröhlich et al. 2002; Noll/Fröhlich 2002) finden sich sehr gute Beschreibungen in den Anwendungen von Krisper (2004), Urbanski (2005) oder auch Biruhs (2008).

110 Exemplarisch seien hier Produkte wie QSR NVivo, Atlas TI, MAXqda oder auch BibTechMon genannt.

111 Zum Begriff „bibliometrisch“: „biblio-“ bezieht sich darauf, dass bibliographische Elemente aus Literaturzitaten verwendet werden. „-metrisch“ weist darauf hin, dass diese Elemente gemessen und bewertet werden.

Werden hingegen die Co-Häufigkeiten als Basis für die Berechnungen herangezogen, wird von relationalen Techniken gesprochen (van Raan 1988). Co-Häufigkeiten bezeichnen das gemeinsame Vorkommen von Wörtern in einer Datenbasis und die Co-Häufigkeit ist eine Maßzahl, die die inhaltliche Verbundenheit von zwei Begriffen angibt und damit eine Form von relationaler Zusammenhangsanalyse darstellt.

Einsatzfelder solcher Verfahren sind z.B. die Darstellung komplexer, vernetzter Informationen, Analysen umfangreicher Daten aus Literaturdatenbanken oder auch die Unterstützung von Wissensmanagementprozessen durch Vernetzung und Visualisierung von Informationen (Noll et al. 2001).

Dabei steht das Aufdecken von Strukturen, Zusammenhängen und Trends durch statistische Methoden im Vordergrund. Auch wenn statistische Methoden Grundprinzipien dieses Tools darstellen, ist es nicht für prüfstatistische Verfahren (wie z.B. Signifikanztests oder Varianzanalysen) angelegt. Die Aufgabe ist vielmehr, Muster und Trends in Texten entdecken zu können.

Das Produkt BibTechMon wurde vom Austrian Research Center Seibersdorf (ARCS) Mitte der 1990er Jahre entwickelt und seither ständig weiterentwickelt und basiert auf der Co-Wort Analyse. „Co-word analysis reveals patterns and trends in a specific discipline by measuring the association strengths of terms representative of relevant publications produced in this area. The main feature of co-word analysis is that it visualizes the intellectual structure of one specific discipline into maps of conceptual space of this field." (Ding et al. 2001: 819) Und was hier für Disziplinen angeführt wird, kann auch auf die Analyse Publikationen zu einem bestimmten Themenbereich angewandt werden, wie es in der in der Folge auch gemacht wird.

Die Software BibTechMon wird in dieser Analyse eingesetzt, um gemeinsam mit der theoriegeleiteten Methode der Codierung mögliche Zusammenhänge in den untersuchten Texten darzustellen. Bei der Untersuchung der ausgewählten empirischen Studien zu organisationalem Commitment kann aufgrund der Analyseergebnisse das aus dem ersten inhaltsanalytischen Schritt schon Bekannte in einem anderen Licht erscheinen.

Eine Möglichkeit, eine große Zahl an Texten zueinander in Beziehung zu setzen, ist die Form von Landkarten auf Basis der Co-Wortanalyse, die bei BibTechMon eingesetzt wird (Kopcsa/Schiebel 1998). Mit Hilfe dieser Methode können größere Mengen an Texten inhaltlich strukturiert werden.

Die relevanten Begriffe werden dazu in Beziehung gesetzt und auch graphisch dargestellt. Basis ist eine Co-Wort-Analyse. Bei der Co-Wort-Analyse werden die jeweils gemeinsamen Nennungen von Wörtern in Texten oder von den VerfasserInnen angegebenen Schlagwörtern (Co-Häufigkeiten) berechnet. Die Co-Häufigkeiten sind die Basis für die Berechnung von Indizes, die die inhaltliche Verbundenheit je zweier Begriffe beschreiben. Die Grundannahme dieser Methode besteht darin, dass eine hohe Co-Häufigkeit einer starken inhaltlichen Nähe entspricht (Noll et al. 2001).

Die für einen Text relevanten Schlagworte werden aufgrund statistischer Analysen ermittelt. Diese Schlagworte repräsentieren die Objekte für die Co-Wort-Analyse und die Co-Häufigkeiten liefern die Basis für die Berechnung der weiteren Indizes. In der vorliegenden Analyse wird BibTechMon als Tool für die Analyse von Zusammenhängen von Themenfeldern und den eingesetzten Operationalisierungen von organisationalem Commitment herangezogen.

Die Berechnungen von Co-Häufigkeiten ergibt ein Beziehungsgeflecht von Inhalten, das in weiterer Folge in BibTechMon graphisch dargestellt wird. Dabei werden die Co-Häufigkeiten in Distanzmaße umgewandelt und in einer Art Landkarte visualisiert. In diesen Graphiken entspricht jeder Begriff (jedes Objekt) einem Punkt, wobei folgendes gilt (Krisper 2004: 40):

- Die Größe des Punktes entspricht der Häufigkeit eines Begriffs über alle Artikel gesehen, wobei jeder Begriff nur einmal pro Artikel gezählt wird, d.h., relevant ist immer nur, in wie vielen Artikeln ein Begriff vorkommt, nicht aber, wie oft innerhalb eines Artikels.
- Die inhaltliche Nähe bzw. Entfernung aller Begriffe zueinander wird durch den graphischen Abstand der jeweiligen Punkte voneinander dargestellt. Die Berechnung der Position aller Punkte zueinander erfolgt iterativ[112]. Die entstandene Landkarte ist translations[113]- und rotationsinvariant, das bedeutet, dass nur die relative Lage der Begriffe zueinander von Bedeutung ist (Fröhlich et al. 2002: 254).
- Die Stärke der Beziehung zweier Begriffe zueinander entspricht ihrer Co-Häufigkeit und wird durch die Stärke der Verbindungslinie zwischen den entsprechenden beiden Punkten dargestellt. Die Stärke der Linie entspricht der Intensität der Verbindung. Im Zuge der Darstellung kann der/die AnwenderIn selbst festlegen, ab welcher Intensität der Bindung die Linien sichtbar sein sollen.

Für die Berechnung der Landkarte können unterschiedliche Indizes verwendet werden. In dieser Analyse wird der Jaccard-Index[114] als Ähnlichkeitsmaß gewählt. Der Jaccard-Index stellt in BibTechMon das Maß für den Vergleich der inhaltlichen Verbundenheit dar. Der Index gibt die Vorkommenshäufigkeit

---

112 Iterativ: wiederholend (Duden online: http://lexika.tanto.de/artikel.php, abgefragt 15. Februar 2010)

113 Translation: Verschiebung (Duden online: http://lexika.tanto.de/trefferliste.php, abgefragt 27. August 2010)

114 Der Jaccard-Index (oder Jaccard-Koeffizient) ist nach dem Schweizer Botaniker Paul Jaccard (1868–1944) benannt.

zweier Begriffe, die gemeinsam genannt werden, an. Er gibt jedoch nicht an, wie häufig ein einzelner Begriff vorkommt.

Der Jaccard-Index ist eine Kennzahl für die Ähnlichkeit von Mengen. Um den Jaccard-Koeffizient[115] zweier Mengen zu berechnen, teilt man die Anzahl der gemeinsamen Elemente durch die Größe der Vereinigungsmenge:

$$J(A,B) = \frac{|A \cap B|}{|A \cup B|} \text{ oder } J = \frac{c_{ij}}{c_i + c_j - c_{ij}}$$

Ein großer Jaccard-Index (nahe 1) zeigt eine hohe inhaltliche Verbundenheit zweier Begriffe / Wörter an. Dieser Index bewirkt, dass zentrale Begriffe, das heißt Begriffe mit hoher Vorkommenshäufigkeit, im Zentrum des Netzwerkes zu liegen kommen. Begriffe mit niedriger Vorkommenshäufigkeit liegen hingegen in der Peripherie. Daher zeigt die Nähe bzw. die Entfernung eines Punktes zur Bildmitte an, ob der entsprechende Begriff mit vielen bzw. wenigen anderen Begriffen gemeinsam im Text vorkommt.

Die Begriffe im Netzwerk können nach unterschiedlichen Gesichtspunkten einem Thema zugeordnet werden oder zu Gruppen anhand der Ergebnisse einer Clusteranalyse[116] zugeordnet werden. Ein Thema besteht aus einer Vielzahl von Begriffen, die unter einem bestimmten Namen zu einer Gruppe zusammengefasst sind. Das Arbeiten mit Themen ist besonders hilfreich in Verbindung mit einer Clusteranalyse, die u.a. die Identifikation verschiedener Themenblöcke erlaubt. Dabei werden die Objekte auf Basis der Co-Häufigkeiten durch eine hierarchisch orientierte statistische Auswertung zu Gruppen zusammengefasst, wenn ihre Verbindungen zu allen anderen Objekten gleichartig bzw. sehr ähnlich sind (Biruhs 2008: 43). Mit dieser Analyse über das Netzwerk werden wichtige Punkte hervorgehoben, das Netzwerk an sich jedoch nicht verändert. Anhand der Clusteranalyse können den somit gewonnenen Themen bzw. Gruppen Farbcodes zugewiesen werden, die eine Zusammengehörigkeit definieren. Für diese Clusteranalyse gilt, dass jeder Begriff immer nur einem Cluster und jeder Cluster wiederum immer nur einem Übercluster zugeordnet sein kann. Ein Arti-

115 Die Normierung des Jaccard-Index ist auf das Intervall [0, 1] festgelegt. Der Wert 0 repräsentiert die untere Grenze und damit, dass zwei Elemente in keiner der beiden Mengen vorkommen. Ein Index von 1 sagt aus, dass die beiden Elemente ausschließlich gemeinsam vorkommen. Kommt zum Beispiel „Kaffee“ 24-mal, das Wort „Tee“ 14-mal und die gemeinsame Nennung 6-mal vor, dann ergibt sich folgender Jaccard-Index:

$$J = \frac{6}{24 + 14 - 6} = 0{,}1875$$

116 Siehe dazu Kapitel 7.4.8

kel kann jedoch mehreren Clustern/Überclustern zugeordnet sein, da in der Regel in einem Artikel mehrere Begriffe vorkommen, die nicht unbedingt dem gleichen Cluster zugeordnet sein müssen. Die Clusteranalyse sowie die Positionierung der Objekte im Netzwerk beruhen auf den gleichen Ausgangsdaten, dennoch können unterschiedliche Ergebnisse möglich sein (Fröhlich et al. 2002: 6).

7.2 Ergebnisse der thematischen Kodierung im Überblick

Bei der Analyse der Studien lag das Hauptaugenmerk auf einer thematischen Analyse, die von vordefinierten Kodierungen, wie der Suche nach dem Sample und der Zusammensetzung des Samples aber auch der Suche nach konkreten Ergebnissen ausgegangen ist (King 2004). Bei der Durchsicht der Artikel werden die inhärenten Themen beschrieben, zusammengefasst, kategorisiert und gruppiert. Im Zuge der Analyse haben sich weitere Kodierungsgruppen und verschiedene Ausprägungen herauskristallisiert, die sich in strukturierter Darstellung in der Übersicht 1 im Anhang wieder finden. Details zu den Studien bzw. der Kodierung sind in einer inhaltlich ausführlicheren Darstellung der Übersicht 2 im Anhang zu entnehmen. Dort sind die Studien in chronologischen und innerhalb der Jahre jeweils alphabetischen Reihenfolge zusammengefasst.

Als Hauptthemengruppen haben sich folgende Bereiche herauskristallisiert:

- das Sample und dessen Zusammensetzung,
- die eingesetzten methodischen Verfahren für die Erhebungen und Auswertungen,
- die Relevanz von Commitment (Commitment als abhängige vs. unabhängige Variable bzw. als Moderator oder Mediator),
- mögliche weiteren Einflussfaktoren und
- mögliche Ergebnisse.

Die Gemeinsamkeiten und Unterschiede, die sich aufgrund dieser thematischen Analyse innerhalb der einzelnen Hauptgruppen ergeben, werden in der Folge ausführlich dargestellt. Im Anschluss daran veranschaulicht ein multidimensionales Modell die Zusammenhänge und einzelne Zusammenhangskonstellationen. Dabei kommen Unterschiede beim Blick auf die zeitliche Abfolge (WANN), die Untersuchungsbereiche (WO), sowie die Untersuchungssettings und eingesetzten Commitmentkonstrukte (WIE) hervor. Vor der detaillierten Darstellung dieser multidimensionalen Zusammenhänge, werden die zentralen Ergebnisse im Hinblick auf die oben genannten Bereiche zum Wann, Wo und Wie erläutert.

7.2.1 Publikationsintensität

Wenn der zeitliche Verlauf der Veröffentlichung von empirischen Studien mit den eingesetzten Untersuchungstools / Skalen in Verbindung gesetzt wird, dann ergeben sich bestimmte Phasen, die dabei unterschieden werden können (siehe dazu Tabelle 23).

- *Phase 1 (1960-1979) – die Ära der Nebenwetten:* In dieser Phase wirken vor allem der Ansatz von Becker (1960) und Überlegungen zu Nebenwetten hinein. Becker´s Ansatz stellt eine enge Verbindung des Commitmentprozesses mit Verbleibensentscheidungen im Unternehmen her. In den Arbeiten von Ritzer/Trice (1969) und Hrebiniak/Alutto (1972) wurden die Überlegungen von Becker in Skalen operationalisiert.
- *Phase 2 (1980-1989) – die Ära der psychologischen Bindung:* Durch die Arbeiten von Porter et al. (1974) gab es ab Mitte der 1970er Jahre Impulse, sich neben der Betonung des rationalen Elements auch auf weitere psychologische Einflusselemente zu konzentrieren. Dies hat sich in den Arbeiten bzw. der Entwicklung des Organizational Commitment Questionnaires von Mowday et al. (1979) niedergeschlagen und eine ganze Welle von empirischen Arbeiten ausgelöst.
- *Phase 3 (1990-1999) – die Ära der multidimensionalen Herangehensweisen:* In diese Zeit fallen Untersuchungen, die sich auf die Commitmentdimensionen von O´Reilly/Chatman (1986), die Drei-Komponenten-Skalen von Meyer/Allen (1984) und deren Weiterentwicklung (1997) beziehen.
- *Phase 4 (ab 2000) – Ausdifferenzierung:* Diese Phase ist durch eine Vielfalt von eingesetzten Tools charakterisiert, wobei festzuhalten ist, dass sich immer mehr das Drei-Komponenten-Modell von Meyer/Allen durchzusetzen scheint, denn mittlerweile schon 57 Prozent der Studien legen dessen Skalen zugrunde.

Tabelle 23: Eingesetzte Commitmentskalen in empirischen Studien

Phase (Jahre)	Gesamt-anzahl	RTS (abs. / relativ)	HAS (abs. / relativ)	OCQ (abs. / relativ)	O-C (abs. / relativ)	ACS/ NCS/CCS (abs. / relativ)	Andere (abs. / relativ)
1 (1960-1979)	14	1 / 7,1%	2 / 14,3%	5 / 35,7%			6 / 42,8%
2 (1980-1989)	31		1 / 3,2%	27 / 87,1%			3 / 9,6%
3 (1990-1999)	65		3 / 4,6 %	31 / 47,7%	7 / 10,7%	19 / 29,2%	16 / 24,6%
4 (ab 2000)	112			25 / 22%	2 /1,8%	64 / 57%	22 / 19,6%
Summe abs. / relativ	222 / 100%	1 / 0,4%	6 / 2,7%	88 / 39,6 %	9 /4%	83 /37,4%	47 / 9,5%

Legende: RTS – Ritzer/Trice, HAS – Hrebeniak/Alutto OCQ – Organizational Citzenship Questionnaire, O-C – O´Reilly/Chatman, ACS/NCS/CCS – Meyer/Allen

Bei Überblicksarbeiten wie der von Cohen (2007) finden sich ähnliche Systematiken, wobei Cohen sich weniger auf die eingesetzten Commitmentskalen bezieht. In seinen Phaseneinteilungen ist Cohen jeweils von der Erstveröffentlichung von für ihn zentralen neuen Erklärungsmodellen, die seiner Ansicht nach jeweils eine neue Ära in der Commitmentforschung eingeläutet haben, ausgegangen und hat die Relevanz im Hinblick auf den Einsatz in empirischen Settings vernachlässigt.

7.2.2 Untersuchungsbereiche / Sample

Bei der Zusammensetzung der Samples ist bei einer solchen Anzahl von Studien eine ganze Bandbreite an Stichprobengrößen zu finden. Interessant ist, dass jene 35 % der Studien, in denen Angaben zum Sample zu finden waren, sich auf die Untersuchung innerhalb einer Organisation konzentriert haben, während bei den verbleibenden zwei Drittel der Studien die Befragten zum Teil aus vielen verschiedenen Organisationen gekommen sind.

7.2.3 Untersuchungssettings

Ein Großteil der untersuchten Studien hat ein Untersuchungssetting gewählt, das es einen Querschnitt durch verschiedene Sektoren bietet, wie die Beschreibung der Untersuchungsbereiche oben gezeigt hat. Dabei werden verschiedene Personen aus mehreren Altersgruppen zu einem Zeitpunkt untersucht (Beck/Wilson 2001: 262). Diese crosssektionale[117] Herangehensweise hat generell die Annahme begründet, dass z.B. affektives Commitment von Persönlichkeitscharakteristika, von Jobmerkmalen, den Arbeitserfahrungen und spezifischen Organisationsmerkmalen abhängt (Bergman 2006).

In einem geringen Prozentsatz der Studien (11,7 %) findet sich ein longitudinales Untersuchungsdesign, wobei diese methodische Vorgehensweise als sehr aussagekräftig gesehen wird (Schaie 1967). Dabei wird ein crosssequentielles[118] Vorgehen empfohlen, bei dem eine Kohorte an mehreren Zeitpunkten un-

117 Crosssektionale Verfahren: Darunter wird in der empirischen Forschung die Berücksichtigung eines Querschnitts zu einem bestimmten Zeitpunkt verstanden. Zu einem bestimmten Zeitpunkt werden ein oder mehrere Stichproben mit denselben vergleichbaren Messinstrumenten jeweils einmal untersucht (vgl. Baltes 1968).

118 Crosssequentielle Verfahren: Hier werden Querschnitts- und Längsschnittsverfahren miteinander verbunden. Bei diesem Verfarhen werden mind. zwei Generationen an mind. zwei Erhebungszeitpunkten mit vergleichbaren Messinstrumenten untersucht. Damit kann Variabilität bzw. Stabilität von Verhalten im Zusammenhang mit Alter, Generation oder Testzeit identifiziert werden (Roth 1993, S. 318f).

tersucht wird (Beck/Wilson 2001). In einem solchen Untersuchungssetting ist es möglich, den Faktor Erfahrung, der als ein wesentlicher Einflussfaktor immer wieder genannt wird, zumindest bis zu einem gewissen Grad mitzuberücksichtigen. Solche methodischen Vorhaben stoßen in der praktischen Umsetzung durchaus auch an Grenzen. Eine davon ist, dass bei der operativen Umsetzung in den Unternehmen die Mitwirkung der Personalverantwortlichen unumgänglich ist, wobei für die Unternehmen ein Nutzen in so einem Forschungsdesign liegen kann. In den publizierten Studien finden sich dazu aber bis dato (2010) nur methodische Hinweise (z.B. Beck/Wilson 2001) und kaum Ergebnisse solcher methodischen Zugänge.

7.2.4 Gewähltes Commitmentkonstrukt

Hinsichtlich der gewählten methodischen Zugänge ist für diese Studien charakteristisch, dass in der überwiegenden Zahl Messinstrumente bzw. Skalen eingesetzt werden, die z.T. erprobt waren bzw. die im Rahmen der jeweiligen Untersuchung validiert wurden. Es finden sich somit kaum explorative Untersuchungssettings. Nur sehr wenige Untersuchungen haben ein qualitatives, hypothesengenerierendes Untersuchungssetting gewählt.

Das in den Studien zugrunde gelegte Commitmentkonstrukt hängt zuerst einmal mit dem gewählten Fokus zusammen. So gibt es eine geringe Anzahl an Studien (12), bei denen neben dem organisatorischen Commitment auch das Commitment zum Beruf bzw. zur Karriere im Mittelpunkt gestanden ist.

Die gewählten Commitmentkonstrukte beeinflussen in der Folge die Wahl der Untersuchungsinstrumente bzw. die Wahl der Skalen, die zur Messung der Stärke von organisationalem Commitment eingesetzt wurden. Dabei hat sich gezeigt, dass sich im Zeitablauf der Einsatz der gewählten Skalen verändert hat (siehe dazu auch Tabelle 23).

7.2.5 Gruppen von Einflussfaktoren und Ergebnissen

In den untersuchten Studien wurde in sehr unterschiedlicher Weise organisationales Commitment als Ergebnis von bestimmten Einflussfaktoren als beeinflussende Variable auf bestimmte Ergebnisse gesehen. Die folgende Abbildung 42 illustriert die Gruppierungen, die sich aufgrund der Inhaltsanalyse ergeben haben. Links finden sich jene Aspekte, die als Vorbedingungen für die Ausbildung von organisationalem Commitment gebündelt wurden. Der nächste Bereich stellen die Anknüpfungspunkte für die Prozesse der Ausbildung von organisationalem Commitment dar. Die Zusammenfassung der Wirkungen dieser Commitmentprozesse bildet den Abschluss dieser Übersicht.

In der Zusammenschau sind die Vorbedingungen für Commitmentprozesse in sechs Hauptgruppen zusammengefasst. Darunter fallen stärker situative Aspekte wie Umweltbedingungen, Charakteristika der Organisation und erlebte Führungspraktiken ebenso wie personelle Aspekte wie die persönlichen Eigenschaften, die Rollenerwartungen, die Ausprägung der psychologischen Verträge und die Einschätzung der Bedeutung der Arbeitserfahrung. Diese Vorbedingungen werden in unterschiedlichen Kombinationsformen miteinbezogen. Im Bereich der Ergebnisse finden sich drei Hauptthemengruppen: Der Blick auf produktives Verhalten, Wirkungen auf den Verbleib im Unternehmen und die Arbeitszufriedenheit.

Die zentralen Anknüpfungspunkte der Commitmentprozesse – hier mit affektiven, normativen und kostenbezogenen Zusammenhängen zusammengefasst – spiegeln sich in unterschiedlicher Weise in den Operationalisierungen wider. Die Illustration der Themen in Zusammenhang mit diesen verschiedenen Commitmentkonstrukten steht im Mittelpunkt des Kapitels 7.4. Dort zeigt die relationale Zusammenhangsanalyse[119] auf, wie häufig und in welchen Konstellationen die Vorbedingungen bzw. Ergebnisse berücksichtigt wurden. Davor werden in Kapitel 7.3 die Vorbedingungen für organisationales Commitment und die in den Untersuchungen erhobenen Ergebnisse mit Beispielen aus den untersuchten Studien illustriert. Dabei finden sich auch Verweise auf die Konstrukte und deren Beschreibungen, wie sie in Kapitel 6 zu finden waren. Im folgenden Abschnitt wird jedoch auf die Ver- bzw. Anwendung dieser Konzepte in den untersuchten empirischen Beiträgen Bezug genommen. Ausgangspunkte für die Analysen waren, wie in den Journalbeiträgen, die Inhalte der Erklärungsmodelle in den Argumentationen und Beschreibungen der Untersuchungen zu finden waren.

119 Zur Beschreibung des methodischen Vorgehens siehe Kapitel 7.4.1

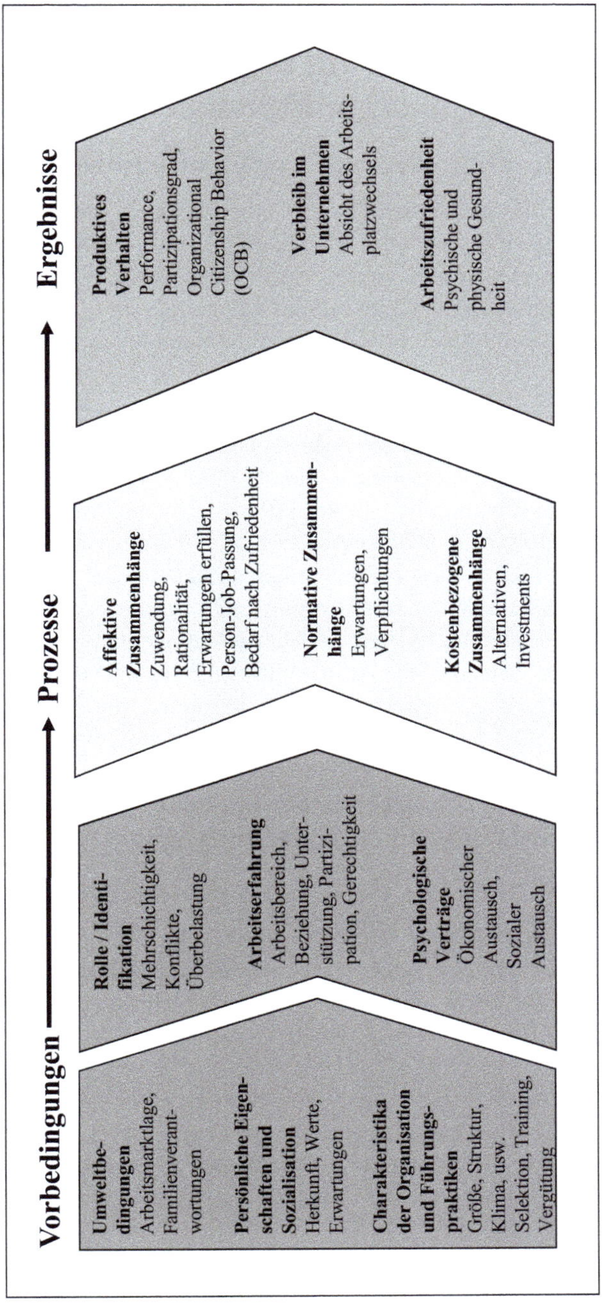

Abbildung 42: Vorbedingungen für und Ergebnisse von organisationalem Commitment (eigene Darstellung)

7.3 Einflussfaktoren auf organisationales und Wirkung von organisationalem Commitment

7.3.1 Einflussfaktoren auf organisationales Commitment

Als zentrale Einflussfaktoren bzw. Vorbedingungen stehen situative Faktoren wie Umweltbedingungen oder Charakteristika der Organisation im Mittel. Daneben werden persönliche Eigenschaften, ebenso wie Arbeitserfahrungen, Rollenerwartungen als auch der zugrunde liegende psychologische Vertrag als mögliche weitere Einflussfaktoren in diesem Zusammenhang näher beleuchtet.

7.3.1.1 Umweltbedingungen der Person

Umweltbedingungen, wie die Arbeitsmarktlage waren einer der ersten Ausgangspunkte in der Untersuchung von organisationalem Commitment. Sie waren ein Anknüpfungspunkt, den Becker (1960) in seinen Arbeiten[120] mitberücksichtigt und als sehr zentral in seinem Commitmentkonzept angesehen hat.

Im Gegensatz zu diesen Erkenntnissen geht Randall (1988) davon aus, dass die Sphären außerhalb der Arbeit wenig Einfluss auf die Ausbildung von organisationalem Commitment haben. Im Drei-Komponenten-Modell[121] wiederum finden sich erneut verschiedene Ansatzpunkte für die Bedeutungszuschreibung von Umweltbedingungen. Dabei wirkt ganz besonders die Tatsache, wenn der/die Einzelne erkennt, dass er/sie davor steht, getätigte Investitionen zu verlieren, bzw. wenn er/sie damit konfrontiert ist, dass es einen Mangel an Beschäftigungsalternativen gibt (Meyer/Herscovitch 2001). Diese Tatsachen wirken in diesem Fall commitmentfördernd (Dornstein/Malaton 1989; Iverson/Buttigieg 1999).

Diese Argumente stehen im Einklang mit Ergebnissen, die aufzeigen, dass Continuance Commitment sich dann entwickelt, wenn der/die Beschäftigte beträchtliche Zeit und Anstrengungen investiert, um Aufgaben innerhalb des Jobs zu erledigen, die nicht einfach in andere Bereiche transferiert werden können (Allen/Meyer 1990; Jaros et al. 1993; Meyer/Allen 1991, 1997). Ähnlich erhöht der Mangel an Beschäftigungsalternativen die Kosten, die mit dem Verlassen der Organisation verbunden sind. Dies führt zu einer stärkeren Ausprägung des Continuance Commitments gegenüber der Organisation (Allen/Meyer 1990). In diesem Zusammenhang ist auf die Aussagen von Becker (1960: 33) zu verweisen, der Commitment als die Tendenz von Beschäftigten beschreibt, sich in

120 Siehe dazu Kapitel 6.2

121 Siehe dazu Kapitel 6.6.1

"consistent lines of activity" zu engagieren. Er geht davon aus, dass Beschäftigte vor allem aufgrund der wahrgenommenen Kosten für das Verlassen der Firma, bei einer Firma bleiben. Diese Kosten bezeichnet er als Side-bets, die sich in verschiedenen Formen wiederfinden, wie z.B. generelle kulturelle Erwartungen, unpersönliche bürokratische Arrangements oder auch individuelle Anpassungen an soziale Positionen (Powell/Meyer 2004, Shore et al. 2000).

Die generellen kulturellen Erfahrungen beziehen sich auf Erfordernisse von wichtigen Referenzgruppen, die sich auf angemessenes Verhalten im Job beziehen. Dazu zählen die Erwartungen von Familienmitgliedern im Hinblick darauf, wie viel Zeit der/die Einzelne in seinem/ihrem Job verbringt. Diese Erwartungen von Familienmitgliedern und Freunden wirken bei verschiedenem vertraglichem Ausmaß unterschiedlich. So wirken diese Erwartungen bei Beschäftigten mit zeitlich befristeten Verträgen viel weniger stark als bei jenen mit unbefristeten Verträgen (Loisch/Schmidt 2008). Dauer und Ausgestaltung von Verträgen im Hinblick auf einen bestimmten bzw. unbestimmten Endzeitpunkt der Vertragsbeziehung haben einen Einfluss auf die wahrgenommenen Erwartungen (Rousseau/Wade-Benzoni 1994).

Unpersönliche bürokratische Arrangements beziehen sich auf Regeln und Grundsätze in Unternehmen, wie Kompensationssysteme, die auf dem Senioritätsprinzip basieren, die zu langfristiger Beschäftigung ermuntern bzw. diese belohnen (Powell/Meyer 2004). Diese spezifische Side-bet betreffend wird erwartet, dass nur Beschäftigte mit unbefristeten Verträgen sich um solche Art von Vergütungen bemühen und dass es damit nur bei dieser Gruppe auch zu einem Anstieg des kostenbezogenen Commitments kommen wird. Beschäftigte mit befristeten Verträgen werden diesem Anreiz keine Bedeutung zuschreiben.

Anders gelagert sind die individuellen Anpassungen an soziale Positionen, unter denen die Anstrengungen des/der Einzelnen verstanden werden, mit der er/sie sich an die Arbeitsumgebung anpasst, z.B. in Form der investierten Zeit und Energie, um bestimmte Fähigkeiten zu erwerben. Dabei zeigt sich, je mehr firmenspezifische Fähigkeiten erworben wurden, desto geringer ist die Wahrscheinlichkeit, dass diese Beschäftigten das Unternehmen verlassen (Scholl 1981, Wallace 1997). Indem Beschäftigte ihre Aktivitätsmuster immer stärker so anpassen, dass sie die Erfordernisse der jeweiligen sozialen Positionen erfüllen können, schränken sie die Möglichkeiten für alternative Jobs ein, was wiederum zu einem höheren Grad an kostenbezogenem Commitment führt (Becker 1960). Da all diese verschiedenen Formen an Side-bets verloren bzw. ihren Wert für den/die Beschäftigte/n verlieren würden, wenn er/sie die Organisation verließe, wirken diese so, dass der/die Beschäftigte sich gebunden fühlt, um die existierenden Investments nicht zu verlieren.

Kostenbezogenes Commitment wird immer stärker, je mehr Nebenwetten es gibt, vor allem wenn sich diese auf kontinuierliche Beschäftigung im Unternehmen beziehen (Becker 1960; Hrebiniak/Alutto 1972; Wallace 1997). Die Investition in firmenspezifische Fähigkeiten zeigt auf, dass es unterschiedliche Kräfte gibt, dies zu tun. Doch diese Investition von Zeit und Anstrengung ist nicht immer nur von der immanenten Notwendigkeit geleitet, sondern auch von freiwilliger Teilnahme daran. Während die individuellen Anpassungen an soziale Positionen am Beginn einer Arbeitsbeziehung wenig Einfluss haben, werden diese Faktoren im Lauf der Beschäftigungsdauer immer wichtiger, wobei der Effekt je nach Beschäftigungsverhältnis ein unterschiedlicher ist. Bei unbefristeten Jobs wirkt er commitmentverstärkend, während bei befristeten Jobs mit einem „Ablaufdatum“ davon ausgegangen werden kann, dass gegen Ende der Vertragszeitdauer in diesen Bereich immer weniger investiert wird, und dieser somit auch negative bzw. senkende Effekte auf den Grad des kostenbezogenen Commitment hat (Loisch/Schmidt 2010).

In einer Untersuchung im Spitalsbereich wurde Ende der 1980er Jahre aufgezeigt, dass in dem Sample von verheirateten, weiblichen Beschäftigten die erlebte finanzielle Unabhängigkeit einerseits und die Zufriedenheit mit der Partnerschaft anderseits sehr eng mit dem Commitment mit der Karriere an sich und der Organisation als Ganzes zusammenhängen (Steffy/Jones 1988).

Empirische Arbeiten, die sich der Wirkung der Umweltbedingungen widmen, haben in den letzten Jahren wieder zugenommen. Dabei stehen vor allem die Wirkungen von Outsourcing Maßnahmen (George 2003), aber auch die Wirkung der letzten Jahren aufkommenden Leiharbeitskonstellationen (Van Breugel et al. 2005; Dawley et al. 2005; Brammer et al. 2007; Felfe et al. 2008) im Mittelpunkt. Es gibt aber auch jüngere Studien, die sich der Frage der Familienverantwortung bzw. der Organisation von solchen Verantwortlichkeiten widmen. Sehr wohl sind dabei unterschiedliche Muster gefunden worden (Mellor et al. 2001; Haar/Spell 2004; Casper/Harris 2008).

Es sind jedoch nicht nur die Umweltbedingungen, die als Vorbedingung für die Ausbildung von organisationalem Commitment angesehen werden. Als zentraler Faktor werden auch die persönlichen Eigenschaften und die Sozialisation angesehen.

7.3.1.2 Sozialisation

Auch diese Faktoren sind schon in die ersten empirischen Arbeiten (z.B. Gouldner 1960; Hrebiniak/Allutto 1972; Dubin et al. 1975; Stevens et al. 1978) eingeflossen und wurden im Hinblick auf Zusammenhänge mit der affektiven Komponente des organisationalen Commitments weiter untersucht. In einigen Studien wird hervorgehoben, dass affektives Commitment sich durch den Fit des Arbeitsplatzes mit individuellen Charakteristika herausbildet (Meyer et al. 1991; Meyer et al. 1998).

Die persönlichen Charakteristika, die sehr oft herangezogen wurden und werden, sind die klassischen demographischen Daten. Der Faktor Alter wird aber in nur sehr wenigen Studien als wesentlicher Einflussfaktor auf die Ausbildung von organisationalem Commitment identifiziert (Steers 1977; Blau/Lunz 1998; D´Amato/Herzfeldt 2008). Mehr Befunde finden sich zum Faktor Geschlecht, wobei hier die Befunde widersprüchlich sind: Geschlechtsspezifische Unterschiede finden sich ebenso (Mowday et al. 1979; Steffy/Jones 1988; Blau/Lunz 1998; Brammer et al. 2007), wie Ergebnisse, die keinen Zusammenhang nachweisen können (Bruning/Sneyder 1983; Forest et al. 1993).

Aufschlussreicher sind im Zusammenhang mit persönlichen Faktoren vor allem Untersuchungen, die die Mobilitätsbereitschaft und deren Konsequenzen bei Standortverlagerungen auf Commitment untersucht haben (Kondratuk et al. 2004) oder Persönlichkeitseigenschaften wie Ängstlichkeit oder Depressionsneigung und deren Konsequenzen genauer untersucht haben (Moon et al. 2003). Eine weitere Studie hat die vorherrschende Identitätsausrichtung[122] (individual, rational oder kollektiv) als Ausgangspunkt genommen, um Zusammenhänge mit der Stärke des organisationalen Commitments zu untersuchen (Johnson/Chang 2006).

Starken Einfluss haben in diesem Zusammenhang die Herkunft und die Sozialisation. Beides wirkt schon in der Voreintrittsphase auf die Einschätzungen des Arbeitsplatzes und die Erwartungen an die Arbeit, doch dieser Einfluss wurde bisher noch wenig beachtet. Die Voreintrittserwartungen werden sehr stark von familialer und kultureller Sozialisation beeinflusst und dementsprechend sind diese beiden Faktoren essentiell in der Ausbildung von affektivem und normativem Commitment (Bergman 2006: 650). Auch die Sozialisation in den verschiedenen Phasen (Primärsozialisation im Elternhaus, Sekundärsozialisation in den verschiedenen Bildungsinstitutionen und Peer-Gruppen, gefolgt von organisationaler Sozialisation) wird als eine wichtige Vorbedingung gesehen (Glisson/Durick 1988; Allen/Meyer 1990; Beck/Wilson 2001; Bergman 2006). Die damit einhergehende Internalisierung von Normen und Werten, die das angemessene Verhalten innerhalb der Organisation betreffen, unterstützt die Entwicklung von normativem Commitment (Meyer/Allen 1997).

Wie schon erwähnt, ist normatives Commitment ein Ergebnis der Sozialisation vor und auch nach dem Eintritt in die Organisation bzw. im Ablauf der Zeit, während der man für die Organisation arbeitet (Cohen 2007). Individuen

122 Siehe dazu Kapitel 3.2.1

verpflichten sich nicht nur gegenüber der Organisation bzw. Subeinheiten, sondern gleichzeitig auch gegenüber anderen Bezugsgruppen in der Gesellschaft. Das erste Beispiel ist in diesem Zusammenhang die Verpflichtung gegenüber der Familie. Solche Verbindungen bzw. Verpflichtungen haben auch Wirkungen auf die Ausprägung von organisationalem Commitment (Bergman 2006: 656). Bezogen auf die Sozialisation im Rahmen von befristeten Anstellungen im Unternehmen ist offensichtlich, dass die Primärsozialisation durch die Familie bzw. Peer-Gruppe im Hinblick auf selbstbezogene Einstellungen wirkt und auch in anfänglich geringeres normatives Commitment münden kann.

Neben dem Faktor Zeit, der auch auf die Ausgestaltung von Werten wirkt, ist die Wirkung von unerwarteten Ereignissen, die persönliche Relevanz haben, ebenfalls als entscheidend anzusehen. So führen ein Nichteintreten bzw. das Vorenthalten einer erwarteten Beförderung oder einer Verlängerung eines Vertrags zu einem substanziellen Rückgang des affektiven Commitments (Rhoades et al. 2001).

Die Lage von und die Anzahl an zentralen Lebensinteressen sind in einer Anfang der 1970er Jahre durchgeführten Studie als relevante Einflussfaktoren identifiziert worden (Dubin et al. 1975), wobei dieser Zusammenhang in einer späteren Replikationsstudie von Kidron (1978) ausdifferenziert wurde. Dort wurde noch zusätzlich die Ausprägung der zugrunde gelegten protestantischen Arbeitsmoral untersucht.

7.3.1.3 Charakteristika der Organisation und Führungspraktiken

Bei der Betrachtung von organisationalem Commitment ist auch ein Blick auf mögliche Einflüsse von strukturellen Faktoren gerichtet worden. Morris/Steers (1980) haben dabei vor allem auf funktionale Abhängigkeiten, wie die Ausprägungen von Dezentralisierung bzw. der Kontrollspanne betrachtet und diese als beeinflussende Dimensionen herausgefiltert. Einen anderen Blickwinkel haben Sommer et al. (1996) angelegt. Sie haben in ihrer Studie den Einfluss der Größe des Unternehmens festgestellt. Bei einer zunehmenden Größe haben sie ein Abnehmen des organisationalen Commitments festgestellt, wobei dieser Effekt gestoppt werden konnte, sobald bei diesem Wachstum, Maßnahmen, die vor allem mitarbeiterInnenorientiert waren, ergriffen wurden.

Der Blick auf strukturelle Effekte hat sich in Richtung der erlebten Führungspraktiken gewandelt. In mehreren Studien wurde ein Einfluss des erlebten Führungsstils auf die Ausbildung von organisationalem Commitment nachgewiesen (Sommer et al. 1996; Avolio et al. 2004). Kinicki/Vecchio (1994) konnten den Einfluss der erlebten Austauschbeziehungen zwischen der Führungskraft und Beschäftigten vor dem Hintergrund der Leader-Member-Exchange-Theorie

(LMX) basierend auf Liden/Graen (1980) nachweisen. Steyrer et al. (2008) haben ebenfalls einen Zusammenhang zwischen Führungsstilen und der Ausprägung von organisationalem Commitment festgestellt. Sie sind dabei von den Globe-Studien-Faktoren ausgegangen, bei denen Charisma, Teamorientierung und selbstschützende Führung im Wesentlichen als Führungsstildimensionen untersucht wurden. Einen anderen Fokus haben Erben/Güneser (2008) gewählt. Sie haben Führungspraktiken im Hinblick auf die Ausprägungen von paternalistischen Zügen (Chen et al. 2004) betrachtet. Aber auch in diesem Blickwinkel wurde ein Zusammenhang mit der Ausbildung von organisationalem Commitment gefunden, wobei die Wirkung auf die Ausbildung von Continuance Commitment stärker war als von affektiven Commitment.

Der Umgang und die Form der Kommunikationsflüsse in Organisationen werden als kritischer Faktor im Hinblick auf die Herausbildung von organisationalem Commitment der MitarbeiterInnen angesehen (Vandenberg et al. 1999). Diese Kommunikationsflüsse werden besonders hinsichtlich auf ihres Einflusses auf organisationaler Politiken und Prozesse, finanzielle Ergebnisse und den Erfolg von Arbeitsgruppen bzw. einzelnen MitarbeiterInnen sowie auch das Feedback von Kunden als wesentlich angesehen. Der erlebten Art der Kommunikationsflüsse wird auch in Unternehmenssituationen, die Entrepreneurship als ein zentrales Ziel für ihre Belegschaft bezeichnet haben, ein wesentlicher Einfluss auf die Ausbildung von organisationalem Commitment zugeschrieben (Soupata 2005; Ng et al. 2006). Die Übereinstimmung bzw. Einigkeit im Hinblick auf die vermittelten Inhalte zwischen den verschiedenen Hierarchieebenen wird hier als essenzieller Faktor angesehen (Dorenbosch et al. 2006). In diesem Bereich fallen aber auch nachgewiesene Einflüsse, z.B. der Form der Transparenz der Informationspolitik in Organisationen (van Vuuren et al. 2007) oder des Umgangs mit Lern- und Entwicklungschancen (Bhatnagar 2007). Dabei wird die Rolle des Feedbacks über Erfolge und Misserfolge der Organisation als zentral angesehen (van Vuuren et al. 2007).

Ein weiterer Faktor in diesem Zusammenhang ist die wahrgenommene Unterstützung durch das Unternehmen (perceived organizational support – POS) (Eisenberger et al. 1986; Eisenberger et al. 1996; van Knippenberg/Sleeblos 2006). Seit Beginn der 1990er Jahre hat es verstärkt Arbeiten gegeben, die den Einfluss der Unterstützung durch die Organisation auf verschiedene Ergebnisvariablen untersucht haben, wobei sehr oft der Einfluss auf organisationales Commitment sehr stark ausgeprägt war (z.B. Coyle-Shapiro/Morrow 2005 und 2006, Riggle et al. 2008). In diese Einschätzung der Unterstützung durch die Organisation werden die erhaltene Unterstützung durch Vorgesetzte, Vergütungen, oder andere Angebote, wie z.B. die Weiterbildungsmöglichkeiten oder die erlebte Autonomie miteinbezogen (Aslage/Eisenberger 2003). Hier hat sich gezeigt, dass ein positiver Zusammenhang zwischen der erlebten Unterstützung und besonders dem affektiven Commitment besteht (Meyer/Allen 1993; Eisenberger et al. 2001; Lee/Peccei 2007; Connelly/Kelloway 2007). Die Einschätzungen bzgl. der Lernmöglichkeiten innerhalb des Arbeitsbereichs, wirken als essenzielle Einflussfaktoren auf die Einstellungen gegenüber der Arbeit (Lankau/Scandura 2002). In diesem Zusammenhang hat sich gezeigt, dass die Ermöglichung der Teilnahme an Trainings einen positiven Effekt auf organisationales Commitment hat (Birdi et al. 1997). Dies zeigt sich besonders dann, wenn die Teilnahme als freiwillig angesehen wird und somit von einer Beteiligung des/der Betroffenen an der Fortbildungsentscheidung gesprochen werden kann.

Seit Anfang 2000 ist zu beobachten, dass es in den Studien wieder mehr Evaluierungen von eingesetzten Human Resource Maßnahmen gibt. Bei diesen Maßnahmen geht es von den erlebten Recruitingmaßnahmen über die angebotenen Arbeitszeitformen und Ausgestaltungen von Anreizsystemen bis hin zu Karriereförderungen (Caldwell et al. 1990; Gaertner 1999; Benson 2006; Conway/Monks 2008). In diesem Zusammenhang hat Agarwala (2003) untersucht, wie die Wahrnehmung von als innovativ eingestuften Einführungen von HR-Praktiken wirkt. Ergebnis dabei war, dass ein sehr hoher Zusammenhang zwischen der positiven Einstufung dieser Einführungsprozesse und der Höhe des organisationalen Commitments gefunden wurde.

Ein anderer Blickwinkel, der unter organisationale Charakteristika fällt, ist der von Wilson (1995) und von Richard et al. (2008) aufgegriffene Einflussfaktor der Organisationskultur. Wilson (1995) hat bei ihrer Betrachtung Indikatoren für Macht und politisches Spiel als Einflussfaktoren herangezogen und deren signifikanten Einfluss nachgewiesen. Dieser interessante Zugang wurde Jahre später wieder aufgegriffen, wobei Richard et al. (2008) Unterschiede der Wirkungen von Clan- und hierarchischen Kulturen, die auf den Unterscheidungen von Quinn et al. (1999) basieren, gefunden haben. Clan-Kulturen haben einen verstärkenden Effekt auf die relationale und damit affektive Komponente von organisationalem Commitment, während hierarchische Kulturen einen entgegengesetzten Effekt mit sich bringen.

Mit der näheren Betrachtung von Organisationskulturen ist der Faktor der sozialen Identifikation verbunden, der sich in sehr vielen empirischen Studien wiederfindet.

7.3.1.4 Rollenerwartungen und soziale Identifikation

In Situationen, in denen eine Organisation eine für die einzelne Person kaum mehr wahrnehmbare Struktur hat (z.B. aufgrund der Größe oder aufgrund von Fusionen), kommt dem Thema der sozialen Identifikation ein wichtiger Stellenwert zu. Waren es in den 1970er Jahren vor allem Überlegungen, welche Rollenanforderungen, Doppeldeutigkeiten und Rollenkonfliktkonstellationen auf die Ausbildung von organisationalem Commitment als vermindernde Faktoren einwirken (Hrebiniak/Alutto 1972; Stevens et al. 1978; Morris/Koch 1979; Blau 1985), hat sich hier das Blickfeld in diesem Bereich hin zu den Arbeitsinhalten und deren Konsequenzen verändert.

Aufgrund z.B. verstärkter Telearbeit oder Arbeit bei einem Kunden vor Ort, gewinnen mögliche andere Fokusse von Commitment zunehmend an Bedeutung (Vinke 2005: 10). Dazu zählt neben dem Commitment zur Organisation als Ganzes auch das zur unmittelbaren Arbeitsgruppe. Wenn in einem ersten Schritt auf die relative Stärke dieser beiden Größen geschaut wird, dann deuten bisherige Erkenntnisse darauf hin, dass die Bindung zu einer kleineren Einheit – in diesem Fall wäre dies die Arbeitsgruppe – generell stärker ist als die Bindung zu einer größeren Einheit – also der Gesamtorganisation (Zaccaro/Dobbins 1989; Heffner/Rentsch 2001; Den Hartog/Belschak 2007). In dem Zusammenhang kann auch auf Brewer (1991) verwiesen werden. Er hält fest, dass Individuen nach einem optimalen Ausgleich zwischen der Wahrnehmung als Individuum mit jeweils charakteristischen Eigenschaften und der Wahrnehmung als Mitglied einer sozialen Gruppe streben.

Ein weiteres Argument liefern van Knippenberg/van Schie (2000), die betonen, dass Menschen sich eher mit sozialen Gruppen identifizieren, mit denen sie vertraut sind und die sie als ähnlich zu sich selbst erleben. Da die Beschäftigten den Großteil ihres Arbeitslebens in ihren jeweiligen Arbeitsgruppen verbringen, ist die Vertrautheit und Kohäsion zwischen diesen Gruppenmitgliedern höher als die Kohäsion mit Gruppenmitgliedern aus anderen Arbeitsgruppen in der Organisation (Moreland/Levine 2001). Einen weiteren Grund für die stärkere Bindung zur Arbeitsgruppe sieht Lawler (1992) in der Tatsache, dass die Bindung dort am stärksten ausprägt ist, wo die Kontrolle der Arbeitserfahrungen und deren Erklärungen erlebt werden. Dabei sieht Lawler die Arbeitsgruppe als kognitive, geschlossene Einheit an. Beschäftigte tendieren dazu, das erlebte Kontrollgefühl und die daraus resultierenden Emotionen eher der Arbeitsgruppe zuzuschreiben als der ganzen Einheit. Dies wird auch durch die Ergebnisse von Heffner/Rentsch (2001) unterstrichen, die dort den stärksten Einfluss auf die Ausbildung von affektivem organisationalem Commitment gefunden haben, wo die meiste soziale Interaktion passiert und die wurde in der Untersuchung auf der Ebene der Arbeitsgruppen gefunden.

Diese Befunde streichen die Bedeutungsverschiebung des Bezugspunkts für Identifikation hervor, wobei noch nicht auf die Stärke der sozialen Identifikation eingegangen wurde, die als wesentlicher Einflussfaktor für die Ausbildung von affektivem Commitment angesehen wird (Allen/Meyer 1996; Eisenberger et al.

2001). "Within social groups that persist long enough, members develop also a sense of a common identity. … People's dependence on each other for emotional support and for making sense of their worlds also builds commitment." (Trice/Beyer 2002: 10) Soziale Identifikation bezieht sich in diesem Zusammenhang auf das Ausmaß, in dem sich der/die Einzelne selbst als Mitglied einer konkreten Gruppe bzw. der Organisation sieht (van Dick 2004). Hier wird von van Knippenberg und Sleebos (2006: 571) auf einen wesentlichen Unterschied hingewiesen: Sie sehen aufgrund ihrer Studienergebnisse den zentralen Unterschied zwischen Identifikation und Commitment in der impliziten Beziehung zwischen dem Individuum und der Organisation: „Identification reflects psychological oneness, commitment reflects a relationship between separate psychological entities."

Das Bedürfnis nach Zugehörigkeit und Selbstwert entsteht immer dann, wenn Einzelne nicht alleine und isoliert arbeiten wollen. Aus dieser Perspektive ist das Engagement in einer Gemeinschaft dasselbe, egal ob es sich um Beschäftigte handelt, die einen unbefristeten oder einen befristeten Vertrag haben. Dies haben Süß und Kleiner (2007) für Freelancer aufgezeigt, die sehr wohl auch ein hohes affektives Commitment zu ihrer Auftraggeberorganisation aufbauen. Die unterschiedlichen Arbeitsbedingungen führen dazu, dass sich befristet Beschäftigte offensichtlich mehr auf sich selbst konzentrieren (Moorman et al. 1998). Dies bringt Konsequenzen mit sich: Anstatt stark verbunden und engagiert in der organisationalen Gemeinschaft zu wirken, ist die Gruppe, die sich mehr mit sich selbst beschäftigt, auch als „Ich-AG" (Marr/Fliaster 2003; Keller/Seifert 2006) bekannt.

Durch die eingeschränkte Jobsicherheit ist es für diese Gruppe notwendig, dass sie sich um zukünftige Beschäftigungsmöglichkeiten kümmert. Konsequenterweise bekommen diese Beschäftigten mehr Bestätigungen bzgl. ihres Selbstwerts, wenn sie die jeweils für sich selbst gesetzten Ziele erreichen und weniger durch die Mitgliedschaft in einer Gemeinschaft. Neben der Konzentration auf die eigenen Ziele und die eher düsteren Perspektiven, ist der/die Einzelne weniger bereit in die Gemeinschaft zu investieren (Johnson/Chang 2006). Abgesehen davon ist diese Gruppe von Beschäftigten damit konfrontiert, dass sie sich immer wieder auf neue Beschäftigungsumfelder einstellen muss. Gleichzeitig gibt es in dieser Gruppe auch Betroffene, die Situationen vermeiden wollen, in denen sie sich immer wieder neue Beschäftigungsumfelder bzw. auf Trennungen von der vertrauten Gemeinschaft einstellen müssen. Diese Argumente zeigen auf, dass die Faktoren, die auf die Identifikation bei befristet Beschäftigten einwirken, nahelegen, dass affektives Commitment bei dieser Gruppe weniger stark ausgeprägt ist (Loisch/Schmidt 2008).

Dies zeigen aktuelle empirische Befunde von Felfe et al. (2008), die nachweisen, dass die Beschäftigungsform sehr wohl einen Einfluss auf die Ausbildung von organisationalem Commitment hat. So bringen Befristungen eindeutig vermindernde Wirkungen auf affektives Commitment mit sich.

Bei der Analyse von befristeten Beschäftigungsverhältnissen ist es wichtig die zeitlichen Restriktionen mitzubedenken. Durch diese Limitationen sind befristete Arbeitsverträge nicht als statisch oder monoton anzusehen, sondern sie repräsentieren vielmehr eine bestimmte Art von Dynamik. So zeigt es sich, dass es von der zeitlichen Phase abhängt, in der der/die StelleninhaberIn sich befindet, welche Art der Konsequenzen der Faktor Zeit auf das organisationale Commitment hat. Bei befristeten Verträgen ist in den letzten Phasen der zeitlichen Befristung die Konzentration auf die eigenen Ziele und Perspektiven festzustellen, die vermindernde Wirkungen für das affektive Commitment mit sich bringt.

7.3.1.5 Arbeitserfahrungen

Im Zentrum der affektiven Dimension von organisationalem Commitment stehen neben der Identifikation mit der Organisation auch die Arbeitserfahrungen und deren Bewertung (Meyer/Allen 1997). So steigt affektives Commitment, wenn der Job an sich als hochinteressant und herausfordernd erlebt wird, die Beschäftigten die an sie gestellten Erwartungen kennen und das Gefühl haben, dass die Organisation ihren Beitrag schätzt und sich um ihr Wohlbefinden kümmert.

Insbesondere in diesem Zusammenhang haben Grant et al. (2008) eine stark positive Wirkung gefunden, wobei sie darauf hinweisen, dass diese Verstärkung der affektiven Komponente des organisationalen Commitments durch einen „prosocial sensemaking process“ passiert, in dem die Beschäftigten persönliche und organisationale Handlungen als fürsorglich einstufen.

Ein anderer Aspekt, der mit Arbeitserfahrungen in Verbindung gebracht werden kann, ist das Thema Jobsicherheit. Immer wieder wird auf Jobsicherheit als Teil für die wahrgenommene Arbeitserfahrung hingewiesen (Kalleberg/Reve 1993; Pfeffer/Vega 1999; Sharkie 2005). In diesem Zusammenhang weist Arbeitsplatzsicherheit auf das Vertrauen hin, dass sich auf die Zusicherung des Unternehmens bezieht, die Mitgliedschaft des/der Beschäftigten aufrechtzuerhalten. Dies mündet in ein erhöhtes affektives Commitment (Rhoades/Eisenberger 2002). Bei befristeten Beschäftigungsverhältnissen ist die Sicherheit bzw. die kontinuierliche Mitgliedschaft in der Organisation nicht gegeben bzw. entpuppt sich als leere Versprechung. Befristet Beschäftigte lassen solche Hoffnungen und Vorstellungen zumeist gar nicht zu. Diese Unsicherheit bzw. Jobinstabilität generiert eine eher konkurrenzbetonte Umwelt, die befristet Beschäftigte antreibt, sich vornehmlich auf ihr individuelles Wohlbefinden zu konzentrieren (Knudson et al. 2003; Rubin/Brody 2005).

7.3.1.6 Psychologischer Vertrag

Vorstellungen und Hoffnungen gehen einher mit den Erwartungen bei dem/der Einzelnen, die bei der Herausbildung des psychologischen Vertrags zentral sind. Auch der Status des psychologischen Vertrags[123] wird als ein sehr wesentlicher Faktor für die Ausbildung von organisationalem Commitment angesehen.

Der Abschluss von psychologischen Arbeitsverträgen wird gerade für die Ausbildung von normativem Commitment als zentrale Säule angesehen. Basierend auf den Arbeiten von Argyris (1960), Levinson (1962) und Schein (1980), hat Rousseau (1990) eine enge Definition für psychologische Verträge eingeführt. Sie versteht den psychologischen Vertrag als die Einschätzung der Beschäftigten betreffend gegenseitiger Verpflichtungen. Konkret wird der psychologische Vertrag als subjektive, individuelle Wahrnehmung der Verpflichtungen gegenüber der Firma und vice versa durch die Beschäftigten gesehen (Schalk/Freese 1997). "When individual employees believe they are obligated to behave or perform in a certain way and also believe that the employer has certain obligations toward them, these individuals hold a psychological contract" (Rousseau 1990: 390).

Die empirischen Studien zur Stärke des Einflusses von Erwartungen bzw. des Status des psychologischen Vertrages starteten zu Beginn der 1990er Jahre. Diese gehen einher mit dem Aufflammen der Diskussion des Stellenwerts des psychologischen Vertrages mit den sehr prominenten Arbeiten von Rousseau und ihrer Forschungsgruppe (Rousseau 1989; Rousseau/ McLean Parks 1993; Rousseau/Wade-Benzoni 1995; Arthur/Rousseau 1996). Als einer der ersten hat Arnold (1990) die Wirkung des Erfüllungsgrads von Erwartungen auf die Stärke von Commitment untersucht und konnte hier Zusammenhänge nachweisen. Der Einfluss von individuellen Erwartungskonstellationen im Hinblick auf Karriereoptionen ist ganz besonders stark in einer der wenigen Längsschnittuntersuchungen, die sich über einen Zeitraum von vier Jahren erstreckte, herausgekommen (Lee et al. 1992). Diese Studie ist damit eine der wenigen Untersuchungen, die Verlaufsdaten bieten kann.

Neben dem relationalen Austausch werden im Hinblick auf die Ausbildung des psychologischen Vertrags auch die Faktoren Zeit und Stabilität als Hauptbestimmungsgrößen angesehen (McLean Parks et al. 1998; Rousseau/McLean Parks 1993).

---

123 Siehe dazu auch die Kapitel 5.3.2

Zeit bezieht sich hier auf die Laufzeit von Verträgen. Sie wird als Kriterium angesehen, ob es sich um ein auf Dauer angelegtes oder eher kurzfristiges Beschäftigungsverhältnis handelt. In der Literatur wird in diesem Zusammenhang zwischen der Dauer des Zeitraums und der Genauigkeit des Zeitrahmens unterschieden (McLean Parks et al. 1998; Rousseau/Wade-Benzoni 1995). Steht die Dauer für das Ausmaß der (Arbeits)Beziehung, bezieht sich die Genauigkeit darauf, inwiefern ein/e Beschäftigte/r die Dauer als begrenzt bzw. unbegrenzt erlebt. Wenn diese Logik der befristeten/unbefristeten Arbeitsverträge umgelegt wird, erstreckt sich der psychologische Vertrag von befristet Beschäftigten auf einen kürzeren, abgesteckten Zeitraum (McLean Parks et al. 1998; Millward/Brewerton 2000).

Stabilität wiederum repräsentiert das Ausmaß, „to which the psychological contract is limited in terms of the ability to evolve and change without an implied renegotiation of terms" (McLean Parks et al. 1998). Dabei ist prägnant, dass Beschäftigte mit befristeten Verträgen viel mehr auf Standardverfahren und -vorgehen vertrauen, weil diese stabiler und unveränderbar, gleichzeitig aber auch rigider sind (McLean Parks et al. 1998). Damit geht einher, dass die psychologischen Verträge von befristet Beschäftigten weniger dynamisch und dehnbar im Hinblick auf Veränderungen und Neuverhandlungen sind.

Traditionelle psychologische Verträge, die bei Normalbeschäftigten – Beschäftigte mit unbefristeten Verträgen – zu finden sind, sind durch Jobsicherheit und Erwartung der lebenslangen Beschäftigung charakterisiert und münden in Loyalität zum Unternehmen. Neue psychologische Verträge hingegen verlangen die Akzeptanz von Unsicherheit, Orientierung an den eigenen Fähigkeiten sowie die Verantwortung des/der Einzelnen für berufliches Training und Entwicklung der eigenen Kompetenzen (Raeder/Grote 2001). Die Veränderungen am Arbeitsmarkt[124] implizieren Veränderungen im Design von psychologischen Verträgen und wirken somit auf die Herausbildung von normativem Commitment. Kissler (1994) zufolge erwarten Beschäftigte, die traditionellen psychologischen Verträgen unterliegen, dass der/die BeschäftigerIn eine Art Elternrolle einnimmt. Zugespitzt formuliert wird der Selbstwert des/der Beschäftigten über die Organisation definiert. Beschäftigte, die den „Schoss der Mutter bzw. des Vaters" verlassen, werden verschmäht, denn es wird von ihm/ihr erwartet, dass sie bis zur Pensionierung bei ein und dem-/derselben ArbeitgeberIn bleiben (McLean Parks et al. 1998). In dieser Art von impliziten psychologischen Verträgen wird zufriedenstellende Performance der Beschäftigten vom Unternehmen begrüßt und mit kontinuierlicher Beschäftigung „belohnt" (McLean Parks et al. 1998).

---

124 Siehe dazu Kapitel 2

Interessant in diesem Zusammenhang ist die Wirkung von möglichen Veränderungen bisheriger stabiler Beschäftigungsverhältnisse. Dabei geht es noch nicht um einen Vollzug von Personalabbaumaßnahmen, sondern um die Wahrnehmung der Möglichkeit, dass solche Maßnahmen bevorstehen. Dieses Phänomen des drohenden - im Gegensatz zum vollzogenen - Personalabbaus hat Chang (2002) in 14 Fallstudien untersucht. Er konnte nachweisen, dass in Unternehmenskonstellationen, in denen Personalabbau als mögliche Optionen im Raum standen, ein sehr enger Zusammenhang zwischen der Ausprägung der erlebten Verteilungsgerechtigkeit und der Stärke von affektivem organisationalem Commitment bestand. In Fällen, in denen der Personalabbau schon vollzogen wurde, war dieser Zusammenhang nicht zu finden. Das deutet darauf hin, dass die Wirkung von Ängsten und unbestimmter Erwartungen um ein Vielfaches höher ist, als der Umgang mit einer gefällten Entscheidung. Dabei ist es um Unternehmen bzw. Beschäftigte mit Normalbeschäftigungsverhältnissen gegangen.

Flexibleren Arbeitsvertragsformen haben Rückwirkungen auf den jeweiligen psychologischen Vertrag[125]. Diese „neuen" Formen des psychologischen Vertrags sind durch geringeren Partikularismus und weniger Bezug auf sozioemotionale Vergütungen charakterisiert. Die Zeitspannen dieser psychologischen Verträge sind kürzer, wobei sie gleichzeitig von den Inhalten her weniger dynamisch und verformbar sind (McLean Parks et al. 1998). Bis zu einem gewissen Grad spiegeln neue psychologische Verträge die generellen Entwicklungen am Arbeitsmarkt wider, denn statt Jobsicherheit und lebenslanger Beschäftigung bei einer Firma suchen Beschäftigte Jobs, die ihnen auch eine Weiterentwicklung ihrer Qualifikationen erlauben (Rubin/Brody 2005). Diese Orientierung an eigenen Interessen bzw. beruflicher Weiterbildung bildet einen Grundstein für Aufstiege und garantiert Beschäftigungsfähigkeit (employability).

Gleichzeitig hindert diese Orientierung an einer starken Internalisierung von firmenspezifischen Normen und Werten. Zusätzlich resultiert ein psychologischer Vertrag, der sich weniger an sozio-emotionalen Bedürfnissen wie Ehrlichkeit oder Loyalität orientiert, in niedrigeren Ausprägungsgraden des normativen Commitments. Auch die kürzeren Zeitrahmen reduzieren den Grad des normativen Commitments zu einer Organisation (McInnis et al. 2009). Im Gegensatz dazu unterstützen psychologische Verträge, die ein größeren Grad an sozioemotionalen Blickpunkten über einen längeren Zeitraum hinweg enthalten, Extra-Rollenverhalten und erbrachte Leistung über einen höheren Grad an normativem Commitment.

Rund um den Stellenwert des Status des psychologischen Vertrags als direkter Einflussfaktor gibt es aktuell auch andere Betrachtungsweisen. Struges et al.

125 Siehe dazu auch Kapitel 5.3.2.2

(2005), aber auch Thomson/Heron (2006) sehen organisationales Commitment nicht als ein Ergebnis des psychologischen Vertrags, sondern gehen davon aus, dass organisationales Commitment die Beziehung zwischen der erlebten Erfüllung des psychologischen Vertrags und individuellen Verhaltensindikatoren mediiert. Dies ist also ein doch etwas anderer Stellenwert als in den bisher dargestellten Studien.

7.3.2 Auswirkungen von organisationalem Commitment

In der Abbildung 42[126] oben finden sich drei Hauptbereiche: Arbeitszufriedenheit, der Verbleib im Unternehmen und das produktive Verhalten. In der Folge wird die Darstellung der Ergebnisse in den Studien nach einem etwas anderen Prinzip gebündelt. Für die Wirkungen von organisationalem Commitment auf mögliche beobachtbare und messbare Ergebnisse wird in der Folge eine andere Struktur bei der Darstellung gewählt, als sie die Zusammenschau in Abbildung 42 vermuten lässt. So findet sich im ersten Block der Darstellungen eine Bündelung der organisationalen Nutzenfelder, die vor allem die Wirkung auf das produktive Verhalten und den Bereich des Verbleibs in Organisationen beinhaltet, während im zweiten Teil vor allem auf die individuellen Nutzenfelder, wie z. B. erlebte Zufriedenheit bzw. Stresslevel eingegangen wird.

Auch für dieses Ergebnis ist noch eine weitere Vorbemerkung wichtig. Wie schon am Ende des letzten Abschnittes eingeführt, stellt sich bei empirischen Untersuchungsmodellen die Frage, inwieweit es möglich ist, kausale Zusammenhänge darzustellen. In diesem Bereich findet sich sehr oft ein nichtlinearer kausaler Zusammenhang, sondern es zeigen sich Zusammenhänge in Form von mediierenden Beziehungen.

7.3.2.1 Wirkungen auf das produktive Verhalten und den Verbleib im Unternehmen

Eines der ersten Betrachtungsfelder in empirischen Studien der 1970er Jahren war der Blick auf die Wirkung von verschiedenen Ausprägungen von Commitment auf die feststellbaren Leistungen, wobei die Ergebnisse nicht sehr eindeutig waren (siehe Abbildung 42).

Thorton (1970) hat Indikatoren dafür gefunden, dass ein höheres Commitment in seiner Untersuchung von GrundschullehrerInnen sehr wohl auch zu höheren Leistungen führt. Jauck et al. (1978) wollten diesen Zusammenhang in einem anderen Bildungsbereich – dem universitären Bereich – finden, konnten jedoch keinen Zusammenhang zwischen dem Grad des Commitments und der

126 Siehe dazu Kapitel 7.2.5

Produktivität finden. Anders dazu haben Wiener/Vardi (1980) in ihren Untersuchungen bei Versicherungsangestellten wiederum einen starken Einfluss auf die Leistungsindikatoren nachweisen können, wobei sie in ihrer Untersuchung verschiedene Commitment-Fokusse mitberücksichtigt haben, und hier war besonders der Fokus des Commitments zum Beruf und weniger zur Organisation ein leistungssteigernder Faktor. Unterschiede im Bereich des Einflusses der Leistungsindikatoren fanden Jahre später auch Becker et al. (1996), die Kontraste zwischen dem Bezugspunkt Commitment zur Arbeitsgruppe und zu dem/der Vorgesetzten gefunden haben. So war bei dieser Studie für die Leistungsfaktoren gerade der Bezugspunkt Vorgesetzter als wesentlich angesetzt.

Als Leistungsindikatoren dienen dabei Einschätzungen von Vorgesetzten (z.B. Kim/Mauborgne 1993; Nouri 1994) als auch objektive Leistungsindikatoren wie Verkaufszahlen etc. (z.B. Bashaw/Grant 1994). Am ausgeprägtesten ist in diesen Studien die Korrelation zwischen affektivem Commitment und der Performance. Die Einflüsse der normativen Komponente sind schon schwächer ausgeprägt und jene des Continuance Commitment sind fast nicht feststellbar.

Beim Blick auf die Ergebnisorientierung der Studien ist das Betrachtungsfeld Leistung – vor allem mit Bezug auf verschiedene Key-Performance-Indikatoren – immer mehr in den Hintergrund getreten und öfter durch Selbsteinschätzungen der Leistungen ersetzt worden (z.B. bei Baugh/Roberts 1994; Kuvaas 2006). Insgesamt hat sich die Betrachtung möglicher Ergebnisse mehr auf Indikatoren, wie den Verbleib in Organisationen bzw. der Intention zum Verbleib im Unternehmen oder dem Einfluss von organisationalem Commitment auf das Extra-Rollen-Verhalten verlagert. Diese beiden Faktoren hat Vinke (2005: 72) als zentrale Determinanten für die individuelle Gesamtproduktivität angesehen, wie die folgende Darstellung zeigt:

Partizipative Verhaltensweisen	Leistungsbezogene Verhaltensweisen
• Kündigungsverhalten (Intentionen zu kündigen, Länge der Beschäftigungsdauer) • Freiwillige Abwesenheit vom Arbeitsplatz (z.B. Verspätungen, Fehlzeiten)	• Stärkerer in-role Einsatz (Synergieeffekte in der Gruppe, Verlässlichkeit) • Extra-Rollen Verhalten (Gruppenkohäsion, pro-soziales Verhalten, Vertrauen)

Abbildung 43: Determinanten individueller Gesamtproduktivität (in Anlehnung an Vinke 2005)

Der Zusammenhang zwischen organisationalem Commitment und den hier als partizipative Verhaltensweisen bezeichneten Faktoren ist bisher auch am häufigsten untersucht worden, wobei am eindeutigsten eine positive Korrelation mit dem Kündigungsverhalten nachgewiesen werden konnte, welche in der Regel bereits mit einer negativen Korrelation mit der Intention zu kündigen einhergeht (z.B. Mattieu/Zajac 1990; Tett/Meyer 1993; Jaros 1997; Meyer et al. 2002; Cole/Bruch 2006; Loi et al. 2006; Chang et al. 2007). Wenn die Leistung des/der Beschäftigten als positiv bewertet wird, wird die freiwillige Fluktuation für eine Organisation als dysfunktional angesehen (Blau/Boal 1987). Werden solche Verhaltensweisen festgestellt, dann werden zumeist die Bedürfnisse der MitarbeiterInnen nicht mehr durch die Organisation oder nur noch teilweise befriedigt werden können. Dieser Effekt ist besonders ausgeprägt im Fall von hohen affektiven Commitmentwerten. Es finden sich diese Zusammenhänge aber auch für die beiden anderen Commitmentdimensionen. Diskutiert wird die Wirkungsweise im Fall von Continuance Commitment, denn hier stellt sich die Frage, inwieweit es aus Sicht der Organisation erstrebenswert ist, wenn Beschäftigte bleiben, weil sie keine adäquaten Beschäftigungsalternativen haben (van Dick 2001). Dies haben auch Powell und Meyer (2004) in ihrer Studie nachgewiesen, wobei die AutorInnen in diesem Zusammenhang von organisationalem Commitment als mediierende Variable auf die Beziehung von Beschäftigungsalternativen und den Intentionen des Jobwechsels ausgegangen sind.

In der Frage der freiwilligen Abwesenheit vom Arbeitsplatz stellt sich die Situation etwas anders dar. Hier gibt es eine starke Korrelation zwischen negativ ausgeprägtem affektivem Commitment und Absentismus (z.B. bei Gellatly 1995; Hacket et al. 1993; Mathieu/Kohler 1990; Somers 1995). Sagie (1998) geht sogar soweit, dass er zum Ergebnis kommt, dass die Stärke von organisationalem Commitment ein Indikator für Vorhersagen für freiwillige Abwesenheit sein kann.

Die dargelegten Studien zeigen auf, dass MitarbeiterInnen, die sich ihrer Organisation verbunden fühlen, weniger häufig fehlen und seltener das Unternehmen wechseln (Cohen 1993; Hunt/Morgan 1994; Jaros 1995; Martin/Hafer 1995), produktiver sind (Angle/Perry 1981; Becker et al. 1996), erhöhte Innovationsbereitschaft zeigen (Katz/Kahn 1978) und sich stärker für Team und Unternehmen engagieren (Morrison 1994; Podsakoff et al. 1996). All diese Ausprägungen können zusammen als produktive Verhaltensweisen aus organisationaler Sicht bezeichnet werden. Dabei ist es für eine Organisation von besonderem Interesse, dass eine Person leistungsbezogene Verhaltensweisen zeigt, die über den vertraglich festgelegten Umfang hinausgehen.

Neben der Leistung ist es aber vor allem das Extra-Rollen-Verhalten, das die klarsten Demonstrationen für den Einfluss von Commitment aufzeigt. Für den

Einfluss auf OCB wurde mehrfach aufzeigt, dass der Level des Attachments zum Job und zur Organisation jeweils gute Prädiktoren für OCB-Verhalten sind (z.B. Cardona et al. 2004; Meyer et al. 1993; Pearce 1993). Auch hier ist wieder die affektive Komponente gefolgt von der normativen diejenige, die die stärksten Effekte aufzeigt.

Im Zusammenhang mit dem Wirken von Commitment und OCB ist der Einfluss der Beschäftigungsdauer herauszustreichen worden. Von Dyne und Ang (1998) haben untersucht, welche Unterschiede sich bzgl. des Commitments und des OCB bei dauerhaft festen MitarbeiterInnen und freien MitarbeiterInnen ergeben. In ihrem Sample finden sich 110 MitarbeiterInnen eines Dienstleistungsunternehmens in Singapore, die regulär beschäftigt sind, denen sie 45 MitarbeiterInnen gegenübergestellt haben, die sich in zeitlich befristeten Arbeitsverhältnissen finden. In der Studie zeigten zunächst befristet Beschäftigte erwartungsgemäß im Durchschnitt geringeres Commitment als auch geringeres OCB im Vergleich zu den dauerhaft Beschäftigten. Hier ist es interessant, dass der Zusammenhang zwischen Commitment und OCB bei den Befragten mit Zeitverträgen eindeutig höher ist als bei den dauerhaft Beschäftigten. Das bedeutet, dass bei den Zeitbeschäftigten die Organisationsbindung eine besonders wichtige Variable darstellt, wobei hier durch die Beschäftigungsform an sich schon eine spezielle Konstellation hergestellt wird.

7.3.2.2 Individuelle Nutzenfaktoren: Zufriedenheit und erlebter Stress

Beim Blick auf die Ausprägungen von OCB wird sehr oft auch das Ergebnisfeld der Arbeitszufriedenheit mituntersucht. Inwieweit Arbeitszufriedenheit als organisationaler oder individueller Nutzenfaktor angesehen wird, ist auch in der Organsiations-psychologie umstritten. Van Dick (2004) sieht als Nutzenfelder für den/die Einzelne z.B. den Einfluss auf den erlebten Stress, die Gesundheit und Zufriedenheit.

In der Regel erleben MitarbeiterInnen, die sich mit ihrer Organisation identifizieren weniger Stress, fühlen sich gesünder und sind zufriedener (Leong et al. 1996; van Dick/Wagner 2001). In diesen Arbeiten findet sich auch der Hinweis auf den Zusammenhang zwischen Identifikation und Arbeitsleistung, auf den in mehreren Konzepten und daran angelehnten Untersuchungen verwiesen wird (z.B. Meyer/Allen 1997). Dieser Zusammenhang ist jedoch insofern zu relativieren, da im Zuge dieser Auseinandersetzung auch zu Tage trat, dass zu starke Identifikation auch negative Folgen auf die Leistung haben kann.

Die Verbindung von organisationalem Commitment mit den Faktoren Arbeits- und Lebenszufriedenheit, aber auch erlebter Stress findet sich seit Beginn der 1980er Jahre immer wieder in den Studien. Es hat in den letzten Jahren wieder einen stärkeren Boom erfahren. Die Instabilität der Beschäftigungsverhältnisse (Felfe et al. 2008) wie auch der privaten Lebensformkonstellationen (O´Neill et al. 2009) wirken in dieses Revival mit hinein.

Leiter/Maslach (1988) haben Verbindungen zwischen verringertem organisationalem Commitment und einem vermehrten Auftritt von Burnout aufzeigt. Bei Becker (1992) standen das Commitment als wesentlicher Einflussfaktoren auf die Zufriedenheit im Mittelpunkt und dabei waren die Fokusse Top Management, Vorgesetzte und auch die Arbeitsgruppe jeweils sehr eng mit der Ausprägungen der Arbeitszufriedenheit verbunden. Kincki/Vecchio (1994) haben sich bei ihren Untersuchungen vor allem auf die Wirkung von organisationalem Commitment auf die Wahrnehmung von zeitbasierenden Stressfaktoren konzentriert. Dabei wurden KreditsachbearbeiterInnen in verschiedensten Bankbereichen untersucht. Bei dieser Gruppe wurde eine negative Wirkung von hoch ausgeprägtem organisationalem Commitment auf zeitbasierende Stressfaktoren nachgewiesen. Organisationales Commitment wirkte in dieser Konstellation stressmindernd gewirkt, wobei hier noch anzuführen ist, dass der erlebten Führungspraxis eine wesentliche Mediatorenrolle zugeschrieben wurde.

Stressfaktoren standen auch in der aktuellen Studie aus dem Gesundheitsbereich von Sommers (2009) im Vordergrund. Dabei wurde gezeigt, dass gerade hohe affektive und normative Commitmentwerte mit den geringsten ausgeprägtesten Stressprofilen einhergingen.

Nach diesem Überblick und der Illustration von Zusammenhängen in den untersuchten empirischen Studien wird im Anschluss der Blick wieder verstärkt auf die verschiedenen Commitmentkonstrukte gelegt, und die Ergebnisse der relationalen Zusammenhangsanalysen werden präsentiert.

7.4 Themengruppen der Operationalisierungen von organisationalem Commitment

Die thematische Kodierung und deren Aufbereitung hat es nur eingeschränkt erlaubt, Zusammenhänge der Operationalisierungen mit bestimmten Themenbereichen darzulegen. Deutlich wurde aus diesem Analyseschritt, dass

- sich Phasen des Einsatzes von bestimmten Operationalisierungsformen nachweisen lassen;
- der überwiegende Teil der Studien (2/3) so angelegt war, das hier nicht Organisationen an sich im Mittelpunkt gestanden sind, sondern die Befragten aus vielen verschiedenen Organisationen gekommen sind;

- fast ausschließlich cross-sektionale Herangehensweisen die Untersuchungssettings dominieren (fast 90 % aller Untersuchungen) und nur ein ganz geringer Anteil ein cross-sequentielles Vorgehen angewandt hat;
- die überwiegende Zahl der Studien hypothesenprüfend angelegt waren und nur eine sehr geringe Zahl mit einem erkundenden Forschungsinteresse angelegt war und
- als dominierende Operationalisierungsformen für die Untersuchung von organisationalem Commitment der OCQ und die Skalen (ACS, NCS und CCS) von Meyer/Allen zu nennen sind.

Um an dieser Stelle Aufschlüsse im Hinblick auf die Thematiken, die mit das eingesetzten Operationalisierungsformen einhergehen, zu bekommen, wurde eine relationale Zusammenhangsanalyse[127] eingesetzt. Mit Hilfe eines bibliometrischen Verfahrens können komplexe, vernetzte Informationen übersichtlich dargestellt werden. Mit dieser Methode können weitere ergänzende Analysen zur vorangegangenen Inhaltsanalyse durchgeführt werden und die Relationen zwischen verschiedenen Themengruppen illustriert werden. BibTechMon ermöglicht somit eine visuell ansprechende Aufbereitung von Informationen und stellt eine gute Ergänzung zu den vorangegangenen Analysen dar.

Anzumerken ist jedoch, dass die in der Folge dargelegte Beziehungen, Vernetzungen und Zusammenhänge von Informationen als relativ zu sehen sind und damit zwar Tendenzen erkennbar sind, nicht jedoch Zusammenhangsanalysen im Sinne analytischer, statistischer Verfahren dargelegt werden können. Hier liegen eindeutig die Grenzen[128] dieses Verfahrens.

7.4.1 Analyseschritte

Bei der Analyse mit BibTechMon wurden die Texte als Metadaten eingelesen – also als Daten, die Informationen über andere Daten enthalten. In einem nächsten Schritt wurden die Texte beschlagwortet. Vorausgeschickt wird, dass aufgrund der Textauswahl zu einer thematischen Eingrenzung auf den Begriff des organisationalen Commitments eine homogene Auswahl an Artikeln getroffen wurde. Die meisten Texte lagen daher inhaltlich relativ nahe beieinander und es war z.T. schwierig, sie in einzelne deutlich voneinander abgegrenzte Themen einzuteilen.

Eine erste Netzwerkanalyse auf der Stufe der reinen Beschlagwortung hat ein sehr, sehr dichtes, aber wenig aussagekräftiges Bild ergeben. Deshalb wurde der Schritt der Standardisierung und somit einer ersten inhaltlichen Kodierung

127 Siehe dazu im Detail Kapitel 7.1.4

128 Siehe zur Kritik bzw. Darlegung der Limitationen des Verfahrens auch Biruhs 2008

vollzogen, damit hier eine Verdichtung der Begriffe und somit auch eine klarere Aussagekraft erreicht werden kann. Bei diesen Standardisierungsprozessen werden zuerst einmal formal z.B. Schreibvarianten (Singular/Plural, unterschiedliche grammatikalische Fälle u.ä.) angeglichen und weiters auch Kategorien gebildet (Urbanski 2005: 66).

Diese Schlagworte orientieren sich an den Ergebnissen der Inhaltsanalyse. Folgende Begriffe finden sich in dieser Schlagwortliste (und somit auch in den folgenden Netzwerkgrafiken) wieder:

- Die *Erscheinungsjahre* wurden in die Phasen 1-4, die im Abschnitt 7.2.1 abgeleitet wurden, gebündelt.
- Die *Samplegrößen* wurden in drei Gruppen zusammengefasst: Kleine Samples mit einer Größenordnung von unter 100 Untersuchten, mittlere Samples im Umfang von 100 bis 500 Untersuchten und große Samples, die über 500 Personen berücksichtigt haben.
- Im Hinblick auf die untersuchten Samples findet sich noch ein weiteres *Charakteristikum des Untersuchungsfelds*, das als Schlagwort berücksichtigt wurde, und zwar ob Untersuchungen in einer Organisation (in einem Unternehmen) oder in mehreren Organisationen (mehrere Unternehmen) durchgeführt wurden.
- In Bezug auf die eingesetzten *Erhebungsmethoden* gibt es sich vier Gruppen, die in Schlagworten zusammengefasst wurden. Standardisierte Befragungen wurden mit dem Schlagwort „Fragebogen", weiters wird in qualitative Interviews, die mit dem Schlagwort „Interviews" verbunden sind, und Erhebungsmethoden, die verschiedene Formen wie Befragungen und Beobachtungen gemeinsam eingesetzt haben und mit „mixedforms" bezeichnet wurden, sowie auch noch die Rubrik „Metaanalysen", von denen im untersuchten Zeitablauf auch einige in den berücksichtigten Journalen veröffentlicht wurden.
- Die *Untersuchungsintervalle* wurden ebenfalls als Schlagworte herangezogen. „Einfach" inkludiert Herangehensweisen, die einen einzigen Zeitpunkt für die Erhebung gewählt haben, während „mehrfach" mehrere, zeitlich versetzte Untersuchungszeitpunkte beinhaltet.
- Bei den *Commitmentkonstrukten* finden sich folgende Bündelungen: Die Skalen von Ritzer/Trice und Hrebiniak/Aleutto wurden unter dem Begriff „Kosten" zusammengefasst. Die Kombinationen der Meyer/Allen Skalen (ACS, CCS, NCS) wurden unter „3-Komponenten" subsumiert. „OCQ" steht für den Organizational Commitment Questionnaire nach Porter et al. bzw. seine Weiterführung von Mowday et al. Weiters ist die Commitmentskala, die sich auf die Arbeiten von O-Reilly/Chatman bezieht, als „OC" eigens ausgewiesen. Alle anderen, zum Teil selbst entwickelten

Skalen, die in recht wenigen Untersuchungen eingesetzt wurden, finden sich unter der Rubrik „andere".

- Im Bereich der *Einflussfaktoren* findet sich eine Vielzahl von Indikatoren[129] und hier wurden Hauptgruppen gebildet. Dabei wurden Überbegriffe wie „Umwelt", Organisation und Führung („Orga-Führung"), „Arbeitserfahrung", „Persönliche Eigenschaften", „Psychologischer Vertrag" und „Rollenerwartungen" eingeführt.
- Für die dargelegten *Ergebnisse* finden sich Gruppen wie Produktives Verhalten („Prod.Verhalten"), „Verbleib" und Arbeitszufriedenheit („Arb.Zufriedenheit"), die die drei Hauptbereiche zusammenfassen.

Diese Schlagworte werden in weiterer Folge in Beziehung zueinander gesetzt. Dabei können erste Netzwerkberechnungen gemacht werden, bei denen Iterationsschritte eingesetzt werden, um den Objekten im Netzwerk einen eindeutigen Raum zuzuweisen. Durch diese Iterationen[130] werden die Stärke der Beziehungen zwischen zwei Objekten und zu allen anderen Objekten in Relation gesetzt und die Positionen im Netzwerk errechnet. Die Parameter bei diesen Schritten wurden standardmäßig gesetzt (z.B. Biruhs 2008: 64f). Das Ergebnis dieses Schrittes findet sich in Abbildung 44.

Im Rahmen von BibTechMon lassen sich verschiedene Darstellungsweisen finden (siehe dazu z.B. Krisper 2004: 43ff). Eine Möglichkeit ist die Abfrage aller Artikel, in denen die Begriffe eines Clusters vorkommen. Es lassen sich aber auch die Artikel auswählen, in denen ein bestimmter Begriff vorkommt. Eine weitere Option bietet die Bildung thematischer Hüllen, bei der ausgehend von einem oder mehreren Begriffen ähnliche Begriffe identifiziert werden. Diese thematischen Hüllen werden in weiterer Folge (Kapitel 7.4.3 bis 7.4.7) für die verschiedenen Operationalisierungsformen (Skalen) dargestellt. Zuvor wird ein Gesamtüberblick über das begriffliche Netzwerk gegeben.

7.4.2 Gesamtes begriffliches Netzwerk

In der nachfolgenden Grafik (Abbildung 44) wird das gesamte Netzwerk der Beziehungen der Begriffsgruppen dargestellt. In dem Gesamtnetzwerk finden sich Zusammenhänge der aus den Beiträgen herausgebildeten Kategorien (Schlagwortgruppen) wieder. Um die Grafik selbst lesen zu können, ist zu beachten, dass die Größe der Kreise die Häufigkeiten der Nennungen ausdrückt (je größer der Kreis, desto häufiger die Nennung). Die Stärke der Linie zeigt die

129 Siehe dazu auch Abbildung 42, in der Ergebnisse der Inhaltsanalyse zusammengefasst wurden.

130 Unter Iteration wird ein schrittweises Rechenverfahren zur Annäherung an die exakte Lösung verstanden (Duden 2000: 509).

Stärke der Beziehungen der Begriffe (basierend auf dem Jaccard-Index). Je dicker die Strichstärke, desto höher die Co-Häufigkeit und damit der Jaccard-Index.

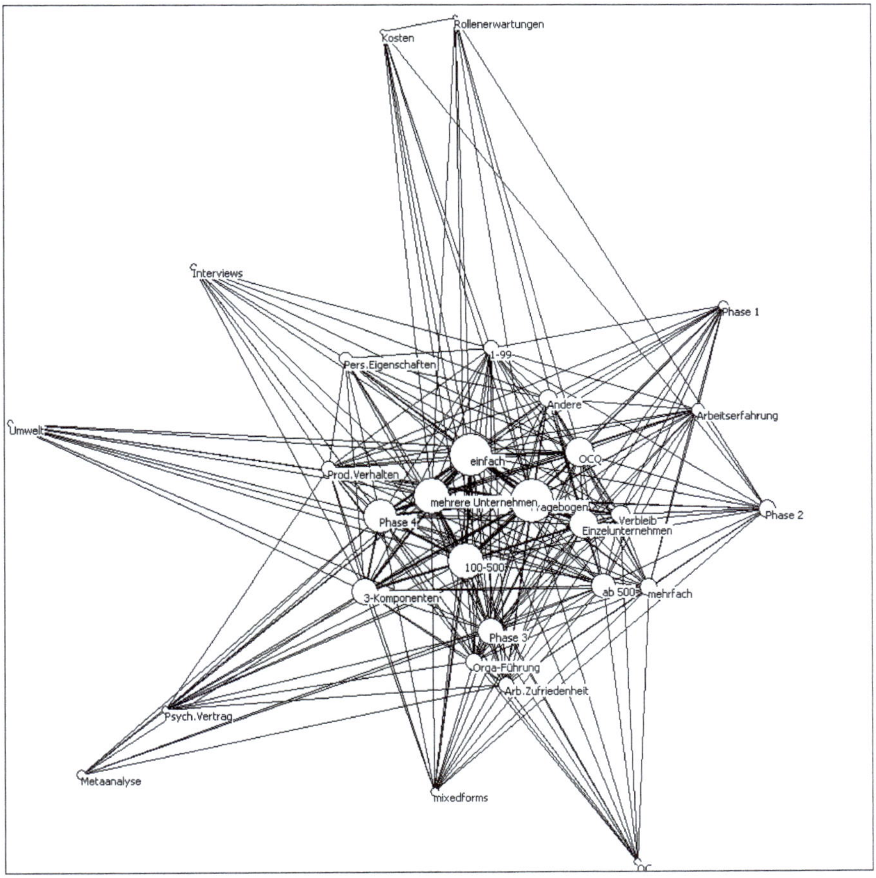

Abbildung 44: Netzwerkgraph gesamt

Für diese Art der Darstellung wurden nach der Erstellung des Netzwerkes als nächster Schritt Iterationen durchgeführt. Dieser Prozess erlaubt es, durch Berechnung und Optimierung verschiedener Parameter die Positionen im Netzwerk zu rechnen und zu optimieren. Diese Schritte werden so lange durchgeführt, bis der Graph[131] keine weiteren gravierenden Veränderungen mehr erfährt und damit davon ausgegangen werden kann, dass die Endposition erreicht wird.

Im vorliegenden Fall wurden insgesamt 2000 Iterationsschritte berechnet. In diesem Netzwerk finden sich insgesamt 263 Beziehungen und das Netzwerk hat einen Network Density Faktor von 0,64778, das bedeutet, dass die Faktoren sehr stark jeweils miteinander verbunden sind. Wie die Abbildung 44 zeigt liefert dieses Ergebnis ein sehr dichtes Netzwerk, in dem ein Großteil der Begriffe sehr zentral liegt.

Was bedeutet diese Darstellung nun im Einzelnen - bezogen auf die Grundgesamtheit der für die Analyse herangezogenen Artikel? Zunächst wird die Positionierung in diesem Netzwerk betrachtet. Im Zentrum der Grafik finden sich die Begriffe, die am häufigsten genannt wurden (Tabelle 24).

Tabelle 24: Top-10-Begriffe in der thematischen Analyse

Begriff	Absolute Häufigkeit
Fragebogen	188
Einfach	177
100-500	126
Mehrere Unternehmen	126
Phase 4	112
Einzelunternehmen	81
OCQ	79
3-Komponenten	66
Phase 3	65
Ab 500	56
	(n = 222)

Die Top-10-Begriffe sind vornehmlich von Beschreibungen rund um das empirische Setting geprägt. So verdeutlicht dieses Ergebnis der Top-10-Begriffe die schon vorne beschriebene[132] Dominanz von standardisierten Befragungen,

131 Ein Hinweis zur Darstellungsweise ist hier noch zu ergänzen: In dieser Netzwerkdarstellung finden sich die relativen Positionen eines Objekts zu anderen. Bei einer erneuten Berechnung ergibt sich wiederum der Stärkewert dieser Beziehung, jedoch kann sich das Bild aufgrund veränderter Lagen der Objekte anders darstellen – es bleiben jedoch die Relationen zueinander, also Faktoren, die sich hier am Rand befinden, werden sich auch dann dort befinden, aber vielleicht eben nicht links oben, sondern rechts unten.

132 Siehe dazu Kapitel 7.2.3

die zu einem Zeitpunkt Samplegrößen von vor allem 100-500 Befragten, die aus mehreren Unternehmen stammen, durchgeführt.

Das Ergebnis dieser ersten Stufe zeigt ein sehr dichtes Netzwerk mit vielen zentral liegenden Begriffen. Viele Knoten allgemeiner Art, die mit sehr vielen anderen verbunden sind, liegen im Zentrum des Netzwerkes. Die Begriffe liefern nur z. T. eine Struktur, was darauf zurückzuführen ist, dass das Ausgangsmaterial in Form sehr ähnlicher Texte besteht. Dies ist insofern nicht verwunderlich, sind doch wissenschaftliche Artikel, die sich mit der empirischen Untersuchung von Wirkungen auf bzw. von organisationalen Commitment auseinandersetzen, ähnlich aufgebaut und darin werden ähnliche Begrifflichkeiten genutzt.

Diese zentrale Rolle drückt auch die Stärke der Verbindungen aus, die in diesem Graph nur teilweise ersichtlich sind. Wird das Bild auf die stärksten 20 Beziehungen reduziert, zeigt sich folgende Darstellung (Abbildung 45):

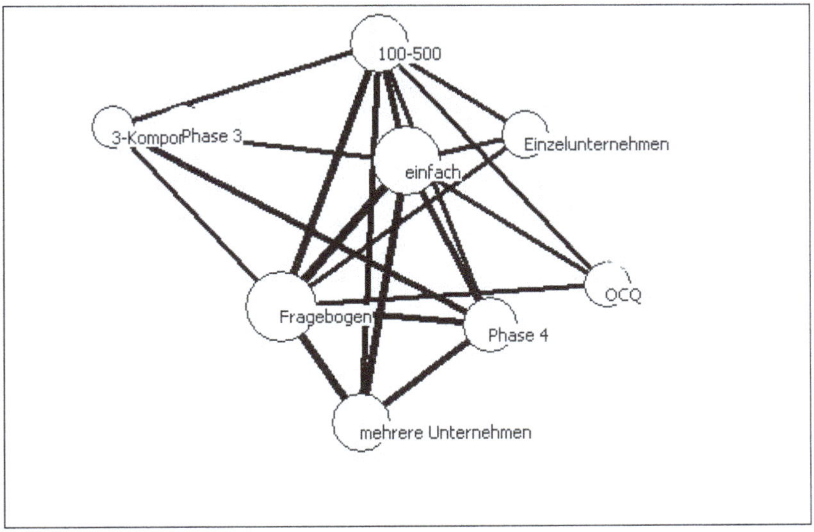

Abbildung 45: Die stärksten 20 Co-Häufigkeiten

Auch bei dieser Darstellung der stärksten Co-Häufigkeiten kommen viele der Deskriptoren des empirischen Settings vor. Hier finden sich die stärksten Verbindungen, bei denen der Jaccard-Index zwischen 0,51 und 0,82 liegt. Geht es jedoch um mittelstarke Verbindungen mit Werten von 0,2 und 0,44, finden sich die beiden am häufigsten eingesetzten Operationalisierungsformen, die 3-Komponenten-Skalen und die OCQ-Skala.

Wendet man sich den Themen zu, die am Rand des gesamten Netzwerkgraphs (Abbildung 44) liegen, dann finden sich dort die beiden Phasen, aus denen wenige Untersuchungen stammen. Es finden sich hier jedoch auch Themenbereiche, wie eingesetzte Erhebungsmethoden, z. B. qualitative Interviews oder Kombinationen von Erhebungsformen (mixed forms). Weiters finden sich am Rand einerseits zwei Operationalisierungsformen und zwar die Skalen von O´Reilly/Chatman (OC) und noch weiter draußen die Skalen RTS und HAS, die sich an Becker´s Side-Bet Ansatz orientieren. Anderseits liegen einige Einflussfaktoren auf organisationales Commitment hier am Rand dieses Graphen (Abbildung 44): Dazu zählen die Themenbereiche Arbeitserfahrung, Psychologischer Vertrag und Rollenerwartungen, wodurch die geringen Naheverhältnisse zu anderen Begriffsgruppen ausgedrückt werden.

Um ein Bild der thematischen Hüllen der Operationalisierungsformen zu bekommen, werden in der Folge Präsentationen von Co-Term Darstellungen dieser verschiedenen Konstrukte im Detail vorgestellt. Da sich die Stärke der Verbindungen (sprich die Stärke der Linien) nur in wenigen Fällen als sehr starke darstellt, wird auf die Stärkemaße nicht extra eingegangen.

Die folgenden Übersichten dienen dazu, die thematischen Hüllen der in den Papers eingesetzten Skalen zu präsentieren. In den folgenden Abbildungen sind die Begriffe zu finden, die aufgrund der Co-Wort-Analyse[133] eine inhaltliche Nähe in den untersuchten Texten ausdrücken. Dabei wird aufgezeigt, in welchen begrifflichen Zusammenhängen diese Skalen in den untersuchten Studien vorgekommen sind. In der Besprechung wird dabei das gezeigte Bild mit den Beschreibungen der Erklärungskonstrukte aus Kapitel 6 in Bezug gesetzt.

7.4.3 Side-bet orientierte Skalen: RTS, HAS

Der Begriff Kosten, der hier der Ausgangspunkt ist, fasst die beiden Side-bet orientierten Skalen RTS und HAS zusammen. Dieser Begriff findet sich, wie schon dargelegt, am Rand des gesamten Netzwerks (siehe Abbildung 44). Bei diesen Formen der Operationalisierungen von Commitment finden sich insgesamt wenige Verbindungen und diese sind darüber hinaus nur sehr schwach ausgeprägt (siehe Abbildung 46).

Die Verbindungspunkte, die diese Analyse aufzeigt, sind überwiegend Hinweise auf die Ausgestaltung des Untersuchungssettings, wie z. B. die Samplegröße oder auch die Samplezusammensetzung (mehrere Unternehmen). Als Verbindungslinien finden sich weitere Hinweise zum zeitlichen Einsatz – überwiegend in den Phasen 2 und 3.

133 Die Beschreibung des Vorgehens bei der Co-Wort-Analyse findet sich in Kapitel 7.1.4.

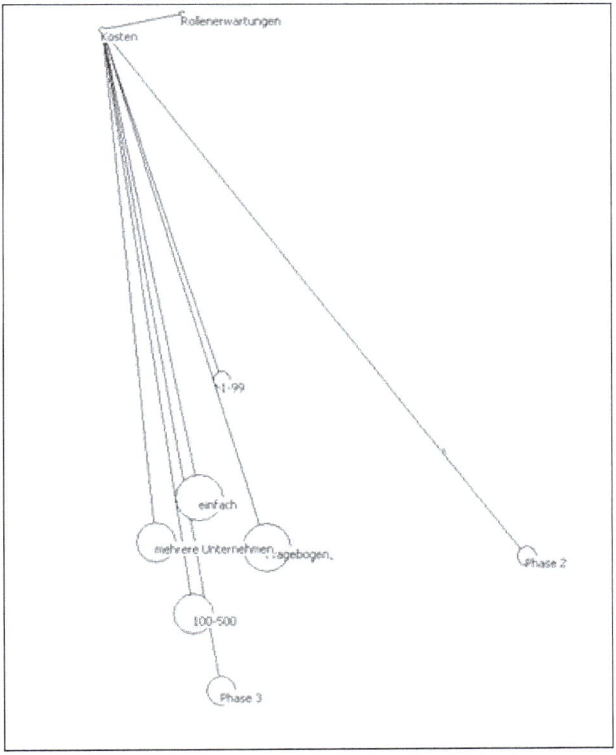

Abbildung 46: Netzwerk – Co-Wort-Terme – Kostenorientierte Skalen (RTS, HAS)

Den einzigen inhaltlichen Bezugspunkt stellt der Einflussfaktor Rollenerwartungen dar, der selbst ein Randthema repräsentiert. Thematische Verbindungen zu etwaigen Themen wie Vergütung und Einkommen als mögliche Einflussfaktoren oder auch dem Verbleib im Unternehmen als Ergebnis sind nicht zu finden. Dies ist schon markant, finden sich doch all diese Themen in der Beschreibung des Commitmentkonzepts von Becker[134] und sind in die Itemgestaltung eingeflossen. Von den AutorInnen, die dies kostenorientierte Operationalisierungen für die Messung von Commitment eingesetzt haben, werden diese zentralen Themen jedoch nicht weiter herausgestrichen.

134 Siehe dazu Kapitel 6.2

7.4.4 Organizational Commitment Questionaire (OCQ)-Skala

Das Bild der Co-Wort-Darstellung ist bei der OCQ-Skala ergiebiger als bei der vorangegangenen Darstellung der kostenorientierten Skalen. Die OCQ-Skala ist die Skala die in diesem Sample den relativ größten Anteil[135] hat. Die Co-Wörter in dieser Darstellung konzentrieren sich zwar auch auf methodische Themengruppen, wir finden sich hier aber auch verschiedene inhaltliche Themengruppen aus dem Bereich der Einflussfaktoren bzw. der Ergebnisse.

Die aussagekräftigsten Verbindungen, die an der Stärke der Verbindungslinien erkennbar sind (siehe Abbildung 47), sind auch hier im methodischen Bereich angesiedelt. Sie finden sich vornehmlich zu Charakteristika des Untersuchungssettings. Darunter fallen die Verbindungen zum Instrument des Fragebogens und des einfachen Untersuchungsintervalls.

Gleichzeitig fällt auf, dass die OCQ-Skala in einer sehr breiten Palette an Settings zu finden ist: Es finden sich alle Samplegrößengruppen, ebenso wie verschiedenste Erhebungstoolkombinationen wie auch erstmals die Verbindung zu Untersuchungssettings, die mehr als einen Untersuchungszeitpunkt eingesetzt haben.

Die OCQ-Skala wird in Kombination mit einer sehr breiten Palette an Einflussfaktoren in Verbindung gebracht. Sehr nahe liegt der Faktor Arbeitserfahrung. Persönliche Eigenschaften, Sozialisation und Organisation finden sich ebenso wie Umweltbe-dingungen der Person.

Bei diesem Term ist weiter erwähnenswert, dass Produktives Verhalten und auch der Verbleib sich in relativer Nähe zu diesem Begriff befinden und somit sehr oft gemeinsam vorgekommen sind. Die OCQ-Skala ist aber auch mit dem Term Arbeitszufriedenheit verbunden. Alle drei Ergebnisgruppen können daher in Beziehung zur OCQ-Skala gesetzt werden.

---

135 Siehe dazu Tabelle 23 in Kapitel 7.2.1

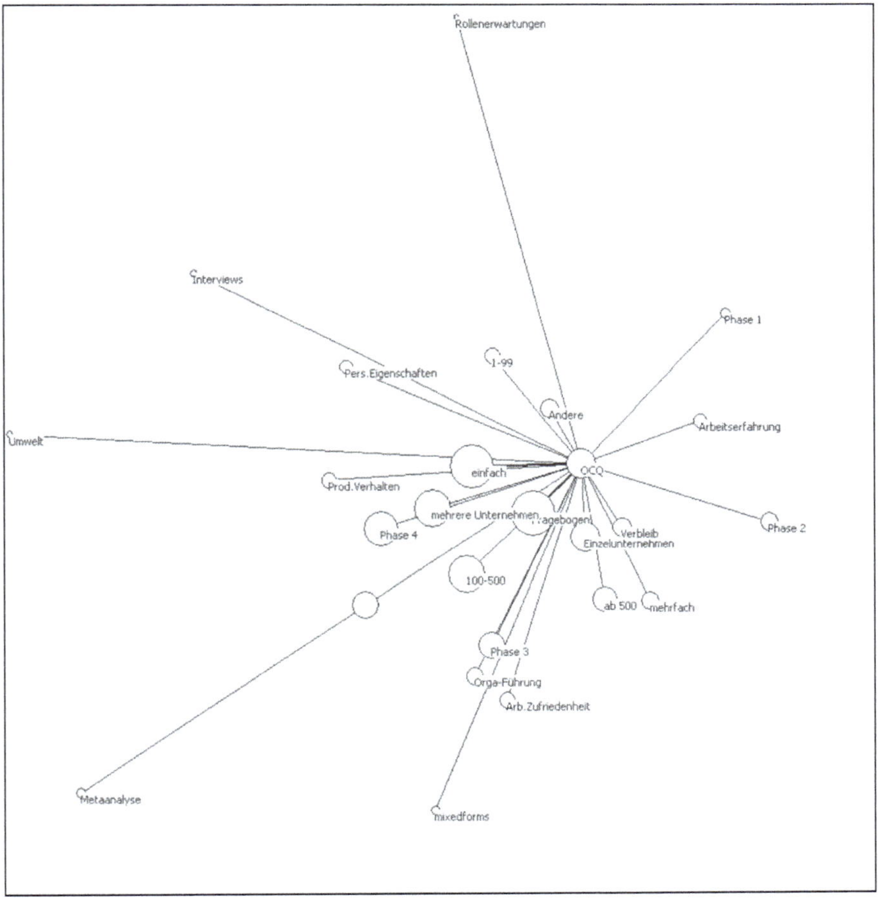

Abbildung 47: Netzwerk – Co-Wort Terme – Organizational Commitment Questionnaire (OCQ)

Die starke Präsenz der Einflussfaktoren geht hier mit den zentralen Inhalten einher. So sind Persönlichkeitscharakteristika im Konzept des Attitudinal Commitment[136] ebenso wichtig, wie rollenbezogene und strukturelle Eigenschaften und auch der Arbeitserfahrung wird von Mowday et al. ein hoher Stellenwert eingeräumt.

136 Siehe dazu Kapitel 6.5

7.4.5 Commitment Skala nach O´Reilly/Chatman

Diese Skala repräsentiert - ähnlich wie die schon behandelte kostenorientierte Form[137] - im gesamten Netzwerk eher ein Randthema.

Beim Blick auf die Co-Wort-Darstellung zeigt sich, dass diese Skala trotz der sonst schwachen Verbindungen mit allen drei Ergebnisbereichen in Verbindung steht. Dabei ist Arbeitszufriedenheit am nächsten und Produktives Verhalten am weitesten entfernt.

Bei den Einflussfaktoren findet sich jedoch nur ein Bereich, der bis jetzt noch nicht in Erscheinung getreten ist: der Themenbereich der Organisation und Führung.

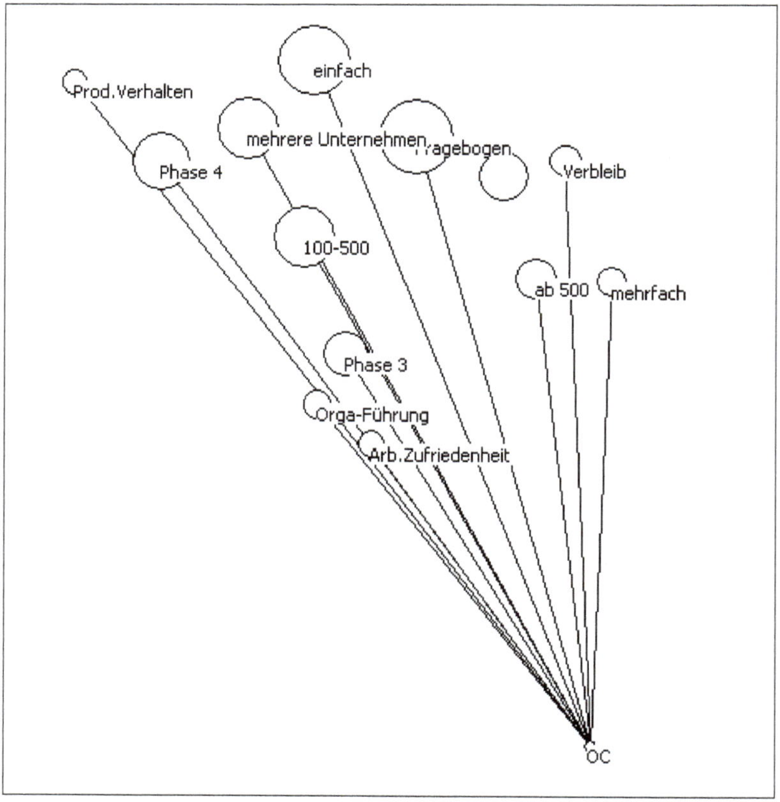

Abbildung 48: Netzwerk – Co-Wort Terme – Organizational Commitment (O´Reilly, Chatman)

137 Siehe dazu Kapitel 7.4.3

7.4.6 Drei-Komponenten-Skalen nach Meyer/Allen

Diese Skala bringt ähnlich wie die OCQ-Skala die aussagekräftigsten Ergebnisse bei dieser Analyse im Hinblick auf inhaltiche Bezugspunkte, wobei hier die stärksten Verbindungen (siehe Abbildung 49) sich ähnlich wie bei der OCQ-Skala auf Untersuchungscharakteristika beziehen. Dabei ist eine starke Verbindung zu mittelgroßen Samples zu sehen.

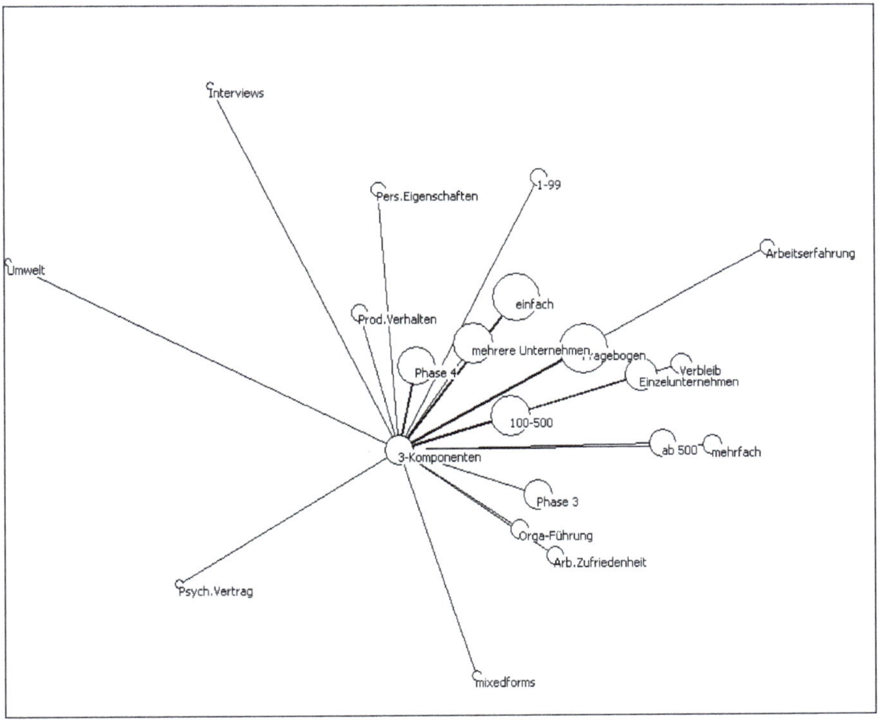

Abbildung 49: Netzwerk – Co-Wort Terme – Drei-Komponenten (Meyer, Allen)

Prägnant für diese Form ist, dass die Skalen mit fast allen Einflussfaktoren in Verbindung gebracht werden. Es wird auch das erste Mal der Faktor des psychologischen Vertrags in Bezug gesetzt und als einziger Faktor der Einflussfaktoren fehlt der Bereich der Rollenerwartungen. In relativer Nähe befinden sich auch die drei Ergebnisgruppen – keine der drei hat allerdings eine ganz besondere Nähe.

In Bezug zu den inhaltlichen Ausführungen des Drei-Komponentenmodelles[138] von Meyer/Allen gesetzt, ist es nicht verwunderlich, dass gerade Rollenerwartungen nicht wirklich vertreten sind. Meyer/Allen gehen in keinem ihrer drei Komponenten darauf explizit ein.

7.4.7 Mischformen

Die letzte Gruppe der Operationalisierungsformen sind diejenigen, die eine Mischung von Skalen bzw. selbst entwickelte Instrumente eingesetzt haben. Dies ist ein Bereich, der Verbindungen zu einer Vielfalt an Untersuchungscharakteristika (einfache und mehrfache Intervalle, alle Samplegrößen, verschiedene Erhebungstools) aufweist.

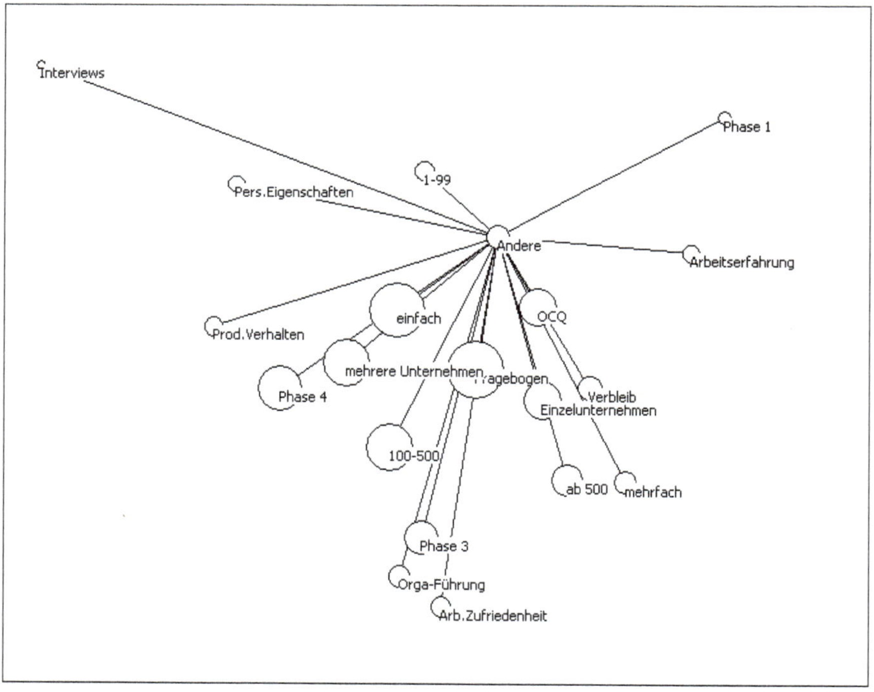

Abbildung 50: Netzwerk – Co-Wort Terme – Mischformen

138 Siehe dazu Kapitel 6.6

Im Hinblick auf die Einflussfaktoren und Ergebnisse findet sich hier ein Bezug zu allen drei Ergebnisgruppen (Verbleib im Unternehmen, Arbeitszufriedenheit und Produktives Verhalten. Bei den Einflussgruppen konzentrieren sich die Verbindungen auf die persönlichen Eigenschaften, die Arbeitserfahrungen und weiters auf Verbindungen zum Bereich der Organisation und erlebten Führungspraxis. Dieses Bild lässt sich um die Ergebnisse der Clusteranalyse ergänzen.

7.4.8 Clusteranalyse

Bei diesem Schritt[139] werden die Co-Häufigkeiten durch eine hierarchisch orientierte statistische Auswertung zu Gruppen zusammengefasst. Die Cluster sind in der Grafik (Abbildung 51) eingefärbt, damit sie besser erkennbar und somit auch voneinander unterscheidbar gemacht werden können.

Im vorliegenden Fall haben sich drei Cluster ergeben, für die auch jeweils ein Qualitätswert – der hier als Clusterdichte bezeichnet wird – bestimmt werden kann. Bei den präsentierten Clustern liegt der Wert der Cluster zwischen 0,4 und 0,87. Da der Wert von 0 bis 1 normiert ist und 0 für eine sehr schlechte Qualität steht, sind diese Werte als akzeptabel bis gut einzuschätzen.

139 Die Beschreibung des Vorgehens findet sich in Kapitel 7.1.4.

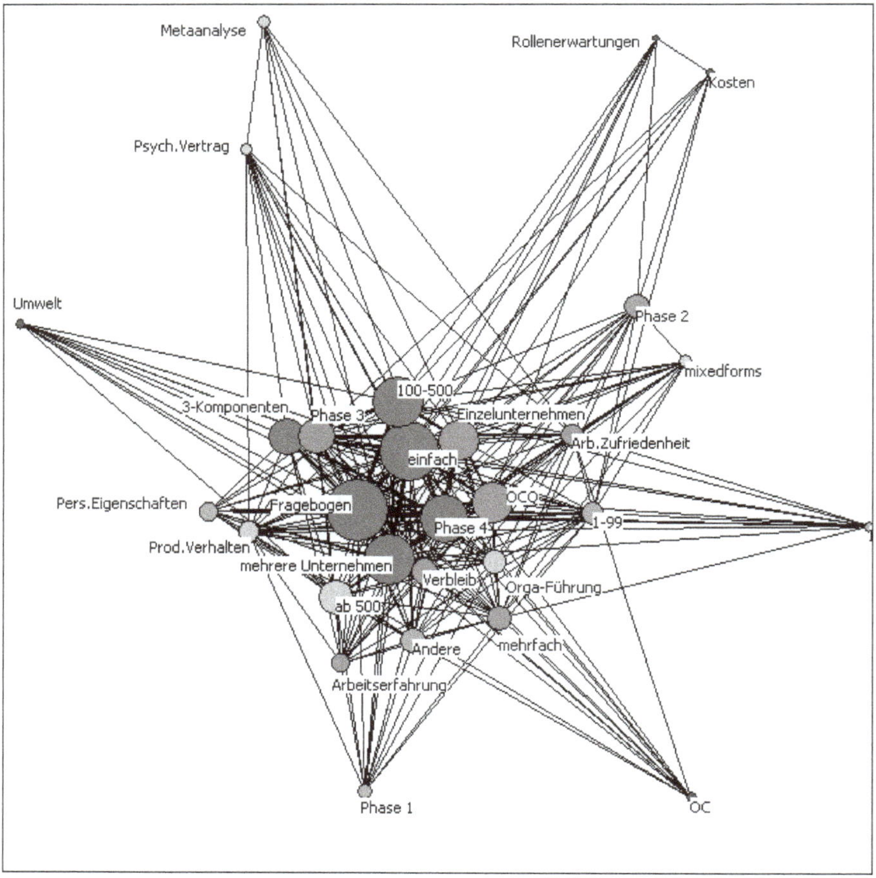

Abbildung 51: Clusteranalyse - Gesamt

7.4.8.1 Cluster – Fragebogen

Der rote Cluster in der nachfolgenden Abbildung 52 repräsentiert mit einer Clusterdichte von 0,87 den höchsten Wert. Dies bedeutet, er ist in sich relativ konsistent und es stecken Eigenschaften darin, die hauptsächlich bzw. ausschließlich auf das Schlagwort „Fragebogen" zugeordnet werden können. Damit in Verbindung gebracht werden die Schlagwörter „einfach", „100-500", „Befragte aus mehreren Unternehmen", „Phase 4" und „3 Komponenten".

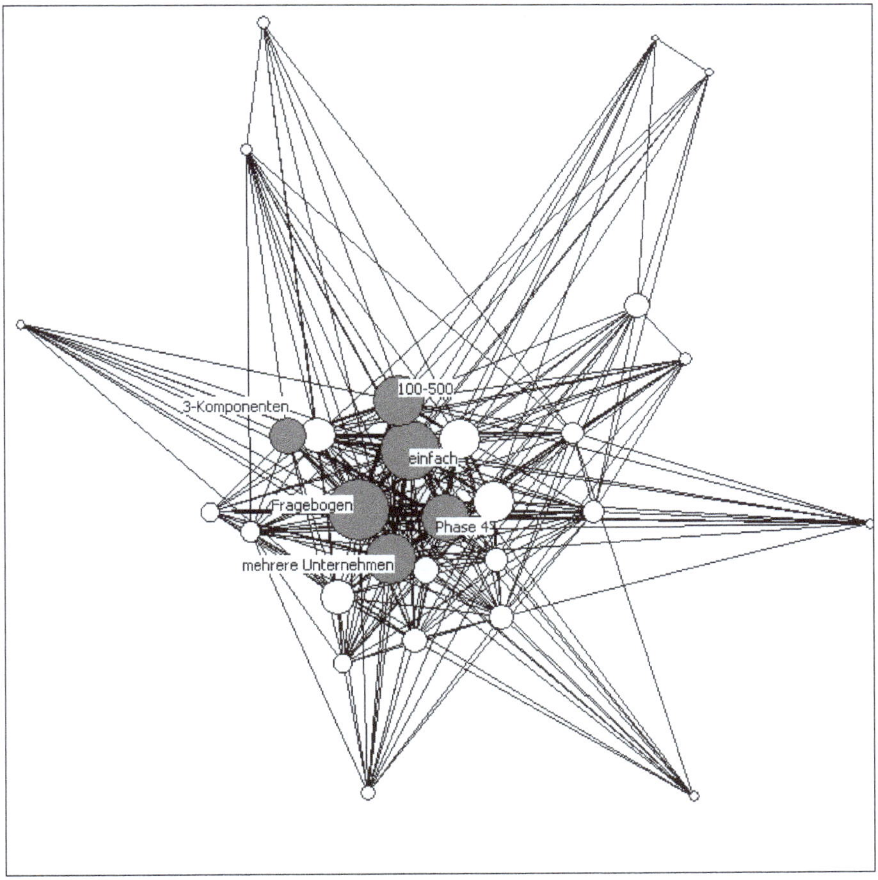

Abbildung 52: Clusteranalyse – Cluster Fragebogen

Dieser Cluster rund um den Begriff „Fragebogen“ zeigt auf, in welche Richtung gerade in der „Phase 4“ die Art der Untersuchungen gegangen ist. Bei mittleren Samplegrößen (100-500), bei denen die Befragten aus mehreren Organisationen kommen, werden bei einmaliger Erhebung vornehmlich die Skalen des 3-Komponentenmodells eingesetzt.

7.4.8.2 Cluster – Einzelunternehmen

Der zweite zentrale Cluster ist in der Grafik blau eingefärbt (Abbildung 53) und kann mit 0,6 auch auf einen sehr hohen Dichtheitswert aufweisen. Hier zeigt das Ergebnis deutlich die gebündelte Zuordnung der Terme „Phase 3“, „Phase 2“,

„mehrfach", „OCQ" ,"Verbleib", „Arbeitszufriedenheit" und „Arbeitserfahrung" auf den Term „Einzelunternehmen".

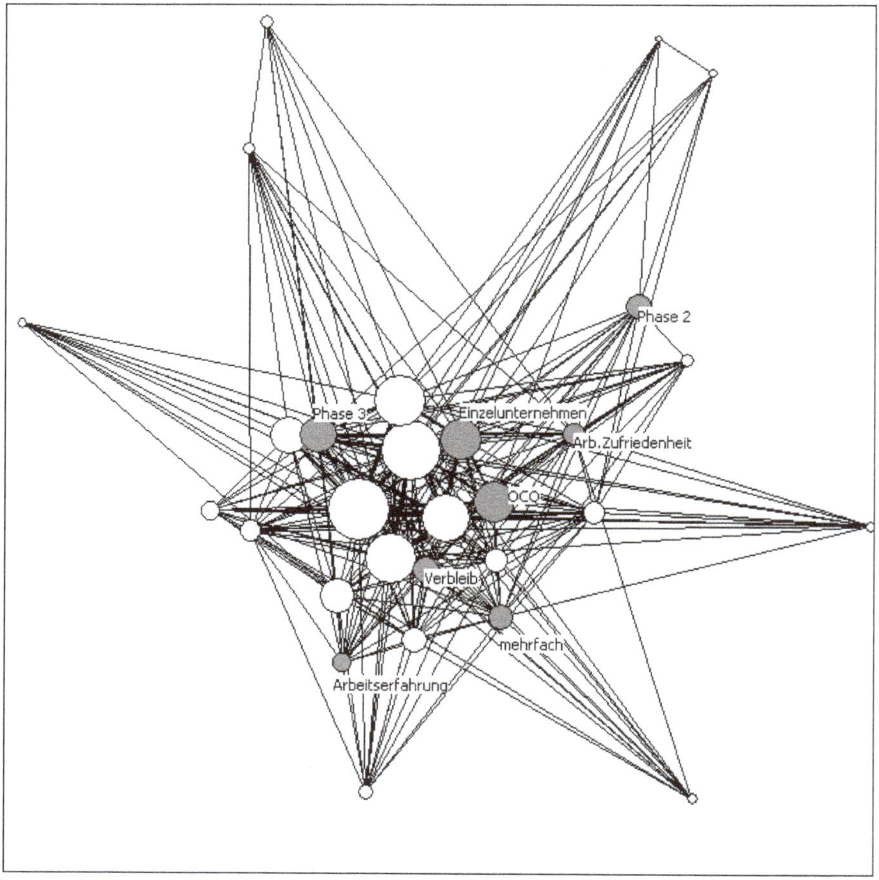

Abbildung 53: Clusteranalyse – Cluster Einzelunternehmen

Dieser Cluster zeigt auf, wann und in welchen Konstellationen einzelne Unternehmen untersucht wurden. Besonders in der Phase 2 und 3 waren einzelne Unternehmen in den Untersuchungen sehr stark vertreten. Interessant dabei ist, dass diese Untersuchungen mit Erhebungen an mehreren Zeitpunkten verbunden waren. Die Einflussvariable Arbeitserfahrung hat eine sehr hohe Bedeutung. Auf der Ergebnisseite sind es vor allem die Faktoren Arbeitszufriedenheit und der Verbleib, die im Zusammenhang mit Einzelunternehmen als Betrachtungsfeld in

Verbindung stehen. Einzelunternehmen als Begriff ist weiters mit OCQ verbunden und damit wurde in den Studien vor allem auf diese Operationalisierungsform zurückgegriffen.

7.4.8.3 Cluster – Untersuchungen ab 500 Befragte

Der dritte, gelb eingefärbte Cluster (Abbildung 54) hat sich mit einem immerhin noch akzeptablen Wert von 0,49 rund um den Term „ab 500" gebildet. Hier finden sich die Begriffe wie mixed forms, Organisation und Führungspraxis, wie auch Psychologischer Vertrag und Produktives Verhalten.

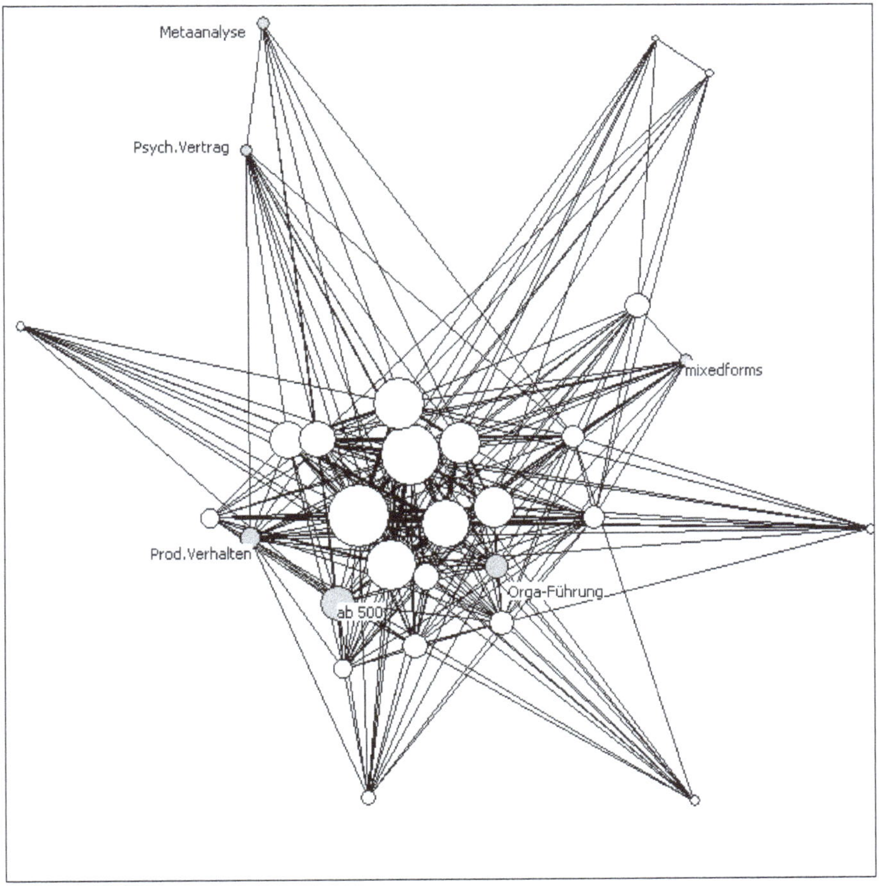

Abbildung 54: Clusteranalyse – Cluster ab 500

Dieser Cluster hat sich um den Term gebildet, der sich auf die großen Samples konzentriert. Speziell in den großen Samples wurden Erhebungsformen eingesetzt bzw. finden sich auch Verbindungen hin zu Metaanalysen.

Beim Blick auf die weiteren Faktoren, die sich in diesem Cluster finden, ist auffällig, dass gerade diese großen Samples eine Verbindung zu der wenig untersuchten Einflussgröße des Psychologischen Vertrags aufweisen. Es kommt aber auch ein zweiter Faktor aus dem Bereich der Einflussgrößen vor – und zwar der Bereich Organisation und Führung, wobei hier das gemeinsame Auftreten mit dem Psychologischen Vertrag nicht ganz überrascht. Unter den Teilen dieses Clusters ist auch eine Ergebnisgröße zu finden. In diesem Fall ist es das Produktive Verhalten.

7.4.9 Zusammenfassung der Themengruppen

Die Darstellungen der thematischen Hüllen als auch der Cluster der Themengruppen haben mit Hilfe des Programms BibTechMon eine visuelle Aufbereitung der Informationen ermöglicht. Leitende Fragestellung für die Analyse der Themengruppen war, darzulegen, welche Themen in den untersuchten wissenschaftlichen Artikeln miteinander vorgekommen sind.

Die untersuchten Artikel zeigen ein sehr heterogenes Feld auf, in dem es im gesamten Netzwerk wenig stark ausgeprägte Themengruppen gibt. Gleichzeitig haben die thematischen Hüllen anhand der Co-Wort-Darstellungen[140] einen Blick auf das Vorkommen der verschiedenen Operationalisierungsformen von Commitmentkonstrukten gegeben und in der nachfolgenden Tabelle 25 findet sich eine Zusammenfassung der Ergebnisse dieses Analyseschrittes.

140 Siehe dazu Kapitel 7.4.3 bis 7.4.8 und die Abbildungen 45 bis 49

Tabelle 25: Zusammenfassung der Ergebnisse der Themenanalyse (eigene Zusammenstellung)

Commitment Konzept		**Operationalisierung**	**Zentrale Inhalte der Konstrukte**	**Ergebnisse der Themenanalyse**	**Bezug zu den zentralen Inhalten**
Verhaltens-bezogen	**Side-bet-Konzept (Becker 1960)**	Ritzer-Trice-Skala (RTS) ——— Hrebiniak-Alutto-Skala (HAS)	Bezahlung, Handlungsspielraum, Status, Beförderungen ——— Wirkung des Arbeitsplatzwechsels im Vordergrund	- Am Rande des Netzwerks - Einziger inhaltlicher Bezugspunkt => Rollenerwartungen - Methodische Themen wie Samplegröße, Untersuchungsdesign	⇨ Der Bezug zu Einflussfaktoren, die zwar in den Konstrukten als zentrale Themen vorkommen (Organisation und Führung) als auch zu Ergebnissen wie z.B. der Verbleib im Unternehmen, Produktives Verhalten werden nicht extra in diesen Artikeln herausgestrichen.
Einstellungs-bezogen	**Attitudinal Commitment (Mowday et al. 1982)**	Organizational Questionnaire (OCQ)	Persönlichkeits-charakteristika, rollenbezogene und strukturelle Eigenschaften, Arbeitserfahrung	- Weit verbreitet, mit allen verschiedenen Samplegrößen verbunden, jedoch auch in Kombination mit Interviews eingesetzt - Nahe zum Begriff sind Ergebnisgruppen wie Verbleib und Produktives Verhalten. Es gibt aber auch einen Bezug zur Arbeitszufriedenheit. - Von den Einflussfaktoren sind es Arbeitserfahrung, persönliche Eigen-schaften und Organisation und Führung, die relativ zentral liegen, während Umweltfaktoren und Rollenerwartungen sehr weit wegliegen. Psychologischer Vertrag kommt gar nicht vor.	⇨ Die starke Präsenz der Einfluss-faktoren geht hier mit den zentralen Inhalten einher. ⇨ Persönlichkeitscharakteristika sind im Konzept des Attitudinal Commitment ebenso wichtig, wie rollenbezogene und strukturelle Eigenschaften und auch der Arbeits-erfahrung wird von Mowday et al. ein hoher Stellenwert eingeräumt. ⇨ Viele der inhaltlichen Bezugspunkte kommen auch in den Artikeln vor.
		Commitment Skala von O´Reilly/Chatman	Betonung der Identifikation	- Methodische Charakteristika - Bezug zu allen drei Ergebnisgruppen, davon Arbeitszufriedenheit am nächsten angeordnet - Von den Einflussgrößen „nur" Organisation und Führung relevant	⇨ Sozialisation, persönliche Bezugspunkte, die im Konstrukt wichtig sind, spielen in den Artikeln keine Rolle. ⇨ Ergebnisbezogenheit auffällig.

Tabelle 25: Zusammenfassung der Ergebnisse der Themenanalyse (eigene Zusammenstellung) - Fortsetzung

Commitment Konzept		Operationa-lisierung	Zentrale Inhalte der Konstrukte	Ergebnisse der Themenanalyse	Bezug zu den zentralen Inhalten
Gemischte Ansätze	Drei- Komponenten-Modell (Meyer/Allen 1991)	Affektives Commitment (ACS), Normatives Commitment (NCS) und Continuance Commitment (CCS)	- Emotionale Bindung und Identifikation - Gefühl der Verpflichtung gegenüber der Organisation - Wahrnehmung der Kosten bei Verlassen der Organisation, Unsicherheit Alternativangebote zu bekommen	- Alle drei Ergebnisgrößen damit in Verbindung - von den Einflussgrößen alle vor-gekommen, nur keinen Bezug zu Rollenerwartungen	⇨ In Bezug zu den inhaltlichen Ausführungen des Drei-Komponentenmodelles von Meyer/Allen gesetzt, ist es nicht verwunderlich, dass gerade Rollenerwartungen nicht wirklich vertreten sind. Meyer/Allen gehen in keinem ihrer drei Komponenten darauf explizit ein.

Methodische Charakteristika werden viel stärker betont als inhaltliche Bezugspunkte. Dies zeigt sich auch daran, dass sich im Rahmen der Clusteranalyse Cluster bei Begriffen aus diesem Feld gebildet haben, einmal auf der Toolebene (Fragebogen), der Art des Samples (Einzelunternehmen) und der Samplegröße (ab 500).

Inhaltlich sind beim Vergleich der thematischen Analyse die Ergebnisse viel stärker vertreten als die verschiedenen Einflussgruppen. Diese hatten in den Texten weitaus weniger Gewicht. Wenn die Einflussgruppen behandelt wurden, ist auffällig, dass bei den rein verhaltensbezogenen Konzepten, die mit RTS und HAS operationalisiert wurden, Kontextfaktoren wenig bis gar nicht vorkamen, sondern einzig Rollenerwartungen zentral waren. Bei einstellungsbezogenen Konstrukten sind sowohl die Einflussfaktoren als auch die Ergebnisse vielfältiger beschrieben worden. Dies gilt auch für das Drei-Komponenten-Modell, das verhaltens- und einstellungsbezogene Komponenten berücksichtigt. Wie sind diese Ergebnisse nun insgesamt zu deuten?

7.5 Zusammenfassung der Ergebnisse und Interpretation

Die leitende Fragestellung für die Analyse war, wie die Konzepte bzw. deren Operationalisierungen von organisationalem Commitment in empirischen Untersuchungen, die in einer bestimmten Gruppe von wissenschaftlichen Journalen veröffentlicht wurden, eingesetzt wurden und welche Besonderheiten bzw. Veränderungen sich hier im Zeitablauf erkennen lassen. Dazu wurden in diesem Abschnitt folgende Teilfragen analysiert:

1. Welche methodischen Vorgehensweisen wurden in dem Zusammenhang in diesen Studien eingesetzt und welche Themen haben sich in den Studien gefunden?
2. Welche Themen sind miteinander vorgekommen?

Zur ersten Frage nach den Vorgangsweisen hat vornehmlich die Inhaltsanalyse mittels des thematischen Codierens einen ersten Überblick verschafft und die Analyse der Themengruppen mittels BibTechMon hat hier ergänzende Zusammenhänge von miteinander vorkommenden Themen aufgezeigt.

7.5.1 Methodisches Vorgehen

Methodisch hat sich eine Konzentration auf quantitative Erhebungen gezeigt (siehe dazu Tabelle 24). Dieses Resultat zeigt auf, dass bei der Konzentration auf Papers, die in einer Gruppe von Journalen[141] veröffentlicht wird, eine Dominanz an solchen als valide eingestuften Erhebungsmethoden nicht überrascht. Diese Dominanz ist immer wieder im Mittelpunkt von kritischen Diskussionen (z.B. van Maanen 1979; Daft/Lewin 1993).

In dieser Untersuchung wurden als Referenz Journals gewählt, die nach dem SSCI geführt werden und damit ist eine systemimmanente Selektion durch diese Auswahl perpetuiert. Dies zeigt die Diskussion über die Aussagekraft von solchen Indizes zur Objektivierung der Bewertung von akademischen Publikationen.

In diesen Kritiken wird u.a. die Qualität und Zuverlässigkeit von Peer-Reviewsystemen hinterfragt (Starbuck 2005). Die geringe Übereinstimmung von Gutachterurteilen im Bereich der Sozialwissenschaften[142] lässt manche AutorInnen zum Schluss gelangen, dass hier die Akzeptanz eine Art Glückspiel ist und den Wurf eines Würfels gleichzusetzen wäre (Bedeian 2004). Es wird dabei auf ein vorherrschendes System verwiesen, das wie folgt beschrieben werden kann: „The current system relies heavily on the judgements of the editor from desk review to final acceptance and rejection decisions." (Özbilgin 2009: 119)

Als weiterer Punkt wird die Aussagekraft von quantitativen Kriterien, die solchen Indizes wie dem SSCI[143] zugrunde liegen, thematisiert (Tienari/Thomas 2006; Osterloh/Frey 2009). Dabei spielt besonders die Diskussion des Impactfaktors eine zentrale Rolle. Die Kritiken setzen in diesem Zusammenhang dort an, dass es fraglich erscheint, ob Zitierung wirklich vorwiegend die Anerkennung für die Übernahme wichtiger Ergebnisse anderer ForscherInnen zum Ausdruck bringt.

Kritische Auseinandersetzung wird auch für den methodischen Purismus gefordert. So wird gerade in den als hochwertig eingestuften Zeitschriften eine Dominanz an mathematischen Logiken und positivistischen Traditionen geortet (Özbilgin 2009) und diese spiegelt sich in der Dominanz quantitativer Erhebungs- und Auswertungsmethodiken wider. Starbuck (2009) geht noch einen Schritt weiter in der Kritik. Er spricht nicht nur von der Dominanz, sondern streicht hervor, dass SozialwissenschafterInnen statistische Signifikanz mit bedeutungsvollen Beziehungen von Variablen gleichsetzen und dabei in ihrer Sicht verkennen, dass vereitelte Hintergrundinformationen für Theoriebildung wichtige Informationen wären. Kieser (2010) spricht hier davon, dass Gutachter in

141 Siehe dazu Kapitel 7.1.2

142 Dies Kritik geht mittlerweile soweit, dass der US-Supreme Court festgestellt hat, dass von dem Umstand, dass Fachgutachten durchgeführt werden, nicht auf die Qualität der Inhalte wissenschaftlicher Zeitschriften geschlossen werden können (Horrobin 2001 in Kieser 2010: 353).

143 Siehe dazu Kapitel 7.1.2

etablierten Zeitschriften Vorlieben für bestimmte Theorien und Methoden haben und vor allem als konservativ eingeschätzt werden können.

Die im letzten Kritikpunkt angeführte Methodendominanz konnte auch hier in den Ergebnissen gefunden werden. In dieser Hinsicht ist es daher bemerkenswert, dass auch in diesem Sample eine Gruppe an Papers zu finden war, die zumindest mit verschiedenen Erhebungsmethoden gearbeitet haben. Es hat weiters auch Ansätze für eine Verbindung von quantitativen und qualitativen Methoden gegeben Die methodischen Vorgehensweisen gewährleisten eine Form von Methodenintegration, wie sie mehrfach gefordert wird (z.B. von Bortz/Döring 2006; Kelle 2007; Mayring 2001).

7.5.2 Heterogene Inhalte

Das differenzierteste Bild hat sich bei den in den Studien genannten Vorbedingungen oder Einflussfaktoren auf organisationales Commitment und der Darlegung von möglichen Wirkungsergebnissen von Commitmentprozessen ergeben. Dieses sehr heterogene Bild der Faktoren wurde in der Analyse gebündelt und findet sich in der Zusammenschau in Abbildung 42. Dort werden nochmals die Faktorgruppen genannt. Als Gruppen der Einflussfaktoren haben sich Umweltbedingungen, die Charakteristika von Organisationen und erlebte Führungspraktiken, persönliche Eigenschaften, Rollenerwartungen, Arbeitserfahrungen und die Ausgestaltung von Psychologischen Verträgen ergeben. In den Ergebnisgruppen finden sich Produktives Verhalten, der Verbleib im Unternehmen und die Arbeitszufriedenheit als zentrale Begriffe. Bei all diesen Themengruppen zeigen sich aber keine dominanten Themen, sondern ein breites Geflecht an Verknüpfungen.

Zur Frage, welche Begriffe gemeinsam vorkommen, konnten erste Tendenzen aus den Ergebnissen der Inhaltsanalyse[144] abgeleitet werden, wie z.B. der Zusammenhang zwischen dem Einsatz von bestimmten Operationalisierungsformen und der Zeit der Veröffentlichung. Im Rahmen der Themengruppenanalyse zeigten sich noch weitere interessante Ergebnisse. Dies wurden besonders durch die Darlegung der Co-Häufigkeiten-Netzwerke[145] aufgezeigt und wurde im vorigen Abschnitt auch zusammengefasst.

In der Ergebnisdarstellung ist der Zusammenfassung der Themenanalyse[146] zu entnehmen, dass es zum Teil zu größeren Diskrepanzen zwischen den theoriegeleitet entwickelten Operationalisierungen und deren zentralen Inhalten und

144 Siehe dazu Kapitel 7.2

145 Siehe dazu Kapitel 7.4

146 Siehe dazu Kapitel 7.4.9, insbesondere Tabelle 25

den gefundenen Repräsentanzen in den Texten anhand der Themenanalyse gegeben hat. Es haben sich also geringe inhaltliche Bezüge zu den zentralen Inhalten der Konstrukte gezeigt. Hier greift eine Kritik, die Weick (1995: 387) immer wieder anführt: „Data by themselves are not theory." Damit weist Weick darauf hin, dass Methodik und die Daten alleine wenig Beitrag zur Theoriebildung leisten können, wenn hier nicht auch ein beträchtlicher Teil der Argumentation auf die Verbindung von Daten und Annahmen und Empfehlungen gelegt wird und diese theoriegeleitet passiert. Es geht also nicht nur darum, Variablen zu erkennen und genau zu messen, sondern auch den Zusammenhang zwischen diesen zu beschreiben und vor allem zu interpretieren. Die Ergebnisse in dieser Analyse des wissenschaftlichen Diskurses zu organisationalem Commitment und die dabei deutlich gewordenen Leerstellen, die sich in der Verbindung von Einflussfaktoren und Ergebnissen gerade in der thematischen Analyse gezeigt haben, deuten darauf hin, dass hier im Wechselspiel zwischen Theorie, der erhobenen Daten und deren Rückkoppelung zu theoretischen Überlegungen passiert. Viel Raum und Inhalt wird in den Texten für die Darstellung der methodischen Inhalte und somit „technischen Komponenten" der Erhebung verwendet und weniger für die Theoriebildung.

7.5.3 Trend zu einstellungsbezogenen Operationalisierungsformen

Sowohl die inhaltsanalytische Analyse[147] als auch die Analyse der Themengruppen hat im Hinblick auf die eingesetzten Commitmentkonstrukte gezeigt, dass in den Phasen 2 (1980-1989) und 3 (1990-1999) die OCQ-Skala als das am häufigsten eingesetzte Konstrukt zu sehen ist. In der letzten Phase (ab 2000) kann das Drei-Komponenten-Modell von Meyer/Allen (1991, 1997) als dominantes Konstrukt bzw. dominante Operationalisierung bezeichnet werden. Die Vielzahl an Veröffentlichungen lässt darauf schließen, dass ein fortwährendes und reges Interesse an diesen Formen besteht.

Somit lassen sich bestimmte Trends zu Operationalisierungen ablesen. Über die Intensität des Einsatzes dieser Formen jedoch auf die Erkenntnistiefe des Konstrukts zu schließen, erweist sich in diesem Zusammenhang als kritisch. Dies hat besonders die Themenanalyse gezeigt, die in Tabelle 25 in der Zusammenstellung der zentralen Inhalte der Ergebnisse und der aus der Themenanalyse resultierenden behandelten Themen in den Artikeln noch unterstrichen wird.

147 Siehe dazu Tabelle 23 in Kapitel 7.2.1

Hier wurde deutlich, dass zum Teil in den Texten wenig bis gar nicht auf die zentralen Inhalte der Konstrukte Bezug genommen wurde.

Wenn wir an dieser Stelle bei den zentralen Inhalten der Konstrukte bleiben, dann betont die OCQ-Skala ähnlich wie die Skala von O'Reilly/Chatman die affektive Komponente und dominiert somit einen einstellungsbezogenen Zugang. Die Operationalisierung des Drei-Komponenten-Modells wiederum kann als gemischter Ansatz angesehen werden. Dieses Modell geht in seiner Grundstruktur davon aus, dass die drei darin berücksichtigten Komponenten als unabhängige Komponenten gesehen werden können. Dies wird aber auch kritisch gesehen (z.B. Blau 2001; Cheng/Stockdale 2003) und es werden von den KritikerInnen Forderungen aufgestellt, die Konstrukte auf die affektive – und somit einstellungsbezogene – Komponente zu reduzieren (z.B. Mayer/Schoorman 1992; Ko et al. 1997; Bergman 2006). Damit würde die verhaltensbezogene Komponente auch hier reduziert.

Das bedeutet, dass sich die dominierenden Operationalisierungsformen von organisationalem Commitment vornehmlich auf einstellungsbezogene Ansätze konzentrieren. Bei der Herleitung der Erklärungsmodelle von organisationalem Commitment und in deren Darlegungen[148] hat sich gezeigt, dass sich hinter dem Konstrukt des organisationalen Commitments sehr wohl ein komplexeres Modell verbirgt, für das auch verhaltensbezogene Komponenten in Betracht zu ziehen sind. Mit einer verhaltens-bezogeneren Betrachtung bekommen vor allem auch situative und damit umweltbezogene Aspekte einen wichtigen Stellenwert – diese Erkenntnisse folgen der Feldtheorie von Lewin (1947/1963) bzw. kann hier auch auf konstruktivistische Perspektiven verwiesen werden, die das Verhalten als abhängig von der Subjektivität des Individuums und der Situation sehen (von Foerster 1981; von Glasersfeld 1981; Roedenbeck 2008).

Beim Blick auf die Mikroebene[149] hat sich gezeigt, dass die Aussagekraft von Psychologischen Verträgen, die gerade in dem Zusammenhang für die Beschreibung der Beziehung des/der Einzelnen zur Organisation herangezogen werden, nur dann sinnvoll interpretiert werden kann, wenn diese Interpretationen auch das System, in das diese eingebettet sind, miteinbeziehen – also hier auf den Kontext, das Umfeld oder die Umwelt Bezug nehmen.

Umfeldbedingungen – und somit situative Aspekte – stellen sich als immer stärker veränderlich dar und doch scheint dieser Aspekt kaum bis gar nicht Eingang in die Untersuchung von organisationalem Commitment gefunden zu haben. An dieser Stelle stellt sich angesichts der dargelegten Veränderungen der Beschäftigungsverhältnisse und deren Konsequenzen die Frage nach der Bedeu-

148 Siehe dazu Kapitel 6

149 Siehe dazu Kapitel 5.3

tung bzw. der Angemessenheit des Einsatzes von Operationalisierungsformen, die vor allem auf affektive (einstellungsbezogene) Komponenten schauen. Zentral bei der Betrachtung von organisationalem Commitment bleibt, was van Knippenberg/Sleebos (2006: 571) in ihrer Untersuchung eines Samples von Faculty-Mitgliedern einer Universität sehr treffend festhalten: „Commitment reflects a relationship between separate psychological entities." Damit steht die Beziehung zwischen - in diesem Fall - dem Individuum und anderen Einheiten wie Gruppen, der Organisation im Vordergrund.

Interessant ist in diesem Zusammenhang, wie Commitment kanalisiert und auch ersetzt werden kann, wenn durch die neuen atypischen Beschäftigungsformen massive Einschnitte in die ArbeitgeberInnen-/Arbeitnehmer-Innen-beziehungen erfolgen. Dies haben die Ausführungen im Hinblick auf die Konsequenzen auf der Organisationsebene (Kapitel 5.2) gezeigt. Auf dieser Mesoebene sind es vor allem die Segmentierungen und Grenzverschiebungen für Mitgliedschaften, die identifiziert werden konnten und auch auf die Mitgliedschaftsrollen einerseits und die Gestaltung der Beziehungsmuster andererseits einwirken. Diese Wirkungen werden jedoch in den Untersuchungen zu organisationalem Commitment wenig bis gar nicht berücksichtigt.

Hier ist die Forderung aufzustellen, in Zukunft die Umfeldbedingungen stärker miteinzubeziehen und sich nicht mehr weiter auf Konstrukte zu verlassen, die einstellungsbezogene Komponenten in den Vordergrund stellen. Nur bei einer Anpassung der Untersuchungssettings kann das Wechselspiel zwischen Umfeld und Person miteinbezogen werden und deren Wirkung aussagekräftig analysiert werden.

Wie sich diese Befunde im Hinblick auf die Darlegung von organisationalem Commitment mit den Überlegungen bzgl. der Veränderungen der Beschäftigungsverhältnisse in Verbindung bringen lassen, steht im Mittelpunkt des folgenden Abschlusskapitels.

8. Multidimensionale Wechselwirkungen

Die Analyse der Operationalisierungen von Commitmentkonstrukten hat aufgezeigt, dass die Untersuchung von organisationalem Commitment einmal mit einem doch sehr engen, „einfältigen“ methodischen Spektrum an Vorgehensweisen verbunden ist. Die Ergebnisse haben weiters gezeigt, dass sich keine eindeutigen Schwerpunkte im Bereich der Einflussfaktoren bzw. beeinflussten Ergebnisse herauskristallisieren lassen. Hier hat sich ein eher buntes, heterogenes Bild ergeben. Als drittes zentrales Ergebnis ist der Trend zu eigenschaftsbezogenen Operationalisierungen von organisationalem Commitment herauszustreichen.

Wenn nun diese Befunde mit den vorangegangenen Kapiteln in Verbindung gebracht werden, ergibt sich eine ganze Palette an Fragen. Diese erstrecken sich von gesellschaftspolitischen Fragen, wie z.B. nach der Erwünschtheit der neuen Arbeitsformen, deren Auswirkungen auf die Verteilungsgerechtigkeit oder die soziale Sicherheit, über die Frage nach möglichen Auswirkungen auf die Ausgestaltung von Anreiz- und Kontrollinstanzen in Organisationen und Wirkungen auf die Entwicklung von Mitgliedschaftsrollen und Identitätsbasen bis hin zu Fragen, wie diese Veränderungen auf die Bildung von Bindung und deren Betrachtung und Untersuchung in Zukunft wirken. So stand am Ende des letzten Kapitels die Frage im Mittelpunkt, wie in Zukunft sich verändernde Umfeld- (oder besser Umwelt-)aspekte in der Betrachtung und Untersuchung von organisationalem Commitment berücksichtigt werden können. Dies zeigt das breite Feld auf, das die Betrachtung, wie sie in dieser Arbeit argumentiert wurde, aufspannt.

Bei der Betrachtung des Zusammenwirkens von Einflussfaktoren und Dimensionen von organisationalem Commitment ist zu beachten, dass Commitment als Produkt eines andauernden Evaluationsprozesses der Person gesehen werden kann und damit zwar der Status bzw. die Stärke der Commitmentausprägungen zu einem bestimmten Zeitpunkt bestimmt werden kann, dieser Status bzw. diese Stärke sich aber im Zeitablauf verändern kann. „Once a state of commitment has been established, if the job itself or other experiences should lose appeal, a person can be expected to reevaluate the commitment, be it to organizational goals, membership or other people.“ (Brown 1996: 238) Commitment kann dementsprechend als das Ergebnis einer Kombination von einstellungsbezogenen, verhaltensorientierten und normativen Kräften gesehen werden, die nicht nur die Natur von Commitment beeinflussen, sondern auch den kontinuierlichen Evaluationsprozess (Mowday et al. 1982). Dieser Prozesscharakter der Entwicklung von organisationalem Commitment wird auch von Cohen (2007) betont, wobei er von einem multidimensionalen Commitmentmodell ausgeht, das eine instrumentale, normative und affektive Komponente beinhaltet und den Faktor Zeit im Hinblick auf das Timing (Voreintrittsphase in die Organisation bzw. Karrierestufen in der Organisation) mitberücksichtigt. Viele der empirischen Teilergebnisse sprechen für diese Multidimensionalität. Gleichzeitig liegt aber gerade in der Multidimensionalität ein Problem für empirische Settings, denn damit wird die Entwicklung bzw. die Ableitung von Kausalmodellen und das Gruppieren verschiedener Komponenten schwieriger (Edwards 2001).

Das breite Feld der Überlegungen zu Veränderungen von Beschäftigungsverhältnissen einerseits und der Reflexion und Analyse der Erklärungsmodelle und der daran anknüpfenden Operationalisierungen von organisationalem Commitment andererseits werden im folgenden Abschnitt zusammengeführt, indem multidimensionale Wechselwirkungen, die sich aus dieser Betrachtung heraus ergeben, dargelegt werden.

8.1 Multidimensionalität

Unterschiedlicher Ausgangspunkte für organisationales Commitment wie die Erklärungskonzepte[150] als auch die Überlegungen in den empirischen Studien[151] verdeutlichen das Argument, dass es bei der Betrachtung von organisationalem Commitment eine ganze Palette an Einflussfaktoren gibt. Feldman (2004: 515) streicht heraus, dass aber gerade die Verbindung von Umwelt- und persönlichen Faktoren einen ganz besonderen Benefit in der Auseinandersetzung mit der Herausbildung von organisationalem Commitment bringen kann. Diese Bezugspunkte finden sich im Konzept der psychologischen Verträge oder auch in Ansätzen der „person-environment-fit theory" (Kristof 1996) wieder. Aber gerade Einflussfaktoren, wie psychologische Verträge, werden in der Operationalisierung und in weiterer Folge in den empirischen Untersuchungen wenig berücksichtigt (McInnis et al. 2009). Dies haben auch die Ergebnisse in der thematischen Analyse im vorigen Kapitel gezeigt.

Der psychologische Vertrag ist ein zentraler Bereich, der die Beziehung zwischen Individuum und Organisation beschreibt (Argyris 1960; Kotter 1973; Levinson 1962). Somit hat dieses Konzept auch einen sehr großen Einfluss auf die Ausgestaltung von organisationalem Commitment. "To better understand how the psychological contract mediates outcomes, such as commitment and retention, it is necessary to examine what happens to the contract during changes in the circumstances of employment." (Guzzo/Noonan/Elorn 1994: 625) Dabei ist der Blick auf die Veränderungen im Umfeld zu legen, und dies wird auch

150 Siehe dazu Kapitel 6
151 Siehe dazu Kapitel 7.3

später von Guest (2004a) wieder aufgegriffen, der einen Bezugsrahmen für das Zusammenspiel zwischen Einbettung und Wirkung psychologischer Verträge entwickelte (siehe Abbildung 55).

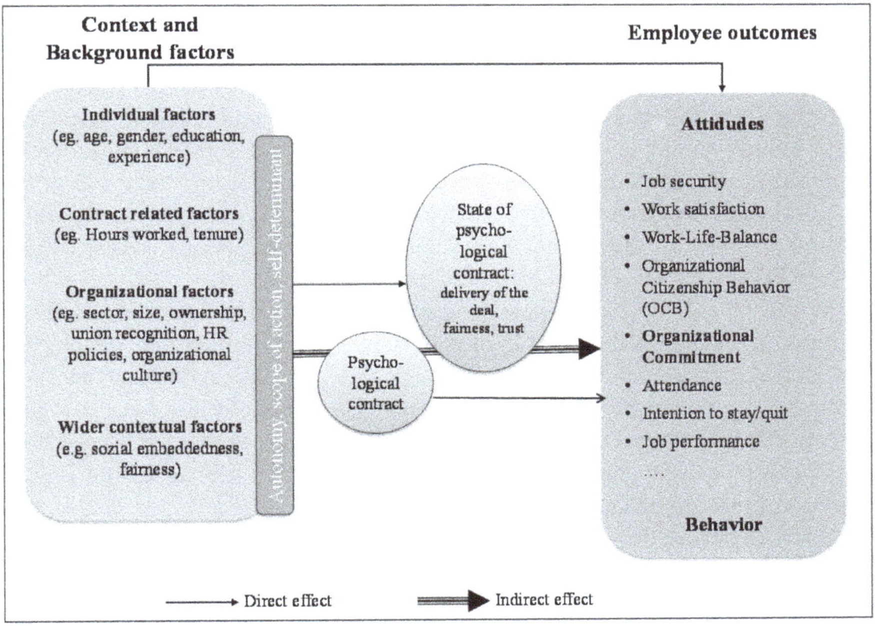

Abbildung 55: Wirkung von Kontextfaktoren auf Ergebnisse der Beschäftigten (in Anlehnung an Guest 2004a: 6)

Auf der Ebene der angesprochenen Einflussfaktoren[152] haben sich massive Veränderungen vollzogen.

- Die Zahl derer, die auf über die Organisationen hinweg vergleichbaren Arbeitsplätzen beschäftigt sind, wird kleiner (Guest 2004b: 542f). Arbeitsplätze verändern sich rascher und sind schwer über die Organisationen hinweg vergleichbar. Damit sind die Arbeitskräftepotenziale immer stärker fragmentiert – sei es aufgrund der Beschäftigungsformen oder auch der Inhalte der Arbeitsplätze.
- Die Arbeitskräftepotenziale selbst werden immer mehr ausdifferenziert. Dies liegt in dem oben erwähnten Trend zur stärkeren Fragmentierung der Arbeitsplätze begründet, aber auch in der immer intensiver wirkenden Ausdifferenzierung der dominierenden Lebensformmuster. So hat das tra-

152 Siehe dazu Abbildung 55

ditionelle Male-breadwinner-Modell als vorherrschende Partnerschaftsform seine Dominanz im mitteleuropäischen Raum verloren (Lewis et al. 2002; Schein 1996).

- Der Anteil der Arbeitskräfte, die von etablierten Systemen der Interessensvertretung erfasst werden, wird immer kleiner. Immer stärker individualisierte Arbeitsverträge werden abgeschlossen. Es wirkt hier eine Form von Individualismus, die sich in der bisher vorherrschenden kollektiven Orientierung im Bereich der Ausgestaltung und Regulierung von Beschäftigungsverhältnissen niederschlägt (Allvin/Sverke 2000). „The context, the issues, and the processes have changed, resulting in a reduction in the role and relevance of collective systems, processes, and deals, except in so far as they set the context and reinforce a legislated floor." (Guest 2004b: 544)

Gerade diese Veränderungen verdeutlichen das Wechselspiel an Einflussfaktoren. Als zentral dabei wird in diesem Rahmen der Einfluss von verschiedenen Kontextfaktoren auf die situationsabhängige, subjektive Einschätzung von Versprechen und Verpflichtungen angesehen, die sich hinter der Lage des psychologischen Vertrags (state of psychological contract) verbergen. Diese Einschätzungen schlagen sich dann in weiterer Folge in den beobachtbaren Ergebnissen in Form von Einstellungen und Verhalten der Beschäftigten nieder. Als mögliche Beispiele für diese Ergebnisse werden von Guest (2004a) die Einstellung zur Beschäftigungssicherheit, die Ausprägung der erlebten Arbeitszufriedenheit bzw. des Wohlergehens bis hin zur erlebten Work-Life-Balance, aber auch stärker auf die Organisation bezogene Konstrukte, wie z.B. das Arbeitsverhalten oder eben die Ausprägung des organisationalen Commitments genannt.

Der Status des psychologischen Vertrags (state of psychological contract) wird im Wesentlichen von vier Faktoren beeinflusst: Neben vertragsspezifischen (contract related factors) Faktoren, wie z.B. der Dauer des Beschäftigungsverhältnisses, spielen individuelle Faktoren, die die Erwartungen und Zielvorstellungen des/der Einzelnen beinhalten, und vor allem auch Kontextfaktoren wesentliche Rollen. Diese Kontextfaktoren beziehen sich einerseits auf organisationale Kontextfaktoren und spiegeln sich in der gewählten Human Resource Architektur bzw. in den daraus resultierenden Grenzziehungen in der Belegschaft wider. Andererseits gehen diese Kontextfaktoren auch über die Organisation hinaus und beziehen Umweltfaktoren (wider contextual factors) mit ein. Damit sind auch die Überlegungen rund um die sich verändernden professionellen Normen oder der sozialen Eingebettetheit[153] inkludiert.

---

153 Siehe dazu Kapitel 5.2.4

Diese Faktoren beeinflussen den Status des psychologischen Vertrags und wirken somit auf verschiedene beobachtbare und z.T. messbare Ergebnisse der Arbeitsbeziehung, wie der erlebten Sicherheit, der Arbeitszufriedenheit, der Abwesenheit, der Intention des Jobwechsels und eben auch der Ausprägung des organisationalen Commitments.

Beim Blick auf die Kontextfakoren zeigen sich aus der Darlegung der Veränderungen der Beschäftigungsverhältnisse zentrale Anknüpfungspunkte, die in der Konzeption wie auch in der empirischen Untersuchung von organisationalem Commitment in dieser Form wenig bis kaum Berücksichtigung finden. Hier die Faktoren im Überblick:

- Ein relevanter Faktor, der sich besonders im vertragsspezifischen Bereich wiederfindet, ist der Faktor ***Zeit*** (Kapitel 8.2) und dessen Wirkung. Die Analyse der Ausdifferenzierung von Beschäftigungverhältnissen[154] hat ergeben, dass Zeit im Sinne von Arbeitszeit bzw. Vertragsdauer eines der Hauptunterscheidungskriterien ist.
- Ein zweiter Faktor bezieht sich auf den erlebten ***Handlungsspielraum*** *(Kapitel 8.3),* der stark durch Umweltfaktoren, wie organisationale Kontexte in Form der Human Ressource Politiken oder auch die Organisationskultur geprägt ist. Es wirkt hier aber auch andere Umweltfaktoren wie die Form der sozialen Einbettung mithinein.
- Verbunden ist dieser Faktor auch mit Überlegungen, wie ***soziale Gerechtigkeit*** (Kapitel 8.4) erlebt wird bzw. wie mit ***Unsicherheit*** (Kapitel 8.5) umgegangen wird.

Allen drei Faktoren ist gemein, dass sie bis jetzt in den Konzeptionen von organisationalem Commitment nur teilweise mitberücksichtigt wurden und als Anstoss für die Reformulierung der Commitmentkonzepte dienen können.

Die drei Bereiche – Zeit, Handlungsspielraum und soziale Gerechtigkeit – bergen das Potenzial in sich, sich als Trenn- bzw. Verwerfungslinien (faultlines) in Organisationen darzustellen. „Faultlines may act like simmering pots that are not yet boiling over, but if the heat (or tension) is increased, they would begin to boil." (Hannum/McFeeters/Booysen 2010) Durch Anstöße, wie z.B. unterschiedliche Behandlung, können diese Trennlinien aktiviert und wie Hannum et al. es bezeichnen, „zum Kochen gebracht" werden. Damit werden sie innerhalb von Organisationen als Konfliktlinien relevant.

In der Folge werden die drei möglichen Bereiche, die als Trennlinien fungieren können, noch einmal in ihren möglichen Ausprägungen dargestellt.

154 Siehe dazu Tabelle 8 in Kapitel 3.9

8.2 Dimension Zeit

Der Faktor Zeit hat im Hinblick auf die beobachtbaren Veränderungen der Beschäftigungsverhältnisse einen wichtigen Stellenwert[155] – das bezieht sich sowohl auf die Wahrnehmung der Zeit als auch auf Verläufe von Zeit.

Cohen (2007: 352f) sieht in der Berücksichtigung des Faktors Zeit im Hinblick auf organisationales Commitment einen wesentlichen Beitrag zur weiteren Ausdifferenzierung von konkreten Maßnahmen. Dabei bezieht er sich auf die Wirkung von Verläufen von Zeit und schlägt angepasste Maßnahmen in der Eintrittsphase von neuen MitarbeiterInnen bzw. in den nachfolgenden Sozialisationsphasen vor. Er weist gleichzeitig auch darauf hin, dass es dazu noch wenige empirische Arbeiten gibt. Zu einer ähnlichen Diagnose kommt auch Rousseau (2001) im Hinblick auf die Betrachtung von Psychologischen Verträgen. Sie bemängelt dabei, dass es kaum Arbeiten gibt, die verschiedene Phasen im Ablauf der Formation von Psychologischen Verträgen berücksichtigen. Ein weiterer Kritikpunkt, den Rousseau anspricht, ist, dass die Wahrnehmungsschemata und Zuschreibungen in den verschiedenen Phasen nicht untersucht werden. Die Zuschreibungen und deren Veränderung über die Zeit werden als wesentlicher Treiber gesehen, der die Einschätzung von Vertragserfüllungen oder die Einschätzung der Stärke der Bindungskraft beeinflussen (Ho 2005).

Eines der wenigen Ergebnisse in dem Bereich stützt diese Aussagen. So zeigen Beschäftigte in befristeten Arbeitsverhältnissen geringeres Commitment und auch geringes OCB als MitarbeiterInnen mit unbefristeten Verträgen (van Dyne/Ang 1998). Für unbefristete Beschäftigungsverhältnisse gilt als gesichert, dass das organisationale Commitment der MitarbeiterInnen eine wichtige Rolle für Engagement und Einsatzbereitschaft spielt und mit niedriger Fluktuationsneigung und niedrigerem Absentismus einhergeht (Felfe et al. 2005a: 102). Dies stellt sich für befristete Beschäftigungsverhältnisse bzw. auch Leiharbeitsverhältnisse nicht so eindeutig dar (Connelly/Gallagher 2004). Bei diesen Arten von Beschäfigungsverhältnissen ist weiters nicht klar, ob diese Beschäftigungsverhältnisse freiwillig eingegangen wurden oder nicht.

Es geht dabei auch um den Effekt, dass es auch um den Effekt geht, den eine unterschiedlich festgelegte Dauer eines Beschäftigungsverhältnisses haben kann. Es zeigt sich, dass die verschiedenen Ausformungen der Beschäftigungsverhältnisse, wie sie in Tabelle 8[156] dargestellt und gegenübergestellt wurden, auf den ersten Blick bezüglich der zeitlichen Flexibilisierungsdimension die meisten Unterschiede aufweisen. Gehen wir jedoch einen Schritt weiter und setzen diese Beschäftigungsformen in Bezug mit anderen zentralen Dimensionen, wie z.B.

155 Siehe dazu die Kapitel 3.5 und 5.3

156 Siehe dazu Kapitel 3.4

der gelebten Beziehung von Beschäftigter/m und der Organisation und den möglichen Steuerungsstrukturen, die von den jeweiligen Beschäftigungsformen ausgehen können, dann stellt sich ein doch sehr differenziertes Bild[157] dar: Im Hinblick auf Steuerungsstrukturen oder auch die Kontrollmechanismen wird ein Unterschied in der Wirkung dieser verschiedenen Beschäftigungsformen dargelegt und damit ist ein Hinweis darauf gegeben, dass z. B. HR-Maßnahmen und -instrumente, die bisher wenig bis gar nicht im Hinblick auf die Beschäftigungsformen differenziert wurden, hier angepasst werden könnten.

8.3 Dimension Handlungsspielraum

Die Bedeutung von Handlungsalternativen sind sowohl in den Erklärungskonzepten für organisationales Commitment als auch in den empirischen Befunden immer wieder herausgestrichen worden. Unter anderem wird im Drei-Komponentenmodell[158] besonders auf die Side-bets und die möglichen Handlungsalternativen Bezug genommen. Nicht berücksichtigt bzw. diskutiert wird in diesem Zusammenhang der Umgang mit dem erlebten Handlungsspielraum und der erlebten sozialen Gerechtigkeit und deren Konsequenzen für soziales Handeln. Mögliche Anküpfungspunkte zu diesen beiden Bereichen werden daher in der Folge näher ausgeführt.

Eines der Erkenntnisse der Diskussion der veränderten Beschäftigungsverhältnisse war, dass sich die Selbstbestimmungsgrade und Handlungsspielräume in den verschiedenen Formen der Beschäftigungsverhältnisse sehr unterschiedlich darstellen[159]. Dem Faktor der Selbstbestimmung bzw. der Freiwilligkeit, der vor allem auch mit dem Umfang des Handlungsspielraums verbunden ist, wird in diesem Zusammenhang immer mehr Bedeutung zugemessen (Ellingson et al. 1998; Feldman et al. 1995; Hardy/Walker 2003; Isaksson/Bellagh 2002). Diese Argumente werden so in den Erklärungskonzepten von organisationalem Commitment, wie z. B. dem aktuellen Konzept von Solinger et al. (2008) wenig bis gar nicht berücksichtigt.

Im Begriff des Handlungsspielraums treffen nach Crozier und Friedberg (1979) Freiheit und Zwang aufeinander. Handlungspielraum ist aber nicht als etwas objektiv Vorgegebenes zu interpretieren, sondern konzeptualisiert subjektiv Wahrgenommenes (Staehle 1990). Dieser Handlungsspielraum ist im organisationalen Kontext im engeren Sinne im Hinblick auf die Tätigkeit, im weiteren Sinne im Hinblick auf Handlungsoptionen bzw. alternative Anstellungsmöglich-

157 siehe dazu Tabelle 16, Kapitel 5.3.3

158 Siehe dazu Kapitel 6.6.1

159 Siehe dazu Kapitel 3.4

keiten außerhalb der Organisation zu sehen. Bei diesem weiter gefassten Begriff des Handlungsspielraums setzt einer der angeführten Bezugspunkte der fortsetzungsbezogenen Dimension des organisationalen Commitments[160] an. Es greifen hier Einschränkungen, die von dem/der Einzelnen konkret am Arbeitsmarkt wahrgenommen werden und somit die Wahlfreiheit des/der Betroffenen verkleinern.

Es gibt viele Beispiele, die diese Wirkungen illustrieren. An dieser Stelle sollen diese anhand einer Untersuchung von Frauen in atypischen Beschäftigungsverhältnissen Umgangsmuster für Ausprägungen von Handlungsspielräumen aufgezeigt werden. Kaupa und Steiner (2002) haben aufgrund ihrer Untersuchungsergebnisse aus Interviews mit atypisch Beschäftigten verschiedene Muster bzw. Typen herausgearbeitet. Dabei haben sie folgende Dimensionen der Unterscheidung gewählt: Das Ausmaß an Prekarität[161] und die Möglichkeiten der persönlichen Einflussnahme auf die Situation, die sich an der persönlichen Wahlfreiheit und der Perspektive einer Verbesserung manifestieren. Anhand dieser Merkmale haben Kaupa und Steiner (2002: 128) vier Typen herauskristallisiert:

Typen Kriterien	Typ A Flexibilisierungs-verliererinnen	Typ B Übergangs-orientierte	Typ C Nicht-Karriere-orientierte	Typ D Flexibilisierungs-gewinnerinnen
Wahl-freiheit	-	-	+	+
Prekarität	+	+	+	-
Perspektive der Ver-besserung	-	+	+	+

Abbildung 56: Typen von Nutzerinnen von Handlungsspielräumen am Arbeitsmarkt

Beim Typ A treffen alle wesentlichen Prekaritätskriterien zu und Arbeit wird in erster Linie als existenzsichernd und erst in zweiter Linie als identitätsstiftend erlebt. In dieser Gruppe fanden sich tendenziell ältere Menschen mit geringem Ausbildungsniveau, Migrantinnen und Alleinerzieherinnen.

Bei Typ B treffen die Prekaritätskriterien der mangelnden sozialen Absicherung und geringer Beschäftigungsstabilität zu. Die Wahlmöglichkeiten hin-

160 Siehe dazu Drei-Komponentenmodell in Kapitel 6.6.1

161 Von prekären Beschäftigungsverhältnissen spricht man, wenn dies aus Sicht der Beschäftigten negativ erlebt wird und ungewollt eingegangen wurde (Neuberger 1998: 280). Kriterien für die Einstufung einer prekären Situation sind die existenzielle Sicherheit, die Zeitautonomie und die Möglichkeiten der persönlichen und kollektiven Einflussnahme. Nicht die einzelnen Dimensionen, sondern die Kombination der Faktoren machen Prekarität aus (Mühlberger 2000).

sichtlich anderer Beschäftigungen sind kaum gegeben, aber im Unterschied zum Typ A hat diese Gruppe durchaus realistische Perspektiven für eine baldige Veränderung der Jobsituation. Die atypische Beschäftigung wird nur als Einstiegsmöglichkeit zu einem sicheren und besseren Job gedacht. Typisch in dieser Gruppe ist ein hohes Bildungsniveau und dass Arbeit von den Betroffenen gleichermaßen als Selbstbestätigung als auch der sozialen und finanziellen Absicherung dient. In dieser Gruppe finden sich vor allem jüngere Frauen und Frauen ohne familiäre Verpflichtungen.

Beim Typ C der Nicht-Karriereorientierten sind wieder die Fakten mangelnde Absicherung, geringes Einkommen und mangelnde Beschäftigungsstabilität als zentrale Prekaritätskriterien zu nennen. Wesentlich ist jedoch, dass diese Personen Wahlmöglichkeiten hinsichtlich einer anderen Beschäftigung haben, diese jedoch aufgrund anderer Prioritäten nicht wahrnehmen, wie z.B. sinnstiftende Arbeitsinhalte, gutes Arbeitsklima oder Familienorientierung. Die Arbeitssituation wird als „bestmöglicher Kompromiss im Rahmen des persönlichen Wertekanons“ gesehen. In dieser sehr heterogenen Gruppe finden sich junge, hoch qualifizierte Frauen, denen Freizeit und persönliche Freiheit wichtiger sind als gutes Einkommen und beruflicher Erfolg.

Als Gewinnerinnen sind Beschäftigte, auf die der Typus D zutrifft, zu bezeichnen. Bei ihnen steht Freiwilligkeit und die damit verbundene Wahlfreiheit im Vordergrund. Diese Personen können die Vorteile der Arbeitsbedingungen atypischer Beschäftigungsverhältnisse voll nutzen, ohne von den Nachteilen des geringen Einkommens, mangelnder sozialer Absicherung und geringer Beschäftigungsstabilität betroffen zu sein. Diese Personen zeichnen sich durch Qualifikationen aus, die einen hohen Marktwert haben.

Für Beschäftigte, die den Typen A, B und eigentlich auch C entsprechen, trifft das Vorhandensein von Wahlfreiheit und das selbstbestimmte Gestalten des Handlungsspielraums nicht oder nur in sehr eingeschränktem Maße zu. Dementsprechend ist für diese Gruppen ein Eintritt in organisationale Karrierefelder nicht oder nur z.T. möglich und darüber hinaus wird auch der Nutzen, der flexiblen Beschäftigungsformen zugeschrieben wird, sehr stark relativiert. Zu ähnlichen Schlüssen kommen auch Kossek et al. (2005: 251). Sie halten fest, dass „individual autonomy over where and when one works is a key aspect of job autonomy that should be assessed to update measures of autonomy within work environments in which the job can increasingly be done portably or away from the main workplace at different times of the day. The purpose of this construct, personal job flexibility autonomy, and believe it positively relates to work and family outcomes. Of all of the flexibility enactment measures in our study, personal job autonomy, is the strongest predictor of good flexibility outcomes.”

Die dargelegte Typologie zeigt die sehr unterschiedlichen Facetten, die den Handlungsspielraum im weiteren Sinne charakterisieren können.

Der Handlungsspielraum im engeren Sinne, der sich auf die Tätigkeit bezieht, wird in den Commitmentdimensionen wenig beleuchtet. Dieser Handlungsspielraum ergibt sich aus dem Zusammenwirken von Gestaltungsspielraum (Variabilität: welche und wie viele Tätigkeiten an einem Arbeitsplatz ausgeführt werden) und dem Entscheidungsspielraum (Autonomie: welche Entscheidungs- und Kontrollkompetenzen vorhanden sind) (Ulich 2001).

Im Hinblick auf die Wirkung auf Commitmentdimensionen sind genau diese subjektiv wahrgenommenen Spielräume relevant. Es geht in diesem Zusammenhang um die Möglichkeiten, Aufgaben und Handlungsspielräume als gestaltbar einzuschätzen (Ng/Sorensen/Eby 2006).

Diese Faktoren waren und sind auch in den Arbeiten von Oldham und Hackman (1980, 2010) als zentral herausgestrichen. In ihrem 1980 erschienenen Werk „Work Redesign" hatten Oldham und Hackman vor allem die Bedeutung der verschiedenen Charakteristika der Arbeitstätigkeit für eine hohe Motivation, die Zufriedenheit und die Performance herausgestrichen – soziale Faktoren sahen sie nicht als essenziell an. Dreißig Jahre später schreiben die beiden: „Circumstances change and the time is now right for research that focuses squarely on the social aspect of the work itself." (Oldham/Hackman 2010: 467) Dabei fordern Oldman und Hackman auf, die sozialen Dimensionen weiter auszudifferenzieren. Waren bzw. sind es in ihrem Modell der Job Characteristics Theory vornehmlich der Umgang mit Anderen (dealing with others) und das Feedback von ArbeitskollegInnen (feedback from agents), sehen sie auch Erweiterungsdimensionen im Bereich der Interaktionen außerhalb der Organisationen, die soziale Unterstützung, selbstinitiierte Wechselbeziehungen (intiated interdependences) und herangetragene, gegenseitige Abhängigkeiten (received interdependences) (Oldham/Hackman 2010). Damit unterstreichen diese beiden Autoren die Forderung, hier den Einfluss von Umweltbedingungen nicht nur innerhalb des Tätigkeitsbereichs zu betrachten, sondern den Betrachtungsbereich auch auf weitere Bedingungsfaktoren auszuweiten.

8.4 Dimension Soziale Gerechtigkeit

Hinter der Auseinandersetzung mit Commitment steht in den Sozialwissenschaften auch die Frage nach Gerechtigkeit. So bringt neben der Frage nach den subjektiv wahrgenommenen Handlungsspielräumen der Einsatz unterschiedlicher Arbeitsverhältnisse in einer Organisation verschiedene Ansatzpunkte im Hinblick auf die erlebte Gerechtigkeit mit sich: Zum einen bringen die unterschiedlichen vertragsrechtlichen Absicherungen und Ausdifferenzierungen und die damit einhergehenden Lockerungen der Schutzbestimmungen ein empfindliches Diskriminierungspotenzial mit sich (Bonach 2004). Zum anderen hat sich gezeigt, dass auch bei Beschäftigten, die neuere Beschäftigungsverhältnisse haben, nach wie vor starke Gerechtigkeitsansprüche an die Beschäftigungsbeziehung bestehen. Hauff (2007) zieht aus ihrer Studie in dieser Hinsicht den Schluss, dass unabhängig vom realen Beschäftigungsverhältnis, in dem sich die Befragten befunden haben, Beschäftigungssicherheit als die am häufigsten erwartete ArbeitgeberInnenleistung zählt.

Eine Analyse des Einflusses von organisationaler Gerechtigkeit hat gezeigt, dass es nachweislich positive Zusammenhänge zwischen wahrgenommener Gerechtigkeit auf prozeduraler und verteilungsgerechter Ebene und der Arbeitszufriedenheit, dem organisationalen Commitment, dem Vertrauen der Beschäftigten und dem individuellen Verhalten in der Arbeitsumgebung gibt (Colquitt et al. 2001).

Gerechtigkeitseinschätzungen können sich in diesem Zusammenhang auf verschiedene Bezugspunkte beziehen, die jedoch in den Erklärungskonzepten von Commitment[162] nur zum Teil mitbehandelt wurden. Aber erlebte soziale Gerechtigkeit bzw. Fairness hat, wie jüngst auch eine der wenigen Studien in diesem Feld bei „knowledge workern" verdeutlicht, einen sehr stark moderierenden Einfluss auf das Zusammenspiel von psychologischem Vertrag und Commitment (Thompson/Heron 2005).

Hier knüpfen Konzepte an, die sich mit der Herstellbarkeit von sozialer Gerechtigkeit auseinandersetzen (Kosiol 1962) und mittlerweile auch ihren Niederschlag in Arbeiten zur Unternehmensethik (Gerum 2004; Rieth 2004; Schramm 2007) finden. Im Rahmen dieser Konzepte findet sich ein Forschungsstrang, der sich damit auseinandersetzt, was die Menschen tatsächlich als gerecht oder ungerecht ansehen, und welche Ursachen bzw. Folgen diese Einschätzungen im organisationalen Kontext haben (Kabanoff 1991; Landsberg 1984; Liebig 1997). Ein Kristallisationspunkt ist der Bereich der Entscheidung – also wie Personen die Fairness einer Entscheidung bewerten (Boxall/Purcell 2003). In diesem Zusammenhang sind folgende Ansatzpunkte für erlebte Gerechtigkeit zentral:

1. *Distributive Gerechtigkeit / Verteilungsgerechtigkeit*: Beschäftigte bewerten ihre persönliche Situation in Relation zu anderen in einem Prozess eines sozialen Vergleichs (umfassend den Vergleich aufwärts, nach unten und auf der gleichen Ebene) (Baron/Kreps 1999). Dabei geht es um Fragen, wie materielle oder immaterielle Güter bzw. Lasten in der Organisation verteilt werden. Im Bereich des organisationalen Verhaltens hat

162 Siehe dazu Kapitel 6

schon Adams (1965) mit der Equity-Theorie wichtige Impulse gesetzt. Um Verteilungsgerechtigkeit herzustellen, gibt es verschiedene Ansatzpunkte. Ein Ansatz ist das Beitragsprinzip, bei dem Verteilungen dann als gerecht gelten, wenn sie proportional zu den individuellen Beiträgen einer Person vorgenommen werden. Ein weiterer Ansatzpunkt liegt im Bedarfsprinzip, wonach die Bedürfnisse einer Person, wie sie sich beispielsweise aus den jeweils spezifischen Lebensumständen – etwa der Größe der Familie – ergeben, relevant sind. Als dritter Ansatzpunkt wird das Gleichheitsprinzip genannt, demzufolge allen relevanten Personen ein gleich hoher Anteil an Gütern oder Lasten zugesprochen wird.

2. *Prozedurale Gerechtigkeit / Verfahrensgerechtigkeit*: Beschäftigte streben nicht nur nach einer Vervielfachung des absoluten Entgelts, sondern ebenso eine Fairness im Bereich der Verteilungsentscheidungen an. (Colquitt et al. 2001) Neben der Güter- und Lastenverteilung finden sich auch in Verfahren, die bei der Entscheidungsfindung über die Verteilung angewandt werden, wichtige Ansatzpunkte für Gerechtigkeit. Verfahrensgerechtigkeit wird besonders dann wichtig, wenn die Verteilungsergebnisse als ungerecht wahrgenommen werden. Hier setzen die Erkenntnisse von Thibaut/Walker (1975) an, die den Begriff der Verfahrensgerechtigkeit eingeführt haben. In ihren empirischen Arbeiten rund um Rechtsstreitigkeiten haben sie herausgefunden, dass die Streitparteien die Ergebnisse einer Streitsache fairer einschätzten, wenn sie die Möglichkeit hatten, einige Aspekte des Ergebnisses bzw. des Prozesses zu kontrollieren.
3. *Interpersonale Gerechtigkeit / Interaktionsgerechtigkeit*: Umgangsformen stehen hier im Vordergrund. Colquitt et al. (2001: 427) verstehen darunter, höflich, würdig und respektvoll von Autoritäten behandelt zu werden. Es steht somit die konkrete Anwendung im Mittelpunkt, wie die Frage, ob Vorgesetzte bei der Leistungsbeurteilung die vorgeschriebenen Verfahrensregeln einhalten oder im alltäglichen Umgang die Rechte der Organisationsmitglieder respektieren. Es geht also weniger um die Ergebnisse bzw. die Kontrollmöglichkeiten im Prozess, sondern vielmehr um die von der/dem Einzelnen erlebte Qualität des „interpersonal treatments". Dazu zählt interpersonale Gerechtigkeit, die als Höflichkeit, Würde bzw. Respekt vom Entscheidenden gesehen wird genauso wie informationale Gerechtigkeit.
4. *Informationale Gerechtigkeit*: Diese Form bezieht sich auf die Offenheit, Transparenz, zeitliche Angemessenheit und Nachvollziehbarkeit von Informationen (Bernerth et al. 2007: 305). Informationsflüsse und die Wege, wie Personen, Informationen erhalten, sind ein zentraler Aspekt innerhalb von Organisationen. Ganz besonders im Vordergrund stehen dabei Infor-

mationen darüber, warum bestimmte Prozedere eingesetzt werden oder wie bestimmte Ergebnisse verteilt werden (Colquitt et al. 2001: 427).

Allen Formen der Gerechtigkeit gemeinsam ist, dass sie einen Einfluss auf die Motivation, das Commitment und in weiterer Folge auch auf die Performance haben. Dies zeigt sich auch im integrativen Modell von Katzell/Thompson (1990). Die interaktionale Gerechtigkeit umschließt bis zu einem gewissen Grad die beiden vorangestellten Formen. Dies zeigen auch empirische Belege: "Results indicated interactional justice interacted with both procedural and distributive justice.“ (Bernerth et al. 2007: 303)

Gerechtigkeit selbst kann als ein Ziel des Commitments von dem/der Einzelnen gesehen werden. Vielfach steht besonders die Verteilungsgerechtigkeit im Mittelpunkt. Damit wird die verschieden erlebte Gerechtigkeit zu einem Bezugspunkt für Commitment. In der Interaktionsgerechtigkeit liegt ein weiterer Anknüpfungspunkt, denn die erlebte Vorgangsweise und die jeweiligen zugrundeliegenden Interaktionen können als zentrale Referenzpunkte für die Commitmentdimensionen gelten.

Hinter Verteilungsfragen steht sehr oft auch die Frage nach (sozialer) Gerechtigkeit. Einer der Vordenker in der Ökonomie ist in diesem Zusammenhang Amartya Sen, der 1998 für sein Lebenswerk den Nobelpreis für Wirtschaft erhalten hat. Die Begründung war, dass er durch seine Arbeiten die „ethische Dimension“ in der wissenschaftlichen Diskussion wiederbelebt hat. Sen (1970, 1973) widmete sich in seinen früheren Arbeiten der Theorie der kollektiven Entscheidung. Bei dieser Betrachtungsweise steht die Frage im Vordergrund, die klären will, wie sich Menschen mit unterschiedlichen Interessen – z.B. bei Wahlen – auf gemeinsame Beschlüsse verständigen. Aus dieser Beschäftigung heraus hat sich Sen in der Folge der Entwicklung von Indikatoren gewidmet, mit denen Wohlstand, Entwicklung oder Ungleichheit verglichen werden können. Seine bekannteste Formel aus jener Zeit ist ein Index, der die Armut[163] in der

---

163 Sen hat in seinen Arbeiten, in denen vor allem Armut und Hunger im Mittelpunkt standen (z.B. Sen 1985, 2002), darauf hingewiesen, dass z.B. Hungersnöte, die durch Naturkatastrophen ausgelöst wurden, eher eine Folge einer Ignoranz der politischen Eliten zu sehen ist, denn in den von ihm untersuchten Fällen hat der Markt sehr wohl funktioniert, jedoch der Staat als Regulativ versagt. Besonders bekannt sind seine Analysen der Hungersnöte in Irland im 19. Jahrhundert oder im Bengalen in den 1940er Jahren. Sen schloss daraus, dass bei drohenden Hungersnöten nicht Nahrungsmittel herangeschafft werden sollten, sondern viel mehr Verdienstmöglichkeiten geschaffen werden sollten, z.B. in Form von öffentlichen Aufträgen für Infrastrukturbauten. Zum Teil haben sich Hilfsorganisationen und manche Regierungen von dieser Form der Analyse überzeugen lassen und setzen bei Hilfsaktionen an diesem Ende an und haben Abstand von reinen Nahrungsmittelhilfen genommen.

Gesellschaft misst und der mittlerweile Basis für den Human Development Index (HDI) der Vereinten Nationen ist. Bis zur Einführung dieses Indexes hatte man Gesellschaften nach ihrer Wirtschaftskraft verglichen. Im HDI werden weit mehr Indikatoren für einen Vergleich von Gesellschaften herangezogen und dabei wird viel mehr am tatsächlichen Lebensstandard der Menschen angeknüpft. Der HDI errechnet sich aus den Kategorien Lebenserwartung, Alphabetisierungsrate und dem Sozialprodukt, gemessen in Kaufkraft. Damit wird hier eine ganz massive Weichenstellung für langfristige Entwicklung gesetzt: sind bis dahin die Kosten für Bildung und Gesundheit in erster Linie als Kostenfaktor gesehen worden und damit als Faktoren, die Wachstum behindern, steht hinter der Berücksichtigung von Alphabetisierung und der Lebenswartung ein erweitertes Entwicklungskonzept. Entwicklung besteht in diesem Zusammenhang darin, die Wahlmöglichkeiten der Menschen auszuweiten. Die wichtigsten davon sind eben ein langes, gesundes Leben zu führen, sich bilden zu können oder einen angemessenen Lebensstandard zu haben. Das heißt also, dass Entwicklung vor allem bedeutet, Lebenschancen zu schaffen. Lebenschancen entstehen damit, dass es den Menschen gelingt, zur Verfügung stehende Ressourcen in Freiheit umzuwandeln, die es Menschen ermöglicht, die eigenen Vorstellungen von einem erfüllten Leben tatsächlich verwirklichen zu können.

Sen hat mit seinen Arbeiten dazu beigetragen, dass auch eine grundlegend andere Sichtweise von Wirtschaften sich etablieren kann: eine Sichtweise bei der nicht der Markt im Mittelpunkt steht, sondern der Mensch. Sen fasst dies wie folgt zusammen: „Marktfixierte Ökonomen, die nur an Profit denken, haben das Wesen des Kapitalismus nicht verstanden. Die hinter ihm stehende Philosophie, formuliert etwa von Adam Smith im 18. Jahrhundert, hat stets darauf gedrungen, dass Marktwirtschaft nur ein Mittel ist, um globalen Wohlstand für alle zu schaffen. Ohne Werte wird der Kapitalismus nicht überleben.“ (Hauptmeier 2006: 106)

Diese Diskussion schlägt sich Jahre später in den immer breiter werdenden Diskussionen um den Stellenwert von Ethik auch im Rahmen der Betriebswirtschaft bzw. der Managementlehre nieder. In diesem Zusammenhang wird auf die Debatte rund um Corporate Social Responsiblity (CSR) und die verschiedenen Wege, auf denen CSR Eingang ins Alltagshandeln in Organisationen gefunden hat (Köppl/Neureiter 2004; Kotler/Lee 2005) verwiesen. Für die Bewertung von CSR-Maßnahmen werden in Organisationen als Bezugspunkte verteilungs-, prozess- und interaktionsbezogene Kriterien herangezogen. „Employees judge the social concern that is embedded in an organization´s action (procedural CSR), the outcomes that result from such actions (distributive CSR), and how individuals, both within and outside the organization, are treated interpersonally as a result of these actions (interactional CSR)“ (Rupp et al. 2006: 539). Die

Bewertungen von CSR auf diesen verschiedenen Levels beeinflussen ebenfalls das Verhalten und können gemeinsam mit der Diskussion um die erlebte Gerechtigkeit als eine Erweiterung der Bezugspunkte für Commitment zu sehen sein, da diese Gerechtigkeitsbewertungen auch auf die Einschätzungen von Handlungsalternativen wirken.

Dieses Wechselspiel findet sich in aktuellen Überlegungen im Bereich des strategischen HRM wieder. Langfristig erfolgreiche Realisierbarkeit von strategischen Zielen kann nur dann erreicht werden, wenn eine Balance zwischen ökonomischen und relationalen Rationalitäten möglich ist: „Organizations need to pursue economic rationality with an emphasis on creating added value, but they are also confronted with the challenge of relational and normative rationality. This implies establishing sustainable and trustworthy relationships with all relevant stakeholders (not just customers and shareholders) based on criteria of legitimacy and fairness as moral values." (Paauwe 2004: 67) Das Erreichen einer solchen strategischen Balance bezieht die Marktprinzipien und damit ökonomische Sichtweisen, wie Effizienz, Flexibilität, oder Innovationskraft genauso mit ein, wie individuelle Prinzipien, die sich in organisationaler Gerechtigkeit bzw. Handlungs- und Wahlfreiheit widerspiegeln (Paauwe/Boselie 2007).

Damit entsteht jedoch eine Art strategisches Spannungsfeld, in dem sich konkurrierende und konfliktäre Kräfte wiederfinden. Boxall/Purell (2003) unterscheiden in dieser Hinsicht zwischen Zielen im Hinblick auf Arbeitsproduktivität, organisationale Flexibilität und der sozialen Legitimität, die zumindest in dem Ausmaß erfüllt werden sollten, dass organisationale Lebensfähigkeit ermöglicht wird. Konfliktär werden diese Ziele, wenn aufgrund von Verbesserungen der Arbeitsproduktivität die Aktivitäten einer Firma in ein Niedriglohnland verlagert werden und das auf Kosten der sozialen Legitimität geht, weil alles in den früheren Standorten (Hochlohnländern) zumeist mit einer Kündigungswelle einher gegangen ist. Der gleichzeitigen Berücksichtigung all der oben genannten Ziele wird relativ wenig Aufmerksamkeit gewidmet, obwohl für das langfristige Überleben von Organisationen der Ausgleich auch gegensätzlicher Ziele als extrem wichtig angesehen wird (Paauwe/Boselie 2007: 178). Gerade die zunehmenden Umfelddynamiken und vor allem der internationale Wettbewerb zwingen Organisationen dazu Arbeitssysteme zu implementieren, die immer höhere, im Sinne von immer gewandteren, besseren und schnelleren Anforderungen an die Beschäftigten enthalten (Deyer/Shafer 1999).

Diese Art von Arbeitsreorganisation ist aber nur in wenigen Fällen von einem ausreichenden Maß an Vertrauen, Legitimität und Fairness begleitet. Langfristig kann das Fehlen der Faktoren Vertrauen, Legitimität und Fairness zu Unzufriedenheit, Burn-out und Stress führen. Paauwe/Boselie (2007: 179) stellen in diesem Zusammenhang die Forderung auf, dass die Bestätigung bzw. das Erkennen von relationalen Rationalitäten bedeutet, dass soziale Ziele mitberücksichtigt werden müssen, ganz besonders diejenigen, in denen es um organisationale Gerechtigkeit und soziale Legitimität geht.

8.5 Dimension Unsicherheit

Neben Gerechtigkeit ist aber auch der Umgang mit Unsicherheit, die aus diesen Flexibilisierungstendenzen resultiert, ein Thema. Mit der Arbeitsplatzsicherheit wird eine zentrale Verpflichtung bzw. Obligation, die Standard- und Nichtstandardbeschäftigungsformen unterscheidet, herausgegriffen.

Angesichts des hohen Personalabbaus in vielen Zweigen der Wirtschaft sehen immer mehr MitarbeiterInnen die Sicherheit ihres Arbeitsplatzes bedroht. Es hat sich gezeigt, dass diese subjektive Arbeitsplatzunsicherheit meist in einem geringen bis mittelhohen negativen Zusammenhang mit einer Reihe von Arbeitsplatzeinstellungen, darunter Arbeitsplatzzufriedenheit, Commitment und Vertrauen in die Führungskräfte sowie der psychologischen und physischen Gesundheit einhergeht (Renz 2003; Kurz 2008). Arbeitsplatzunsicherheit ist auch mit kontraproduktivem Arbeitsverhalten und einer Reduktion der Zahl an kreativen Problemlösungen verbunden (Probst et al. 2007).

Bei der Erfassung der Arbeitsplatzunsicherheit wurde meist von der Eindimensionalität des Konstrukts Unsicherheit ausgegangen. Borg/Braun (1992) unterscheiden im Gegensatz dazu eine kognitive und eine affektive Komponente. Die kognitive Komponente bezeichnet die Einschätzung des Risikos eines Arbeitsplatzverlustes und die affektive Komponente das Ausmaß der damit einhergehenden negativen Emotionen. Beide stehen in gegensätzlichem Zusammenhang mit den Arbeitseinstellungen und dem Arbeitsverhalten: Bei hoher kognitiver Arbeitsunsicherheit sollten die MitarbeiterInnen einen Bruch des Psychologischen Vertrages mit dem Unternehmen wahrnehmen, was zu einem verringerten Vertrauen und Commitment führen kann und mit sinkender Leistung einhergeht. Eine hohe affektive Arbeitsunsicherheit hingegen steht in positivem Zusammenhang mit Vertrauen, Commitment und Leistung. Der/die Einzelne fürchtet den Verlust des Jobs mehr, wenn man/frau sich mit dem Job und der Organisation stärker verbunden fühlt und leistungsbezogen mehr investiert.

Die Zusammenhänge zwischen der Wirkung von Sicherheitsaspekten – besonders im Hinblick auf Arbeitsplatzsicherheit – auf das Verhalten der Beschäftigten hat in den letzten Jahren noch eine weitere Dimension bekommen: Staufenbiel/König (2005) diskutieren neben den negativen (psychologischen) Auswirkungen der Arbeitsplatzunsicherheit auch mögliche positive Effekte von Arbeitsplatzunsicherheit. Die Autoren haben ein Modell entwickelt, in dem negative und positive Effekte der Arbeitsplatzunsicherheit berücksichtigt werden: Arbeitsplatzunsicherheit wird als klassischer Stressor gesehen (negativer Effekt). Es kann jedoch auch als Motivator für die Suche nach neuen Optionen für den/die Einzelne (positiver Effekt) gesehen werden.

Gerade im Zusammenhang mit Arbeitsplatzsicherheit ist bei der Wirkung dieser Effekte zu berücksichtigen, dass hier gegenseitige Angebote und Erwartungen von Arbeitgebenden und Arbeitnehmenden unterschiedlich auf die Ausprägungen von Psychologischen Verträgen wirken (Raeder/Grote 2001). Raeder und Grote (2001: 355ff) haben verschiedene Richtungen dieser Wirkungen festgestellt und drei Formen der Veränderung unterschieden: Einmal eine konservative Veränderung. Dabei geht es um eine sehr geringe Verschiebung des psychologischen Vertrags. Interne Arbeitsmärkte bestehen in solchen Formen weiterhin. Diese internen Arbeitsmärkte sollen gewährleisten, dass Personen mit den gesuchten Kompetenzen im Unternehmen bleiben.

Die zweite Form entspricht einer moderaten Veränderung. Diese Unternehmen praktizieren weniger kontinuierliche Beschäftigungsbeziehungen. Die Kontrakte sind durch verminderte Loyalität und Identifikation gekennzeichnet und werden zunehmend durch ökonomische-monetäre Gegenleistungen bestimmt. Die Mitarbeiter leben eine Form von „Loyalität auf Zeit".

Die am meisten ausgeprägte Form ist die drastische Veränderung. Diese wird von massivem Personalabbau begleitet. Arbeitsplatzsicherheit wird maximal für die Kernbelegschaft geboten. Bei solchen Veränderungen des Kontraktes werden diese offen kommuniziert und für den Personalabbau instrumentalisiert.

Die Veränderungen zeigen auf, dass sich Organisationen zumindest im Kräftespiel von zwei Polen in der Umwelt wiederfinden: Auf der einen Seite die wettbewerbsorientierten Kräfte, die auf der ökonomischen Rationalität basieren und dazu führen, dass die Organisationen ständig danach trachten, sich von ihren MitbewerberInnen zu unterscheiden und einen Wettbewerbsvorteil zu beziehen. Und auf der anderen Seite gibt es in der gleichen Form einen Druck der auf einer Art normativer Rationalität beruht, die Organisationen dazu führten, immer ähnlicher zu werden, um Legitimität in ihrem organisationalen Umfeld zu erreichen (Paauwe/Boselie 2007). Damit ist die Legitimation im Bezug zu MitbewerberInnen gesucht. Eine weitere Form der Legitimation liegt in der Orientierung an den Bedürfnissen der Beschäftigten, was vorne schon angeklungen ist. Interessant in diesem Zusammenhang ist die Frage, inwieweit ein bzw. welches Rationalitätskonzept bei den Erklärungen von Handlungen im Vordergrund steht.

8.6 Commitment als Triebfeder des ökonomischen Rationalitätskonzepts

Das Rationalitätskonzept wird in der ökonomischen Diskussion als normatives Konzept angesehen. Dabei werden Präferenzen, die für das Verständnis von Handlungsmotiven sehr wohl auch eine Rolle spielen, als subjektiv angesehen. Das Rationalitätskonzept richtet sich auf beliebige Güter und reflektiert die Eigeninteressen. Die Rationalität wird somit zunächst formal bestimmt. Dabei gibt es ganz verschiedene Zugänge in der Diskussion über diverse Handlungsmotive. Sen (2005) unterscheidet drei Kategorien, die als Triebfeder agieren können: Egoismus, Sympathie und Commitment. Diese Triebfedern des Handelns gepaart mit dem Blick auf Handlungsalternativen und -optionen können als die zentralen Einflussfaktoren für Handeln – insbesondere kooperatives Handeln – gesehen werden.

Als Leitprinzip bzw. die derzeit leitenden Handlungsmotive wird eine „priority of identity to rational principles" festgestellt. Anderson (2001) stellt in dem Zusammenang den Bezug zu Erkenntnissen aus der experimentellen Ökonomie her und streicht heraus, dass im Rahmen des Gefangenendilemmas die Frage im Vordergrund steht, was wir tun sollen und weniger was ich tun soll. Eine der zentralen Fragen ist dort: Sollen wir schweigen oder kooperieren?

Dahinter steht eine Form der Wir-Definition, die einen wesentlichen Aspekt der Rationalität von Handeln aus Commitment miterfasst (Anderson 2001). Es geht also darum, wie aus dem „Ich" ein „Wir" wird. Damit befinden wir uns aber wieder am Beginn des einführenden Kapitels 2 dieser Arbeit, in dem es unter anderem um die Fragen des „Wer bin ich?" und „Wer sind wir?" geht – und somit auch um eine Identitätsdefinition.

Grenzen zwischen Individuum und Organisation werden damit wieder zum Thema, aber auch die Art der Austauschbeziehung. Die Art der Gestaltung Tauschbeziehungen wurde lange Zeit ausschließlich auf der Grundlage ökonomischer Faktoren erklärt, wobei immer deutlicher wird, dass das Spektrum erklärender Faktoren um soziale und kulturelle Bedingungen des Handelns zu erweitern ist. Es rücken in der Analyse der Wirkungen von Emotionen, Normen und strukturelle Faktoren ins Zentrum der Betrachtung und vor allem rückt auch die Identifikation der Akteure in den Blickwinkel (Metze/Schroeckh 2004).

Die Bedeutung von ökonomischen Faktoren ist weiterhin sehr relevant. Dies ist auf das Verhalten in Organisationen bezogen und doch wird für kooperatives sehr wohl auch eine affektiv-emotionale Grundstruktur zugrunde gelegt, die als ein Ordnungsprinzip für die Herausbildung von Kooperationsstrukturen angesehen wird.

Identifikationsinduzierende Prozesse der Rationalisierung, der Ausbildung von Loyalität und der Schließung auf der Grundlage der Vergabe von Vertrauen einerseits und einer veränderten Entscheidungsrationalität (Wahrnehmung von Entscheidungsratio-nalitäten) anderseits vermitteln und erklären die Entstehung von Formen von ökonomischen Handelns und der Ausbildung von Kooperationsstrukturen, die hier auch als mögliche Beziehungsstrukturen zwischen Beschäftigten und BeschäftigerInnen gesehen werden können.

Beziehungsgestaltungen zwischen den Beschäftigten und der Organisation finden nie isoliert statt, sondern sind in vielfältige Sozialbeziehungen eingebettet (Granvetter 1985). Dabei gilt es den Blick bei diesen Sozialbeziehungen auch auf die Form dieser Beziehungen zu legen. Es stellt sich die Frage, ob es sich um dyadische soziale Beziehungen handelt, oder ob es sich um die Einbettung in ein umfassendes soziales Netzwerk und damit um die strukturelle Dimension handelt.

Mit dieser Einbettung gehen Bedingungen einher, die Vertrauen und Normen kooperativen Verhaltens ermöglichen: Einbettung in wiederholte Interaktionen, in Netzwerke der Weitergabe von Informationen und in Institutionen unterschiedlicher Art (Voss 1998). Es sind also ursächlich die sozialen Strukturen der Einbettung, die Verhalten und deren Ausgestaltung erklären. Mit dieser Einbettung geht zumeist auch eine Form von Schließung einher, die zu einer Art von Lock-in-Effekten führt. Hier bietet sich eine Parallele zur Dimension des normativen Commitment.

Neben der Erweiterung des Rationalitätsprinzips um diese Schließungsdimension bleibt eine Betrachtungsdimension noch zur Klärung: Die affektive Komponente, die in ihrer Betrachtungsweise kulturelle Faktoren mit einbezieht und von der Annahme ausgeht, dass Akteure eine Bindung an eine Einheit wie z.B. eine Organisation ausbilden kann. Dieser Form der Bindung führt dazu, dass Akteure eine oft unbewusste „Verteuerung" von z.B. Abwanderungsoptionen in Kauf nehmen. und daher ökonomisch zusätzliche Kosten entstehen. Es geht hier um individuelle Wahrnehmungen, die von Nutzen- und Rationalitätskalkülen und zugleich durch subjektive und häufig unbewusst bleibenden Bindungen der Akteure beeinflusst werden. Wenn diese Gedanken auf Commitmentdimensionen übertragen werden, finden wir hier sehr viele Parallelen zu affektivem Commitment.

Einmal mehr wird damit aufgezeigt, dass verschiedenen Faktoren bei der Bestimmung von Handlungsgrundlagen und den beeinflussenden Erwartungslagen zusammenwirken. Wenn diese verschiedenen Dimensionen in Verbindung mit den skizzierten Veränderungen der Beschäftigungsstrategien[164]

164 Siehe dazu Kapitel 4

einerseits und von Arbeitsbeziehungen[165] andererseits gebracht werden, wird einmal mehr deutlich, dass verschiedenste Faktoren auf die Erwartungslagen von Beschäftigten einwirken können. Die Aufforderung, die Gallagher und McLean Parks (2001: 204) aussprechen, „that the growth of ′contingent′ or ′alternative′ forms of work relationships highlights the need for researchers to examine work related-commitments outside of the traditional employer-employee framework" bekommt einmal mehr Gewicht und sollte uns bei weiteren Forschungsarbeiten leiten.

165 Siehe dazu Kapitel 5.3

9. Zusammenfassung und Ausblick

Ausgehend von tiefgehenden Veränderungen an den Arbeitsmärkten in den industrialisierten Staaten, die sich z.B. im Trend zu Ausgliederungen von ganzen Organisationseinheiten oder in den mittlerweile schon unzähligen flexiblen Beschäftigungsformen zeigen, wurde in dieser Arbeit untersucht, welche Konsequenzen diese Veränderungen auf Ausprägungen von Identifikation und organisationalem Commitment haben und wie sich diese Veränderungen in der wissenschaftlichen Debatte niederschlagen.

Zunächst wurden gegenwärtige Bedeutungen des Begriffs Bindung dargestellt. Verschiedene Formen der Bindung, die als psychologisches Band zwischen MitarbeiterInnen und Unternehmen angesehen werden können stellen für die Betrachtung und Erklärung der Performance von Organisationen ein wesentliches Element dar.

Bedeutung von Bindung

Die Bedeutung von Bindung ist im weitesten Sinne vom Bedürfnis nach einer Art "situated sense of entity" (Albert et al. 2000: 13) abzuleiten, wobei die Bedeutung von Commitment aus Sicht der Unternehmen bzw. der Organisationen in den letzten Jahren kontroversiell diskutiert wird. Diese kontroversiellen Zugänge wurden ebenso aufgezeigt, wie die Tatsache, dass in der Kombination von High Commitment Management, High Involvement Management und Psychological Capital Management unverwechselbare und kaum zu imitierende Kapitalarten entstanden sind. Thematisiert wurde in diesem Zusammenhang, dass ein wichtiger Ansatzpunkt für die Erweiterung von Wettbewerbsvorteilen gerade auch in diesen kaum nachahmbaren Kapitelarten liegt, wobei die Förderung von psychologischem Kapital eine langfristige Ausrichtung mit sich bringt. Vor diesem Hintergrund sind die Veränderungen im Bereich der Beschäftigungsverhältnisse zu betrachten.

Entgrenzte Arbeitsverhältnisse

Im nächsten Schritt wurde geprüft, wie bzw. in welcher Form sich Veränderungen im Bereich der Beschäftigungsverhältnisse darlegen und welche Ausprägungen von Flexibilisierungstendenzen sich am Arbeitsmarkt feststellen lassen.

Viele unserer Betrachtungsweisen basieren auf den Erfahrungen der 1950er-Jahre, in dem sich das Bild des/der Beschäftigten so darstellte, dass er/sie nach seiner/ihrer Ausbildung lebenslang täglich in einen Betrieb zur Arbeit geht, dort eine bestimmte Arbeitszeit verbringt und, wenn es halbwegs passt, in dem Betrieb eine bestimmte vertikale Karriere durchläuft. Diese Form der Normalbiographie eines/r Beschäftigten trifft heute jedoch nur mehr eingeschränkt zu. Die Ausführungen in dieser Arbeit (Kapitel 3) zeigen auf, dass es zu massiven Veränderungen gekommen ist. In diese Veränderungen fallen Formen wie verstärktes Telecommuting, vermehrt Arbeit in zeitlich begrenzten Arbeitsteams bis hin zu Arbeitsverhältnissen, die immer mehr zu zeitlich begrenzten Arbeitsbeziehungen zu Unternehmen führen. Diese Art der Ausgestaltung von Arbeitsbeziehungen findet sich in bestimmten Feldern wie dem künstlerischen Bereich oder dem Profisport schon länger, nunmehr auch in immer größerer Zahl in bürokratischen, hierarischen Organisationen, die trotz aller modernen Organisationsformen, wie Hypertext-, Cluster- oder anderen Formen von Netzwerkorganisationen, noch immer die Grundprinzipien vieler Organisationen ausmachen.

Beobachtbar sind vor allem räumliche und zeitliche Entgrenzungen, die mit rechtlicher Flexibilisierung einhergehen und eine Veränderung der Einbettung von Arbeitsbeziehungen und -praktiken bewirken. Schon bei den Regelungen des Arbeitsorts finden sich Abweichungen von der Normalbeschäftigung. Hier sind es nicht nur Selbstständige und LizenznehmerInnen, die ihren Arbeitsort selbst definieren, sondern auch die Gruppe der LeiharbeiterInnen findet ihren Arbeitsort nicht immer bei dem/der BeschäftigerIn.

Die häufigsten und vielfältigsten Abweichungen von der Normalbeschäftigung finden sich jedoch in der zeitlichen Flexibilisierungsdimension. Insgesamt lässt sich neben der Flexibilisierung von Umfang, Lage und Dauer der Arbeitszeit auch die Abnahme von langandauernden bzw. dauerhaften Verträgen beobachten. Somit kristallisiert sich diese Flexibilisierungsdimension als essentielle Unterscheidungsdimension heraus, bei der es zu Formen von stärker individualisierten Arbeitsarrangements kommt.

Mit diesen Flexibilisierungen und damit auch immer stärker individualisierten Arbeitsarrangements gehen Fragen des Zugriffs und der Kontrolle von (formal) „außerhalb“ des Unternehmens angesiedelten „Humanressourcen“ bis hin zu motivationalen und loyalitätsorientierten Fragestellungen einher.

Eine wichtige Voraussetzung für diese Entwicklung war und sind die Entwicklungen im Bereich der Informationstechnologien, die die räumlichen, zeitlichen, aber auch rechtlichen Dimensionen von Beschäftigungsverhältnissen mit beeinflusst haben und beeinflussen. Dabei ist ein Aspekt zentral: Es scheint nicht nur so, dass die technologischen Veränderungen die Arbeit bzw. das Arbeitsverhalten mediieren, sondern sie vollziehen organisationale Realitäten und nehmen somit einen besonderen Stellenwert ein.

Ausgangspunkt der weiteren Argumentation waren die Analyse der Beweggründe von Unternehmen für die Einführung bzw. Umsetzung von immer stärker ausdifferenzierten Beschäftigungsstrategien.

Bindung als strategischer Wettbewerbsvorteil

Durch die Abnahme von lang andauernden Arbeitsverträgen gewinnt der Arbeitsmarkt als Vermittlungsplatz wieder mehr Bedeutung. Diese Vermarktlichung bringt einen intensiveren Blick auf den Bereich der Kosten und damit einhergehend auf den zugeschriebenen Stellenwert von Beschäftigungsverhältnissen im Rahmen des Strategischen Managements mit sich. Kostenreduktion und die Stärkung strategischer Wettbewerbsvorteile werden von Unternehmensseite sehr oft als die zentralen Gründe für den Einsatz von atypischen Beschäftigungsverhältnissen genannt. In dieser Sicht begründet Flexibilität Wettbewerbsvorteile und die Fähigkeit, Flexibilität systemimmanent zu organisieren, wird mehr und mehr zum entscheidenden Erfolgsfaktor unternehmerischen Handelns.

Die Auseinandersetzung mit den Beweggründen von Organisationen für die Ausgestaltung ihrer Beschäftigungsstrategien (Kapitel 4) hat aufgezeigt, dass trotz aller mittlerweile möglichen und umgesetzten Ausdifferenzierungen von Beschäftigungspolitiken in Organisationen der Blick immer noch auf die Bedeutung des Humankapitals gerichtet ist und die Bedeutung der Beschäftigten für die Performance eines Unternehmens als wichtig angesehen wird.

Modelle wie die Workforce Scorecard oder das Knowledge Supply Modell zeigen auf, dass ArbeitgeberInnenentscheidungen für bestimmte Beschäftigungsstrategien vor allem auf ökonomischen Interpretationen basieren. Dabei finden sich bei den zuletzt genannten Ansätzen der Weiterführung numerischer Flexibilisierung viele Züge einer marktorientierten strategischen Orientierung. Erfolgsfaktoren werden hier aus den Anforderungen des Marktes und der Umwelt (Outside-in-Perspektive) generiert und Erfolge im Hinblick auf ein effizientes HR-Management scheinen hier planbar.

Mit der Berücksichtigung der vorhandenen Potentiale und Kompetenzen, wie sie sich im Ansatz des High Performance Work Systems (HPWS) wieder findet, ist eine Veränderung der Betrachtungsebene und somit auch der strategischen Orientierung verbunden. Es ist eher von einer Inside-out-Perspektive auszugehen. Der strategische Erfolg ist dabei durch die sogenannten Dynamic Capabilities (Teece et al. 1997) gewährleistet, also der Fähigkeit eines Unternehmens, alle erforderlichen Kompetenzen ständig so zu adaptieren, dass sie sowohl den externen Anforderungen als auch den internen Pfadabhängigkeiten entsprechen. Dabei ist davon auszugehen, dass Ressourcen – und damit auch Humanressourcen – nicht von sich aus produktiv sind, sondern erst durch den richtigen Einsatz und die geeignete Kombination gerade im Hinblick auf eingesetzte Führungseigenschaften zum Erfolg beitragen. In all diesen Ansätzen wird besonders die Rolle von Organisationen als strategisch operierende Akteure betont. Es wird auch deutlich, dass der Einsatz neuer Beschäftigungsformen nicht allein auf ökonomische Rahmenbedingungen oder bestimmte gesamtgesellschaftliche Entwicklungen zurückzuführen ist, sondern dass gerade ökonomische oder besser strategische Vorteilshaftigkeitskalküle der Organisationen für die Etablierung dieser Formen bedeutsam sind.

Von der Vermarktlichung über die Entgrenzung zum Identitätswandel

Sowohl die Ausprägungen der eingesetzten Flexibilisierungsstrategie und die Gründe der Unternehmen für deren Einsatz führen zu, mit der Verbreitung flexibler Beschäftigungsverhältnisse in Verbindung stehenden, Prozessen und Konsequenzen auf verschiedenen Aggregationsebenen: dem Arbeitsmarkt (Markoebene), den Organisationen (Mesoebene) und der individuellen Ausgestaltung der Arbeitsbeziehung (Mikroebene).

1. Die Analyse auf der Makroebene des Arbeitsmarktes (Kapitel 5.1) zeigt auf, in welche Systemordnungen handelnde Organisationen eingebettet sind. Hier wurden in der Analyse besonders die Steuerungs-mechanismen und Problemfelder der dominierenden Marktstrukturen behandelt. Dabei ist der Blick in der Debatte immer wieder auf Institutionalisierungsformen gerichtet, die sich auf Strukturtypen wie Markt und Hierarchie beziehen, und auf deren Konsequenzen im Hinblick auf die Ausbildung von Vertrauensintensität. Gerade durch die Vermarktlichungstendenzen zeigen sich immer mehr hybride Formen, wie z.B. Freelancer, LeihabeiterInnen oder Beschäftigte mit Telearbeitsverträgen.

   Thematisiert wird in diesem Zusammenhang auch der Blick auf eine mögliche Typologisierung von Beschäftigungssystemen: Dabei spielt die Dimension der Einbindung und Kontrolle eine wesentliche Rolle, die z.B. in den Formen der rechtlichen Ausgestaltung des Arbeitsvertrages deutlich wird.

   Viele der atypischen Beschäftigungsformen zeichnen sich durch eine geringere bis gar keine vertragliche Bindung zur Organisation aus und sind damit durch eine stärkere Marktorientierung charakterisiert. Übergänge in die marktorientierten Felder bringen aber auch zentrale arbeitsmarktpolitische und personalpolitische Problemfälle mit sich. Diese Probleme zeigen auf, dass sich für die AkteurInnen am Arbeitsmarkt verschieden ausgestaltete Spielräume ergeben. Diese Veränderungen deuten immer mehr darauf hin, dass sich Arbeitsbedingungen in Organisationen polarisieren und sich an den Rändern des Arbeitsmarkts Arbeitsstandards auflösen.

2. Beim Blick auf die Konsequenzen auf Organisationsebene (Kapitel 5.2) zeigt sich ein vielfältiges Bild, das nur zum Teil mit der oben schon angesprochenen Dualität und damit auch Polarisierung einhergeht. So finden sich durch die Ausdifferenzierungen der Beschäftigungspolitik sehr unterschiedliche Effekte und Spielräume auf der Steuerungsebene in Organisationen. Einer der Effekte ist die markante Veränderung der erkennbaren Grenzen von und in Organisationen. Ein zweiter Effekt bezieht sich auf die Ausprägungen der Koppelung in und mit Organisationen. Durch die im Arbeitsvertrag gestalteten, unterschiedliche Ausprägungen im Hinblick auf z.B. Arbeitsort oder Zeit, werden lose und enge Koppelung gerade im Hinblick auf die Ausbildung von Nähe und Distanz des/der Einzelnen zum Unternehmen (zur Organisation) beeinflusst. Arbeitsverträge, denen Normalbeschäftigungen zugrunde liegen, laufen aufgrund z.B. der damit verbundenen Zeitwahrnehmung oder auch der Zuordnung von Aktivitäten auf eine enge Koppelung hinaus, während atypische Formen mit einer loseren Koppelung einhergehen. Die Ausprägungen von Bedeutungen loser bzw. enger Koppelungen zeigen einmal mehr auf, dass im Hinblick auf die Funktionalität von Koppelung hinsichtlich Erhaltung bzw. Bewahrung der Überlebensfähigkeit eines Systems die kontextuellen Bedingungen nicht zu vernachlässigen sind, sondern diese mit bedacht werden sollten. Einer der essentiellen Kontextfaktoren, die auf Inklusion und Exklusion, auf die Grenzziehung und damit auch auf die Ausgestaltung von Mitgliedschaftsrollen wirken, ist Zeit.

   Mitgliedschaft manifestiert sich auch immer im Bezug auf die Mitwirkung an Entscheidungen und konstituiert sich gerade dadurch als kommunikative Errungenschaft immer wieder neu. Formalisierte Mitgliedschaft wird dadurch vollzogen, dass ständig anfallende Interaktionsaufgaben hochgradig formalisiert und reglementiert bearbeitet werden. Mitgliedschaft wird sichtbar, wenn in dem Maß, in dem unter Mitwirkung Anwesender Entscheidungen kommuniziert und vollzogen werden. Der paradigmatische Fall dafür ist die Sitzung, auf der etwas beschlossen werden soll. Dabei zeigt sich, dass eine nicht jederzeit durch Mitgliedschaft begründete Anwesenheit Gefahr läuft, kommunikativ auffällig und sanktioniert zu werden. Akte von Reglementierungen sind in dem angeführten Beispiel die Wahl von Ab- und Anwesenheit, die Platzierung im jeweiligen Raum und das Ausnutzen situativer Ressourcen, wie z.B. die Organisation und das Recht zu reden und zu schweigen, die Wahl der Themen und die Kontextualisierung dieser Inhalte. Diese Reglementier- und Formalisierungen verweisen auf Entscheidungen als jederzeit greifbares und jederzeit relevantes Letztelement der Kommunikation.

Wenn nun atypische Beschäftigungsformen Relativierungen von ortsfesten Arbeitsformen bzw. Verwischungen der zeitlichen Normvorstellungen mit sich bringen, verändern sich mit diesen Entstandardisierungen die Möglichkeiten und Anforderungen, wie Mitgliedschaft kommunikativ hervorgebracht werden kann. Damit ist gemeint, dass sich die sachlichen, zeitlichen und sozialen Bezüge verändern. So verändert sich z.B. durch nicht ständige Anwesenheit die Informationsgrundlage bzw. wird durch Befristungen Verbundenheit auch anderes gesehen. Diese Wirkung der Veränderung der Mitgliedschaftsrolle zeigt sich auf der Mikroebene besonders in der Ausgestaltung der Arbeitsbeziehungen.

3. Bei der Analyse der Konsequenzen der Veränderungen der Beschäftigungsverhältnisse auf der Ebene der individuellen Ausgestaltung der Arbeitsbeziehungen treten zentrale Fragen ins Blickfeld: wie wirken die Veränderungen auf Leistungssteuerungssysteme und damit auch die Beziehung von Führenden und Geführten in Organisationen und wie verändern sich Erwartungslagen von Beschäftigten? Durch die Ausdifferenzierung von Beschäftigungsformen werden die bisher für Normalbeschäftigung definierten Formen der Beziehungsgestaltung, die sich in der physischen Nähe, dem Grad der administrativen Kontrolle und der Dauer der erwarteten Beschäftigung manifestieren, auf den Prüfstand gestellt. Alle diese drei Formen beziehen sich auf die Normalbeschäftigung, die vor Ort in der Organisation erbracht wird. Wenn die erwartete Beschäftigungsdauer begrenzt ist, schränkt sich die Spannweite der administrativen Kontrolle ein – ähnliches wird für die physische Nähe angeführt. Auch hier – bei annehmender physischer Nähe – wird von einem Kontrollverlust ausgegangen.

   Es finden sich bei dem/der einzelnen unterschiedliche Selbstbestimmungsgrade ebenso wieder wie veränderte Formen von psychologischen Verträgen. Subjektivierungen prägen hier die Diskussion und haben Auswirkungen auf Identifikationsprozesse. Der Bezug auf Gruppennormen bleibt zwar weiterhin ein wichtiger Aspekt, wobei es bei neuen Beschäftigungsformen weniger die Bezugsgruppe in der Organisation ist, als Bezugsgruppen, die außerhalb der Organistionen angesiedelt sind (Berufsgruppen, Netzwerke). In diesem Zusammenhang ist darauf hinzu-

weisen, dass Beruf als Medium der strukturellen Koppelung zwischen Erziehungssystem und Beschäftigungssystem gesehen werden kann.
Erst Stellen in Organisationen werden im Hinblick auf das Wirtschaftssystem durch einen Geldbetrag symbolisiert: sie müssen budgetiert sein, sie regulieren Geldverteilungen und von da aus auch Zahlungsfähigkeiten von Mitgliedern. Diese Zusammenhänge erschließen sich nicht auf Ebene der binären Codierung von Funktionssystemen, sondern sie beanspruchen Organisationen. Organisationen markieren insofern Zonen der Interdependenz zwischen Funktionssystemen. Sieht man Entscheidungen als eine Grundlage bzw. als konstituierendes Merkmal von Organisationen an, dann werden Entscheidungen wie beispielsweise Festlegung von Stellenparametern in Organisationen oder Einstellung- bzw. Karriereentscheidungen hier als Parameter von verschiedenen Beschäftigungsrollen zu begreifen sein. Es stellt sich dementsprechend die Frage, unter welchen Bedingungen sich generalisierte Personalklassifikationen – also externe Klassifikationsschemata – in Organisationen als Voraussetzung für Entscheidungen über Stellenparameter Autorität verschaffen können. Hier stellt sich weiters die Frage nach dem Zusammenhang zwischen Bildung und Beschäftigung auf zwei Ebenen: aus einer systemtheoretischen Perspektive geht es zum einen um eine Koppelung zwischen Funktionssystemen der Gesellschaft – nämlich zwischen Wirtschaftssystem und dem Erziehungssystem. Zum anderen geht es aber auch um die Relation zwischen Funktionssystemen und Organisationen und innerhalb von Organisationen.
Damit sind wir bei den Relationen von Systemen angelangt und somit auch bei Inklusion/Exklusion. Wenn nun Inklusion und Exklusion auch in Bezug zum Konzept der Identität gesetzt wird, ist der Schluss nahe liegend, dass Identität als partikularisiert bzw. atomisiert bezeichnet werden kann. Ausgangspunkt dafür ist die Annahme, dass ein soziales Objekt, das in einem Kommunikationsprozess adressiert oder inkludiert wird, eine Identität dieses Objekts voraussetzt. Gesellschaften, in denen die Funktionssysteme immer stärker durch Netzwerke ersetzt werden, bringen eine losere Form der Inklusion mit sich.
Nur kleine und gesellschaftlich geschlossene Systeme basieren auf starken Verbindungen und dabei verweist Stichweh (2002: 108) auf Granovetter (1983): „From this follows that in some respects in modern society ties replace identity." In diesem Zusammenhang lauten die Fragen dementsprechend nicht mehr, „Wer bin ich?" oder „Was sind meine Werte?", sondern vielmehr, „Mit wem bin ich verbunden?", „Mit wem bin ich in Kontakt?".

Wirkungen auf der Ebene des Individuums sind unter anderem im Hinblick auf die Wahrnehmung von Zugehörigkeiten und damit in der Folge auch auf die Veränderung von Beziehungsmustern und Mitgliedschaftsrollen aufgezeigt worden. Diese Verschiebungen haben auch Wirkungen auf die Haltungen („mind sets“) der Mitglieder in Organisationen und beeinflussen die Ausbildung der Identitätsgrenzen von Organisationen.

Organisationales Commitment als Abbild der Wirkungen von Haltungen

Organisationales Commitment ist ein Konstrukt, das die Wirkung dieser Haltungen abbildet und zum Teil auch versucht „messbar“ zu machen. Dazu finden sich mehrere Erklärungsmodelle, die unterschiedliche Dimensionen betonen. Diese Dimensionen bilden die Basis für unterschiedliche Formen der Operationalisierung und bestimmen damit auch in weiterer Folge, welche Faktoren bei Untersuchungen von organisationalem Commitment berücksichtigt werden.

Bleibt an dieser Stelle die Frage, wie die aufgezeigten Konsequenzen Eingang in den wissenschaftlichen Diskurs rund um organisationales Commitment Eingang gefunden haben. Für die Analyse dieser Debatte ist es notwendig, hier auf die verschiedenen Erklärungskonstrukte von organisationalem Commitment einzugehen und darzulegen, inwieweit sich Operationalisierungen dieser Erklärungskonstrukte im wissenschaftlichen Diskurs finden (Kapitel 6).

Die affektive Komponente scheint jene Dimension zu sein, die sich in nahezu allen Modellen wiederfindet. Der Wunsch, eine Handlungsrichtung zu verfolgen, wie das Arbeitsverhältnis weiterzuführen, Anstrengungen auszuüben, um organisationale Ziele zu erreichen, charakterisiert diese Dimension.

Bei den gemischten Ansätzen wie dem Drei-Komponenten-Modell, das verhaltens-, einstellungs- und normative Dimensionen vereint, gibt es Parallelen zu anderen wesentlichen organisationspsychologischen Erklärungsmodellen wie der Motivation und hier besonders jenen Ansätzen, die den Prozess der Verhaltensaktivierung bzw. -regulierung als multidimensionales Konzept sehen. Im Hinblick auf den Charakter und die Konsequenzen der verschiedenen Formen der wahrgenommenen Regulation finden sich Parallelen zu den drei Komponenten. Meyer et al. (2004: 995f) beschreiben eine dieser Parallelen als Kontinuum von externer Kontrolle (externe Regulation, Continuance Commitment) hin zu interner Kontrolle (intrinsische Motivation und integrierte bzw. bezeichnete Regulation und affektives Commitment). Zwischen den Endpunkten des Kontinuums finden sich abgeschwächte Formen externer Kontrolle (introjezierte Regulation, normatives Commitment).

Commitment wurde und wird in empirischen Studien sehr oft als eine Kenngröße herangezogen. Dabei wird angenommen, dass es sich bei organisationalem Commitment einerseits um eine zentrale Determinante, anderseits um eine Art Moderatorvariable zur Erklärung des Phänomens der Verbleibensabsicht im Unternehmen handelt.

Nicht zuletzt ist Commitment dabei selbst der beforschte Gegenstand. Es hat im letzten Jahrzehnt einen neuen Schub an empirischen Studien in diesem Feld gegeben. Dabei wurde auch darauf Bezug genommen, dass durch sich verändernde Organisationsformen, wie durch die Verflachung von Hierarchien oder durch den Trend zu Netzwerkorganisationen, MitarbeiterInnen stärker für ihr eigenes Handeln verantwortlich werden. In diesen empirischen Studien wurden verschiedene Operationalisierungsformen von organisationalem Commitment herangezogen.

Operationalisierung von organisationalem Commitment im wissenschaftlichen Diskurs

Dabei wurde der Frage nachgegangen, welche Formen der Operationalisierungen überwiegend eingesetzt wurden und welche Veränderungen sich im Zeitablauf identifizieren lassen (Kapitel 7). Gegenstand der Analyse war der wissenschaftliche Diskurs, der hier primär über Beiträgen in etablierten Zeitschriften abgebildet wird. Die leitende Fragestellung für die Analyse war, wie die Konzepte bzw. deren Operationalisierungen von organisationalem Commitment in empirischen Untersuchungen, die in einer bestimmten Gruppe von wissenschaftlichen Journalen veröffentlicht wurden, eingesetzt wurden und welche Besonderheiten bzw. Veränderungen sich hier im Zeitablauf erkennen lassen.

Zur Frage nach den Vorgangsweisen hat vornehmlich die Inhaltsanalyse mittels des thematischen Codierens einen ersten Überblick verschafft und die Analyse der Themengruppen mittels BibTechMon hat hier ergänzende Zusammenhänge von miteinander vorkommenden Themen aufgezeigt. Sowohl die thematischen Hüllen als auch der Cluster der Themengruppen wurden mit Hilfe des Programms BibTechMon visuell aufbereitet. Die Analyse hat die sehr heterogenen Inhalte in den Studien aufgezeigt. Weiters haben sich eindeutige Trends beim eingesetzten methodischen Vorgehen und zu verschiedenen Operationalisierungsformen gezeigt. In der Folge werden diese drei Punkte illustriert:

1. **Heterogene Inhalte:** Das differenzierteste Bild hat sich bei den in den Studien genannten Vorbedingungen oder Einflussfaktoren auf organisationales Commitment und der Darlegung von möglichen Wirkungsergebnissen von Commitmentprozessen ergeben. Solche Einflussfaktoren sind

Umweltbedingungen, die Charakteristika von Organisationen und erlebte Führungspraktiken, persönliche Eigenschaften, Rollenerwartungen, Arbeitserfahrungen und die Ausgestaltung von psychologischen Verträgen. In den Ergebnisgruppen finden sich produktives Verhalten, der Verbleib im Unternehmen und die Arbeitszufriedenheit als zentrale Begriffe. Bei all diesen Themengruppen zeigen sich aber keine dominanten Themen, sondern ein breites Geflecht an Verknüpfungen. Zur Frage, welche Begriffe gemeinsam vorkommen, konnten erste Tendenzen aus den Ergebnissen der Inhaltsanalyse abgeleitet werden, wie z.B. der Zusammenhang zwischen dem Einsatz von bestimmten Operationalisierungsformen und der Zeit der Veröffentlichung. Im Rahmen der Themengruppenanalyse zeigten sich noch weitere interessante Ergebnisse. Diese wurde besonders durch die Darlegung der Co-Häufigkeiten-Netzwerke aufgezeigt. Größere Diskrepanzen hat es zwischen den theoriegeleitet entwickelten Operationalisierungen und deren zentralen Inhalten und den gefundenen Repräsentanzen in den Texten anhand der Themenanalyse gegeben, wobei sich geringe inhaltliche Bezüge zu den zentralen Inhalten der Konstrukte gezeigt haben.
Hier greift eine Kritik, die Weick (1995: 387) immer wieder anführt: „Data by themselves are not theory.“ Damit weist Weick darauf hin, dass Methodik und die Daten alleine wenig Beitrag zur Theoriebildung leisten können, wenn hier nicht auch ein beträchtlicher Teil der Argumentation auf die Verbindung von Daten und Annahmen und Empfehlungen gelegt wird und dies theoriegeleitet passiert. Es geht also nicht nur darum, Variablen zu erkennen und genau zu messen, sondern auch den Zusammenhang zwischen diesen zu beschreiben und vor allem zu interpretieren. Die Ergebnisse in dieser Analyse des wissenschaftlichen Diskurses zu organisationalem Commitment und die dabei deutlich gewordenen Leerstellen, die sich in der Verbindung von Einflussfaktoren und Ergebnissen in der thematischen Analyse gezeigt haben, deuten darauf hin, dass kaum ein Wechselspiel zwischen Theorie, den erhobenen Daten und deren Rückkoppelung zu theoretischen Überlegungen passiert. Viel Raum und Inhalt wird in den Texten für die Darstellung der methodischen Inhalte und somit „technischen Komponenten“ der Erhebung verwendet und weniger für die Theoriebildung.

2. **Methodisches Vorgehen**: Methodisch hat sich eine Konzentration auf quantitative Erhebungen gezeigt. In dieser Untersuchung wurden als Referenz Journals gewählt, die nach dem SSCI geführt werden und damit ist eine systemimmanente Selektion durch diese Auswahl perpetuiert. Dies zeigt die Diskussion über die Aussagekraft von solchen Indizes zur Ob-

jektivierung der Bewertung von akademischen Publikationen. Die angeführte Methodendominanz konnte auch hier in den Ergebnissen gefunden werden. In dieser Hinsicht ist es bemerkenswert, dass auch in diesem Sample eine Gruppe an Papers zu finden war, die zumindest mit verschiedenen Erhebungsmethoden gearbeitet haben. Weiters gab es auch Ansätze für eine Verbindung von quantitativen und qualitativen Methoden. Gerade diese methodischen Vorgehensweisen gewährleisten eine Form von Methodenintegration, wie sie immer wieder mehrfach gefordert wird.

3. **Trend zu einstellungsbezogenen Operationalisierungsformen**: Sowohl die inhaltsanalytische Analyse als auch die Analyse der Themengruppen hat im Hinblick auf die eingesetzten Commitmentkonstrukte gezeigt, dass in den Phasen 2 (1980-1989) und 3 (1990-1999) die OCQ-Skala das am häufigsten eingesetzte Konstrukt ist. In der letzten Phase (ab 2000) kann das Drei-Komponenten-Modell von Meyer/Allen (1991, 1997) als dominantes Konstrukt bzw. dominante Operationalisierung bezeichnet werden. Die Vielzahl an Veröffentlichungen lässt darauf schließen, dass ein fortwährendes und reges Interesse an diesen Formen besteht. Zwar lassen sich bestimmte Trends zu Operationalisierungen ablesen. Über die Intensität des Einsatzes dieser Formen jedoch auf die Erkenntnistiefe des Konstrukts zu schließen, erweist sich in diesem Zusammenhang als kritisch. Es wurde deutlich, dass in den Texten wenig bis gar nicht auf die zentralen Inhalte der Konstrukte Bezug genommen wurde. Ein weiterer Punkt im Zusammenhang mit den eingesetzten Operationalisierungsformen ist eine Konzentration auf einstellungsbezogene Ansätze konzentrieren. Bei der Herleitung der Erklärungsmodelle von organisationalem Commitment und in deren Darlegungen hat sich gezeigt, dass sich hinter dem Konstrukt des organisationalen Commitments sehr wohl ein komplexeres Modell verbirgt, für das auch verhaltensbezogene Komponenten in Betracht zu ziehen sind. Mit einer verhaltensbezogeneren Betrachtung bekommen vor allem auch situative und damit umweltbezogene Aspekte einen wichtigen Stellenwert. Umfeldbedingungen – und somit situative Aspekte – stellen sich als immer stärker veränderlich dar und doch scheint dieser Aspekt kaum bis gar nicht Eingang in die Untersuchung von organisationalem Commitment gefunden zu haben. An dieser Stelle drängt sich angesichts der dargelegten Veränderungen der Beschäftigungsverhältnisse und deren Konsequenzen die Frage nach der Bedeutung bzw. der Angemessenheit des Einsatzes von Operationalisierungsformen auf, die vor allem auf affektive, also einstellungsbezogene, Komponenten beruhen.

Die Analyse der Operationalisierungen von Commitmentkonstrukten hat aufgezeigt, dass die Untersuchung von organisationalem Commitment einmal mit einem doch sehr engen methodischen Spektrum an Vorgehensweisen verbunden ist. Die Ergebnisse haben weiters gezeigt, dass sich keine eindeutigen Schwerpunkte im Bereich der Einflussfaktoren bzw. beeinflussten Ergebnisse herauskristallisieren lassen. Hier hat sich ein eher buntes, heterogenes Bild ergeben. Als drittes zentrales Ergebnis ist der Trend zu einstellungsbezogenen Operationalisierungen von organisationalem Commitment herauszustreichen.

Durch die neuen atypischen Beschäftigungsformen erfolgen massive Einschnitte in die ArbeitgeberInnen-/ArbeitnehmerInnenbeziehungen. Dies haben die Ausführungen im Hinblick auf die Konsequenzen auf der Organisationsebene gezeigt. Auf dieser Mesoebene sind es vor allem die Segmentierungen und Grenzverschiebungen für Mitgliedschaften, die identifiziert werden konnten und die auf die Mitgliedschaftsrollen einerseits und die Gestaltung der Beziehungsmuster andererseits einwirken. Diese Wirkungen werden jedoch in den Untersuchungen zu organisationalem Commitment wenig bis gar nicht berücksichtigt. Hier ist die Forderung aufzustellen, in Zukunft die Umfeldbedingungen stärker miteinzubeziehen und sich nicht mehr weiter auf Konstrukte zu verlassen, die einstellungsbezogene Komponenten in den Vordergrund stellen. Nur bei einer Anpassung der Untersuchungssettings kann das Wechselspiel zwischen Umfeld und Person erfasst werden und deren Wirkung aussagekräftig analysiert werden.

Bei der Betrachtung des Zusammenwirkens von Einflussfaktoren und Dimensionen von organisationalem Commitment ist zu beachten, dass Commitment als Produkt eines andauernden Evaluationsprozesses der Person gesehen werden kann und damit zwar der Status bzw. die Stärke der Commitmentausprägungen zu einem bestimmten Zeitpunkt bestimmt werden kann, dieser Status bzw. diese Stärke sich aber im Zeitablauf verändern kann. „Once a state of commitment has been established, if the job itself or other experiences should lose appeal, a person can be expected to reevaluate the commitment, be it to organizational goals, membership or other people.“ (Brown 1996: 238) Commitment kann dementsprechend als das Ergebnis einer Kombination von einstellungsbezogenen, verhaltensorientierten und normativen Kräften gesehen werden, die nicht nur die Natur von Commitment beeinflussen, sondern auch den kontinuierlichen Evaluationsprozess (Mowday et al. 1982). Dieser Prozesscharakter der Entwicklung und die instrumentelle, normative und affektive Komponenten zeigen die Multidimensionalität von organisationalem Commitment auf.

Zentrale Erkenntnisse der Arbeit

Die vorliegende Schrift führt ein sehr breites Themen- und Diskussionsfeld rund um Beschäftigungsverhältnisse und der Betrachtung von Bindungen in Organisationen zusammen. Es wurde systematisch von der Makroperspektive (Gesellschaft/Rechtsordnung/Arbeitsmarkt), über die Ausgestaltung der Arbeitsbeziehung auf der Mesoebene der Organisationen zur Mikroperspektive (Individuum und dessen Wahrnehmung der Arbeitsbeziehung und der Wirkung im Hinblick auf Identifikationsprozesse) hingeführt, die Diskussion rund um organisationales Commitment dargelegt und die Repräsentation der Operationalisierung von organisationalem Commitment in wissenschaftlichen Texten analysiert.

Die wesentlichen Erkenntnisse dabei sind:

- Die gesellschaftlichen und rechtlichen Rahmenbedingungen haben es in den letzten Jahrzehnten ermöglicht, dass Unternehmen/Organisationen immer mehr auf Flexibilisierungsmaßnahmen im Rahmen der von ihnen eingesetzten Beschäftigungsstrategien zurückgreifen.
- Die Vermarktlichung der Beschäftigungsverhältnisse geht mit Grenz-, Steuerungs- und Kontrollverschiebungen in Organisationen einher.
- Relationen von Beschäftigten und BeschäftigerInnen verschieben sich und bringen losere Formen der Inklusion mit sich. Relationen ersetzen immer öfter partikularisierte bzw. atomisierte Identitäten.
- Psychologische Verträge greifen zu kurz, wenn nicht auch das System, in das die Interpretation dieser Verträge eingebettet ist, mitberücksichtigt wird. Identitätskonstruktionen sind dabei ebenso wesentlich, wie die Frage, wie die Erwartungen und Präferenzen hier beeinflusst werden.
- In der Betrachtung von organisationalem Commitment lassen sich vornehmlich verhaltens- und einstellungsbezogene Erklärungsrichtungen identifizieren.
- Bei der Analyse des Einsatzes von Operationalisierungsformen in wissenschaftlichen Beiträgen, die sich organisationalem Commitment widmen, ist ein Trend zu immer stärker einstellungsorientierten Formen festzustellen.

Die Analyse lässt den Schluss zu, dass Bindung in Organisation auch weiterhin besondere Funktionen in Organisationen erfüllt, wobei sich jedoch Umfeldkonstellationen sehr stark ausdifferenziert haben. Somit ist stärkeres Augenmerk auf diese jeweiligen Gegebenheiten in der Ausgestaltung von Maßnahmen auf der Makro-, Meso- und Mikroebene als wesentlich anzusehen:

Auf der Makroebene sind die jeweils politisch Verantwortlichen gefordert, die Rahmenbedingungen auf den Arbeitsmärkten so zu adaptieren, dass bei Vertragsgestaltungen auch Grenzen für die Auflösung der Schutzrechte gesetzt werden und damit eine weitere Polarisierung vermieden werden.

Auf der Mesoebene der Organisationen waren Entgrenzung und der Verschiebungen und Lockerungen der Koppelungen zentrale Befunde. Hier ist ein stärkerer Blick auf die normative Ebene sowie auf die Form der Eingebettetheit ein möglicher Zugang, der trotz loserer Koppelungen die Aufrechterhaltung von Bindung an und in Organisationen weiterhin gewährleisten kann.

Für den einzelnen Akteur /die einzelne Akteurin wurde deutlich, dass hier besonders soziale und auch psychische Effekte zentral sind. Um aktiv bei der Definition der eigenen Beschäftigungsrolle mitzuwirken, müssen Handlungsspielräume beibehalten werden bzw. geschaffen werden, um die Möglichkeit zu gewährleisten, die Beziehung zur/zum BeschäftigerIn aktiv mitzugestalten.

Am Schluss der vorliegenden Arbeit zeichnen sich mit den oben genannten Punkten somit eine Reihe an Implikationen ab, die aber von einer Reihe offner Fragen begleitet werden, die zur Weiterentwicklung und Vertiefung der Analyse einladen. Einer der offenen Punkte ist, ob und in welchem Ausmaß die Commitmentforschung der Forderung nachkommt, stärker die Umfeldkonstellationen in ihre Untersuchungen mit einzubeziehen, denn beim Einsatz der derzeit vorherrschenden einstellungsbezogenen Operationalisierungsformen werden der Kontext und die dabei möglichen Veränderungen und deren Konsequenzen außer Acht gelassen. Hier liegt ein Ansatzpunkt, stärker auf Erklärungskonzepte (wie z.B. auf Etzonis oder Kanters Ansatz) zurückzugreifen, die verhaltens- und vor allem situative Komponente stärker mit einbeziehen. Durch diese Einbeziehung situativer Komponenten könnte einerseits die kritische Hinterfragung der Rationalitätsmythen in Organisationen gewährleistet werden und andererseits könnte auch mit berücksichtigt werden, inwieweit die Wahlfreiheit des/der Einzelnen in den jeweiligen Situationen gegeben ist.

Literaturverzeichnis

Die mit * gekennzeichneten Quellen sind im Literaturreview berücksichtigt worden.

A

*Abbott, G.N. / White, F.A. / Charles, M.A. (2005): Linking Values and Organizational Commitment: A Correlational and Experimental Investigation in Two Organizations. Journal of Occupational and Organizational Psychology, 78: 531-551.

Abrahmasson, B. (1993): Why Organizations? How and Why People Organize. Newbury Park: Sage.

Abramson, E. / Cutler, H.A. / Kautz, R.W. / Mendelson, M. (1958): Social Power and Commitment: A Theoretical Statement. American Sociological Review, 23/2: 15-22.

Adams, J.S. (1965): Inequity in Social Exchange. In Berkowitz, L. (ed.) Advances in Experimental Social Psychology, 2: 267-299. San Diego: Academic Press.

Adler, N.J. (2002): International Dimensions of Organizational Behaviour. Cincinnati: South-West.

Adler, P. (2001): Market, Hierarchy and Trust: The Knowledge Economy and the Future of Capitalism. Organizational Science, 12/2: 217-234.

Adler, P. / Borys, B. (1996): Two Types of Bureaucracy: Coercive versus Enabling. Administrative Science Quarterly, 41/1: 61-89.

Adler, R. / Corson, D. (2003): Organisational Commitment, Employees and Performance. Chartered Accountants Journal of New Zealand, 82/3: 31-33.

*Agarwala, T. (2003): Innovative Human Resource Practices and Organizational Commitment: An Empirical Investigation. International Journal of Human Resource Management, 14/2: 175-197.

Ahrne, G. / Brunsson, N. / Hallström, K.T. (2007): Organizing Organizations. Organization, 14/5: 619-624.

Ainswoth, M.D.S. / Blehar, M.C. / Waters, E. / Wall, S. (1978): Patterns of Attachment: A Psychological Study of the Strange Situation. Hilllsdale: Erlbaum.

Albert, S. / Ashforth, B.E. / Dutton, J.E. (2000): Organizational Identity and Identification: Charting new Waters and Building New Bridges. Academy of Management Review, 25/1: 13-17.

Aldrich, H.E. (1972): Technology and Organizational Structure: A Reexamination of the Findings of the Aston Group. Administrative Science Quarterly, 17/1: 26-43.

Aldrich, H.E. (1999): Organizations evolving. London: Sage.

Alewell, D. (1993): Interne Arbeitsmärkte. Hamburg.

Alewell, D. / Bähring, K. / Thommes, K. (2005): Institutional Structures of Flexible Assignments of Personnel between Enterprises. An Economic Comparison of Temporary Agency Work, Interim Management and Consulting. Management Revue, 16/4: 475-493.

*Allen, N.J. (2003): Examining Organizational Commitment in China. Journal of Vocational Behavior, 62: 511-515.

*Allen, N.J. / Meyer, J. P. (1993): Organizational Commitment: Evidence of Career Stage Effects? Journal of Business Research, 26: 49-61.

Allen, N.J. / Meyer, J.P. (1990): The Measurement and Antecedents of Affective, Continuance and Normative Commitment to the Organization. Journal of Occupational Psychology, 63: 1-18.

Allen, N.J. / Meyer, J.P. (1996): Affective, Continuance and Normative Commitment to the Organization: An Examination of Construct Validity. Journal of Vocational Behavior, 49: 252-276.

*Allen, T.D. / Eby, L.T. (2008): Mentor Commitmentin Formal Mentoring Relationships. Journal of Vocational Behavior, 72: 309-316.

Allmendinger, J. / Ebner, C. (2006): Arbeitsmarkt und demographischer Wandel. Die Zukunft der Beschäftigung in Deutschland. Zeitschrift für Arbeits- und Organisationspsychologie, 50/4: 227-239.

Allvin, M. / Sverke, M. (2000): Do New Generations Imply the End of Solidarity? Swedish Unionism in an Era of Individualization. Economic and Industrial Democracy, 21: 71-95.

Altman, Y. / Shortland, S. (2008): Women and International Assignments: Taking Stock a 25-Year Review. Human Resource Management, 47/2: 199-216.

Alutto, J.A. / Hrebiniak, L.G. / Alonso, R.C. (1973): On Operationializing the Concept of Commitment. Social Forces, 51: 448-454.

Alvesson, M. (2000): Social Identity and the Problem of Loyality in Knowledge-Intensive Companies. Journal of Management Studies, 37/8: 1101-1123.

Alvesson, M. (2001): Knowledge Work: Ambiguity, Image and Identity. Human Relations, 54: 863-886.

Anderer G. (1997). Führung und Controlling als Erfolgsfaktoren für die Dezentralisierung der Arbeit. In: Gutmann, J. (Hrsg.): Flexibilisierung der Arbeit: Chancen und Modelle für eine Mobilisierung der Arbeitsgesellschaft: 275–288, Stuttgart: Schäffer-Poeschel.

Anderson, E. (2001): Unstrapping the Straightjacket of Preferences. Economics and Philosophy, 17: 21-38.

Anderson, N. / Schalk, R. (1998): The Psychological Contract in Retrospect and Prospect. Journal of Organizational Behavior, 19: 637-647.

*Angle, H.L. / Perry, J.L. (1981): An Empirical Assessment of Organizational Commitment and Organizational Effectiveness. Administrative Science Quarterly, 26: 1-14.

*Angle, H.L. / Lawson, M.B. (1993): Changes in Affective and Continuance Commitment in Times of Relocation." Journal of Business Research, 26: 3-15.

Appelbaum, E. (2002): The Impact of New Forms of Work Organisation on Workers. In Murray, G. / Belanger, J. / Giles, A. / Lapointe, P. (eds.) Work and Employment Relations in High-Performance Workplace: 120-149. London: continuum.

Appelbaum, E. / Bailey, T. / Berg P. / Kalleberg, A. (2005): Manufacturing Advantage: Why High-Performance Work systems Pay off. Ithaca: Cornell University Press.

Appelbaum, E. / Bailey, T. / Berg P. / Kalleberg, A. (2005): Organizations and the Intersection of Work and Family: A Comparative Perspective. In Ackroyd, S. / Batt, R. / Thompson, P. / Tolbert, P.S. (eds.) The Oxford Handbook of Work & Organization: 52-73. Oxford: Oxford University Press.

Appelbaum, E. / Batt, R. (1994): The New American Workplace: Transforming Work Systems in the Unitied States, Ithaca: ILR Press, Cornell University Press.

*Aranya, N. / Pollock, J. / Amernic, J. (1981): An Examination of Professional Commitment in Public Accounting. Accounting, Organizations and Society, 6/4: 271-280.

Arbeitskräfteerhebung (2007): Ergebnisse des Mikrozensus 2006. Statistik Austria, Wien.

Argyris, C.P. (1960): Understanding Organizational Behavior, Belmont: Dorsey.

*Arnold, J. (1990): Predictors of Career Commitment: A Test of Three Theoretical Models. Journal of Vocational Behavior, 37: 285-302.

Arrow, K.J. (1985): The Economics of Agency. In Pratt, J. / Zeckhauser, R. (eds.) Principals and Agents: The Structure of Business: 37-51. Boston: Harvard Business School Press.

Arthur, M.B. / Inkson, K. / Pringle, J.K. (1999): The New Careers. Individual Action and Economic Change. London: Sage.

Arthur, M.B. / Khapova, S.N. / Wilderom C.P.M. (2005): Career Success in a Boundaryless Career World. Journal of Organizational Behavior, 26: 177-202.

Arthur, M.B. / Rousseau, D.M. (1996): Introduction: the Boundaryless Career as a New Employment Principle. In Arthur, M.B. / Rousseau, D.M. (eds.) The Boundaryless Career: 3–20. New York: Oxford University Press.

Aselage, J. / Eisenberger, R. (2003): Perceived Organizational Support and Psychological Contracts: A Theoretical Integration. Journal of Organizational Behavior, 24: 491-509.

Ashford, S.J. / George, E. / Blatt, R. (2007): Old Assumptions, New Work. In Walsh, J.P. / Brief, A.P. (eds.) The Academy of Management Annals, Volume 1, Chapter 2: 65-117. London: Routledge.

Ashforth, B.E. / Johnson, S.A. (2001): Which has to Wear? The Relative Salience of Multiple Identities in Organizational Contexts. In Hogg, M.A. / Terry, D.J. (eds.) Social Identity Processes in Organizational contexts: 31-48. Hove UK: Psychology Press.

Ashforth, B.E. / Mael, F. (1989): Social Identity and the Organization. Academy of Management Review, 14: 20-39.

Ashkenas, R. / Ulrich, D. / Jick, T. / Kerr, S. (2002): The Boundaryless Organization. San Francisco: Jossey Bass.

Ashmore, R.D. / Deaux, K. / McLaughlin-Volpe, T. (2004): An Organizing Framework for Collective Identity: Articulation and Significance of Multidimensionality. Psychological Bulletin, 130: 80-114.

Aspöck, R. / Schramm, B. (1992): Die berufliche, soziale, wirtschaftliche und persönliche Situation von Selbständigen und Freischaffenden. Wien: unveröffentlichter Projektbericht.

Atkinson, C. (2002): Career management and the Changing Psychological Contract. Career Development International, 7/1: 14-23.

Atkinson, J. (1984): Manpower Strategies for Flexible Organizations. Personnel Management, August: 28-31.

Atkinson, J. (1985): Flexibility: Planning for an Uncertain Future. Manpower, Policy and Practice 1: 26-29.

Auer, P. / Cazes, S. (2000): The Resilience of Long-Term Employment Relationship. Evidence from Industrialized Countries. International Labour Review, 139/4: 379-408.

*Aven, F.F.J. / Parker, B. /McEvoy, G.M. (1993): Gender and Attitudinal Commitment to Organizations: A Meta-Analysis. Journal of Business Research, 26: 63-73.

*Avolio, B.J. / Zhu, W. / Koh, W. / Bhatia, P. (2004): Transformational Leadership and Organisational Commitment: Mediating Role of Psychological Empowerment and Moderating Role of Stuctural Distance. Journal of Organizational Behavior, 25: 951-968.

B

Bac, M. (2000): On-the-job Specific Training and Efficient Screening. Journal of Labour Economics 18/4: 681-701.

Bäcker, G. (2006): Was heißt hier "geringfügig"? – Minijobs als wachsendes Segment prekärer Beschäftigung. WSI-Mitteilungen, 5: 255-262.

Backes-Gellner, U. / Lazear, E.P. / Wolff, B. (2001): Personalökonomik. Fortgeschrittene Anwendungen für das Management. Stuttgart: Schäffer-Poeschel.

Baethge, M. / Baethge-Kinsky, V. (1998): Jenseits von Beruf und Beruflichkeit? Neue Formen von Arbeitsorganisation und Beschäftigung und ihre Bedeutung für eine zentrale Kategorie gesellschaftlicher Integration. Mitteilungen aus der Arbeitsmarkt- und Berufsforschung, 31/3: 461-472.

Bahnmüller, R. / Fisecker, C. (2003): Dezentralisierung, Vermarklichung und Shareholderorientierung im Personalwesen. Folgen für die Stellung und das Selbstverständnis des Personalwesens und die Interaktionsmuster mit dem Betriebsrat. Ein Literaturbericht. Tübingen: Forschungsinstitut für Arbeit, Technik und Kultur an der Universität Tübingen.

Bailyn, L. / Fletcher, J.K. (2003). The Equity Imperative: Reaching Effectiveness through Dual Agenda. CGO Insights, Simmons Graduate School of Management.

Baird, L. / Meshoulam, I. (1988): Managing two Fits of Strategic Human Resource Management. Academy of Management Review, 13/1: 116-128.

Bakken, T. / Hernes, T. (2006): Organizing is Both a Verb and a Noun: Weick Meets Whitehead. Organization Studies, 27/11: 1599-1616.

Bakker, A.B. (2008): The Work-related Flow Inventory: Construction and Initial Validation of the WOLF. Journal of Vocational Behavior (online version in Press).

Baltes, P. (1968): Longitudinal and Cross-sectional Sequences in the Study of Age and Generation Effects. Human Development, 11/3: 145-171.

Baltes, P. / Schaie, K.W. (1979): Life-span Developmental Psychology: Personality and Socialization. New York: Academic Press.

Bardmann, T. (1995): Rhetorik als Irritation der Politik: z.B. Niklas Luhmann. In Kopperschmidt, J. (ed.) Politik und Rhetorik: Funktionsmodelle politischer Rede: 239-267. Opladen: Westdeutscher Verlag.

*Bar-Hayim, A. / Berman, G.S. (1992): The Dimensions of Organizational Commitment. Journal of Organizational Behavior, 13: 379-387.

Barker, J.R. (2005): Tightening the Iron Cage: Concertive Control in Self-Managing Teams. In Grey, C. / Willmott, H. (eds.) Critical Management Studies: 209-243. New York: Oxford University Press.

Baron, J.N. / Kreps, D.M. (1999): Strategic Human Resources: Framework for General Managers. New York: John Wiley.

Bartel, C.A. / Blader, S. / Wrzesniewski, A. (eds.) (2007): Identity and the Modern Organization. Mahwah: Lawrence Erlbaum.

Bartlett, C.A. / Ghoshal, S. (1995): Transnational Management: Chicago: Irwin.

*Bartol, K.M. (1979): Professionalism as a Predictor of Organizational Commitment, Role Stress, and Turnover: A Multidimensional Approach. Academy of Management Journal, 22/4: 815-821.

Bartolomé, F. (1983): The Work Alibi: When it's Harder to go Home. Harvard Business Review, 1983, 2: 67-75.

Bartolomé, F. / Evans, P. (1980): Must Success Cost so Much? Harvard Business Review, 1980, 2: 137-148.

Baruch, Y. (1998): The Rise and Fall of Organizational Commitment. Human Systems Management, 17: 135-143

*Bateman, T.S. / Strasser, S. (1984): A Longitudinal Analysis of the Antecedents of Organizational Commitment. Academy of Management Journal, 27/1: 95-112.

Bateson, G. (1972): Steps to an Ecology of Mind. San Francisco: Chandler Publishing.

Baugh, S.G. / Roberts, R.M. (1994): Professional and Organizational Commitment among Engineers: Conflicting or Complementing? IEEE Transactions on Engineering Management, 41: 108-114.

Bayard, N. (1997): Unternehmens- und personalpolitische Relevanz der Arbeitszufriedenheit, Bern: Haupt.

*Bayo-Moriones, A. / Larraza-Kintana, M. (2009): Profit-Sharing Plans and Affective Commitment: Does the Context Matter? Human Resource Management, 48/2: 207-226.

Bea, F.X. / Haas, J. (2001): Strategisches Management. Stuttgart: Lucius & Lucius.

*Beck, K. / Wilson, C. (2000): Development of Affective Organizational Commitment: A Cross-sequential Examination of Change with Tenure. Journal of Vocational Behavior, 56: 114-136.

Beck, K. / Wilson, C. (2001): Have We Studied, Should We Study, and Can We Study the Development of Commitment? Methodological Issues and the developmental Study of work-related Commitment. Human Resource Management Review, 11: 257-278.

Beck, U. (1986): Risikogesellschaft. Auf dem Weg in eine andere Moderne. Frankfurt: Suhrkamp.

Beck, U. (1999): Schöne neue Arbeitswelt. Vision: Weltbürgerschaft, Frankfurt: Suhrkamp.

Becker, B.E. / Huslid, M.A. / Pickus, P.S. / Spratt, M.F. (1997): HR as a Source of Shareholder Value: Research and Recommendations. Human Resource Management, 36/1: 39-47.

Becker, G.S. (1993): Human Capital: a Theoretical and Empirical Analysis, With Special Reference to Education. Chicago: University of Chicago Press.

Becker, H.S. (1960): Notes of the Concept of Commitment. American Journal of Sociology, 66: 32-42.

Becker, K.H. / Haunschild, A. (2003): The Impact of Boundaryless Careers on Organizational Decision Making: an Analysis From the Perspective of Luhmann's Theory of Social Systems. International Journal of Human Resource Management, 14/5: 713-727.

*Becker, T.E. (1992): Foci and Bases of Commitment: Are They Distinctions Worth Making? Academy of Management Journal, 35/1: 232-244.

*Becker, T.E. / Billings, R.S. / Eveleth, D.M. / Gilbert, N.L. (1996): Foci and Bases of Commitment. Implications of Job Performance. Academy of Management Journal, 39/2: 464-482.

Bedeian, A.G. (2004): Peer Review and the Social Construction of Knowledge in the Management Discipline. Academy of Management Learning and Education, 3: 198-216.

Bendl, R. / Schmidt, A. (2010): From 'Glass ceiling' to 'Firewalls' - Different Metaphors for Describing Discrimination. Gender, Work and Organization, 17/5: 612-634.

Benkhoff, B. (1997): A Test of the HRM Model: Good for Employers and Employees. Human Resource Management Journal, 7/4: 44-60.

*Benson, G.S. (2006): Employee Development, Commitment and Intention to Turnover: A Test of "Employability" Policies in Action. Human Resource Management, 16/2: 173-192.

*Bentein, K. / Stinglhamber, B. / Vandenberghe, C. (2002): Organization-, Supervisor-, and Workgroup-Directed Commitments and Citizenship Behaviours: A Comparison of Models. European Journal of Work and Organizational Psychology, 11/3: 341-362.

Berger, P. / Luckman, T. (1966): The Social Construction of Reality: A Treatise in the Sociology of Knowledge. New York: Anchor Books.

Bergeron, D.M. (2007): The Potential Paradox of Organizational Citizenship Behavior: Good Citizens at what cost? Academy of Management Review, 32/4: 1078-1095.

Berghaus, M. (1999): Interaktive Medien – interdisziplinär vernetzt, Opladen: Westdeutscher Verlag.

Bergman, M.E. (2006): The Relationship between Affective and Normative Commitment: Review and Research Agenda. Journal of Organizational Behavior, 27: 645-663.

*Bernardi, R.A. / Guptill, S.T. (2008): Social Desirability Response Bias, Gender, and Factors Influencing Organizational Commitment: An International Study. Journal of Business Ethics, 81: 797-809.

Bernerth, J.B. / Armenakis, A.A. / Feild, H.S. / Walker, H.J. (2007): Justice, Cynicism and Commitment. A Study of Important Organizational Change Variables. The Journal of Applied Behavioral Science, 43/3: 303-326.

*Bhatnagar, J. (2007): Predictors of Organizational Commitment in India: Strategic HR Roles, Organizational Learning Capability and Psychological Empowerment. International Journal of Human Ressource Management, 18/10: 1782-1811.

Bielenski, H. / Kohler, B. / Schreiber-Kittl, M. (1994): Befristete Beschäftigung und Arbeitsmarkt. Empirische Untersuchung über befristete Arbeitsverträge nach BeschFG 1985/1990. Forschungsbericht 242 des Bundesministeriums für Arbeit und Sozialordnung.

Bierhoff, H.W. / Herner, M.J. (1999): Arbeitsengagement aus freien Stücken. In: Schreyögg, G. / Sydow, J. (Hrsg.): Managementforschung, 9: 55-87. Berlin: Walter de Gruyter.

Biruhs, T. (2008): Anwendungsgebiete bibliometrischer Analysesoftware im Bereich der Marktforschung am Beispiel von BibTechMon. Diplomarbeit, Wien.

Biffl, G. (2006): Entwicklung des Arbeitskräfteangebotes in Österreich bis 2025. Wien: WIFO.

Birdi, K. / Allan, C. / Warr, P. (1997): Correlates of Perceived Outcomes of Four Types of Employee Development Activity. Journal of Applied Psychology, 82: 845-857.

Black M. (1979/1993): More about Metaphor in Metaphor and Thought. In Ortony, A. (ed.) Methaphor and Thought: 10-43. Cambridge: Cambridge University Press.

Black, M (1962): Models and Metaphors, Ithaca: Cornell University Press.

Blatt, R. (2008): Organizational Citizenship Behavior of Temporary Knowledge Employees. Organization Studies, 29/6: 849-866.

Blatt, R. / Ashford, S.J. (2006): Making Meaning and Taking Action in Knowledge and Creative Work: Lessons from Independent Workers. Ann Arbor: University of Michigan Press.

*Blau, G. (1985): The Measurement and Prediction of Career Commitment. Journal of Occupational Psychology, 58: 277-288.

*Blau, G. (1986): Job Involvement and Organizational Commitment as Interactive Predictors of Tardiness and Absenteeism. Journal of Management, 12/4: 577-584.

*Blau, G. (1989): Testing the Generalizability of a Career Commitment Measure and its Impact on Employee Turnover. Journal of Vocational Behavior, 35: 88-103.

Blau, G. (2001): On Assessing The Construct Validity of Two Multidimensional Constructs Occupational Commitment and Occupational Entrenchment. Human Resource Management Review, 11: 279-298.

Blau, G.J. / Boal, K.B. (1987): Conceptualizing How Job Involvement and Organizational Commitment Affect Turnover and Absentism. Academy of Management Review, 12/2: 288-300.

*Blau, G. / Boal, K. (1989): Using Job Involvement and Organizational Commitment Interactively to Predict Turnover. Journal of Management, 15/1: 115-127.

*Blau, G. / Holladay, B.E. (2006): Testing the Discriminant Validity of a Four-Dimensional Occupational Commitment Measure. Journal of Occupational and Organizational Psychology, 79/4: 691-704.

*Blau, G. / Lunz M. (1998): Testing the Incremental Effect of Professional Commitment on Intent to Leave One's Professoin beyond the Effects of External, Personal, and Work-Related Variables. Journal of Vocational Behavior, 52: 260-269.

*Blau, G. / Paul, A. / John, N.S. (1993): On Developing a General Index of Work Commitment. Journal of Vocational Behavior, 42: 298-314.

Blau, P. (1964): Exchange and Power in Social Life. New York: John Wiley.

Bludorn, A.C. / Denhardt, R.B. (1988): Time and Organizations. Journal of Management, 14/2: 299-320.

Blum, A. (1999): Integriertes Arbeitszeitmanagement. Ausgewählte personalwirtschaftliche Maßnahmen zur Entwicklung und Umsetzung flexibler Arbeitszeitsysteme, Bern: Haupt.

*Bodkin, C.D. / Amato, C. / Peters, C. (2009): The role of Conflict, Culture, and Myth in Creating Attitudinal Commitment. Journal of Business Research, 62/10: 1013-1019.

Bogdanowicz, M.S. / Bailey, E.K. (2002): The Value of Knowledge and the Value of the New Knowledge Worker: Generation X in the New Economy. Journal of European Industrial Training, 26/2-4: 125-129.

Bögenhold, D. (1985): Die Selbständigen. Zur Soziologie dezentraler Produktion, Frankfurt: Campus.

Bögenhold, D. (1987): Der Gründerboom. Realität und Mythos der neuen Selbständigkeit, Frankfurt: Campus.

Bohmann, G. (1998): Flexibilität – Paradigma einer postmodernen Sozialpolitik? In Zilian, H. G. / Flecker, J. (Hrsg.) Flexibilisierung – Probleme oder Lösung?: 193–206. Berlin: Edition Sigma.

Bolino, M.C. / Turnley, W.H. / Niehoff, B.P. (2004): The Other Side of the Story: Reexamining Prevailing Assumptions about Organizational Citizenship Behavior. Human Resource Management Review. 14: 229-246.

Bollinger, D. / Cornetz, W. / Pfau-Effinger, B. (1991): Atypische Beschäftigung: Betriebliche Kalküle und Arbeitnehmerinteressen. In Semlinger, K. (ed.) Flexibilisierung des Arbeitsmarkts - Interessen, Wirkungen, Perspektiven: 177-199, Frankfurt: Campus.

Bonache, J. (2004): Towards a Re-examination of Work-arrangements: An Analysis from Rawls´ Theory of Justice. Human Resource Management Review, 14: 395-408.

Bono, J.J. (1990): Science, Discourse and Literature: The Role/Rule of Metaphor in Science. In Peterfreund, S. (ed.) Literature and Science: 59-89. Boston MA: Northeastern University Press.

Borg, I. / Braun, M. (1992): Arbeitsethik und Arbeitsinvolvement als Moderatoren der psychologischen Auswirkungen von Arbeitsplatzsicherheit. Zeitschrift für Arbeits- und Organisationspsychologie, 36/4: 167-176.

Borg, I. / Elizur, D. (1992): Job Insecurity: Correlates, Moderators and Measurement. International Journal of Manpower, 13/2: 13-26.

Borman, W.C. / Motowidlo, S.J. (1993): Expanding the criterion Domain to Include Elements of Contextual Performance. In Schmitt, N. / Borman, W.C. (eds.) Personnel Selection in Organizations, 71-98, New York: Jossey-Bass.

Bortz, J. / Döring, N. (2006): Forschungsmethoden und Evaluation für Human- und Sozialwissenschaftler. Heidelberg: Springer.

Boselie, P. / Dietz, G. / Boon, C. (2005): Commonalities and contradictions in HRM and performance research. Human Resource Management Journal, 15/3: 67-94.

Bothfeld, S. / Kaiser, L.C. (2003): Befristung und Leiharbeit: Brücken in reguläre Beschäftigung. WSI Mitteilungen, 56/8: 484-493.

Bourdieu, P. (1984): Distinction. London: Routledge.

Bowlby, J. (2006): Bindung. München: Ernst Reinhardt (Orginal 1969: The Tavisstock Institut of Human Relations)

Boxall, P. (1996): The Strategic HRM Debate and the Resource Based View of the Firm. Human Resource Management Journal, 6: 59-75.

Boxall, P. (1998): Achieving Competitive Advantage through Human Resource Strategy: Towards a Theory of Industrial Dynamics. Human Resource Management Review, 8: 265-288.

Boxall, P. / Purcell, J. (2003): Strategy and Human Resource Management. New York: Palgrave.

Boxall, P. / Purcell, J. / Wright, P. (2007): The Oxford Handbook of Human Resource Management. Oxford: Oxford University Press.

*Brammer, S. / Millington, A. / Rayton, B.A. (2007): The Contribution of Corporate Social Responsibility to Organizational Commitment. International Journal of Human Resource Management, 18/10: 1701-1719.

Brannen, J. (2005): Time and the Negotiation of Work-Family Boundaries. Autonomy or Illusion? Time & Society, 14(1): 113-131.

*Brett, J.F. / Cron, W.L. / Slocum, W.J. (1995): Economic Dependency on Work: A Moderator of the Relationship Between Organizational Commitment and Performance. Academy of Management Journal, 38/1: 261-271.

Brewer, M.B. (1991): The Social Self: On Being the Same and Different at the Same Time. Personality and Social Psychology Bulletin, 17: 475-482.

Brewer, M.B. / Gardner, W. (1996): Who is His „We"? Levels of Collective Identity and Self-Representations. Journal of Personality and Social Psychology, 71: 83-93.

Brewer, M.B. / Gardner, W. (2004): Who is This ′We′? Levels of Collective Identity and Self-Representations. In Hatch, M.J. / Schultz, M. (eds.) Organizational Identity: 66-88. Oxford: Oxford University Press.

Brewster, C. (2004): European Perspectives on Human Resource Management. Human Resource Management Review, 14: 365-382.

Brewster, C. / Mayrhofer, W. / Morley, M. (2004): Human Resource Management in Europe. Evidence of Convergence? Oxford: Elsevier.

Brickson, S. (2000): The Impact of Identity Orientation on Individual and Organizational Outcomes in Demographically Diverse Settings. Academy of Management Review, 25/1: 82-101.

Brickson, S. (2007): Organizational Identity Orientation: The Genesis of the Role of the Firm and Distinct Forms of Social Value. Academy of Management Review, 32/3: 864-888.

Brockbank, W. / Ulrich, D. (2005): Higher Knowledge for Higher Aspirations. Human Resource Management, 44/4: 489-504.

Bröckermann, R. / Pepels, W. (2004): Personalbindung. Wettbewerbsvorteile durch strategisches Human-Resource-Management. Berlin: E. Schmidt.

*Brockner, J. / Spreitzer, G. / Mishra, A. / Hochwarter, W. / Pepper, L. / Weinberg, J. (2004): Perceived Control as an Antidote to the Negative Effects of Layoffs on Survivors' Organizational Commitment and Job Performance. Administrative Science Quarterly, 49: 76-100.

Bromiley, P. / Cummings, L.L. (1995): Transaction Costs in Organizations with Trust. In Bies, R.J. / Lewicki, R. J. / Sheppard B.L. (eds.) Research on Negotiations in Organizations: 124-143. Greenwich: JAI.

*Brooks, J.L. / Seers, A. (1991): Predictors of Organizational Commitment: Variations Across Career Stages. Journal of Vocational Behavior, 38: 53-64.

*Brown, R.B. (1996): Organizational Commitment: Clarifying the Concept and Simplifying the Existing Construct Typology. Journal of Vocational Behavior, 49/3: 230-251.

Brulin, G. / Nilsson, T. (1997): Schweden: The Volvo and Saab Road Beyond Lean Production. In Kochan, T.A. / Lansbury, R.D. / McDuffie, J.P. (eds.) After Lean Production: Evolving employment practices in the World Auto industry: 191-204. Ithaca: Cornell University Press.

*Bruning, N.S. / Snyder, R.A. (1983): Sex and Position as Predictors of Organizational Commitment. Academy of Management Journal, 26/3: 485-491.

Bryson, A. (2004): Managerial Responsiveness to Union and Non-union Worker Voice in Britain. Industrial Relations: A Journal of Economy and Society, 43/1: 213-241.

Buchanan, B. (1974): Building Organizational Commitment: The Socialization of Managers in Work Organizations. Administrative Science Quarterly, 19: 533-546.

Burke, K. (1969): A Grammar of Motives. Berkeley: California University Press.

Bürkle, T. / Knörzer, M. (2003): Beschäftigungssicherheit auf betrieblicher Ebene - Personalpolitische Implikationen einer Neuinterpretation des Günstigkeitsprinzips. Zeitschrift für Personalforschung, 17/3: 278-303.

Burns, T. / Stalker, G.M. (1961): The Management of Innovation. London: Tavistock Publ.

Bursee, M. (1999): Flexibilitätspotential und Organisationsgestaltung: theoretische Perspektiven und praktische Gestaltungsansätze am Beispiel aktueller Reorganisationskonzepte in der Kommunalverwaltung, Berlin: E. Schmidt.

Burton-Jones, A. (1999): Knowledge Capitalism. Business, Work and Learning in the New Economy. Oxford: Oxford University Press.

Busch, F. / Götz, K. (2000): Aspekte der virtuellen Kommunikation. In Götz, K. / Martens, J.U., (Hrsg.) Elektronische Medien als Managementinstrument: 41-70. München: Hampp.

Butler, R. (1995): Time in Organizations: Its Experience, Explanations and Effects. Organization Studies, 16/6: 925-950.

Buunk, B.P. (2003): Affiliation, zwischenmenschliche Anziehung und enge Beziehungen. In: Stroebe, W. / Jonas, K. / Hewstone, M. (Hrsg.): Sozialpsychologie: 415-447. Berlin: Springer.

Bycio, P. / Hackett, R.D. / Allen, J.S. (1995): Further Assessment of Bass´s Conceptualization of Transactional and Transformational Leadership. Journal of Applied Psychology, 80: 468-478.

C

Cadin, L. / Bailly, F. / de Saint-Giniez, F. (2000b): An Empirical Test of Boundaryless Careers in the French Context. In Paiperl, M.A. (ed.) Career frontiers. New conceptions of working lives: 228-255. Oxford: Oxford University Press.

Cadin, L. / Bender, A.F. / Saint-Giniez, V. / Pringle, J. (2000a): Carrières nomades et contextes nationaux. Revue de gestion des ressources humaines: 76-96.

*Caldwell, D.F. / Chatman, J.A. / O´Reilly, C.A. (1990): Building Organizational Commitment: A Multifirm Study. Journal of Occupational Psychology, 63: 245-261.

Cameron, K.S. / Quinn, R.E. (1988): Organizational Paradox and Transformation. In Quinn, R.E. / Cameron, K.S. (eds.) Paradox and transformation: Toward a theory of change in organization and management: 12-18. Cambridge, MA: Ballinger.

Campbell, D.T. / Stanley, J.C. (1963): Experimental and quasi-experimental Designs for Research. Chicago: Rand McNally.

Capelli, P. (1997): Change at Work. Oxford: Oxford University Press.

Capelli, P. (2005): Will There Really be a Labor Shortage? Human Resource Management, 44/2: 143-149.

Capelli, P. / Neumark, D. (2001): Do ´High Performance´ Work Practices Improve Establishment-Level Outcomes? Industrial and Labour Relations Review, 54: 737-775.

Cardona, P. / Lawarence, B.S. / Bentler, P.M. (2004): The Influence of Social and Work Exchange Relationships on Organizational Citzenship Behavior. Group & Organization Management, 29/2: 219-247.

Carlson, D.S. / Perrewe, P.L. (1999): The Role of Social Support in the Stressor-Strain Relationship: An Examination of Work-Family Conflict. Journal of Management, 25/4: 513-540.

Carlson, D.S. / Rotondo, D.M. (2001): Differences on Promotion Stress across Career Stage and Orientation. In: Human Resource Management, 40/2: 99–110.

Carroll, B.A. / Ahuvia, A.C. (2006): Some Antecedents of Brand Love. In: Marketing Letters, 17: 79-89.

*Carson, K.D. / Bedeian, A.G. (1994): Career Commitment: Construction of a Measure and Examination of Its Psychometric Properties. Journal of Vocational Behavior, 44: 237-262.

*Carson, K.D. / Phillips Carson, P. / Bedeian, A.G. (1995): Development and Construct Validation of a Career Entrenchment Measure. Journal of Occupational and Organizational Psychology, 68: 301-320.

*Casper, W.J. / Harris, C.M. (2008). Work-Life Benefits and Organizational Attachment: Self-Interest Utility and Signaling Theory Models. Journal of Vocational Behavior, 72: 95-109.

*Chang, E. (1999). "Career Commitment as a Complex Moderator of Organizational Commitment and Turnover Intention." Human Relations 52/10: 1257-1278.

*Chang, E. (2002). "Distributive Justice and Organizational Commitment Revisited: Moderation by Layoff in the Case of Korean Employees." Human Resource Management 41/2: 261-270.

*Chang, H.-T. / Chi, N.-W. / Miao, M.-C. (2007): Testing the Relationship Between Three-component Organizational/Occupational Commitment and Organizational/Occupational Turnover Intention Using a Non-Recursive Model. Journal of Vocational Behavior, 70: 352-368.

*Chen, Z.X. / Francesco A.M. (2000): Employee Demography, Organizational Commitment, and Turnover Intentions in China: Do Cultural differences Matter? Human Relations, 53/6: 869-887.

*Chen, Z.X. / Francesco A.M. (2003): The Relationship Between the Three Components of Commitment and Employee Performance in China. Journal of Vocational Behavior, 62: 490-510.

Cheney, G. (1982): Organizational Identification as a Process or Product: A Field Study. Unpublished Master´s Thesis, Purdue University.

Cheney, G. (1983): On the Various and Changing Meaning´s of Organizational Membership: A Field Study of Organizational Identification. Communication Monographs, 50: 342-362.

*Cheng, B.-S. / Jiang, D.-Y. / Reilly, J.H. (2003): Organizational Commitment, Supervisory Commitment, and Employee Outcomes in the Chinese Context: Proximal Hypothesis or Global Hypothesis? Journal of Organizational Behavior, 24: 313-334.

*Cheng, Y. / Stockdale, M.S. (2003): The Validity of the Three-Component Model of Organizational Commitment in a Chinese Context. Journal of Vocational Behavior, 62/3: 465-489.

Chreim, S. (2007): Social and Temporal Influences on Interpretations of Organizational Identity and Acquisition Integration. Journal of Applied Behavioral Science, 43/4: 449-480.

Cicourel, A.V. (1992): the Interpenetration of Communicative Contexts: Examples from Medical Encounters. In Duranti, A. / Goodwin, C. (eds.) Rethinking Context: 229-254. Cambridge: Cambridge University Press.

Clark, P.A. (1985): A Review of Theories of Time and Structure for Organizational Sociology. Research in the Sociology of Organizations, 4: 35-79.

Clarke, M. / Patrickson, M. (2008): The New Convenant of Employability. Employee Relations. 30/2: 121-141.

Clases, C. (1994): Kommunikation in computervermittelten Tätigkeitszusammenhängen. Bilanzierung der Ergebnisse einer qualitativen Studie zur Nutzung und Bewertung elektronischer Postsysteme (E-mail). In Harburger Beiträge zur Psychologie und Soziologie der Arbeit (8). Hamburg: TU Hamburg Harburg.

Cohen, A. (1993): Organizational Commitment and Turnover: A meta-analysis. The Academy of Management Journal, 36/5: 1140-1157.

Cohen, A. (2003): Multiple Commitments in the Workplace. An Integrative Approach. London: Lawrence Erlbaum Associates.

Cohen, A. (2007): Commitment Before and After: An Evaluation and Reconceptualization of Organizational Commitment. Human Resource Management Review, 17: 336-354.

*Cohen, A. / Freund, A. (2005): A Longitudinal Analysis of the Relationship Between Multiple Commitments and Withdrawal Cognitions. Scandinavian Journal of Management, 21: 329-351.

*Cohen, A. / Kirchmeyer, C. (1995): A Multidimensional Approach to the Relation Between Organizational Commitment and Nonwork Participation. Journal of Vocational Behavior, 46: 189-202.

Cole, M.S. / Bruch, H. (2006): Organizational Identity Strength, Identification, and Commitment and their Relationships to Turnover Intention: Does Organizational Hierarchy Matter? Journal of Organizational Behavior, 27: 585-605.

Coleman, D.F. / Irving, G.P. / Cooper, C.L. (1999): Another Look at the Locus of Control-Organizational Commitment Relationship: It Depends on the Form of Commitment. Journal of Organizational Behavior, 20: 995-1001.

Coleman, J.C. (1986): Die asymmetrische Gesellschaft. Weinheim, Basel: Beltz.

Coleman, J.S. (1991): Grundlagen der Sozialtheorie, Band 1: Handlung und Handlungssysteme. München: Oldenbourg.

Coles, R.E. (1979): Work, Mobility, and Participation: A Comparative Study of American and Japanese industry. Berkeley, CA: University of California Press.

Collings, D.G. / Scullion, H. / Morley M.J. (2007): Changing Patterns of Global Staffing in the Multinational Enterprise: Challenges to the Conventional Expatriate Assignment and Emerging alternatives. Journal of World Business, 42: 198-213.

Colquitt, J.A. / Conlon, D.E. / Wesson, M.J. / Porter C.O / Ng K.Y. (2001): Justice at the Millennium: A Meta-analytic Review of 25 Years of Organizational Justice Research. Journal of Applied Psychology, 86/3: 425-445.

Combs, J. / Liu, Y. / Hall, A. / Ketchen, D. (2006): How Much Do High-performance Work Practices Matter? A Meta-analysis of Their effects on Organizational Performance. Personnel Psychology, 59: 501-528.

*Conlon, E.J. / Gallagher, D.G. (1987): Commitment to Employer and Union: Effects of Membership Status. Academy of Management Journal, 30/1: 151-162.

Connelly, C.E. / Gallagher, D.G. (2004): Emerging Trends in Contingent Work Research. Journal of Management, 30: 959-983.

*Connelly, C.E. / Gallagher, D.G. / Gilley, K.M.(2007): Organizational and Client Commitment Among Contracted Employees: A Replication and Extension with Temporary Workers. Journal of Vocational Behavior, 70: 326-335.

Connelly, C.E. / Kelloway, E.K. (2003): Predictors of Employees´ Perceptions of Knowledge Sharing Cultures. Leadership & Organizational Development Journal, 24: 294-301.

Conner, K.R. / Prahalad, C.K. (1996): A Resource-based Theory of the Firm: Knowledge Versus Opportunism. Organization Science, 7/5: 477-501.

Conrad, P. (1988): Involvement-Forschung. Motivation und Identifikation in der verhaltenswissenschaftlichen Organisationstheorie. Berlin: de Gruyter.

Conway, N. / Briner, R.B. (2005): Understanding Psychological Contracts at Work. A critical Evaluation of Theory and Research. Oxford: Oxford University Press.

*Conway, E. / Monks, K. (2008): HR Practices and Commitment to Change: An Employee-Level Analysis. Human Resource Management, 18/1: 72-89.

Cook, T.D. / Campbell, D.T. (1979): Quasi Experimentation: Design and Analysis Issues for Field Settings. Chicago: Rand McNally.

Cooper-Hakim, A. / Viswesvaran, C. (2005): The Construct of Work Commitment: Testing an Integrative Framework. Psychological Bulletin, 131/2: 241-259.

Corsi, G. (1993): Die dunkle Seite der Karriere. In Becker, D. (Hrsg.) Probleme der Form: 252-265. Frankfurt: Suhrkamp.

Coupland, D. (1991): Generation X: Tales for an Accelerated Culture, New York: St. Martins Press.

*Cox, A. / Zagelmeyer, S., / Marchington, M. (2006): Embedding Employee Involvement and Participation at Work. Human Resource Management, 16/3: 250-267.

*Coyle-Shapiro, J. A.-M. / Morrow, P.C. (2006): Organizational and Client Commitment among Contracted Employees. Journal of Vocational Behavior, 68: 416-431.

Craig, E.F. / Hall, D.T. (2005): The New Organizational Career. Too Important to be Left to HR? In R.J. Burke / C.L. Cooper (eds.) Reinventing Human Resource Management: Challenges and New Directions: 115-132. London: Routledge.

*Cramer, D. (1996): Job Satisfaction and Organizational Continuance Commitment: A Two-Wave Panel Study. Journal of Organizational Behavior, 17: 389-400.

Cranfield University (2006): Cranet Survey on Comparative Human Resource Management. International Executive Report 2005, Bedford.

Cressey, P. / Boud, D. / Docherty, P. (2006): The Emergence of Productive Reflection. In Boud, D. / Cressey, P. / Docherty, P. (eds) Productive Reflection at Work. Learning for changing organizations: 11-26. New York: Routledge.

Crozier, M. / Friedberg, E. (1979): Macht und Organisation: Königstein: Athenäum.

*Cullinan, C. / Bline, D. / Farrar, R. / Lowe, D. (2008): Organization-Harm vs. Organization-Gain Ethical Issues: An Exploratory Examination of the Effects of Organizational Commitment. Journal of Business Ethics, 80: 225-235.

Culpepper, R.A. (2000): A Test of Revised Scales for Meyer and Allen (1991) Three Component Commitment Construct. Educational and Psychological Measurement, 60/4: 604-616.

*Currivan, D.B. (1999): The Causal Order of Job Satisfaction and Organizational Commitment in Models of Employee Turnover. Human Resource Management Review, 9/4: 495-524.

*Curry, J.P. / Wakefield, D.S. / Price, J.L. / Mueller, C.W. (1986): On the Causal Ordering of Job Satisfaction and Organizational Commitment. Academy of Management Journal, 29/4: 847-858.

D

Dabos, G. E. / Rousseau, Denise M. (2004): Mutuality and Reciprocity in the Psychological Contracts of Employees and Employers. Journal of Applied Psychology, 89: 52-72.

Dacin, M.T. / Ventresca, M.J. / Beal, B.D. (1999): The Embeddedness of Organizations: Dialogue & Directions. Journal of Management, 25: 317-356.

Daft, R.L. / Lewin, A.Y. (1993): Where are the Theories for the “New” Organizational Forms? An Editorial Essay. Organization Science, 4/4: i-vi.

Dale, K. (2005): Building a Social Materiality: Spatial and Embodied Politics in Organizational Control. Organization, 12/5: 649-678.

Dallimore, E. / Mickel, A. (2006): Quality of life: Obstacles, advice and employer assistance. Human Relations, 59/1: 61-103.

*D'Amato, A. / Herzfeldt, R. (2008): Learning Orientation, Organizational Commitment and Talent Retention Across Generations. Journal of Managerial Psychology, 23/8: 929-953.

Danford, A. (2005): New Union Strategies and Forms of Work Organisation in UK Manufacturing. In Harley, B. / Hyman, J. / Thompson, P. (eds.) Participation and Democracy at Work. Essays in Honour of Harvie Ramsay: 166-185. New York: Palgrave.

Däubler, W. (1988): Perspektiven des Normalarbeitsverhältnisses. Arbeit und Recht, 36/10: 302-308.

Davidson, D. (1978): What metaphor means. Critical Inquiry, 5: 31-48.

*Dawley, D.D. / Stephens, R.D. / Stephans, D.B. (2005): Dimensionality of Organizational Commitment in Volunteer Workers: Chamber of Commerce Board Members and Role Fulfillment. Journal of Vocational Behavior, 67: 511-525.

Deci, E.L. / Ryan, R.M. (1985): Intrinsic Motivation and Self-Determination in Human Behavior. New York: Plenum.

DeCieri, H. / Dowling, P.J. (2006): Strategic international human resource management in multinational enterprises: developments and directions, In Stahl, G.K. / Björkman, I. (eds.) Handbook of research in international human resource management: 15-35. Glos/Massachusetts: Edward Elgar.

Deephouse, D.L. (1999): To Be Different, or to Be the Same? It´s a Question (and Theory) of Strategic Balance. Strategic Management Journal, 20: 147-166.

DeFrank, R.S. / Konopaske, R. / Ivancevich, J.M. (2000): Executive Travel Stress: Perils of the Road Warrior. The Academy of Management Executive, 14(2): 58-71.

DeGrip, A. / Hoevenberg, J. / Willems, E. (1997): Atypical Employment in the European Union. International Labour Review, 136: 49-71.

*Den Hartog, D.N. / Belschak, F.D. (2007): Personal Initiative, Commitment and Affect at Work. Journal of Occupational and Organizational Psychology, 80: 601-622.

Deutscher Bundestag (Hrsg.) (1998): Demographischer Wechsel. Bonn: Referat für Öffentlichkeitsarbeit.

Dewett, T. / Jones, G.R. (2001): The Role of Information Technology in the Organization: A Review, Model and Assessment. Journal of Management, 27/3: 313-346.

Deyer, L. / Reeves, T. (1995): Human Resource Strategies and Firm Performance: What Do We Know, Where Do We Need to Go? International Journal of Human Resource Management, 6: 656-670.

Dick, Penny (2006): The Psychological Contract and the Transition from Full to Part-time Police Work. Journal of Organizational Behavior, 27: 37-58

Dietzen, A. (1993): Soziales Geschlecht. Dimensionen des Gender-Konzepts. Opladen: Westdeutscher Verlag.

Ding, Y. / Chowdhury, G.G. / Schubert, F. (2001): Information Processing and Management, 37: 817-942.

DiMaggio, P. (2001): The Twenty-first-century Firm: Changing Economic Organization in International Perspective. Princeton: Princeton University Press.

Dobbin, F. / Boychuk, T. (1999): National Employment Systems and Job Autonomy: Why Job Autonomy is High in the Nordic Countries and Low in the United States, Canada and Australia. Organization Studies, 20/2: 257-291.

Döbert, R. / Habermas, J. / Nunner-Winkler, G. (Hrsg.) (1980): Entwicklung des Ichs. Königstein: Athenäum.

Doeringer, P.B. / Piore, M.J. (1971): Internal Labor Markets and Manpower Analysis. Lexington: Heath.

Dolfsma, W. (2006): Hybrids (Institutional Forms). In Beckert, J. / Zafirovski, M. (eds.) International Encyclopedia of Economic Sociology: 334-336. New York: Routledge.

Dombrowski, T. (2000): Gruppenarbeit und Entgeltsysteme: ein Beitrag zur Untersuchung der Wirkung von Entgeltsystemen auf die Personaleinsatzflexibilität – eine Fallstudienuntersuchung, München: Hampp.

Domoradzki, L. / Haspinger, E. / Pöder, E. / Unterholzer, C. (1995): Ich nehme mir die Zeit ... und hole mir die Anerkennung, Innsbruck: Frauenreferat d. Landes Tirol.

*Dorenbosch, L. / De Reuver, R. / Sanders, K. (2006): Getting the HR Message Across: The Linkage Between Line - HR Consensus and "Commitment Strength" Among Hospital Employees. Management Revue, 17/3: 274-291.

Döring, N. (2000): Mediale Kommunikation in Arbeitsbeziehungen: Wie lassen sich soziale Defizite vermeiden? In Boos, M. / Jonas, K.J. / Sassenberg, K., (Hrsg.) Computervermittelte Kommunikation in Organisationen: 27-40. Göttingen: Hofgrefe.

*Dornstein, M. / Matalon, Y. (1989): A Comprehensive Analysis of the Predictors of Organizational Commitment: A Study of Voluntary Army Personnel in Israel. Journal of Vocational Behavior. 34: 192-203.

Dowling, P.J. / Welch, D.E. (2004): International Human Resource Management. Managing People in a Multinational Context. London: Thomson.

Dragendorf, R. / Heering, W. / John, G. (1988): Beschäftigungsförderung durch Flexibilisirung: Dynamik befristeter Beschäftigungsverhältnisse in der Bundesrepublik Deutschland, Frankfurt: Campus.

*Dubin, R. / Champoux, J E. / Porter, L.W. (1975): Central Life Interests and Organizational Commitment of Blue-Collar and Clerical Workers. Administrative Science Quarterly, 20: 411-421.

Duden (2000) Die deutsche Rechtschreibung. Mannheim: Dudenverlag.

Duden (2001) Das Fremdwörterbuch. Mannheim: Dudenverlag.

Duden (2007): Das große Buch der Zitate und Redewendungen. Mannheim: Dudenverlag.

Dunham, R.B: / Grube, J.A. / Castaneda, M.B. (1994): Organizational Commitment: The Utility of an Integrative Definition. Journal of Applied Psychology, 79/3: 370-380.

Dunlop, J.T. (1958): Industrial Relations System. New York: Holt.

Dutton, J.E. / Dukerich, J.M. / Harquail, C.V. (1994): Organizational Image and Member Identification. Administrative Science Quarterly, 39: 239-263.

Dyer, L. / Shafer, R.A. (1999): From Human Resource Strategy to Organizational Effectiveness: Lessons from Research on Organizational Agility. Research in Personnel and Human Resource Management 4: 145-174.

E

*Eaton, S.C. (2003): If You Can Use Them: Flexibility Policies, Organizational Commitment, and Perceived Performance. Industrial Relations, 42/2: 145-167.

Eby, L.T. / Casper, W.J. / Lockwood, A. / Bordeaux, C. / Brinley, A. (2005): Work and Family Research in IO/OB: Content Analysis and Review of the Literature (1980-2002). Journal of Vocational Behavior, 66: 124-197.

Edgell, S. (2006): The Sociology of Work. Continuity and Change in Paid and Unpaid Work. London: Sage.

Edwards, J.R. (2001): Multidimensional Constructs in Organizational Behavior Research: An Integrative Analytical Framework. Organizational Research Methods, 4: 144-192.

Edwards, R.C. (1981): The Social Relations of Production and the Point of Production. In Zey-Ferrell, M. / Aiken, M. (eds.) Complex Organizations: Critical Perspectives: 156-182. Glenview: Scott Foresman.

Eisenberger, R. / Armeli, S. / Rexwinkel, B. / Lynch, P.D. / Rhoades, L. (2001): Reciprocation of Perceived Organizational Support. Journal of Applied Psychology, 86/1: 42-51.

Eisenberger, R. / Cummings, J. / Armeli, S. / Lynch, P. (1997): Perceived Organizational Support, Discretionary Treatment, and Job Satisfaction. Journal of Applied Psychology, 82/5: 812-820.

Eisenberger, R. / Huntington, R. / Hutchison, S. / Sowa, D. (1986): Perceived Organizational Support. Journal of Applied Psychology, 71: 500-507.

Ellemers, N. (1993): The Influence of Socio-structural Variables on Identity Enhancement Strategies. European Review of Social Psychology, 4: 27-57.

Ellemers, N. / DeGilder, D. / Haslam S.A. (2004): Motivating Individuals and Groups at Work: A Social Identity Perspective on Leadership and Group Performance. Academy of Management Review, 29: 459-478.

Ellemers, N. / Rink, F. (2005): Identity in Work Groups: The Beneficial and Detrimental Consequences of Multiples Identities and Group Norms for Collaboration and Group Performance. Advances in Group Process, 22: 1-41.

Ellingson, J.E. / Gruys, M.L. / Sackett, P.R. (1998): Factors Related to the Satisfaction and Performance of Temporary Employees. Journal of Applied Psychology, 83: 913-921.

Elsbach, K.D. / Pratt, M.G. (2007): The Physical Environment in Organizations. In Walsh, J.P. / Brief, A.P. (eds.) The Academy of Management Annuals, Volume 1, Chapter 4: 181-224. London: Routledge.

Emshoff, J.R. (1994): How to Increase Employee Loyality While you Downsize. Business Horizons, 37: 49-57.

*Erben, G.S. / Güneser, A.B. (2008): The Relationship Between Paternalistic Leadership and Organizational Commitment: Investigating the Role of Climate Regarding Ethics. Journal of Business Ethics, 82: 955-968.

Eriksen, T.H. (2000): Tyranny of the Moment. London: Pluto Press.

Eriksen, T.H. (2005): Mind the Gap: Flexibility, Epistemology and the Rethoric of New York. Cybernetic and Human Knowing, 12/1-2: 50-60.

Erlinghagen, M. (2006): Job Stability, Mobility and Labour Market Restructuring. Evidence from German Microdata. Management Revue 17: 372-394.

Esser, H. (1999): Soziologie – Spezielle Grundlagen. Band 1: Situationslogik und Handeln. Frankfurt: Campus.

Essers, C. / Benschop, Y. (2009): Muslim Businesswomen Doing Boundary Work: The Negotiation of Islam, Gender and Ethnicity Within Entrepreneurial Contexts. Human Relations, 62: 403-423.

Etzioni, A. (1961): A Comparative Analysis of Complex Organizations. New York: Free Press.

F

Fairclough, N. (1992): Discourse and Social Change. Cambirdge: Polity Press.

Farjoun, M. / Starbuck, W.H. (2007): Organizing at and Beyond the Limits. Organization Studies, 28/4: 541-566.

Farrington, D.P. (1991): Longitudinal Research Strategies: Advantages, Problems, and Prospects. American Academy of Child and Adolescent Psychiatry, 30: 369-374.

Fehr, E. / Schmidt, K.M. (1999): A Theory of Fairness, Competition and Cooperation. The Quarterly Journal of Economics, 114/3: 817-868.

Feldman, D. (2002): Work Careers: A Developmental Perspective. San Francisco: Pfeiffer.

Feldman, D. (2004): Multiple Commitments in the Workplace. An Integrative Approach. Bookreview. Academy of Management Review, 29/3: 514-516.

Feldman, D.C. / Doerpinghaus, H.I. / Turnley, W.H. (1995): Employee Reactions to Temporary Jobs. Journal of Management Issues, 7: 127-141.

Felfe, J. / Schmook, R. / Schyns, B. / Six, B. (2008): Does the Form of Employment Make a Difference? – Commitment of Traditional, Temporary, and Self-employed Workers. Journal of Vocational Behavior, 72/1: 81-94.

*Felfe, J. / Schmook, R. / Six, B. / Weiland, R. (2005a): Commitment gegenüber Verleiher und Entleiher bei Zeitarbeitern. Bedingungen und Konsequenzen. In: Zeitschrift für Personalpsychologie, 4/3: 101-115.

Felfe, J. / Six, B. / Schmook, R. (2005b): Die Bedeutung der Arbeitszufriedenheit für Organizational Citizenship Behavior. In: Wirtschaftspsychologie, 7/1: 49-62.

Felfe, J. / Schmook, R. / Schyns, B. / Six, B. (2008): Does the Form of Employment Make a Difference?-Commitment of Traditional, Temporary, and Self-Employed Workers. Journal of Vocational Behavior, 72/1: 81-94.

Felstead, A. / Jewson, N. (1999): Global Trends in Flexible Labour. Crtitical Persepctives on Work and Organizations. Basingstoke: Palgrave.

Ferrell, D. / Rusbult, C.E. (1981): Exchange Variables as Predictors of Job Satisfaction, Job Commitment and Turnover: The Impact of Rewards, Costs, Alternatives, and Investments. Organizational Behavior and Human Performance, 27: 78-95.

Fincham, R. / Rhodes, P. (2005): Principles of Organizational Behaviour. Oxford: Oxford University Press.

Flecker, J. (1998): Not-Wendigkeit? Zum Zusammenhang von flexiblen Unternehmensformen, Qualifikationsanforderungen und Arbeitsmarktregulierung. In Zilian, H.G. / Flecker, J. (Hrsg.) Flexibilisierung - Problem oder Lösung?: 207-222. Berlin: Ed. Sigma.

Flecker, J. (1999): „Sachzwang Flexibilisierung"? Unternehmensorganisation und flexible Beschäftigungsformen. Forba Schriftenreihe Nr. 2/99, Wien.

Flecker, J. (2010): Fragementing labour: Organisational Restructuring, Employment Relations and The Dynamics of National Regulatory Frameworks. Work Organisation, Labour & Globalisation, 4/1: 8-23.

Flecker, J. / Holtgrewe, U. / Schönauer, A. /Gavroglou, S. (2009): Value Chain Restructuring and Company Strategies to Reach Flexibility. WORKS Project Report.

Flick, U. (2007): Qualitative Sozialforschung. Eine Einführung. Reinbek: Rowohlt.

Florkowski, G.W. / Schuster, M.H. (1992): Support for Profit Sharing and Organizational Commitment: A Path Analysis. Human Relations, 45/5: 507-516.

Flynn, F.J. (2005): Identity Orientations and Forms of Social Exchange in Organizations. Academy of Management Review, 30/4: 737-750.

Fox, M.L. / Dwyer, D.J. (1999): An Investigation of the Effects of Time and Involvement in the Relationship Between Stressors and Work-family Conflict. Journal of Occupational Health Psychology, 4: 164-174.

Foucault, M. (1977): Überwachen und Strafen. Die Geburt des Gefängnisses. Frankfurt: Suhrkamp.

Foucault, M. (1978): Dispositive der Macht: Über Sexualität, Wissen und Wahrheit. Berlin: Merve-Verlag.

Frambach, H.A. (1999): Zum Verständnis von Arbeit im historischen Wandel. Eine Untersuchung aus nationalökonomischer Perspektive. Arbeit, 11/3: 226-243.

Frase-Blunt, M. (2001): Busman´s Holiday. HR Magazin, 46/6: 10-46.

Frey, B. / Bohnet, I. (1994): Die Ökonomie zwischen extrinsischer und intrinsischer Motivation. Homo Oeconomicus, XI/1: 1-19.

Frey, B. / Osterloh, M. (1998): Sanktionen oder Seelenmassage? Motivationale Grundlagen der Unternehmensführung. DBW 57/4: 307-321.

Fritsch, A. / Schank, T. (2005): Betrieblicher Einsatz befristeter Beschäftigung. Sozialer Fortschritt, 9: 211-220.

Fritz, O. / Huemer, U. / Kratena, K. / Mahringer, H. / Peran, N. / Streicher, G. (2008): Mittelfristige Beschäftigungsprognose für Österreich und die Bundesländer. Berufliche und sektorale Veränderungen 2006 bis 2012. Wien: WIFO.

Fröhlich, D. / Schiebel, E. / Noll, M. (2002): Wissenslandkarten – Ein Ausweg aus dem Chaos? Report ARC Seibersdorf reserach GmbH, Seibersdorf.

Frost, J. / Osterloh, M. (2002): Motivation und Organisationsstrukturen. In Osterloh, M. / Frey, B. (Hrsg.) Managing Motivation. Wie Sie die neue Motivationsforschung für Ihr Unternehmen nutzen können. (2. aktualisierte und erweiterte Aufl.): 166-192. Wiesbaden: Gabler.

Fullagar, C. / Gallagher, D.G. / Clark, P.F. / Caroll, A. (2004): Union Commitment and Participation: A Ten-year longitudinal Study. Journal of Applied Psychology, 89/4: 730-737.

G

Gallagher, D. / McLean Parks, J. (2001): I Pledge Thee My Troth…. Contingently Commitment and the Contingent Work Relationship. Human Resource Management Review, 11: 181-208.

Gallie, D. / White, M. (1993): Employee Commitment and the Skill Revolution: First Findings from the Employment in Britain Survey. London: PSI Publishing.

*Gallie, D. / Felstead, A. / Green, F. (2001): Employer Policies and Organizational Commitment in Britain 1992-97. Journal of Management Studies, 38/8: 1081-1101.

Gächter, S. (2006): conditional Cooperation: Behavioral Regularities From the Lab and the Field and their Policy Implications. CeDEx Discussion Paper 2006-03.

Gächter, S. / Fehr, E. (1999): Collective Action as a Social Exchange. Journal of Economic Behavior & Organization. 39: 341-369.

Galunic, C.D. / Anderson, E. (2000): From Security to Mobility. Organization Science, 11/1: 1-20.

Ganster, D.C. / Schaubroeck, J. (1991): Work, Stress and Employee Health. Journal of Management, 17: 235-271.

Garfield, E. (1972): Citation Analysis as a Tool in Journal Evaluation. Science, 178, 4060: 471-479.

Garhammer, M. (2001): Wie Europäer ihre Zeit nutzen. Zeitstrukturen und Zeitkulturen im Zeichen der Globalisierung. Berlin: Ed. Sigma.

Gautam, T. / van Dick, R. / Wagner, U. (2004): Organizational Identification and Organizational Commitment: Distinct Aspects of Two Related Concepts. Asian Journal of Social Psychology, 7: 301-315.

Gellatly, I.R. (1995): Individual and Group Determinants of Employee Absenteeism: Test of a Causal Model. Journal of Organizational Behavior, 16: 469-485.

*Gellatly, I.R. / Meyer, J.P. / Luchak, A.A. (2006): Combined Effects of the three Commitment Components on Focal and Discretionary Behaviors: A Test of Meyer and Herscovitch's Propositions. Journal of Vocational Behavior, 69: 331-345.

*George, E. (2003): External Solutions and Internal Problems: The Effects of Employment Externalization on Internal Workers' Attitudes. Organization Science, 14/4: 386-402.

Gerum, E. (2004): Kann Cooperate Governance Gerechtigkeit schaffen? In Schreyögg, G. / Conrad, P. (Hrsg.) Managementforschung 14: 1-45. Berlin: Gabler.

Ghemawat, P. (1991): Commitment. The Dynamic of Strategy. New York: Free Press.

Giddens, A. (1991): Modernity and self-identity. Cambridge: Polity Press.

Giesecke, J. / Groß, M. (2006): Befristete Beschäftigung. In: WSI Mitteilungen, 59/5: 247-254.

Giesecke, J. / Heisig, J.P. (2010): Destabilisierung und Destandardisisierung, aber für wen? Die Entwicklung der westdeutschen Arbeitsplatzmobilität seit 1984. Kölner Zeitschrift für Soziologie, 62: 403-435.

*Glazer, S. / Daniel, S.C. / Short, K.M. (2004): A Study of the Relationship Between Organizational Commitment and Human Values in Four Countries. Human Relations, 57/3: 323-345.

Glenn, M.A. / Marquis, C. (2007): Legitimating Identities: How Institutional Logics Motivate Organizational Name Choices. In Bartel, C.A. / Blader, S. / Wrzesniewski, A. (eds.) Identity and the Modern Organization: 17-33. Mahwah: Lawrence Erlbaum.

*Glisson, C. / Durick, M. (1988): Predictors of Job Satisfaction and Organizational Commitment in Human Service Organizations. Administrative Science Quarterly, 33: 61-81.

Goedicke, A. / Brose, H.G. / Diewald, M. (2006): Herausforderungen des demografischen Wandels für die betriebliche Beschäftigungspolitik. In Nienhüser, W. (Hrsg.) Beschäftigungspolitik von Unternehmen – theoretische Erklärungsansätze und empirische Erkenntnisse: 151-174. Mering: Hampp Verlag.

*Goffin, R.D. / Gellatly I.R. (2001): A Multi-Rater Assessment of Organizational Commitment: Are Self-Report Measures Biased? Journal of Organizational Behavior, 22: 437-451.

Goffman, E. (1959): The Presentation of self in everyday life. London: Anchor Books.

Golden, T.D. (2006): Avoiding Depletion in Virtual Work: Telework and the Intervening Impact of Work Exhaustion on Commitment and Turnover Intentions. Journal of Vocational Behavior, 69: 176-187.

Golden, T.D. / Veiga, J.F. (2008): The Impact of Superior-subordinate Relationships on the Commitment, Job satisfaction, and Performance of Virtual Workers. Leadership Quarterly, 19: 77-88.

Golsch, K. (2005): The Impact of Labour Market Insecurity on the Work and Family Life of Men and Women. A Comparison of Germany, Great Britain, and Spain. Bielefeld: Lang.

Gonzalez, S.M. / Tacorante, D.V. (2004): A New Approach to the Best Practices Applied to All Employees in the Same Way? The International Journal of Human Resource Management, 15/1: 56-75.

González, T.F. / Guillén, M. (2008): Organizational Commitment: A Proposal for a Wider Ethical Conceptualization of „Normative Commitment“. Journal of Business Ethics, 78: 401-414.

Gordon, M.E. (1982): Empirical Test of the Validity of Seniority as a Factor in Staffing Decisions. Journal of Applied Psychology, 67/3: 311-319.

Gordon, M.E. / Philpot, J.W. / Burt, R.E. / Thompson, C.A. / Spiller, W.E. (1980): Commitment to the Union: Development of a Measure and Examination of its Correlates. Journal of Applied Psychology, 65: 479-499.

Götz, K. / Lackner, C. (1999): „Zeit“ und Führung – „Zeit“ und Organisation. In: Götz, Klaus (Hrsg.): Führungskultur: 53-74. München: Hampp.

Gould, S. (1979): An Equity-exchange Model of Organizational Involvement. Academy of Management Review, 4: 53-62.

*Gouldner, H.P. (1960): Dimensions of Organizational Commitment. Administrative Science Quarterly, 4/4: 468-490.

Granovetter, M. (1973): The Strength of weak ties. American Journal of Sociology, 78/6: 1360-1380.

Granovetter, M. (1974): Getting a Job. A Study of Contracts and Careers. Cambridge: Harvard University Press.

Granovetter, M. (1985): Economic Action and Social Structure: The Problem of Embeddedness. American Journal of Sociology, 91: 481-510.

Grant, R.M. (1996): Toward a Knowledge-Based Theory of the Firm. Strategic Management Journal, 17: 109-122.

Greenhaus, J.H. / Bedeian, A.G. / Moosholder, K.W. (1987): Work Experiences, Job Performance, and the Feeling of Personal and Family Well-being. Journal of Vocational Behavior, 31: 200-215.

Greenwood, R. / Hinings, C.R. (1996): Understanding Radical Organizational Change: Bringing Together the Old and the New Institutionalism. Academy of Management Review, 21/4: 1022-1055.

*Greer, C.R. / Stephens, G.K. (2001): Escalation of Commitment: A Comparison of Differences Between Mexican and U.S. Decision-Makers. Journal of Management, 27: 51-78.

*Gregersen, H.B. (1993): Multiple Commitments at Work and Extrarole Behavior During Three Stages of Organizational Tenure. Journal of Business Research 26: 31-47.

Grimshaw, D. / Marchington, M. / Rubery, J. / Willmott, H. (2005): Introduction: Fragmenting Work Across Organizational Boundaries. In Marchington, M. / Grimshaw, D. / Rubery, J. / Willmott, H. (eds.) Fragmenting Work: Blurring Organizational Boundaries and Disordering Hierarchies: 1-38. New York: Oxford University Press.

Grimshaw, D. / Rubery, J. (2005): Inter-capital Relations and Network Organization: Redefining the Work and Employment Nexus. Cambridge Journal of Economics, 29: 1027-1051.

*Grusky, O. (1966): Career Mobility and Organizational Commitment. Administrative Science Quarterly, 10/4: 488-503.

Grzywacz, J.G., / Marks, N.F. (2000): Reconceptualizing the Work-family Interface: An Ecological Perspective on the Correlates of Positive and Negative Spillover Between Work and Family. Journal of Occupational Health Psychology, 5: 111-126.

Guest, D.E. (1992): Employee Commitment and Control. In Hartley, J.F. / Stephenson, G.M. (eds.) Employment and Relations. The Psychology of Influence and Control at Work: 111-135. Oxford: Blackwell.

Guest, D.E. (1997): Human Resource Management and Performance: A Review and Research Agenda. International Journal of Human Resource Management, 8: 263-276.

Guest, D.E. (2004a): Flexible Employment Contracts, the Psychological Contract and Employee Outcomes: an Analysis and Review of the Evidence. International Journal of Management Reviews, 5/6/1: 1-19.

Guest, D.E. (2004b): The Psychology of Employment Relationship: An Analysis Based on Psychological Contract. Applied Psychology: An International Review, 33/4: 541-555.

Guest, D.E. / Conway, N. (2002): The psychological contract, health and well-being. In Schabracq, M. / Winnubst, J. / Cooper, C. (eds.) Handbook of Work and Health Psychology: 143-158. Chichester: John Wiley.

Guest, D.E. / Oakley, P. / Clinton, M. / Budjanovcanin, A. (2006): Free or precarious? A Comparison of the Attitudes of Workers in Flexible and Traditional Employment Contracts. Human Resource Management Review, 16: 107-124.

Guldner, G.T. / Swensen, C.H. (1995): Time Spent Together and Relationship Quality: Long-Distance Relationships as a Test Case. Journal of Social and Personal Relationships, 12/2: 313-320.

Gummesson, E. (1994): Making Relationship Marketing Operational. International Journal of Service Industry Management 5/5: 5-20.

Günther, H.-O. (1990): Personalkapazitätsplanung und Arbeitszeitflexibilisierung. In Adam, D. / Backhaus, K. / Meffert, H. / Wagner, H. (Hrsg.) Integration und Flexibilität: eine Herausforderung für die allgemeine Betriebswirtschaftslehre: 303–334. Wiesbaden: Gabler.

*Gunz, H.P. / Gunz, S P. (1994): Professional/Organizational Commitment and Job Satisfaction for Employed Lawyers. Human Relations, 47/7: 801-812.

Gustafson, L.T. / Reger, R.K. (1995): Using Organizational Identity to Achieve Stability and Change in High Velocity Environments. Academy of Management Proceedings: 464-468.

Guzzo, R.A. / Noonan, K.A. / Elorn, E. (1994): Expatriate Managers and the Psychological Contract. Journal of Applied Psychology, 79: 617-626.

H

*Haar, J.M. / Spell, C.S. (2004): Programme Knowledge and Value of Work-Family Practices and Organizational Commitment. International Journal of Human Resource Management, 15/6: 1040-1055.

Haase, D. (1997): Organisationsstruktur und Mitarbeiterbindung. Eine empirische Analyse in Kreditinstituten. Köln: Dt. Industrieverlag.

Hacker, W. (1997): Allgemeine Arbeitspsychologie – Psychische Regulation von Arbeitstätigkeiten. Bern: Huber.

Hackett, R. / Bycio, P. / Hausdorf, P. (1994): Further Assessment of Meyer and Allen´s (1991) 3-component Model of Organizational Commitment. Journal of Applied Psychology, 79: 15-23.

*Hackett, R. / Lapierre, L. / Hausdorf, P. (2001): Understanding the Links between Work Commitment Constructs. Journal of Vocational Behavior, 58: 392-413.

Häfele, E. / Lehner, A. / Ratzenböck. V. (2005): Die wirtschaftliche Bedeutung der Creative Industries: Wien im Städtevergleich mit Barcelona, Berlin, London, Mailand und Paris. Österreichische Kulturdokumentation. Internationales Archiv für Kulturanalysen.

Hagedoorn, M. / Van Ypern, N.W. / Van de Vliert, E. / Buunk, B.P. (1999): Employee´s Reactions to Problematic Events: A Circumplex Structure of Five Categories of Responses, and the Role of Job Satisfaction. Journal of Organizational Behavior, 20: 309-321.

Hall, D.T. (1971): A Theoretical Model of Career Subidentity Development in Organizational Settings. Organizational Behavior and Human Performance, 6: 50-76.

Hall, D.T. (1987): Careers and Socialization. Journal of Management, 13/2: 301-321.

Hall, D.T. (1990): Promoting Work/Family Balance: An Organization-Change Approach. Organization Dynamics, 18: 5-18.

Hall, D.T. (1996a): Protean Careers of the 21th Century. Academy of Management Executive 10/4: 8-16.

Hall, D.T. (ed., 1996b): The Career is Dead - Long Live the Career. A Relational Approach to Careers. San Francisco: Jossey Bass.

Hall, D.T. (2002): Careers In and Out of Organizations. Thousand Oaks: Sage.

Hall, D.T. (2004): The Protean Career: A Quarter-century Journey. Journal of Vocational Behavior, 65: 1-13.

Hall, D.T. / Richter, J. (1988). Balancing Work Life and Home Life: What can Organizations Do to Help? Academy of Management Executive, 11/3: 213-223.

Hamel, W. (1985): Betriebliche Aspekte einer Flexibilität der Arbeit. WISU (das Wirtschaftsstudium), 14/6: 296 –300.

Handy, C. (1994): The Age of Paradox. Cambridge, MA: Harvard Business School Press.

Hannum, K. / McFeeters, B.B. / Booysen, L. (2010): Leading across Differences. San Francisco: Wiley.

Hardy, C. (2004): Scaling Up and Bearing Down in Discourse Analysis: Questions Regarding Textual Agencies and Their Context. Organization 11: 415-425.

Hardy, D.J. / Walker, R.J. (2003): Temporary but Seeking Permanence: A Study of New Zealand Temps. Leadership & Organization Development Journal, 24: 141-152.

Harley, B. (2001): Team Membership and the Experience of Work in Britain: An Analysis of the WERS98 Data. Work, Employment and Society, 15: 721-742.

Harley, B. (2002): Employee Responses to High Performance Work System Practices: An Analysis of the AWIRS95 Data. The Journal of Industrial Relations, 44: 418-434.

Harley, B. (2005): Hope or Hype? High-Performance Work Systems. In Knights, D. / Thompson, P. / Smith, C. / Willmott, H. (eds.) Participation and Democracy at Work. Essays in Honour of Harvie Ramsay: 38-54. Houndsville: Palgrave.

Harris, A.S. (1996): Living with Paradox: An Introduction to Jungian Psychology. Albany, NY: Brooks.

Harris, H. / Brewster, C. (1999): The Coffee-maschine System: How International Selection Really Works. The International Journal of Human Resource Management, 10/3: 488-500.

Harris, H. / Brewster, C. / Erten, C. (2005): Auslandseinsatz, aber wie? Klassisch oder alternative Formen: neueste empirische Erkenntnisse aus Europa und den USA. In G. Stahl / W. Mayrhofer, / T. M. Kühlmann (eds.) Internationales Personalmanagement. Neue Aufgaben, neue Lösungen: 275-292. München: Hampp.

Harris, H. / Petrovic, J. / Brewster, C. (2001): New Forms of International Working: the Panacea to Expatriation Ills? International Human Resource Management Conference, Barcelona, May. Unpublished conference paper, accessed on May 5 2002 at http://www.som.cranfield.ac.uk/som/research/centres/creme/downloads/cronermay2000.doc [08.03.2010]

*Harrison, J.K. / Gowan, M. / Neill, H. (2004): Effects of Organizational Rank and Length of Time in Assignment on Expatriate Commitment. The Social Science Journal, 41: 471-476.

Harvey, D. (1989): The Condition of Postmodernity. Cambridge: Blackwell.

Harvey, M. / Speier, C. / Novicevic, M. (1999): The Role of Inpatriation in Global Staffing. International Journal of Human Resource Management, 10/3: 459-476.

Harzing, A.W. / Ruysseveldt J. (2004): International Human Resource Management. London: Sage.

Haslam, S.A. / Jetten, J. / Postmes, T. / Haslam C. (2009): Social Identity, Health and Well-Being: An Emerging Agenda for Applied Psychology. Applied Psychology, 58/1: 1-23.

Hatch, M.J. (1997): Irony and the Social Construction of Contradiction in the Humor of Management Team. Organizational Science, 8: 275-288.

Hatch, M.J. / Ehrlich, S.B. (1993): Spontaneous Humour as an Indicator of Paradox and Ambiguity in Organizations. Organization Studies, 14: 505-526.

Hauert, C. / Traulsen, A. / Brandt, H. / Nowak, M.A. / Sigmund, K. (2007): Via Freedom to Coercion: The Emergence of Costly Punishment. Science, 316/5833: 1905-1907.

Hauff, S. (2007): Flexibilisierung von Beschäftigung und die Erosion psychologischer Verträge aus Sicht der ArbeitnehmerInnen. Arbeit, 16/1: 36-53.

Haunschild, A. (2000): Neue Beschäftigungsverhältnisse, Unternehmensgrenzen und soziales Kapital. Beitrag zum 24. Workshop der Kommission Organisation des VHB, 3./4. März 2000 in Zürich.

Haunschild, A. (2004a): Flexible Beschäftigungsverhältnisse – Effizienz, Institutionelle Voraussetzungen und organisationale Konsequenzen. Hamburg: Habilitationsschrift.

Haunschild, A. (2004b): Contingent Work: The Problem of Disembeddedness and Economic Reembededdness. Management Revue, 15/1: 74-88.

Haunschild, A. (2004c): Employment Rules in German Theatres: An Application and Evaluation of the Theory of Employment Systems. British Journal of Industrial Relations, 42/4: 685-703.

Hausendorf, H. (2008): Anwesenheit und Mitgliedschaft – eine soziologische Unterscheidung und ihr Wert für die linguistische Analyse von Organisationskommunikation. In Menz, F./Müller, A.P. (Hrsg.) Organisationskommunikation: 47-69. München: Hampp.

Hazan, C. / Shaver, P. (1987): Romantic Love Conceptualized as an Attachment Process. Journal of Personality and Social Psychology, 52: 511-524.

Hedberg, B. / Bystrom, P.C. / Starbuck, W.H. (1976): Camping on Seesaws: Prescriptions for a Self-Designing Organization. Administrative Science Quarterly, 21/1: 41-65.

*Heffner, T.S. / Rentsch, J.R. (2001): Organizational Commitment and Social Interaction: A Multiple Constituencies Approach. Journal of Vocational Behavior, 59: 471-490.

Heinrich, M. / Schmidt, A. (2002): Organisationale Steuerungsmöglichkeiten und individuelle Grenzziehung in dynamischen Arbeitszeitmodellen – eine theoretische Analyse. In Kramer, C. (Hrsg.), FREI-Räume und FREI-Zeiten: Raum-Nutzung und Zeit-Verwendung im Geschlechterverhältnis: 149–164. Heidelberg: Nomos.

Heinrich, M. / Schmidt, A. (2004): Schlüsselcodes statt Schlüsselqualifikationen für Frauen: Konsequenzen atypischer Beschäftigungsformen beim organisationalen Eintritt. In: Heitzmann, K. und Schmidt, A. (Hrsg.): Wege aus der Frauenarmut: 91-121. Frankfurt: Lang.

Heinrich, M. / Schmidt, A. (2004): Zeit und Management. In: Kasper, H. (Hrsg.), Strategien realisieren – Organisationen mobilisieren: 111-126. Wien: Linde Verlag.

Heinze, R.G. / Streeck, W. (2000): Institutionelle Modernisierung und Öffnung des Arbeitsmarktes: Für eine neue Beschäftigungspolitik. In Kocka, J. / Offe, C. (Hrsg.) Geschichte und Zukunft der Arbeit: 234-261. Frankfurt: Campus.

Hejl, P. (1987): Konstruktion der sozialen Konstruktion: Grundlinien einer konstruktivistischen Sozialtheorie. In Schmidt, S. (Hrsg.) Der Diskurs des radikalen Konstruktivismus: 303–339. Frankfurt: Suhrkamp.

Helfat, C.E. (1997): Know-how and Asset Complementarity and Dynamic Capapbility Accumulation. The Case of R&D. Strateggic Management, 18/5: 339-360.

Hellgren, J. / Sverke, M. (2003): Does Job Insecurity Lead to Impaired Well-being or Vice Versa? Estimation of Cross-lagged Effects Using Latent Variable Modeling. Journal of Organizational Behavior, 24: 215–236

Henneberger, F. / Sousa-Poza A. / Ziegler, A. (2004): Befristete Beschäftigung in der Schweiz. Zeitschrift für Arbeitsmarktforschung, 37/3: 239-267.

Hennig-Thurau, T. / Walsh, G. / Schrader, U. (2004): VHB-JOURQUAL: Ein Ranking von betriebswritschaftlich-relevanten Zeitschriften auf der Grundlage von Expertenurteilen. Zeitschrift für betriebswirtschaftliche Forschung (zfbf), 56: 520-545.

Herington, C. / Johnson, L.W. / Scott, D. (2009): Firm-Employee Relationship Strength – A Conceptual Model. Journal of Business Research, 62: 1094-1107.

Herriot, Peter / Stickland, Rob (1996): Career Management: the Issue of the Millenium. European Journal of Work and Organizational Psychology, 5/4: 465-470.

Hesse, M. (1995) Models, Metaphors and Truth. In Radman, Z. (ed.) From a Metaphorical Point of View: A Multidisciplinary Approach to the Cognitive Content of Metaphor: 351-372. Berlin: DeGruyter.

Higgins, E.T. (1997): Beyond Pleasure and Pain. American Psychologist, 52: 1280-1300.

Hildebrand, E. / Seltz, R. (1987): Managementstrategien und Kontrolle. Eine Einführung in die Labour Process Debate. Berlin: Edition Sigma.

Hill, C.G. (1992): Jean-Paul Sartre: Freedom and Commitment. New York: Lang.

Hill, E.J. / Ferris, M. / Märtinson, V. (2003): Does it Matter Where You Work? A Comparison of How Three Work Venues (Traditional Office, Virtual Office and Home Office) Influence Aspects of Work and Personal/family Life. Journal of Vocational Behavior, 63: 220-241.

Hill, E.J. / Hawkins, A.J. / Ferris, M. / Weitzman, M. (2001): Finding an Extra Day a Week: The Positive Influence of Perceived Job Flexibility on Work and Family Life Balance. Family Relations, 50/1: 49-58.

Hirshman, A. O. (1970): Exit, Voice and Loyalty - Responses to Decline in Firms, Organizations, and States. Cambridge, Mass: Harvard University Press.

Hochgerner, J.(1998): Flexibilisierung durch Telearbeit. In Zilian, Hans Georg (Hrsg.) Flexibilisierung – Problem oder Lösung?: 175-192. Berlin: Ed. Sigma.

*Hochwarter, W.A. / Kacmar, C. / Perrewè, P.L. / Johnson, D. (2003): Perceived Organizational Support as a Mediator of the Relationship Between Politics Perceptions and Work Outcomes. Journal of Vocational Behavior, 63: 438-456.

*Hochwarter, W.A. / Perrewè, P.L. / Ferris, G.R. / Guercio, R. ((1999): Commitment as an Antidote to the Tension and Turnover Consequences of Organizational Politics. Journal of Vocational Behavior, 55: 277-297.

Hoff, A. (2002): Vertrauensarbeitszeit: einfach flexibel arbeiten. Wiesbaden: Gabler.

Hoffmann, E. / Walwei, U. (2002): Wandel der Erwerbsformen: Was steckt hinter den Veränderungen? In Kleinhenz, G. (Hrsg.) IAB-Kompendium Arbeitsmarkt- und Berufsforschung. Beiträge zur Arbeitsmarkt- und Berufsforschung, Nr. 250: 135-144. Nürnberg.

Hofstadter, D. R. (2007): Gödel, Escher, Bach – ein endloses geflochtenes Band. 11. erweiterte Auflage, München: DTV.

Hohm, H.-J. (2006): Soziale Systeme, Kommunikation, Mensch. Weinheim: Juventa Verlag.

Holtgrewe, U. (2006): Flexible Menschen in flexiblen Organisationen. Wien: Edition Sigma.

*Hrebiniak, L.G. / Alutto, J.A. (1972): Personal and Role-Related Factors in the Development of Organizational Commitment. Administrative Science Quarterly, 17: 555-573.

Hsu, G. / Hannan, M.T. (2005): Identities, Genres, and Organizational Forms. Organizational Science, 16/5: 474-490.

Hughes, D. / Galinsky, E. (1994): Work Experiences and Marital Interactions: Elaboration the Complexity of Work. Journal of Organizational Behavior, 15: 423-438.

Huiskamp, R. (2004): Employment Relations in Transition. Utrecht: Lemma Publishers.

Huiskamp, R. / Kluytmans, F. (2004): Between Employment Relationships and Market Relationships: Dilemmas for HR Management. Management Revue, 15/3: 381-398.

*Hult, C. (2005): Organizational Commitment and Person-Environment Fit in Six Western Countries. Organization Studies, 26/2: 249-270.

*Hunt, S. D. / Morgan, R.M. (1994): Organizational Commitment: One of Many Commitments or Key Mediating Construct? Academy of Management Journal, 37/6: 1568-1587.

Hunt, S.D. / Menon, A. (1995): Metaphors and Competitive Advantage: Evaluating the Use of Metaphors in Theories of Competitive Strategy. Journal of Business Research, 33/2: 81-90.

Hunter, A. / McGregor, A. / MacInnes, J. / Sproull, A. (1993): The flexible Firm: Strategy and Segmentation. British Journal of Industrial Relations, 31/3: 383-407.

Huselid, M. (1995): The Impact of Human Resource Management Practices on Turnover, Productivity, and Corporate Financial Performance. Academy of Management Journal, 38/3: 635-672.

*Huselid, M.A. / Day, N.E. (1991): Organizational Commitment, Job Involvement, and Turnover: A Substantive and Methodological Analysis. Journal of Applied Psychology, 76/3: 380-391.

Huselid, M.A. / Beatty, R.W. / Becker, B.E. (2005a): A Players or Positions? The Strategic logic of Workforce Management. Harvard Business Review, December: 110-117.

Huselid, M.A. / Becker, B.E. / Beatty, R.W. (2005b): The Workforce Scorecard. Managing Human Capital to Execute Strategy. Boston: Harvard Business School Press.

I

Inkson, K. (2002): Career Metaphors and Their Application in Theory and Counselling Practice. Journal of Employment Counselling, 39: 98-108.

Institut für deutsche Wirtschaft (Hrsg.) (2002): Deutschland in Zahlen, Köln.

*Irving, G.P. / Coleman, D.F. / Cooper, C.L. (1997): Further Assessments of a Three-Component Model of Occupational Commitment: Generalizability and Differences Across Occupations. Journal of Applied Psychology, 82/3: 444-452.

Isaksson, K. / Bellagh, K. (2002): Health Problems and Quitting Among Female “Temps”. European Journal of Work and Organizational Psychology, 11: 27-38.

*Ito, J.K. / Brotheridge, C.M. (2005): Does Supporting Employees' Career Adaptability Lead to Commitment, Turnover, or Both? Human Resource Management, 44/1: 5-19.

*Iverson, R.D. / Buttigieg, D.M. (1999): Affective, Normative and Continuance Commitment: Can the 'right kind' of Commitment be Managed? Journal of Management Studies, 36/3: 307-333.

J

Jackson, J.W. (2002): Intergroup Attitudes as a Function of Different Dimensions of Group Identification and Perceived Intergroup Conflict. Self and Identity, 1: 11-34.

Jackson, P.R. / Stafford, E.M. / Banks, M.H. / Warr, P.B. (1983): Unemployment and Psychological Distress in Young People: The Moderating Role of Employment Commitment. Journal of Applied Psychology, 68/3: 525-535.

Jackson, S. / Hitt, M.A. / DeNisi, A.S. (2003): Managing Knowledge for Sustained Competitive Advantage: Designing Strategies for Effective Human Resource Management. San Francisco: Jossey-Bass.

Jackson, S. / Schuler, R. / Rivero, J. (1989): Organizational Characteristics as Predictors of Presonnel Practices. Personnel Psychology, 42: 727-786.

*Jans, N.A. (1989): Organizational Commitment, Career Factors and Career/Life Stage. Journal of Organizational Behavior, 10: 247-266.

Jaros, S. / Jermier, J.M. / Koehler, J.W. / Sincich, T. (1993): Effects of Continuance, Affective, and Moral Commitment on the Withdrawal Process: An Evaluation of Eight Structural Equation Models. Academy of Management Journal, 36/5: 951-995.

Jaros, S. J. (1995): An assessment of Meyer and Allen´s Three Component Model of Organziational Commitment and Turnover Intentions. Academy Management Best paper Proceedings, 317-321.

*Jaros, S.J. (1997): An Assessment of Meyer and Allen's Three Component Model of Organziational Commitment and Turnover Intentions. Journal of Vocational Behavior, 51: 317-321.

*Jauch, L.R. / Glueck W.F. / Osborn, R.N. (1978): Organizational Loyalty, Professional Commitment, and Academic Research Productivity. Academy of Management Journal, 21/1: 84-92.

*Jaussi, K.S. (2007): Attitudinal Commitment: A Three-Dimensional Construct. Journal of Occupational and Organizational Psychology, 80: 51-61.

*Johnson, R.E. / Chang, C.-H. (2006): "I" is to Continuance as "We" is to Affective: The Relevance of the Self-Concept for Organizational Commitment. Journal of Organizational Behavior, 27: 549-570.

Johnston, W.B. / Packer, A.H. (1987): Workforce 2000: Work and Workers for the Twenty-first Century. Indianapolis: Hudson Institute.

Jurczyk, K. (1998): Arbeitszeit, Familie und Geschlechterverhältnisse – die Erosion von Normalitäten, empirische Ergebnisse. Zeitschrift für Personalforschung, 12/3: 302-318.

K

Kabanoff, B. (1991): Equity, Equality, Power, and Conflict. Academy of Management Review, 16: 416-441.

Kaiser, S. / Müller-Seitz, G. / Ringelstetter, M. (2005): Der Betrag eines flexibilitätsorientierten Humanressourcen-Managements in Unternehmenskrisen: Eine kritische Betrachtung. Zeitschrift für Persnalforschung, 19/3: 252-272.

Kalleberg, A.L. (2001): Organizing Flexibility: The Flexible Firm in a New Century. British Journal of Industrial Relations, 39/4: 479-504.

Kalleberg, A.L. / Reskin, B. / Hudson, K. (2000): Bad Jobs in America: Standard and Non-standard Employment and Value Creation: Extending the Human Resource Architecture. Academy of management Review, 32: 236-256.

*Kalleberg, A.L. / Reve, T. (1993): Contracts and Commitments: Economic and Sociological Perspectives on Employment Relations. Human Relations, 46/9: 1103-1132.

Kang, S.C. /Morris, S.S. / Snell, S.A. (2007): Relational Archetypes, Organizational Learning, and Value Creation: Extending the Human Resource Architecture. Academy of Management Review, 32/1: 236-256.

Kanter, R.M. (1968): Commitment and Social Organization: A Study of Commitment Mechanisms in Utopian Communities. American Sociological Review, 33/4: 499-517.

Kanter, Rosabeth M. (1972): Commitment and Community: Communes and Utopias in Sociological Perspective. Cambridge: Harvard University.

Kanungo, R.N. (1982): Measurement of Job and Work Involvement. Journal of Applied Psychology, 67/3: 341-349.

Kappelhoff, V. / Heidemann, K. / Völker, S. / Rietz, C. (2006): Partnerschaft und Auslandseinsatz: Beziehungsdimensionen und ihre Bedeutung für die Qualität des Auslandsaufenthalts bei Expatriates. Zeitschrift für Personalforschung, 20/4: 318-342.

Kasper, H. (1990): Die Handhabung des Neuen in organisierten Sozialsystemen. Berlin: Springer.

Kasper, H. (1992): „Betriebliche Sozialisation". In Gaugler E. / Weber, W. (eds.) Handwörterbuch des Personalwesens: 2056-2065. Stuttgart: Poeschel.

Kasper, H. (1995): Vom Management der Organisationskultur zur Handhabung lebender sozialer Systeme. In: Kasper, H. (Hrsg.): Post-Graduate-Management-Wissen. Inhalte des Führungsseminars an der Wirtschaftsuniversität Wien: 189-224. Wien: Uebereuter Verlag.

Kasper, Helmut (1985): „Double-bind"-Theorie. Wirtschaftswissenschaftliches Studium, 14/2: 75-76.

Katz, D. (1964): The Motivational Basis of Organizational Behavior. Behavioral Science, 9: 131-133.

Katz, D. / Kahn R. (1978): The Social Psychology of Organizations, 2nd Edition, New York: Wiley.

Katzell, R.A. / Thompson, D.E. (1990): An Integrative Model of Work Attitudes, Motivation, and Performance. Human Performance, 3/2: 63-85.

Kaupa, I. / Kein, C. / Kreiml, T. / Riesenfelder, A. / Steiner, K. / Weber, M. / Wetzel, P. (2005). Bericht. Zufriedenheit. Einkommenssituation und Berufsperspektiven bei Neuen Erwerbsformen. Wien: L&R Sozialforschung.

Kaupa, I. / Steiner K. (2002): Atypische Beschäftigung: Notlösung, Übergangsstadium oder freie Wahl? In Eichmann, H. / Kaupa, I. / Steiner, K. (Hrsg.) Game over? Neue Selbständigkeit und New Economy nach dem Hype: 121-140. Wien: Falter Verlag.

Kehr, H.M. (2004): Motivation und Volition. Berlin: Hofgrefe.

Kelle, U. (2007): Die Integration qualitativer und quantitativer Methoden in der empirischen Sozialforschung. Theoretische Grundlagen und methodologische Konzepte. Wiesbaden: VS Verlag für Sozialwissenschaften.

Keller, B. / Seifert, H. (2002): Flexicurity – Wie lassen sich Flexibilität und soziale Sicherheit vereinbaren? Mitteilungen aus der Arbeitsmarkt- und Berufsforschung, 32/1: 90-106.

Keller, B. / Seifert, H. (2005): Atypical Employment and Flexicurity. Management Revue, 16/3: 304-323.

Keller, B. / Seifert, H. (2006): Atypische Beschäftigungsverhältnisse: Flexibilität, soziale Sicherheit und Prekarität. WSI Mitteilungen, 59/5: 235-240.

Keller, B. / Seifert, H. (2007): Atypische Beschäftigung. Flexibilisierung und soziale Risiken. Berlin: Edition Sigma.

Kelly, J.R. (2006): Lifestyles. In Beckert, J / M. Zafirovski (eds.) International Encyclopedia of Economic Sociology: 407-409. London: Routledge.

Kelman, H.C. (1958): Compliance, Identification, and Internalization: Three Processes of Attitude Change. Journal of Conflict Resolution, 2: 51-60.

Kels, P. / Vormbusch, U. (2005): Human Resource Management als Feld der Subjektivierung von Arbeit. In Drinkuth, A. / Eichler, L. / Kels, P. / Krömmelbein, S. / Menz, W. / Rau, A. / Vormbusch, U. (Hrsg.) Ökonomie der Subjektivität – Subjektivität der Ökonomie: 35-58. Berlin: Edition Sigma.

Kets de Vries, M.F. (1995): Organizational Paradoxes: Clinical Approaches to Management. New York: Routledge.

*Kidron, A. (1978): Work Values and Organizational Commitment. Academy of Management Journal, 21/2: 239-247.

Kieser, A. (1995): Loyalität und Commitment. In Kieser, A. / Reber, G. / Wunderer, R. (Hrsg.) Handwörterbuch der Führung: 1442-1456. Stuttgart: Schäffer-Pöschel.

Kieser, A. (1999): Management und Taylorismus, In Kieser, A. (Hrsg.) Organisationstheorien: 65-100. Stuttgart, Kohlhammer.

Kieser, A. (2002): Konstruktivistische Ansätze. In Kieser, A. (Hrsg.): Organisationstheorien: 287-318. Stuttgart: Kohlhammer.

Kieser, A. (2010): Unternehmen Wissenschaft? Leviathan, 38: 347-367.

Kim, W.C. / Mauborgne, R.A. (1993): Procedural Justice, Attitudes, and Subsidiary Top Management Compliance with Multinationals' Corporate Strategic Decisions. Academy of Management Journal, 36: 502-528.

King, N. (2004): Using Templates in the Thematic Analysis of Text. In Casell, C. / Symon, G. (eds.) Essential Guide to Qualitative Methods in Organizational Research: 256-270. London: Sage.

*Kinicki, A.J. / Vecchio, R.P. (1994): Influences on the Quality of Supervisor-Subordinate Relations: The Role of Time-Pressure, Organizational Commitment, and Locus of Control. Journal of Organizational Behavior, 15: 75-82.

*Kirkman, B.L. / Shapiro, D.L. (2001): The Impact of Cultural Values on Job Satisfaction and Organizational Commitment in Self-Managing Work Teams: The Mediating Role of Employee Resistance. Academy of Management Journal, 44/3: 557-569.

Kirsch, W. / Seidl, D. / van Aaken, D. (2007): Betriebswirtschaftliche Forschung. Wissenschaftstheoretische Grundlagen und Anwendungsorientierung. Stuttgart: Schäffer-Poeschel.

Kissler. G. (1994): The New Employment Contract. Human Resource Management, 3: 335-352.

*Knippenberg, D.V. / Sleebos, E. (2006): Organizational Identification versus Organizational Commitment: Self-Definition, Social Exchange, and Job Attitudes. Journal of Organizational Behavior, 27: 571-584.

Knorr-Cetina, K. (1989): Die Spielarten des Konstruktivismus. Einige Notizen und Anmerkungen. In: Soziale Welt, 40/1/2: 86-96.

Knudsen, M. (2005): Displacing the Paradox of Decision Making. In Seidl, D. / Becker, K.H. (eds.) Niklas Luhmann and Organization Studies: 107-126, Kristianstad: Liber & Copenhagen Business School Press.

Knudson, H.K. / Johnson, A.J. / Martin, J.K. / Roman, P.M. (2003): Downsizing Survival: The Experience of Work and Organizational Commitment. Sociological Inquiry, 73: 265-283.

Knuth, M. / Erlinghagen, M. (2006): Flexible Unternehmen – stabile Beschäftigung? In Nienhüser, W. (Hrsg.) Beschäftigungspolitik von Unternehmen – theoretische Erklärungsansätze und empirische Erkenntnisse: 11-38. Mering: Hampp Verlag.

*Ko, J.W. / Price, J.L. / Mueller, C.W. (1997): Assessment of Meyer and Allen's Three-Component Model of Organizational Commitment in South Korea. Journal of Applied Psychology, 82/6: 961-973.

Kochan, T. A. (2007): Social Legitimacy of HRM Profession: A US Perspective. In Boxall, P. / Purcell, J. / Wright, P. (eds.) The Oxford Handbook of Human Resource Management: 599-620. Oxford: Oxford University Press.

Kochan, T.A. / Katz, H.C. / McKersie, R.B. (1986): The Transformation of American Industrial Relations. New York: Basic Books.

Kochan, T.A. / McKersie, R.B. / Capelli, P. (1984): Strategic Choice and Industrial Relations Theory. Industrial Relations, 23/1: 16-39.

Koene, B. / van Riemsdijk, M. (2005): Managing Temporary Workers: Work Identity, Diversity and Operational HR Choices. Human Resource Management Journal, 15/1: 76-92.

Kogut, B. / Zander, U. (1992): Knowledge of Form, Combinative Capabilities, and the Replication of Technology. Organization Science, 3: 383-397.

Kogut, B. / Zander. U. (1993): Knowledge of the Firm and the Evolutionary Theory of the Multinational Corporation. Journal of International Business Studies, 24: 635-645.

Koller, H. / Langmann, C. / Untiedt, H.M. (2006): Management von Innovationsnetzwerken. Industrie Management, 22/3: 23-28.

*Kondratuk, T.B. / Hausdorf, P.A. / Korabik, K. / Rosin, H.M. (2004): Linking Career Mobility with Corporate Loyalty: How Does Job Change Relate to Organizational Commitment? Journal of Vocational Behavior, 65: 332-349.

Konovsky, M.A. / Pugh, S.D. (1994): Citizenship Behavior and Social Exchange. Academy of Management Journal, 37/3: 656-669.

Kopecsa, A. / Schiebel, E. (1998): Science and Technology Mapping: A New Iteration Model for Representing Multidimensional Relationships. Journal of American Society for Information Science, 49/1: 7-17.

Köppl, P. / Neureiter, M. (2004): Corporate Social Responsibility. Leitlinien und Konzepte im Management der gesellschaftlichen Verantwortung von Unternehmen. Wien: Linde.

Köhler, C. / Struck, A. (2008): Offene und geschlossene Beschäftigungssysteme. Ansätze – Ergebnisse – Ausblick. In: Köhler, C. / Struck, O. / Grotheer, M. / Krause, A. / Krause, I. / Schröder, T. (Hrsg.) Offene und geschlossene Beschäftigungssysteme: 11-30. Wiesbaden: VS Verlag.

Köhler, C. / Krause, A. (2010): Betriebliche Beschäftigungspolitik. In Böhle, F. / Voß, G.G. / Wachtler, G. (Hrsg.) Handbuch Arbeitssoziologie: 387-414. Wiesbaden: VS Verlag.

Kopcsa, A. /Schiebel, E. (1998): Science and Technology Mapping: A New Iteration Model for Representing Multidiemsional Relationsships. Journal of American Society of Information Science, 49/1: 1-7.

*Korabik, K. / Rosin, H.M. (1995): The Impact of Children on Women Managers' Career Behavior an Organizational Commitment. Human Resource Management, 34/4: 513-528.

Kornberger, M. / Clegg, S.R. (2004): Bringing Space Back in: Organizing the Generative Building. Organization Studies, 25/7: 1095-1114.

Kosiol, E. (1962): Leistungsgerechte Entlohnung, Wiesbaden: Gabler.

Koslowsky, M. / Caspy, T. / Lazar, M. (1990): An Empirical Comparison of Commitment Scales. Journal of Applied Social Psychology, 20: 1063-1075.

Kotler, P. / Lee N. (2005): Corporate Social Responsibility. Doing the Most Good for Your Company and Your Case. Hoboken: Wiley.

Krackhardt, D. (1992): The Strengh of Strong Ties: The Importance of Philos in Organizations. In Nitin, N. / Eccles, R.G. (eds.) Networks and Organizations: 216-239. Boston: Harvard Business School Press.

Kratzer, N. (2002): Warum machen die Beschäftigen mit? Erklärungsansätze für die Ambivalenz selbstorganisierter Arbeit. Vortragsmanuskript für die Tagung „Unselbständig Selbständige oder Arbeitskräfteunternehmer, Mai 2002 in Köln.

Krause, I. / Schröder, T. / Struck, O. (2008): Innovation und Beschäftigungsstabilität. In Köhler, C. / Struck, O. / Grotheer, M. / Krause, A. / Krause, I. / Schröder, T. (Hrsg.) Offene und geschlossenen Beschäftigungssysteme. Determinanten, Risiken und Nebenwirkungen: 201-216. Wiesbaden: VS Verlag.

Krause, D. (2005): Luhmann-Lexikon. Stuttgart: Lucius & Lucius.

Krell, G. (1992): Arbeitsbedingungen. In Gaugler, E. / Weber, W. (Hrsg.) Handwörterbuch des Personalwesens: 60–70. Stuttgart: Schäffer-Pöschel.

Krell, G. (1994): Vergemeinschaftende Personalpolitik. Normative Personallehren, Werksgemeinschaft, NS-Betriebsgemeinschaft, Betriebliche Partnerschaft, Japan, Unternehmenskultur. München/Mering: Hampp.

Kress, U. (2008): Überblick über die Beiträge des Schwerpunkthefts „Neue Arbeitsplätze – was steckt dahinter?“ Mitteilungen aus der Arbeitsmarkt- und Berufsforschung, 32/4: 397-401.

Krisper, T. (2004): Eine Landkarte des Wissensmanagements – Bibliometrische Netzwerk-Analyse unterschiedlicher Zugänge zu einem Managementkonzept mittels BibTechMon. Diplomarbeit, Wien.

Kriz, J. / Lisch, R. (1978): Grundlagen und Modelle der Inhaltsanalyse. Bestandsaufnahme und Kritik. Berlin: Rowohlt.

Kromphardt, J. / Scheidt, B. (1994): Chancen des „Zweiten Arbeitsmarktes“. Wirtschaftsdienst, 12: 615-622.

Krotz, F. (1999): Individualisierungsthese und Internet. In Latzer, M. / Maier-Rabler, U. / Siegert, G. / Steinmauerer, Th. (Hrsg.) Die Zukunft der Kommunikation: Phänomene und Trends in der Informationsgesellschaft: 347-365. Innsbruck: Studienverlag.

Kuchartz, U. (2007): Computergestützte Analyse qualitativer Daten. In Buber, R. / Holzmüller, H.H. (Hrsg.) Qualitiative Marktforschung: 713-730. Wiesbaden: Gabler.

Kuchartz, U. (2010): Einführung in die computergestützte Analyse qualitativer Daten. Wiesbaden: VS Verlag.

Kunda, G. (1992): Enginieering Culture: Control and Commitment in High-tech Corporation. Philadelphia: Temple University Press.

Kunda, G. / Ailon-Soudy, G. (2005): Managers, Markets, and Ideologies: Design and Devotion Revisited. In Ackroyd, S. / Batt, R. / Thompson, P. / Tolbert, P.S. (eds.) The Oxford Handbook of Work & Organization: 200-219. Oxford: Oxford University Press.

Kurtz, T. (2002): Die Form Beruf und das Problem der sozialen Ungleichheit. In: Österreichische Zeitschrift für Soziologie, 27/1: 56-77.

Kurz, A. (2008): Der psychologische Vertrag von Normalangestellten und Leiharbeitskräften im Vergleich, sowie dessen Einfluss auf Arbeitszufriedenheit und subjektive Arbeitsplatzunsicherheit unter dem Gesichtspunkt der „neuen Flexibilität“. Diplomarbeit Universität Wien.

Kuvaas, B. (2002): Employee Ownership and Affective Organisational Commitment: Employee Perceptions of Fairness and Their Preference for Company Shares over Cash. Scandinavian Journal of Management, 19/2: 193-212.

*Kuvaas, B. (2006): Work Performance, Affective Commitment, and Work Motivation: The Roles of Pay Administration and Pay Level. Journal of Organizational Behavior, 27: 365-385.

L

Lakoff, George / Johnson, Mark (1980): Metaphors We Live by. London: University of Chicago Press.

Landsberg, I. (1984): Hierarchy as a Mediator of Fairness. An Contingency Approach to Distributive Justice in Organizations. Journal of Applied Social Psychology, 14: 124-135.

Lankau, M.J. / Scandura, T.A. (2002): An Investigation of Personal Learning in Mentoring Relationships: Content, Antecedents and Consequences. Academy of Management Journal, 45: 779-790.

Lapiere, L.M./Hackett, R.D. (2007): Trait Conscientiousness, Leader-Member-Exchange, Job Satisfaction and Organizational Citizenship Behaviour: A Test of an Integrative Model. Journal of Occupational and Organizational Psychology, 80: 539-554.

Latham, G.P./Locke, E.A. (1995): Zielsetzung als Führungsaufgabe. In Kieser, A./Reber, G./Wunderer, R. (Hrsg.) Handwörterbuch der Führung: 2222-2234. Stuttgart: Schäffer-Poeschel.

Lauermann, M. (2002): Brasilianische Arbeitswelt. In Baecker, D. (Hrsg.) Archäologie der Arbeit: 89-114. Berlin: Kadmos.

Lawler, E.J. (1992): Affective Attachments to Nested Groups: A choice Process Theory. In: American Sociological Review, 57, 327-339.

Leana, C.R. / Van Buren, H.J. (1999): Organizational Social Capital and Employment Pratices. Academy of Management Review, 24/3: 538-555.

*Lee, J. / Peccei, R. (2007): Perceived Organizational Support and Affective Commitment: The Mediating Role of Organization-based Self-esteem in the Context of Job Insecurity. Journal of Organizational Behavior, 28: 661-685.

*Lee, T.W. / Johnson, D.R. (1991): The Effects of Work Schedule and Employment Status on the Organizational Commitment and Job Satisfaction of Full versus Part Time Employees. Journal of Vocational Behavior, 38: 208-224.

*Lee, T.W. / Ashford, S.J. / Walsh, J.P. / Mowday, R.T. (1992): Commitment Propensity, Organizational Commitment, and Voluntary Turnover: A Longitudinal Study of Organizational Entry Processes. Journal of Management, 18/1: 15-32.

Legge, K. (1995): Rhetoric reality and hidden agendas. In Storey, J. (ed.) Human Resource Management: A Critical Text: 33-59. London: Routledge.

Legge, K. (2005): Human Resource Management, Rhetorics and Realities. London: Macmillan.

*Leiter, M.P. / Maslach, C. (1988): The Impact of Interpersonal Environment on Burnout and Organizational Commitment. Journal of Organizational Behavior, 9: 297-308.

Lengfeld, H. / Liebig, S. (2003): Arbeitsbeziehungen und Gerechtigkeit. Stand und Perspektiven der empirischen Forschung. Industrielle Beziehungen, 10/4: 472-490.

Leonard-Barton, D. (1992): Core Capabilities and Core Rigidities: A Paradox in Managing New Product Development. Strategic Management Journal, 13: 111-125.

*Leong, C.S. / Furnham, A. / Cooper, C.L. (1996): The Moderating Effect of Organizational Commitment on the Occupational Stress Outcome Relationship. Human Relations, 49/10: 1345-1363.

Lepak, D.P. / Snell S.A. (2007): Employment Subsystems and the 'HR-Architecture'. In Boxall, P. / Purcell, J. / Wright, P. (eds.) The Oxford Handbook of Human Resource Management: 210-230. Oxford: Oxford University Press.

Lepak, D.P. / Snell, S. (1999): The Human Resource Architecture: Toward a Theory of Human Capital Allocation and Development. Academy of Management Review, 24/1: 31–48.

Lepak, D.P. / Takeuchi, R. / Snell S.A. (2003): Employment Flexibility and Firm Performance: Examining the Interaction Effects of Employment Mode, Environmental Dynamism, and Technological Intensity. Journal of Management, 29/5: 681-703.

Lerner, S. (2007): Global Unions: A Solution to Labor's Worldwide Decline. New Labor Forum 16/1: 23-37.

Lester, S.W. / Kickul, J.R. / Bergmann, T.J. (2007): Managing Employee Perceptions of The Psychological Contract Over Time: The Role Of Employer Social Accounts and Contract Fulfillment. Journal of Organizational Behavior, 28: 191-208.

Levinson, H. (1962): Organizational Diagnosis. Boston: Harvard University Press.

Levinson, H. / Price, C. / Munden, K. / Mandl, H. /Solley, C. (1962): Man, Management and Mental Health. Cambridge: Harvard University Press.

*Levy, P.E. / Williams, J.R. (1998): The Role of Perceived System Knowledge in Predicting Appraisal Reactions, Job Satisfaction, and Organizational Commitment. Journal of Organizational Behavior, 19: 53-65.

*Lewicki, R.J. (1981): Organizational Seduction: Building Commitment to Organizations. Organizational Dynamics, 10/2: 5-21.

Lewin, K. (1947/1963): Gleichgewichte und Veränderungen in der Gruppendynamik. In: Lewin, K. (ed.): Feldtheorie in den Sozialwissenschaften: 223-270. Bern: Hans Huber Verlag.

Lewis, M.W. (2000): Exploring Paradox: Toward a More Comprehensive Guide. Academy of Management Review, 23/4: 760-776.

Lewis, S. (2010): Restructuring Workplace Cultures: The Ultimative Work-Family Challenge? Gender in Management: An International Journal, 25/5: 355-365.

Lewis, S. / Smithson, J. / Kugelberg, C. (2002): Into Work: Job Insecurity and Changing Psychological Contracts. In Brannen, J. / Lewis, S. / Nilsen, A. / Smithson, J. (eds.) Young Europeans, Work and Family: 69-88. London: Routledge.

Liebig, S. (1997): Soziale Gerechtigkeitsforschung und Gerechtigkeit in Unternehmen. München/Mering: Hampp Verlag.

Liebig, S. (2004): Was ist gerecht im Unternehmen? Über die Möglichkeiten einer erfahrungswissenschaftlichen Gerechtigkeitsanalyse im Unternehmen. Managementforschung 14: 79-105.

*Lievens, F. / De Corte, W. (2008): Development and Test of a Model of External Organizational Commitment in Human Resources Outsourcing. Human Resource Management, 47/3: 559-579.

*Lin, C.-P. / Hung, W.-T. / Chiu, C.-K. (2008): Being Good Citizens: Understanding a Mediating Mechanism of Organizational Commitment and Social Network Ties in OCBs. Journal of Business Ethics, 81: 561-578.

Linde, F. (1997): Neue Kooperationsformen auf dem Prüfstand: Virtuell kann nicht völlig ´grenzenlos´ bedeuten. Gablers Magazin, 13: 20-23.

Ling, R. (1996): The Use of Mobile Telephones in Inappropriate Situations. Technical Report 32/96. Oslo: Telenor Research and Development.

Linne, G. (1991): Personalpolitische Funktionen, betriebspolitische und soziale Folgen befristeter Arbeitsverträge – Eine empirische Untersuchung und ihre Verwendung in der politischen Diskussion um das Beschäftigungsförderungsgesetz 1990, Dissertation, Göttingen.

Linne, G. / Vogel, B. (2003): Leiharbeit und befristete Beschäftigung. Neue Formen sozialer Gefährdung oder Chance auf Arbeitsmarktintegration? Arbeitspapier 68, Düsseldorf.

Linnenkohl, K. / Rauschenberg, H.J. (2001): Arbeitszeitflexibilisierung. Die Unternehmen und ihre Modelle. Heidelberg: Verlag Recht und Wirtschaft.

Liu, W. / Lepak, D.P. / Takeuchi, R. / Sims, H.P. (2003): Matching Leadership Styles with Employment Modes: Strategic Human Resource Management Perspective. Human Resource Management Review, 13: 127-152.

Locke, E.A. (1997): The Motivation to Work: What We Know. In Maehr, M.L. / Pintrich, P.R. (eds.) Advances in Motivation and Achievement: 375-412. Greenwich: Jai Press.

Lodahl, T.M. / Kejner, M. (1965): The Definition and Measurement of Job Involvement. Journal of Applied Psychology, 49: 24-33.

*Loi, R. / Hang-Yue, N. / Foley, S. (2006): Linking Employees' Justice Perceptions to Organizational Commitment and Intention to Leave: The Mediating Role of Perceived Organizational Support. Journal of Occupational and Organizational Psychology, 79: 101-120.

Loisch U. / Schmidt, A. (2008): The force that binds: Conceptualizing organizational commitment under terms of shifting employment relations. In Satu Lähteenmäki, Stefan Zagelmeyer, Mick Marchington (eds.): HRM Global 2008: Sustainable HRM in the Global Economy: 122-130. Turku: Eigenverlag.

Loisch U. / Schmidt, A. (2010): Organizational Commitment in the Context of Changing Employment Relations: An Empirical Investigation in the Creative Industries. Conference Paper at the 26th EGOS Colloquium von 1.-3.7.2010, Lissabon, Portugal.

The force that binds: Conceptualizing organizational commitment under terms of shifting employment relations. In Satu Lähteenmäki, Stefan Zagelmeyer, Mick Marchington (eds): HRM Global 2008: Sustainable HRM in the Global Economy: 122-130. Turku: Eigenverlag.

Lopez-Cabrales, A. / Valle, R. / Herrero, I. (2006): The Contribution of Core Employees to Organizational Capabilities and Efficiency. Human Resource Management, 45/1: 81-109.

*Luchak, A.A. / Pohler, D.M. / Gellatly, I.R. (2008): When Do Committed Employees Retire? The Effects of Organizational Commitment on Retirement Plans Under a Defined-Benefit Pension Plan. Human Resource Management, 47/3: 581-599.

Luhmann, N. (1987): Rechtssoziologie. Opladen: Westdeutscher Verlag.

Luhmann, N. (1988a): Die Wirtschaft der Gesellschaft. Frankfurt: Suhrkamp.

Luhmann, N. (1988b): Organisation. In Küpper, W. / Ortmann, G. (eds.) Mikropolitik: 165-186. Opladen: Westdeutscher Verlag.

Luhmann, N. (1992): Die Wissenschaft der Gesellschaft. Frankfurt: Suhrkamp.

Luhmann, N. (1993): Soziale Systeme - Grundriss einer allgemeinen Theorie, Frankfurt: Suhrkamp (Ersterscheinung 1984).

Luhmann, N. (1994): Die Gesellschaft und ihre Organisationen. In Derlien, H.-U. / Gerhardt, U. / Scharpf, F.W. (eds.) Systemrationalität und Partialinteresse. Festschrift für Renate Mayntz: 189-201. Baden-Baden: Nomos.

Luhmann, N. (1995): Die Form „Person". In Luhmann, N. (Hrsg.) Soziologische Aufklärung 6: Die Soziologie und der Mensch: 142-154. Opladen: Westdeutscher Verlag.

Luhmann, N. (1997): Die Gesellschaft der Gesellschaft. Frankfurt: Suhrkamp.

Luhmann, N. (2000): Organisation und Entscheidung, Opladen: Westdeutscher Verlag.

Luhmann, N. (2002): Die Religion der Gesellschaft, Frankfurt: Suhrkamp.

*Lum, L. / Kervin, J. / Clark, K. / Reid, F. / Sirola, W. (1998): Explaining Nursing Turnover Intent: Job Satisfaction, Pay Satisfaction, or Organizational Commitment? Journal of Organizational Behavior, 19: 305-320.

*Luthans, B.C. / Sommer, S.M. (1999): The Impact of Downsizing on Workplace Attitudes. Group & Organization Management, 24/1: 46-70.

Luthans, F. / Youssef, C.M. (2004): Human, Social, and Now Positive Psychological Capital Management: Investing in People for Competitive Advantage. Organizational Dynamics, 33/2: 143-160.

*Luthans, F.,H. / McCaul, S. / Dodd, N.G. (1985): Organizational Commitment: A Comparison of American, Japanese, and Korean Employees. Academy of Management Journal, 28/1: 213-219.

Lutz, F.W. (1982): Tightening up Loose Coupling in Organizations of Higher Education. Administrative Science Quarterly, 27/4: 653-669.

Lyotard, J.-F. (1986): The Postmodern Condition: A Report of Knowledge. Manchester: Manchester University Press.

M

MacDuffie, J.P. (2007): HRM and Distributed Work. In Walsh, J.P. / Brief, A.P. (eds.) The Academy of Management Annuals, Volume 1, Chapter 12: 549-615. London: Routledge.

Macharzina, K. (1996): Unternehmensführung. Wiesbaden: Gabler.

MacDuffie, J.P. (1995): Human Resource Bundles and Manufacturing Performance: Organizational Logic and Flexible Production Systems in the World Auto Industry. Industrial & Labor Relations Review, 48/2: 197-222.

MacKenzie, S.B. / Podsakoff, P.M. / Fetter, R. (1991): Organizational Citizenship Behavior and Objective Productivity as Determinants of Managerial Evaluations of Salespersons' Performance. Organizational Behavior and Human Decision Processes, 50/1: 123-150.

MacKenzie, S.B. / Podsakoff, P.M. / Fetter, R. (1993): The Impact of Organizational Citizenship Behavior on Evaluations of Sales Performance. Journal of Marketing, 57: 70-80.

Madsen, T.L. / Mosakowski, E. / Zaheer, S. (2003: Knowledge Retention and Personnel Mobility: The Nondisruptive Effects of Inflows of Experience. Organization Science 14/2: 173-191.

Mael, F.A. / Ashforth, B.E. (1992): Alumni and Their Alma Mater: A Partial Test of Reformulated Model of Organizational Identification. Journal of Organizational Behavior, 13: 103-123.

Maier, G. W. / Woschée, R.-M. (2002): Die affective Bindung an Unternehmen. Psychometrische Überprüfung einer deutschsprachigen Fassung des Organizational Commitment Questionaire (OCQ) von Porter und Smith (1970). Zeitschrift für Arbeits- und Organisationspsychologie, 46/3: 126-136.

Mallon, M. / Walton, S. (2005): Career and Learning: The Ins and Outs of it. Personnel Review, 24/4: 468-487.

Manion, J. (2004): Strengthening Organizational Commitment. The Health Care Manager, 23/2: 167-176.

Manning, P.K. (1992): Organizational Communication. New York: Aldine de Gruyter.

March, J.G. / Olsen, J. (1989): Rediscovering Institutions: The Organizational Basis of Politics. New York: The Free Press.

Marler, J.H./ Barringer, M.W. / Milkovich, G.T. (2002): Boundaryless and Traditional Contingent Employees: World Apart. Journal of Organizational Behavior, 23/4: 425–453.

Marr, R. (2001): Arbeitszeitmanagement: Grundlagen und Perspektiven flexibler Arbeitszeitsysteme, Berlin: Erich Schmidt Verlag.

Marr, R. / Fliaster, A. (2003): Jenseits der „Ich-AG“: Der neue psychologische Vertrag der Führungskräfte in deutschen Unternehmen. Mering: Hampp.

Marsden, D. (1999): A Theory of Employment Systems. Mirco-Foundation of Societal Diversity. Oxford: Oxford University Press.

Marsden, D. (2004): The 'Network Economy' and Models of the Employment Contract. British Journal of Industrial Relations, 42/4: 659-684.

*Marsh, R.M. / Mannari, H. (1977) Organizational Commitment and Turnover: A Prediction Study. Administrative Science Quarterly, 22: 57-75.

Martin, A. (2002): Funktionsbeschreibungen der Neuen Beschäftigungsverhältnisse – Eine Verhaltenswissenschaftliche Analyse. Zeitschrift für Personalforschung,16/4: 490–509.

Martin, A. / Nienhüser, W. (2002): Neue Formen der Beschäftigung – personalpolitische Voraussetzungen und Effekte. In Martin, A. / Nienhüser, W. (Hrsg.) Neue Formen der Beschäftigung – neue Personalpolitik?: 1-16. München: Hampp Verlag.

Martin, A. / Nienhüser, W. (2002): Neue Formen der Beschäftigung– neue Personalpolitik. München/Mering, Hampp.

Martin, B. (1998): Knowledge, Identity and the Middle Class: from Collective to Individual Class Formation? The Sociological Review, 46: 653-686.

Martin, J. (1992): Cultures in Organizations: Three Perspectives. New York: Oxford University Press.

*Martin, T.N. / Hafer, J.C. (1995): The Multiplicative Interaction Effects of Job Involvement and Organizational Commitment on the Turnover Intentions of Full- and Part-Time Employees. Journal of Vocational Behavior, 46: 310-331.

*Martin, T.N. / O'Laughlin, M.S. (1984): Predictors of Organizational Commitment: The Study of Part-Time Army Reservists. Journal of Vocational Behavior, 25: 270-283.

Maslow, A.H. (1954): Motivation and Personality. New York: Harper & Row.

Mathieu, J. / Zajac, D. (1990): A Review and Meta-Analysis of the Antecedents, Correlates and Consequences of Organizational Commitment. Psychological Bulletin, 108/2: 171-194.

*Mathieu, J.E. (1988): A Causal Model of Organizational Commitment in a Military Training Environment. Journal of Vocational Behavior, 32: 321-335.

*Mathieu, J.E. / Hamel, K. (1989): A Causal Model of the Antecedents of Organizational Commitment Among Professionals and Nonprofessionals. Journal of Vocational Behavior, 34: 299-317.

*Mathieu, J.E. / Kohler, S.S. (1990): A Test of Interactive Effects of Organizational Commitment and Job Involvement on Various Types of Absence."Journal of Vocational Behavior, 36: 33-44.

Matiaske, W. / Weller, I. (2005): Materielle Anreize und die Motivation zum freiwilligen Engagement: Was und wie viel ist „extra" am Extra-Rollenverhalten? Wirtschaftspsychologie, 1: 63-81.

Maturana, H.R. (1982): Erkennen: Die Organisation und Verkörperung von Wirklichkeit. Braunschweig: Vieweg.

Maurer, I. (2003): Soziales Kapitel als Erfolgsfaktor junger Unternehmen. Eine Analyse der Gestaltung und Entwicklungsdynamik der Netzwerke von Biotechnologie Start-ups. Wiesbaden: Westdeutscher Verlag.

Mayer, K.U. (2000): Arbeit und Wissen: Die Zukunft von Bildung und Beruf. In Kocka, J. / Offe, C. (Hrsg.) Geschichte und Zukunft der Arbeit: 383-409. Frankfurt: Campus.

*Mayer, R.C. / Schoorman, F.D. (1992): Predicting Participation and Production Outcomes Through a Two-Dimensional Model of Organizational Commitment. Academy of Management Journal, 35/3: 671-684.

*Mayer, R.C. / Schoorman, F.D. (1998): Differentiating Antecedents of Organizational Commitment: A Test of March and Simon's Model. Journal of Organizational Behavior, 19: 15-28.

Mayerhofer, H. / Hartmann, L. / Herbert, A. (2004a): Career Management Issues for Flexpatriate International Staff. Thunderbird International Business Review, 6: 647-666.

Mayerhofer, H. / Hartmann, L. /Michelitsch-Riedl, G. / Kollinger, I. (2004b): Flexpatriate Assignments: a Neglected Issue in Global Staffing. International Journal of Human Resource Management, 15/8: 1371-1389.

*Maynard, D.C. / Joseph, T. A. (2008): Are All Part-Time Faculty Underemployed? The Influence of Faculty Status Preference on Satisfaction and Commitment. Higher Education, 55: 139-154.

Mayrhofer, W. / Meyer, M. (2000): He´s a Real Nowhere Man? Der Umgang von Organisatinen mit ihren Grenzen – das Beispiel ´Neue Selbständige´. Paper präsentiert beim 24. Workshop der VHB-Kommission Organisation, 3./4. April 2000 in Zürich.

Mayrhofer, W. / Meyer, M. (2002): „No More Shall We Part?" Neue Selbständige und neue Formen der Koppelung zwischen Organisationen und ihrem Personal. Zeitschrift für Personalforschung, 16/4: 599–614.

Mayring, P. (2001): Kombination und Integration qualitativer und quantitativer Analyse. *Forum Qualitative Sozialforschung / Forum Qualitative Social Research*, *2*(1), Art. 6, http://www.qualitative-research.net/fqs-texte/1-01/1-01mayring-d.htm [08.08.2010].

Mayring, P. (2003): Qualitative Inhaltsanalyse. Grundlagen und Techniken. Weinheim: Beltz Verlag.

*McColl-Kennedy, J.R. / Anderson, R.D. (2005): Subordinate-Manager Gender Combination and Perceived Leadership Style Influence on Emotions, Self-Esteem and Organizational. journal of Business Research, 58: 115-125.

McGee, G. / Ford, R. (1987): Two (or more?) Dimensions of Organizational Commitment: Re-examination of the Affective and Continuance Commitment Scales. Journal of Applied Psychology, 72: 638-641.

McInnis, K.J. / Meyer, J.P. / Feldman, S. (2009): Psychological Contracts and their Implications for Commitment: A Feature-based Approach. Journal of Vocational Behavior. 74: 165-180.

McKinlay, A. / Starkey, K. (1998): Foucault, Management und Organization Theory. From Panopticon to Technologies of Self. London: Sage.

McLean Parks, J. / Kidder, D.L. / Gallagher, D.G. (1998): Fitting Square Pegs into Round Holes: Mapping the Domain of Contingent Work Arrangements onto the Psychological Contract. Journal of Organizational Behavior, 19: 697-730.

McQuiad, R.W. / Lindsay, C. (2005): The Concept of Employability. Urban Studies, 42/2: 197-219.

Meifert, Matthias T. (2005): Mitarbeiterbindung. Eine empirische Analyse betrieblicher Weiterbildner in deutschen Großunternehmen. München: Rainer Hampp Verlag.

*Mellor, S. / Mathieu, J.E. / Farell, J.L. / Rogelberg, S.G. (2001): Employee´s Nonwork Obligations and Organisational Commitments: A New Way to Look at the Relationships. Human Resource Management, 40/20: 171-184.

Metze, R. / Schroeckh, J. (2004): Identifikation, Loyalität und Kooperation. Wiesbaden: VS Verlag.

Meyer, J.P. / Allen, N.J. (1984): Testing the "Side-bet-Theory" of Organizational Commitment: Some Methodological Considerations. Journal of Applied Psychology, 69/3: 372-378.

Meyer J.P. / Allen, N.J. (1997): Commitment in the Workplace: Theory, Research, and Application, Thousand Oaks: Sage Publications.

*Meyer, J.P. / Allen N.J. (1991a). Development of Organizational Commitment During the First Year of Employment: A Longitudinal Study of Pre- and Post-Entry Influences. Journal of Management, 17/4: 717-733.

Meyer, J.P. / Allen, N.J. (1991b): A Three-Component Conceptualization of Organizational Commitment. Human Resource Management Review, 1: 61-89.

Meyer, J.P. / Allen, N.J. / Smith, C.A. (1993): Commitment to Organizations and Occupations: Extension and Test of a Three-Component Conceptualization. Journal of Applied Psychology, 78/4: 538-551.

Meyer, J.P. / Becker T.E. / Vandenberghe, C. (2004): Employee Commitment and Motivation: A Conceptual Analysis and Integrative Model. Journal of Applied Psychology, 89: 991-1007.

Meyer, J.P. / Becker, T.E. / van Dick, R. (2006): Social Identities and Commitments at Work: Toward an Integrative Model. Journal of Organizational Behavior, 27: 665-683.

Meyer, J.P. / Herscovitch, L. (2001): Commitment in the Workplace: Toward a General Model. Human Research Management Review, 11: 299-326.

*Meyer, J.P. / Irving, G.P. / Allen, N.Y. (1998): Examination of the Combined Effects of Work Values and Early Work Experiences on Organizational Commitment. Journal of Organizational Behavior, 19: 29-52.

Meyer, J.P. / Paunonen, S.V. / Gellatly, I.R. / Goffin, R.D. / Jackson, D.N. (1989): Organizational Commitment and Job Performance: It's Nature of the Commitment That Counts. Journal of Applied Psychology, 74/1: 152-156.

Meyer, J.P. / Smith, C.A. (2000): HRM Practices and Organizational Commitment: Test of a Mediation Model. Canadian Journal of Administrative Sciences, 17: 319-331.

Meyer, J.P. / Stanley, D. / Herscovitch L. / Topolnytsky, L. (2002): Affective, Continuance, and Normative Commitment to the Organization: A Meta-analysis of Antecedents, Correlates and Consequences. Journal of Vocational Behavior, 61: 20-52.

Meyer, J.W. (1987): Self and Life Course: Institutionalization and Its Effects. In Thomas, G.M. / Meyer, J.W. / Ramirez, F.W. / Boli, J. (eds.), Institutional Structure: Constituting State, Society, and the Individual: 242-260. Newbury Park: Sage.

Meyer, M. (1994): Ziele in Organisationen. Funktionen und Äquivalente von Zielentscheidungen. Wiesbaden: Gabler.

Meyer, M. / Schmidt, A. / Schiffinger, M. (2006): Coupling in Transition. The Development of the Relationship between Organisations and Their Members. Paper presented at 24th Annual International Labour Process Conference, London, Großbritannien, 10th - 12th April 2006.

Meyer, M. (2009): Strukturen und klassische Organisationsformen. In Kasper, H. / Mayrhofer, W. (Hrsg.) Personalmanagement, Führung, Organisation: 215-266. Wien: LInde.

Miles, M.B. / Huberman, A.M. (1994): An Expanded Resource: Qualitative Data Analysis. Thousand Oaks: Sage.

Miles, R.E. / Snow, C.C. (1984): Designing Strategic Human Resource Systems. Organizational Dynamics, Summer: 36-52.

Miles, R.E. / Snow, C.C. / Pfeffer, J. (1974): Organization – Environment: Concepts and Issues. Industrial Relations, 13: 244-264.

Miller, S.A. (1998): Developmental Research Methods. Upper Saddle River, NY: Prentice-Hall.

Miller, V.D. / Allen, M. / Casey, M.K. / Johnson, J.R. (2000): Reconsidering the Organizational Identification Questionnaire. Management Communication Quarterly, 13: 626-658.

Milliken, F.J. / Dunn-Jensen, L.M. (2005): The Changing Time Demands of Managerial and Professional Work: Implications for Managing the Work-Life Boundary. In Kossek, E. / Lambert, S. (eds.) Work and Life Integration: Organizational, Cultural, and Individual Perspectives: 43-60. Mahwah: Erlbaum.

Mills, D.Q. (1991): Rebirth of the Corporation. New York: Wiley.

Mills, M. / Blossfeld, H.-P. (2005): Globalization, Uncertainty and the Early Life Course. A Theoretical Framework. In Blossfeld, H.-P. / Klijzing, E. / Mills, M. / Kurz, K. (Hrsg.) Globalization, Uncertainty and Youth in Society: 1-24. London, New York: Routledge.

Millward, Lynne J. / Brewerton, Paul M. (2000): Psychological Contracts: Employee Relations for the twenty-first Century? In Cooper, C.L. / Robertson, I.T. (eds.) International Review of Industrial and Organizational Psychology: 1-61. Chichester: Wiley.

Mingione, E. (1991): Fragmented Societies. A Sociology of Economic Life Beyond the Market. Oxford: Blackwell.

Mingione, E. (2006): Embeddedness. In Beckert, J. / Zafirovski, M. (eds.) International Encyclopedia of economic sociology: 231-236. New York: Routledge.

Moldaschl, M. / Sauer, D. (2000): Internalisierung des Marktes – Zur neuen Dialektik von Kooperation und Herrschaft. In Minssen, H. (Hrsg.) Begrenzte Entgrenzungen: 205-224. Berlin: Ed. Sigma.

Montuschi, E. (1995): What is Wrong with Talking of Metaphors in Science? In Radman, Z. (ed.) From a Metaphorical Point of View: A Multidisciplinary Approach to the Cognitive Content of Metaphor: 309-327. Berlin: DeGruyter.

*Moon, H. / Hollenbeck J. R. / Humphrey, S.E. / Maue, B. (2003): The Tripartite Model of Neuroticism and the Suppression of Depression and Anxiety Within an Escalation of Commitment Dilemma. Journal of Personality, 71/3: 347-368.

Moreland, R.L. / Levine, J.M. (2001): Socialization in Organizations and Workgroups. In Turner, M.E. (ed.) Group at Work: Theory and Research: 69-112. Hillsdale, NJ: Erlbaum.

Morgan, Gareth (1980): Paradigms, Metaphors and Puzzle Solving in Organizational Theory. Administrative Science Quarterly, 25/4: 605-622.

Morgan, Gareth (1996): Images of Organization. Thousand Oaks: Sage.

*Morris, J.H. / Sherman, J.D. (1981):Generalizability of an Organizational Commitment Model. Academy of Management Journal, 24/3: 512-526.

*Morris, J.H. / Koch, J.L. (1979): Impacts of Role Perceptions on Organizational Commitment, Job Involvement, and Psychosomatic Illness Among Three Vocational Groupings. Journal of Vocational Behavior, 14: 88-101.

*Morris, J.H. / Steers, R.M. (1980): Structural Influences on Organizational Commitment. Journal of Vocational Behavior, 17: 50-57.

Morrison, E.W. (1994): Role Definitions and Organizational Citizenship Behavior: The Importance of the Employee's Perspective. Academy of Management Journal, 37/6: 1543-1567.

*Morrison, K.A. (1997): How Franchise Job Satisfaction and Personality Affects Performance, Organizational Commitment, Franchisor Relations, and Intention to Remain. Journal of Small Business Management, 35: 39-67.

Moorman, R. / Blakely, G.L. / Niehoff, B.P. (1998): Does Perceived Organizational Support mediate the Relationship between Procedural Justice and Organizational Citizenship Behavior? The Academy of Management Journal, 41,/3: 351-357.

*Morrow, P.C. / Goetz J.F. Jr. (1988): Professionalism as a Form of Work Commitment. Journal of Vocational Behavior, 32: 92-111.

*Morrow, P.C. / Wirth, R.E. (1989): Work Commitment among Salaried Professionals. Journal of Vocational Behavior, 34: 40-56.

Morrow, P.C. (1983): Concept Redundancy in organizational Research: The Case of Work Commitment. Academy of Management Review, 8: 486-500.

Morrow, P.C. / Wirth, R.E. (1989): Work Commitment Among Salaried Professionals. Journal of Vocational Behavior, 34/1: 40-56.

Moser, K. (1996); Commitment in Organisationen. Bern: Huber.

Moser, K. (1997): Commitment in Organisationen. Zeitschrift für Arbeits- und Organisationspsychologie, 41: 160-170.

*Mottaz, C.J. (1986): An Analysis of the Relationship Between Education and Organizational Commitment in a Variety of Occupational Groups. Journal of Vocational Behavior, 28: 214-228.

Mowday, R.T. (1998): Reflections on the Study and Relevance of Organizational Commitment. Human Resource Management Review, 8/4: 387-401.

Mowday, R.T. / Porter, L.W. / Steers, R. (1982): Employee-Organizational Linkages: The Psychology of Commitment, Absenteeism, and Turnover. San Diego: Academic Press.

*Mowday, R.T. / Steers, R. / Porter, L.W. (1979): The Measurement of Organizational Commitment. Journal of Vocational Behavior, 14: 224-247.

Muhl, C.J. (2002): What is an Employee? The Answer depends on the federal law. Monthly Labour Review, 126/2: 36-45.

Mühlberger, U. (2000): Neue Formen der Beschäftigung. Arbeitsflexibilisierung durch atypische Beschäftigung in Österreich. Wien: Braumüller.

Mühlberger, U. (2002): Outsourcing, Dependency and Quasi-integration, Dissertation Wirtschaftsuniversität Wien, Wien.

Mühlberger, U. (2007): Dependent Self-Employment. Workers on the Border between Employment and Self-Employment. London: Palgrave Macmillan.

Mühlberger, U. / Bertolini, Sonia (2008): The Organizational Governance of Work Relationships between Employment and Self-employment. Socio-Economic Review, 6: 449-472.

Müller, B. (2008): Wissen managen in formal organisierten Sozialsystemen. Der Einfluss von Erwartungsstrukturen auf die Wissensretention aus systemtheoretischer Perspektive. Dissertation. Wirtschaftsuniversität Wien.

Müller, T. (2007): Living up to One´s Commitments: Agency, Strategies and Trust. Journal of Applied Logic, xx: 1-28.

Muthuvello, R. / Rose, C.R. (2005): Typology of Organisational Commitment. American Journal of Applied Science, 2/6: 1078-1081.

N

Nahapiet, J. / Goshal. S. (1998): Social Capital, Intellectual Capital, and the Organizational Advantage. Academy of Management Review, 23/2: 242-266.

Nassehi, A. (2002): Exclusion Individuality or Individualization by Inclusion? Soziale Systeme, 8/1: 124-135.

Näswall, K. / Sverke, M. / Hellgren, J. (2005): The Moderating Role of Personality characteristics on Relationship between Job Insecurity and Strain. Work and Stress, 19: 37-49.

Neuberger, O. (1997): Personalwesen I: Grundlagen, Entwicklung, Organisation, Arbeitszeit, Fehlzeiten. Stuttgart: Enke.

Neuberger, O. (1998): Personalwesen II: Personalplanung, Beschäftigungsverhältnisse, Personalkosten, Personalcontrolling. Stuttgart: Enke.

Neuberger, O. (2002): Führen und führen lassen. Ansätze, Ergebnisse und Kritik der Führungsforschung, (6. Völlig neu bearbeitete und erweiterte Auflage) Stuttgart: Lucius und Lucius.

Ng, T.W.H. / Butts, M.M. / Vandenberg, R.J. / DeJoy, D.M. / Wilson, M.G. (2006): Effects of Management Communication, Opportunity for Learning, and Work Schedule Flexibility on Organizational Commitment. Journal of Vocational Behavior, 68: 474-489.

*Ng, T.W.H. / Feldman, D.C. (2008): Can You Get a Better Deal Elsewhere? The Effects of Psychological Contract Replicability on Organizational Commitment Over Time. Journal of Vocational Behavior, 73: 268-277.

Ng, T.W.H: / Sorensen, K.L. / Eby, L.T. (2006): Locus of Control at Work: A Meta-Analysis. Journal of Organizational Behavior, 27: 1057-1087.

Nienhüser, W. / Baumhus, W. (2002): Fremd im Betrieb: Der Einsatz von Fremdfirmenpersonal als Arbeitskräftestrategie. In Martin, A. / Nienhüser, W. (Hrsg.) Neue Formen der Beschäftigung– neue Personalpolitik: 61-120. München/Mering, Hampp.

*Nijhof, W.J. / de Jong, M.J. / Beukhof, G. (1998): Employee Commitment in Changing Organizations: An Exploration. Journal of European Industrial Training, 22/6: 243-248.

Noll, M. / Fröhlich, D. (2002): Wissenslandkarten – Ein Ausweg aus dem Chaos? Folien zum Vortrag beim Wissensmanagement Kongress 2002, Semmering.

Noll. M. / Kopcsa, A. / Seidler, G. / Schiebel, E. (2001): Generierung von Wissenslandkarten mit dem bibliometrischen Tool BibTechMon, Report ARC Seibersdorf Research GmbH,Seibersdorf.

Noll, S. / Wießner, F. (2006): Existenzgründung aus Arbeitslosigkeit: Ein Platz an der Sonne oder vom Regen in die Traufe? WSI Mitteilungen 5: 270-277.

Nonaka, I. / Takeuchi, H. (1997): Die Organisation des Wissens. Frankfurt: Campus.

*Norris-Watts, C. / Levy, P.E. (2004): The Mediating Role of Affective Commitment in the Relation of the Feedback Environment to Work Outcomes. Journal of Vocational Behavior, 65: 351-365.

Nouri, H. (1994): Using Organizational Commitment and Job Involvement to Predict Budgetary Slack: A Research Note. Accounting Organization and Society, 19: 289-295.

O

O'Reilly, C.A. / Chatman, J. (1986): Organizational Commitment and Psychological Attachment: The Effects of Compliance, Identification, and Internalization on Prosocial Behavior. Journal of Applied Psychology, 71: 492-499.

*O'Reilly, C.A. / Chatman J.A. / Caldwell, D.F. (1991): People and Organizational Culture: A Profile Comparison Approach to Assessing Person-Organization Fit. Academy of Management Journal, 34/3: 487-516.

*O'Neill, J.W. / Harrison M.M. / Cleveland, J: / Almeida, D. /Stawski, R. / Crouter, A.C. (2009): Work-Family Climate, Organizational Commitment, and Turnover: Multilevel Contagion Effects of Leaders. Journal of Vocational Behavior, 74: 18-29.

Odiorne, G.S. (1980): Management by Objectives: Führungssysteme für die achtziger Jahre. München: Verlag Moderne Industrie.

Oldham, G.R. / Hackman, J.R. (2010): Future of Job Design Research. Journal of Organizational Behavior, 31: 463-479.

Oliver, C. (1991): Strategic Responses to Institutional Processes. Academy of Management Review, 16/1: 145-179.

Oliver, C. (1992): The Antecedents of Deinstitutionalization. Organization Studies, 13/2: 563-588.

Organ, D.W. (1977): A Reappraisal and Reinterpretation of the Satisfaction-Causes-Performance Hypothesis. Academy of Management Review, 2/1: 46-53.

Organ, D.W. (1988): Organizational Citizenship Behavior, Lexington.

Organ, D.W. (1990): The Motivational Basis of Organizational Citzenship Behavior. In Staw, B.M. / Cummings, L.L. (eds.) Research in Organizational Behavior: 43-72. Greenwich: Jai Press.

Organ, D.W. (1997): Organizational Citizenship Behavior: It´s Construct Clean-up Time. Human Performance, 10: 85-97.

Organ, D.W. / Paine, J.B. (1999): A New Kind of Performance for Industrial and Organizational Psychology: Recent Contributions to the Study of Organizational Citizenship Behavior. In Cooper, C.L. / Robertson, I.T. (eds.) International Review of Industrial and Organizational Psychology: 337-368. Chichester: Wiley.

Organ, D.W. / Podsakoff, P.M. / MacKenzie, S.B. (2006): Organizational Citizenship Behavior. Its Nature, Antecedents, and Consequences. Thousand Oaks: Sage.

Organ, D.W. / Ryan, K. (1995): A Meta-Analytic Review of Attitudinal and Disponsitional Predictors of Organizational Citizenship Behavior. Personnel Psychology, 48: 775-802.

Orlinkowski, W.J. / Scott, S.V. (2008): Sociomateriality: Challenging the Seperation of Technology, Work and Organization. In Walsh, J.P. / Brief. A.P. (eds.) The Academy of Management Annuals, Volume 2, Chapter 10: 433-474. London: Routledge.

Ortmann, G. (1984): Der zwingende Blick. Personalinformationssysteme – Architektur der Disziplin. Frankfurt: Campus.

Orton, J.D. / Weick, K.E. (1990): Loosely Coupled Systems: A Reconceptualization. Academy of Management 15/2: 203-223.

Oschmiansky, H. / Oschmiansky, F. (2003): Erwerbsformen im Wandel: Integration oder Ausgrenzung durch atypische Beschäftigung? Berlin und die Bundesrepublik im Vergleich. Berlin: Wissenschaftszentrum Berlin für Sozialforschung (WZB).

Osterloh, M. / Frey, B.S. (2009): Are More and Better Indicators the Solution? Scandinavian Journal of Management, 25: 225-227.

Osterman, P. (1987): Choice of Employment Systems in Internal Labor Markets. Industrial Relations, 26/1: 48-63.

Osterman, P. (2000): Work Reorganisation in an Era of Restructuring: Trends in Diffusion and Effects on Employee Welfare. Industrial and Labor Relations Review, 53: 179-196.

Osterman, P. (2002): Wandel der Arbeitsorganisation in den USA. WSI Mitteilungen, 10: 586-592.

Osterman, P. / Burton, M.D. (2005): Ports and Ladders: The Nature and Relevance of Internal Labor Markets in a Changing World. In Ackroyd, S. / Batt, R. / Thompson, P. / Tolbert, P.S. (eds.) The Oxford Handbook of Work & Organization: 425-447. Oxford: Oxford University Press.

Osterman, P. / Kochan, T.A. / Locke, R.M. / Piore, M.J. (2002): Working in America: A Blueprint for the New Labour Market. Cambridge: MIT Press.

Oswick, C. / Keenoy, T. / Grant, D. (2002): Metaphor and Analogical Reasoning in Organizational Theory: Beyond Orthodoxy. Academy of Management Review, 21/2: 294-303.

Ouchi, W.G. (1980): Markets, Hierarchies and Clans. Administrative Science Quarterly, 23: 293-317.

Özbilgin, M.F. (2008): From Journal Rankings to Making Sense of the World. Academy of Management Learning and Education, 8/1: 113-121.

P

Paauwe, J. (2004): HRM and Performance: Unique Approaches for Achieving Long Term Viability. Oxford: Oxford University Press.

Paauwe, J. / Boselie, P. (2003): Challenging „Strategic HRM“ and the Relevance of Institutional Setting. Human Resource Management Journal, 13/3: 56-70.

Paauwe, J. / Boselie, P. (2005): HRM and Performance: What Next? Human Resource Management Journal, 15/4: 68-83.

Paauwe, J. / Boselie, P. (2007): HRM and Societal Embeddedness. In Boxall, P. / Purcell, J. / Wright, P. (eds.) The Oxford Handbook of Human Resource Management: 166-184. Oxford: Oxford University Press.

*Paik, Y. / Paboteeah, K.P. / Shim, W. (2007): The Relationship Between Perceived Compensation, Organizational Commitment and Job Satisfaction: The Case of Mexican Workers in the Korean Maquiladoras. International Journal of Human Resource Management, 18/10: 1768-1781.

Parsons, T. (1971): The System of Modern Society. Englewood Cliffs: Princton Hall.

Parsons, T. / Shils, E.A. (eds.) (1951): Toward a General Theory of Action. New York: Polity

Parsons, T. / Smelser, N.J. (1956): Economy and Society. A Study in the Integration of Economic and Social Theory. Routledge & Kegan: London.

*Paulin, M. / Ferguson, R.J. / Bergeron, J. (2006): Service Climate and Organizational Commitment: The Importance of Customer Linkages. Journal of Business Research, 59: 906-915.

*Payne, S.C. / Huffman, A.H. (2005): A Longitudinal Examination of the Influence of Mentoring on Organizational Commitment and Turnover. Academy of Management Journal, 48/1: 158-168.

*Penley, L.E. / Gould, S. (1988): Etzioni's Model of Organizational Involvement: A Perspective for Understanding Commitment to Organizations. Journal of Organizational Behavior, 9: 43-59.

Peipperl, M. / Baruch, Y. (1997): Back to Square Zero: The Post-corporate Career. Organizational Dynamics: 7-22.

Perrons, D. (2003): The New Economy and the Work Life Balance: Conceptual Explorations and a Case Study of New Media. Gender, Work and Organization, 10/1: 65–93.

Perrow, C. (1992): Normale Katastrophen: die unvermeidbaren Risiken der Großtechnik. Frankfurt: Campus.

Perrow, C. (1999): Organizing to Reduce the Vulnerabilities of Complexity. Journal of Contingencies and Crisis Management. 7/3: 150-155.

Perry-Smith, J.E. / Blum, T.C. (2000): Work-Family Human Resource Boundles and Perceived Organizational Performance. Academy of Management Journal, 43/6: 1107-1117.

Peter, C. K. (2000): Zukunft der Arbeit – Atypische Beschäftigung in Österreich. Ein Curriculumbaustein für den betriebs- und volkswirtschaftlichen Unterricht an Handelsakademien, Wien.

*Petersen, L.-E. / Dietz, J. (2008): Employment Discrimination: Authority Figures' Demographic Preferences and Followers' Affective Organizational Commitment. Journal of Applied Psychology, 93/6: 1287-1300.

*Peterson, D.K. (2004): The Relationship Between Perceptions of Corporate Citizenship and Organizational Commitment. Business and Society, 43/3: 296-319.

Peuckert, R. (1996): Familienformen im sozialen Wandel. Opladen: Leske + Budrich.

Pfeffer, J. (1993): Barriers to the advance of organizational science: Paradigm development as a dependent variable. Academy of Management Review, 18: 599-620.

Pfeffer, J. (1994): Competitive Advantage through People: Unleashing the Power of the Work Force. Boston: Harvard Business School Press.

Pfeffer, J. (1998): The Human Equation. Boston: Harvard Business School Press.

Pfeffer, J. / Baron, J.N. (1988): Taking the Workers Back Out: Recent Trends in the Structuring of Employement. In Staw, B.M. / Cummings, L.L. (eds.) Research in Organizational Behavior: 257- 303. Creenwich: JAI Press.

Pfeffer, J. / Vega, J. (1999): Putting People First in Organisational Success. Academy of Management Executive, 2: 656-671.

Pfeifer, C. (2005): Flexibility, Dual Labour Markets, and Temporary Employment. Empirical Evidence from German Establishment Data. Management Revue, 16/3: 404-422.

Pfister, D. / Schoppig, L. (1994): Identifikation als Erfolgsfaktor im modernen Qualitätsmanagement. Basel: Jäggi.

*Pierce, J.L. / Dunham, R.B. (1987): Organizational Commitment: Pre-Employment Propensity and Initial Work Experiences. Journal of Management, 13/1: 163-178.

Pil, F.K. / MacDuffie, J.P. (1996): The Adoption of High-Involment Work Practices. Industrial Relations, 35/3: 423-455.

Piore, M.J. / Sabel, C.F. (1984): The Second Industrial Devide. New York: Basic Books.

Podsakoff, P.M. / Ahearne, M. / MacKenzie, S.B. (1997): Organizational Citizenship Behavior and the Quantity and Quality of Work Group Performance. Journal of Applied Psychology, 82: 262-270.

Podsakoff, P.M. / MacKenzie, S.B. / Bommer, W. H. (1996): Transformational Leader Behaviors and Substitutes for Leadership as Determinants of Employee Satisfaction, Commitment, Trust, and Organizational Citizenship Behaviors. Journal of Management, 22/2: 259-298.

Podsakoff, P.M., MacKenzie, S.B. / Paine, J.B. / Bachrach, D.G. (2000): Organizational Citizenship Behaviors: A Critical Review of the Theoretical and Empirical Literature and Suggestions for Future Research. Journal of Management, 26: 513-563.

Polanyi, K. (1944): The Great Transformation. Boston: Beacon.

Polanyi, K. (1957): the Economy as Institute Process. In Polanyi, K. / Arensberg, K.C. / Pearson, H.W. (eds.) Trade and Markets in the Early Empires: 243-269. Chicago: Regnery.

Pollert, A. (1988): The Flexible Firm: Fixation or Fact. Work, Employment and Society, 2/3: 281-316.

Pollert, A. (1991): Flexibilität – eine fixe Idee? In Flecker, J. / Scheinstock, G. (Hrsg.) Flexibilisierung, Deregulierung und Globalisierung. Interne und externe Restrukturierung betrieblicher Organisation: 11–36. München und Mering: Hampp.

Poole, M. (1986): Industrial Relations: Origins and Patterns of National Diversity. London: Routledge.

*Porter, D.M. (2001): Gender Differences in Managers' Conceptions and Perceptions of Commitment to the Organization. Sex Roles, 45/5,6: 375-398.

Porter, L.W. / Lawler III, E.E. / Hackman, J.R. (1975): Behavior in Organizations. New York: McGraw-Hill.

Porter, L.W. / Steers, R. / Mowday, R.T. / Boulian, R.T. (1974): Organizational Commitment, Job Satisfaction, and Turnover Among Psychiatric Technicians. Journal of Applied Psychology, 59: 603-609.

Poster, W.K. (2005): Three Reasons for a Transnational Approach to Work-life Policy. In Kossek, E. / Lambert, S.J. (eds.) Work and life integration: organizational, cultural, and individual perspectives: 375-400. Mahwah: Erlbaum.

*Powell, D.M. / Meyer, J. P. (2004): Side-bet Theory and The Three-Component Model of Organizational Commitment. Journal of Vocational Behavior, 65: 157-177.

Powell, W.W. (1990): Neither Market nor Hierarchy: Network Forms of Organization. In Staw, B.M. / Cummings, L.L. (eds.) Research in Organizational Behavior, 12: 295-336. London: Jai Press.

Pratt, M. (1998): To Be or Not to be? Central Questions in Organizational Identification. In Whetten, D. / Gofrey, P. (eds.) Identity in Organizations. Building Theory Through Conversations: 171-207. Thousand Oaks: Sage.

Probst, T.M. / Stewart, S.M. / Gruys, M.L. / Tierney, B.W. (2007): Productivity, Counterproductivity and Creativity: The Ups and Downs of Job Insecurity. Journal of Occupational and Organizational Psychology, 80: 479-497.

Procter, S. (2005): Organizations and Organized Systems: From Direct Control to Flexibility. In Ackroyd, S. / Batt, R. / Thompson, P. / Tolbert, P.S. (eds.) The Oxford Handbook of Work & Organization: 462-484. Oxford: Oxford University Press.

Promberger, M. (2006): Leiharbeit – Flexibilität und Prekarität in der betrieblichen Praxis. WSI Mitteilungen, 5: 263-268.

*Purcell, J. / Hutchinson, S. (2007): Front-Line Managers as Agents in the HRM-Performance Causal Chain: Theory, Analysis and Evidence. Human Resource Management, 17/1: 3-20.

Q

Quinn, J.B. (1992): Intelligent Enterprise: A Knowledge and Service Based Paradigm for Industry. New York: Free Press.

R

Raeder, S. / Grote, G. (2001): Flexibilität ersetzt Kontinuität. Arbeit, 10/3: 352-364.

Raeder, S. / Grote, G. (2004): Fairness als Voraussetzung für die Tragfähigkeit psychologischer Verträge. In Schreyögg, G. / Conrad, P. (Hrsg.) Gerechtigkeit und Management, Managementforschung 14: 139-174. Wiesbaden: Gabler.

Ramsay, H. / Scholarios, D. / Harley, B. (2000): Employees and High Performance Work Systems: Testing Inside the Black Box. British Journal of Industrial Relations, 38: 501-531.

*Randall, D.M. (1988): Multiple Roles and Organizational Commitment. Journal of Organizational Behavior, 9: 309-317.

*Randall, D.M. / Fedor, D.B. / Longenecker, C.O. (1990): The Behavioral Expression of Organizational Commitment. Journal of Vocational Behavior, 36: 210-224.

Ratzenböck, V. / Demel, K. / Harauer, R. / Landsteiner, G. / Falk, R. / Leo, H. / Schwarz, G. (2004): Untersuchung des ökonomischen Potenzials der „Creative Industries“ in Wien. Österreichische Kulturdokumentation. Internationales Archiv für Kulturanalysen.

*Rayton, B.A. (2006): Examining the Interconnection of Job Satisfaction and Organizational Commitment: An Application of the Bivariate Probit Model. International Journal of Human Resource Management, 17/1: 139-154.

Reed, M. (2006): Organizational Theorizing: A Historically Contested Terrain. In Clegg, S.R. / Hardy, C. / Lawrence, T.B. / Nord, W.R. (eds.) The Sage Handbook of Organization Studies: 19-54. London: Sage.

Reichheld, F.F. (1996): The Loyalty Effect. Boston: Harvard Business School Press.

*Reilly, N.P. / Orsak, C.L. (1991): A Career Stage Analysis of Career and Organizational Commitment in Nursing. Journal of Vocational Behavior, 39: 311-330.

Reilly, P.A. (1998): Balancing Flexibility – Meeting the Interests of Employer and Employees. European Journal of Work and Organizational Psychology, 7: 7-22.

Renz, J. (2003): Wahrnehmung und Auswirkung von Arbeitsplatzunsicherheit. Eine differentialpsychologische Betrachtung unter Berücksichtigung individueller Unsicherheitstoleranz. Dissertation. Freiburg.

Repennig, N.P. (2000): Drive Out Fear (Unless you can Drive It In): The Role of Agency and Job Security in Process Improvement. Management Science, 46: 1385-1396.

*Rhoades, L. / Eisenberger, R. (2002): Perceived Organizational Support: A Review of the Literature. Journal of Applied Psychology, 87/4: 698-714.

Rhoades, L. / Eisenberger, R. / Armeli, S. (2001): Affective Commitment to the Organization: The Contribution of Perceived Organizational Support. Journal of Applied Psychology, 86/5: 825-836.

Rhodes, A.R. (2002): Long-Distance Relationships in Dual Career Commuter Couples: A Review of Counseling Issues. The Family Journal, 10/4: 398-404.

*Richard, O.C. / McMillan-Capehart, A. / Bhuian S.N. (2008): Antecedents and Consequences of Psychological Contracts: Does Organizational Culture Really Matter? Journal of Business Research: 1-8.

Richter, R. 2006. Österreichische Lebenstile. Wien: Lit-Verlag.

Rieth, L. (2003): Deutsche Unternehmen, Soziale Verantwortung und der Globale Compact – Ein empirischer Überblick. Zeitschrift für Wirtschafts- und Unternehmensethik (zfwu), 4/3: 372-391.

Riketta, M. / Van Dick, R. / Rousseau, D.M. (2006): Employee Attachment in the Short and Long Run. Zeitschrift für Personalpsychologie, 5/3: 85-93.

*Riketta, Michael / Van Dick, Rolf (2005): Foci of attachment in Organizations: A Meta-analytic Comparison of the Strength and Correlates of Workgroup versus Organizational Identification and Commitment. Journal of Vocational Behavior, 67: 490-510.

Ritzer, George / Trice, Harrison M. (1969): An Empirical Study of Howard Becker´s Side-Bet Theory. Social Forces, 47: 475-479.

Rodriguez, R.O. / Green, M.T. / Ree, M.J. (2003): Leading Generation X: Do the old Rules Apply? The Journal of Leadership and Organizational Studies, 9/4: 67-75.

Roedenbeck, M.R.H. (2008): Theoretische Grundlagen eines komplexen Modells der Arbeitszufriedenheit (KMA) – Eine theoretische Metaanalyse. Journal für Psychologie, 16/1: 1-8.

Rogers, J. K. (2000): Temps: The Many Faces of the Changing Workplace. Ithaca: Cornell University Press.

Rogowski, R. / Wilthagen, T. (2004): Deregulierung und Reregulierung von Übergangsarbeitsmärkten. WSI Mitteilungen, 57/3: 153-158.

Rollag, K. (2007): Defining the Term "New" in New Employee Research. Journal of Occupational and Organizational Psychology, 80: 63-75.

Ross, D. (2007): Backstage with the Knowledge Boys and Girls: Goffman and Distributed Agency in an Organic Online Community. Organization Studies, 28/3: 307-325.

*Rossel, R.D. (1971) "Required Labor Commitment, Organizational Adaptation, and Leadership Orientation." Administrative Science Quarterly, 16/3: 316-320.

Roth, E. (1993): Sozialwissenschaftliche Methoden. München: Oldenbourg.

Rousseau, D.M. (1979): Assessment of Technology in Organizations: Closed Versus Open Systems Approach. Academy of Management Review, 4: 531-542.

Rousseau, D.M. (1989): Psychological and Implied Contracts in Organizations. Employee Responsibilities and Rights Journal, 2: 121-139.

Rousseau, D.M. (1990): New Hire Perceptions of Their Own and Their Employer's Obligations: A study of Psychological Contracts. Journal of Organizational Behavior, 11/5: 389-400.

Rousseau, D.M. (1995): Psychological Contracts in Organizations. Thousand Oaks: Sage.

Rousseau, D.M. (1998): Why Workers Still Identify with Organizations. Journal of Organizational Behavior, 19: 217-233.

Rousseau, D.M. (2001): The Ideosynkcratic Deal: Flexibility versus Fairness? Organizational Dynamics. 29/4: 260-273.

Rousseau, D.M. (2004): Psychological Contract in the Workplace: Understanding the Ties that Motivate. Academy of Management Executive, 18/1: 120-127.

Rousseau, D.M. / McLean Parks, J. (1993): The Contracts of Individuals and Organizations. In Staw, B.M. / Cummings, L.L. (eds.) Research in Organizational Behavior: 1-43. Greenwich: JAI Press.

Rousseau, D.M. / Wade-Benzoni, K.A. (1995): Changing Individual-organization Attachments: A two-way Street: In Howard, A. (ed.) The Changing Nature of Work: 290-322. San Francisco: Jossey-Bass.

Rubery, J. (1978): Structured Labour Markets, Work Organization and Low Pay. Cambridge Journal of Economics, 2/1: 17-37.

Rubery, J. (2006): Labor Markets and Flexibility. In Ackroyd, S. / Batt, R. / Thompson, P. / Tolbert, P.S. (eds.) The Oxford Handbook of Work & Organization: 31-51. Oxford: Oxford University Press.

Rubery, J. / Carroll, M. / Cooke, F.L. / Grugulis, I. / Earnshaw, J. (2004): Human Resource Management and the Permeable Organization. The Case of the Multi-client Call Centre. Journal of Management Studies, 41: 1199-1222.

Rubery, J. / Grimshaw, D. (2003): The Organization of Employment. An International Perspective. New York: Palgrave Macmillan.

*Rubin, B.A. / Brody, C.J. (2005): Contradictions of Commitment in the New Economy: Insecurity, Time, and Technology. Social Science Research, 34: 843-861.

Rupp, D.E. / Ganapathi, J. / Aguilera, R.V. / Williams, C.A. (2006): Employee Reactions to Corporate Social Responsibility: An Organizational Justice Framework. Journal of Organizational Behavior, 27: 537-543.

S

Sabelis, I. (1996): Temporal Paradoxes: Working With Cultural Diversity in Organizations. In Koot, W. / Sabelis, I. / Ybema, S. (eds.) Contradictions in Context: Puzzling Over Paradoxes in Contemporary Organizations: 171-191. Amsterdam: VU University Press.

Sadowski, D. (1991): Humankapital und Organisationskapital – Zwei Grundkategorien einer ökonomischen Theorie der Personalpolitik im Unternehmen. In Orderlheide, D. / Rudolph, B. / Büssemann, E. (Hrsg.) Betriebswirtschaftslehre und ökonomische Theorie: 127-141. Stuttgart: Schäffer-Poeschel.

*Sagie, A. (1998): Employee Absenteeism, Organizational Commitment, and Job Satisfaction: Another Look. Journal of Vocational Behavior, 52: 156-171.

Sandner, K. (1988): Struktur der Führung von Mitarbeitern. Steuerung und Kontrolle beruflicher Arbeit. In Hofmann, M. / von Rosenstiel, L. (Hrsg.) Funktionale Managementlehre: 28-58. Berlin: Springer.

Santos, F.M. / Eisenhardt, K.M. (2005): Organizational Boundaries and Theories of Organization. Organization Science, 16/5: 491-508.

Satya, G.J. (2005): Rethinking the Past – for the Future. Rethinking Marxism, 17/4: 547-550.

Sauer, D. (2010): Vermarktlichung und Vernetzung der Unternehmens- und Betriebsorganisation. In Böhle, F. / Voß, G.G. / Wachtler, G. (Hrsg.) Handbuch Arbeitssoziologie: 545-568. Wiesbaden: VS Verlag.

*Scandura, T.A. / Lankau, M.J. (1997): Relationships of Gender, Family Responsibility and Flexible Work Hours to Organizational Commitment and Job Satisfaction. Journal of Organizational Behavior, 18/4: 377-391.

Schaef, A.W. (1992): Women´s Reality. An Emerging Female System in a White Male Society, San Francsico: Harper Collins.

Schalk, R. / Freese, C. (1997): New Facets of Commitment in Response to Organizational Change: Research Trends and the Dutch Experience. In Cooper, C.L. / Rousseau, D.M. (eds.) Trends in Organizational Behavior: 107-123. Chichester: Wiley.

Schein, E.H. (1965): Organizational Psychology. Englewood Cliffs: Prentice-Hall.

Schein, E.H. (1971): The Individual, the Organization and the Career: A Conceptual Scheme. Journal of Applied Behavioral Science, 7: 401-426.

Schein, E.H. (1980): Organizational Psychology. Upper Saddle River: Prentice-Hall.

Schein, E.H. (1984): Organizational Socialization and the Profession of Management. In Kolb, D.A. / Rubin, I.M. / McIntyre, J.M. (eds.) Organizational Psychology: 7-21. Englewood Cliffs, NY: Prentice-Hall.

Schein, E.H. (1996): Career Anchors Revisited: Implications for Career Development in the 21st century. Academy of Management Executive, 10/4: 80-88.

Scherer, A.G. (2002): Kritik der Organisation oder Organisation der Kritik? - Wissenschaftstheoretische Bemerkungen zum kritischen Umgang mit Organisationstheorien. In Kieser, A. (Hrsg.) Organisationstheorien: 1-37. Stuttgart: Kohlhammer.

Schmid, G. (2000): Arbeitsplätze der Zukunft: Von standardisierten zu variablen Arbeitsverhältnissen. In Kocka, J. / Offe, C. (Hrsg.) Geschichte und Zukunft der Arbeit: 269-292. Frankfurt: Campus.

Schmidt, A. (2001): Familie und Organisation: Systeme als Widerpart? Eine funktionale Analyse, Frankfurt: Lang.

Schmidt, A. (2009): Flexibilisierung – Herausforderung und Chancen für Organisationen und deren Mitglieder. In Kasper, H. / Mayrhofer, W. (Hrsg.) Personalmanagement, Führung, Organisation: 575-592. Wien: Linde Verlag.

Schmitz, G. (2004): Organziational Citizenship Behavior Intention des Kundenkontaktpersonals in Dienstleistungsunternehmen. Marketing, ZFP, 26: 15-32.

Schneider, F. (2002): Size and Measurement of the Informal Economy in 110 Countries around the World. Paper presented at a Workshop of Australian National Tax Centre, Canberra, Australia.

Schneider, F. (2008): Shadow Economy. In Rowley, C.K. / Schneider, F.G. (eds.) Readings in Public Choice and Constitutional Political Economy: 511-532. Boston: Springer.

Schneider, N.F. (2005): Leben an zwei Orten. Die Folgen beruflicher Mobilität für Familie und Partnerschaft (Job Mobility and Living Arrangements). In Mischau, A. / Oechsle, M. (eds.) Arbeitszeit - Familienzeit - Lebenszeit: Verlieren wir die Balance: 110-126. Wiesbaden: VS Verlag.

Scholl, R.W. (1981): Differentiating Commitment from Expectancy as a Motivating Force. The Academy of Management Review, 6: 589-599.

Schramm, B. (1995): Entwicklung und Struktur der Frauenerwerbstätigkeit. In: Bundesministerin für Frauenangelegenheiten und Bundeskanzleramt (Hrsg.): Bericht über die Situation der Frauen in Österreich. Frauenbericht 1995: 227–236. Wien: Bundesministerium für Frauenangelegenheiten.

Schramm, M. (2007): „Flexible Gerechtigkeit". Ein Vorschlag zum Widerstreit von Gerechtigkeitskonzeptionen. Hohenheimer Working Papers zur Wirtschafts- und Unternehmensethik No 7.

Schreyögg, G. (1999): Organisation. Grundlagen moderner Organisationsgestaltung. Wiesbaden: Gabler.

Schülein, J.A. / Reitze, S. (2002): Wissenschaftstheorie für Einsteiger. Wien: UTB.

Schuler. R.S. / Jackson, S.E. (1987): Linking Competitive Strategies with Human Resource Management Practices. Academy of Management Executive, 1/3: 207-219.

Schultz, M. / Hatch, M.J. / Larsen, M.H. (eds.) (2000): The Expressive Organization: Identity, Reputation and Corporate Branding. Oxford: Oxford University Press.

Scullion, H. / Collings, D.G. (2006): Global Staffing. London: Routledge.

Scullion, H. / Collings, D.G. / Gunnigle, P. (2007): International Human Resource Management in the 21st Century: Emerging Themes and Contemporary Debates. Human Resource Management Journal, 17/4: 309-319.

Selmer, J. / Leung, A.S. (2002): Career Management Issues of Female Expatriates. Career Development International, 7/6: 348-358.

Sen, A. (1970): Collective Choice and Social Welfare. San Francisco: Holden Day.

Sen, A. (1973): On Ignorance and Equal Distribution. The American Economic Review, 63/5: 1022-1024.

Sen, A. (1985): Goals, Commitment and Identity. Journal of Law, Economics and Organization, 1: 341-355.

Sen, A. (2002): Rationality and Freedom. Cambridge: Belknap Press of Harvard University Press.

Sen, A. (2005): Why Exactly is Commitment Important for Rationality? Economics and Philosophy, 21: 5-13.

Senghaas-Knobloch, E. (2008): Wohin driftet die Arbeitswelt? Wiesbaden: VS Verlag.

Sennett, R. (1998): Der flexible Mensch. Die Kultur des neuen Kapitalismus. Berlin: Berlin Verlag.

Shamir, B. (1991): Meaning, Self and Motivation in Organizations. Organization Studies, 12/3: 405-424.

Sharkie, R. (2005): Precariousness Under The New Psychological Contract: The Effect On Trust and The Willingness to Converse and Share Knowledge. Knowledge Management Research & Practice, 3: 37-44.

*Shaw, J.D. / Delery, J.E. / Abdulla, M.H.A. (2003): Organizational Commitment and Performance Among Guest Workers and Citizens of an Arab Country. Journal of Business Research, 56: 1021-1030.

Shore, L.M. / Tetrick, L.E. (1991): A Construct Validity Study of the Survey of Perceived Organizational Support. Journal of Applied Psychology, 76/5: 637-643.

Shore, L.M. / Tetrick, L.E. / Shore, T.H. / Barksdale, K. (2000): Construct Validity of Measures of Becker's Side Bet Theory. Journal of Vocational Behavior, 57: 428-444.

*Siegel, P.A. / Post, C. / Brockner, J. / Fishman, A.Y. / Garden, C. (2005): The Moderating Influence of Procedural Fairness on the Relationship Between Work-Life Conflict and Organizational Commitment. Journal of Applied Psychology, 90/1: 13-24.

Siggelkow, N. (2001): Change in the Presence of Fit: The Rise, the Fall, and the Renaissance of Liz Claibone. Academy of Management 44/4: 838-857.

Simoes, C. / Dibb, S. / Fisk, R.P. (2005): Managing Corporate Identity: An Internal Perspective. Journal of Academy of Marketing Science, 33: 153-168.

Simon H.A. (1951): A Formal Theory of the Employment Relationship. Econometrica, 19/3: 293-305.

Simon, F.B. (2007): Einführung in die systemische Organisationstheorie. Heidelberg: Carl-Auer Verlag.

Simon, H.A. (1976): Administrative Behaviour. New York: The Free Press.

Sims, H.P. / Manz, C.C. (1996): Company of Heroes: Unleashing the Power of Self-leadership. New York: Wiley.

Sinha, K.K. / Van de Ven A.H. (2005): Designing Work Within and Between Organizations. Organization Science, 16/4: 389-408.

Six, B. / Felfe, J. (2004): Einstellungen und Werthaltungen. In Schuller, H. (Hrsg.) Enzyklopädie der Psychologie Organisationspsychologie 1: 597-672. Göttingen: Hofgrefe.

Sluss, D.M. / Ashforth, B.E. (2007): Relational Identity and Identification: Defining Ourselves through Work Relationships. Academy of Management Review, 32/1: 9-32.

*Sluss, D.M. / Klimchak, M. / Homes, J.J. (2008): Perceived Organizational Support as a Mediator Between Relational Exchange and Organizational Identification. Journal of Vocational Behavior, 73: 457-464.

Smith, C.A. / Organ, D.W. / Near, J. P. (1983): Organizational Citizenship Behavior: Its Nature and Antecedents. Journal of Applied Psychology, 68: 653-663.

Smith, V. (1997): New Forms of Work Organization. Annual Review of Sociology, 23: 315-339.

Smithson, J. / Lewis, S. (1999): Is Job Insecurity changing the psychological Contract? Personnel Review, 29/6: 680-702.

Solinger, O.N. / van Olffen, W. / Roe, R.A. (2008): Beyond the Three-Component Model of Organizational Commitment. Journal of Applied Psychology, 93/1: 70-83.

*Somers, M.J. (1995): Organizational Commitment, Turnover, and Absentism: An Examination of Direct and Interaction Effects. Journal of Organizational Behavior, 16: 49-58.

*Somers, M.J. (2009): The Combined Influence of Affective, Continuance and Normative Commitment on Employee Withdrawal. Journal of Vocational Behavior, 74: 75-81.

*Sommer, S.M. / Bae, S.-H. / Luthans, F. (1996): Organizational Commitment Across Cultures: The Impact of Antecedents on Korean Employees. Human Relations, 49/7: 977-993.

Soupata, L. (2005): Engaging Employees in Company Success: The UPS Approach to a Winning Team. Human Resource Management, 44: 95-98.

Spataro, S.E. / Chatman, J.A. (2007): The Effects of Interorganizational Competition on Identity-Based Organizational Commitment. In Bartel, C.A. / Blader, S.L. / Wrzesniewski, A. (eds.) Identity and the Modern Organization: 177-200. Mahwah: Lawrence Erlbaum.

Spencer-Brown, G. (1971): Laws of Form. London: Allen and Unwin.

Staber, U. / Sydow, J. (2002): Organizational Adaptive Capacity: A Structuration Perspective. Journal of Management Inquiry, 11/4: 408-424.

Stadler, B. (2005): Daten zu atypischer Beschäftigung in Österreich. Statistische Nachrichten, 12: 1093-1100.

Staehle, W.H. (1990): Management. München: Vahlen.

Stanworth, C. / Stanworth, J. (1997): Managing an externalised Workforce: Freelance Labour-Use in the UK-Book Publishing Industry. Industrial Relations Journal, 28/1: 43-55.

Starbuck, W.H. (1976): Organizations and Their Environments. In Dunette, M.D. (ed.) Handbook of Industrial and Organizational Psychology: 1069–1123. Chicago: Rand McNally.

Starbuck, W.H. (2005): How Much Better Are the Most-Prestigious Journals? The Statistics of Academic Publication. Organization Science, 16/2: 180-200.

Starbuck, W.H. (2009): The Constant Causes of Never-Ending Faddishness in the Behavioral and Social Science. Scandinavian Journal of Management, 25: 108-116.

Statistik Austria (2006): Urlaubs- und Geschäftsreisen Kalenderjahr 2005. Wien: Statistik Austria.

Statistik Austria (2007): Arbeitskräfteerhebung – Ergebnisse des Mikrozensus 2006. Wien: Statistik Austria.

Statistik Austria (2009): Arbeitskräfteerhebung – Ergebnisse des Mikrozensus 2008. Wien: Statistik Austria.

Statistik Austria (2012): Arbeitskräfteerhebung 2011 – Ergebnisse des Mikrozensus. Wien: Statistik Austria.

Statistisches Bundesamt (2006): Statistisches Jahrbuch 2006. Wiesbaden: Statistisches Bundesamt.

Statistisches Bundesamt (2012): Statistisches Jahrbuch 2012. Wiesbaden: Statistisches Bundesamt.

Staufenbiel, T. / König, C.J. (2005): An Integrated Model of Effects of Job Insecurity on Performance, Turnover Intention and Absenteeism, unveröffentlichtes Manuskript.

*Steers, R.M. (1977): Antecedents and Outcomes of Organizational Commitment. Administrative Science Quarterly, 22: 46-56.

*Steffy, B.D. / Jones, J.W. (1988): The Impact of Family and Career Planning Variables on the Organizational, Career, and Community Commitment of Professional Women. Journal of Vocational Behavior, 32: 196-212.

Steinle, C. / Ahlers, F. / Riechmann, C. (1999): Management by Commitment – Möglichkeiten und Grenzen einer ′selbstverpflichtenden′ Führung von Mitarbeitern. Zeitschrift für Personalforschung, 3: 221-245.

Stengel, Martin (1987): Identifikationsbereitschaft, Identifikation, Verbundenheit mit einer Organisation oder ihren Zielen. Zeitschrift für Arbeits- und Organisationspsycholgogie, 32/4: 152-166.

*Stevens, J.M. / Beyer, J.M. / Trice, H.M. (1978): Assessing Personal, Role, and Organizational Predictors of Managerial Commitment. Academy of Management Journal, 21/3: 380-396.

*Steyrer, J. / Schiffinger M. / Lang, R. (2008): Organizational Commitment-A Missing Link Between Leadership Behavior and Organizational Performance? Scandinavian Journal of Management, 24: 364-374.

Stichweh, R. (2002): Strangers, Inclusions, and Identities. Soziale Systeme, 8/1: 101-109.

*Stinglhamber, F. / Vandenberghe, C. (2003): Organizations and Supervisors as Sources of Support and Targets of Commitment: A Longitudinal Study. Journal of Organizational Behavior, 24: 251-270.

Stock, M. (2005): Arbeiter, Unternehmer, Professioneller. Zur sozialen Konstruktion von Beschäftigung in der Moderne. Wiesbaden: VS Verlag für Sozialwissenschaft.

Strauss, A. (1994): Grundlagen qualitativer Sozialforschung. Datenanalyse und Theoriebildung in der empirischen soziologischen Forschung. München: Fink.

Streeck, W. (1996): Lean Production in the German Automobile Industry: A Test Case for Convergence Theory. In Berger, S. / Dore, R. (eds.) National Diversity and Global Capitalism: 138-170. Ithaca: Cornell University Press.

Streich, R. (1994): Managerleben. Im Spannungsfeld von Arbeit, Freizeit und Familie. München: Beck.

Stührenberg, L. (2004): Ökonomische Bedeutung des Personalbindungsmanagements für Unternehmen. In Bröckmann, R. / Pepels, W. (Hrsg.) Wettbewerbsvorteile durch strategisches Human Resource Management: 33-50. Berlin: Erich Schmidt Verlag.

*Stumpf, S.A. / Hartman, K. (1984): Individual Exploration to Organizational Commitment or Withdrawal. Academy of Management Journal, 27/2: 308-329.

*Sturges, J. / Conway, N. / Guest, D. / Liefooghe, A. (2005): Managing the Career Deal: The Psychological Contract as A Framework For Understanding Career Management, Organizational Commitment and Work Behavior. Journal of Organizational Behavior, 26: 821-838.

Subramanian, M. / Youndt, M.A. (2005): The Influence of Intellectual Capital on the Types of Innovative Capabilities. Academy of Management Journal, 48/3: 450-463.

*Süß, S. (2006): Commitment freier Mitarbeiter: Erscheinungsformen und Einflussmöglichkeiten am Beispiel von IT-Freelancern. Zeitschrift für Personalforschung, 20/3: 255-275.

*Süß, S. / Kleiner, M. (2007): The Psychological Relationship Between Companies and Freelancer: An Empirical Study of the Commitment and the Work-Related Expectations of Freelancers. Management Revue, 18/3: 251-270.

Suutari, V. (2003): Global Managers: Career Orientation, Career Tracks, Life-style Implications and Career Commitment. Journal of Managerial Psychology, 18/3: 185-207.

Sydow, J. (1995): Strategische Netzwerke – Evolution und Organisation. Wiesbaden: Gabler.

Sydow, J. (2006): Loose Coupling. In Beckert, J. / Zafirovski, M. (eds.) International Encyclopedia of economic sociology: 410-411. New York: Routledge.

Szdlik, M. (2008): Flexibilisierung. Folgen für Arbeit und Familie. Wiesbaden: VS Verlag.

T

Tajfel, H. / Turner J.C. (1979): An Integrative Theory of Intergroup Conflict. In Austin, W.G. / Worchel, S. (eds.) The Social Psychology of Intergroup Relations: 33-47. Monterrey, Ca: Brooks/Cole.

Tajfel, H. / Turner, J.C. (1986): The Social Identity Theory of Intergroup Behavior. In Worchel, S. / Austin, W.G. (eds.) Psychology of Intergroup Relations: 7-24. Chicago, IL: Nelson.

Tálos, E. (1999): Atypische Beschäftigungsverhältnisse. Internationale Trends und sozialstaatliche Regelungen, Wien: Manz.

Tálos, E. / Fink, M. (2002): Der österreichische Wohlfahrtsstaat: Entwicklung und Herausforderung, unveröffentlichtes Manuskript, Wien.

Taus, K. (1995): Situation der Frauen im Fall von Arbeitslosigkeit. In: Bundesministerin für Frauenangelegenheiten und Bundeskanzleramt (Hrsg.): Bericht über die Situation der Frauen in Österreich. Frauenbericht 1995: 359–366. Wien: Bundesministerium für Frauenangelegenheiten.

*Taylor, M.S. / Audia, G. / Gupta, A.K. (1996): The Effect of Lengthening Job Tenure on Managers' Organizational Commitment and Turnover. Organization Science, 7/6: 632-648.

Teece, D.J. (1984): Economic Analysis and Strategic Management. California Management Review, 26/3: 87-110.

Teece, D.J. / Pisano, G. / Shuen, A. (1997): Dynamic Capabilities and Strategic Management. Strategic Management Journal, 18/7: 509-533.

Tett, R. / Meyer, J. (1993): Job Satisfaction, Organizational Commitment, Turnover Intention, and Turnover: Path Analyses Based on Meta-analytic Findings. Personnel Psychology, 46: 259-293.

Teubner, G. (2001): Soziale Ungleichheit zwischen den Geschlechtern – kein Thema innerhalb der Systemtheorie. In: Knapp, G.A. / Wetterer, A. (Hrsg.), Soziale Verortung der Geschlechter: 288-316. Münster: Westfälisches Dampfboot.

Thibaut, J. / Walker, L. (1975): Procedural Justice: A Psychological Analysis. Hillsdale: Lawrence Erlbaum.

*Thompson, J.A. / VandeVen, A.H. (2002): Commitment Shift During Organizational Upheaval: Physicians' Transitions from Private Practitioner to Employee. Journal of Vocational Behavior, 60: 382-404.

Thompson, M. / Heron, P. (2005): The Difference a Manager Can Make: Organizational Justice and Knowledge Work Commitment. International Journal of Human Resource Management, 16/3: 383-404.

*Thompson, M. / Heron, P. (2006): Relational Quality and Innovative Performance in R&D Based Science and Technology Firms. Human Resource Management, 16(1): 28-47.

Thompson, W. / Hickey, J. (2005): Society in Focus. Boston: Pearson.

*Thornton, R. (1970): Organizational Involvement and Commitment to Organization and Profession. Administrative Science Quarterly, 15/4: 417-426.

Tienari, J. / Thomas, R. (2006): Penetrating The Academic Publishing Machine: A Rough Guide. The Finnish Journal of Business Economics, 3: 369-380.

Titscher, S. / Wodak, R. / Meyer, M. / Vetter, E. (1998): Methoden der Textanalyse. Leitfaden und Überblick. Opladen: Westdeutscher Verlag.

Tomer, J.F. (1998): Beyond Transaction Markets, Toward Relationship Marketing in the Human Firm: A Socio-economic Model. Journal of Socio-Economics, 27/2: 202-228.

Tompkins, P.K. / Cheney, G. (1985): Communication and Unobtrusive Control in Contemporary Organizations. In McPhee, R.D. / Tompkins, P.K. (eds.) Organizational Communication: Traditional Themes and New Directions: 179-210. Newbury Park: Sage.

*Torka, N. (2004): Atypical Employment Relationships and Commitment: Wishful Thinking or HR Challenge? Management Revue, 15/3: 324-343.

Tourangeau, R. / Sternberg, R. (1981): Aptness in Metaphor. Cognitive Psychology 13: 27-55.

Towers, I. / Duxbury, L. / Higgens, C. / Thomas, J. (2006): Time Thieves and Space Invaders: Technology, Work and the Organization. Journal of Organizational Change Management, 19/5: 593-618.

Treinen, J.J. / Miller-Frost, S.L. (2006): Following the sun: Case Studies in Global Software Development. IBM System Journal, 45/4: 773-783.

Trevino, A.J. (2006): Functional Imperatives / Prerequisites (AGIL). In Beckert, J. / Zafirovski, M. (eds.) International Encyclopedia of economic Sociology: 293-295. London: Routledge.

Trice, H.M. / Beyer, J.M. (2002): The Culture of Work Organizations. Englewood Cliffs: Prentice-Hall.

Tsoukas, Haridimos (1991): The Missing Link: A Transformational View of Metaphors in Organizational Science. Academy of Management Review, 16/3: 566-585.

Tsoukas, Haridimos (1993): Analogical Reasoning and Knowledge Generation in Organization Theory. Organization Studies, 14/3: 323-346.

*Tsui, A.S. / Egan, T.D. / O'Reilly, C. (1992): Being Different: Relational Demography and Organizational Attachment. Administrative Science Quarterly, 37/4: 549-579.

Tsui, A.S. / Pearce, J.L. / Porter, L.W. / Tripoli, A.M. (1997): Alternative Approaches to the Employee-Organization Relationship: Does Investment in Employees Pay off? Academy of Management Journal, 40: 1089-1121.

Tsui, A.S. / Pearche, J.L. / Porter, L.W. / Hite, J.P. (1995): Choice of Employee-organization Relationship: Influence of External and Internal Organizational Factors. In Ferris, G.R. (ed.) Research in Personnel und Human Resources Management, Vol. 13: 117-151. Greenwich: JAI Press.

Turner, B. (2006): Citizenship. In Beckert, J. / Zafriovski, M. (eds.) International Encyclopedia of Economic Sociology: 58-60. New York: Routledge.

Turner, J.C. / Hogg, M.A. / Oakes, P.J. / Reicher, S.D. / Wetherell, M.S. (1987): Rediscovering the Social Group. A Self Categorization Theory. Oxford: Blackwell.

U

Ulich, E. (2001): Arbeitspsychologie. Stuttgart: Schäffer-Poeschel.

Ulrich, H. (1668): Die Unternehmung als produktives soziales System. Grundlagen einer allgemeinen Unternehmenslehre. Bern: Haupt.

Urbanski, S. (2005): Eine Inhaltsanalyse der Medienberichterstattung zum Thema Ernährung unter Einsatz des Wissensmanagement-Instruments BibTechMon. Diplomarbeit, Wien.

V

Valcour, M.P. / Tolbert, P.S. (2003): Gender, Family and Career in the Era of Boundarylessness: Determinants and Effects of Intra- and Inter-organizational Mobility. International Journal of Human Resource Management, 14/5: 768-787.

*van Breugel, G. / van Olffen, W. / Olie, R. (2005): Temporary Liaisons: The Commitment of 'Temps' Towards Their Agencies. Journal of Management Studies, 42/3: 539-566.

Van de Ven, A.H. / Scott Poole, M. (1988): Paradoxical Requirments for a Theory of Change. In Quinn, R.E. / Cameron, K.S. (eds.) Paradox and Transformation: Toward a Theory of Change in Organization and Management: 19-64. Cambridge, MA: Ballinger Publishing Company.

van Dick, R. (2001): Identification in Organizational Contexts: Linking Theory and Research from Social and Organizational Psychology. International Journal of Management Reviews, 3: 265-283.

van Dick, R. (2004a): Commitment und Identifikation mit Organisationen. Göttingen: Hogrefe Verlag.

van Dick, R. (2004b): My Job is My Castle: Identification in Organizational Contexts. In Cooper, C.L. / Robertson, I.T. (eds.) International Review of Industrial and Organizational Psychology, 19: 171-204. Chichester: Wiley.

van Dick, R. / Riketta, M. (2006): Employee Attachment in the Short and Long Run. Zeitschrift für Personalpsychologie, 5/3: 85-93.

van Dick, R. / Wagner, U. (2001): Stress and Strain in Teaching: a Structural Equation Approach. British Journal of Educational Psychology, 71: 243-259.

van Dick, R. / Wagner, U. / Stellmacher, J. / Christ, O. (2004): The Utility of a Broader Conceptualization of Organizational Identification: Which Aspects Really Matter? Journal of Occupational and Organizational Psychology, 77: 171-191.

van Dyne, L. / Ang, S. (1998): Organizational Citizenship Behavior of Contingent Workers in Singapore. Academy of Management Journal, 41: 692-703.

Van Dyne, L. / Cummings, L.L. / Parks, J.M. (1995): Extra-role Behaviours: In Pursuit of Construct and Definitional Clarity (A Bridge Over Muddied Waters). In Cummings, L.L. / Staw, B.M. (eds.) Research in Organizational Behavior: 215-285. Greenwich: Jai Press.

Van Ham, M. / Mulder, C.H. / Hooismeijer, P. (2001): Spatial Flexibility in Job Mobility: Macrolevel Opportunities and Microlevel Restrictions. Environment and Planning, 33: 921-940.

van Knippenberg, D. (2000): Work Motivation and Performance: A Social Identity Perspective. Applied Psychology: An International Review, 49: 357-371.

van Knippenberg, D. / van Schie, E.C.M. (2000): Foci and Correlates of Organizational Identification. Journal of Occupational and Organizational Psychology, 73: 137-147.

Van Maanen, J. (1977): Organizational Careers: Some New Perspectives. Ann Arbour: John Wiley.

Van Maanen, J. (1979): Reclaiming qualitative methods for organizational research: a preface. Administrative Science Quarterly, 24/4: 520-526.

*Vandenberg, R.J. / Lance, C.E. (1992): Examining the Causal Order of Job Satisfaction and Organizational Commitment. Journal of Management, 18/1: 153-167.

Vandenberg, R.J. / Richardson, H. / Eastman, L. (1999): High Involvment Organizations: Their Antecedents and Consequences. Group and Organization Management, 24: 300-339.

Vandenberg, R.J. / Self, R.M. (1993): Assessing Newcomers′ Changing Commitments to the Organization During the first 6 Month of Work. Journal of Applied Psychology, 78/4: 557-568.

*Vandenberghe, C. / Bentein, K. / Stinglhamber, F. (2004): Affective Commitment to the Organization, Supervisor, and Work Group: Antecedents and Outcomes. Journal of Vocational Behavior, 64: 47-71.

Vansina, L.S. (1998): The Individual in Organizations: Rediscovered or lost forever? European Journal of Work and Organizational Psychology, 7/3: 265-282.

Vettori, S. (2007): The Employment Contract and the Changed World of Work. Hampshire: Ashgate.

Vince, R. / Broussine, M. (1996): Paradox, Defense and Attachment: Accessing and Working wiht Emotions and Relations Underlying Organizational Change. Organization Studies 17: 1-21.

Virilio, P. (1997): Open Sky. London: Verso.

von der Velde, M.E. / Bossink, C.J. / Jansen, P.G. (2005): Gender Differences in the Determinants of the Willingness to Accept an International Assignment. Journal of Vocational Behavior, 66: 81-103.

von Foerster, H. (1981): Das Konstruieren einer Wirklichkeit. In Watzlawick, P. (Hrsg.) Die erfundene Wirklichkeit. Wie wissen wir, was wir zu wissen glauben?: 39-60. München: Piper.

von Foerster, H. (1988): Abbau und Aufbau. In Simon F.B. (Hrsg.) Lebende Systeme: 19 -23. Berlin: Springer.

von Glaserfeld, E. (1981): Einführung in den Radikalen Konstruktivismus. In: Watzlawick, P. . (Hrsg.) Die erfundene Wirklichkeit. Wie wissen wir, was wir zu wissen glauben?: 16-38. München: Piper.

von Glasersfeld, E. (1987): Siegener Gespräche über Radikalen Konstruktivismus. In Schmidt, S. (Hrsg.) Der Diskurs des radikalen Konstruktivismus: 401-440. Frankfurt: Suhrkamp.

Von Rosenstiel, L. / Molt, W. / Rüttinger, B. (2005): Organisationspsychologie. 9. Vollständig überarbeitete Auflage. Stuttgart: Kohlhammer.

Voss, Günter G. / Pongratz, Hans J. (1998): Der Arbeitskraftunternehmer. Eine neue Grundform der Ware Arbeitskraft? Kölner Zeitschrift für Soziologie and Sozialpsychologie, 50/1: 131-158.

Vroom, V.H. (1964): Work and Motivation. New York: Wiley.

*Vuuren, M. v. / DeJong, M.D.T. / Seydel, E.R. (2008): Contributions of Self and Organisational Efficacy Expectations to Commitment. Employee Relations, 30/2: 142-155.

W

Wächter, H. (2002): Vielfältige Beschäftigungsmuster – einfältige Personalwirtschaftslehre? Zeitschrift für Personalforschung, 16/4: 476-489.

Wacjman, J. / Martin, B. (2001): My Company or My Career: Managerial Achievement and Loyalty. British Journal of Sociology, 52/4: 559-578.

Wagner, A. (2001): Entgrenzung der Arbeit und der Arbeitszeit? Arbeit, 10/3: 365-378.

Walker, J.L. (1969): The Diffusion of Innovations among the American States. The American Political Science Review, 63/3: 880-899.

Wall, T.D. / Wood, S.J. (2005): The Romance of Human Resource Management and Business Performance, and the Case for Big Science. Human Relations, 58/4: 429-462.

*Wallace, J.E. (1995): Organizational and Professional Commitment in Professional and Nonprofessional Organizations. Administrative Science Quarterly, 40: 228-255.

Wallace, J.E. (1997): Becker's Side-Bet Theory of Commitment Revisited: Is It Time for a Moratorium or Resurrection? Human Relations, 50/6: 727-749.

*Walsh, J. / Deery, S. (2006): Refashioning Organizational Boundaries: Outsourcing Customer Service Work. Journal of Management Studies, 43/3: 557-582.

Walton, R. / McKersie, R. (1965): A behavioral Theory of Labor Negotiations. New York: McGraw-Hill.

Walwei, U. (1995): Atypische Beschäftigungsformen: Kongruenz und Divergenz der Interessen. In Keller, B. / Seifert, H. (eds.) Atypische Beschäftigung: Verbieten oder gestalten? 9-24, Köln: Bund Verlag.

*Wang, Y. (2004): Observations on the Organizational Commitment of Chinese Employees: Comparative Studies of State-Owned Enterprises and Foreign-Enterprises. International Journal of Human Resource Management, 15/4: 649-669.

Ward, K. / Grimshaw, D. / Rubery, J. / Beynon, H. (2001): Dilemmas in the Management of Temporary Work Agency Staff. Human Resource Management Journal, 11/4: 3-21.

*Wasti, S.A. (2005): Commitment Profiles: Combinations of Organizational Commitment Forms and Job Outcomes. Journal of Vocational Behavior, 67/2: 290-308.

*Wasti, S.A. / Can, Ö. (2008): Affective and Normative Commitment to Organization, Supervisor, and Coworkers: Do Collectivist Values Matter? Journal of Vocational Behavior, 73: 404-413.

Watzlawick, P. / Weakland, J.H. / Fisch R. (1974): Change: Principles of Problem Formation and Problem Resolution. New York: Norton.

Watzlawick, Paul / Beavin, J. / Jackson, D. (1969/1990): Menschliche Kommunikation, Bern: Huber.

Weakliem, D. (2006): Contract. In Beckert, J. / Zafirovski, M. (eds.) International Encyclopedia of Economic Sociology: 107-109. New York: Routledge.

Weber, M. / Lichtblau, K. (2000): Die protestantische Ethik und der "Geist" des Kapitalismus. Weinheim: Beltz.

Weber, M. / Winkelmann, J. (1990): Wirtschaft und Gesellschaft: Grundriß der verstehenden Soziologie, Tübingen: Mohr.

Wegener, M. (2004): Beschleunigung, Erreichbarkeit und Raumgerechtigkeit. In: Institut für Landes- und Stadtentwicklungsforschung (Hrsg.): Raum – Zeit – Planung: 26-35. Dortmund: ILS.

*Wegge, J. / Van Dick, R. / Fisher, G.K. / West, M. A. / Dawson, J.F. (2006): A Test of Basic Assumptions of Affective Events Theory (AET) in Call Centre Work. British Journal of Management, 17: 1-18.

Weibler, J. / Wald, A. (20059: Soziale Einbettung die die Zuschreibung von Führung. Zeitschrift für Betriebswirtschaft, 75/10: 947-969.

Weick, K.E. (1976): Educational Organizations as Loosely Coupled Systems. Administrative Science Quarterly, 21: 1-19.

Weick, K.E. (1982): Management of Organizational Change among Loosely Coupled Elements. In Goodman, P.S. / Sproull, L. / Associates (eds.) Change in Organizations: 375-408. San Francisco: Jossey-Bass.

Weick, K.E. (1990): Technology as Equivoque. In Goodman, P. / Sproull, L. / Associates (eds.) Technology and Organizations: 1-44. San Francisco: Jossey-Bass.

Weick, K.E. (1993): The Collapse of Sensemaking in Organizations: The Mann Gulch Disaster. Administrative Science Quarterly, 38/4: 628-652.

Weick, K.E. (1995): What Theory is *Not*, Theorizing *Is*. Administrative Science Quarterly, 40: 385-390.

Weick, K.E. (1997): Sensemaking in Organizations. Thousand Oaks: Sage.

Weick, K.E. / Roberts, K.H. (1993): Collective Mind in Organizations: Heedful Interrelating on Flight Decks. Administrative Science Quarterly, 38/3: 357-381.

Weick, K.E. / Sutcliffe, K.M. (2005): Organizing and the Process of Sensemaking. Organization Science 16/4: 409-421.

Welge, M.K. / Holtbrügge, D. (1997): Individualisierung der Organisation. In Scholz, C. (Hrsg.) Individualisierung als Paradigma: Festschrift für Hans Jürgen Drumm: 163-178. Stuttgart: Kohlhammer.

Weller, I. (2003): Commitment. In Martin, A. (Hg.) Organizational Behaviour – Verhalten in Organisation: 77-94. Stuttgart: Kohlhammer

Westenholz, A. (1993): Paradoxical Thinking and Change in Frames of Reference. Organization Studies, 14: 37-58.

White, M. / Hill, S. / McGovern P. / Mills C. / Smeaton D. (2003): "High-performance" Management Practices, Working Hours and Work-Life Balance. British Journal of Industrial Relations, 41/2: 175-195.

Wiener, Y. (1982): Commitment in Organizations: A Normative View. Academy of Management Review, 7/3: 418-428.

*Wiener, Y. / Vardi, Y. (1980): Relationship between Job, Organization and Career Commitments and Work Outcomes - An Integrative Approach. Organizational Behavior and Human Performance, 26: 81-96.

WIFO (2005) Monatsberichte: Lohnstückkosten. Wien: Österreichisches Institut für Wirtschaftsforschung.

Wilkens, U. (2004): Management von Arbeitskraftunternehmern: Psychologische Vertragsbeziehungen und Perspektiven für die Arbeitskräftepolitik in wissensintensiven Organisationen, Wiesbaden: Dt. Universitätsverlag.

*Williams, L.J. / Anderson, S.E. (1991): Job Satisfaction and Organizational Commitment as Predictors of Organizational Citizenship and In-Role Behavior. Journal of Management, 17/3: 601-617.

Williams, M. (2001): In Whom we Trust: Group Membership as an Affective Context for Trust Development. Academy of Management Review, 26: 377-396.

Williamson, O.E. (1975): Markets and Hierarchies: Analysis and Anti-Trust Implications. New York: Free Press.

Williamson, O.E. (1985): The Economic Institutions of Capitalism: Firms, Markets, Relational Contracting. New York: Free Press.

Willke, H. (1987): Strategien der Intervention in autonome Systeme. In Becker, D. / Markowitz, J. / Stichwech R. (Hrsg.) Theorie als Passion. Niklas Luhmann zum 60. Geburtstag: 333-361. Frankfurt: Suhrkamp.

Willke, H. (2004): Einführung in das systemische Wissensmanagement. Heidelberg: Carl Auer Verlag.

*Wilson, P.A. (1995): The Effects of Politics and Power on the Organizational Commitment of Federal Executives. Journal of Management, 21/1: 101-118.

Wimmer, P. / Neuberger, O. (1998): Personalwesen II: Personalplanung, Beschäftigungsverhältnisse, Personalkosten, Personalcontrolling, Stuttgart: Enke.

*Witt, L.A. (1993): Reactions to Work Assignment as Predictors of Organizational Commitment: The Moderating Effect of Occupational Identification. Journal of Business Research, 26: 17-30.

Wodak, R. (1996): Disorders of Discourse. London: Longman.

Wolf, J. (2008): Organisation, Management und Unternehmensführung. Wiesbaden: Gabler.

Wolfe Morrison, E. / Robinson, S.L. (2005): The Employment Relationship from Two Sides: Incongruence in Employees´ and Employers´ Perceptions of Obligations. In Coyle-Shapiro, J.A.-M. / Shore, L.M. / Taylor, M.S. / Tetrick, L.E. (eds.) The Employment Relationship. Examing Psychological and Contextual Perspectives: 161-180. Oxford: Oxford University Press.

Womack, J. / Jones, D. / Roos, D. (1990): The Machine that Changed the Word. New York: Rawson Associates.

Wood, S. / de Menezes, L. (1998): High Commitment Management in the U.K.: Evidence from the Workplace Industrial Relations Survey, and Employer´s Manpower and Skill Practice Survey. Human Relations, 51/4: 485-515.

Wörister, K. (2001): Atypische Beschäftigung in Österreich, unveröffentlichtes Manuskript, Wien.

Wössner, M. (1990): Integration und Flexibilität – Unternehmensführung in unserer Zeit. In Adam, D. / Backhaus, K. / Meffert, H. / Wagner, H. (Hrsg.) Integration und Flexibilität: eine Herausforderung für die allgemeine Betriebswirtschaftslehre: 61–78. Wiesbaden: Gabler.

Wright, P. / Haggerty, J.J. (2005): Missing Variables in Theories of Strategic Human Resource Management: Time, Cause, and Individuals. Management Revue, 16/2: 164-173.

Wright, P. / Gardner, T.M. / Moynihan, L.M. / Allen, M.R. (2005): The Relationship Between HR Practices and Firm Performance: Examining Causal Order. Personnel Psychology, 58/2: 409-446.

Wroblewski, A. (2000) Flexible Arbeitszeiten und Segregation. Empirische Befunde zu flexiblen Arbeitszeiten in Frauen- und Männerberufen, unveröffentlichtes Paper, Wien.

Wroblewski, A. (2001): Leiharbeit in Österreich. Übergangslösung oder Sackgasse? Reihe Soziologie 48. Wien: Institut für Höhere Studien.

*Wu, F. / Cavusgil, S.T. (2006): Organizational Learning, Commitment, and Joint Value Creation in Interfirm Relationships. Journal of Business Research, 59: 81-89.

Y

*Yoon, J. / Baker M.R. / Ko, J.-W. (1994): Interpersonal Attachment and Organizational Commitment: Subgroup Hypothesis Revisited. Human Relations, 47/3: 329-340.

Youndt, M.A. / Subramanian, O. / Snell, S.A. (2004): Intellectual Capital Profiles: An Examination of Investments and Returns. Journal of Management Studies, 41: 335-361.

*Yousef, D.A. (2000): Organizational Commitment as a Mediator of the Relationship Between Islamic Work Ethic and Attitudes Toward Organizational Change. Human Relations, 53/4: 513-537.

*Yousef, D.A. (2003): Validating the dimensionality of Porter et al.'s Measurement of Organizational Commitment in a Non-Western Culture Setting. International Journal of Human Resource Management, 14/6: 1067-1079.

Z

*Zaccaro, S.J. / Dobbins, G.H. (1989): Contrasting Groups and Organizational Commitment: Evidence for Differences among Multilevel Attachments. Journal of Organizational Behavior, 10: 267-273.

*Zeffane, R. (1994): Patterns of Organizational Commitment and Perceived Management Syle: A Comparison of Public and Private Sector Employees. Human Relations, 47/8: 977-991.

Zemke, R. / Raines, C. / Filipczak, B. (2000): Generations at Work: Managing the Clash of Veterans, Boomers, Xers, Nexters in Your Workplace. New York: McGraw-Hill.

Zhou, J. / George, J.M. (2001): When Job Dissatisfaction Leads to Creativity: Encouraging the Expression of Voice. Academy of Management Journal, 44/4, 682-696.